Die Strafprozeßordnung für das Deutsche Reich und das Gerichtsverfassungsgesetz.

Herausgegeben von

Dr. J. B. Koch
Regierungsrat im bayer. Staatsministerium der Justiz.

1920
München, Berlin und Leipzig
J. Schweitzer Verlag (Arthur Sellier.)

Druck von Dr. F. P. Datterer & Cie., Freising.

Inhaltsverzeichnis.

Abkürzungen.

Begr. = Begründung zum neuen Entwurf einer Strafprozeßordnung.
BGB. = Bürgerliches Gesetzbuch.
BayZ. = Entscheidung des Reichsgerichts in der Zeitschrift für Rechtspflege in Bayern.
DJZ. = Entscheidung des Reichsgerichts in der Deutschen Juristen-Zeitung
E. = Entscheidung des Reichsgerichts in Strafsachen.
EG. = Einführungsgesetz.
ElsLZ. = Entscheidung des OLG. Colmar in der Juristischen Zeitschrift für das Reichsland Elsaß-Lothringen.
GoldtA. = Entscheidung des Reichsgerichts in Goltdammers Archiv für Strafrecht
GKG. = Gerichtskostengesetz.
GerS. = Der Gerichtssaal.
GVG. = Gerichtsverfassungsgesetz.
HGB. = Handelsgesetzbuch.
JMBl. = Justizministerialblatt.
JME. = Justizministerialentschließung.
JW. = Entscheidung des Reichsgerichts in der juristischen Wochenschrift.
GK. = Kammergericht.
Löwe = Löwe-Rosenberg, Kommentar zur Strafprozeßordnung.
Mot. = Motive zur Strafprozeßordnung.
ObstLG. = Sammlung von Entscheidungen des Bayerischen Obersten Landesgerichts in Strafsachen.
OLGM. = Sammlung von Entscheidungen des Oberlandesgerichts München in Gegenständen des Strafrechtes und Strafprozesses.
Recht = Entscheidung des Reichsgerichts in Das Recht, Rundschau für den deutschen Juristenstand.
RAO Rechtsanwaltsordnung.
RG. = Reichsgericht.
RGBl. = Reichsgesetzblatt.
RhA. = Rheinisches Archiv.
RMG. = Entscheidungen des Reichsmilitärgerichts in Strafsachen.
RV. = Reichsverfassung.
Rsp. = Rechtsprechung des Reichsgerichts in Strafsachen.
SächsOLG. = Annalen des Sächsischen Oberlandesgerichts zu Dresden.
SeuffBl. = Entscheidung des Reichsgerichts in J. A. Seufferts Blätter für Rechtsanwendung.
SRA. = Sächsisches Archiv für Rechtspflege.
StGB. = Strafgesetzbuch.
Stenglein = Stenglein, Kommentar zur Strafprozeßordnung.
StPO. = Strafprozeßordnung.
VGH. = Entscheidungen des bayer. Verwaltungsgerichtshofes.
W. = Entscheidung des Reichsgerichts in Warneyers Jahrbuch der Entscheidungen (Strafrecht und Strafprozeß).
ZE. = Entscheidungen des Reichsgerichts in Zivilsachen.

Einführungsgesetz zur StPO.

Vom 1. Februar 1877.

(RGBl. S. 346).

§ 1.

Die Strafprozeßordnung tritt im ganzen Umfange des Reichs gleichzeitig mit dem Gerichtsverfassungsgesetze in Kraft.

§ 2.

Die erforderlichen Anordnungen, um die Jahreslisten der Schöffen und der Geschworenen bis zum Tage des Inkrafttretens der Strafprozeßordnung nach den Vorschriften des Gerichtsverfassungsgesetzes herzustellen, insbesondere die Bezeichnung der Behörden, welche hierbei die den Amtsrichtern und den Landgerichten zugewiesenen Geschäfte wahrzunehmen haben, erfolgen durch die Landesjustizverwaltung. Dieselbe kann den Zeitraum, für welchen die in dieser Weise hergestellten Listen Geltung haben sollen, abweichend von dem Gerichtsverfassungsgesetze, jedoch nicht über das zweite Geschäftsjahr, bestimmen.

§ 3.

I Die Strafprozeßordnung findet auf alle Strafsachen [1] Anwendung, welche vor die ordentlichen Gerichte gehören.[2]

II Insoweit die Gerichtsbarkeit in Strafsachen, für welche besondere Gerichte zugelassen sind,[3] durch die Landesgesetzgebung [4] den ordentlichen Gerichten übertragen wird, kann diese ein abweichendes Verfahren gestatten.

III Die Landesgesetze [5] können anordnen, daß Forst- und Feldrügesachen durch die Amtsgerichte in einem besonderen Verfahren,[6] sowie ohne Zuziehung von Schöffen verhandelt und entschieden werden.[7]

1. Auch Polizei-, Zoll-, Steuerstrafsachen; vgl. E. 43, 377.
2. §§ 12, 13 GVG.
3. § 14 GVG.
4. § 3 EG. GVG.

5. Preußen: §§ 19 ff. ForstdiebstG. v. 15. 4. 78, §§ 53 ff. Feld- und Forst-polizeiG. v. 1. 4. 80, Bayern: Art. 32 ff. AG. StPO.

6. Besondere landesges. Vorschr. auch hinsichtlich der Beschlagnahme E. 11, 321 und Durchsuchung E. 38, 218 zulässig.

7. Die Amtsgerichte gehören auch als Forst- und Feldrügegerichte zu den ordentlichen Gerichten; Verbindung der vor ihnen zu verhandelnden Sachen mit anderen, vor ein höheres Gericht gehörigen Strafsachen zulässig. E. 3, 157; 13, 383; Rsp. 3, 424; OLGM. 2, 141.

§ 4.

In Ansehung der Landesherren und der Mitglieder der landesherrlichen Familien sowie der Mitglieder der Fürstlichen Familie Hohenzollern finden die Bestimmungen der Strafprozeßordnung[1] nur insoweit Anwendung, als nicht besondere Vorschriften der Hausverfassungen oder der Landesgesetze abweichende Bestimmungen enthalten. Das gleiche gilt in Ansehung der Mitglieder des vormaligen Hannoverschen Königshauses, des vormaligen Kurhessischen und des vormaligen Herzoglich Nassauischen Fürstenhauses.[2]

1. S. auch § 71 StPO.

2. Ferner nach Ges. v. 25. 3. 04 (RGBl. 149) auch in Ansehung der Mitglieder des Herzoglich Holsteinischen Fürstenhauses.

§ 5.

I Die prozeßrechtlichen Vorschriften der Reichsgesetze [1] werden durch die Strafprozeßordnung nicht berührt.

II Wird in den Fällen des § 101 der Seemannsordnung[2] gegen den Bescheid des Seemannsamtes auf gerichtliche Entscheidung angetragen, so finden auf das weitere Verfahren die §§ 455—458 der Strafprozeßordnung entsprechende Anwendung.

1. Einschließlich der Zollvereinsgesetze und der Gesetze des Norddeutschen Bundes.

2. Nunmehr § 122 SeemO. v. 2. 6. 02.

§ 6.

I Die prozeßrechtlichen Vorschriften der Landesgesetze treten für alle Strafsachen, deren Entscheidung in Gemäßheit des § 3 nach den Vorschriften der Strafprozeßordnung zu erfolgen hat, außer Kraft, insoweit nicht in der Strafprozeßordnung auf sie verwiesen ist.

II Unberührt bleiben die landesgesetzlichen Bestimmungen:

1. über die Voraussetzungen, unter welchen gegen Mitglieder einer gesetzgebenden Versammlung während der Dauer einer

Sitzungsperiode eine Strafverfolgung eingeleitet oder fortgesetzt werden kann.[1]

2. (aufgehoben durch § 23 VereinsG. v. 19. 4. 08);

3. über das Verfahren im Verwaltungswege bei Übertretungen, wegen deren die Polizeibehörden zum Erlaß einer Strafverfügung befugt sind, und bei Zuwiderhandlungen gegen die Vorschriften über die Erhebung öffentlicher Abgaben und Gefälle,[2] insoweit nicht die §§ 453, 454, 455 und 459—463 der Strafprozeßordnung abändernde Bestimmungen treffen.

1. S. Art. 84 PreußVerfUrk., Tit. VII § 26 BayVerfUrk. in der Fassung des Ges. v. 6. 7. 08 (GVBl. S. 352). Die landesges. Bestimmungen haben nur Geltung für das Gebiet des Bundesstaates, der sie erließ. Für die Mitglieder des Reichstags gilt Art. 31 Reichsverfassung. Auch während einer „Vertagung" des Reichstags dauert die nach Art. 31 RV. bestehende Immunität seiner Mitglieder fort, E. 22, 379; es ist während der Sitzungsperiode, einschließlich der Zeit der Vertagung, die Einleitung eines neuen, auch bloß vorbereitenden Verfahrens unzulässig, E. 24, 205; dagegen kann ein schon vorher eingeleitetes Strafverf. gegen Mitglieder des Reichstags fortgesetzt werden, bis der Reichstag gem. Art. 31 Abs. 3 RV. das Verlangen auf Aufhebung des Verfahrens für die Dauer der Sitzungsperiode stellt, E. 27, 385; 38, 179. Die Verjährung der noch nicht begonnenen Strafverfolgung hinsichtlich der M. d. R. während der Sitzungsperiode ruht gem. § 69 StGB. auch dann, wenn eine Genehmigung des Reichstags zur Strafverfolgung von der StA. nicht nachgesucht wurde. E. 27, 10. Unter Verhaften i. S. des Art. 31 RV. ist nur die Untersuchungs- und Zivilhaft, nicht die Strafhaft, auch nicht eine Vorführung nach § 229 Abs. 2 StPO. zu verstehen; E. 38, 179.

2. Für das gerichtliche Verfahren in diesen Sachen gelten aber die Vorschriften der StPO. E. 43, 378.

§ 7.

Gesetz im Sinne der Strafprozeßordnung und dieses Gesetzes ist jede Rechtsnorm.[1]

1. S. Anm. 3 zu § 376 StPO.

§ 8.

I In den am Tage des Inkrafttretens der Strafprozeßordnung anhängigen Strafsachen sind für das weitere Verfahren die Vorschriften der Strafprozeßordnung maßgebend. Die Landesgesetzgebung kann die zur Überleitung des Verfahrens erforderlichen Bestimmungen treffen.

II War jedoch vor dem Tage des Inkrafttretens der Strafprozeßordnung ein Endurteil erster Instanz ergangen, so finden auf die Erledigung der Sache bis zur rechtskräftigen Entscheidung die bisherigen Prozeßgesetze Anwendung.

§ 9.

Wird ein vor dem Tage des Inkrafttretens der Strafprozeßordnung ergangenes Endurteil erster Instanz in der höheren Instanz aufgehoben und die Sache zur nochmaligen Verhandlung in die erste Instanz zurückgewiesen, so regelt sich das weitere Verfahren nach den Vorschriften der Strafprozeßordnung.

§ 10.

Für die Wiederaufnahme eines durch rechtskräftiges Urteil geschlossenen Verfahrens sind die Vorschriften der Strafprozeßordnung auch dann maßgebend, wenn das Urteil vor dem Tage des Inkrafttretens der Strafprozeßordnung erlassen oder rechtskräftig geworden war.

§ 11.

I Die Verfolgung von Beleidigungen und Körperverletzungen findet nur nach den Vorschriften der Strafprozeßordnung statt.

II Insoweit diese Verfolgung nach der Gesetzgebung eines Bundesstaates im Wege des Zivilprozesses stattfand, richtet sich die Erledigung eines anhängigen Verfahrens nach den Vorschriften des Einführungsgesetzes zur Zivilprozeßordnung.

§ 12.

Auf die Strafvollstreckung finden die Vorschriften der Strafprozeßordnung Anwendung, auch wenn die Strafe nach den bisherigen Vorschriften über das Strafverfahren erkannt ist.

Strafprozeßordnung.

Vom 1. Februar 1877.

(RGBl. S. 253 ff).

Erstes Buch.

Allgemeine Bestimmungen.

Erster Abschnitt.

Sachliche Zuständigkeit der Gerichte.

Sachliche Zuständigkeit. **§ 1.**

Die sachliche[1] Zuständigkeit der Gerichte wird durch das Gesetz über die Gerichtsverfassung[2] bestimmt.

1. Örtl. Zust. s. §§ 7 ff.

2. §§ 27—29, 72—76, 78, 80, 123, 136, 158, 160, 183 Abs. 3 GVG., siehe noch die Bestimmungen in §§ 98 Abs. 2, 100 Abs. 3, 125 Abs. 2, 128, 160, 176, 477, 494 Abs. 3 StPO. über sachliche Zuständigkeit. — Auch bei Idealkonkurrenz (§ 73 StGB.) ist die Frage der Zuständigkeit nur nach den Normen des GVG. zu beantworten; die Zuständigkeit bemißt sich hierbei nach der i. S. des GVG. schwersten Straftat. ObstLG. in BayZ. 3, 275 (bestr.).

Verbindung zusammenhängender Strafsachen. **§ 2.**

I Zusammenhängende[1] Strafsachen, welche einzeln zur Zuständigkeit von Gerichten verschiedener Ordnung[2] gehören würden, können verbunden bei demjenigen Gericht anhängig gemacht[3] werden, welchem die höhere Zuständigkeit beiwohnt.[4]

II Aus Gründen der Zweckmäßigkeit kann durch Beschluß dieses Gerichts die Trennung der verbundenen Strafsachen angeordnet werden[5].

1. Zusammenhang s. § 3.

2. Nur der ordentlichen Gerichte; Verbindung mit Sachen, die vor Sondergerichte gehören, unzulässig; die Forst- und Feldrügegerichte (Amtsgerichte) sind als ordentliche Gerichte zu erachten, E. 3, 157; 13, 383; Rsp. 3, 424; OLGM. 2, 141.

3. Durch gemeinsame öffentliche Klage (§§ 168, 177, 196, 197) der Staatsanwaltschaft; auch durch (rechtzeitige) Nachtragsanklage. — Verbindung von schon anhängigen Sachen s. § 4. — Ausnahme: § 424 Abs. 2.

4. Wegen der örtl. Zust. s. § 13; Verhältnis des § 2 zu § 13 s. E. 45, 166.

5. Besonderer Gerichtsbeschluß nötig, Recht 6, 594; Beschwerde (§ 346) zulässig. — Trennung von schon anhängigen Sachen s. § 4.

Zusammenhang.

§ 3.

Ein Zusammenhang ist vorhanden, wenn eine Person mehrerer strafbarer Handlungen beschuldigt wird, oder wenn bei einer strafbaren Handlung mehrere Personen als Täter,[1] Teilnehmer, Begünstiger oder Hehler[2] beschuldigt werden.[3, 4]

1. Täter: Personen, die, ohne in bewußtem, und gewolltem Zusammenwirken zu handeln, durch ihr Tun ein einheitliches strafbares Geschehnis herbeiführten. E. 25, 15; 34, 258; 43, 296; z. B. nicht gemeinschaftl. Verbreiten derselben beleidigenden Schrift durch mehrere Personen an verschiedenen Orten oder Veröffentlichung eines gleichlautenden Artikels durch zwei verschiedene Redakteure in zwei Zeitungen, SeuffBl. 73, 184; Recht 11, 1548; GoltdA. 55, 109; also nicht Mittäter (§ 47 StGB.), die hier als „Teilnehmer" zu erachten sind. — Immer aber ist Einheit der Tat erfordert, die nicht ersetzt wird durch Gleichartigkeit der von Mehreren begangenen strafbaren Handlungen, E. 42, 133.

2. Über die Begriffe Teilnehmer, Begünstiger, Hehler s. Anm. zu § 56 Nr. 3.

3. Auch mittelbarer Zusammenhang möglich, wenn der bei einer Tat Mitbeschuldigte auch noch wegen anderer strafbarer Handlungen angeklagt wird; z. B. gegen den mitangeklagten Hehler des Räubers wird vor dem Schwurgericht auch wegen Betrugs in anderer Sache Anklage erhoben (vgl. Löwe).

4. Über Verbindung von Straff., auch wenn sie nicht gem. § 3 zusammenhängen, zum Zwecke gleichzeitiger Verh. s. § 236. — Vgl. noch § 471.

Verbindung und Trennung nach Eröffnung der Untersuchung.

§ 4.

I Eine Verbindung zusammenhängender oder eine Trennung verbundener Strafsachen[1] kann auch nach Eröffnung der Untersuchung[2] auf Antrag der Staatsanwaltschaft oder des Angeschuldigten oder von Amts wegen durch gerichtlichen Beschluß angeordnet werden.[3]

II Zuständig für den Beschluß ist dasjenige Gericht, zu dessen Bezirk die übrigen Gerichte gehören.[4] In Ermangelung eines hiernach zuständigen Gerichts erfolgt die Beschlußfassung durch das gemeinschaftliche obere Gericht.[5]

1. § 4 betrifft nur solche Straff., die einzeln zur Zuständigkeit von Gerichten verschiedener Ordnung (§ 2) gehören; andernfalls ist ein Beschluß i. S. des § 4 nicht nötig, E. 10, 10; GoltdA. 43, 401. — Vgl. § 13.

2. Nach Eröffnung der VU. (§§ 182, 177) oder des Hauptverfahrens ohne vorherige VU. (§§ 201, 197); auch noch in der Hauptverhandlung. GoltdA. 36, 168. — Wegen der Verbindung und Trennung vor Eröffnung d. Unters. s. § 2.

3. Es ist stets beschlußmäßige Verbindung durch das gem. Abs. 2 zuständige Gericht nötig; die Verbindung kann nicht etwa, wie im Falle des § 13, durch Vereinbarung der beteiligten Gerichte herbeigeführt werden. — Gleiche Prozeßlage der zusammenhängenden Straff. ist für die Anordnung der Verbindung nicht erfordert, E. 20, 161. — Verbindung und Trennung: aus Gründen der prozessualen Zweckmäßigkeit. — Sonderbestimmung hinsichtlich der Privatklagesachen s. § 424 Abs. 2.

4. Das ist das Gericht höherer Ordnung (Reichsgericht, Schwurgericht, Strafk.); Beschwerde gg. Beschl. des Schwurgerichts und der Strafk. zulässig (§ 346).

5. Oberlandesgericht oder Reichsgericht. Keine Beschwerde: § 346 Abs. 3.

§ 5.

Für die Dauer der Verbindung ist der Straffall, welcher zur Zuständigkeit des Gerichts höherer Ordnung gehört, für das Verfahren[1] maßgebend.

1. Z. B. hinsichtlich der Notwendigkeit der VU. (§ 176); der Notwendigkeit der Verteidigung (§ 140), so ist in schwurgerichtlichen Verhandlungen bezügl. der mitabzuurteilenden Vergehen und Übertretungen die Verteidigung eine notwendige, Rsp. 2, 764; sowie hinsichtlich der Rechtsmittel, z. B. Revision an das Reichsgericht gegen ein Urteil, das z. T. im Berufungsverfahren, z. T. erstinstanzlich gegen Mittäter erlassen ist, Recht 18, 871; nicht aber hinsichtlich der dem materiellen Prozeßrecht angehörenden Bestimmungen insbes. der Verjährung, E. 8, 310.

§ 6.

Das Gericht hat seine sachliche[1] Zuständigkeit in jeder Lage des Verfahrens[2] von Amts wegen zu prüfen.

1. Wegen der örtlichen Zuständigkeit s. § 18.

2. Nach Eröffnung des Hauptverfahrens aber erst in der Hauptverhandlung; hierbei ist § 269 zu beachten. S. noch § 270, ferner §§ 369 Abs. 3, 377 Nr. 4, 392.

Zweiter Abschnitt.

Gerichtsstand.

Gerichtsstand der begangenen Tat.

§ 7.

I Der Gerichtsstand ist bei demjenigen Gerichte begründet, in dessen Bezirk die strafbare Handlung begangen ist.[1]

II Wird der Tatbestand der strafbaren Handlung durch den Inhalt[2] einer im Inland[3] erschienenen Druckschrift[4] begründet, so ist als das nach Abs. 1 zuständige Gericht nur dasjenige Gericht anzusehen, in dessen Bezirk die Druckschrift erschienen[5] ist.[6] Jedoch ist in den Fällen der Beleidigung, sofern die Verfolgung im Wege der Privatklage stattfindet, auch das Gericht, in dessen Bezirk die Druckschrift verbreitet worden ist, zuständig, wenn in diesem Bezirk die beleidigte Person ihren Wohnsitz[7] oder gewöhnlichen Aufenthalt[7] hat.[8]

Abs. 2 ist durch das Ges. v. 13. 6. 02 (RGBl. 227) beigefügt.

1. Begehungsort (vgl. §§ 3 ff. StGB): der Ort, wo die zum Begriff der Straftat erforderlichen Handlungen vorgenommen wurden. E. 1, 281. — Bei Unterlassungsstraftaten der Ort, an dem die Handlung vorzunehmen war. —

a) Bei mehreren, an versch. Orten vorgenommenen Ausführungshandlungen ist Begehungsort jeder Ort, an dem die Tat, sei es unmittelbar durch die Körperbewegung des Täters oder mittelbar durch die von ihm in Bewegung gesetzte Kraft zur Ausführung gelangt, E. 23, 156; 10, 420; 13, 338; 15, 232; 20, 146 (aufrührerischer Ruf oder Schuß über die Grenze), E. 30, 98 (Erpressung durch briefliche Drohungen), ObstLG. 3, 328; 6, 365 (bei Beleidigung durch Brief, Aufgabe- und Empfangsort), ObstLG. 7, 53 (Verausgabung gefälschter Münzen durch den Fälscher außerhalb des Fälschungsortes). Dies gilt auch dann, wenn die versch. Handlungen erst zusammen den Tatbestand einer strafbaren Handlung ergeben, z. B. Fälschen und Gebrauchmachen bei UrkFlschg. — Bei den fortgesetzten, gewerbs- und gewohnheitsmäßigen Straftaten ist der Begehungsort überall da, wo eine solche strafbare Handlung vorgenommen wurde, E. 30, 99.

b) Der Ort, an dem lediglich die vom Täter beabsichtigte Wirkung, der Erfolg einer schon vollendeten Straftat eintritt, ist nicht Begehungsort, vgl. E. 11, 245: Eintritt des Vermögensschadens bei Betrug; Eintritt des Todes nach früher erfolgter Verletzung. — Anders, wenn diese Wirkung zum Tatbestande der strafbaren Handlung gerechnet wird, vgl. E. 1, 276; 15, 232; Rsp. 5, 705, 6, 183 (Vertrieb verbotener Lotterielose).

c) Begehungsort im Falle der Teilnahme: bei Mittäterschaft jeder Ort, an dem einer der Mittäter tätig war, E. 11, 23; 13, 339; bei Anstiftung und Beihilfe auch der Ort, an dem die Haupttat begangen wurde, so E. 11, 23; 19, 148; 25, 426: im Ausland verübte Anstiftung und Beihilfe zu einer inländischen Tat ist als im Inland begangen anzusehen. Im Inland begangene Beihilfe (und Anstiftung) zur ausländischen Tat ist im Inland begangen, E. 9, 10; und hierzu E. 11, 24; 14, 127; GoltdA. 56, 92.

2. Inhalt: nur wenn unmittelbar durch den Inhalt der Druckschrift die Straftat begründet wird, und zwar auch dann, wenn zum Tatbestand der durch ihren Inhalt begründeten Straftat die Ankündigung und Anpreisung dem Publikum gegenüber gehören, E. 40, 354; nicht aber wenn die Druckschrift als Mittel zur Begehung einer neuen selbständigen Straftat verwendet wird (Mot.), vgl. auch GoltdA. 56, 322.

3. Erscheint die Druckschrift im Ausland (§ 8 StGB.), so findet nur Abs. 1 Anwendung und es ist Begehungsort jeder Ort, an dem sie verbreitet wird.

4. Druckschrift: § 2 des Ges. über die Presse v. 7. 5. 74 (RGBl. 65).

5. Ort der Ausgabe: bei mehreren Ausgabeorten jeder dieser Orte, E. 5, 314; 7, 45.

6. Abs. 2 bezieht sich nur auf den Gerichtsstand der begangenen Tat; er läßt § 8 (Gerichtsstand des Wohnsitzes) unberührt, vgl. Recht 11, 1339. Er ist nicht anwendbar, wenn die Tat am Orte des Erscheinens nicht strafbar ist, E. 36, 257, 270; 37, 19.

7. Zur Zeit der Erhebung der Privatklage (Mot.) §§ 414 ff. Wohnsitz: §§ 7—11 BGB. Gewöhnlicher Aufenthaltsort: vgl. § 10 des UnterstützungswohnsitzG. v. 6. 7. 70. (BGBl. 360).

8. Bei Übernahme der Verfolgung durch die Staatsanwaltschaft (§ 417 Abs. 2) erlischt der nur für das Privatklageverf. gegebene Gerichtsstand (Mot.)

Gerichtsstand des Wohnsitzes. **§ 8.**

I Der Gerichtsstand ist auch[1] bei demjenigen Gerichte begründet, in dessen Bezirk der Angeschuldigte zur Zeit der Erhebung der Klage[2] seinen Wohnsitz[3] hat.

II Hat der Angeschuldigte einen Wohnsitz im Deutschen Reich nicht, so wird der Gerichtsstand auch durch den gewöhnlichen Aufenthaltsort[4] und, wenn ein solcher nicht bekannt ist, durch den letzten Wohnsitz bestimmt.

1. Der Gerichtsstand der begangenen Tat (§ 7) und der Gerichtsstand des Wohnsitzes (§ 8) stehen sich gleich; vgl. § 12.

2. § 168 Abs. 1: § 177 (VU.), § 197 (Einreichung der Anklageschrift); ferner § 421 (Privatkl.), §§ 447, 448 (Antrag auf Strafbefehl). Nachträgliche Änderung des Wohnsitzes ist belanglos.

3. Wohnsitz: §§ 7—11 BGB. Mehrfacher Gerichtsstand bei mehrfachem Wohnsitz.

4. S. § 10 des UnterstützungswohnsitzG. v. 6. 7. 70 (BGBl. 360). Notwendig Freiwilligkeit des Aufenthalts, also nicht bei Verwahrung in Strafanstalten.

Gerichtsstand der Ergreifung. **§ 9.**

I Wenn die strafbare Handlung im Auslande[1] begangen und ein Gerichtsstand in Gemäßheit des § 8 nicht begründet ist, so ist dasjenige Gericht zuständig, in dessen Bezirk die Ergreifung[2] erfolgt. Hat eine Ergreifung nicht stattgefunden, so wird das zuständige Gericht vom Reichsgerichte bestimmt.[3]

II Gleiches gilt, wenn eine strafbare Handlung im Inlande begangen ist, jedoch weder der Gerichtsstand der begangenen Tat noch der Gerichtsstand des Wohnsitzes[4] ermittelt ist.[5]

1. Ausland: jedes nicht zum Deutschen Reich gehörige Gebiet (§ 8 StGB.) Rsp. 1, 322. — Strafbarkeit im Ausland begangener Taten s. insbes. §§ 4—6, 37, 102, 298 StGB. Vgl. hierzu auch noch Anm. 1c zu § 7. S. auch § 10 StPO.

2. Ergreifung: Festnahme zum Zwecke der Strafverfolgung, auch solche durch Privatperson gem. § 127 Abs. 1 genügt; es ist auch belanglos, wenn sie etwa wegen einer andern als der jetzt in Frage stehenden Straftat erfolgte. Rsp. 4, 7. — Entspringen des Ergriffenen oder Freilassung gegen Sicherheitsleistung ändert an dem einmal begründeten Gerichtsstand nichts.

3. Abs. 1 gilt nicht für Straftaten, die in Konsulargerichtsbezirken begangen sind; für diese gelten §§ 7 und 8. (§ 19 Nr. 2 d. KonsGerG. v. 7. 4. 00). E. 40, 350.

4. Im Sinne des § 8, also auch der Gerichtsstand des gewöhnlichen Aufenthaltsortes und des letzten Wohnsitzes.

5. Ergibt sich nachträglich, daß ein Gerichtsstand nach § 7 oder § 8 gegeben ist, so bleibt gleichwohl der nach § 9 begründete Gerichtsstand bestehen; Übertragung der Unters. nach § 12 Abs. 2 aber möglich.

Sonder-Gerichtsstand der begangenen Tat.

§ 10.

Ist die strafbare Handlung auf einem deutschen Schiffe[1] im Ausland oder in offener See begangen, so ist dasjenige Gericht zuständig, in dessen Bezirk der Heimatshafen[2] oder derjenige deutsche Hafen liegt, welchen das Schiff nach der Tat zuerst erreicht.[3, 4]

1. Desertion aus dem Schiffsdienst ist als eine auf dem Schiffe begangene Straftat anzusehen. Rsp. 2, 261. Wegen der Straftaten, begangen durch Verletzung der Dienstpflichten der Schiffsleute usw. s. §§ 93—121 SeemO.; Verfahren §§ 122—127 SeemO.

2. Das ist der Hafen, von dem aus die Seefahrt mit dem Schiff betrieben werden soll (§ 480 Abs. 1 HGB.; s. § 6 d. Ges. v. 22. 6. 99 betr. das Flaggenrecht der Kauffarteischiffe RGBl. 319).

3. Neben dem durch § 10 begründeten Gerichtsstand der begangenen Tat gilt auch der Gerichtsstand des Wohnsitzes nach § 8.

4. Fremde Handelsschiffe in einem deutschen Hafen unterliegen der deutschen Gerichtsbarkeit, E. 2, 17.

Gerichtsstand der exterritorialen Deutschen usw.

§ 11.

I Deutsche, welche das Recht der Exterritorialität[1] genießen, sowie die im Ausland angestellten Beamten[2] des Reichs oder eines Bundesstaates behalten in Ansehung des Gerichtsstandes den Wohnsitz, welchen sie in dem Heimatsstaate hatten. In Ermangelung eines solchen Wohnsitzes gilt die Hauptstadt des Heimatsstaats als ihr Wohnsitz; ist die Hauptstadt in mehrere Gerichtsbezirke geteilt, so wird der als Wohnsitz geltende Bezirk von der Landesjustizverwaltung durch allgemeine Anordnung bestimmt. Gehört ein Deutscher einem Bundesstaate nicht an,[3] so gilt als sein Wohnsitz die Stadt Berlin; ist die Stadt Berlin in mehrere Gerichtsbezirke geteilt, so wird der als Wohnsitz geltende Bezirk von dem Reichskanzler durch allgemeine Anordnung[4] bestimmt.[5]

II Auf Wahlkonsuln finden diese Bestimmungen keine Anwendung.[6]

1. Im Ausland oder (s. § 18 Abs. 2 GVG.) im Inland. Vgl. §§ 18, 19, 21 GVG.

2. Vor allem Zoll- und Bahnbeamte in ausländischen Grenzorten; nicht aber die Familienangehörigen der Beamten (Löwe).

3. § 9 des Ges. betr. die Rechtsverh. der deutschen Schutzgebiete (RGBl. 1900 S. 813).

4. Bek. v. 21. 4. 06 (RGBl. 463): Amtsgerichtsbezirk Berlin-Mitte.

5. Ist die Straftat im Inland begangen, so greift auch § 7 neben § 11 Platz.

6. Dagegen findet auf Berufskonsuln (§§ 7, 9 d. ReichskonsularG. v. 8. 11. 67, BGBl. 137) § 11 Anwendung. Vgl. noch § 21 GVG. S. auch E. 17, 51.

Mehrheit von Gerichtsständen.

§ 12.

I Unter mehreren[1] nach den Vorschriften der §§ 7—11 zuständigen Gerichten gebührt demjenigen der Vorzug, welches die Untersuchung[2] zuerst eröffnet hat.[3]

II Jedoch kann die Untersuchung und Entscheidung einem anderen der zuständigen Gerichte durch das gemeinschaftliche obere Gericht übertragen werden.[4]

1. Mehrere örtl. zust. Gerichte gleicher Ordnung. E. 45, 166.

2. Eröffnung der Untersuchung: der VU. oder des Hauptverfahrens; § 211: Beginn der Hauptverhandlung, § 265: Beschluß, über die neue Anklage zu verhandeln, § 447: Erlassung des Strafbefehls, §§ 456, 462: Terminsanberaumung (bestr.) Richterliche Handlungen im Ermittelungsverfahren genügen nicht.

3. Das Gericht, das die Untersuchung später eröffnet hat, stellt das bei ihm anhängige Verfahren durch Beschluß ein; für den Streitfall s. § 14.

4. Gemeinschaftliches oberes Gericht: Landgericht, Oberlandesgericht und Reichsgericht (nicht das Oberste Landesgericht in Bayern. ObstLG. 1, 251; 4, 191), und zwar unter diesen jeweils das zunächst obere (gemeinschaftliche) Gericht; Entscheidung auf Antrag oder von Amts wegen, nach Anhörung der Staatsanwaltschaft (§ 33), durch Beschluß; aber nur bis zur Erlassung des Urteils erster Instanz, E. 13, 365; s. noch JW. 31, 574. Voraussetzung für die Anwendung des Abs. 2 ist aber stets, daß wenigstens eines der mehreren Gerichte die Untersuchung bereits eröffnet hat, E. 45, 174. — Keine Beschwerde: § 346 Abs. 1, weil Landgericht hier nicht in erster oder Berufungsinstanz entscheidet und § 346 Abs. 3. — Durch die Übertragung der Sache erlischt deren Rechtshängigkeit bei dem andern Gericht, die auch dadurch nicht wieder auflebt, daß das durch die Übertragung mit der Sache befaßte Gericht zu deren Erledigung unfähig wird, E. 45, 67. — S. noch E. 45, 166.

Gerichtsstand des Zusammenhangs.

§ 13.

I Für zusammenhängende[1] Strafsachen, welche einzeln nach den Vorschriften der §§ 7—11 zur Zuständigkeit[2] verschiedener Gerichte gehören würden, ist ein Gerichtsstand bei jedem Gerichte begründet, welches für eine derselben zuständig ist.[3]

II Sind mehrere zusammenhängende Strafsachen bei verschiedenen Gerichten anhängig gemacht worden, so können dieselben sämtlich oder zum Teil durch eine den Anträgen der Staatsanwaltschaft[4] entsprechende Vereinbarung dieser Gerichte[4] bei einem unter ihnen verbunden[5] werden. Kommt eine solche Vereinbarung nicht zustande, so entscheidet, wenn die Staatsanwaltschaft oder ein Angeschuldigter hierauf anträgt,[6] das gemeinschaftliche obere

Gericht[7] darüber, ob und bei welchem der Gerichte die Verbindung einzutreten habe.

III In gleicher Weise kann die Verbindung wieder aufgehoben werden.[8]

1. Zusammenhang: § 3.

2. § 13 hat nur verschiedene örtlich zuständige Gerichte gleicher Ordnung im Auge; handelt es sich um verschiedene sachliche Zuständigkeit, so ist für eine Verbindung mehrerer Strafsachen § 2 maßgebend. E. 45, 167.

3. Verbindung durch die Staatsanwaltschaft mittels die Sachen zusammenfassender Klage, auch (rechtzeitiger) Nachtragsklage. Abtrennung durch das Gericht aus Gründen der Zweckmäßigkeit hier nicht möglich, anders § 2 Abs. 2. — Wegen der Verbindung schon anhängiger Sachen s. Abs. 2.

4. Einverständnis sämtlicher beteiligter Gerichte und Staatsanwaltschaften erforderlich.

5. Verbindung in jeder Lage des Verfahrens möglich (s. auch E. 14, 396), aber gleiche Lage des Verfahrens (jede Sache in der VU. oder jede vor dem erkennenden Gericht derselben Ordnung) erfordert und nötigenfalls abzuwarten, vgl. auch E. 45, 167. — Bei VU. Vereinbarung über Verbindung nur durch die Strafkammern. — Gegen die Verb.-Beschlüsse Beschwerde (§ 346) zulässig.

6. Nicht von Amts wegen oder auf Antrag eines der Gerichte.

7. S. Anm. 4 zu § 12. — Keine Beschwerde gegen die Entscheidung des g. o. Gerichts: § 346 Abs. 1 und 3.

8. Auch im Falle einer nicht nach Abs. 2, sondern durch zusammenfassende Klageerhebung (s. Anm. 3) erfolgten Verbindung, E. 31, 171. — Die bloße Tatsache, daß die verb. Sachen nicht gleichzeitig verhandelt und entschieden werden können, und daß z. B. hiernach die die Zuständigkeit des Gerichts begründende Sache vor den andern erledigt wird, macht die Trennung nicht nötig; diese erfolgt nur dann, wenn besondere Zweckmäßigkeitsgründe hierfür sprechen; vgl. E. 25, 406.

Gerichtsstand durch Bestimmung des Obergerichts.

§ 14.

Besteht zwischen mehreren Gerichten Streit über die Zuständigkeit, so bestimmt das gemeinschaftliche obere Gericht[1] dasjenige Gericht, welches sich der Untersuchung und Entscheidung zu unterziehen hat.[2]

1. Landgericht, Oberlandesgericht und Reichsgericht, auch in Bayern das Oberlandesgericht, nicht das Oberste Landesgericht. ObstLG. 1, 251. — S. Anm. 4 zu § 12.

2. Nur in Fällen der ordentlichen streitigen Gerichtsbarkeit, nicht in Disziplinarsachen. E. 22, 111. — S. noch § 19.

§ 15.

Ist das an sich zuständige Gericht in einem einzelnen Falle an der Ausübung des Richteramts rechtlich oder tatsächlich verhindert,[1] oder ist von der Verhandlung vor diesem Gerichte eine Gefährdung der öffentlichen Sicherheit zu besorgen, so hat das zunächst obere Gericht[2] die Untersuchung und Entscheidung dem gleichstehenden Gericht eines anderen Bezirks zu übertragen.[3]

1. Z. B. wegen Ausschließung oder Ablehnung der Richter vgl. E. 45, 68.

2. Das ist das Landgericht für die Amtsgerichte und Schöffengerichte seines Bezirks, ferner Oberlandesgericht und Reichsgericht. — S. Anm. 4 zu § 12. — Bei Verhinderung des durch Übertragung nach § 12 Abs. 2 mit der Sache befaßten Gerichtes entscheidet nicht das dort bezeichnete gemeinschaftl. obere Gericht, sondern das zunächst obere Gericht, E. 45, 67.

3. Das Gericht, dem die Sache übertragen wird, ist an die Entscheidung des Obergerichts gebunden, es sei denn, daß dieses zur Entscheidung nicht zuständig war oder nicht innerhalb der durch § 15 gesetzten Grenze handelte, E. 10, 381. — Übertragung auch bei Anhängigkeit der Sache in höherer Instanz an ein anderes Gericht gleicher Instanz möglich.

Örtliche Unzuständigkeit.

§ 16.

Der Angeschuldigte muß den Einwand der Unzuständigkeit[1] bei Verlust desselben bis zum Schlusse der Voruntersuchung,[2] falls aber eine solche nicht stattgefunden hat, in der Hauptverhandlung[3] bis zur Verlesung des Beschlusses über die Eröffnung des Hauptverfahrens[4] geltend machen.[5]

1. Örtl. Unzust.; diese ist auch von Amts wegen bis zur Eröffnung des Hauptverfahrens zu beachten, Rsp. 7, 520; wegen der sachlichen Unzust. s. § 6. Der Einwand, daß die Strafverf. im Inland nicht zulässig (s. insbesondere §§ 4 ff. StGB.) und deshalb das Gericht nicht zuständig ist, kann in jeder Lage des Verfahrens geltend gemacht werden.

2. § 195; bis zur Stellung der Anträge der Staatsanwaltschaft gem. § 196 Abs. 2 (bestr.), auch noch bis zum Schlusse der gem. § 200 ergänzten VU. Voraussetzung ist, daß dem Angeschuldigten die Eröffnung der VU. nach § 190 bekannt gemacht war, E. 25, 15. — § 16 wird durch die Vorschrift des § 179 Abs. 2 nicht berührt; der Einwand geht dadurch nicht verloren, daß der Angeschuldigte bei seiner Anhörung nach § 178 Abs. 2 ihn nicht erhob (gem. M.).

3. Vor Eröffnung des Hauptverfahrens (ohne VU.) jederzeit, auch schriftlich; nach der Eröffnung nur in der Hauptverhandlung, E. 17, 412; jedoch genügt die Geltendmachung bei einer Vernehmung nach § 232, E. 40, 354. Aufhebung des Urteils gibt den bereits verlorenen Einwand für die neue Verh. nicht wieder, E. 43, 358.

4. § 242 Abs. 2; bis zu diesem Zeitpunkte muß der Einwand erhoben werden, auch wenn dieselbe Tat demnächst rechtlich anders als im EBeschl. beurteilt wurde und bei Annahme dieser Beurteilung im EBeschl. die örtl. Zust. nicht begründet gewesen wäre, GoltdA. 59, 138. S. noch Anm. 11 zu § 232. Beim Fehlen eines EBeschl. (§§ 211, 451, 456, 462) bis zum Schluß der Vernehmung des Angeklagten § 242 Abs. 3 (Löwe). — Der verspätete Einwand ist als unzulässig zurückzuweisen.

5. Entscheidung, auch in der Hauptverh., durch Beschluß. Rechtsmittel: §§ 346, 180, 199, 181, 209 Abs. 2, 347. — Weitere Vorschriften betr. den Einwand der Unzust. s. §§ 178—181, 199, 377 Nr. 4, 395.

§ 17.

Durch eine Entscheidung,[1] welche die Zuständigkeit für die Voruntersuchung feststellt, wird die Zuständigkeit auch für das Hauptverfahren festgestellt.[2, 3]

1. Nicht die bloße Eröffnung der VU. durch den UR. oder das Gericht, sondern nur ein auf Antrag (§ 173) oder Einwand erfolgter Ausspruch des Gerichts, Rsp. 7, 521. — Rechtsmittel s. Anm. 5 zu § 16.

2. Unzuständigkeitserklärung von Amts wegen nicht mehr möglich. Ausnahme: auf Grund neu ermittelter Tatsachen (bestr.) — Einwand der Unzust. durch den Angeschuldigten gem. § 16 aber zulässig, wenn er nicht schon durch die fragl. Entsch. zurückgewiesen ist.

3. §§ 12, 13, 15 werden durch § 17 nicht berührt; Übertragung der Sache auf ein anderes Gericht auch in diesem Falle möglich.

§ 18.

Nach Eröffnung des Hauptverfahrens[1] darf das Gericht seine Unzuständigkeit[2] nur auf Einwand des Angeklagten[3] aussprechen.[4]

1. § 201; ferner nach Erlaß des Strafbefehls (§§ 447 ff.), nach der Terminsanberaumung in den Fällen der §§ 456, 462. — Vorher ist die örtl. Zust. von Amts wegen zu prüfen; im Falle des § 211 kann diese Prüfung bis zur Erlassung des Urteils erfolgen (Löwe, bestr.).

2. örtliche; wegen der sachlichen Unzust. s. §§ 6, 270.

3. Nicht von Amts wegen oder auf Antrag des StA., Privatklägers oder Nebenklägers. E. 3, 136. Bei einer Mehrheit von Angeklagten genügt der Einwand eines von ihnen. E. 23, 155. Im objektiven Verfahren treten an die Stelle des Angeklagten die Einziehungsinteressenten (§ 478 Abs. 3). E. 19, 427. Auch im Verfahren gegen abwesende Wehrpflichtige ist der Einwand erforderlich, E. 4, 232. — Voraussetzung ist stets Rechtzeitigkeit (§ 16) des Einwands.

4. Durch die Unzuständigkeitserklärung wird der Eröffnungsbeschluß beseitigt; wegen der bis dahin vorgenommenen Untersuchungshandlungen s. § 20.

§ 19.

Haben mehrere Gerichte, von denen eines das zuständige ist, durch Entscheidungen, welche nicht mehr anfechtbar sind, ihre Unzuständigkeit ausgesprochen, so bezeichnet das gemeinschaftliche obere Gericht[1] das zuständige Gericht.[2]

1. Landgericht, Oberlandesgericht (auch in Bayern, nicht Oberstes Landesgericht. ObstLG. 1, 251) und Reichsgericht. S. noch Anm. 4 zu § 12.

2. Ist keines der Gerichte zuständig, so hat das Obergericht die Entscheidung abzulehnen; keine Verweisung an das nach seiner Anschauung zuständige Gericht. (Löwe). — Vgl. noch § 14.

§ 20.

Die einzelnen Untersuchungshandlungen [1] eines unzuständigen [2] Gerichts sind nicht schon dieser Unzuständigkeit wegen ungültig.[3]

1. Verhaftungen, Beschlagnahmen, Zeugenvernehmungen, Augenscheinseinnahmen usw. — Wegen notwendiger dringlicher Untersuchungshandlungen bei örtlicher Unzuständigkeitserklärung s. Anm. 1 zu § 21.

2. örtlich; § 20 ist übrigens auch bei sachlicher Unzust. entsprechend anwendbar; es verliert deshalb z. B. im Falle des § 270 der vom sachlich unzust. Gericht erlassene Haftbefehl seine Kraft nicht.

3. Wiederholung durch das zuständige Gericht zulässig, unter Umständen nötig z. B. die Beweisaufnahme in der Hauptverh., auch die Anordnung der Haftfortdauer (bestr.).

§ 21.

Ein unzuständiges Gericht hat sich denjenigen innerhalb seines Bezirks vorzunehmenden Untersuchungshandlungen zu unterziehen,[1] in Ansehung deren Gefahr im Verzug obwaltet.[2]

1. Auch ohne Antrag der Staatsanwaltschaft. So hat z. B. ein sich für örtl. unzust. erklärendes Gericht einzelne Untersuchungshandlungen, deren Aufschub eine Gefahr für die ordnungsmäßige Erledigung der Sache in sich schließen würde, wie Verhaftungen, Beschlagnahmen, von Amts wegen noch selbst vorzunehmen.

2. Für das vorbereitende Verfahren s. § 163.

Dritter Abschnitt.

Ausschließung und Ablehnung von Gerichtspersonen.

Vorbemerkung.

1. Die Ausschließungsgründe (§§ 22, 23) bewirken kraft Ges. die Unfähigkeit der betr. Gerichtsperson, das Richteramt im fraglichen Fall auszuüben; die Ablehnungsgründe dagegen müssen von den Prozeßbeteiligten ausdrücklich geltend gemacht werden; s. aber noch § 30.

2. Auf die Beamten der Staatsanwaltschaft finden die Bestimmungen dieses Abschnittes keine Anwendung; es besteht insbesondere kein Ablehnungsrecht, dagegen kann die vorgesetzte Behörde des StA. um Ersetzung des Beamten durch einen andern angegangen werden. — Die Tätigkeit eines Vertreters der Staatsanwaltschaft ist mit der Ablegung eines Zeugnisses in der Sache, in der er als StA. tätig wird, unvereinbar, E. 29, 236. Diese Unvereinbarkeit gilt jedoch nur für den Fall, daß der Beamte der Staatsanwaltschaft als Zeuge wirklich vernommen wird, die bloße Vorladung als Zeuge bewirkt die Ausschließung nicht, E. 42, 2.

Ausschließung des Richters.

§ 22.

Ein Richter[1] ist von der Ausübung des Richteramts[2] kraft Gesetzes ausgeschlossen:[3]

1. wenn er selbst durch die strafbare Handlung verletzt[4] ist;
2. wenn er Ehemann[5] oder Vormund[6] der beschuldigten oder der verletzten[4] Person ist oder gewesen ist;
3. wenn er mit dem Beschuldigten oder mit dem Verletzten[4] in gerader Linie verwandt,[7] verschwägert[7] oder durch Adoption[7] verbunden, in der Seitenlinie bis zum dritten Grade verwandt oder bis zum zweiten Grade verschwägert ist, auch wenn die Ehe, durch welche die Schwägerschaft begründet ist, nicht mehr besteht;
4. wenn er in der Sache[8] als Beamter der Staatsanwaltschaft,[9] als Polizeibeamter,[10] als Anwalt[11] des Verletzten[4] oder als Verteidiger[11] tätig gewesen ist;
5. wenn er in der Sache[8] als Zeuge oder Sachverständiger vernommen ist.[12]

1. Wegen der Schöffen s. § 31; wegen der Geschworenen s. § 32; wegen des Gerichtsschreibers s. § 31.

2. Ausübung des Richteramts ist jede Art der richterlichen Tätigkeit, z. B. auch Zeugenvernehmung, nicht bloß die Mitwirkung bei irgendwelchen Entscheidungen in der Sache, E. 30, 70.

3. Die Nichtbeachtung eines Ausschließungsgrundes bewirkt die Nichtigkeit der betr. richterlichen Handlung (vgl. auch ObstLG. 7, 394), die übrigens bei richterlichen Entscheidungen durch den Eintritt der Unanfechtbarkeit geheilt wird. Es genügt das objektive Vorhandensein des Ausschließungsgrundes; Kenntnis des Richters hiervon ist nicht nötig, E. 33, 309. Der Ausschließungsgrund wirkt erst von dem Zeitpunkt des Verfahrens an, in dem er entsteht; Rückwirkung ausgeschlossen.

4. Verletzter ist der durch die Straftat in seinen Rechten unmittelbar Betroffene, E. 1, 370; W. 8, 172; so z. B. in einem Strafverf. wegen Bankerutts alle Konkursgläubiger, die nicht vollständige Befriedigung erlangen konnten, dies selbst dann, wenn sie nachträglich befriedigt wurden, E. 11, 223; 21, 291; ebenso alle Mitglieder einer offenen HGes. bei Straftaten gegen das Eigentum der Gesellschaft, E. 37, 414.

Dagegen sind z. B. im Falle eines Vergehens gegen das Eigentum einer juristischen Person (selbständigen rechtl. Persönlichkeit) die Mitglieder infolge dieser ihrer Mitgliedschaft allein nicht als unmittelbar Verletzte anzusehen, so nicht die Mitglieder einer eingetragenen Genossenschaft, E. 23, 361; SeuffBl. 74, 388; die Mitglieder einer Kommanditgesellschaft auf Aktien, E. 37, 414; die Mitglieder einer G. m. b. H., Recht 12, 3096; 13, 1640; BayZ. 5, 210. — Auch bei Beleidigungen eines ganzen Standes als solchen oder eines bestimmten Personenkreises erscheinen die einzelnen Mitglieder nicht als unmittelbar verletzt, ebenso bei Beleidigungen einer Behörde (Gerichtsbehörde) nicht notwendig alle ihre Mitglieder, E. 24, 342; 25, 179; JW. 41, 942; W. 8, 171. — Als Verletzter gilt auch nicht derjenige Richter, der als Vorgesetzter gem. § 196 StGB. Strafantrag gestellt hat, Rsp. 4, 207; 5, 333; Recht 17, 296.

5. Verlöbnis ist kein Ausschließungsgrund; Ablehnung möglich.

6. Auch der Gegenvormund, § 1792 BGB. (vgl. E. 11, 223), nicht aber der Pfleger (§§ 1911 ff. BGB.); bei letzterem nur Ablehnung möglich.

7. Verwandtschaft und Schwägerschaft s. §§ 1589, 1590 BGB. Adoption: §§ 1741 ff. BGB. Bei entfernterer Verwandtschaft allenfalls Ablehnung.

8. Sache: nur die anhängige Straff., GoltdA. 47, 377, auch wenn es sich bei dem Verfahren seinerzeit erst um die Ermittelung des unbekannten Täters handelte, GoltdA. 55, 221, nicht auch bei einer Tätigkeit in einer andern, den gleichen Gegenstand betr. Rechtssache (Mot.), ebenso nicht in einer ursprünglich verbundenen, später wieder abgetrennten Sache, E. 17, 173. Wiederaufnahmeverfahren und das diesem vorangehende frühere Verfahren sind eine Sache, E. 30, 70. Vgl. noch den Fall in BayZ. 4, 70; Recht 12, 216; GoltdA. 55, 221 (Mitw. eines früheren StA. beim Eröff.-Beschl.).

9. Auch als Hilfsarbeiter der Staatsanwaltschaft (Gerichtsassessoren), E. 7, 236, auch bei nur formaler Tätigkeit, E. 28, 53.

10. Beamter, der im Interesse der Strafrechtspflege eine sicherheitspolizeiliche, auf Erforschung einer strafbaren Handlung oder auf Verfolgung des Verdächtigen gerichtete Tätigkeit in der Sache ausgeübt hat (Begr. z. n. E.), also nicht Wohlfahrtspolizei. Vgl. hierzu auch E. 17, 415; 18, 402; 35, 319; 36, 208; Recht 12, 1463; BayZ. 9, 23 (Weinkontrolleure in Bayern); Bergbeamte, die nur im Interesse der bergbaulichen Sicherheit tätig gewesen, zählen nicht hierher, Recht 11, 1479. — Eine bloße Anzeige gem. § 157 ist nicht als Tätigkeit im Sinne der Nr. 4 zu erachten, GoltdA. 49, 118; Recht 12, 1463.

11. Der in der anhängigen Sache tätig gewesene Rechtsanwalt, GoltdA. 47, 377 und dessen Hilfsarbeiter (Substitut) GoltdA. 40, 447. — Verteidiger: s. ObstLG. 7, 393.

12. Mündliche Vernehmung erforderlich, ob sie von sachlicher Bedeutung war und wann sie erfolgte, ist belanglos, Rsp. 6, 161; E. 30, 70; schriftliche Erklärungen bewirken nur dann die Ausschließung, wenn sie in Erstattung eines Gutachtens gem. § 82 bestehen, E. 12, 180. Der bloße Antrag auf Vernehmung des Richters oder dessen Ladung begründen noch nicht die Ausschließung, E. 17, 173; 42, 2; GoltdA. 54, 292; 59, 126; Recht 15, 950. — Will ein in der Sache tätiger Richter über sein privates Wissen in der Hauptverh. aussagen, so begründet das die Ausschließung, E. 26, 272.

Ausschließung des Richters.

§ 23.[1]

I Ein Richter, welcher bei einer durch ein Rechtsmittel[2] angefochtenen Entscheidung mitgewirkt hat, ist von der Mitwirkung bei der Entscheidung in höherer Instanz kraft Gesetzes ausgeschlossen.

II Der Untersuchungsrichter[3] darf in denjenigen Sachen, in welchen er die Voruntersuchung geführt[4] hat, nicht Mitglied des erkennenden Gerichts sein, auch nicht bei einer außerhalb der Hauptverhandlung erfolgenden Entscheidung der Strafkammer[5] mitwirken.

III An dem Hauptverfahren[6] vor der Strafkammer[7] dürfen mehr als zwei von denjenigen Richtern, welche bei der Entscheidung über die Eröffnung des Hauptverfahrens[8] mitgewirkt haben, und namentlich der Richter, welcher Bericht über den Antrag der Staatsanwaltschaft erstattet hatte,[9] nicht teilnehmen.

1. Auch die Vorschriften des § 23 sind, wie die des § 22, zwingenden Rechts; ihre Verletzung begründet die Revision (§ 377 Nr. 2); vgl. E. 2, 209.

2. Beschwerde, Berufung, Revision, nicht aber der Wiederaufnahmeantrag; im Wiederaufnahmeverfahren können die an der früheren Entscheidung beteiligten Richter mitwirken. Letzteres gilt auch, wenn auf ein Rechtsmittel die frühere Entscheidung aufgehoben und die Sache nach Zurückverweisung in der Vorinstanz wiederholt entschieden wird, GoltdA. 41, 139; E. 31, 225.

3. Auch dessen Stellvertreter, E. 4, 342; 18, 269; ebenso natürlich der Amtsrichter im Falle des § 183 S. 1; auch der UR. in einer früheren, dieselbe Straftat betr. Sache, Recht 17, 440; BayZ. 9, 131; GoltdA. 60, 421; dagegen nicht der gem. § 183 S. 2 ersuchte Amtsrichter, selbst wenn dessen Untersuchungshandlungen die gesamte Beweisaufnahme erschöpften, Rsp. 7, 302, ferner nicht der Ermittelungsrichter (§§ 160, 163, 164), Rsp. 2, 409, auch nicht der vom Gericht mit bestimmten Beweiserhebungen beauftragte Richter, Rsp. 2, 360; E. 30, 400; BayZ. 3, 213, auch nicht der beauftragte Richter im Wiederaufnahmeverf., Recht 13, 1746.

4. Darunter ist nur die Vornahme eines wesentlichen Aktes der VU. zu verstehen, E. 28, 358, z. B. die Vernehmung des Angeschuldigten, von Zeugen oder Sachverständigen, Augenscheinseinnahme usw., E. 18, 269, wobei es auch genügt, wenn der UR. die Vornahme dieser Akte durch andere Beamte und Behörden veranlaßt hat. GoltdA. 39, 63. Dagegen bilden keinen Ausschließungsgrund die bloße Eröffnung der VU. auch mit Anordnung der Fortdauer der Untersuchungshaft, E. 9, 285, und der bloße Abschluß der VU. gem. § 195, E. 21, 285; W. 3, 232, auch nicht eine bloße Vernehmung des Angeschuldigten gem. § 115 an Stelle des UR., GoltdA. 51, 193; W. 2, 208, ferner nicht die Anordnung der Ladung von Zeugen und Sachverständigen oder die Entgegennahme eines Antrags des Angesch., Rsp. 2, 51; 3, 155, ebenso nicht die Mitteilung von der Wiedereröffnung der VU. an den Verteidiger und die Untersagung der Beförderung eines Briefes des verhafteten Angesch., Recht 16, 3160, auch nicht Untersuchungshandlungen, die sich ausschließlich auf nicht mehr in Betracht kommende Angeschuldigte bezogen, E. 2, 314; s. aber Recht 14, 4221; GoltdA. 58, 137.

Untersuchungsakte zwischen Schluß der VU. und Erlassung des Eröffnungsbeschlusses, die zur Ergänzung der VU. erfolgen (vgl. § 200), bilden ebenfalls einen Ausschließungsgrund, E. 2, 314; 4, 341.

5. Z. B. bei einer Entsch. über ein Ablehnungsgesuch KG. in GoltdA. 59, 169. Mitwirkung des UR. beim Eröffnungsbeschluß ist nur dann Revisionsgrund, wenn das Urteil auf dieser Verletzung des § 23 Abs. 2 beruht, Rsp. 2, 104; E. 10, 56.

6. D. i. Hauptverhandlung und Urteilsfällung, E. 13, 304; 25, 345, nicht aber z. B. die Entscheidung über ein Ablehnungsgesuch, das in der Hauptverhandlung angebracht wird, E. 13, 302; GoltdA. 46, 113.

7. Auch in der Berufungsinstanz. — Die Bestimmung gilt nicht für das Schwurgericht, Rsp. 5, 423; 6, 64; Recht 15, 951; W. 6, 137, auch nicht für das SchöffG.

8. Nicht bloß die Mitwirkung beim Eröffnungsbeschluß kommt hier in Frage, sondern auch die Teilnahme an einem Beschluß auf vorläufige Einstellung oder an einem den Angesch. außer Verfolgung setzenden Beschluß, wenn dieser vom OLG. aufgehoben und das Hauptverfahren von diesem Gericht eröffnet wurde. E. 2, 209; 45, 263. Dagegen schließt nicht aus die Teilnahme an einem Beschluß gem. §§ 199, 200 auf Eröffnung der VU. oder weitere Beweiserhebung, E. 3, 81; 12, 308, oder über Zulassung eines Nebenklägers, E. 8, 82, oder über die Wiederaufnahme des Verfahrens, E. 4, 426.

Bei einer Mehrheit von Eröffnungsbeschlüssen kann das Gericht in den verbundenen Sachen in der Zusammensetzung verhandeln und entscheiden, in welcher es in jeder einzelnen Sache zu verhandeln und zu entscheiden befugt gewesen wäre, E. 8, 82; GoltdA. 45, 271; SeuffBl. 78, 38.

9. Der nach Eröffnung des Hauptverfahrens ernannte Berichterstatter kommt hier nicht in Frage. E. 40, 155. — Der Berichterstatter in einer an das SchöffG. überwiesenen Sache kann, nachdem sich das SchöffenG. für unzuständig erklärt hat, an der Verh. vor der Strafk. teilnehmen. SeuffBl. 72, 945; Recht 11, 996.

Ablehnung.

§ 24.

I Ein Richter[1] kann sowohl in den Fällen, in denen er von der Ausübung des Richteramts kraft Gesetzes ausgeschlossen[2] ist, als auch wegen Besorgnis der Befangenheit abgelehnt[3] werden.

II Wegen Besorgnis der Befangenheit[4] findet die Ablehnung statt, wenn ein Grund vorliegt, welcher geeignet ist, Mißtrauen gegen die Unparteilichkeit eines Richters zu rechtfertigen.

III Das Ablehnungsrecht steht der Staatsanwaltschaft, dem Privatkläger[5] und dem Beschuldigten zu. Den zur Ablehnung Berechtigten sind auf Verlangen die zur Mitwirkung bei der Entscheidung berufenen Gerichtspersonen namhaft zu machen.[6]

1. Richter und Schöffen; wegen der Geschworenen s. §§ 282—285. Das Gericht in seiner Gesamtheit kann nicht abgelehnt werden. E. 27, 175. Das gleiche gilt für eine allgemeine Ablehnung sämtlicher Richter eines Gerichts, vgl. ZE. 44, 402. Bei Ablehnung aller Richter eines Landgerichts entscheidet das Oberlandesgericht, ObstLG. 8, 285. — Wegen der Beamten der Staatsanwaltschaft s. Vorbem. 2 zu Abschn. 3.

2. §§ 22, 23.

3. Berechtigte: § 24 Abs. 3. Zeitpunkt der Ablehnung: § 25. Form und Inhalt des Gesuchs: § 26. Beachtung von Ablehnungs- und Ausschließungsgründen von Amts wegen s. § 30. — Die Ablehnung kann bei jeder richterlichen Handlung erfolgen. — Auf die Geltendmachung des Ablehnungsrechtes kann verzichtet werden; wird es nicht geltend gemacht, so gilt das als Verzicht, der nicht zu dem Zwecke widerrufen werden kann, die demnächst ergangene Entscheidung mit einem Rechtsmittel anzufechten, Rsp. 7, 501.

4. Ob Besorgnis der Befangenheit gegeben, ist Ermessensfrage. Über Einzelfälle vgl. E. 5, 437; Rsp. 4, 527; E. 7, 340: politische Parteistellung des Richters für sich allein genügt nicht; SeuffBl. 76, 34: auch die Zugehörigkeit des Richters zu einem politischen Verein für sich allein nicht; GoltdA. 58, 190: auch nicht die

Äußerung einer Rechtsauffassung durch den Richter; E. 19, 332: Berichterstatter bei einer Entsch. gem. §§ 170 ff.; JW. 30, 687: Mitwirkung in einer dieselbe Angelegenheit betr. Zivilsache; Recht 17, 143: Richter, der die Anzeige erstattet hat.

5. Auch dem Nebenkläger § 437 und der Verwaltungsbehörde §§ 464, 467.

6. Verletzung der Vorschrift begründet die Beschwerde (§§ 346, 347), ist aber nicht Revisionsgrund, E. 29, 62; Recht 14, 3430.

Zeitliche Begrenzung der Ablehnung.

§ 25.

Die Ablehnung eines Richters wegen Besorgnis der Befangenheit ist in der Hauptverhandlung erster Instanz nur bis zur Verlesung des Beschlusses über die Eröffnung des Hauptverfahrens,[1] in der Hauptverhandlung über die Berufung und die Revision nur bis zum Beginne der Berichterstattung[2] zulässig.[3]

1. Verlesung: § 242 Abs. 2. Sind in einem Eröff.-Beschl. mehrere selbständige strafbare Handlungen aufgeführt und wird er stückweise verlesen, so kann eine Ablehnung nach Beginn der ersten Verlesung nicht mehr erfolgen. E. 44, 312. Die Ablehnung ist nach der Verlesung auch dann nicht mehr zulässig, wenn der Ablehnungsgrund erst nach diesem Zeitpunkt eintritt oder dem Ablehnungsberechtigten bekannt wird, Rsp. 8, 356; Recht 7, 242; JW. 35, 493. Keine Wiedereinsetzung in den vorigen Stand. JW. 18, 473. Dagegen ist die Ablehnung in einer neuen Hauptverh. wieder zulässig, E. 19, 332.

2. §§ 365, 391.

3. Ablehnung vor der Hauptverh. ist zulässig. Ist ein solches Gesuch in z. B. unanfechtbarer Weise als unbegründet verworfen, so ist im Falle bloßer Wiederholung des Gesuchs in der Hauptverh. das Gericht berechtigt, über das Gesuch als ein formell unstatthaftes eine anderweite Entsch. abzulehnen und an der Beteiligung an diesem rein formellen Beschlusse sind die abgelehnten Richter nicht gehindert, E. 11, 224. Bei einer Vertagung der Hauptverh. vor Entsch. über ein in dieser angebrachtes Ablehnungsgesuch muß über dieses in der neuen Hauptverh. ohne weiteren Antrag entschieden werden, GoltdA. 40, 43; SeuffBl. 74, 704.

Form und Inhalt des Ablehnungsgesuchs.

§ 26.

I Das Ablehnungsgesuch ist bei dem Gerichte, welchem der Richter angehört,[1] anzubringen; es kann vor dem Gerichtsschreiber zu Protokoll erklärt werden.[2]

II Der Ablehnungsgrund ist glaubhaft zu machen;[3] der Eid ist als Mittel der Glaubhaftmachung ausgeschlossen. Zur Glaubhaftmachung kann auf das Zeugnis des abgelehnten Richters[4] Bezug genommen werden.

III Der abgelehnte Richter hat sich über den Ablehnungsgrund dienstlich zu äußern.

1. Die mit der Sache befaßte Strafk., das Schwurgericht usw.; letzteres, außerhalb der Sitzungsperiode die Strafkammer (§ 82 GVG.), auch bei Ablehnung eines dem Oberlandesgericht angehörenden Vorsitzenden, E. 19, 332. Hat gem. § 27

Abs. 1 das zunächst obere Gericht zu entscheiden, so kann dieses erst bei ihm geltend gemachte Ablehnungsgründe nicht berücksichtigen, E. 5, 133.

2. Außerhalb der Hauptverh. auch schriftlich; in dieser mündlich. Das bei Beginn der Hauptverh. angebrachte Gesuch wird zu Protokoll über die Hauptverh. erklärt und gilt damit als bei dem in Abs. 1 bezeichneten Gericht angebracht, E. 13, 303.

3. Glaubhaftmachen ist im wesentlichen Wahrscheinlichmachen. Hierbei können insbesondere privatschriftliche Erklärungen oder eidesstattliche Versicherungen eines Zeugen benützt werden, E. 28, 8.

4. Der betr. Richter ist in dem Gesuch namhaft zu machen. Rsp. 10, 86. Die Ablehnung „sämtlicher anwesender Richter" enthält eine genügende Bezeichnung der Mitglieder der erkennenden StrafK. JW. 30, 496. — „Zeugnis" ist hier die dienstliche Äußerung gem. Abs. 3.

Entscheidung über das Ablehnungsgesuch.

§ 27.

I Über das Ablehnungsgesuch entscheidet das Gericht, welchem der Abgelehnte angehört;[1] wenn dasselbe durch Ausscheiden des abgelehnten Mitglieds[2] beschlußunfähig[3] wird, das zunächst obere Gericht.[4]

II Wird ein Untersuchungsrichter oder ein Amtsrichter[5] abgelehnt, so entscheidet das Landgericht.[6] Einer Entscheidung bedarf es nicht, wenn der Abgelehnte das Ablehnungsgesuch für begründet hält.[7]

1. S. Anm. 1 zu § 26. Die StrafK. bei Ablehnungsgesuchen außerhalb der Hauptverh. in der Besetzung von 3 Mitgliedern (§ 77 GVG.), E. 22, 135. Entsch. in dieser Besetzung zulässig auch über ein in der Hauptverh. gestelltes Ablehnungsgesuch, E. 21, 250; SeuffBl. 73, 99; W. 2, 208. — Mündliche Verhandlung nicht nötig; es können deshalb auch Richter teilnehmen, die bei der Anbringung und Begründung des Gesuches nicht zugegen waren, Rsp. 8, 89.

2. Das abgelehnte Mitglied darf an der Entsch. nicht teilnehmen; Ausnahme: wenn es sich nicht um eine materielle Entsch. über das Gesuch, sondern nur um Prüfung der Zulässigkeit des Gesuches handelt, Recht 13, 3270; SeuffBl. 74, 737, z. B. bei verspätetem (§ 25) Ablehnungsgesuch, W. 3, 233, bei Zurückweisung eines wiederholten, schon früher unanfechtbar zurückgewiesenen Ablehnungsgesuches, E. 11, 224; GoltdA. 44, 385, s. auch E. 24, 12, ferner bei Zurückweisung eines offenkundig nicht ernstlich gemeinten, nur eine Verschleppung bezweckenden Gesuches, E. 30, 273; GoltdA. 46, 201; die Absicht der Verschleppung bedarf aber eingehender, tatsächlich schlüssiger und rechtlich einwandfreier Begründung, Recht 18, 872.

3. S. § 194 GVG. Beschlußunfähigkeit tritt erst ein, wenn eine Ergänzung auch nicht auf dem in § 66 GVG. bestimmten Wege erfolgen kann, E. 40, 436; Recht 12, 3500. — Wegen Ablehnung eines Gerichts in seiner Gesamtheit oder sämtlicher Richter s. Anm. 1 zu § 24.

4. Das ist Oberlandesgericht oder Reichsgericht; auch in Bayern das Oberlandesgericht, nicht das Oberste Landesgericht, ObstLG. 8, 285. Ablehnungsgründe, die erst vor dem oberen Gerichte geltend gemacht werden, sind nicht zu berücksichtigen, E. 5, 134.

5. Als Einzelrichter, Schöffenrichter oder ersuchter Richter. Wegen der Entsch. bei Ablehnung eines Mitgliedes der bei einem Amtsgericht gebildeten Strafk. s. E. 41, 118.

6. Strafkammer, § 72 Abs. 2 GVG.

7. Es kann jedoch gleichwohl eine Entsch. erfolgen; die Bestimmung des Schlußsatzes bezieht sich nur auf Fälle des Abs. 2; bei Ablehnung eines Strafkammermitgliedes muß deshalb stets eine Entsch. erfolgen, E. 5, 437; GoltdA. 38, 426.

Rechtsmittel.

§ 28.

I Gegen den Beschluß, durch welchen das Ablehnungsgesuch für begründet erklärt wird, findet kein Rechtsmittel, gegen den Beschluß, durch welchen das Gesuch für unbegründet erklärt wird, findet sofortige Beschwerde[1] statt.

II Der Beschluß, durch welchen ein gegen einen erkennenden Richter[2] angebrachtes Ablehnungsgesuch für unbegründet erklärt wird, kann nicht für sich allein, sondern nur mit dem Urteil angefochten[3] werden.[4]

1. § 353; gegen Beschlüsse des Oberlandesgerichts und des Reichsgerichts keine Beschwerde, § 346 Abs. 3; s. aber wegen der Anfechtung solcher Beschlüsse eines OLG. in Fällen des Abs. 2, E. 33, 314. Auf die Ablehnung von Sachverständigen (§ 74) findet § 28 keine Anwendung, ObstLG. 7, 274.

2. Erkennende Richter sind nur diejenigen, welche nach der Eröffnung des Hauptverfahrens mit der Sache befaßt sind. Abs. 2 findet auf alle nach diesem Zeitpunkt erlassenen Beschlüsse Anwendung, gleichgültig, ob sie in oder vor der Hauptverh. ergingen. E. 7, 175; 22, 135; JW. 38, 518; ObstLG. 3, 405 (Strafbefehlsverf.); 9, 328.

3. Durch Berufung oder Revision. Vgl. § 377 Nr. 3. Im Falle der Revision sind die Ablehnungsgründe sachlich zu würdigen, wobei die tatsächlichen Feststellungen den Revisionsrichter nicht binden. E. 22, 135; 7, 340; 13, 303. Neue, erst vor dem Revisionsgerichte gebrachte tatsächliche Ausführungen können hierbei nicht berücksichtigt werden. Rsp. 4, 527. — Abs. 2 gilt auch für Fälle, in denen das Gesuch als unzulässig zurückgewiesen wurde.

4. Hat sich in einem Falle des Abs. 2 das erste Gericht irrig für unzuständig erklärt, so hat das Beschwerdegericht nur über die Zuständigkeit, nicht über den sachlichen Inhalt des Ablehnungsgesuches zu entscheiden, E. 19, 332.

Dringliche Handlungen des abgelehnten Richters.

§ 29.

Ein abgelehnter[1] Richter hat vor Erledigung des Ablehnungsgesuches nur solche Handlungen vorzunehmen, welche keinen Aufschub gestatten.

1. § 29 findet auf kraft Gesetzes ausgeschlossene Richter keine Anwendung, auch nicht auf den Richter, dessen Ablehnung für begründet erklärt ist; deren Handlungen sind nichtig, vgl. Anm. 3 zu § 22. — Bei erfolgloser Ablehnung gilt das Gesuch erst dann als erledigt, wenn der Beschluß nicht mehr anfechtbar ist;

ist die Beschwerde ausgeschlossen (s. § 28 Abs. 2), so kann der Richter sofort nach Erlassung des Beschlusses wieder tätig werden. Recht 15, 3881; GoltdA. 59, 351. Mitwirkung abgelehnter Richter bei anderen Ablehnungsgesuchen, Recht 15, 3270.

Entscheidung von Amts wegen. **§ 30.**

Das für die Erledigung eines Ablehnungsgesuchs zuständige Gericht[1] hat auch dann zu entscheiden, wenn ein solches Gesuch nicht angebracht ist, ein Richter aber von einem Verhältnisse Anzeige macht, welches seine Ablehnung rechtfertigen könnte,[2] oder wenn aus anderer Veranlassung Zweifel darüber entstehen, ob ein Richter kraft Gesetzes ausgeschlossen[3] sei.[4]

1. § 27.

2. Kein Selbstablehnungsrecht des Richters; diesem steht auch gegen die Entsch. des Gerichts keine Beschwerde zu. — Vgl. noch Recht 17, 296.

3. §§ 22, 23.

4. Die Entsch., die einen Richter hiernach ausschließt, ist nicht anfechtbar. E. 30, 123. Die Entsch. nach § 30 brauchen den Prozeßbeteiligten nicht bekannt gemacht zu werden. — Auf Geschworene findet § 30 keine Anwendung. E. 45, 288. — S. noch die Abh. in SeuffBl. 71, 214.

Ausschließung und Ablehnung von Schöffen und Gerichtsschreibern. **§ 31.**

I Die Bestimmungen dieses Abschnitts finden auf Schöffen und Gerichtsschreiber entsprechende[1] Anwendung.[2]

II Die Entscheidung über eine Ausschließung oder Ablehnung von Schöffen[3] erfolgt durch den Amtsrichter. Über die Ausschließung oder Ablehnung eines Gerichtsschreibers entscheidet das Gericht oder der Richter, welchem derselbe beigegeben ist.

1. § 23 findet auf Gerichtsschreiber keine Anwendung. Rsp. 3, 789; SeuffBl. 75, 213.

2. Die von einem nach § 22 ausgeschlossenen oder einem erfolgreich abgelehnten Gerichtsschreiber aufgenommenen Protokolle entbehren des Charakters von Protokollen im Sinne der StPO., vgl. JW. 22, 419; ObstLG. 7, 394. Es begründet aber die Führung des Protokolls der Hauptverh. durch einen ausgeschlossenen Gerichtsschreiber an sich die Revision nicht, E. 13, 76.

3. Ersetzung des ausgeschlossenen oder erfolgreich abgelehnten Schöffen: § 49 GVG.

Ausschließung von Geschworenen. **§ 32.**

Die Bestimmungen des § 22 finden auf Geschworene[1] Anwendung.[2]

1. Ausschließung: maßgebend für die Beurteilung der Frage, ob ein Ausschließungsgrund gegeben ist, ist der Zeitpunkt der Auslosung behufs Bildung der Geschworenenbank. E. 2, 241. — Verfahren: § 279.

2. Ablehnung: §§ 24—30 sind auf Geschworene nicht anwendbar. E. 18, 238; 45, 288. Siehe für diese §§ 282—285. — Vgl. noch § 377 Nr. 2.

Vierter Abschnitt.

Gerichtliche Entscheidungen und deren Bekanntmachung.

Erlassung der Entscheidungen. **§ 33.**

Die Entscheidungen[1] des Gerichts[2] werden, wenn sie im Laufe einer Hauptverhandlung ergehen, nach Anhörung[3] der Beteiligten,[4] wenn sie außerhalb einer Hauptverhandlung ergehen, nach erfolgter schriftlicher oder mündlicher Erklärung[5] der Staatsanwaltschaft erlassen.[6, 7]

1. Das sind alle Arten von richterlichen Entschließungen, wie Urteile, Beschlüsse usw.; so z. B. auch Beschlüsse über Ausschluß der Öffentlichkeit, E. 1, 50, oder über Nichtbeeidigung von Zeugen, E. 6, 3.

2. Nicht aber Verfügungen des Vorsitzenden; vgl. auch Recht 12, 1464.

3. Nichtanhörung ist dann nicht Revisionsgrund, wenn den Beteiligten vor Ausführung der Beschlüsse die Möglichkeit gegeben war, ihre etwaigen Einwendungen vorzubringen. E. 6, 3; JW. 40, 855. Nichtanhörung des StA. über einen Beweisantrag des Verteidigers ist kein Revisionsgrund für den Angeklagten. Recht 12, 1308.

4. Beteiligte sind hier: die Prozeßbeteiligten (Staatsanwalt, Privatkläger, Nebenkläger, Verwaltungsbehörden [§ 464]), Einziehungsinteressenten (§ 478), der Angeklagte und die Personen, die für den Angeklagten selbständig (§ 340) eingreifen können, der Verteidiger, ferner alle sonstigen in der Hauptverh. anwesenden Personen, die durch die Entsch. betroffen werden. (Abh. in BayZ. 8, 122).

5. Außerhalb der Hauptverh. regelmäßig schriftlich; mündliche Äußerung des StA. in einer beratenden Sitzung des beschließenden Gerichts jedoch zulässig. Wegen der Anhörung des Privatklägers und Nebenklägers s. §§ 425, 437.

6. Erlassen ist eine Entsch. in der Hauptverh. mit der Verkündung in einem richterlichen Termin, in dem der von ihr Betroffene anwesend ist, mit der mündlichen Eröffnung an diesen, sonst mit der schriftlichen Abfassung; die schriftlich abgefaßte Entsch. kann vor der Verkündung oder, falls sie durch Zustellung bekannt zu machen ist (§ 35), vor der Zustellung vom Gericht oder dem Richter wieder aufgehoben oder abgeändert werden. (ObstLG. 1, 245: Strafbefehl ist mit der schriftlichen Abfassung erlassen, kann jedoch vor Zustellung zurückgenommen werden). Vgl. auch E. 6, 28.

7. Über die Beurkundung von Entscheidungen s. §§ 271, 273, 275, 301, 307, 312. Die gerichtlichen Beschlüsse außerhalb der Hauptverh. bedürfen nicht notwendig der Unterschrift aller mitwirkenden Richter. E. 1, 210, 402; 43, 218.

Begründung der Entscheidungen. **§ 34.**

Die durch ein Rechtsmittel[1] anfechtbaren Entscheidungen[2] sowie diejenigen, durch welche ein Antrag[3] abgelehnt wird, sind mit Gründen[4] zu versehen.[5]

1. Beschwerde, Berufung und Revision. Auch die nur mit dem Urteil (§§ 347, 375, 369 Abs. 2) anfechtbaren Beschlüsse des erkennenden Gerichts.

2. Bloß prozeßleitende Verfügungen sind nur dann zu begründen, wenn Anträge abgelehnt werden oder wenn ein Widerspruch der Prozeßbeteiligten vorliegt oder wenn es sich um Beweismittel handelt, deren Gebrauch das Ges. an gewisse Vorbedingungen geknüpft hat. Rsp. 4, 324.

3. Eine prozessuale Einwendung gegen einen Antrag ist kein Antrag; deren Ablehnung oder Nichtberücksichtigung braucht deshalb nicht besonders begründet zu werden. Rsp. 3, 295.

4. Die Begründung muß ersehen lassen, ob die Entscheidung auf rechtlichen oder tatsächlichen Erwägungen beruht. E. 1, 189; Rsp. 2, 126; 3, 259. — Sonderbestimmungen: § 114 Abs. 2 hins. des Haftbefehls, §§ 202, 205 hins. der Eröffnungsbeschlüsse, §§ 266, 316 hins. der Urteile. — Einseitige Änderung der schriftlich niedergelegten Begründung durch den Vorsitzenden eines Kollegiums unzulässig, vgl. E. 24, 118; JW. 30, 500.

5. Fehlen der Urteilsbegründung ist Revisionsgrund, s. § 377 Nr. 7; auch die Unterlassung der Begründung von Beschlüssen, sofern das Urteil auf ihnen beruht, z. B. von Beschlüssen, durch welche Beweisanträge in der Hauptverh. abgelehnt werden, E. 1, 32, 366; Rsp. 1, 156, 603; dagegen bedarf eine antragsgemäß die Benutzung eines Beweismittels in der Hauptverh. verfügende Anordnung des Gerichts auch dann keiner Begründung, wenn sie trotz Widerspruchs eines Prozeßbeteiligten erfolgt. GoltdA. 59, 454.

Bekanntmachung der Entscheidungen.

§ 35.

I Entscheidungen,[1] welche in Anwesenheit der davon betroffenen Person ergehen, werden derselben durch Verkündung[2] bekannt gemacht. Auf Verlangen ist ihr eine Abschrift[3] zu erteilen.

II Die Bekanntmachung anderer Entscheidungen erfolgt durch Zustellung.[4]

III Dem nicht auf freiem Fuße Befindlichen[5] ist das zugestellte Schriftstück auf Verlangen vorzulesen.[6]

1. Urteile, Beschlüsse, auch die bloß prozeßleitenden Verfügungen. E. 1, 345.

2. Verkündung nur durch den Richter, nicht durch eine andere Amtsperson; hat sich stets auch auf die Gründe zu erstrecken; erfolgte sie nicht in der gesetzlich vorgeschr. Form, so ist nachträglich die Zustellung zu bewirken. — Verkündung des Urteils samt Gründen: §§ 267, 315, 373, 396. Eine Verlesung wie in § 267 ist beim Verkünden von Beschlüssen in der Hauptverh. nicht erfordert. E. 44, 54.

3. Die Abschrift kann nach der Verkündung jederzeit verlangt werden; auch eine Abschrift eines freisprechenden Urteils ist (kostenfrei § 499) zu erteilen, KG. in GoltdA. 39, 357; während der Hauptverh. kann aber eine Abschrift eines in dieser verkündeten Beschlusses nicht verlangt werden. E. 44, 54. Die Abschrift erteilt das Gericht, das die Entscheidung erlassen hat, nicht das z. Z. mit der Sache befaßte Gericht. ObstLG. 5, 237.

4. Zustellung s. § 170 ZPO.; sie hat sich stets auch auf die Gründe der Entsch. zu erstrecken. E. 1, 34, 366. — Zustellung an den Verteidiger oder bevollmächtigten Vertreter nur dann wirksam, wenn diese zur Empfangnahme der zuzustellenden Entscheidung ausdrücklich bevollmächtigt sind, Rsp. 10, 484; E. 43, 321; ObstLG. 3, 156; auch in solchem Fall übrigens Zustellung an den Auftraggeber wirksam. E. 6, 93. Die Vollmacht zur Empfangnahme wirkt bis zur ausdrücklichen oder durch schlüssige Handlungen sich ergebenden Zurücknahme; Zustellungen vor Anzeige des Widerrufs der Vollmacht setzen deshalb Fristen auch dann in Lauf, wenn die Vollmacht dem Bevollmächtigten gegenüber schon widerrufen ist. ObstLG. 6, 11 und in SeuffBl. 71, 67.

Dagegen muß der Beschluß, durch den der Angekl. vom Erscheinen in der Hauptverh. entbunden wird, stets dem Angekl. selbst zugestellt werden, E. 44, 48, ebenso stets das gegen einen Angekl. in dessen Abwesenheit ergangene Urteil, E. 19, 390; 34, 331; 43, 321; ObstLG. 6, 12; eine allenfalls erforderliche, gesetzlich vorgesehene Ersatzzustellung (§§ 181 ff. ZPO.) ist natürlich auch in diesen Fällen nicht ausgeschlossen. E. 44, 48.

5. Strafhaft, Untersuchungshaft, Polizeihaft, Zwangshaft, Haft nach Maßgabe der §§ 888, 901 ff. ZPO.

6. Vorlesen ersetzt die Zustellung nicht. E. 1, 345.

Zustellung und Vollstreckung. § 36.

I Entscheidungen, die einer Zustellung oder Vollstreckung bedürfen, sind der Staatsanwaltschaft zu übergeben, welche das Erforderliche zu veranlassen hat.[1] Auf Entscheidungen, die lediglich den inneren Dienst der Gerichte oder die Ordnung in den Sitzungen betreffen, findet diese Bestimmung keine Anwendung.[2]

II Der Untersuchungsrichter und der Amtsrichter können Zustellungen aller Art sowie die Vollstreckung von Beschlüssen und Verfügungen unmittelbar veranlassen.[3]

1. Ladungen: §§ 213, 221 Abs. 2. — Vollstreckung: zwangsweise Durchführung einer gerichtlichen Entsch. (ObstLG. 3, 141), erfolgt grundsätzlich durch die StA., z. B. auch Einschaffung des Angeschuldigten in eine öffentl. Irrenanstalt gem. § 81, ObstLG. 3, 411.

2. Weitere Ausnahmen: § 181 GVG. Vollstr. von Ordnungsstrafen durch den Vorsitzenden, E. 15, 230; § 425 Abs. 2 Ladungen im Privatklageverf. durch den Gerichtsschreiber, § 483 Abs. 3 Strafvollstr. durch den Amtsrichter. — Kollegialgerichte können insbesondere in dringenden Fällen auch von Amts wegen ohne Angehen der StA. Zustellungen und Vollstreckungen wirksam veranlassen; vgl. E. 6, 179.

3. Angehen der StA. um Zustellung oder Vollstr. auch im Falle des Abs. 2 zulässig. — Wegen der Amtsanwälte s. § 483 Abs. 2, auch Art. 24 der Preuß. GeschAnw. v. 28. 8. 79 (JMBl. 261), § 4 der Bayer. Vorschr. f. d. Behandlung d. amts- und schöffenger. S. v. 29. 11. 13 (JMBl. 423).

§ 37.

Auf das Verfahren bei Zustellungen finden die Vorschriften der Zivilprozeßordnung über Zustellungen[1] entsprechende Anwendung.

1. S. §§ 166—213 ZPO.

Unmittelbare Ladung.

§ 38.

Die bei dem Strafverfahren beteiligten Personen, denen die Befugnis beigelegt ist,[1] Zeugen und Sachverständige unmittelbar zu laden, haben mit der Zustellung der Ladung den Gerichtsvollzieher zu beauftragen.[2]

1. Angeschuldigter und Angeklagter: §§ 193, 219, 364, 426; Privatkläger und Nebenkläger: §§ 426, 437; Verwaltungsbehörde: §§ 466, 467.

2. Ohne Vermittlung des Gerichtsschreibers. Ladung durch jeden Gerichtsvollzieher mit der Post (§§ 193—195 ZPO.) oder durch den örtl. zust. Gerichtsvollzieher persönlich. — Ladungsnachweis ist dem Gericht vorzulegen. E. 1, 61, 175, 196.

§ 39.

Für das die öffentliche Klage vorbereitende Verfahren, für die Voruntersuchung und für das Verfahren bei der Strafvollstreckung können durch Anordnung der Landesjustizverwaltung einfachere Formen für den Nachweis der Zustellung zugelassen werden.

Öffentliche Zustellung.

§ 40.

I Kann eine Zustellung an einen Beschuldigten,[1] welchem eine Ladung zur Hauptverhandlung[2] noch nicht zugestellt war, nicht in der vorgeschriebenen Weise im Deutschen Reich bewirkt werden,[3] und erscheint die Befolgung der für Zustellungen im Auslande bestehenden Vorschriften[4] unausführbar oder voraussichtlich erfolglos,[5] so gilt die Zustellung als erfolgt, wenn der Inhalt des zuzustellenden Schriftstücks durch ein deutsches oder ausländisches Blatt bekannt gemacht worden ist und seit dem Erscheinen dieses Blattes zwei Wochen[6] verflossen sind. Die Auswahl des Blattes steht dem die Zustellung veranlassenden Beamten zu.[7]

II War die Ladung zur Hauptverhandlung[2] dem Angeklagten schon vorher zugestellt,[8] so gilt eine weitere Zustellung[9] an denselben, wenn sie nicht in der vorgeschriebenen Weise im Deutschen Reich bewirkt werden kann, als erfolgt, sobald das zuzustellende Schriftstück zwei Wochen[6] an der Gerichtstafel des Gerichts erster Instanz angeheftet gewesen ist. Von Urteilen und Beschlüssen wird nur der entscheidende Teil angeheftet.

1. Für andere Prozeßbeteiligte, z. B. Privatkläger, Nebenkläger, Bürgen des Beschuldigten usw. gilt nicht § 40 sondern ZPO. §§ 203—207.

2. § 215; nicht Zustellung der Anklageschrift (§ 199) oder des Eröffn.-Beschl. (§ 214).

3. Weil der Aufenthalt unbekannt.

4. §§ 199—202 ZPO.

5. Bei bekanntem Aufenthaltsort im Ausland.

6. § 43.

7. Wegen der Ladung eines abwesenden Beschuldigten zur Hauptverh. erster Instanz s. §§ 320, 321, 473.

8. Auch erfolgte öffentl. Zustellung (§§ 320, 321, 473) genügt.

9. Auch eine Ladung zu einer neuen Hauptverh. in erster oder höherer Instanz.

Zustellung an die Staatsanwaltschaft.

§ 41.

Zustellungen an die Staatsanwaltschaft erfolgen durch Vorlegung der Urschrift des zuzustellenden Schriftstücks.[1] Wenn mit der Zustellung der Lauf einer Frist beginnt,[2] so ist der Tag der Vorlegung von der Staatsanwaltschaft auf der Urschrift zu vermerken.[3]

1. Förmliche Zustellung (§ 37) aber zulässig.

2. Z. B. §§ 353 Abs. 2, 385.

3. Vorlegung muß zum Zwecke der Zustellung erfolgen; bekommt die StA. die Akten aus anderem Grunde zu Händen, so begründet das keine Zustellung, OLGR. 6, 406.

Fünfter Abschnitt.

Fristen und Wiedereinsetzung in den vorigen Stand.

Fristenberechnung.

§ 42.

Bei der Berechnung einer Frist, welche nach Tagen bestimmt ist, wird der Tag nicht mitgerechnet, auf welchen der Zeitpunkt oder das Ereignis fällt, nach welchem der Anfang der Frist sich richten soll.[1]

1. Vgl. BGB. § 187. — § 43 Abs. 2 gilt auch hier — Auf die Strafantragsfrist (§ 61 StGB.) ist § 42 nicht anwendbar. E. 1, 40; Rsp. 3, 716.

Fristenberechnung.

§ 43.[1]

I Eine Frist, welche nach Wochen oder Monaten bestimmt ist, endigt mit Ablauf desjenigen Tages der letzten Woche oder des letzten Monats, welcher durch seine Benennung oder Zahl dem Tage entspricht, an welchem die Frist begonnen hat; fehlt dieser Tag im letzten Monate, so endigt die Frist mit Ablauf des letzten Tages dieses Monats.

II Fällt das Ende einer Frist auf einen Sonntag oder allgemeinen Feiertag,[2] so endigt die Frist mit Ablauf des nächstfolgenden Werktages.

1. Vgl. §§ 188, 193 BGB., § 222 ZPO. — Auf die Strafantragsfrist (§ 61 StGB.) ist § 43 nicht anwendbar, E. 1, 40; Rsp. 3, 716.

2. Muß als solcher staatlich anerkannt sein, d. h. für jedermann ohne Rücksicht auf die Konfession ein allgemeines Ruhen der bürgerlichen Geschäfte bewirken; maßgebend Landesrecht, und zwar des Ortes, wo die Handlung vorzunehmen war, vgl. E. 31, 221; RMG. 8, 231. Vgl. z. B. für Preußen: Karfreitag, Ges. v. 2. 9. 99 (GS. 161), Kaisers (Königs) Geburtstag, DJZ. 15, 1084; für Bayern: Karfreitag, E. 4, 240, ObstLG. 11, 180 und in BayZ. 7, 346, Allerheiligen und Königs Namens- und Geburtstag, E. 17, 56.

Wiedereinsetzung in den vorigen Stand. Voraussetzung.

§ 44.

Gegen die Versäumung[1] einer Frist[2] kann die Wiedereinsetzung in den vorigen Stand[3] beansprucht werden, wenn der Antragsteller[4] durch Naturereignisse oder andere unabwendbare Zufälle[5] an der Einhaltung der Frist verhindert worden ist. Als unabwendbarer Zufall[5] ist es anzusehen, wenn der Antragsteller von einer Zustellung ohne sein Verschulden keine Kenntnis erlangt hat.[6]

1. Bei nicht rechtzeitiger Protokollarerklärung oder nicht rechtzeitigem Einlauf der schriftlichen Erklärung. Letztere muß vor Ablauf der Frist in die Hände eines Beamten gelangen, der zur Empfangnahme zuständig ist; Einlegen in den Briefkasten des Gerichts oder Abgabe beim Kastellan genügt nicht, E. 10, 74; 22, 124. Empfangnahme durch den zuständigen Beamten außerhalb der Dienststunden und außerhalb des Gerichtsgebäudes genügt, sofern dies nicht durch besondere Dienstvorschriften ausdrücklich verboten, E. 31, 4; bei Einschreibsendungen maßgebend der Zeitpunkt der Empfangnahme des Postauslieferungsscheines, E. 44, 351.

2. Nur Prozeßfristen, gesetzliche oder richterliche, nicht Strafantragsfrist (§ 61 StGB.), auch nicht die nach § 200 StGB. bestimmte Frist, ObstLG. 9, 145. Keine Wiedereinsetzung gegen den Verlust einzelner Rev. Beschw., E. 24, 250; ObstLG. 9, 145. — Wegen Versäumung von Terminen s. §§ 234, 356, 370, 382, 431, 452.

3. Sondervorschriften über Wiedereinsetzung s. §§ 431, 452, 455, 461.

4. Jeder Prozeßbeteiligte, auch dritte Personen z. B. nach § 122 Abs. 2 und § 340 Beteiligte (vgl. ObstLG. in SeuffBl. 73, 55 und JW. 38, 330) bei eigenen Versäumnissen. — StA. kann zugunsten des Besch. Wiedereinsetzung nicht beantragen. E. 22, 31.

5. Unabwendbarer Zufall: ein Ereignis, das unter den gegebenen, nach der Besonderheit des Falles zu berücksichtigenden Umständen auch durch die äußerste, diesen Umständen angemessene und vernünftigerweise zu erwartende Sorgfalt weder abzuwehren noch in seinen schädlichen Folgen zu vermeiden ist, ZE. 48, 409; E. 35, 110; 40, 119, z. B. bei amtlichen Verschulden wie: nicht rechtzeitige Vorführung eines Verhafteten zur Aufnahme seiner Erklärungen trotz rechtzeitigen Antrags hierauf, Rsp. 1, 179; GoltdA. 46, 113; ObstLG. 10, 97; Ablehnung der Aufnahme einer rechtzeitigen Protokollarerklärung unter Hinweis auf die Geschäftsstunden, JW. 38, 330; Aufnahme der Revisionsbegründung durch einen unzuständigen Gerichtsschreiber, JW. 40, 247; Unterlassung des Hin-

weises auf § 430 Abs. 2 seitens des die Rev.-Anträge aufnehmenden Gerichtsschreibers, ObstLG. 9, 174, allenfalls auch Unterlassung der Bescheidung eines Armenrechtsgesuches, ObstLG. 10, 135; nicht rechtzeitige Zuleitung einer bei der Staatsanwaltschaft irrtümlich eingelangten Revisionsschrift an das Gericht, JW. 38, 330, verspäteter Einlauf einer Erklärung lediglich infolge der Einrichtung des Abholens der Postsachen, E. 2, 271; 31, 19; unrichtige Ablieferung durch den Gerichtsdiener, JW. 39, 302, Bureauschluß an nicht allgemeinen Feiertagen, ObstLG. 7, 419, entschuldbares Mißverständnis, ObstLG. 5, 60; ferner auch z. B. Nichtfinden des Sitzungssaales infolge Unbeholfenheit, ObstLG. 9, 171, allenfalls auch Versehen einer Mittelsperson, ObstLG. 9, 284.

Kein unabwendbarer Zufall: Verschulden des Verteidigers, E. 10, 74; 40, 120; Rsp. 1, 689; 6, 85; 8, 508; DJZ. 14, 604, 772; ObstLG. 8, 59 (Ausnahme: Verschulden eines nach § 144 Abs. 2 bestellten Verteidigers, E. 40, 118, ferner ausgenommen ein dem Verteidiger nicht zur Last fallendes Verschulden des Geschäftspersonals, E. 35, 109; BayZ. 5, 378; SeuffBl. 78, 64; ObstLG. 8, 59; 11, 299; JW. 38, 519; s. aber auch BayZ. 5, 456; DJZ. 13, 1343; 14, 772); ferner kein unabwendbarer Zufall unregelmäßiger Geschäftsverkehr der Staatsanwaltschaft, JW. 20, 116, s. aber JW. 38, 330, auch nicht die Unterlassung oder Verweigerung der vom Angeklagten in der Hauptverh. beantragten Beurkundung der Revisionsanmeldung im Sitzungsprotokoll oder in einem besonderen Protokoll, E. 24, 355; GoltdA. 45, 365, nicht die Verhinderung des Verteidigers an der Einsicht in die Gerichtsakten, E. 24, 250, nicht Rechtsirrtum des Angekl. oder des Verteidigers, ObstLG. 5, 314, nicht Irrtum des Angekl. über die bei dem Gerichte für den Geschäftsbetrieb bestehenden Einrichtungen, E. 10, 74; JW. 38, 519, nicht die Zustellung des Urteils an den Angekl. trotz dessen Antrags auf Zustellung an den empfangsberechtigten Verteidiger, Rsp. 6, 32; Recht 10, 454, nicht der nicht sachverständige Rat eines Gefängnisvorstandes, JW. 40, 856, nicht Geldmangel, ObstLG. in BayZ. 3, 112, nicht unaufschiebbare Reise, ObstLG. 6, 190, nicht gewöhnliche Verkehrshindernisse, wie Straßenumbauten, Häufung von Lastgeschirren usw. in Großstädten, SächsOLG. 34, 400.

6. Betrifft die Fälle der Ersatzzustellung §§ 181—184 ZPO. und der öffentl. Zustellung § 40 und ZPO. § 203, ObstLG. 9, 228, aber nicht die Fälle von Zustellungen nach §§ 119, 418 (gem. M.). S. noch JW. 38, 330.

Verfahren.

§ 45.

I Das Gesuch um Wiedereinsetzung in den vorigen Stand muß binnen einer Woche [1] nach Beseitigung des Hindernisses bei demjenigen Gerichte, bei welchem die Frist wahrzunehmen gewesen wäre, unter Angabe und Glaubhaftmachung [2] der Versäumungsgründe [3] angebracht werden.

II Mit dem Gesuch ist zugleich die versäumte Handlung selbst nachzuholen.[4]

1. § 43. Bei Verspätung — im Gegensatz zur Unterlassung — einer an eine Frist gebundenen Handlung beginnt die Frist des § 45 spätestens mit dem Zeitpunkt, wo der Säumige erfährt, daß die Handlung verspätet war, SRA. 1, 19.

2. S. Anm. 3 zu § 26. Freies Ermessen des Richters; dieser kann auch Beweise hierüber erheben, ObstLG. 2, 161.

3. Alle Versäumungsgründe, DJZ. 15, 652.

4. In der für diese vorgeschriebenen Form. Bei Verstoß gegen Abs. 2 Gesuch unzulässig; nach Zurückweisung Wiederholung des Gesuchs innerhalb der Frist unter Nachholung der versäumten Handlung möglich. — Ist die versäumte Handlung schon früher, aber verspätet vorgenommen gewesen, so bedarf es keiner Nachholung.

§ 46.

I Über das Gesuch entscheidet dasjenige Gericht, welches bei rechtzeitig erfolgter Handlung zur Entscheidung in der Sache selbst berufen gewesen wäre.[1]

II Die dem Gesuche stattgebende Entscheidung unterliegt keiner Anfechtung.[2]

III Gegen die das Gesuch verwerfende Entscheidung findet sofortige Beschwerde[3] statt.[4]

1. Bei Versäumung von Rechtsmittelfristen (§§ 353, 355, 381, 385) das Beschwerde-, Berufungs- und Revisionsgericht, vgl. Rsp. 8, 704. — Beschluß nach Anhörung der Staatsanwaltschaft § 33.

2. Auch wenn zu Unrecht erlassen; demnach auch bei Beschluß eines unzuständigen Gerichtes. E. 40, 272.

3. § 353, sofern nicht § 346 Abs. 3 Platz greift. — Auch Beschwerde der StA. zugunsten des Beschuldigten § 338 Abs. 2.

4. Kosten: § 505 Abs. 3, GKG. § 66 Nr. 1.

§ 47.

I Durch das Gesuch um Wiedereinsetzung in den vorigen Stand wird die Vollstreckung einer gerichtlichen Entscheidung nicht gehemmt.[1]

II Das Gericht[2] kann jedoch einen Aufschub[3] der Vollstreckung anordnen.

1. Aber durch Beschluß gem. § 46 Abs. 2, vgl. DJZ. 13, 820.

2. § 46 Abs. 1, auf Antrag oder von Amts wegen; in dringenden Fällen auch einstweilen das in § 45 bez. Gericht; allenfalls auch vorläufige Unterlassung der Vollstr. durch die Staatsanwaltschaft (§§ 483, 36). — S. noch § 349 Abs. 2 bei Beschwerde gegen Beschluß nach § 46 Abs. 3.

3. Auch Unterbrechung nach Beginn der Vollstreckung.

Sechster Abschnitt.

Zeugen.

Ladung.

§ 48.

I Die Ladung[1] der Zeugen geschieht[2] unter Hinweis auf die gesetzlichen Folgen des Ausbleibens.[3]

II Die Ladung einer dem aktiven Heere oder der aktiven Marine angehörenden Person des Soldatenstandes[4] als Zeugen erfolgt durch Ersuchen der Militärbehörde.[5]

1. Schriftlich; auch durch Telegramm. Mündliche Ladung z. B. durch Gerichtsdiener usw. zulässig, wobei im Notfalle sofortige Vorführung angedroht und vollzogen werden kann (Löwe, ElsLZ. 38, 51); auch mündliche Ladung der in einem Termin anwesenden Zeugen durch den Richter zu einem neuen Termin möglich, vgl. E. 35, 233. — Wegen Ladung von Beamten s. für Preußen: JMBl. 1883 S. 155, 1884 S. 54, 1895 S. 56, 1906 S. 112; für Bayern: AB. v. 25. 9. 79 (GVBl. 1293), s. auch GVBl. 1882 S. 37, 1902 S. 161; s. auch JMBl. 1913 S. 424 Anm. 1.

2. Regelmäßig durch die Staatsanwaltschaft §§ 36, 213; s. aber auch § 425 Abs. 2 und § 38.

3. § 50. — Andere Mitteilungen brauchen in der Ladung nicht enthalten zu sein.

4. S. Ges. betr. die Verpflichtung zum Kriegsdienst v. 9. 11. 67 (BGBl. S. 131), ReichsmilitärG. v. 2. 5. 74 § 38 (RGBl. S. 45). Anl. z. MStGB. v. 20. 6. 72 (RGBl. S. 204). — Nicht die Militärbeamten; auch nicht die Gendarmen KG. in DJZ. 10, 1902. — Die zeugschaftliche Vernehmung einer Person des Soldatenstandes erfolgt, auch bei auswärtiger Vernehmung, durch die Zivilgerichte, nicht durch das Militärgericht.

5. S. Verzeichnis der Militärbehörden im ZBl. f. d. Deutsche Reich 1880 Nr. 26; s. PreußJMBl. 1880 S. 157, BayJMBl. 1880 S. 197. — Diese weist den Geladenen zum Erscheinen an; bei dessen dienstlicher Verhinderung Terminsverlegung, allenfalls (§ 222) kommissarische Vernehmung.

§ 49.[1]

I Der Reichskanzler, die Minister eines Bundesstaates, die Mitglieder der Senate der freien Hansestädte, die Vorstände der obersten Reichsbehörden und die Vorstände der Ministerien sind an ihrem Amtssitze[2] oder, wenn sie sich außerhalb desselben aufhalten, an ihrem Aufenthaltsorte zu vernehmen.

II Die Mitglieder des Bundesrats sind während ihres Aufenthalts am Sitze des Bundesrats an diesem Sitze, und die Mitglieder einer deutschen gesetzgebenden Versammlung während der Sitzungsperiode[3] und ihres Aufenthalts am Orte der Versammlung an diesem Orte zu vernehmen.

III Zu einer Abweichung von den vorstehenden Bestimmungen bedarf es:

in Betreff des Reichskanzlers der Genehmigung des Kaisers,
in Betreff der Minister und der Mitglieder des Bundesrats der Genehmigung des Landesherrn,
in Betreff der Mitglieder der Senate der freien Hansestädte der Genehmigung des Senats,

in Betreff der übrigen vorbezeichneten Beamten der Genehmigung ihres unmittelbaren Vorgesetzten,
in Betreff der Mitglieder einer gesetzgebenden Versammlung der Genehmigung der letzteren.[4]

1. Die im § 49 bezeichneten Personen haben vor dem Gericht des Amtssitzes usw. zu erscheinen; keine Vernehmung in der Wohnung. Dagegen sind sie (Ausnahme: Abs. 3) nicht verpflichtet, vor erkennenden Gerichten außerhalb des Amtssitzes usw. zu erscheinen; sie sind in diesem Falle im Hauptverfahren kommissarisch (§§ 222, 223) zu vernehmen, ihre Aussage ist dann in der Hauptverh. zu verlesen. Für diese Verlesung ist nicht etwa Versagung der Genehmigung nach Abs. 3 Voraussetzung, E. 26, 254.

2. Ort (Ortschaft) des dienstlichen Wohnsitzes.

3. Nicht während der Zeit der Vertagung. E. 26, 254.

4. Erholung der Genehmigung durch das Gericht von Amts wegen oder auf Antrag, auch durch jeden Prozeßbeteiligten (Löwe). Einer besonderen Form der Genehmigung und ihres Nachweises bedarf es nicht. JW. 22, 289.

§ 50.

Zeugen-Ungehorsam.

I Ein ordnungsmäßig[1] geladener Zeuge, welcher nicht erscheint,[2, 3] ist in die durch das Ausbleiben verursachten Kosten, sowie zu einer Geldstrafe bis zu dreihundert Mark, und für den Fall, daß diese nicht beigetrieben werden kann, zur Strafe der Haft bis zu sechs Wochen zu verurteilen.[4] Auch ist die zwangsweise Vorführung des Zeugen zulässig.[5] Im Falle wiederholten Ausbleibens kann die Strafe noch einmal erkannt werden.[6]

II Die Verurteilung in Strafe und Kosten unterbleibt, wenn das Ausbleiben des Zeugen genügend entschuldigt[7] ist. Erfolgt nachträglich genügende Entschuldigung, so werden die gegen den Zeugen getroffenen Anordnungen wieder aufgehoben.[8]

III Die Befugnis zu diesen Maßregeln steht auch dem Untersuchungsrichter, dem Amtsrichter im Vorverfahren, sowie dem beauftragten und ersuchten Richter zu.[9]

IV Die Festsetzung und die Vollstreckung der Strafe gegen eine dem aktiven Heere oder der aktiven Marine angehörende Militärperson[10] erfolgt auf Ersuchen durch das Militärgericht, die Vorführung einer solchen Person durch Ersuchen der Militärbehörde.[11]

1. §§ 48, 49; insbesondere vorherige Androhung der Folgen des Ausbleibens nötig; bei unmittelbarer Ladung außerdem Erfüllung der Voraussetzungen des § 219 Abs. 2 erfordert. — Der Nachweis der ordnungsmäßigen Ladung kann in beliebiger Weise geführt werden. ElsLZ. 38, 51.

2. Pflicht zum Erscheinen vor jedem deutschen Gericht ohne Rücksicht auf die Entfernung und an jedem von einem solchen Gericht, z. B. bei Augenschein, bestimmten Ort. Ausnahmen: §§ 49, 71, wegen der kommissarischen Vernehmung s. § 222. Zeugnisverweigerungsrecht (§§ 51—54) befreit von dieser Pflicht nicht, kann aber allenfalls als Entschuldigungsgrund gelten (Löwe).

3. Auch bei vorzeitiger unerlaubter Entfernung § 50 anwendbar; zwangsweises Festhalten zulässig (gem. M).

4. Von Amts wegen durch Beschluß nach Anhörung der StA (§ 33); vorherige Anhörung des Zeugen zulässig. ObstLG. 1, 340. — Beschwerde § 346, s. auch § 349. Berücksichtigung im Urteil, SeuffBl. 74, 134; DJZ. 14, 148. — Zu den Kosten gehören auch die dem Angeschuldigten erwachsenen, Festsetzungsverf. nach § 496 Abs. 2, SächsOLG. 28, 101.

5. Neben der Bestrafung, die stets erfolgen muß.

6. Nur zweimalige Bestrafung zulässig; bei wiederholter Vernehmung in einem späteren Stadium des Verfahrens aber wiederholte Anwendung des § 50 möglich.

7. Vorschützen unwahrer Tatsachen als Entschuldigung: § 138 StGB.

8. Durch Beschluß; auch nach Erledigung der Hauptsache, und zwar durch das richterliche Organ, das die Anordnung getroffen, ObstLG. 7, 331, und sogar nach Beitreibung der Strafe.

9. Aber nicht der Staatsanwaltschaft und den Polizeibehörden. E. 9, 434. S. aber Rsp. 8, 204, 390.

10. Militärperson, nicht nur Person des Soldatenstandes, also auch Militärbeamte; s. Anm. 4 zu § 48.

11. S. Anm. 5 zu § 48. Entscheidung durch den Gerichtsherrn; Vollstreckung auf dessen Anordnung, § 19 EG. MStGO.

Zeugnisverweigerungsrecht.

§ 51.

I Zur Verweigerung des Zeugnisses sind berechtigt:[1]

1. der Verlobte[2] des Beschuldigten;[3]
2. der Ehegatte[4] des Beschuldigten,[5] auch wenn die Ehe nicht mehr besteht;
3. diejenigen, welche mit dem Beschuldigten[6] in gerader Linie verwandt,[5] verschwägert[5] oder durch Adoption verbunden,[6] oder in der Seitenlinie bis zum dritten Grade verwandt oder bis zum zweiten Grade verschwägert sind, auch wenn die Ehe, durch welche die Schwägerschaft begründet ist, nicht mehr besteht.

II Die bezeichneten Personen[7] sind vor jeder Vernehmung[8] über ihr Recht zur Verweigerung des Zeugnisses zu belehren.[9] Sie können den Verzicht[10] auf dieses Recht auch während der Vernehmung widerrufen.[11]

1. Wegen der Berechtigung zur Verweigerung des Eides s. § 57 Abs. 2.

2. Verlobte sind alle diejenigen, welche sich gegenseitig ein ernstlich gemeintes, wenn auch formloses Eheversprechen gegeben haben, Rsp. 6, 50, 54; E. 10, 117; 35, 49; jedoch darf es nicht gegen das Gesetz oder die guten Sitten verstoßen, E. 38, 243; letzteres ist nicht notwendig der Fall beim Vorhandensein des Ehehindernisses des Ehebruchs, E. 40, 420, GoltdA. 56, 318, wohl aber beim Vorhandensein eines absoluten Ehehindernisses, z. B. einer bestehenden Ehe, in welchem Fall auch ein Eheversprechen „für den Fall künftiger Scheidung" kein Verlöbnis begründet. E. 14, 7; 24, 155; Recht 11, 587. Kein Verlöbnis bei bedingtem Eheversprechen. GoltdA. 49, 266. — Ob Verlöbnis gegeben, entscheidet auf Antrag oder im Zweifelsfalle (nur Liebesverhältnis) das Gericht (s. § 55), Rsp. 2, 182, das auch z. B. unter Umständen an eine eidl. Versicherung einer Zeugin, sie sei die Verlobte des Angekl., nicht gebunden ist. BayZ. 7, 447. Es muß z. Z. der Vernehmung noch bestehen, E. 31, 142, ob es z. Z. der Tat bestand, ist gleichgültig, JW. 23, 539.

3. Beschuldigter: derjenige, gegen den sich ein Strafverf. richtet, gleichgültig, in welcher Lage dieses sich befindet (Ermittelungs- oder Hauptverfahren); dagegen nicht der bloß Verdächtige, z. B. der wegen Verdachts der Teilnahme nicht beeidigte Zeuge, Recht 6, 619, auch nicht der durch eine schon abgelehnte Anzeige Bezichtigte, E. 16, 154, und nicht der außer Verfolgung Gesetzte, GoltdA. 36, 464.

Mehrheit von Beschuldigten:

a) Handelt es sich um eine und dieselbe Straftat und um ein zusammenhängendes, einheitliches Strafverfahren, so besteht das Weigerungsrecht schlechthin für den auch nur zu einem der Besch. in einem Verhältnis nach § 51 stehenden Zeugen; dies selbst dann, wenn das Verf. nicht einheitlich erledigt wird und z. B. der beschuldigte Angehörige des Zeugen schon verurteilt oder vielleicht inzwischen verstorben ist, E. 1, 207; 27, 270; 32, 72; 33, 350; SeuffBl. 70, 479; Recht 8, 609.

b) Handelt es sich in demselben Strafverf. um mehrere selbständige, voneinander unabhängige Straftaten mehrerer Besch., dann besteht kein Weigerungsrecht des Zeugen bei denjenigen Straftaten, hinsichtlich deren der Angehörige des Zeugen nicht beschuldigt ist, Rsp. 5, 239; 10, 59; E. 16, 154; GoltdA. 45, 286; Recht 9, 318; Hehlerei und Begünstigung sind hierbei keine selbständigen Straftaten neben der Haupttat. Rsp. 5, 239.

4. Ehegatte: auch bei formell gültig geschlossener Doppelehe, E. 18, 42; 41, 113; oder bei für nichtig erklärter Ehe. GoltdA. 54, 294; Recht 11, 323.

5. Verwandtschaft, Schwägerschaft: §§ 1589, 1590, 1705 BGB. Das uneheliche Kind ist als verwandt mit den ehelichen Kindern der Mutter weigerungsberechtigt, E. 12, 143; mit dem Vater und dessen Verwandten ist es nicht verwandt, E. 41, 115; mit dem Ehemann der Mutter ist es in gerader Linie im ersten Grad verschwägert. Recht 6, 537. Schwägerschaft auch bei Doppelehe. E. 41, 113. Die Ehemänner zweier Schwestern sind nicht verschwägert. E. 15, 78; Recht 7, 162. Der Ehemann ist mit dem Stiefvater seiner Frau nicht verschwägert, BGH. 26, 286; der Ehemann der Adoptivtochter des Angekl. ist auch nach dem Inkrafttreten des BGB. mit diesem weder durch Adoption verbunden, noch mit ihm verschwägert, GoltdA. 54, 305; „Sohn des Schwagers" des Angekl. SeuffBl. 73, 829.

Ob die eine Schwägerschaft begründende Ehe materiell gültig, nichtig oder anfechtbar ist, ist gleichgültig. E. 41, 113. Auflösung der Ehe beseitigt die durch diese begründete Schwägerschaft nicht, § 1590 Abs. 2 BGB.; das Zeugnisverweigerungsrecht der Blutsverwandten besteht auch nach dem Tode des Beschuldigten fort. E. 33, 350.

6. Adoption: nur in gerader Linie. Der Ehegatte ist mit den Adoptivkindern des andern Ehegatten auch nicht verschwägert, E. 30, 75; ebenso ist der

Ehemann der Adoptivtochter des Angekl. mit diesem weder durch Adoption verbunden, noch verschwägert, GoltdA. 54, 305; s. § 1763 BGB. — Bloßes Pflegeverhältnis steht hier der Adoption nicht gleich (Löwe).

7. Auch im Falle unbeeidigter Vernehmung, § 56, E. 2, 228; Rsp. 7, 512; aber nur als Zeugen, nicht als Beschuldigte oder Mitangeklagte, GoltdA. 45, 290. Mangelndes Verständnis für das Zeugnisverweigerungsrecht und die Belehrung belanglos, E. 4, 398, Zuziehung des gesetzlichen Vertreters zur Belehrung nicht erfordert, E. 12, 403. — Keine Belehrung der nach § 54 Weigerungsberechtigten, Rsp. 3, 350.

8. Jedesmal bei mehrmaliger Vernehmung, auch wenn der Zeuge früher auf sein Recht verzichtet hatte, E. 2, 192; aber nicht bei wiederholter Vernehmung in derselben, wenn auch unterbrochenen Verh., falls Zeuge nicht ausdrücklich entlassen war, E. 12, 403. Zeitpunkt: vor der Vernehmung zur Sache, GoltdA. 39, 419, gleichgültig, ob vor oder nach Stellung der Personal- und Generalfragen, Rsp. 10, 516. Beeidigung vor Vernehmung über die Beziehungen zum Angekl. möglich; wenn nach der hierauf folgenden Belehrung des so vorvereidigten Zeugen dieser zur Sache sich vernehmen läßt, so bedarf es keiner weiteren Belehrung über das Eidesverweigerungsrecht, Rsp. 10, 516; Recht 17, 1061. Bei mehrtägiger Verh. genügt die am ersten Tage erfolgte Belehrung, wenn nicht der Zeuge nach Vernehmung entlassen und wieder geladen wurde, Rsp. 5, 99; 7, 512. Bei Belehrung erst während der Vernehmung zur Sache empfiehlt sich die Wiederholung der ganzen Vernehmung, E. 25, 262.

9. Durch den Richter bei richterlichen Amtshandlungen; nicht bei polizeilichen Vernehmungen, Rsp. 8, 502; Recht 6, 245; JW. 33, 245 oder bei Vernehmung durch Amtsvorsteher, Recht 14, 3692. Sie kann auch bei richterlichen Vernehmungen unterbleiben, wenn Zeuge aus freien Stücken ausdrücklich auf sein Recht verzichtet, Recht 6, 329; 7, 532, oder dem Gerichte erkennbar macht, daß er der Belehrung nicht bedarf, W. 8, 174. — Art der Belehrung: vgl. Recht 18, 719. — Belehrung ist im Protokoll zu beurkunden, Rsp. 2, 217; 5, 266. Form der Beurkundung, Rsp. 10, 727. — Unterlassung der Belehrung begründet die Revision, wenn das Urteil darauf beruht, E. 2, 192; 9, 384; Rsp. 2, 217; DJZ. 8, 62, was in jedem Einzelfall nach den besonderen Umständen zu prüfen ist, da möglich, daß ein einzelnes Beweismittel auf die Entsch. Einfluß nicht geübt hat, Rsp. 7, 346; 2, 161, 208, 217. Ob das Gericht von den verwandtschaftlichen Beziehungen Kenntnis hatte oder nicht, ist dabei gleichgültig, Rsp. 7, 346; 9, 129, s. aber auch E. 16, 214. Falsche Belehrung und unterlassene Vernehmung auf Grund unrichtiger Angaben des Zeugen über seine verwandtschaftlichen Beziehungen ist Revisionsgrund, E. 32, 157. — Der Mangel der Unterlassung der Belehrung kann dadurch behoben werden, daß im Urteil festgestellt wird, daß die Aussage nicht berücksichtigt wurde oder daß der Vorsitzende die Geschworenen belehrt, daß die Aussage als nicht abgegeben angesehen werden müsse; vgl. E. 29, 351; JW. 31, 575, eine Belehrung der Geschworenen, daß die beeidigte Aussage als uneidliche anzusehen sei, genügt aber nicht, Recht 14, 250. — Ein Protokoll über Vernehmung eines zu Unrecht nicht belehrten Zeugen darf nicht verwertet, die Urkundspersonen dürfen über dessen Inhalt nicht vernommen werden, Rsp. 5, 87, 266; E. 20, 186; auch nicht Verlesung früherer, nach Belehrung aufgenommener Protokolle, wenn bei späterer Vernehmung die Belehrung unterblieben war, GoltdA. 47, 452.

10. Ausdrücklicher Verzicht nicht erfordert, E. 3, 325.

11. Umgekehrt auch Widerruf einer früheren Zeugnisverweigerung möglich, E. 2, 53; Rsp. 6, 210; die Ladung eines Berechtigten, der das Zeugnis im

Laufe des Verfahrens schon verweigert hat, kann aber mit Rücksicht auf diese Weigerung abgelehnt werden, E. 38, 256; vgl. aber auch E. 40, 345.

Zeugnisverweigerungsrecht.

§ 52.

I Zur Verweigerung des Zeugnisses sind ferner berechtigt:[1]

1. Geistliche[2] in Ansehung desjenigen, was ihnen bei Ausübung der Seelsorge[3] anvertraut[4] ist;
2. Verteidiger[5] des Beschuldigten in Ansehung desjenigen, was ihnen in dieser ihrer Eigenschaft anvertraut[4] ist;
3. Rechtsanwälte[6] und Ärzte[7] in Ansehung desjenigen, was ihnen bei Ausübung ihres Berufs anvertraut[4] ist.

II Die unter Nr. 2, 3 bezeichneten Personen dürfen das Zeugnis nicht verweigern, wenn sie von der Verpflichtung zur Verschwiegenheit entbunden[8] sind.

1. Aber nicht verpflichtet, vgl. insbesondere E. 19, 365. — Ausnahme: Abs. 2. — Belehrung nicht erfordert.

2. Geistliche: aller staatlich anerkannten Religionsgesellschaften, auch der nicht voll privilegierten Kirchen.

3. Nicht nur in der Beichte, GoltdA. 55, 325; Recht 12, 2761; s. auch ObstLG. 10, 441.

4. Anvertrauen = mitteilen, Gelegenheit zu Wahrnehmungen geben, z. B. bei Zuziehung des Arztes, s. Abhandlung in BayZ. 2, 213, ferner Recht 13, 3271; GoltdA. 57, 207. Bezieht sich auch auf das, was durch dritte Personen, nicht nur durch den Beschuldigten, anvertraut wurde.

5. Verteidiger: §§ 138, 144; bei jeder zeugschaftlichen Vernehmung über anvertraute Tatsachen, auch bei solcher in irgendeiner anderen Sache; auch wenn die Verteidigung schließlich tatsächlich nicht geführt wurde (Löwe). Über die Vernehmung des Verteidigers als Zeugen in der betr. Straff. s. Anm. 3 zu § 138.

6. Rechtsanwälte: und ihre gem. § 25 RAO. bestellten Vertreter, nicht aber ihr Hilfspersonal. Über den Umfang dieses Schweigerechts s. Recht 16, 529; 18, 154. — Notare haben das Weigerungsrecht nicht (Prot. 807).

7. Ärzte: die im Inland staatlich approbierten Ärzte einschließlich der Spezialärzte (z. B. Augenärzte, Zahnärzte), nicht Tierärzte, auch nicht Apotheker und Hebammen (Prot. 807). Weigerungsrecht auch nach dem Tode des Patienten.

8. Durch die anvertrauende Person s. Anm. 4. Einer Feststellung des Gerichts, daß dies geschah, bedarf es nicht. Recht 12, 1465. S. noch § 300 StGB. und E. 19, 365.

Öffentliche Beamte als Zeugen.

§ 53.

I Öffentliche Beamte,[1] auch wenn sie nicht mehr im Dienste sind, dürfen über Umstände, auf welche sich ihre Pflicht zur Amtsverschwiegenheit bezieht,[2] als Zeugen nur mit Genehmigung[3] ihrer vorgesetzten Dienstbehörde oder der ihnen zuletzt vorgesetzt gewesenen Dienstbehörde vernommen werden.[4] Für den Reichskanzler bedarf es der Genehmigung des Kaisers, für die Minister der Genehmigung des Landesherrn, für die Mitglieder der Senate der freien Hansestädte der Genehmigung des Senats.

II Die Genehmigung darf nur versagt werden, wenn die Ablegung des Zeugnisses dem Wohle des Reichs oder eines Bundesstaates Nachteil bereiten würde.[5]

Vgl. für Preußen: JMB. v. 24. 5. 86 (JMBl. 137), für Bayern: BO. v. 25. 9. 79 (GBBl. 1293), MinBek. v. 7. 1. 82 (GBBl. 37); ferner JMBl. 1885 S. 145, 1902 S. 520, s. noch JMBl. 1913 S. 424 Anm. 1.

1. Begriff bemißt sich nach dem öffentl. Recht des Reiches und der Bundesstaaten; s. auch ReichsbeamtenG. v. 31. 3. 73 (RGBl. 61) §§ 11, 12. — Richter, Schöffen und Geschworene dürfen über das Zustandekommen einer Entscheidung zeugschaftlich nicht vernommen werden. E. 26, 202; 36, 371. — Wegen Ladung der Beamten s. Anm. 1 zu § 48.

2. Bei Übereinstimmung des Richters und des Beamten darüber, daß sich die Pflicht zur Amtsverschwiegenheit auf den Gegenstand der Vernehmung nicht bezieht, ist Vernehmung des letzteren ohne Genehmigung zulässig. Im Zweifelsfalle entscheidet hierüber die dem Beamten vorgesetzte Dienstbehörde. Die Entscheidung ist für den Richter bindend, jedoch mit Beschwerde an die höhere Behörde durch die Prozeßbeteiligten und den Richter anfechtbar, E. 7, 74; Rsp. 9, 123; E. 44, 291; SeuffBl. 78, 266. Ob das Gericht das Ergebnis der Beschwerde abwarten will, steht in dessen Ermessen. GoltdA. 49, 133, 269.

3. Genehmigung kann auch unter Einschränkungen erteilt werden, an die der Richter gebunden ist, E. 7, 74. — Die Zeugnisverweigerungsbefugnis ist lediglich ein Recht der Beamten, Recht 11, 588. — Vernehmung ohne Genehmigung ist kein Revisionsgrund, Rsp. 9, 142; JW. 23, 501; 24, 493; Recht 13, 3502; 18, 441; E. 44, 291. — Belehrung des Beamten nicht nötig, aber zulässig, E. 13, 154.

4. Herbeiführung der Genehmigung nicht durch den Beamten, sondern durch die Prozeßbeteiligten, auch durch den Richter, der deshalb nicht etwa eine sacherhebliche Frage wegen fehlender Genehmigung ablehnen darf. GoltdA. 48, 296.

5. Bei Versagung Beschwerde s. Anm. 2. Ungerechtfertigte Versagung ist nicht Revisionsgrund, E. 44, 291.

Auskunftsverweigerung auf verfängliche Fragen.

§ 54.

Jeder Zeuge kann die Auskunft auf solche Fragen verweigern,[1, 2] deren Beantwortung ihm selbst oder einem der im § 51 Nr. 1—3 bezeichneten Angehörigen die Gefahr strafgerichtlicher Verfolgung[3] zuziehen würde.[4]

1. Nur ausdrückliche Verweigerung einer Auskunft, nicht Verschweigen einzelner Tatumstände zulässig, Rsp. 5, 372; unter Umständen hiernach aber Verweigerung des ganzen Zeugnisses möglich, z. B. bei Teilnahme an einer Schlägerei oder bei Vernehmung der verkuppelten, der Gewerbsunzucht schuldigen Dirne im Strafverf. wegen Kuppelei, vgl. Rsp. 2, 305; GoltdA. 39, 214; E. 44, 45, Recht 18, 1027, dann auch Unterlassung der Vernehmung zulässig, JW. 35, 493.

Die Vorschrift besteht übrigens nur im Interesse des Zeugen, der Angeklagte kann aus ihr keine Rechte herleiten. E. 38, 320; W. 3, 237.

2. Belehrung nicht vorgeschrieben, E. 10, 154; Rsp. 3, 350; 6, 617; GoltdA. 43, 52; ObstLG. 5, 37. Falsche Belehrung nur dann Revisionsgrund, wenn sie irrig ein Weigerungsrecht annahm, E. 38, 320; Recht 13, 2761; JW. 38, 519. Verzicht auf dieses Recht zulässig; das Gericht darf deshalb derartige Fragen nicht von vornherein ablehnen. E. 9, 426. — Wegen nachträglicher Weigerung s. E. 44, 44.

3. Wenn Strafverfolgung durch Verjährung, rechtskräftige Verurteilung, Begnadigung, durch Ableben des Angehörigen, durch Strafunmündigkeit usw. ausgeschlossen, besteht kein Weigerungsrecht. Drohende disziplinäre Ahndung genügt nicht; auch nicht drohende Unehre (anders § 384 Nr. 2 ZPO.), oder ein drohender Vermögensnachteil; aber tunlichste Rücksichtnahme hierauf geboten.

4. Eine unter Verzicht auf das Weigerungsrecht gegebene Auskunft ist zu beeidigen, sofern nicht § 56 Nr. 3 oder § 57 Abs. 2 Platz greifen. JW. 24, 494; 31, 575.

Glaubhaftmachung des Weigerungsrechtes.

§ 55.

Die Tatsache, auf welche der Zeuge die Verweigerung des Zeugnisses in den Fällen der §§ 51, 52, 54 stützt, ist auf Verlangen [1] glaubhaft zu machen.[2] Es genügt die eidliche [3] Versicherung des Zeugen.

1. Nach Ermessen des Gerichts, Rsp. 2, 305.

2. S. Anm. 3 zu § 26.

3. Nicht eidesstattliche Versicherung. — Die Behauptung, die ohne Einwendung des Beschuldigten vom Richter für glaubhaft erachtete Erklärung des Zeugen sei unrichtig, begründet die Revision nicht, Rsp. 2, 156. S. auch Recht 15, 2688.

Unzulässigkeit der Beeidigung.

§ 56.

Unbeeidigt[1] sind zu vernehmen:

1. Personen, welche zur Zeit der Vernehmung das sechzehnte Lebensjahr noch nicht vollendet[2] oder wegen mangelnder Verstandesreife[3] oder wegen Verstandesschwäche[3] von dem Wesen und der Bedeutung des Eides keine genügende Vorstellung haben;[4]
2. Personen, welche nach den Bestimmungen der Strafgesetze unfähig sind, als Zeugen eidlich vernommen zu werden;[5]
3. Personen, welche hinsichtlich der den Gegenstand der Untersuchung[6] bildenden Tat[7] als Teilnehmer,[8, 9] Begünstiger[10] oder Hehler[11] verdächtig[12] oder bereits verurteilt[13] sind.

1. a) Grundsätzlich ist im Hauptverfahren jeder Zeuge zu beeidigen; Ausnahmen nur nach §§ 56 und 57 und bei tatsächlicher Unmöglichkeit, z. B. plötzlichem Tod, E. 25, 134. Glaubwürdigkeit auch ohne Eid (Rsp. 1,

359) oder Unglaubwürdigkeit trotz Eid, Unerheblichkeit der Aussage oder Verzicht der Prozeßbeteiligten auf die Beeidigung (Rsp. 1, 398) rechtfertigen die Unterlassung der Beeidigung nicht.

b) Gesetzwidrige Beeidigung ist Revisionsgrund, wenn nicht das Gericht die Aussage erkennbar als uneidliche behandelt und gewürdigt hat; Zustimmung sämtlicher Prozeßbeteiligten zur gesetzwidrigen Beeidigung wäre belanglos, E. 6, 155; 28, 111; Rsp. 5, 122; 6, 370; 7, 89; auch entschuldbarer Irrtum, z. B. über die Eidesmündigkeit, schließt die Folgen des Verstoßes nicht aus, E. 20, 163. — Strafverfolgung wegen Eidesverletzung übrigens auch bei gesetzwidriger Beeidigung z. B. eines Eidesunmündigen. PlenE. 36, 278.

c) Die Zulässigkeit der Beeidigung ist von Amts wegen zu prüfen. Entscheidung hierüber durch den vernehmenden Richter, bei kommissarischer Vernehmung durch den ersuchten Richter, E. 26, 97, in der Hauptverhandlung zunächst durch den Vorsitzenden, im Zweifelsfall oder bei Beanstandung durch einen Beteiligten Gerichtsbeschluß, E. 19, 354; Rsp. 9, 536; SeuffBl. 72, 946; — Der Grund der Nichtbeeidigung ist in der Hauptverh. anzugeben, Recht 10, 947, und dem Angekl. erkennbar zu machen, DJZ. 14, 324, der bloße Hinweis auf eine der Ziffern des § 56 genügt in der Regel nicht, E. 4, 324, es sei denn, daß nach Lage der Akten jeder Zweifel über den Grund der Nichtbeeidigung ausgeschlossen ist, Rsp. 4, 237; E. 24, 130. Die Nachholung der Begründung im Urteil genügt nicht, JW. 23, 348, 395; Recht 10, 947; E. 24, 132; Widerspruch zwischen den Gründen des Beschlusses und des Urteils ist Revisionsgrund, Recht 7, 629. — Die Nichtbeeidigung ist im Protokoll festzustellen, Rsp. 1, 631.

2. Eidesfähigkeit mit dem Beginn des 17. Geburtstages, E. 22, 29; 35, 37.

3. Der Mangel der Verstandesreife muß festgestellt sein. E. 47, 297. Nicht Gedächtnisschwäche, E. 20, 60, auch nicht Trunkenheit, hier allenfalls Aussetzung, E. 34, 283; Recht 14, 251; auch Geisteskrankheit und Entmündigung hierwegen hindert die Beeidigung nicht, wenn eine genügende Vorstellung vom Eid gegeben erscheint. E. 33, 393; SeuffBl. 74, 175; Recht 12, 2276; 15, 2689.

4. Ob mangelnde Verstandesreife oder ob Verstandesschwäche angenommen wurde, ist im Beschluß ersichtlich zu machen, GoltdA. 50, 398.

5. Diejenigen Personen, denen durch rechtskräftiges Urteil wegen Meineids gem. § 161 StGB. die Eidesfähigkeit ausdrücklich aberkannt wurde, Rsp. 1, 269; bloße Verurteilung wegen Meineids genügt nicht, Recht 15, 3271. — Verurteilung wegen Meineids nach früheren Strafgesetzen s. E. 4, 335; Rsp. 9, 536; Recht 11, 196; SeuffBl. 72, 391. — Verurteilung im Ausland nur wirksam, wenn die Eidesunfähigkeit nachträglich im Inland gem. § 37 StGB. ausgesprochen wurde (Löwe, bestr.).

6. Gegenstand der Untersuchung: nur die im Eröff.-Beschl. bezeichnete Tat, wie sie sich nach dem Ergebnisse der Verh. darstellt, nicht etwa die rechtliche Beurteilung (Deliktsbegriff), die dem Eröff.-Beschl. zugrunde liegt, E. 31, 219; Rsp. 8, 171. Bei einer Mehrheit selbständiger, voneinander unabhängiger Straftaten ist der Zeuge hinsichtlich derjenigen Taten, bei denen ein Verdacht der Beteiligung nicht besteht, eidlich, im übrigen uneidlich zu vernehmen, E. 11, 1; 16, 154; Rsp. 7, 98; JW. 30, 496; unzulässig wäre es aber, die Aussage eines Zeugen nach der Zeitfolge der von ihm bekundeten Tatsachen zu trennen und den Zeugen nur bezüglich einer begrenzten Gruppe von Vorgängen zu beeidigen, bezüglich einer andern aber unbeeidigt zu lassen, GoltdA. 54, 81. — Ob das Verfahren gegen einen bestimmten Angeklagten oder nur auf Einziehung oder Unbrauchbarmachung gerichtet ist, ist gleichgültig, Recht 18, 300.

7. Tat: die dem Angeklagten zur Last gelegte Rechtsverletzung nach allen in Betracht kommenden rechtlichen und tatsächlichen Gesichtspunkten, E. 17, 116; der Begriff ist im weitesten Sinne zu verstehen, E. 36, 310, er beschränkt sich nicht auf den Tatbestand, wie ihn der Eröff.-Beschl. annimmt und das Urteil feststellt, E. 32, 31; JW. 35, 792. Eine Tat kann aus mehreren strafrechtlich selbständigen Akten bestehen, die ein zusammenhängendes Ganze tatsächlicher Vorgänge darstellen, Rsp. 1, 523; Recht 16, 3301; wegen Schlägerei s. E. 7, 331; s. noch Anm. 8.

8. Teilnehmer: der Begriff Teilnahme ist hier weiter als die Teilnahme im Sinne der §§ 47 ff. StGB., es genügt hier jede strafbare (s. unten) Mitwirkung des Zeugen zur Herbeiführung des rechtsverletzenden Erfolges; dabei ist es gleichgültig, ob diese Mitwirkung unter den gleichen strafrechtlichen Gesichtspunkt, wie die Tat des Angeklagten zu stellen ist, oder nicht, Rsp. 1, 523; E. 9, 370; 11, 300; BayZ. 3, 435; E. 17, 101 (Verkäufer im Verfahren gegen den Käufer beim Wahlstimmenkauf); E. 2, 218 (Dieb im Verfahren gegen den Hehler); E. 17, 120 (Bestechender im Verfahren gegen den Bestochenen); GoltdA. 47, 438 (Täter im Verfahren gegen den Begünstiger); GoltdA. 55, 329 (bei § 227 StGB. — Schlägerei — auch der Gegner); E. 44, 255 (der nach § 265 StGB. verurteilte Brandstifter im Verfahren gegen den wegen Versicherungsbetrugs angeklagten Hauseigentümer). — Auch der Verdacht der Alleintäterschaft des Zeugen verbietet dessen Beeidigung, E. 5, 362; Rsp. 4, 237; Recht 11, 1416.

Die Mitwirkung des Zeugen muß strafbar sein, Rsp. 9, 312; Recht 10, 1277; E. 44, 174; W. 8, 175; er darf unter dieser Voraussetzung auch dann nicht beeidigt werden, wenn er etwa infolge von Strafausschließungsgründen, z. B. § 247 Abs. 2 StGB., oder z. B. wegen Verjährung nicht bestraft oder verfolgt werden kann, E. 14, 26; 22, 99; 28, 111; Rsp. 8, 34; anders wenn ein Schuldausschließungsgrund, z. B. Notwehr, E. 31, 219, oder § 51 StGB. beim Zeugen vorliegt. In solchem Falle liegt keine strafbare Mitwirkung vor und es ist der Zeuge zu beeidigen.

Bewußtes Zusammenwirken mit dem Angeklagten ist nicht erfordert, Recht 10, 698; es ist deshalb auch bei Fahrlässigkeitsstraftaten eine Teilnahme im Sinne des § 56 Nr. 3 möglich, Rsp. 5, 341; 8, 294, 601; 9, 414; Recht 10, 814.

9. Keine Teilnahme in den Fällen, in denen die Straftat des Angeklagten sich gegen den Zeugen richtete, z. B. bei unternommener Meineidsverleitung, Rsp. 8, 171; GoltdA. 48, 444; Recht 10, 131, dies selbst dann, wenn die Tat des Angeklagten eine Straftat des Zeugen gegen diesen zur unmittelbaren Folge hatte, z. B. gegenseitige Körperverletzung, Rsp. 9, 234; E. 17, 121; Recht 15, 1682; wechselseitige Beleidigung, E. 17, 121; JW. 21, 261. Anders wenn in solchen Fällen beide Mitangeklagte sind; dann kann keiner als Zeuge vernommen und beeidigt werden, E. 6, 279; Rsp. 10, 343; GoltdA. 39, 315; ist jedoch bei gegenseitigen Straftaten ein Mitangeklagter rechtskräftig verurteilt, so kann dieser im weiteren Verfahren gegen den anderen Mitangeklagten als Zeuge vernommen und beeidigt werden, E. 27, 266; Recht 14, 3123 (gegenseitige Körperverletzung).

Der Umstand, daß der Zeuge dieselbe Straftat gegen dieselbe Person wie der Angeklagte beging, rechtfertigt für sich allein den Verdacht der Täterschaft und eine Nichtbeeidigung ebensowenig, wie das bloß gelegentliche Zusammentreffen seiner Tat mit der des Angeklagten, Recht 6, 25; Rsp. 10, 587; E. 17, 116; anders bei der Schlägerei, Rsp. 9, 234; E. 11, 300; 17, 121; 27, 266; GoltdA. 55, 329.

Bei Kuppelei ist die Dirne nicht Teilnehmerin, GoltdA. 43, 51; Recht 14, 2766; Nichtbeeidigung aber zulässig, Recht 10, 870.

10. Begünstiger: Z. B. wegen einer im Vorverfahren zugunsten des Beschuldigten gemachten unwahren Aussage, E. 28, 111; SeuffBl. 74, 175; Recht

11, 588; 15, 2784; dagegen rechtfertigt der Verdacht, daß der Zeuge erst jetzt in der Hauptverh. in Begünstigungsabsicht ein falsches Zeugnis ablegen wird oder abgelegt hat, die Unterlassung der Beeidigung in dieser nicht, E. 8, 407; 11, 29; JW. 41, 943. — Die vor Begehung der Tat zugesagte Begünstigung rechtfertigt für sich allein die Unterlassung der Beeidigung gleichfalls nicht, da sie rechtlich keine Begünstigung darstellt, DJZ. 10, 1092. — Der Haupttäter kann im Verfahren gegen den Begünstiger ebenfalls nicht beeidigt werden, GoltdA. 47, 438; DJZ. 14, 604; Recht 16, 153.

11. Hehler: Auch der Haupttäter (Dieb usw.) kann im Verfahren gegen den Hehler nicht eidlich vernommen werden, E. 2, 218; 17, 120; 22, 100; Rsp. 7, 627, ebenso nicht der Hehler im Verfahren gegen einen weiteren Hehler, der die Sache von ihm erwarb, E. 42, 248.

12. Das Gericht entscheidet über das Bestehen des Verdachts selbständig und nach freiem Ermessen; es kann z. B. den Verdacht auch trotz erfolgter Freisprechung des Zeugen feststellen, E. 8, 382; Rsp. 3, 589; Recht 7, 47; 14, 3123, oder ihn verneinen trotz Selbstbezichtigung, auch trotz einer gegen den Zeugen schwebenden VU., E. 16, 209, Recht 18, 873. Es genügt auch entfernter Verdacht, nicht aber die bloße Möglichkeit einer Beteiligung, E. 44, 380; GoltdA. 51, 49. Immer aber muß bei Nichtbeeidigung ausdrücklich ausgesprochen werden, daß der Verdacht der Teilnahme besteht, E. 44, 380; einer Anführung der Verdachtstatsachen bedarf es aber nicht, Rsp. 10, 36; E. 44, 380, auch nicht einer Angabe der Art der Beteiligung des Zeugen, Rsp. 3, 422; 7, 98. — Keine Nachprüfung in der Revisionsinstanz in tatsächlicher Hinsicht, W. 5, 230; Anfechtung nur möglich bei erkennbarem Rechtsirrtum, z. B. falscher, strafrechtlicher Beurteilung der Handlung des Zeugen, Rsp. 9, 76; W. 2, 213; s. auch Recht 17, 1952.

13. Bis zur Rechtskraft des Urteils ist der Zeuge mindestens „verdächtig". Begnadigung belanglos (Löwe).

Eidesverweigerungsberechtigte. § 57.

I Stehen Personen zu dem Beschuldigten[1] in einem Verhältnisse, welches sie nach § 51 zur Verweigerung des Zeugnisses berechtigt, so hängt es von dem richterlichen Ermessen[2] ab, ob sie unbeeidigt zu vernehmen[3] oder zu beeidigen[4] sind.

II Dieselben können auch nach[4] der Vernehmung die Beeidigung des Zeugnisses verweigern und sind über dieses Recht zu belehren.[5, 6, 7]

1. S. Anm. 3 zu § 51. Bei einer Mehrheit von Beschuldigten findet das dort Ausgeführte auch hier Anwendung, s. auch E. 3, 161; teilweise Beeidigung hiernach nur zulässig, wenn mehrere selbständige Straftaten verschiedener Beschuldigter vorliegen, GoltdA. 53, 67, s. auch E. 16, 154; DJZ. 12, 1027.

2. Zunächst des Vorsitzenden; nur bei Beanstandung seiner Anordnung Gerichtsbeschluß nötig, E. 3, 46; 19, 355; 44, 65; Rsp. 2, 520, der einer näheren Begründung nicht bedarf, Rsp. 1, 358, 631 und auch ohne vorherige Anhörung der Staatsanwaltschaft oder des Angekl. erlassen werden kann, GoltdA. 38, 194.

3. Auch ein in der VU. beeidigter derartiger Zeuge kann in der Hauptverhandlung unbeeidigt vernommen werden, Rsp. 1, 358. — Das erkennende Gericht hat zu entscheiden, ob ein zur Verweigerung des Zeugnisses und des

Eides berechtigter, kommissarisch vernommener Zeuge zu beeidigen ist. Ist er aber nach Belehrung über sein Verweigerungsrecht und nach Verzicht darauf durch den ersuchten Richter beeidigt worden und wird diese Beeidigung von dem erkennenden Gericht ausdrücklich genehmigt, so erübrigt sich seine nochmalige Befragung über Geltendmachung des Eidesverweigerungsrechts, Recht 6, 157.

4. Beeidigung solcher Zeugen vor der Vernehmung zulässig, E. 5, 16; 15, 358; Rsp. 10, 516. Eidesverweigerungsrecht auch bei beabsichtigter Beeidigung vor der Vernehmung, E. 42, 321.

5. Belehrung über das Eidesverweigerungsrecht nötig; bloße Belehrung über das Zeugnisverweigerungsrecht genügt auch dann nicht, wenn der Zeuge nach der Vernehmung zur Sache zur Beeidigung des Zeugnisses sich ausdrücklich bereit erklärt hat, E. 9, 384; Rsp. 5, 576; 7, 357; GoltdA. 56, 89; DJZ. 12, 968. Die Belehrung über das Eidesverweigerungsrecht muß auch bei beabsichtigter promissorischer Beeidigung erfolgen, wenn der Zeuge nach Belehrung über sein Zeugnisverweigerungsrecht zur Aussage sich bereit erklärt, E. 42, 321; sie braucht aber erst dann gegeben zu werden, wenn die Beeidigung angeordnet ist, E. 46, 114. Auch bei Versicherung unter Berufung auf den früher in dem Verfahren schon geleisteten Eid (§ 66) ist die Belehrung notwendig, Rsp. 5, 600. Nur dann bedarf es keiner ausdrücklichen Belehrung über das Eidesverweigerungsrecht, wenn ein solcher Zeuge nach Leistung des Voreides über das Zeugnisverweigerungsrecht belehrt wurde und sich zur Ablegung des Zeugnisses bereit erklärt hat, E. 15, 358; Rsp. 10, 516; Recht 11, 1216; 16, 1566; 17, 1061.

6. Unterlassung der Belehrung begründet die Revision, E. 9, 384; Rsp. 5, 576; 7, 357; auch wenn das Gericht die das Eidesverweigerungsrecht begründenden Tatsachen nicht kannte, Rsp. 7, 346; 9, 129.

7. § 57 ist auch auf die Vereidigung von Sachverständigen entsprechend anzuwenden, Recht 17, 297.

Einzelvernehmung der Zeugen. Gegenüberstellung im Vorverf.

§ 58.

I Jeder Zeuge [1] ist einzeln und in Abwesenheit der später abzuhörenden Zeugen zu vernehmen.[2, 3]

II Eine Gegenüberstellung mit andern Zeugen oder mit dem Beschuldigten findet im Vorverfahren [4] nur dann statt, wenn sie ohne Nachteil für die Sache nicht bis zur Hauptverhandlung ausgesetzt bleiben kann.[5]

1. § 58 bezieht sich nicht auf Sachverständige, E. 2, 153; auch der Sachverständige, der gleichzeitig Zeuge ist, kann nach dem Ermessen des Vorsitzenden oder des Gerichts während der ganzen Verh. anwesend sein, E. 22, 434; GoltdA. 47, 156; Recht 6, 300.

2. Auch im Vorverfahren. Verstoß gegen Abs. 1 nicht Revisionsgrund, GoltdA. 44, 386. Es ist zulässig, Zeugen zu vernehmen, die während der Vernehmung anderer Zeugen anwesend waren, E. 2, 53; 40, 158; Rsp. 3, 295; ein Antrag auf Vernehmung eines solchen Zeugen kann deshalb allein, weil dieser anwesend war, nicht abgelehnt werden. E. 1, 366. — Besprechungen mit Zeugen beim Augenschein, JW. 37, 359.

3. Entfernung schon vernommener Zeugen bei Vernehmung anderer Zeugen ist Sache des Vorsitzenden oder des Gerichts, vgl. Recht 14, 252, 18, 1513, Antrag hierauf ist zu verbescheiden. GoltdA. 43, 51.

4. Vorbereitendes Verfahren und BU.

5. Abs. 2 bezieht sich nicht auf Gegenüberstellungen zwischen mehreren Beschuldigten. Die Art der Gegenüberstellung ist dem Ermessen des Richters (Vorsitzenden) überlassen, JW. 30, 688.

Eidesbelehrung.

§ 59.

Vor der Leistung des Eides hat der Richter den Zeugen in angemessener Weise auf die Bedeutung des Eides hinzuweisen.[1]

1. Kann gleichzeitig und gemeinsam für mehrere oder alle Zeugen geschehen. — Unterlassung des Hinweises begründet die Revision nicht, E. 6, 267; 40, 158; SeuffBl. 75, 146; W. 3, 239; auch nicht die Unterlassung der Verdolmetschung des Hinweises, Recht 7, 134.

Beeidigung der Zeugen.

§ 60.

Jeder Zeuge ist einzeln und vor seiner Vernehmung[1] zu beeidigen. Die Beeidigung kann jedoch aus besonderen Gründen,[2] namentlich wenn Bedenken gegen ihre Zulässigkeit obwalten, bis nach Abschluß der Vernehmung[3] ausgesetzt werden.[4, 5]

1. Zu dieser gehört nicht das bloß vorbereitende Befragen des Zeugen zum Zwecke der Feststellung der Identität, der Verwandtschaft, der Eidesfähigkeit usw. E. 2, 267; 22, 54; GoltdA. 50, 290. Wohl aber gehören zur Vernehmung die sog. Personal- und Generalfragen (§ 67), die stets unter Eid zu beantworten sind, weshalb sie beim Voreid nach erfolgter Beeidigung zu wiederholen sind, wenn sie etwa vorher bei der vorgedachten vorbereitenden Befragung gestellt und beantwortet worden waren, E. 3, 79; Rsp. 6, 64; RMG. 14, 107; Nichtbeeidigung dieser Antworten kann die Revision begründen, E. 3, 79; Rsp. 6, 64; JW. 20, 291; Recht 15, 3272. — Über die Tragweite des Voreides s. Anm. 3 zu § 66.

2. Richterliches Ermessen maßgebend; keine Nachprüfung durch das Revisionsgericht. E. 3, 370; Rsp. 3, 495; GoltdA. 37, 50.

3. Bis zum Schluß der gesamten Beweisaufnahme. E. 2, 219.

4. Durch den Vorsitzenden; Gerichtsbeschluß nur, wenn die Anordnung von einem Prozeßbeteiligten oder einem Mitglied des Gerichts beanstandet wird (§ 237), E. 3, 46, 370; 19, 354; 32, 339; Rsp. 5, 639. Die Gründe für die Nachbeeidigung brauchen in den Beschluß nicht aufgenommen zu werden; Bezugnahme auf § 60 genügt, E. 2, 109. — Verzicht der Prozeßbeteiligten auf die Beeidigung unbeachtlich, Recht 14, 2424.

5. Beeidigung ist im Protokoll zu beurkunden. — Die der Vernehmung der Zeugen vorausgehende Bemerkung im Protokoll, daß alle Zeugen beeidigt seien, ist zwar nicht erwünscht, aber nicht unzulässig, Rsp. 1, 814.

Eidesnorm.

§ 61.

Der vor der Vernehmung zu leistende Eid lautet:[1]

daß Zeuge nach bestem Wissen die reine Wahrheit sagen, nichts verschweigen und nichts hinzusetzen werde;

der nach der Vernehmung zu leistende Eid lautet:
daß Zeuge nach bestem Wissen die reine Wahrheit gesagt, nichts verschwiegen und nichts hinzugesetzt habe.

1. Die Eidesform: „Ich schwöre ...., ich werde" enthält keine Änderung der gesetzlichen Form, JW. 31, 577.

Formel des Zeugeneides. **§ 62.**

Der Eid beginnt mit den Worten:
„Ich schwöre bei Gott dem Allmächtigen und Allwissenden"
und schließt mit den Worten:
„So wahr mir Gott helfe."[1, 2]

1. Der Eid muß in dieser Form auch dann geleistet werden, wenn diese der religiösen Anschauung des Zeugen nicht entspricht; bei Weigerung § 69. Ausnahme: § 64. — Weitere Beteuerungsformeln: und sein heiliges Wort, durch Jesum Christum usw. sind zulässig, E. 10, 181. S. noch PreußJMBl. 1880, 369.

Ableistung des Zeugeneides. **§ 63.**

I Der Eid wird mittels Nachsprechens[1] oder Ablesens[2] der die Eidesnorm enthaltenden Eidesformel geleistet. Der Schwörende soll[3] bei der Eidesleistung die rechte Hand erheben.[3]

II Stumme, welche schreiben können, leisten den Eid mittels Abschreibens und Unterschreibens der die Eidesnorm enthaltenden Eidesformel.

III Stumme, welche nicht schreiben können, leisten den Eid mit Hilfe eines Dolmetschers[4] durch Zeichen.[5]

1. Freies Hersagen zulässig, E. 22, 106; 45, 304. — Es ist nicht erforderlich, daß den der deutschen Sprache nicht mächtigen Personen der Eid auch in deutscher Sprache vorgesprochen wird, Recht 12, 433. Vorsprechen der Eidesformel durch den Dolmetscher genügt, E. 45, 304.

2. Z. B. bei tauben Personen.

3. Nicht wesentlich.

4. Dolmetscher: vgl. § 188 GVG.

5. Wenn nicht § 56 Nr. 1 Platz greift.

Beteuerungsformel. **§ 64.**

Der Eidesleistung wird gleichgeachtet, wenn ein Mitglied einer Religionsgesellschaft, welcher das Gesetz[1] den Gebrauch gewisser Beteuerungsformeln an Stelle des Eides gestattet, eine Erklärung unter der Beteuerungsformel dieser Religionsgesellschaft abgibt.[2]

1. Einschlägig die Landesgesetze. Preußen: Mennoniten (VO. v. 11. 3. 27, GS. S. 28) und Philipponen (KabO. v. 19. 11. 36, Jahrb. Bd. 49,

S. 175). Bayern: Mennoniten (KVO. v. 20. 10. 1811, RegBl. 1601, DöllVS. Bd. 8 S. 1782); vgl. hierzu E. 36, 203, wo auch ausgesprochen, daß hier die Zugehörigkeit zu einer in § 64 gen. RelGes. nach den allgemeinen Bestimmungen der StPO. über den Beweis festzustellen ist, Beweisregeln also ausgeschlossen sind und glaubwürdige Versicherung des Zeugen genügen kann. S. noch E. 24, 91: Mitglied der bürgerl. relig. Gemeinde Kornthal in Württemberg; Mennoniten in Elsaß-Lothringen, E. 46, 41.

2. S. auch § 155 Nr. 1 StGB.

Beeidigung in den verschiedenen Prozeßabschnitten.

§ 65.

I Die Beeidigung der Zeugen erfolgt, vorbehaltlich der Bestimmungen des § 222, in der Hauptverhandlung.[1]

II Sie kann schon in der Voruntersuchung erfolgen, wenn[2] voraussichtlich der Zeuge am Erscheinen in der Hauptverhandlung verhindert[3] oder sein Erscheinen wegen großer Entfernung[3] besonders erschwert sein wird, oder wenn die Beeidigung als Mittel zur Herbeiführung einer wahrheitsgemäßen Aussage erforderlich erscheint.

III In dem vorbereitenden Verfahren ist die Beeidigung nur zulässig, wenn[2] Gefahr im Verzug obwaltet, oder wenn die Beeidigung als Mittel zur Herbeiführung einer wahrheitsgemäßen Aussage über eine Tatsache, von der die Erhebung der öffentlichen Klage abhängig ist,[4] erforderlich erscheint.

IV Erfolgt die Beeidigung im Vorverfahren,[5] so ist der Grund in dem Protokoll anzugeben.[6]

1. Über die Beeidigung im Verfahren gegen Abwesende s. § 328 Abs. 2; im Wiederaufnahmeverfahren s. § 409 Abs. 2.

2. Ob die Voraussetzungen der Beeidigung gegeben, entscheidet der Richter (UR. und Amtsrichter); Beschwerde der Staatsanwaltschaft, wenn Antrag auf Beeidigung abgelehnt. Beeidigung durch den Amtsrichter (Abs. 3) ohne Antrag nur bei Gefahr auf Verzug, § 163 (Löwe). — Der ersuchte Richter hat auf Ersuchen des Gerichts stets zu beeidigen, wenn Zeuge eidesfähig.

3. Z. B. wenn Ableben zu befürchten, bei dauernder Krankheit, bevorstehender Auswanderung usw. (Löwe). — Große Entfernung s. § 222.

4. Wenn sie nötig zur Entsch., ob, gegen wen oder wegen welcher Straftat die öffentliche Klage zu erheben ist.

5. Gem. Abs. 2 oder Abs. 3. — Beeidigung ohne die Voraussetzungen des § 65 begründet für sich allein die Revision nicht, Rsp. 1, 655.

6. Nur Angabe des Grundes, nicht seiner tatsächlichen Unterlagen, E. 10, 156.

Berufung auf den früheren Eid.

§ 66.

Wird der Zeuge, nachdem er eidlich vernommen worden ist, in demselben Vorverfahren[1] oder in demselben Hauptverfahren[2] nochmals[3] vernommen, so kann der Richter statt der nochmaligen Beeidigung den Zeugen die Richtigkeit seiner Aussage unter Berufung auf den früher geleisteten Eid[4] versichern lassen.[5]

1. Vorbereitendes Verfahren und VU., E. 4, 437. Berufung des Zeugen im Hauptverfahren auf den im Vorverfahren geleisteten Eid unzulässig, Rsp. 9, 453; dies gilt auch für den Zeugen, der nach Eröffnung des Hauptverfahrens kommissarisch vernommen wird, E. 12, 375.

2. Hauptverfahren: das Verfahren von der Eröffnung des Hauptverfahrens bis zur Rechtskraft des Urteils; also § 66 anwendbar in der Hauptverh. nach kommissarischer eidlicher Vernehmung gem. § 222, E. 4, 437, ferner auch noch in der Berufungsinstanz und bei einer neuen Hauptverh. nach Aufhebung des Urteils, E. 2, 234; Rsp. 6, 29; Recht 6, 487; 13, 1958; ferner auch vor der Strafk., wenn diese auf Berufung in erster Instanz entscheidet, Recht 10, 195; GoltdA. 53, 77, dagegen nicht im Wiederaufnahmeverfahren, E. 18, 417, ebenso nicht bei Trennung verbundener Straff., E. 44, 352; auch nicht bei neuer Hauptverhandlung nach Beseitigung des Hindernisses, das früher zur urteilsmäßigen Einstellung des Verfahrens geführt hatte, GoltdA. 46, 452.

3. In einem neuen Termin, W. 8, 175. — Bei Vereidigung vor der Vernehmung deckt der Eid alle in demselben Termine bis zur Urteilsverkündung (vgl. Recht 11, 780; 14, 1312) abgegebenen Aussagen des Zeugen, auch wenn die Verh. sich auf mehrere Tage erstreckt, oder Unterbrechung nach § 228 eintritt; hier Versicherung nach § 66 nur nötig, wenn die Vernehmung erkennbar abgeschlossen war, z. B. durch Entlassung und spätere förmliche Neuladung, Rsp. 1, 756; E. 19, 27; Recht 7, 162; 11, 716; Recht 12, 1466; SeuffBl. 75, 292; 77, 290; dagegen deckt der Voreid die gesamten Aussagen auch dann, wenn der Zeuge nach Entlassung zurückgerufen wird und weiter aussagt, E. 46, 196. Bei Vereidigung nach der Vernehmung dagegen ist für Aussagen nach der Eidesleistung die Versicherung nach § 66 erfordert, Rsp. 1, 399; E. 19, 84.

4. Es ist nicht Voraussetzung, daß der Zeuge gelegentlich der früheren Beeidigung zur Sache vernommen wurde, Rsp. 5, 250, oder daß die nochmalige Vernehmung sich auf denselben Gegenstand bezieht, GoltdA. 42, 136. Ob der Zeuge bei der früheren Beeidigung den Voreid oder Nacheid geleistet hat, ist gleichgültig; die Versicherung gem. § 66 kann vor oder nach der Vernehmung abgenommen werden, E. 6, 145; GoltdA. 39, 442; Recht 13, 3273.

5. Eigene Versicherung des Zeugen notwendig; bloßer Hinweis des Richters genügt nicht, Rsp. 2, 704; 5, 250; bestimmte Form und Erhebung der Hand nicht vorgeschrieben.

Personal- und Generalfragen. § 67.

Die Vernehmung beginnt damit, daß der Zeuge über Vornamen und Zunamen, Alter, Religionsbekenntnis, Stand oder Gewerbe und Wohnort befragt wird.[1] Erforderlichenfalls[2] sind dem Zeugen Fragen über solche Umstände, welche seine Glaubwürdigkeit in der vorliegenden Sache betreffen, insbesondere über seine Beziehungen zu dem Beschädigten oder dem Verletzten, vorzulegen.[3, 4]

1. Unterlassung begründet, weil nur Ordnungsvorschrift, nicht die Revision, E. 40, 157.

2. Befragung über Umstände, welche die Glaubwürdigkeit betreffen, nach Ermessen des Richters, wenn besonderer Anlaß oder bei Antrag von berechtigter Seite, E. 3, 100; 16, 214; Rsp. 10, 516; hierher gehören auch Fragen nach Vorstrafen, E. 2, 45; 3, 100; Rsp. 8, 275, die aber nicht ohne zureichenden Anlaß zu stellen sind, E. 45, 406; BayJMBl. 1908, 131. — Auch Befragung über Beziehungen zum Beschuldigten nicht nötig, wenn das Nichtbestehen solcher Beziehungen bekannt oder ohne weiteres anzunehmen ist, E. 16, 214; 45, 405; Recht 16, 958. — „Ad. gen. nein", s. DJZ. 12, 772.

3. Die Stellung und Beantwortung der Personalfragen ist im Protokoll zu beurkunden, E. 3, 100. — Wegen der Beeidigung der Personal- und Generalfragen s. Anm. 1 zu § 60.

4. Auf Dolmetscher findet § 67 keine Anwendung; die Stellung der Personalfragen an ihn unterliegt dem Ermessen des Richters, Rsp. 8, 203.

Vernehmung des Zeugen zur Sache.

§ 68.

I Der Zeuge ist zu veranlassen, dasjenige, was ihm von dem Gegenstande seiner Vernehmung bekannt ist, im Zusammenhange[1] anzugeben.[2] Vor seiner Vernehmung ist dem Zeugen der Gegenstand der Untersuchung und die Person des Beschuldigten, sofern ein solcher vorhanden ist, zu bezeichnen.[3]

II Zur Aufklärung und zur Vervollständigung der Aussage sowie zur Erforschung des Grundes, auf welchem die Wissenschaft des Zeugen beruht, sind nötigenfalls weitere Fragen zu stellen.[4, 5]

1. Zusammenhängend: wenn nicht möglich, dann Befragung, Recht 16, 348.

2. Mündlich. Überreichung eines Schriftstückes, das die Angaben enthält, unzulässig, E. 37, 330. Dagegen ist die Benutzung von Aufzeichnungen, auch von Protokollen, die der Zeuge aufgenommen, durch diesen zulässig, E. 20, 105; Rsp. 8, 722. Unzulässig ist es, dem Zeugen seine frühere Aussage vor seiner Vernehmung zur Sache vorzulesen, Rsp. 10, 280.

3. Nur instruktionell; Verstoß begründet an sich nicht die Revision, E. 6, 267; GoltdA. 50, 107.

4. Der Zeuge ist auch verpflichtet, Urteile abzugeben, d. h. Tatsachen zu bekunden, zu deren Erkenntnis er nur mittels eines Urteils gelangen konnte, z. B. Trunkenheit, Lügenhaftigkeit, Leumund usw., Rsp. 3, 812; 8, 459; E. 26, 71; 37, 371; 39, 363; JW. 35, 253. — Zeugen vom Hörensagen nicht ausgeschlossen, E. 2, 160; Rsp. 8, 502.

5. Vernehmung von Zeugen, die der deutschen Sprache nicht mächtig sind, von Tauben und Stummen s. §§ 187, 188 GVG. — Protokollierung: §§ 166, 186, 273.

Zwangsmaßregeln bei Zeugnis- und Eidesverweigerung.

§ 69.

I Wird das Zeugnis oder die Eidesleistung[1] ohne gesetzlichen Grund verweigert,[2] so ist[3] der Zeuge in die durch die Weigerung verursachten Kosten sowie zu einer Geldstrafe bis zu dreihundert Mark und für den Fall, daß diese nicht beigetrieben werden kann, zur Strafe der Haft bis zu sechs Wochen zu verurteilen.[4]

II Auch kann[5] zur Erzwingung des Zeugnisses[6] die Haft angeordnet werden, jedoch nicht über die Zeit der Beendigung des Verfahrens in der Instanz, auch nicht über die Zeit von sechs Monaten, und bei Übertretungen nicht über die Zeit von sechs Wochen hinaus.

III Die Befugnis zu diesen Maßregeln steht auch dem Untersuchungsrichter, dem Amtsrichter im Vorverfahren, sowie dem beauftragten und ersuchten Richter zu.

IV Sind die Maßregeln erschöpft, so können sie in demselben oder in einem anderen Verfahren, welches dieselbe Tat zum Gegenstande hat, nicht wiederholt werden.[7]

V Die Festsetzung und die Vollstreckung der Strafe gegen eine dem aktiven Heere oder der aktiven Marine angehörende Militärperson erfolgt auf Ersuchen durch das Militärgericht.[8]

1. Auch die Versicherung unter Berufung auf den früheren Eid, § 66, oder die Beteuerungsformel nach § 64.

2. Wenn auch nur teilweise. — Ausbleiben des Zeugen nur nach § 50 strafbar.

3. Verurteilung nach Abs. 1 muß erfolgen. Sie bleibt bestehen, auch wenn Zeuge nachträglich seine Weigerung aufgibt oder die Notwendigkeit seines Zeugnisses entfällt.

4. Durch Beschluß; die Beschwerde (§ 346) hiergegen hat keine aufschiebende Wirkung, § 349.

5. Zwangshaft nur nach Ermessen des Richters, E. 25, 134; Recht 13, 1747. Unterlassung der Maßnahmen kein Revisionsgrund, E. 36, 92; JW. 39, 202. Sie ist neben der Strafe nach Abs. 1 zulässig. Beschluß sofort vollstreckbar §§ 346, 349; keine weitere Beschwerde s. § 352. S. noch BayJMBl. 1908, 1.

6. Oder der Eidesleistung. Verwertung der unbeeidigten Aussage zulässig, E. 25, 134, Recht 13, 1747.

7. Auch dann nicht, wenn die Strafe das gesetzliche Höchstmaß von 300 *M* nicht erreichte, GoltdA. 53, 177.

8. S. Anm. 10 und 11 zu § 50.

§ 70.

Zeugengebühren.

Jeder von dem Richter oder der Staatsanwaltschaft geladene[1] Zeuge hat nach Maßgabe der Gebührenordnung[2] Anspruch auf Entschädigung aus der Staatskasse für Zeitversäumnis und, wenn sein Erscheinen eine Reise erforderlich macht, auf Erstattung der Kosten, welche durch die Reise und den Aufenthalt am Orte der Vernehmung verursacht werden.[3]

1. Wegen der unmittelbar geladenen Zeugen s. § 219. — Wer als Zeuge geladen und beeidigt, aber als Sachverständiger vernommen wurde, hat Anspruch

auf Sachverständigengebühren (§ 84), ObstLG. 8, 120. Umgekehrt hat der als Sachverständige Geladene, aber nur als Zeuge Vernommene, nur Anspruch auf Zeugengebühren, EGLZ. 32, 326.

2. GebO. für Zeugen und Sachverständige v. 30. 6. 78 in der Fassung v. 20. 5. 98 s. Anhang.

3. Die Entschädigung für andere Ansprüche, die aus Anlaß einer Zeugenvorladung entstehen können, z. B. für ein vom Zeugen beigebrachtes ärztliches Zeugnis, hat nach Maßgabe landesges. Vorschriften zu erfolgen, ObstLG. 12, 57.

§ 71.[1]

I Die Landesherren und die Mitglieder der landesherrlichen Familien sowie die Mitglieder der Fürstlichen Familie Hohenzollern sind in ihrer Wohnung zu vernehmen. Das gleiche gilt in Ansehung der Mitglieder des vormaligen Hannoverschen Königshauses, des vormaligen Kurhessischen und des vormaligen Herzoglich Nassauischen Fürstenhauses.

II Den Eid leisten dieselben mittels Unterschreibens der die Eidesnorm enthaltenden Eidesformel.

III Zur Hauptverhandlung werden sie nicht geladen. Das Protokoll über ihre gerichtliche Vernehmung ist in der Hauptverhandlung zu verlesen.

1. S. § 4 EG. StPO. (§ 71 gilt nur subsidiär); vgl. auch § 206 MilStGO. — Gilt auch für die Mitglieder des Herzoglich Holsteinischen Fürstenhauses, RGes. v. 25. 3. 04 (RGBl. 149).

Siebenter Abschnitt.

Sachverständige und Augenschein.

Sachverständige.

§ 72.

Auf Sachverständige[1] finden die Vorschriften des sechsten Abschnitts über Zeugen entsprechende Anwendung,[2] insoweit nicht in den nachfolgenden Paragraphen abweichende Bestimmungen getroffen sind.

1. Wegen der sog. sachverständigen Zeugen s. § 85. — Die Dolmetscher sind Organe des Gerichts und den Sachverständigen nicht gleichgestellt, Rsp. 8, 204.

2. Die Vorschriften der §§ 56, 57 (unbeeidigte Vernehmung) gelten auch für Sachverständige, E. 27, 398; dagegen bezieht sich § 58 (Einzelvernehmung) nicht auf Sachverständige, E. 2, 153, s. Anm. 1 zu § 58. — Vernehmung über die Personalien s. Recht 12, 3097; SeuffBl. 73, 939.

Auswahl der Sachverständigen.

§ 73.

I Die Auswahl der zuzuziehenden[1] Sachverständigen und die Bestimmung ihrer Anzahl erfolgt durch den Richter.[2]

II Sind für gewisse Arten von Gutachten Sachverständige öffentlich bestellt,[3] so sollen[4] andere Personen nur dann gewählt werden, wenn besondere Umstände es erfordern.

1. Zuziehung von Sachverständigen von Amts wegen selbst da nicht grundsätzlich geboten, wo eine besondere Sachkunde zur Erforschung der Wahrheit erforderlich ist, E. 3, 176; 25, 326, wenn auch in solchem Falle die Nichtzuziehung selten zweckmäßig sein wird. Ausnahme: Bei Leichenöffnung, §§ 87—90 und bei Verdacht einer Vergiftung, § 91. — An das Gutachten des Sachverständigen ist der Richter bei Bildung seines Urteils in keinem Falle gebunden, E. 3, 176; 7, 426; Recht 15, 1684.

2. Die Staatsanwaltschaft (§§ 198, 221 Abs. 2) und der Angeklagte (§§ 193, 219) haben neben dem Richter das Recht, Sachverständige zu laden und die Vernehmung der Erschienenen zu verlangen (§ 244), Rsp. 2, 754. — Eine Ablehnung weiterer Sachverständiger durch Gerichtsbeschluß mit der Begründung, daß die vernommenen genügen, um die Sache aufzuklären, ist, unbeschadet der Vorschrift des § 244, nicht geeignet, die Revision zu begründen, Rsp. 1, 805.

3. Hierher gehören vor allem Gerichtsärzte, s. auch E. 28, 41, auch die auf Grund der Urheberrechtsgesetze gebildeten Sachverständigenkammern, E. 5, 79 (s. hierzu für Preußen JMBl. 1902, 3; 1907, 522, 542, für Bayern JMBl. 1902, 568; 1907, 376); wegen der Verpflichtung des Patentamts zur Abgabe von Gutachten s. § 18 PatG. — Obergutachten: § 83. S. auch noch § 255 Abs. 2.

4. Nur instruktionell (s. für Preußen JMBl. 1900, 48; 1902, 71); bei Verstoß hiergegen keine Revision, E. 5, 79. Vgl. aber § 87.

Ablehnung des Sachverständigen.

§ 74.

I Ein Sachverständiger kann aus denselben Gründen, welche zur Ablehnung eines Richters berechtigen,[1] abgelehnt werden.[2] Ein Ablehnungsgrund kann jedoch nicht daraus entnommen werden, daß der Sachverständige als Zeuge[3] vernommen worden ist.

II Das Ablehnungsrecht steht der Staatsanwaltschaft, dem Privatkläger und dem Beschuldigten zu.[4] Die ernannten Sachverständigen sind den zur Ablehnung Berechtigten namhaft zu machen,[5] wenn nicht besondere Umstände entgegenstehen.

III Der Ablehnungsgrund ist glaubhaft zu machen;[6] der Eid ist als Mittel der Glaubhaftmachung ausgeschlossen.

1. In den Fällen des § 22 (Ausnahme: Satz 2) oder wegen Befangenheit, § 24. a) Liegt ein Fall des § 22 vor, so keine gesetzliche Ausschließung, aber der Ablehnung muß stattgegeben werden, JW. 41, 942, 1068; W. 2, 215; unterblieb eine Ablehnung, so hat die Vernehmung keinen Einfluß auf die Rechtsbeständigkeit des Verfahrens, Rsp. 7, 501; Recht 11, 996. Einzelfälle: Verletzter als Sachverständiger, Rsp. 7, 752; GoltdA. 42, 129; Recht 11, 1416, Polizeibeamter (Kreisbaubeamter, Bergbeamter), Recht 11, 996, 1479, Gewerbeaufsichtsbeamter, Recht 10, 1015; s. auch noch hinsichtlich der Polizeibeamten, Recht 12, 1463; E. 17, 415; 35, 319, Hilfsbeamte der StA., Recht 16, 3302, z. B. Weinkontrolleure in Bayern,

JW. 41, 1068; BayZ. 9, 23. Ein Verwaltungsbeamter, der z. B. in Steuersachen die Untersuchung im Verwaltungswege geführt hat, kann als Sachverständiger vernommen werden, E. 18, 401; Recht 15, 2691.

b) Befangenheit: berechtigt erscheinendes subjektives Mißtrauen der Partei gegen die Unparteilichkeit genügt, Recht 16, 1411.

2. Die Vorschriften über das Verfahren bei Ablehnung von Richtern (§§ 24—30) finden aber hier keine Anwendung, E. 25, 361; ObstLG. 7, 274. Das Ablehnungsrecht ist an keine Frist gebunden; es kann auch noch nach der Vernehmung geltend gemacht werden (s. § 83 Abs. 2). Ein vor der Hauptverh. angebrachtes Ablehnungsgesuch ist spätestens in dieser zu verbescheiden, Recht 18, 720. Der Beschluß, durch den ein Ablehnungsgesuch für begründet erklärt wird, ist anfechtbar, Rsp. 10, 353. Die Gründe für Ablehnung eines Sachverständigen, die von der beschließenden Strafk. schon zurückgewiesen waren, hat die erkennende Kammer bei Wiederholung nochmals zu prüfen, E. 47, 239. Gegen einen Beschluß, durch den ein vor der Hauptverh. angebrachtes Ablehnungsgesuch für unbegründet erklärt wurde, keine Beschwerde, § 347; ObstLG. 7, 274. — Das Gutachten des mit Erfolg abgelehnten Sachverständigen darf im weiteren Verfahren nicht mehr berücksichtigt werden. — Keine Nachprüfung der auf tatsächlichem Gebiete liegenden Ablehnungsgründe durch das Revisionsgericht, E. 25, 361; Recht 11, 1276; 14, 3872.

3. Oder als Sachverständiger, E. 33, 198. — Auch der Dolmetscher darf zugleich Zeuge sein. E. 45, 304.

4. Auch dem Nebenkläger (§ 437) und der Verwaltungsbehörde (§§ 464, 466). Die Ablehnung muß stets durch einen Prozeßbeteiligten erfolgen, Recht 11, 996.

5. Von Amts wegen, Prot. S. 84.

6. S. Anm. 3 zu § 26. Nichteidliche Vernehmung von Zeugen ist ein gesetzlich zulässiges Mittel der Glaubhaftmachung, Recht 12, 676.

Verpflichtung zur Erstattung von Gutachten.

§ 75.

I Der zum Sachverständigen Ernannte[1] hat der Ernennung Folge zu leisten,[2] wenn er zur Erstattung von Gutachten der erforderten Art öffentlich bestellt ist,[3] oder wenn er die Wissenschaft, die Kunst oder das Gewerbe, deren Kenntnis Voraussetzung der Begutachtung ist, öffentlich zum Erwerbe ausübt, oder wenn er zur Ausübung derselben öffentlich bestellt oder ermächtigt ist.

II Zur Erstattung des Gutachtens ist auch derjenige verpflichtet, welcher sich zu derselben vor Gericht bereit erklärt[4] hat.

1. Auch der von den Prozeßbeteiligten ordnungsmäßig als Sachverständige Geladene.

2. Also das Gutachten abzugeben und die hierzu nötigen Untersuchungen vorzunehmen, Mot. 152.

3. Z. B. Gerichtsärzte, Schätzer usw. — S. noch § 255 Abs. 2.

4. In der betr. Sache (bestr.).

§ 76.

I Dieselben Gründe, welche einen Zeugen berechtigen, das Zeugnis zu verweigern,[1] berechtigen einen Sachverständigen zur

Verweigerung des Gutachtens. Auch aus anderen Gründen kann ein Sachverständiger von der Verpflichtung zur Erstattung des Gutachtens entbunden werden.

II Die Vernehmung eines öffentlichen Beamten als Sachverständigen findet nicht statt, wenn die vorgesetzte Behörde des Beamten erklärt, daß die Vernehmung den dienstlichen Interessen[2] Nachteil bereiten würde.[3]

1. §§ 51—54. S. noch Anm. 3 zu § 77. — Angabe unwahrer Entschuldigungsgründe: § 138 Abs. 2 StGB.

2. Dahin gehört auch das Interesse, das die Behörde daran hat, daß das Gericht über Fragen der ihr unterstellten Verwaltung von geeigneten Sachverständigen gutachtlich unterrichtet wird, GoltdA. 53, 441. — Kommt bei der von der vorgesetzten Behörde nicht beanstandeten Vernehmung auch die Pflicht zur Amtsverschwiegenheit in Frage, dann ist besondere Genehmigung nach § 53 nötig.

3. Die Erklärung macht die Vernehmung unzulässig. Keine Nachprüfung ihrer Richtigkeit durch das Gericht. Gleichwohl vorgenommene Vernehmung ist übrigens nicht Revisionsgrund. — S. noch für Preußen: JMBl. 1883, 155; 1884, 54; 1885, 103; für Bayern: GVBl. 1879, 1293; 1882, 37; s. auch JMBl. 1913, 424 Anm. 1.

Folgen des Nichterscheinens und der Weigerung.

§ 77.

I Im Falle des Nichterscheinens[1] oder der Weigerung[2] eines zur Erstattung des Gutachtens verpflichteten[3] Sachverständigen wird dieser zum Ersatze der Kosten und zu einer Geldstrafe bis zu dreihundert Mark verurteilt.[4] Im Falle wiederholten Ungehorsams kann noch einmal eine Geldstrafe bis zu sechshundert Mark erkannt werden.

II Die Festsetzung und die Vollstreckung der Strafe gegen eine dem aktiven Heere oder der aktiven Marine angehörende Militärperson erfolgt auf Ersuchen durch das Militärgericht.[5]

1. Ordnungsgemäße Ladung vorausgesetzt. S. Anm. 1 zu § 50 (§ 72).

2. Verweigerung des Gutachtens oder (Anm. 2 zu § 75) der hierzu nötigen Untersuchungen, oder Eidesweigerung (Löwe).

3. § 75. — Darf der Sachverständige sein Gutachten verweigern, so kann er dies schriftlich tun und braucht einer Ladung nicht Folge leisten; dies gilt insbesondere auch für die Fälle des § 76 (bestr.)

4. Verfahren s. Anm. 4 zu § 50; auch § 50 Abs. 2, 3 und § 69 Abs. 3, 4 finden gem. § 72 Anwendung. — Keine Umwandlung der Geldstrafen in Haft, keine Zwangshaft, § 28 StGB. nicht anwendbar.

5. S. Anm. 10 und 11 zu § 50.

§ 78.

Der Richter hat, soweit ihm dies erforderlich erscheint, die Tätigkeit der Sachverständigen zu leiten.

Beeidigung des Sachverständigen.

§ 79.

I Der Sachverständige hat[1] vor[2] Erstattung des Gutachtens einen Eid dahin zu leisten:[3]

daß er das von ihm erforderte Gutachten unparteiisch und nach bestem Wissen und Gewissen erstatten werde.[4]

II Ist der Sachverständige für die Erstattung von Gutachten der betreffenden Art im allgemeinen beeidigt,[5,6] so genügt die Berufung[7] auf den geleisteten Eid.[8]

1. In den Fällen der §§ 56, 57 unbeeidigte Vernehmung auch des Sachverständigen, E. 27, 398. Sonst Beeidigung des Sachverständigen nötig, Unterlassung begründet die Revision, E. 6, 242.

2. Nacheid nicht ausgeschlossen, E. 8, 359; Recht 14, 1879; BayZ. 2, 443. — Beeidigung auch vor der zur Erstattung des Gutachtens nötigen Untersuchung zulässig. — Im Vorverfahren regelmäßig nichteidliche Vernehmung, §§ 65, 72.

3. Eidesformel: § 62, Art der Eidesleistung: § 63; auch Beteuerungsformel nach § 64 zulässig. Auch auf den früher in der Sache geleisteten Eid kann sich der Sachverständige gem. § 66 vor oder nach Erstattung des Gutachtens berufen, s. Recht 14, 2443, wobei übrigens auch für ihn gilt, daß er im Hauptverfahren auf den im Vorverfahren geleisteten Eid sich nicht berufen kann, Rsp. 9, 453. Einzelvernehmung (§ 58) der Sachverständigen ist nicht erfordert, auch gleichzeitige Beeidigung mehrerer Sachverständiger nicht ausgeschlossen, E. 2, 153; Recht 6, 300.

4. Der Sachverständigeneid bezieht sich nicht auf die Personal- und Generalfragen, soll die Antwort auf diese aus besonderen Gründen unter Eid gestellt werden, so ist gesondert der Zeugeneid zu leisten, E. 12, 128; 20, 235; Recht 13, 1083. Tatsächliche Angaben des Sachverständigen zur Begründung des Gutachtens sind durch den Sachverständigeneid gedeckt, gleichviel, wie, wann und wo der Sachverständige diese Tatsachen wahrgenommen hat, Recht 9, 569; 10, 814; 15, 954, 1685; 18, 874; E. 43, 437; 44, 11. — Wegen der Vernehmung des Sachverständigen als Zeugen s. § 85.

5. In welcher Form und vor welcher Behörde der allgemeine Sachverständigeneid geleistet wurde, ist belanglos, wenn nur der Inhalt des betr. Eides die Annahme gestattet, daß durch die Berufung auf diesen Eid das Gutachten als ein eidliches gelten muß, E. 8, 357. — S. für Preußen JMBl. 1900, 48; 1901, 72; 1902, 71. — Ist er beschränkt auf die vor einem bestimmten Gericht oder vor den Gerichten eines bestimmten Bezirks zu erstattenden Gutachten, so kann sich der Sachverständige auf diesen Eid vor anderen Gerichten nicht berufen, Rsp. 9, 407; GoltdA. 48, 442; E. 37, 364; 43, 159; Recht 11, 264; hat aber der Sachverständige, der kommissarisch vernommen wird, bei dem ersuchten Gericht den allgemeinen Sachverständigeneid geleistet, so kann sein unter Berufung auf diesen Eid abgegebenes Gutachten bei dem ersuchenden Gericht verwertet werden, auch wenn der allgemeine Eid für den Bezirk dieses Gerichts keine Geltung hat, E. 26, 214; GoltdA. 42, 243; Recht 15, 955.

6. Der allgemeine Beamtendiensteid kann den allgemeinen Sachverständigeneid umfassen und ersetzen, E. 3, 321, so in Preußen bei den Kreis- und Gerichtsärzten, GoltdA. 48, 442; 52, 252; Recht 9, 230; E. 42, 369, in Bayern bei den Landgerichtsärzten, Recht 15, 652; in Württemberg bei den Oberamtsärzten, E. 30, 33; in Baden bei den Bezirks- und Bezirksassistenzärzten, E. 28, 41; in Hessen beim Kreis- und Gerichtsarzt, W. 7, 161; in Mecklenburg-Schwerin beim Kreisphysikus, E. 43, 158; er verliert seine Wirkung, wenn der Sachverständige sein Amt niederlegt, E. 29, 300. — S. noch E. 3, 326 betr. die Mitglieder von Sachverständigen-Kammern, E. 45, 373, betr. den Bücherrevisor einer Handelskammer in Preußen.

7. Die Berufung kann vor und nach Erstattung des Gutachtens erfolgen, eine besondere Form ist nicht vorgeschrieben, E. 1, 349; sie hat aber durch den Sachverständigen selbst ausdrücklich zu geschehen, ein bloßer Hinweis des Sachverständigen auf den allgemeinen Eid durch den Richter genügt nicht, Rsp. 2, 216, 624; 6, 34.

8. Die Tatsache der allgemeinen Beeidigung hat der Richter im Einzelfalle festzustellen, wenn sie nicht amtsbekannt ist; die eigene Angabe des Sachverständigen kann hierbei genügen, E. 6, 267; SeuffBl. 76, 105; Recht 14, 3124; Protokollierung der Feststellung nur bei Einwand eines Prozeßbeteiligten, Rsp. 5, 444; 6, 295. Die Richtigkeit der Feststellung unterliegt der Nachprüfung durch den Revisionsrichter, Rsp. 3, 481; 9, 407.

§ 80.

I Dem Sachverständigen kann auf sein Verlangen zur Vorbereitung des Gutachtens durch Vernehmung von Zeugen oder des Beschuldigten weitere Aufklärung verschafft werden.

II Zu demselben Zwecke kann ihm gestattet werden, die Akten einzusehen, der Vernehmung von Zeugen oder des Beschuldigten beizuwohnen[1] und an dieselben unmittelbar Fragen zu stellen.[2]

1. Auch wenn er zugleich als Zeuge vernommen werden soll, Rsp. 3, 496; E. 22, 434; Recht 6, 300.

2. § 80 gilt auch für die Hauptverh.; Gerichtsbeschluß, wenn die Entsch. des Vorsitzenden beanstandet wird, JW. 20, 504.

Einschaffung des Angeschuldigten in eine Irrenanstalt.

§ 81.

I Zur Vorbereitung eines Gutachtens über den Geisteszustand[1] des Angeschuldigten kann das Gericht[2] auf Antrag eines Sachverständigen[3] nach Anhörung des Verteidigers[4] anordnen, daß der Angeschuldigte[5] in eine öffentliche Irrenanstalt[6] gebracht und dort beobachtet werde.

II Dem Angeschuldigten, welcher einen Verteidiger nicht hat, ist ein solcher zu bestellen.[7]

III Gegen den Beschluß[8] findet sofortige Beschwerde[9] statt. Dieselbe hat aufschiebende Wirkung.[10]

IV Die Verwahrung in der Anstalt darf die Dauer von sechs Wochen nicht übersteigen.[11]

1. Geisteszustand: jetzt, oder auch nur z. Zt. der Tat, E. 20, 378, oder zu beiden Zeitpunkten.

2. In der VU. die Strafkammer. — Das Gericht hat vor Erlassung des Beschlusses das Vorhandensein des objektiven Tatbestandes einer strafbaren Handlung zu prüfen, ObstLG. in SeuffBl. 74, 394. Keine Einschaffung, wenn sie nicht im Verhältnis steht zu der den Angeschuldigten voraussichtlich treffenden Strafe.

3. Gerichtsarzt oder anderer Arzt. — Die Staatsanwaltschaft, der Angeschuldigte und der Verteidiger (E. 20, 378) haben kein Antragsrecht, sie können nur einen solchen Antrag anregen. S. übrigens auch E. 27, 343.

4. Und der Staatsanwaltschaft, § 33. Zustimmung des Verteidigers nicht nötig. — Entscheidung nach freiem Ermessen. Ablehnung eines Antrages ist kein Revisionsgrund, BayZ. 5, 24.

5. Angeschuldigter § 155: also von Beginn der VU. bis zur Rechtskraft des Urteils. Nicht im vorbereitenden Verfahren, auch nicht im Vollstreckungsverfahren zur Feststellung der Straferstehungsfähigkeit, OLGM. 9, 377 und auch nicht im Wiederaufnahmeverfahren, RMG. 10, 44 (letzteres bestr. Löwe).

6. Ist im Beschluß zu bezeichnen.

7. Notwendige Verteidigung § 140. Der Verteidiger bleibt auch für das weitere Verfahren bestellt (§ 217!), E. 37, 21.

8. Ist dem Angeschuldigten durch Zustellung bekanntzumachen. — Der ablehnende Beschluß ist nicht anfechtbar (bestr.).

9. Sofortige Beschwerde: § 353. Steht dem Angeschuldigten, dem Verteidiger (auch gegen den Willen des Angeschuldigten) und der Staatsanwaltschaft zu, nicht aber dem Sachverständigen. Der vom erkennenden Gericht erlassene, der Urteilsfällung vorausgehende Beschluß ist gem. § 347 nicht mit sofortiger Beschwerde, sondern nur mit dem gegen das Urteil gegebenen Rechtsmittel anfechtbar, E. 20, 378; a. M. ObstLG. 11, 81; SächsOLG. 32, 387; Löwe.

10. Vollzug des Beschlusses durch die Staatsanwaltschaft, § 36; ObstLG. 3, 411.

11. Auch nicht im Falle des § 83, E. 23, 209, selbst nicht mit Zustimmung des Angeschuldigten. Jedoch kann der Angeschuldigte zur weiteren ärztlichen Beobachtung noch weiter in Haft behalten und in ein anderes geeignetes Gefängnis überführt werden, E. 34, 306. — Die Bestimmung der Dauer der Unterbringung in der Irrenanstalt ist dem Sachverständigen zu überlassen; Anordnung einer Unterbringung „auf" 6 Wochen unzulässig, ObstLG. 12, 132.

Vernehmung der Sachverständigen im Vorverfahren.

§ 82.

Im Vorverfahren [1] hängt es von der Anordnung des Richters ab, ob die Sachverständigen ihr Gutachten schriftlich [2] oder mündlich [3] zu erstatten haben.

1. Vorbereitendes Verfahren und VU.

2. Auch die dem Gutachten zugrunde liegenden Angaben tatsächlicher Natur können schriftlich niedergelegt werden, nicht aber die Versicherung gem. § 79 Abs. 2. (Löwe).

3. Gleichzeitige Vernehmung und Beeidigung mehrerer Sachverständiger nicht unzulässig, E. 2, 153; Recht 6, 300. S. noch die Anm. zu § 79.

Neue Begutachtung durch Sachverständige.

§ 83.

I Der Richter kann [1] eine neue Begutachtung durch dieselben oder durch andere Sachverständige anordnen, wenn er das Gutachten für ungenügend erachtet.

II Der Richter kann [1] die Begutachtung durch einen anderen Sachverständigen anordnen, wenn ein Sachverständiger nach Erstattung des Gutachtens mit Erfolg abgelehnt [2] ist.

III In wichtigeren Fällen kann [1] das Gutachten einer Fachbehörde [3] eingeholt werden.

1. Nach freiem Ermessen, sofern nicht § 244 Platz greift; Ablehnung eines Antrags auf Vernehmung weiterer Sachverständiger oder auf Erholung eines Obergutachtens begründet demnach nicht die Revision, Rsp. 1, 805; 3, 96.

2. S. § 74 und die Anm. hierzu.

3. Braucht nicht Obergutachten zu sein. — Zu den Fachbehörden zählen auch die Sachverständigenkammern s. Anm. 3 zu § 73. Die Gutachten der Fachbehörden bedürfen nicht der Beeidigung, vgl. JE. 6, 337. S. noch § 255 Abs. 2.

Gebühren des Sachverständigen.

§ 84.

Der Sachverständige [1] hat nach Maßgabe der Gebührenordnung [2] Anspruch auf Entschädigung für Zeitversäumnis, auf Erstattung der ihm verursachten Kosten und außerdem auf angemessene Vergütung für seine Mühewaltung. [3]

1. Wegen der unmittelbar geladenen Sachverständigen s. § 219 Abs. 2, 3. — Wer als Sachverständiger geladen, aber nur als Zeuge vernommen wurde, hat nur Anspruch auf Zeugengebühren, ElsLZ. 32, 326. — Wer als Zeuge geladen und beeidigt, aber als Sachverständiger vernommen wurde, hat Anspruch auf Sachverständigengebühren, ObstLG. 8, 120.

2. GebO. für Zeugen und Sachverständige v. 30. 6. 78 in der Fassung v. 20. 5. 98 s. Anhang.

3. S. noch § 166 GVG.

Sachverständige Zeugen.

§ 85.

Insoweit zum Beweise vergangener Tatsachen oder Zustände, zu deren Wahrnehmung eine besondere Sachkunde erforderlich war, sachkundige Personen zu vernehmen sind, kommen die Vorschriften über den Zeugenbeweis zur Anwendung. [1, 2]

1. Also insbesondere keine Ablehnung (§ 74), Ungehorsams- und Zwangsmaßregeln nach §§ 50, 69 zulässig.

2. Der zugleich als Zeuge vernommene Sachverständige hat auch den Zeugeneid zu leisten, E. 1, 402; z. B. der als Sachverständige vernommene Arzt, wenn er über Angaben des Verletzten hinsichtlich der Entstehung der Verletzungen usw. aussagt, Rsp. 2, 665. Dagegen deckt der Sachverständigeneid die Angaben über die dem Gutachten zugrunde liegenden Befundtatsachen, z. B.

bei Leichenschau, Leichenöffnung, Untersuchung geschlechtlich mißbrauchter Personen usw., E. 2, 153, 389; 4, 231; 43, 438; 44, 11; Rsp. 3, 611; 7, 524; Recht 9, 569; 10, 814; 11, 466; W. 4, 258; anders wenn diese Angaben unabhängig vom Gutachten neben diesem gemacht werden, Recht 15, 1457; 18, 874.

Andererseits wird ein Zeuge dadurch allein noch nicht zum Sachverständigen, daß er gelegentlich seiner Vernehmung ein sachverständiges Urteil abgibt, vgl. JW. 30, 497; übrigens deckt der Zeugeneid den Sachverständigeneid, Rsp. 2, 624; 6, 154.

Richterlicher Augenschein.

§ 86.[1]

Findet die Einnahme eines richterlichen[2] Augenscheins[3] statt,[4] so ist im Protokolle der vorgefundene Sachbestand festzustellen und darüber Auskunft zu geben, welche Spuren oder Merkmale, deren Vorhandensein nach der besonderen Beschaffenheit des Falles vermutet werden konnte, gefehlt haben.[5, 6]

1. § 86 bezieht sich nicht auf den Augenschein, den das erkennende Gericht während der Hauptverh. an oder außerhalb der Gerichtsstelle einnimmt; hier bedarf es einer Feststellung der Ergebnisse im Protokolle nicht, E. 26, 277; Recht 12, 3367; 15, 3883.

2. Durch den Amtsrichter, UR., ersuchten oder beauftragten Richter. Diese haben einen Gerichtsschreiber zuzuziehen, §§ 166, 185; die Wahrnehmungen müssen von beiden zusammen gemacht werden, eine Teilung der Aufgaben bei Einnahme des Augenscheins ist unzulässig, E. 16, 147. Das Protokoll (§ 186) kann in der Hauptverh. verlesen werden (§ 248). — Das Protokoll über einen nichtrichterlichen Augenschein, z. B. durch den StA., Polizeibeamte usw. kann nicht verlesen werden, hier Vernehmung der betr. Person gem. § 249 nötig; vgl. E. 18, 186.

3. Augenschein: an Örtlichkeiten, Sachen, tatverdächtigen (vgl. hiezu BayZ. 3, 174) oder von der Tat betroffenen Personen. Wegen der körperlichen Besichtigung einer unverdächtigen Person s. E. 14, 193; 42, 440; vgl. hierzu abw. Löwe S. 413 ff.

4. Ob ein richterlicher Augenschein einzunehmen ist, hat der Richter nach freiem, pflichtgemäßen Ermessen (§ 260) zu entscheiden, sofern nicht § 244 Platz greift, E. 21, 225; 31, 137; der Revisions-Richter kann nur nachprüfen, ob pflichtgemäßes Ermessen entscheidend gewesen ist, E. 47, 100; im Vorverfahren befindet hierüber gem. § 160 die Staatsanwaltschaft.

5. Aufnahme von Lageplänen, Handzeichnungen usw., die auch vom Gerichtsschreiber zu unterzeichnen sind, JW. 21, 503; Lichtbildaufnahmen zulässig, sie können in der Hauptverh. verwertet werden, ohne daß es einer Vernehmung des Verfertigers bedarf, E. 36, 58; Recht 12, 1313.

6. Anwesenheit der Staatsanwaltschaft des Beschuldigten und des Verteidigers beim Augenschein: §§ 167, 191, 223, 224, 409, des Privatklägers: § 425; des Nebenklägers: § 437, der Verwaltungsbehörde: § 466, der vom Beschuldigten benannten Sachverständigen: §§ 193, 167.

Leichenschau und Leichenöffnung.

§ 87.[1]

[1]Die richterliche Leichenschau wird unter Zuziehung eines Arztes,[2] die Leichenöffnung im Beisein des Richters von zwei

Ärzten, unter welchen sich ein Gerichtsarzt[3] befinden muß, vorgenommen. Demjenigen Arzte, welcher den Verstorbenen in der dem Tode unmittelbar vorausgegangenen Krankheit behandelt hat, ist die Leichenöffnung nicht zu übertragen. Derselbe kann jedoch aufgefordert werden, der Leichenöffnung anzuwohnen, um aus der Krankheitsgeschichte Aufschlüsse zu geben.[4]

II Die Zuziehung eines Arztes kann bei der Leichenschau unterbleiben, wenn sie nach dem Ermessen des Richters entbehrlich ist.

III Behufs der Besichtigung oder Öffnung einer schon beerdigten Leiche ist ihre Ausgrabung statthaft.[5]

1. Wegen des Verfahrens beim Auffinden einer Leiche s. § 157.

2. Durch den Richter und den Gerichtsschreiber (§§ 160, 166, 185, 186) ist die Leiche zu besichtigen; der Arzt hat daneben ihre Tätigkeit zu unterstützen und allenfalls zu ergänzen; es ist nicht zulässig, dem Arzt die Besichtigung zu überlassen und lediglich dessen Wahrnehmungen festzustellen, BayZ. 8, 50; Recht 16, 154.

3. Gerichtsarzt: für Preußen s. § 9 des Ges. v. 16. 9. 99 (Kreisarzt); Verfahren der Gerichtsärzte bei der Leichenöffnung; für Preußen s. JMBl. 1905 S. 44; für Bayern s. Bek. v. 7. 7. 08 JMBl. 1908 Beilage zu Nr. 10.

4. Als sachverständiger Zeuge: § 85, Pflicht zum Erscheinen: § 50, Entschädigung: § 70.

5. Wegen der Zuständigkeit der Militärbehörden zur Leichenschau und Leichenöffnung s. §§ 154, 155 MilStGO.; s. auch noch § 126 SeemO.

§ 88.

Vor der Leichenöffnung ist, wenn nicht besondere Hindernisse entgegenstehen, die Persönlichkeit des Verstorbenen, insbesondere durch Befragung von Personen, welche den Verstorbenen gekannt haben, festzustellen.[1] Ist ein Beschuldigter vorhanden, so ist ihm die Leiche zur Anerkennung vorzuzeigen.[2]

1. Der Beweis über die Persönlichkeit des Verstorbenen kann aber in der Hauptverh. nicht durch Verlesung ihrer Protokollarerklärung, sondern nur durch ihre zeugschaftliche Einvernahme geführt werden, Rsp. 6, 394.

2. Nicht unbedingt nötig; Unterlassung bei Verdacht der Flucht des Verhafteten oder anderen Schwierigkeiten zulässig. — Anspruch des Beschuldigten auf Anwesenheit: §§ 191, 167.

§ 89.

Die Leichenöffnung muß sich, soweit der Zustand der Leiche dies gestattet, stets auf die Öffnung der Kopf-, Brust- und Bauchhöhle erstrecken.[1]

1. S. Anm. 3 zu § 87.

§ 90.

Bei Öffnung der Leiche[1] eines neugeborenen Kindes ist die Untersuchung insbesondere auch darauf zu richten, ob dasselbe nach oder während der Geburt gelebt habe, und ob es reif oder wenigstens fähig gewesen sei, das Leben außerhalb des Mutterleibes fortzusetzen.

1. S. Anm. 3 zu § 87.

§ 91.

I Liegt der Verdacht einer Vergiftung[1] vor, so ist die Untersuchung der in der Leiche oder sonst gefundenen verdächtigen Stoffe durch einen Chemiker oder durch eine für solche Untersuchungen bestehende Fachbehörde vorzunehmen.

II Der Richter kann anordnen, daß diese Untersuchung unter Mitwirkung oder Leitung eines Arztes stattzufinden habe.

1. In allen Fällen einer Vergiftung, vgl. §§ 229, 230, 324 StGB., auch § 367 Nr. 3 und 5 StGB.

§ 92.

I Bei Münzverbrechen und Münzvergehen[1] sind die Münzen oder Papiere erforderlichenfalls derjenigen Behörde vorzulegen, von welcher echte Münzen oder Papiere dieser Art in Umlauf gesetzt werden.[2] Das Gutachten dieser Behörde ist über die Unechtheit oder Verfälschung sowie darüber einzuholen, in welcher Art die Fälschung mutmaßlich begangen worden sei.

II Handelt es sich um ausländische Münzen oder Papiere, so kann an Stelle des Gutachtens der ausländischen Behörde dasjenige einer deutschen erfordert werden.

1. §§ 146—152 StGB.

2. Vgl. Bek. des Reichskanzlers betr. die Behandlung der bei Reichs- und Landeskassen eingehenden falschen Reichsmünzen v. 9. 5. 76 (RZBl. 260, PreußJMBl. 114, BayJMBl. 232), Reichskassenscheine, BO. v. 6. 6. 76 (RAnz. Nr. 234 PreußJMBl. 119, BayJMBl. 291), Reichsbanknoten, BO. v. 20. 3. 77 (PreußJMBl. 54, BayJMBl. 34).

Schriftvergleichung.

§ 93.

Zur Ermittelung der Echtheit oder Unechtheit eines Schriftstücks, sowie zur Ermittelung des Urhebers desselben kann[1] eine Schriftvergleichung[2] unter Zuziehung von Sachverständigen vorgenommen werden.

1. Nach richterlichem Ermessen. Der Richter kann sie selbst ohne Sachverständige vornehmen.

2. Am besten mit Schriftproben, die vor den Augen des Richters zustande kamen; die Verwendung anderer Schriftstücke, die unzweifelhaft von der betr. Person herrühren, ist aber zulässig; zur Abgabe von Schriftproben kann übrigens der Beschuldigte nicht gezwungen werden, E. 15, 319.

Achter Abschnitt.

Beschlagnahme und Durchsuchung.

Vorbemerkung.

1. Die Vorschriften dieses Abschnitts betreffen nur die den Zwecken der Strafverfolgung dienenden Beschlagnahmen und Durchsuchungen, E. 13, 44; sie finden übrigens auch Anwendung im Disziplinarverfahren gegen Reichsbeamte und Rechtsanwälte, E. 10, 425. Dagegen beziehen sie sich nicht auf derartige Maßnahmen präventivpolizeilicher Natur, z. B. die Wegnahme von Gegenständen zur Aufrechterhaltung der öffentlichen Ruhe, E. 5, 297, s. noch E. 9, 121; 21, 47.

2. Sonderbestimmungen über Beschlagnahmen und Durchsuchungen: SeemO. § 103, PreßG. §§ 23 ff., PostG. § 32, VerZG. §§ 14, 157, 165 u. a. m.

3. Beschlagnahme eines Vermögens oder Vermögensteiles: §§ 325, 326, 332, 333, 334, 335, 336, 480.

Sicherstellung und Beschlagnahme von Beweisgegenständen usw.

§ 94.

I Gegenstände, welche als Beweismittel für die Untersuchung von Bedeutung sein können oder der Einziehung unterliegen, sind in Verwahrung zu nehmen oder in anderer Weise sicher zu stellen.[1]

II Befinden sich die Gegenstände in dem Gewahrsam einer Person und werden dieselben nicht freiwillig[2] herausgegeben, so bedarf es der Beschlagnahme.[3, 4]

1. Im Vorbereitungsverfahren durch die Staatsanwaltschaft; nach Maßgabe der hierüber bestehenden landesrechtlichen Vorschriften, ObstLG. 5, 405. Für Bayern s. AB. v. 8. 9. 79 JMBl. 701. S. noch Abhandlung in SeuffBl. 73, 322.

2. Stillschweigende Zustimmung genügt.

3. Auch lediglich in der Form eines amtlichen Verbots der Verfügung oder Veränderung an den Inhaber, z. B. bei Beschlagnahme lebender Tiere, vgl. E. 18, 71. Bei der Verhaftung oder vorläufigen Festnahme einer Person keine besondere Beschlagnahme der Sachen, die diese mit sich führt, E. 8, 288.

4. Aufhebung der Beschlagnahme von Amts wegen bei Wegfall des Beschlagnahmegrundes. Im Vorbereitungsverfahren durch die Staatsanwaltschaft, auch bei richterlicher Beschlagnahme. — S. noch § 111 und ObstLG. 5, 405.

Herausgabepflicht.

§ 95.

I Wer einen Gegenstand der vorbezeichneten Art in seinem Gewahrsam hat, ist verpflichtet, denselben auf Erfordern vorzulegen und auszuliefern.

II Er kann im Falle der Weigerung [1] durch die im § 69 bestimmten Zwangsmittel hierzu angehalten werden.[2] Gegen Personen, welche zur Verweigerung des Zeugnisses berechtigt sind, finden diese Zwangsmittel keine Anwendung.[3]

1. Auch bei bloß passivem Verhalten gegenüber der Aufforderung.

2. Voraussetzung ist, daß der Besitz des betr. bestimmten Gegenstandes zugestanden oder nach der Überzeugung des Richters unzweifelhaft ist; bloße Wahrscheinlichkeit des Besitzes genügt nicht (gem. M.) — Neben diesen nur dem Richter zustehenden Zwangsmaßnahmen (Strafe und Zwangshaft, § 69) auch Durchsuchung und zwangsweise Wegnahme möglich.

3. Auch gegen den Beschuldigten sind Strafe und Zwangshaft (§ 69) nicht zulässig. Gegen die Zeugnisverweigerungsberechtigten (§§ 51, 52, 54) sind sie in dem Umfang unzulässig, in welchem diesen das Weigerungsrecht zusteht. Dagegen kann gegen sie mit Durchsuchung und zwangsweiser Wegnahme vorgegangen werden, s. aber noch § 97. Hinsichtlich der nach § 53 Weigerungsberechtigten s. Anm. 3 zu § 96.

Auslieferung von Akten usw.

§ 96.

Die Vorlegung oder Auslieferung von Akten oder anderen in amtlicher Verwahrung befindlichen Schriftstücken durch Behörden [1] und öffentliche Beamte [2] darf nicht gefordert werden, wenn [3] deren oberste Dienstbehörde [4] erklärt, daß das Bekanntwerden des Inhalts dieser Akten oder Schriftstücke dem Wohle des Reichs oder eines Bundesstaates Nachteil bereiten würde.[5]

1. Auch Gemeindebehörden, falls sie nach Landesrecht öffentl. Behörden sind. Nicht aber gesetzgebende Versammlungen (Löwe).

2. Nur die selbständigen Beamten sind hier gemeint, die für sich allein eine Behörde darstellen und denen hiernach ein Verfügungsrecht über Akten usw. zukommt.

3. Vorherige Anfrage durch den Richter nicht erfordert; anders § 53 s. Anm. 4 hierzu. — Bei Weigerung der angegangenen Behörden oder Beamten Beschwerderecht des Richters an die vorgesetzte Dienstbehörde, keine Zwangsbefugnisse.

4. Oberste, nicht zunächst vorgesetzte, Dienstbehörde, z. B. für den Bereich der Militärverwaltung das Kriegsministerium, ArmeeVBl. 1900, 5.

5. Nicht bei möglicher Schädigung von Privatinteressen; deshalb z. B. Beschlagnahme bei Gericht oder Notar hinterlegter Testamente zulässig (Löwe). — Begründung der Erklärung durch die oberste Dienstbehörde nicht erfordert. — Die Weigerung kann auf Teile von Akten beschränkt werden.

Beschlagnahme bei Zeugnisverweigerungsberechtigten.

§ 97.

Schriftliche Mitteilungen[1] zwischen dem Beschuldigten[2] und denjenigen Personen, die wegen ihres Verhältnisses zu ihm nach §§ 51, 52 zur Verweigerung des Zeugnisses berechtigt sind, unterliegen der Beschlagnahme nicht,[1] falls sie sich in den Händen der letzteren Personen[4] befinden und diese nicht einer Teilnahme, Begünstigung oder Hehlerei verdächtig sind.[5]

1. Nicht auch anderweitige Schriftstücke.

2. Auch dem bloß Verdächtigen, E. 20, 91.

3. Selbstverständlich auch keine Herausgabepflicht § 95 Abs. 2 S. 2. Auch keine Durchsicht (§ 110) solcher Mitteilungen gelegentlich einer Durchsuchung (Löwe). Freiwillig herausgegebene Mitteilungen können in Verwahrung genommen werden. — Bei gesetzwidriger Beschlagnahme begründet die Verwertung solcher Mitteilungen in der Hauptverh. und bei der Urteilsfällung die Revision, auch wenn sie z. B. nur zur Schriftenvergleichung erfolgte, E. 20, 91.

4. Beim Beschuldigten oder anderen Personen können sie beschlagnahmt werden, E. 28, 285. — S. noch § 148 (Verkehr des verhafteten Beschuldigten mit dem Verteidiger) und Anm. 5 hierzu.

5. Beschlagnahme ist aber auch dann zulässig, wenn der Inhalt der Mitteilungen die Grundlagen für ein anderes Verfahren ergibt, E. 47, 195.

Anordnung der Beschlagnahme. **§ 98.**[1]

I Die Anordnung von Beschlagnahmen steht dem Richter,[2] bei Gefahr im Verzug[3] auch der Staatsanwaltschaft und denjenigen Polizei- und Sicherheitsbeamten zu, welche als Hilfsbeamte[4] der Staatsanwaltschaft den Anordnungen derselben Folge zu leisten haben.

II Ist die Beschlagnahme ohne richterliche Anordnung erfolgt, so soll[5] der Beamte, welcher die Beschlagnahme angeordnet hat, binnen drei Tagen die richterliche Bestätigung nachsuchen, wenn bei der Beschlagnahme weder der davon Betroffene noch ein erwachsener Angehöriger[6] anwesend war, oder wenn der Betroffene und im Falle seiner Abwesenheit ein erwachsener Angehöriger desselben gegen die Beschlagnahme ausdrücklichen Widerspruch erhoben hat. Der Betroffene kann jederzeit die richterliche Entscheidung[7] nachsuchen. Solange die öffentliche Klage noch nicht erhoben ist, erfolgt die Entscheidung durch den Amtsrichter, in dessen Bezirk die Beschlagnahme stattgefunden hat.

III Ist nach erhobener öffentlicher Klage die Beschlagnahme durch die Staatsanwaltschaft oder einen Polizei- oder Sicherheitsbeamten erfolgt, so ist binnen drei Tagen dem Richter von der Beschlagnahme Anzeige zu machen und sind demselben die in Beschlag genommenen Gegenstände zur Verfügung zu stellen.[8]

IV Beschlagnahmen in militärischen Dienstgebäuden, zu welchen auch Kriegsfahrzeuge gehören, erfolgen durch Ersuchen der Militärbehörde,[9] und auf Verlangen der Zivilbehörde (Richter, Staatsanwaltschaft) unter deren Mitwirkung. Des Ersuchens der Militärbehörde bedarf es jedoch nicht, wenn die Beschlagnahme in Räumen vorzunehmen ist, welche in militärischen Dienstgebäuden ausschließlich von Zivilpersonen [10] bewohnt werden. [11]

1. S. Vorbemerkungen zum 8. Abschnitt.

2. Der nach dem jeweiligen Stande des Verfahrens zuständige Richter; im Vorverfahren der Amtsrichter (§ 160), in der VU. der UR., bei einem Kollegialgericht das Kollegium, nicht der Vorsitzende. — Die Ausführung der Beschlüsse kann der Richter Ausführungsorganen, insbesondere der Polizei übertragen. — S. noch Anm. 12 zu § 105.

3. Wenn der durch Anrufung des Richters herbeigeführte Zeitverlust das Ergebnis der Beschlagnahme beeinträchtigen könnte, E. 37, 33. Ob dies der Fall, hat der betr. Beamte nach pflichtgemäßem Ermessen zu entscheiden; keine Nachprüfung durch den Richter, ob ein Eilfall gegeben war, E. 23, 234.

4. § 153 GVG. Nicht die preußischen Gendarmen, E. 11, 175, wohl aber die preußischen Gemeindevorsteher, E. 21, 424. Für Bayern vgl. JMBl. 1913, 629 Anm. 1. S. noch Vorbem. 1 zum 8. Abschnitt. Die Hilfsbeamten der StA. können die selbständige Anordnung von Beschlagnahmen anderen Beamten nicht übertragen, GoltdA. 55, 231. — Wegen der Beschlagnahme eingeschmuggelter Gegenstände durch Grenzzollbeamte und Gendarmen s. E. 21, 47.

5. Eine Verletzung der Vorschrift macht die Beschlagnahme nicht unwirksam und begründet für sich allein nicht deren Aufhebung.

6. Im weitesten Sinne; nicht beschränkt auf die in § 51 StPO. oder in § 52 Abs. 2 StGB. bezeichneten Personen.

7. Entscheidung darüber, ob die Beschlagnahme an sich zulässig, notwendig und angemessen ist. — Staatsanwaltschaft ist vorher zu hören, § 33.

8. Die Beschlagnahme eines nach dem Urteil einzuziehenden Gegenstandes vor Rechtskraft des Urteils ist zwar nicht zum Zwecke der Urteilsvollstreckung, wohl aber als vorläufige Beschlagnahme zulässig; ist sie durch die Staatsanwaltschaft erfolgt, so hat diese nach Abs. 3 zu verfahren, ObstLG. 6, 282; SeuffBl. 71, 457.

9. S. Anm. 5 zu § 48.

10. Zivilpersonen sind auch die Zivilbeamten der Militärverwaltung, RMilG. v. 2. 5. 74, § 38 C.

11. S. noch Anm. 12 zu § 105.

Beschlagnahme von Postsendungen und Telegrammen.

§ 99. [1]

Zulässig ist die Beschlagnahme der an den Beschuldigten [2] gerichteten Briefe und Sendungen auf der Post [3] sowie der an ihn gerichteten Telegramme auf den Telegraphenanstalten; [3] desgleichen ist zulässig an den bezeichneten Orten die Beschlagnahme solcher Briefe, Sendungen und Telegramme, in betreff derer Tatsachen vorliegen, aus welchen zu schließen ist, daß sie von dem Beschuldigten herrühren oder für ihn bestimmt sind und daß ihr Inhalt für die Untersuchung Bedeutung habe. [4]

1. Über das Brief- und Telegraphengeheimnis s. § 5 des PostG. v. 28. 10. 71 und § 8 des TelG. v. 6. 4. 92. Es erstreckt sich auf alle Tatsachen, die den Post-

und Telegraphenbeamten durch einen erfolgten postalischen oder telegraphischen Verkehr amtlich bekannt wurden. Eine Auskunftserteilung hierüber an Richter und Staatsanwaltschaft ist nur nach Maßgabe der §§ 99—101 zulässig.

2. Beschuldigter ist hier jeder einer strafbaren Handlung (auch nur einer Übertretung, s. § 100 S. 1) Verdächtige, vgl. E. 20, 92. Beschlagnahme also in jeder Lage des Verfahrens zulässig, nicht mehr aber bei der Strafvollstreckung.

3. Auch in den Händen des mit der Bestellung beauftragten Boten.

4. Die Behörden des Post- und Telegraphendienstes haben die rechtliche Zulässigkeit der Beschlagnahme nicht zu prüfen, sondern der Anordnung Folge zu leisten, wenn darin nur die Merkmale der in Beschlag zu nehmenden Sendung mit genügender Bestimmtheit angegeben sind. Es darf hierbei nicht etwa den Behörden überlassen werden, zu prüfen, ob und welche Sendungen von dem Beschuldigten herrühren, ObstLG. 11, 205. Bei Weigerung der Behörde nur Beschwerde an deren vorgesetzte Dienstbehörde.

§ 100.

I Zu der Beschlagnahme (§ 99) ist nur der Richter,[1] bei Gefahr im Verzug[2] und, wenn die Untersuchung nicht bloß eine Übertretung betrifft, auch die Staatsanwaltschaft[3] befugt.[4] Die letztere muß jedoch den ihr ausgelieferten Gegenstand sofort, und zwar Briefe und andere Postsendungen[5] uneröffnet, dem Richter vorlegen.

II Die von der Staatsanwaltschaft verfügte Beschlagnahme tritt, auch wenn sie eine Auslieferung noch nicht zur Folge gehabt hat, außer Kraft, wenn sie nicht binnen drei Tagen[6] von dem Richter[1] bestätigt wird.[7]

III Die Entscheidung über eine von der Staatsanwaltschaft verfügte Beschlagnahme sowie über die Eröffnung eines ausgelieferten Briefes oder einer anderen Postsendung erfolgt durch den zuständigen Richter[1] (§ 98).[8]

1. S. Anm. 2 zu § 98.

2. S. Anm. 3 zu § 98.

3. Auch der Amtsanwalt, nicht aber die Hilfsbeamten der Staatsanwaltschaft.

4. Das in Anm. 4 zu § 99 Bemerkte gilt auch für Beschlagnahmen durch die Staatsanwaltschaft.

5. Verschlossene Telegramme darf sie öffnen (Löwe).

6. Der Tag des Eingangs der Beschlagnahmeanordnung bei den Post- und Telegraphen-Behörden wird nicht miteingerechnet, § 42.

7. Die innerhalb der 3 Tage ausgelieferten beschlagnahmten Sendungen bleiben beschlagnahmt, bis die richterliche Entsch. erfolgt. Zur Zeit des Außerkrafttretens der Anordnungen noch nicht an die Staatsanwaltschaft ausgelieferte Sendungen sind von der Post- und Telegraphen-Behörde weiter zu befördern (gem. M.).

8. Hinsichtlich der Entsch. s. Anm. 7 zu § 98. — Keine Einsichtnahme der Staatsanwaltschaft in eröffnete, aber nicht zurückgehaltene Sendungen (bestr.).

§ 101.

I Von den getroffenen Maßregeln (§§ 99, 100) sind die Beteiligten zu benachrichtigen,[1] sobald dies ohne Gefährdung des Untersuchungszweckes geschehen kann.

II Sendungen, deren Eröffnung nicht angeordnet worden, sind den Beteiligten sofort auszuantworten.[1] Dasselbe gilt, soweit nach der Eröffnung die Zurückbehaltung nicht erforderlich ist.

III Derjenige Teil eines zurückbehaltenen Briefes, dessen Vorenthaltung nicht durch die Rücksicht auf die Untersuchung geboten erscheint, ist dem Empfangsberechtigten abschriftlich mitzuteilen.[1]

1. Im Vorverfahren durch die Staatsanwaltschaft, in dringenden Fällen auch durch den Richter; in der VU. durch den UR.; nach Schluß der VU. durch den Vorsitzenden der Strafk.

Durchsuchung bei Verdächtigen.

§ 102.

Bei demjenigen, welcher als Täter oder Teilnehmer einer strafbaren Handlung[1] oder als Begünstiger oder Hehler verdächtig[2] ist, kann eine Durchsuchung[3] der Wohnung und anderer Räume,[4] sowie seiner Person und der ihm gehörigen Sachen,[5] sowohl zum Zwecke seiner Ergreifung, als auch dann vorgenommen werden, wenn zu vermuten ist, daß die Durchsuchung zur Auffindung von Beweismitteln führen werde.[6]

1. Auch nur einer Übertretung. — Voraussetzung ist der Verdacht einer schon begangenen Straftat; bei erst drohender strafbarer Handlung ist eine Durchsuchung nach Maßgabe der StPO. nicht zulässig; auch Art. 102 Bayr. AG. StPO. gibt eine solche Befugnis nicht, Rsp. 4, 415.

2. Die schon erfolgte Einleitung eines Strafverf. ist hiernach („verdächtig") nicht Voraussetzung.

3. Bei der Durchsuchung können nötigenfalls Räume und Behältnisse erbrochen, Gruben entleert, Grabungen vorgenommen werden usw., JW. 21, 194.

4. Amtliches Eindringen in Wohnungen, das nicht unter §§ 102 ff. fällt, z. B. bei Nachforschungen der Sittenpolizei s. Rsp. 3, 63.

5. Dazu gehören die Kleider am Leibe des Durchsuchten, E. 16, 220. Keine besondere Beschlagnahme von Sachen einer festgenommenen Person, E. 8, 288.

6. Zuständigkeit: § 105. Art der Durchsuchung: §§ 106—110.

Durchsuchung bei Nicht-Verdächtigen.

§ 103.

I Bei anderen Personen[1] sind Durchsuchungen[2] nur behufs der Ergreifung des Beschuldigten[3] oder behufs der Verfolgung von Spuren einer strafbaren Handlung oder behufs der Beschlagnahme[4] bestimmter Gegenstände und nur dann zulässig, wenn Tatsachen vorliegen, aus denen zu schließen ist, daß die gesuchte

Person, Spur oder Sache sich in den zu durchsuchenden Räumen befinde.

II Diese Beschränkung findet keine Anwendung auf die Räume, in welchen der Beschuldigte[3] ergriffen worden ist, oder welche er während der Verfolgung betreten hat, oder in welchen eine unter Polizeiaufsicht stehende[5] Person wohnt oder sich aufhält.

1. Auch bei Personen, die zur Verweigerung des Zeugnisses berechtigt sind, s. Anm. 3 zu § 95, vgl. auch E. 19, 364.

2. Auch des Körpers einer nicht verdächtigen z. B. geschlechtlich mißbrauchten Person, E. 14, 189; W. 8, 177; s. auch E. 42, 440. — S. übrigens auch Löwe S. 413 ff.

3. Beschuldigter: auch der bloß Verdächtige, die schon erfolgte Einleitung eines Strafverfahrens ist also nicht Voraussetzung.

4. § 97 ist aber auch hier zu beachten.

5. §§ 38, 39 StGB.

Durchsuchung zur Nachtzeit.

§ 104.

I Zur Nachtzeit dürfen[1] die Wohnung,[2] die Geschäftsräume[2] und das befriedete Besitztum[2] nur bei Verfolgung auf frischer Tat[3] oder bei Gefahr im Verzug[4] oder dann durchsucht werden, wenn es sich um die Wiederergreifung eines entwichenen Gefangenen[5] handelt.

II Diese Beschränkung findet keine Anwendung auf Wohnungen von Personen, welche unter Polizeiaufsicht[6] stehen, sowie auf Räume, welche zur Nachtzeit jedermann zugänglich[7] oder welche der Polizei als Herbergen oder Versammlungsorte bestrafter Personen, als Niederlagen von Sachen, welche mittels strafbarer Handlungen erlangt sind, oder als Schlupfwinkel des Glückspiels oder gewerbsmäßiger Unzucht bekannt sind.

III Die Nachtzeit umfaßt in dem Zeitraume vom ersten April bis dreißigsten September die Stunden von neun Uhr abends bis vier Uhr morgens und in dem Zeitraume vom ersten Oktober bis einunddreißigsten März die Stunden von neun Uhr abends bis sechs Uhr morgens.

1. Mit Einwilligung des Inhabers der betr. Räume ist eine Durchsuchung während der Nachtzeit auch ohne die besonderen Voraussetzungen des § 104 zulässig. Eine bei Tage begonnene Durchsuchung muß nicht notwendig mit Beginn der Nachtzeit abgebrochen werden.

2. S. § 123 StGB. und E. 13, 312.

3. Ein Betreten des Täters bei der Tat selbst ist nicht erfordert. Es genügt, wenn bei sofortiger Entdeckung der Tat die Verfolgung des Täters sogleich vom Tatorte aus eingeleitet wurde (Löwe).

4. Wenn das Zuwarten bis zum Morgen das Ergebnis der Durchsuchung vereiteln oder beeinträchtigen könnte. Vgl. auch E. 37, 32; ferner auch E. 23, 334; pflichtgemäßes Ermessen des Beamten maßgebend.

5. Gefangener: der von einem Beamten vorläufig Festgenommene (vgl. Rsp. 4, 356; E. 12, 426; 13, 254), der Untersuchungsgefangene und der Strafgefangene.

6. S. §§ 38, 39 StGB.

7. Z. B. Gasthäuser usw., solange diese jedermann zugänglich.

Anordnung der Durchsuchung, Verfahren.

§ 105.

I Die Anordnung von Durchsuchungen steht dem Richter,[1] bei Gefahr im Verzug[2] auch der Staatsanwaltschaft[3] und denjenigen Polizei- und Sicherheitsbeamten zu, welche als Hilfsbeamte[4] der Staatsanwaltschaft den Anordnungen derselben Folge zu leisten haben.

II Wenn eine Durchsuchung der Wohnung, der Geschäftsräume oder des befriedeten Besitztums ohne Beisein des Richters oder des Staatsanwalts[5] stattfindet, so sind, wenn dies möglich,[6] ein Gemeindebeamter[7] oder zwei Mitglieder der Gemeinde, in deren Bezirk die Durchsuchung erfolgt, zuzuziehen. Die als Gemeindemitglieder zugezogenen Personen dürfen nicht Polizei- oder Sicherheitsbeamte sein.[8]

III Die in den vorstehenden Absätzen angeordneten Beschränkungen der Durchsuchung finden keine Anwendung auf die im § 104 Abs. 2 bezeichneten Wohnungen und Räume.[9]

IV Durchsuchungen in militärischen Dienstgebäuden erfolgen durch Ersuchen der Militärbehörde,[10] und auf Verlangen der Zivilbehörde (Richter, Staatsanwaltschaft) unter deren Mitwirkung. Des Ersuchens der Militärbehörde bedarf es jedoch nicht, wenn die Durchsuchung von Räumen vorzunehmen ist, welche in militärischen Dienstgebäuden ausschließlich von Zivilpersonen[11] bewohnt werden.[12]

1. Der nach dem jeweiligen Stande des Verfahrens zuständige Richter; im Vorverfahren der Amtsrichter (§§ 160, 163), in der VU. der Untersuchungsrichter, bei einem Kollegialgericht das Kollegium, nicht der Vorsitzende. — Die Ausführung der angeordneten Durchsuchung kann der Richter Ausführungsorganen, insbesondere der Polizei übertragen. Nimmt er sie selbst vor, so hat er einen Gerichtsschreiber zuzuziehen, §§ 186, 185, 166. — Durchsuchung ohne richterliche Anordnung auch bei ausdrücklichem Einverständnis des Betroffenen zulässig. Mot. 154. — S. noch Anm. 12.

2. S. Anm. 3 zu § 98.

3. Auch dem Amtsanwalt.

4. S. Anm. 4 zu § 98. Ein Nachtwächter, der Polizeibeamter, aber nicht Hilfsbeamter der Staatsanwaltschaft ist, ist nicht befugt, einen auf frischer Tat ertappten Dieb zu durchsuchen, wohl aber, ihn vorläufig festzunehmen, GoltdA. 59, 462.

5. Nicht des Amtsanwalts; auch bei dessen Anwesenheit ist ein Gemeindebeamter usw. zuzuziehen.

6. Unbedingte Unmöglichkeit ist nicht erfordert; es genügt, wenn nach der pflichtgemäßen Überzeugung des die Durchsuchung leitenden Beamten infolge der durch die Zuziehung veranlaßten Verzögerung der Erfolg der Durchsuchung gefährdet würde, Rsp. 6, 366; 7, 544; Recht 9, 113.

7. Muß nicht der Gemeindevorstand sein, Recht 6, 619. Der Gemeindebeamte darf auch ein Polizei- oder Sicherheitsbeamter sein.

8. Abs. 2 gilt nur für das Strafverfahren, nicht z. B. für Durchsuchungen zum Zwecke der Zurückführung eines entlaufenen Fürsorgezöglings, Recht 16, 1861. Ein Verstoß gegen Abs. 2 hindert nicht, das Ergebnis der Durchsuchung bei der Urteilsfindung zu berücksichtigen, Recht 15, 3142.

9. Durchsuchung dieser Räumlichkeiten kann durch alle Polizei- und Sicherheitsbeamten ohne Zuziehung eines Gemeindebeamten usw. erfolgen; einer richterlichen Anordnung bedarf es auch dann nicht, wenn Gefahr auf Verzug nicht gegeben ist. Vgl. E. 3, 185.

10. S. Anm. 5 zu § 48.

11. S. Anm. 10 zu § 98.

12. Wenn ein bürgerliches Gericht von einem Militärgericht um Durchsuchung oder Beschlagnahme bei Zivilpersonen ersucht wird, so steht dem bürgerlichen Gericht auch die Anordnung dieser Maßnahmen und damit die Prüfung ihrer gesetzlichen Zulässigkeit zu, GoltdA. 51, 208.

Beiziehung des Inhabers.

§ 106.

I Der Inhaber der zu durchsuchenden Räume oder Gegenstände darf der Durchsuchung beiwohnen.[1] Ist er abwesend, so ist, wenn dies möglich, sein Vertreter oder ein erwachsener Angehöriger, Hausgenosse oder Nachbar zuzuziehen.

II Dem Inhaber oder der in dessen Abwesenheit zugezogenen Person ist in den Fällen des § 103 Abs. 1 der Zweck der Durchsuchung vor deren Beginn bekannt zu machen.[2] Diese Vorschrift findet keine Anwendung auf die Inhaber der im § 104 Abs. 2 bezeichneten Räume.

1. Dieses Recht verwirkt er, wenn er sich eines unter § 162 fallenden Verhaltens schuldig macht, E. 33, 251. — Die Prozeßbeteiligten haben als solche keinen Anspruch darauf, bei der Durchsuchung zugezogen zu werden; nur die Staatsanwaltschaft kann jeder Durchsuchung beiwohnen (gem. M.).

2. Durch mündliche Mitteilung.

Schriftliche Mitteilung. Verzeichnis.

§ 107.

Dem von der Durchsuchung Betroffenen[1] ist nach deren Beendigung[2] auf Verlangen eine schriftliche Mitteilung zu machen, welche den Grund der Durchsuchung (§§ 102, 103) sowie im Falle des § 102 die strafbare Handlung bezeichnen muß. Auch ist demselben auf Verlangen ein Verzeichnis der in Verwahrung oder in Beschlag genommenen Gegenstände, falls aber nichts Verdächtiges gefunden wird, eine Bescheinigung hierüber zu geben.

1. Oder seinem zugezogenen gesetzlichen Vertreter, nicht aber der an seiner Stelle gem. § 106 Abs. 1 sonst zugezogenen Person.

2. Nicht notwendig unmittelbar nach der Durchsuchung; die Mitteilung kann auch erst von der Amtsstelle aus erfolgen.

Einstweilige Beschlagnahme w. anderer strafb. Handlungen.

§ 108.

Werden bei Gelegenheit einer Durchsuchung Gegenstände gefunden, welche zwar in keiner Beziehung zu der Untersuchung stehen, aber auf die erfolgte Verübung einer anderen strafbaren Handlung hindeuten, so sind dieselben einstweilen in Beschlag zu nehmen.[1] Der Staatsanwaltschaft ist hiervon Kenntnis zu geben.

1. Ausnahme von § 98 Abs. 1; die Beschlagnahme kann demnach auch durch einen sonst zu Beschlagnahmen nicht zuständigen Beamten erfolgen: auch ist Gefahr auf Verzug nicht erfordert. Gleichgültig ist, ob der Beschuldigte oder eine dritte Person die „andere strafbare Handlung" verübt hat. Die Beschlagnahme bedarf übrigens auch hier der richterlichen Bestätigung nach Maßgabe des § 98 Abs. 2.

Aufzeichnung u. Kenntlichmachung der beschlagnahmten Gegenstände.

§ 109.

Die in Verwahrung oder in Beschlag genommenen Gegenstände sind[1] genau zu verzeichnen und zur Verhütung von Verwechselungen durch amtliche Siegel oder in sonst geeigneter Weise kenntlich zu machen.[2]

1. Bei jeder Verwahrung oder Beschlagnahme, nicht bloß bei einer solchen gelegentlich einer Durchsuchung.

2. Daneben Kenntlichmachung durch den Inhaber nicht ausgeschlossen. S. auch § 110 Abs. 3.

Durchsicht der Papiere.

§ 110.

I Eine Durchsicht der Papiere[1] des von der Durchsuchung[2] Betroffenen[3] steht nur dem Richter zu.[4]

II Andere Beamte sind zur Durchsicht der aufgefundenen Papiere nur dann befugt, wenn der Inhaber derselben die Durchsicht genehmigt.[5] Anderenfalls haben sie die Papiere, deren Durchsicht sie für geboten erachten, in einem Umschlage, welcher in Gegenwart des Inhabers mit dem Amtssiegel zu verschließen ist, an den Richter abzuliefern.

III Dem Inhaber der Papiere oder dessen Vertreter ist die Beidrückung seines Siegels gestattet; auch ist er, falls demnächst die Entsiegelung und Durchsicht der Papiere angeordnet wird, wenn dies möglich, aufzufordern, derselben beizuwohnen.

IV Der Richter hat die zu einer strafbaren Handlung [6] in Beziehung stehenden Papiere der Staatsanwaltschaft mitzuteilen.

1. Auch Geschäftsbücher fallen hierunter, nicht aber Druckschriften (Löwe).

2. Auf die inf. Beschlagnahme bei der Post usw. ausgelieferten und auf die bei einem Verhafteten vorgefundenen Papiere bezieht sich § 110 nicht.

3. Beschuldigter oder auch nicht beschuldigter Dritter.

4. Die Zuziehung eines Sachverständigen ist hierbei zulässig.

5. Die Genehmigung kann unter Einschränkungen erteilt und auch widerrufen werden (gem. M.).

6. Braucht nicht diejenige zu sein, wegen welcher die Durchsuchung erfolgte.

Zurückgabe von Gegenständen an den Verletzten.

§ 111.

I Gegenstände, welche durch die strafbare Handlung dem Verletzten entzogen [1] wurden, sind, falls nicht Ansprüche Dritter [2] entgegen stehen, nach Beendigung der Untersuchung und geeignetenfalls schon vorher von Amts wegen dem Verletzten zurückzugeben, [3, 4] ohne daß es eines Urteils hierüber bedarf.

II Dem Beteiligten bleibt die Geltendmachung seiner Rechte im Zivilverfahren vorbehalten.

1. Dazu gehören nicht diejenigen Sachen, welche an die Stelle entzogener Gegenstände getreten sind, z. B. mit gestohlenem Geld oder mit dem Erlös entwendeter Gegenstände erworbene Sachen, E. 1, 144, also z. B. auch nicht Geld, das vom Beschuldigten für unterschlagene Banknoten eingewechselt wurde, Rsp. 2, 20; auch nicht durch Verarbeitung hergestellte neue Sachen, GoltdA. 53, 300; in solchen Fällen muß der Verletzte seine Rechte im Wege des Zivilprozesses verfolgen. Wohl aber gehören hierher Pfandscheine für die vom Beschuldigten dem Verletzten entzogenen und alsdann versetzten Gegenstände, Rsp. 2, 162.

2. § 111 bezieht sich nur auf amtlich verwahrte Sachen, die beim Beschuldigten oder Hehler (E. 19, 98) beschlagnahmt wurden. Bei Widerspruch eines Dritten gegen die Hinausgabe solcher Sachen an den Verletzten, Verweisung des Dritten auf den Zivilrechtsweg (einstw. Verfügung), wenn nicht etwa der Verletzte mit der Hinausgabe an den Dritten einverstanden. — Bei Dritten beschlagnahmte Sachen können nur mit deren Zustimmung an den Verletzten hinausgegeben werden (vgl. auch GoltdA. 53, 299).

3. Die Zurückgabe erfolgt durch diejenige Behörde, welche den Gegenstand zur Verfügung hat, im Streitfalle durch das zu diesem Zeitpunkt mit der Sache befaßte Gericht (KG. in GoltdA. 48, 137 f. noch RhA. 104, 189). Dies gilt auch für Überführungsgegenstände, auf die § 111 nicht zutrifft, ObstLG. 5, 405.

4. Die Rückgabe setzt nicht voraus, daß der Täter bestraft wurde; sie kann auch dann beschlossen werden, wenn der Angekl. für überführt erachtet wurde,

aber z. B. wegen Verjährung straflos ausging; ist der Verletzte unbekannt, so darf die Zurückbehaltung der Sachen nur beschlossen werden, wenn irgendwelche Aussicht auf Ermittlung des Verletzten besteht; andernfalls sind sie dem Angekl. auszuhändigen (RhA. 106, 188). S. noch die Abhandlung in GoltdA. 39, 405.

Neunter Abschnitt.

Verhaftung und vorläufige Festnahme.

Vorbemerkung.

1. Es handelt sich in diesem Abschnitt um Freiheitsentziehungen zum Zwecke der Strafverfolgung; hierfür sind diese Vorschriften allein maßgebend; die Sondervorschriften der Landesgesetze über präventivpolizeiliche Freiheitsentziehungen werden hierdurch nicht berührt, s. Anm. 6 zu § 127. — Weitere Bestimmungen der StPO. über Verhaftung und vorläufige Festnahme s. §§ 205, 211, 229, 235, 337. — Wegen der Vorführung des Beschuldigten s. §§ 133, 134. Wegen des sicheren Geleits s. § 337. — Wegen der Zwangshaft s. §§ 69, 95.

2. Wegen der Entschädigung für unschuldig erlittene Untersuchungshaft s. das Ges. v. 14. 7. 04 im Anhang.

Voraussetzungen der Untersuchungshaft.

§ 112.

I Der Angeschuldigte [1] darf nur dann in Untersuchungshaft genommen werden, wenn dringende Verdachtsgründe [2] gegen ihn vorhanden sind und entweder er der Flucht [3] verdächtig ist oder Tatsachen vorliegen, aus denen zu schließen ist, daß er Spuren der Tat vernichten oder daß er Zeugen oder Mitschuldige zu einer falschen Aussage oder Zeugen dazu verleiten werde, sich der Zeugnispflicht zu entziehen. Diese Tatsachen sind aktenkundig zu machen.

II Der Verdacht der Flucht bedarf keiner weiteren Begründung: [4]

1. wenn ein Verbrechen [5] den Gegenstand der Untersuchung bildet;
2. wenn der Angeschuldigte ein Heimatloser oder Landstreicher [6] oder nicht imstande [7] ist, sich über seine Person auszuweisen;
3. wenn der Angeschuldigte ein Ausländer [8] ist und gegründeter Zweifel besteht, daß er sich auf Ladung vor Gericht stellen und dem Urteile Folge leisten werde.

1. § 155; wegen der Verhaftung im vorbereitenden Verfahren s. §§ 125, 126. — Die Untersuchungshaft kann in jeder Lage des Verfahrens, auch nach Erlassung des Urteils, verhängt werden; in letzterem Falle auch dann, wenn die erkannte Freiheitsstrafe schon verbüßt ist und z. B. nur wegen Überweisung an die Landespolizeibehörde ein Rechtsmittel eingelegt ist, OLGR. 4, 112; Abh. in BayZ. 3, 285, 451; s. auch KG. in GoltdA. 57, 233. — Keine Untersuchungshaft im Privatklageverfahren.

2. Für das Vorhandensein einer strafbaren Handlung und die Täterschaft, Teilnahme usw. des Angeschuldigten.

3. Flucht: auch bei Verbergen oder Aufenthaltswechsel zum Zwecke des Verbergens (Löwe).

4. Kann aber durch besondere Umstände und Tatsachen entkräftet werden, die dann vom Richter zu berücksichtigen sind.

5. § 1 StGB. Der Begriff „Verbrechen" wird nicht berührt durch das Vorhandensein von Milderungsgründen, die die Möglichkeit gewähren, mildere Strafen als die in § 1 Abs. 1 StGB. bezeichneten auszusprechen, z. B. die Strafmilderungsgründe der §§ 157, 158 bei Meineid, ferner jugendliches Alter, mildernde Umstände vgl. E. 8, 177; 3, 54; Rsp. 2, 547; 8, 571.

6. § 361 Nr. 3 StGB. Landstreicher ist, wer zweck-, geschäfts- und arbeitslos herumzieht, ohne sich darüber ausweisen zu können, daß er Mittel zu seinem Unterhalt besitzt oder doch eine Gelegenheit zu deren Erwerb aufsucht, ObstLG. 1, 301.

7. Oder nicht gewillt ist.

8. Nichtdeutscher; vgl. § 8 StGB.

§ 113.

Ist die Tat nur mit Haft oder [1] mit Geldstrafe bedroht, so darf die Untersuchungshaft nur [2] wegen Verdachts der Flucht und nur dann verhängt werden, wenn der Angeschuldigte zu den im § 112 Nr. 2 oder 3 bezeichneten Personen gehört, oder wenn derselbe unter Polizeiaufsicht [3] steht, oder wenn es sich um eine Übertretung handelt, wegen deren die Überweisung an die Landespolizeibehörde [4] erkannt werden kann.

1. Wahlweise oder nebeneinander; ohne Rücksicht auf zulässige Nebenstrafen.

2. §§ 229, 235 (Haftbefehl gegen den in der Hauptverh. nicht erschienenen Angekl.) bleiben auch in den hier bezeichneten Fällen anwendbar.

3. § 38 StGB.; muß bereits verhängt sein.

4. § 362, § 361 Nr. 3—8 StGB. S. noch Anm. 1 zu § 112.

Haftbefehl.

§ 114.

I Die Verhaftung erfolgt auf Grund eines schriftlichen Haftbefehls des Richters. [1]

II In dem Haftbefehl ist der Angeschuldigte genau zu bezeichnen und die ihm zur Last gelegte strafbare Handlung [2] sowie der Grund [3] der Verhaftung anzugeben.

III Dem Angeschuldigten ist der Haftbefehl bei der Verhaftung und, wenn dies nicht tunlich ist, spätestens am Tage nach seiner Einlieferung in das Gefängnis, nach Vorschrift des § 35 bekannt zu machen [4] und zu eröffnen, daß ihm das Rechtsmittel der Beschwerde [5] zustehe.

1. Zuständiger Richter s. § 124; für das vorbereitende Verfahren s. § 125.

2. Unter Hervorhebung der Tatumstände, die den strafrechtlichen Tatbestand begründen, nach Art, Ort und Zeit usw.; die bloße strafrechtliche Bezeichnung der Tat genügt nicht.

3. Fluchtgefahr oder Verdunkelungs-(Kollusions-)Gefahr, §§ 112, 113; die Tatsachen, welche einen dieser Gründe gegeben erscheinen lassen, sind kurz zu bezeichnen (bestr.) Einer Angabe der Tatverdachtsgründe bedarf es nicht.

4. Die Unterlassung der Bekanntmachung ist ohne Einfluß auf die Rechtmäßigkeit der Verhaftung, Rsp. 8, 424.

5. §§ 346, 347, 352.

Verhör des Verhafteten.

§ 115.

Der Verhaftete muß spätestens am Tage nach seiner Einlieferung [1] in das Gefängnis [2] durch einen Richter [3] über den Gegenstand der Beschuldigung gehört [4] werden.[5]

1. Auch wenn dies ein Sonntag oder allgemeiner Feiertag ist.

2. In das zu seiner Verwahrung bestimmte Gefängnis, nicht in das beim Transport zur vorübergehenden Aufnahme benützte Gefängnis.

3. Nach Eröffnung des Hauptverfahrens durch einen beauftragten Richter.

4. Eingehende Vernehmung zur Sache nicht erfordert. Die Anhörung darf nicht etwa deshalb unterbleiben, weil der Verhaftete im Laufe des Verfahrens schon früher richterlich zur Sache vernommen wurde. Sie soll ihm die Möglichkeit geben, seine Einwendungen gegen die Beschuldigung und vor allem gegen die Verhaftung vorzubringen.

5. Bei Inhaftnahme nach Erlassung des Urteils ist die richterliche Einvernahme nicht mehr erforderlich.

Vollstreckung der Untersuchungshaft.

§ 116.[1]

I Der Verhaftete soll, soweit möglich, von Anderen gesondert und nicht in demselben Raume mit Strafgefangenen verwahrt werden. Mit seiner Zustimmung kann von dieser Vorschrift abgesehen werden.

II Dem Verhafteten dürfen nur solche Beschränkungen auferlegt werden, welche zur Sicherung des Zweckes der Haft oder zur Aufrechthaltung der Ordnung im Gefängnisse notwendig sind.[2]

III Bequemlichkeiten und Beschäftigungen, die dem Stande und den Vermögensverhältnissen des Verhafteten entsprechen, darf er sich auf seine Kosten verschaffen, soweit sie mit dem Zwecke der Haft vereinbar sind und weder die Ordnung im Gefängnisse stören, noch die Sicherheit gefährden.

IV Fesseln dürfen im Gefängnisse dem Verhafteten nur dann angelegt werden, wenn es wegen besonderer Gefährlichkeit seiner Person, namentlich zur Sicherung Anderer erforderlich erscheint, oder wenn er einen Selbstentleibungs- oder Entweichungsversuch gemacht oder vorbereitet hat. Bei der Hauptverhandlung soll er ungefesselt sein.

V Die nach Maßgabe vorstehender Bestimmungen erforderlichen Verfügungen hat der Richter zu treffen. Die in dringenden Fällen von anderen Beamten getroffenen Anordnungen unterliegen der Genehmigung des Richters.[3, 4]

1. Vgl. hierzu für Preußen: Gefängnisordnung für die Justizverwaltung v. 21. 12. 98 Anl. z. JMBl. Nr. 47; für Bayern: Hausordnung für die Gerichtsgefängnisse v. 3. 1. 10 JMBl. S. 25.

2. Verkehr mit dem Verteidiger: § 148; mit anderen Personen, schriftlich oder mündlich, nur mit Genehmigung des Richters; s. übrigens ObstLG. 8, 392.

3. Der nach dem jeweiligen Stande des Verfahrens zur Entscheidung über die Untersuchungshaft zuständige Richter, §§ 124, 125. S. § 95 der preußischen Gefängnisordnung, § 40 Abs. 7 der bayrischen Hausordnung für Gerichtsgefängnisse, oben Anm. 1. — Gegen die Verfügungen des Richters ist Beschwerde (§§ 346, 352) zulässig, OLGM. 2, 570; ObstLG. 7, 149.

4. Disziplinarbefugnisse stehen hinsichtlich der Untersuchungsgefangenen nur dem Richter, nicht dem Gefängnisvorstand zu.

Sicherheitsleistung.

§ 117.

Ein Angeschuldigter,[1] dessen Verhaftung lediglich wegen des Verdachts der Flucht angeordnet ist, kann gegen Sicherheitsleistung[2] mit der Untersuchungshaft verschont werden.[3]

1. Sicherheitsleistung ist bei allen Straftaten und in jeder Lage des Verfahrens zulässig; wegen der Sicherheitsleistung bei der Strafvollstreckung s. § 488 Abs. 3.

2. Die Sicherheit kann auch durch Dritte geleistet werden, vgl. §§ 118, 121 Abs. 2. Sie haftet nicht für Geldstrafen und Kosten oder für Ansprüche des Verletzten, kann jedoch, wenn sie Eigentum des Angesch. ist, unter Umständen hierfür zivilrechtlich mit Beschlag belegt werden, vgl. auch ObstLG. 7, 330, SeuffBl. 72, 475.

3. Ohne daß jedoch der Haftbefehl aufgehoben wird.

Art und Höhe der Sicherheit.

§ 118.

I Die Sicherheitsleistung ist durch Hinterlegung in barem Gelde oder in Wertpapieren oder durch Pfandbestellung oder mittels Bürgschaft geeigneter Personen zu bewirken.

II Die Höhe und die Art der zu leistenden Sicherheit wird von dem Richter[1] nach freiem Ermessen[2] festgesetzt.[3]

1. Der nach dem jeweiligen Stande des Verfahrens zur Entsch. über die Untersuchungshaft zuständige Richter, §§ 124, 125. — Beschwerde gegen dessen Entsch. §§ 346, 352.

2. Es sind in erster Linie die Vermögensverhältnisse des Angesch., bei Sicherheitsleistung durch Dritte deren Vermögensverhältnisse und deren Beziehungen zu dem Angeschuldigten zu berücksichtigen. Bei veränderten Verhältnissen ist die Anordnung einer Erhöhung oder Verbesserung der Sicherheit zulässig.

3. Der UR. bedarf der ausdrücklichen Zustimmung der Staatsanwaltschaft auch hinsichtlich der Art und Höhe der Sicherheit, § 124 Abs. 2.

Zustellungsbevollmächtigter.

§ 119.

Der Angeschuldigte, welcher seine Freilassung gegen Sicherheitsleistung beantragt, ist, wenn er nicht im Deutschen Reich wohnt, verpflichtet,[1] eine im Bezirk des zuständigen Gerichts[2] wohnhafte Person[3] zur Empfangnahme von Zustellungen zu bevollmächtigen.[4]

1. Vor Vollmachts-Erteilung und -Annahme keine Freilassung.
2. Spätere Änderung der Zuständigkeit belanglos.
3. Kann auch der Verteidiger sein.
4. Nur für die Zeit der Sicherheitsleistung, also bis zum Freiwerden oder Verfall der Sicherheit (gem. M.). Während dieser Zeit hat die Zustellung an den Bevollmächtigten die gleiche Wirkung wie die an den Angesch. selbst.

Inhaftnahme nach Sicherheitsleistung.

§ 120.

Der Sicherheitsleistung ungeachtet ist der Angeschuldigte zur Haft zu bringen,[1] wenn er Anstalten zur Flucht trifft, wenn er auf ergangene Ladung[2] ohne genügende Entschuldigung ausbleibt oder wenn neu hervorgetretene Umstände[3] seine Verhaftung erforderlich machen.

1. Hierzu ist der Erstrichter berechtigt, auch wenn die Freilassung gegen Sicherheit durch das Beschwerdegericht angeordnet war. Die Sicherheit wird dadurch frei, § 121, bei wiederholter Freilassung also Neubestellung nötig.
2. Auch zu einem Termin außerhalb der Hauptverh.
3. Straferschwerungsgründe, weitere Straftaten, Verdunkelungsgefahr, Verminderung des Wertes der Sicherheit, s. aber auch Anm. 2 zu § 118.

Freiwerden der Sicherheit.

§ 121.

I Eine noch nicht verfallene[1] Sicherheit wird frei,[2] wenn der Angeschuldigte zur Haft gebracht,[3] oder wenn der Haftbefehl aufgehoben worden ist, oder wenn der Antritt der erkannten Freiheitsstrafe erfolgt.[4, 5]

II Diejenigen, welche für den Angeschuldigten Sicherheit geleistet haben,[6] können ihre Befreiung[7] dadurch herbeiführen, daß sie entweder binnen einer vom Gerichte zu bestimmenden Frist die Gestellung des Angeschuldigten bewirken, oder von den Tatsachen, welche den Verdacht einer vom Angeschuldigten beabsichtigten Flucht begründen, rechtzeitig dergestalt Anzeige machen, daß die Verhaftung bewirkt werden kann.[8]

1. Verfall der Sicherheit, § 122.

2. Ipso jure, nicht erst mit der richterlichen Entsch. über die Freigabe. Ohne Rücksicht auf etwa noch zu zahlende Gerichtskosten, ObstLG. 7, 330; SeuffBl. 72, 475.

3. Auch wenn er nachträglich wieder entspringt. Voraussetzung ist Inhaftnahme in der Sache, in welcher die Sicherheit geleistet wurde.

4. Das ist mit Aufnahme in die Strafanstalt, nicht schon mit der Festnahme zur Ablieferung in diese, OLGM. 10, 70.

5. Der Angeschuldigte kann stets die Freigabe der Sicherheit verlangen, wenn er sich zur Haft stellt. Dritten, die Sicherheit leisteten, steht ein Anspruch auf Verhaftung des Angesch. und Freigabe der Sicherheit nicht zu (bestr.), s. aber Abs. 2.

6. Nicht auch diejenigen, welche auf Grund von Rechtsgeschäften mit den Hinterlegern zivilrechtliche Ansprüche auf die freiwerdende Sicherheit ableiten, ObstLG. 10, 381; SeuffBl. 75, 364; auch nicht der Eigentümer der Sicherheit, der diese dem hinterlegenden Angesch. zur Verfügung gestellt, also nicht selbst die Sicherheit geleistet hat.

7. Voraussetzung ist in den Fällen des Abs. 2, daß die Sicherheit noch nicht gem. § 122 verfallen ist (gem. M.).

8. Daß der Angesch. dann wirklich verhaftet wurde, ist nicht erforderlich. Über die Rechtzeitigkeit usw. der Anzeige entscheidet im Streitfalle der Strafrichter, §§ 122, 124, 125.

Verfall der Sicherheit.

§ 122.

I Eine noch nicht freigewordene [1] Sicherheit verfällt [2] der Staatskasse, wenn der Angeschuldigte sich der Untersuchung oder dem Antritt der erkannten Freiheitsstrafe entzieht.[3]

II Vor der Entscheidung [4] sind der Angeschuldigte [5] sowie diejenigen, welche für den Angeschuldigten Sicherheit geleistet haben, zu einer Erklärung aufzufordern.[6] Gegen die Entscheidung steht ihnen [7] nur die sofortige Beschwerde [8] zu. Vor der Entscheidung über die Beschwerde ist den Beteiligten und der Staatsanwaltschaft Gelegenheit zur mündlichen Begründung ihrer Anträge sowie zur Erörterung über stattgehabte Ermittelungen zu geben.[9]

III Die den Verfall aussprechende Entscheidung hat gegen diejenigen, welche für den Angeschuldigten Sicherheit geleistet haben,[10] die Wirkungen eines von dem Zivilrichter erlassenen, für vorläufig vollstreckbar[11] erklärten Endurteils, und nach Ablauf der Beschwerdefrist die Wirkungen eines rechtskräftigen Zivilendurteils.

1. § 121.

2. Ipso jure, nicht erst mit der Entsch. des Gerichts, RG. in GoltdA. 60, 480.

3. Wenn auch nur zeitweilig. Nachträgliche Gestellung, Verhaftung, Auslieferung, auch spätere Freisprechung heben den Verfall der Sicherheit nicht wieder auf. — Bloßes Ausbleiben auf Ladung bewirkt den Verfall nicht; ebenso nicht der Selbstmord des Angesch. (gem. M.).

4. Die Strafgerichte (§§ 124, 125) entscheiden unter Ausschluß des Zivilrechtsweges.

5. Auch im Falle seiner Abwesenheit (s. Anm 6), ebenso auch bei Sicherheitsleistung durch Dritte.

6. Durch Bek. gem. § 35 oder allenfalls gem. § 40. Die Bek. an den Angeschuldigten wird durch eine solche an den Verteidiger nicht ersetzt.

7. Auch der Staatsanwaltschaft.

8. § 353.

9. Ihr Erscheinen ist nicht erfordert. Die Bestimmungen über die mündliche Hauptverh. sind nicht maßgebend. — Beteiligte: s. Anm. 6 zu § 121. — Gebühren: §§ 78 Nr. 2c, 45 GKG.

10. Auch gegen den Angesch., der selbst die Sicherheit geleistet hat.

11. S. §§ 708 ff. ZPO. — Wegen des Zinsengenusses bis zur Rechtskraft s. Entsch. in GoltdA. 48, 151.

Aufhebung des Haftbefehls.

§ 123.

I Der Haftbefehl ist aufzuheben,[1] wenn der in demselben angegebene Grund der Verhaftung weggefallen ist,[2] oder wenn der Angeschuldigte freigesprochen oder außer Verfolgung gesetzt wird.[3]

II Durch Einlegung eines Rechtsmittels darf die Freilassung des Angeschuldigten nicht verzögert werden.[4]

1. Auch wenn er nicht vollzogen war, § 117. — Anhörung der Staatsanwaltschaft, §§ 33, 124 Abs. 2.

2. Falls sich inzwischen nicht ein anderer Grund ergab, der die Aufrechterhaltung des Haftbefehls geboten erscheinen läßt. Dies ist dann aktenkundig zu machen.

3. Auch bei Verurteilung zu geringer Strafe, insbesondere zu Geldstrafe, werden meist die Gründe für Aufrechterhaltung des Haftbefehls entfallen. — S. noch § 126.

4. Neuer Haftbefehl auf Grund neuer Tatsachen in der Berufungsinstanz aber zulässig, auch vor Aufhebung des Ersturteils s. KG. in GoltdA. 57, 232; ebenso im Wiederaufnahmeverfahren. — S. auch Anm. 1 zu § 112.

Zuständigkeit.

§ 124.

I Die auf die Untersuchungshaft, einschließlich der Sicherheitsleistung, bezüglichen Entscheidungen werden von dem zuständigen Gericht[1] erlassen.[2]

II In der Voruntersuchung[3] ist der Untersuchungsrichter zur Erlassung des Haftbefehls[4] und mit Zustimmung der Staatsanwaltschaft auch zur Aufhebung eines solchen sowie zur Freilassung des Angeschuldigten gegen Sicherheitsleistung[5] befugt.[6] Versagt die Staatsanwaltschaft diese Zustimmung, so hat der Untersuchungsrichter, wenn er die beanstandete Maßregel anordnen will, unverzüglich, spätestens binnen vierundzwanzig Stunden, die Entscheidung des Gerichts nachzusuchen.

III Die gleiche Befugnis [7] hat nach Eröffnung des Hauptverfahrens [8] in dringenden Fällen der Vorsitzende des erkennenden Gerichts.

1. Das zur Zeit mit der Sache befaßte Gericht, auch das Berufungsgericht. In der Revisionsinstanz ist nicht das Revisionsgericht, sondern das Gericht zuständig, dessen Urteil mit Revision angegriffen ist, E. 3, 421; Rsp. 9, 352. — Im vorbereitenden Verfahren ist der Amtsrichter zuständig, § 125 Abs. 2, 3.

2. Nach Anhörung der Staatsanwaltschaft: § 33. — Beschwerde: §§ 346, 347, 352. — Zu diesen Entsch. gehört auch der Beschluß auf Unterbrechung der UH. zum Zwecke des Vollzugs einer Freiheitsstrafe s. ObstLG. 7, 352.

3. Bis zur Vorlage der Akten durch die Staatsanwaltschaft an die Strafk. gem. § 196 Abs. 2; E. 33, 201.

4. Und zur Anordnung der Fortdauer der UH. gem. § 126.

5. Wobei Zustimmung der StA. auch hinsichtlich der Art und Höhe der Sicherheit vorliegen muß s. Anm. 3 zu § 118. — Über den Verfall der Sicherheit (§ 122) entscheidet die Strafk.

6. Er kann aber auch, insbesondere in Zweifelsfällen, die Entsch. der Strafk. herbeiführen, Mot. 159.

7. Wie sie der UR. nach Abs. 2 hat.

8. § 201.

Haftbefehl im vorbereitenden Verfahren.

§ 125.

I Auch vor Erhebung der öffentlichen Klage kann, wenn ein zur Erlassung eines Haftbefehls berechtigender Grund [1] vorhanden ist, vom Amtsrichter auf Antrag der Staatsanwaltschaft oder, bei Gefahr im Verzuge, von Amts wegen [2] ein Haftbefehl erlassen werden.

II Zur Erlassung dieses Haftbefehls und der auf die Untersuchungshaft, einschließlich der Sicherheitsleistung [3], bezüglichen Entscheidungen [4] ist jeder [5] Amtsrichter befugt, in dessen Bezirk ein Gerichtsstand [6] für die Sache begründet ist oder der zu Verhaftende betroffen wird.

III Die Bestimmungen der §§ 114—123 finden entsprechende Anwendung. [7]

1. Haftgründe: §§ 112, 113.

2. Wovon die Staatsanwaltschaft sofort zu verständigen ist.

3. Auch die Entscheidungen über Freigabe und bei Verfall der Sicherheit stehen dem Amtsrichter zu (Abs. 3); zur Freilassung gegen Sicherheit bedarf er der Zustimmung der Staatsanwaltschaft nicht, s. Anm. 7.

4. Beschwerde (§ 346) an die Strafkammer; weitere Beschwerde: § 352.

5. Bei einer Mehrheit zuständiger Amtsrichter stehen demjenigen, der zuerst die Untersuchungshaft angeordnet hat, die weiteren Entsch., insbesondere über Haftfristverlängerungen usw. ausschließlich zu, und zwar auch dann, wenn der Beschuldigte im Bezirk eines anderen Amtsrichters in Haft sich befindet (gem. M. s. Löwe).

6. Gerichtsstand: §§ 7—13.

7. Aber nicht § 124. Der Amtsrichter unterliegt also nicht den in § 124 Abs. 2 für den UR. aufgestellten Beschränkungen. S. Anm. 3 und § 126 Anm. 1.

Zeitliche Beschränkung der Haft. Haftfristverlängerung.

§ 126.

I Der vor Erhebung der öffentlichen Klage erlassene Haftbefehl ist aufzuheben, wenn die Staatsanwaltschaft es beantragt,[1] oder wenn nicht binnen einer Woche[2] nach Vollstreckung[3] des Haftbefehls die öffentliche Klage erhoben und die Fortdauer der Haft von dem zuständigen Richter angeordnet, auch diese Anordnung zur Kenntnis des Amtsrichters gelangt ist.[4]

II Wenn zur Vorbereitung und Erhebung der öffentlichen Klage die Frist von einer Woche nicht genügt, so kann dieselbe auf Antrag der Staatsanwaltschaft vom Amtsrichter um eine Woche[2] und, wenn es sich um ein Verbrechen oder Vergehen handelt,[5] auf erneuten[6] Antrag der Staatsanwaltschaft um fernere zwei Wochen[2] verlängert werden.

1. Der Amtsrichter ist zur Aufhebung des Haftbefehls auch ohne Zustimmung und gegen den Antrag der Staatsanwaltschaft gem. § 123 befugt (gem. M. s. auch Anm. 7 zu § 125).

2. Berechnung: § 43. ObstLG. 2, 57.

3. Das ist die Festnahme nach Erlassung des Haftbefehls oder die Erlassung des Haftbefehls nach vorläufiger Festnahme, siehe Abhandlung in GoltdA. 52, 188.

4. Mitteilung hierüber durch den Richter oder die Staatsanwaltschaft genügt.

5. Bei Übertretungen darf demnach die Untersuchungshaft die Dauer von 2 Wochen nicht übersteigen. — Verbrechen und Vergehen s. § 1 StGB.

6. Also nicht beim ersten Antrag schon um mehr als eine Woche.

Vorläufige Festnahme.

§ 127.

I Wird jemand auf frischer Tat[1] betroffen oder verfolgt,[2] so ist, wenn er der Flucht verdächtig ist oder seine Persönlichkeit nicht sofort festgestellt[3] werden kann, jedermann[4] befugt, ihn auch ohne richterlichen Befehl vorläufig festzunehmen.[5]

II Die Staatsanwaltschaft und die Polizei- und Sicherheitsbeamten[6] sind auch dann zur vorläufigen Festnahme[5] befugt, wenn die Voraussetzungen eines Haftbefehls[7] vorliegen und Gefahr im Verzug[8] obwaltet[9].

III Bei strafbaren Handlungen, deren Verfolgung nur auf Antrag [10] eintritt, ist die vorläufige Festnahme von der Stellung eines solchen Antrags nicht abhängig. [11]

1. S. Anm. 3 zu § 104. — Die Tat kann auch bloß eine Übertretung sein, E. 17, 127; ObstLG. 2, 387.

2. Unter Verfolgung sind alle diejenigen Maßnahmen zu verstehen, welche auf die Ergreifung der als Täter ins Auge gefaßten Personen abzielen, z. B. auch Vorauseilen zur Besetzung von Wegen, E. 30, 386.

3. Festgestellt ist die Persönlichkeit natürlich nicht immer schon dann, wenn der Betroffene die Fragen nach Namen und Wohnort beantwortet, E. 27, 198; s. auch Recht 11, 1276.

4. Die Festnahme nach Abs. 1 erfordert weder ein Aufsichtsrecht noch eine amtliche Befugnis, E. 12, 194.

5. Die strafrechtliche Verfolgbarkeit des Täters (§§ 55, 56 StGB.) ist nicht Voraussetzung der vorläufigen Festnahme, E. 17, 127. Diese kann an jedem Ort und zu jeder Zeit, auch zur Nachtzeit vorgenommen werden, E. 40, 65. Es dürfen jedoch bei der Festnahme die Grenzen dieser Befugnis nicht überschritten werden, z. B. durch nicht veranlaßte Fesselung, E. 17, 127; insbesondere darf der Täter, der zu fliehen sucht, nicht durch Handlungen an der Flucht gehindert werden, die ihn an Leib und Leben verletzen; ein Irrtum über diese Befugnis schließt eine Bestrafung wegen vorsätzlicher Körperverletzung zwar aus, steht aber einer solchen wegen fahrlässiger Körperverletzung nur dann entgegen, wenn er nicht selbst durch Fahrlässigkeit verursacht ist, E. 34, 443; DJZ. 10, 219. — Strafbarkeit des Widerstandes: E. 21, 10. — Dem Täter können auch Überführungsgegenstände, die er bei sich trägt, abgenommen werden, E. 8, 288. Wegnahme einer Sache des unbekannten Täters statt Festnahme ist zulässig, JW. 36, 412; BayZ. 3, 15.

6. Auch wenn sie nicht Hilfsbeamte der Staatsanwaltschaft (§ 153 GVG.) sind. — §§ 127 ff. haben übrigens nur die zum Zwecke der Strafverfolgung stattfindende vorläufige Festnahme zum Gegenstand und sind für diese allein maßgebend, E. 27, 153; 32, 269; die Festnahme nach Maßgabe der Landesgesetze zu anderen Zwecken, z. B. zur Verhinderung drohender strafbarer Handlungen, Aufrechterhaltung der öffentlichen Ruhe usw. wird durch die Vorschrift der §§ 127 ff. nicht berührt, E. 1, 331; 2, 263; 3, 185; 4, 102; 11, 101; 15, 356; 39, 189.

7. §§ 112, 113.

8. Vgl. Anm. 3 zu § 98.

9. Ob die Voraussetzungen nach Abs. 2 gegeben sind, hat der Beamte nach pflichtgemäßem Ermessen zu entscheiden und er befindet sich, wenn er hiernach handelt, in rechtmäßiger Ausübung seines Amtes, Rsp. 6, 807. — Wegen der Nacheile s. § 168 GVG., wegen der Erlassung von Steckbriefen s. § 131 Abs. 2. — Vorläufige Festnahme durch das Gericht in der Sitzung s. § 185 GVG.

10. Oder nur auf „Ermächtigung", z. B. §§ 99, 101 StGB.

11. Abs. 3 gilt für Abs. 1 und Abs. 2. Wegen Erlassung eines Haftbefehls in solchem Falle s. § 130.

Vorführung des Festgenommenen.

§ 128.

I Der Festgenommene ist unverzüglich, [1] sofern er nicht wieder in Freiheit gesetzt wird, [2] dem Amtsrichter des Bezirks, in welchem die Festnahme erfolgt ist, vorzuführen. Der Amtsrichter hat ihn spätestens am Tage nach der Vorführung [3] zu vernehmen.[4]

II Hält der Amtsrichter die Festnahme nicht für gerechtfertigt oder die Gründe derselben für beseitigt, so verordnet er die Freilassung. Anderenfalls erläßt er einen Haftbefehl, auf welchen die Bestimmungen des § 126 Anwendung finden.[5]

1. Ohne jeden unnützen, ungerechtfertigten Verzug, Rsp. 6, 807. Vorherige Vorführung bei der Polizeibehörde oder im Fall der Zolldefraude bei dem Zollamt ist zulässig, E. 29, 136.

2. Hierzu sind der Festnehmende und die Anm. 1 genannten Behörden befugt und bei Wegfall der Voraussetzungen für die Festnahme auch verpflichtet.

3. Auch wenn dies ein Sonntag oder allgemeiner Feiertag ist.

4. Zum Zwecke der Entscheidung über Freilassung oder Verhaftung (Abs. 2); Beweiserhebungen durch den Amtsrichter, §§ 163, 164.

5. S. noch § 129.

§ 129.

Ist gegen den Festgenommenen bereits die öffentliche Klage erhoben,[1] so ist derselbe entweder sofort, oder auf Verfügung des Amtsrichters, welchem derselbe zunächst [2] vorgeführt worden, dem zuständigen Gericht oder Untersuchungsrichter vorzuführen und haben diese spätestens am Tage nach der Vorführung [3] über Freilassung oder Verhaftung des Festgenommenen zu entscheiden.

1. Aber ein Haftbefehl noch nicht erlassen, sonst § 132.

2. Gem. § 128. Der Amtsrichter, der nicht mit der Hauptsache befaßt ist, kann im Falle des § 129 zwar, wenn er die Festnahme nicht für gerechtfertigt hält, die Freilassung anordnen, nicht aber einen Haftbefehl erlassen (Löwe).

3. S. Anm. 3 zu § 128.

Haftbefehl bei Antragsstraftaten.

§ 130.

Wird wegen Verdachts einer strafbaren Handlung, deren Verfolgung nur auf Antrag [1] eintritt, ein Haftbefehl erlassen, bevor der Antrag gestellt ist, so ist der Antragsberechtigte, von mehreren wenigstens einer derselben, sofort von dem Erlaß des Haftbefehls in Kenntnis zu setzen.[2] Auf den Haftbefehl finden die Bestimmungen des § 126 gleichfalls Anwendung.

1. Oder nur auf „Ermächtigung", z. B. §§ 99, 101 StGB.

2. Durch die Staatsanwaltschaft, oder auch durch den Amtsrichter. Bei Weigerung sämtlicher Antragsberechtigter, den Antrag zu stellen, ist der Haftbefehl sofort aufzuheben. Wiederverhaftung bei nachträglicher rechtzeitiger Antragstellung zulässig.

Steckbrief.

§ 131.

I Auf Grund eines Haftbefehls [1] können von dem Richter sowie von der Staatsanwaltschaft Steckbriefe [2] erlassen werden, wenn der zu Verhaftende flüchtig ist oder sich verborgen hält.

II Ohne vorgängigen Haftbefehl ist eine steckbriefliche Verfolgung nur dann statthaft, wenn ein Festgenommener [3] aus dem Gefängnisse entweicht oder sonst sich der Bewachung entzieht. In diesem Falle [4] sind auch die Polizeibehörden zur Erlassung des Steckbriefes befugt.

III Der Steckbrief soll, soweit dies möglich, eine Beschreibung des zu Verhaftenden enthalten und die demselben zur Last gelegte strafbare Handlung sowie das Gefängnis bezeichnen, in welches die Ablieferung zu erfolgen hat. [5]

1. Haftbefehl des Richters oder gem. § 489 der Staatsanwaltschaft. — Vorführungsbefehl genügt nicht.

2. Öffentlich bekannt gemachte Ersuchen um Verhaftung.

3. Voraussetzung ist Festnahme gem. § 127 Abs. 2. Präventivpolizeiliche Festnahme (s. Anm. 6 zu § 127) genügt nicht.

4. Auch dann, wenn ein Verhafteter oder Verurteilter der Polizei auf dem Transport entspringt (Löwe).

5. Wegen der Benutzung der Strafregister zur Ermittlung steckbrieflich verfolgter Personen s. § 18a der BundesratsVO. v. 16. 6. 82 / 9. 7. 96 / 17. 4. 13; RZBl. 1896, 426; 1913, 495; PreußJMBl. 1896, 265; 1913, 266; BayJMBl. 1913, 91. Strafregisterbehörden: PreußJMBl. 1913, 277; BayJMBl. 1913, 134.

Vorführung des Ergriffenen.

§ 132.

I Ist jemand auf Grund eines Haftbefehls oder eines Steckbriefs ergriffen worden und kann er nicht spätestens am Tage nach der Ergreifung [1] vor den zuständigen Richter [2] gestellt werden, so ist er auf sein Verlangen sofort dem nächsten Amtsrichter [3] vorzuführen.

II Seine Vernehmung [4] ist spätestens am Tage nach der Ergreifung [1] zu bewirken. Weist er bei der Vernehmung nach, daß er nicht die verfolgte Person, oder daß die Verfolgung durch die zuständige Behörde wieder aufgehoben sei, so hat der Amtsrichter seine Freilassung zu verfügen.

1. Auch wenn dies ein Sonntag oder allgemeiner Feiertag ist.

2. Der Richter, welcher den Haftbefehl erlassen hat oder, mangels eines Haftbefehls, der zur Erlassung des Haftbefehls berufene Richter, §§ 124, 125.

3. Der am schnellsten erreichbare Amtsrichter, auch wenn die Ergreifung nicht in seinem Bezirk erfolgte.

4. Die Vernehmung und Prüfung durch den nächsten Amtsrichter erstreckt sich nur darauf, ob der Ergriffene die verfolgte Person ist und ob die Verfolgung nicht aufgehoben ist.

Zehnter Abschnitt.

Vernehmung des Beschuldigten.

Ladung des Beschuldigten. **§ 133.**

[I] Der Beschuldigte ist zur Vernehmung [1] schriftlich zu laden.[2]

[II] Die Ladung kann unter der Androhung geschehen, daß im Falle des Ausbleibens seine Vorführung erfolgen werde.[3]

1. Die Vernehmung kann auch außerhalb des Gerichtssitzes erfolgen; der Beschuldigte ist verpflichtet, auch Ladungen eines für seinen Aufenthaltsort nicht zuständigen Richters Folge zu leisten. — Die Bestimmung gilt auch für die Ladung des Besch. zur Vernehmung in der VU., auch wenn diese Vernehmung vom gem. § 183 ersuchten Amtsrichter erfolgt, KG. in GoltdA. 59, 474.

2. Unterlassung der schriftlichen Ladung ist ohne Einfluß auf die Rechtsgültigkeit der Vernehmung und die Verwertbarkeit (§ 253) des hierüber aufgenommenen Protokolls.

3. Unterblieb diese Androhung, so kann ein Vorführungsbefehl nicht erlassen werden; es hat dann neue Ladung mit Androhung zu erfolgen.

Vorführung des Beschuldigten. **§ 134.**

[I] Die sofortige [1] Vorführung des Beschuldigten kann verfügt werden, wenn Gründe vorliegen, welche die Erlassung eines Haftbefehls rechtfertigen würden.[2]

[II] In dem Vorführungsbefehle ist der Beschuldigte genau zu bezeichnen und die ihm zur Last gelegte strafbare Handlung sowie der Grund der Vorführung anzugeben.[3, 4]

1. Ohne vorherige Ladung gem. § 133 Abs. 2.

2. §§ 112, 113.

3. Er ist demnach schriftlich auszufertigen. Angabe der strafbaren Handlung s. Anm. 2 zu § 114. Grund der Vorführung: Vorhandensein von Haftgründen oder ungehorsames Ausbleiben (§ 133 Abs. 2).

4. Vollziehung des VorfBef. auch durch Ersuchen der Behörden eines anderen Bezirks, § 161 GVG., durch Nacheile § 168 GVG.; Steckbrief aber nicht zulässig, s. Anm. 1 zu § 131.

Vernehmung des Vorgeführten. **§ 135.**

Der Vorgeführte ist sofort von dem Richter zu vernehmen. Ist dies nicht ausführbar, so kann er bis zu seiner Vernehmung, jedoch nicht über den nächstfolgenden Tag [1] hinaus, festgehalten werden.

1. Maßgebend ist der Zeitpunkt der Einlieferung, nicht der Festnahme des Vorzuführenden; letztere kann unter Umständen wegen weiter Entfernung schon Tage zuvor erfolgt sein. — S. noch Anm. 3 zu § 128.

Vernehmung des Beschuldigten. § 136.

I Bei Beginn der ersten Vernehmung [1] ist dem Beschuldigten zu eröffnen, welche strafbare Handlung ihm zur Last gelegt wird. Der Beschuldigte ist zu befragen,[2] ob er etwas auf die Beschuldigung erwidern wolle.

II Die Vernehmung soll dem Beschuldigten Gelegenheit zur Beseitigung der gegen ihn vorliegenden Verdachtsgründe und zur Geltendmachung der zu seinen Gunsten sprechenden Tatsachen geben.[3]

III Bei der ersten Vernehmung des Beschuldigten ist zugleich auf die Ermittelung seiner persönlichen Verhältnisse [4] Bedacht zu nehmen.[5]

1. Zuziehung eines Gerichtsschreibers §§ 166, 185, Protokollierung §§ 166, 186; die Vernehmung erfolgt in Abwesenheit der Staatsanwaltschaft und des Verteidigers, §§ 167, 190 Abs. 2.

2. Keine Einflußnahme des Richters auf die Entschließung des Beschuldigten. Der Beschuldigte kann auch lediglich eine Antwort auf einzelne Fragen ablehnen.

3. Die Vernehmung soll in erster Linie der Verteidigung dienen; kein Hinwirken des Richters auf Ablegen eines Geständnisses. Ermahnung zur Wahrheitsangabe aber zulässig, BayZ. 3, 173. — Der Beschuldigte soll sich tunlichst im Zusammenhang äußern; dann ergänzende Fragen und Vorhalte durch den Richter.

4. Name, Geburtszeit, Geburtsort, Eltern, Religion, Stand oder Gewerbe. — Vorstrafen: BundesratsVO. v. 16. 6. 82 / 9. 7. 96 / 17. 4. 13; RZBl. 1896, 426; 1913, 495; PreußJMBl. 1896, 265; 1913, 266; BayJMBl. 1913, 91; Strafregisterbehörden: PreußJMBl. 1913, 277; BayJMBl. 1913, 134. — Militärverhältnisse: PreußJMBl. 1886, 201; BayJMBl. 1902, 734. — Feststellung des gesetzlichen Vertreters: PreußJMBl. 1902, 223; BayJMBl. 1910, 653.

5. Verweigert der Beschuldigte Angaben in dieser Richtung, so kann nötigenfalls die Untersuchungshaft über ihn verhängt werden, s. § 112 Nr. 2.

Elfter Abschnitt.

Verteidigung.

Zulässigkeit der Verteidigung. § 137.

I Der Beschuldigte kann sich in jeder Lage [1] des Verfahrens des Beistandes [2] eines [3] Verteidigers bedienen.

II Hat der Beschuldigte einen gesetzlichen Vertreter,[4] so kann auch [5] dieser selbständig [4] einen Verteidiger wählen.

1. Also auch in der VU. und im vorbereitenden Verfahren, E 9, 78, soweit das Ges. nicht Ausnahmen vorschreibt, s. §§ 190 Abs. 2, 167. — Beschränkung auf einen einzelnen Akt der Verteidigung, z. B. auf die Revisionsbegründung zulässig, E. 9, 78.

2. Wegen der Vertretung durch den Verteidiger s. §§ 233, 390, 427, 451, 457. Der Vertreter handelt statt des Beschuldigten, der Verteidiger neben diesem.

3. In der Hauptverh. können mehrere Verteidiger auftreten, § 226; außerhalb der Hauptverh. nur, soweit das Gericht dies zuläßt, s. aber auch Anm. 5. — Gemeinschaftlicher Verteidiger für mehrere Beschuldigte § 146.

4. Gesetzlicher Vertreter: ehelicher Vater §§ 1626, 1627, 1630, 1634, 1635, 1676—1680 BGB.; eheliche Mutter §§ 1684—1686 BGB., s. auch E. 34, 315, sofern sie nicht wiederverheiratet, Recht 12, 3005; Adoptiveltern § 1757 BGB.; Vormund §§ 1773, 1793, 1896, 1897, 1901, 1906 BGB.; Pfleger §§ 1910, 1915 BGB.

Der gesetzliche Vertreter handelt hier wie in den übrigen im Gesetz vorgesehenen Fällen (§§ 140, 149, 268, 340) aus eigenem Recht, nicht an Stelle des Vertretenen, der, wenn auch in der zivilrechtlichen Handlungsfähigkeit beschränkt, im Strafverfahren grundsätzlich seine Rechte selbst zu vertreten hat, vgl. auch Recht 16, 710.

5. Neben dem Beschuldigten, so daß zwei Verteidiger auftreten können, die auch außerhalb der Hauptverh. nebeneinander zugelassen werden müssen; s. Anm. 3.

Wählbarkeit als Verteidiger. **§ 138.**

I Zu Verteidigern können die bei einem deutschen Gerichte zugelassenen Rechtsanwälte [1] sowie die Rechtslehrer [2] an deutschen Hochschulen gewählt [3] werden.

II Andere Personen [4] können nur [5] mit Genehmigung [6] des Gerichts und, wenn der Fall einer notwendigen Verteidigung [7] vorliegt und der Gewählte nicht zu den Personen gehört, welche zu Verteidigern bestellt werden dürfen, [8] nur in Gemeinschaft mit einer solchen als Wahlverteidiger zugelassen werden. [9]

1. Jeder bei einem deutschen Gericht zugelassene Rechtsanwalt kann bei jedem deutschen Gericht, auch vor dem Reichsgericht, als Verteidiger auftreten, § 26 RAO., Ausnahme: § 100 Abs. 2 RAO. — Keine Verpflichtung des Rechtsanwalts zur Übernahme der Verteidigung, § 30 RAO.; Behinderung, § 31 RAO.

2. Auch Privatdozenten.

3. Form: s. Anm. 9. — Wenn der gewählte Verteidiger zugleich Zeuge ist, so hat das Gericht nach freiem Ermessen zu entscheiden, ob beides im Einzelfall ausnahmsweise vereinbar; verneinendenfalls hat es die Zulassung zu verweigern, E. 24, 104, 296, und es kann dies selbst dann, wenn der Verteidiger nach § 52 Nr. 3 sein Zeugnis verweigert, DIZ. 12, 240; SeuffBl. 72, 297; s. auch IW. 35, 792; BayZ. 2, 443.

4. Auch Frauenspersonen, ebenso Ausländer; s. auch ObstLG. 10, 454; BayZ. 7, 141.

5. Ausnahme: § 322. S. auch GoltdA. 53, 169; Recht 10, 321.

6. Nach freiem Ermessen des Gerichts, vgl. auch ObstLG. 7, 40. Beschränkung auf einen Abschnitt des Verfahrens oder auf eine bestimmte Prozeßhandlung zulässig, E. 9, 78. Die Genehmigung kann zurückgenommen werden.

7. § 140; auch dann, wenn erst in der Hauptverh. sich herausstellt, daß der Fall einer notwendigen Vereinigung gegeben ist, E. 29, 11.

8. § 144.

9. Für die Ermächtigung ist eine bestimmte Form nicht vorgeschrieben; hierfür und zum Nachweis des Vollmachtsverhältnisses ist schriftliche Vollmacht regelmäßig nicht erfordert, E. 25, 152, auch nicht bei Erteilung einer Untervollmacht an einen anderen Rechtsanwalt, E. 41, 14; Ausnahme in den Fällen der Vertretung s. Anm. 2 zu § 137.

Untervollmacht für einen Rechtskundigen.

§ 139.

Der als Verteidiger gewählte[1] Rechtsanwalt kann mit Zustimmung[2] des Angeklagten die Verteidigung einem Rechtskundigen, welcher die erste Prüfung für den Justizdienst bestanden hat und in demselben seit mindestens zwei Jahren beschäftigt ist, übertragen.[3]

1. § 138; nicht der bestellte Verteidiger, s. Anm. 3 zu § 144.

2. Keiner Zustimmung des Angeklagten bedarf die Übernahme der Verteidigung durch den allgemeinen Stellvertreter (§ 25 RAO.) des Rechtsanwalts. — Auch zu einer Übertragung der Verteidigung an einen andern Rechtsanwalt bedarf es keiner ausdrücklichen Zustimmung des Angeklagten, jedoch darf sie nicht gegen dessen Willen erfolgen; die Zustimmung ist wenigstens dann zu vermuten, wenn der Angeklagte kein besonderes Interesse daran hat, daß die nach Lage der Sache erforderliche prozessuale Handlung von dem gewählten Verteidiger persönlich vorgenommen wird; E. 9, 279; 41, 14; GoltdA. 56, 86; ObstLG. 8, 150.

3. Auch im Falle einer notwendigen Verteidigung, § 140. Eine Genehmigung des Gerichts nach § 138 Abs. 2 ist nicht erforderlich. — S. noch § 427 Abs. 2.

Notwendige Verteidigung. Verteidigerbestellung.

§ 140.

I Die Verteidigung ist notwendig in den Sachen, welche vor dem Reichsgericht in erster Instanz[1] oder vor dem Schwurgerichte[2] zu verhandeln sind.[3]

II In Sachen, welche vor dem Landgericht in erster Instanz zu verhandeln sind,[4] ist die Verteidigung notwendig:

1. wenn der Angeschuldigte taub oder stumm[5] ist oder das sechzehnte Lebensjahr noch nicht vollendet[6] hat;
2. wenn ein Verbrechen[7] den Gegenstand der Untersuchung bildet und der Beschuldigte oder sein gesetzlicher Vertreter[8] die Bestellung eines Verteidigers beantragt.[9]

   Diese Bestimmung findet nicht Anwendung, wenn die strafbare Handlung nur deshalb als ein Verbrechen sich darstellt, weil sie im Rückfall[10] begangen ist.

III In den Fällen des Abs. 1 und des Abs. 2 Nr. 1 ist dem Angeschuldigten, welcher einen Verteidiger noch nicht gewählt hat, ein solcher von Amts wegen[11] zu bestellen, sobald die im § 199 vorgeschriebene Aufforderung stattgefunden hat.[12, 13] In dem Falle des Abs. 2 Nr. 2 ist der Antrag binnen einer Frist von drei Tagen[14] nach der Aufforderung[15] zu stellen.[16]

1. § 136 GVG.

2. § 80 GVG., § 6 EG. GVG.

3. Dies gilt auch hinsichtlich derjenigen Vergehen oder Übertretungen, die infolge Zusammenhangs vor dem Reichsgericht oder Schwurgericht zur Aburteilung gelangen, Rsp. 2, 764.

4. §§ 73, 74 GVG. auch in solchen wegen Zusammenhangs mit verhandelten Straftaten, bei denen für sich allein die Verteidigung keine notwendige nach Abs. 2 ist, Rsp. 2, 764; Recht 15, 1458. — Abs. 2 gilt auch für den Fall, daß das Landgericht als Berufungsgericht eine Sache gem. § 369 Abs. 3 in erster Instanz verhandelt, E. 29, 11. — Für die nach § 75 GVG. überwiesenen Sachen gilt Abs. 2 nicht.

5. Der Angesch. muß des Gebrauchs der Sprache völlig beraubt sein; seine Fähigkeit, sich schriftlich zu äußern, berechtigt nur von der Zuziehung eines Dolmetschers, nicht aber von der Zuziehung eines Verteidigers abzusehen, Recht 15, 3274; GoltdA. 59, 337.

6. Maßgebend ist der Zeitpunkt des Abs. 3. Vollendung des 16. Lebensjahres noch vor der Hauptverh. belanglos, Rsp. 7, 467; E. 40, 7. — Der infolge Entmündigung beschränkt Geschäftsfähige steht dem noch nicht 16 Jahre alten Angesch. hier nicht gleich, Recht 16, 710.

7. § 1 StGB. s. Anm. 5 zu § 112; s. § 73 Nr. 2—7 GVG.

8. S. Anm. 4 zu § 137.

9. Nachträglicher Verzicht auf die Verteidigung im Falle der Nr. 2 zulässig, Rsp. 2, 764; GoltdA. 51, 52; E. 42, 96. Bei Nichterscheinen des bestellten notwendigen Verteidigers kann aus dem Schweigen des Angekl. zu dieser Tatsache ein Verzicht auf die Verteidigung nicht gefolgert werden, W. 8, 177.

10. §§ 244, 245, 261, 264 StGB.

11. Auch gegen seinen Willen, E. 2, 104, und wenn er selbst ein Rechtskundiger ist (Löwe) s. noch Anm. 16. Unterlassung ist Revisionsgrund, Rsp. 2, 298; s. noch Anm. 16.

12. Der Verteidiger ist dem Angesch. mit der Aufforderung namhaft zu machen, E. 6, 441; Rsp. 4, 890. Verspätete Bestellung ist aber nur bei unbegründeter Ablehnung eines hierauf gegründeten Aussetzungsantrages in der Hauptverh. Revisionsgrund, Rsp. 5, 682. Bestellung erst zu Beginn der Hauptverhandlung ist Revisionsgrund, E. 20, 38. — Ergibt sich erst bei der Eröffnung des Hauptverfahrens oder in der Hauptverh., daß die Tat ein Verbrechen ist, so muß auf einen nunmehr oder aber auch auf einen früher rechtzeitig gestellten Antrag ein Verteidiger bestellt werden, E. 33, 302; DJZ. 10, 864. Ergibt sich nach der Bestellung, daß die Voraussetzungen der notwendigen Verteidigung nicht oder nicht mehr gegeben sind, so bleibt die Bestellung bis zur ausdrücklichen Zurücknahme wirksam, E. 21, 266; bei Zurücknahme muß dem Angesch. Zeit und Möglichkeit einen andern Verteidiger zu wählen, gewahrt bleiben, E. 19, 373.

13. Die Bestellung verliert ihre Wirkung mit der Zurücknahme (s. Anm. 12); sie gilt im übrigen für das ganze Verfahren, auch nach Zurückweisung der Sache (§ 394 Abs. 2) in die Vorinstanz, E. 40, 4 und für das Wiederaufnahmeverfahren,

E. 22, 97; Recht 6, 324; nicht dagegen für das auf Grund eines Wiederaufnahmebeschlusses stattfindende neue Strafverfahren, E. 29, 278.

14. Diese Frist darf dem Angesch. nicht durch Setzung einer kürzeren Erklärungsfrist verkürzt werden, Rsp. 2, 406; Verzicht hierauf zulässig. Einlauf des Antrags bei der Staatsanwaltschaft innerhalb der Frist genügt nicht, R. 16, 3303, GoltdA. 60, 273. Auch für den gesetzlichen Vertreter läuft die Frist von der Zustellung der Aufforderung an den Angekl. an, GoltdA. 60, 77. Die Versäumung der Frist bewirkt den Verlust des Rechts auf einen Verteidiger, SeuffBl. 75, 321, sie wirkt auch für das nach Wiederaufnahme stattfindende neue Verfahren fort, E. 35, 409; Abhilfe nach § 141 möglich.

15. Bei Verweisung einer Sache nach § 270 läuft die Frist von der Bek. des Verweisungsbeschlusses an den Angekl. an, DJZ. 17, 923; E. 41, 414.

16. Unterlassung der Bestellung eines Verteidigers entgegen den Vorschriften des § 140 begründet die Revision, Rsp. 2, 298; 7, 467, auch wenn sie in der Hauptverh. nicht gerügt wurde, BayZ. 5, 233; Recht 12, 2522; 13, 1255.

Verteidigerbestellung bei nicht notwendiger Verteidigung.

§ 141.

In anderen als den im § 140 bezeichneten Fällen kann das Gericht[1] und bei vorhandener Dringlichkeit der Vorsitzende desselben auf Antrag[2] oder von Amts wegen einen Verteidiger bestellen.[3]

1. Das Gericht beschließt die Bestellung eines Verteidigers, der Vorsitzende wählt ihn aus, § 144.

2. Ein Antrag ist stets zu verbescheiden; bei Ablehnung Beschwerde, §§ 346, 347, ObstLG. 6, 406. Der Vorsitzende hat kein Recht, einen Antrag nach § 141 abzulehnen; kann und will er ihm nicht stattgeben, so hat er ihn dem Gericht vorzulegen.

3. Die Bestellung hat auch für die auf Revision erneute Hauptverh. Geltung, E. 40, 4; s. noch Anm. 13 zu § 140. Sie kann auch z. B. nur zum Zwecke der Anbringung der Revisionsanträge erfolgen, JW. 21, 8; ObstLG. 1, 400.

§ 142.

Die Bestellung des Verteidigers kann schon während des Vorverfahrens[1] erfolgen.

1. In der Voruntersuchung erfolgt sie durch die Strafk., s. § 141 und Anm. 1 hierzu, im vorbereitenden Verfahren durch den Amtsrichter, § 144.

Zurücknahme der Bestellung.

§ 143.

Die Bestellung[1] ist zurückzunehmen, wenn demnächst ein anderer Verteidiger gewählt[2] wird und dieser die Wahl annimmt.[3]

1. Wegen der Dauer und des Erlöschens der Befugnisse des bestellten Verteidigers s. Anm. 13 zu § 140.

2. Bei notwendiger Verteidigung (§ 140) dann keine Zurücknahme, wenn der gewählte Verteidiger nicht zu den Personen gehört, welche nach § 144 zu Verteidigern bestellt werden dürfen (§ 138 Abs. 2), E. 29, 11.

3. Die Zurücknahme kann auch aus anderen Gründen, persönlicher und sachlicher Natur, erfolgen.

Auswahl des Pflichtverteidigers. **§ 144.**[1]

[I] Die Auswahl des zu bestellenden Verteidigers erfolgt durch den Vorsitzenden des Gerichts[2] aus der Zahl der am Sitze dieses Gerichts wohnhaften Rechtsanwälte.[3] Für das vorbereitende Verfahren erfolgt die Bestellung durch den Amtsrichter.

[II] Auch Justizbeamte,[4] welche nicht als Richter angestellt sind, sowie solche Rechtskundige, welche die vorgeschriebene erste Prüfung für den Justizdienst bestanden haben,[5] können als Verteidiger bestellt[6] werden.

1. § 39 RAO.: „Für die Verpflichtung des Rechtsanwalts, in Strafsachen die Verteidigung zu führen, sind die Bestimmungen der StPO. maßgebend.

In denjenigen Fällen, in welchen nach § 144 der StPO. die Bestellung des Verteidigers durch den Vorsitzenden des Landgerichts oder den Amtsrichter zu erfolgen hat, stehen den am Sitze des Gerichts wohnhaften Rechtsanwälten die innerhalb des Bezirks desselben wohnhaften und bei demselben zugelassenen gleich. Auf Reisekosten und Tagegelder für die Reise nach dem Sitze des Gerichts haben dieselben keinen Anspruch.

Ein nach § 12 widerruflich zugelassener Rechtsanwalt kann in Ermangelung von Rechtsanwälten, welche im Bezirke des Gerichts wohnhaft sind, in den Fällen des § 144 der StPO. zum Verteidiger bestellt werden." S. noch § 100 Abs. 2 RAO.

2. Nicht durch den Gerichtsvorstand. Wegen des Schwurgerichts s. § 83 Abs. 3 GVG.

3. An dessen Stelle tritt im Falle des § 25 RAO. dessen allgemeiner Stellvertreter. Dagegen kann der bestellte Verteidiger die Verteidigung nicht einem andern Anwalt übertragen; das Gericht, das den Verteidiger bestellte, kann zwar einen solchen Substituten ohne Zustimmung des Angekl. zulassen, darin liegt aber die Bestellung eines neuen Verteidigers, Rsp. 10, 104.

4. Auch z. B. nichtjuristische Gerichtsschreiber.

5. Ohne Rücksicht auf die Zeit ihrer Beschäftigung im Justizdienst (anders § 139) und auch nach Ausscheiden aus diesem.

6. Eine Verpflichtung zur Übernahme der Verteidigung besteht für die in Abs. 2 genannten Personen nur nach Maßgabe der einschlägigen Dienstvorschriften. (Löwe). — Im übrigen können sie ohne Rücksicht auf die Zahl der am Sitze des Gerichts wohnhaften Rechtsanwälte, auch in Schwurgerichts- und Reichsgerichtssachen bestellt werden; dem Angekl. steht kein Widerspruchsrecht zu, E. 33, 330.

Ausbleiben des Verteidigers. **§ 145.**

[I] Wenn in einem Falle, in welchem die Verteidigung eine notwendige[1] oder die Bestellung eines Verteidigers in Gemäßheit des § 141 erfolgt ist,[2] der Verteidiger in der Hauptverhandlung ausbleibt,[3] sich unzeitig entfernt[4] oder sich weigert, die Verteidigung zu führen, so hat der Vorsitzende dem Angeklagten[5] sogleich einen anderen Verteidiger zu bestellen.[6] Das Gericht kann jedoch auch eine Aussetzung der Verhandlung beschließen.[7]

II Erklärt der neu bestellte[8] Verteidiger, daß ihm die zur Vorbereitung der Verteidigung erforderliche Zeit nicht verbleiben würde, so ist die Verhandlung zu unterbrechen oder auszusetzen.

III Wird durch die Schuld des Verteidigers eine Aussetzung erforderlich, so sind demselben, vorbehaltlich dienstlicher Ahndung,[9] die hierdurch verursachten Kosten aufzuerlegen.[10]

1. § 140.

2. Nicht aber wenn bei nicht notwendiger Verteidigung ein Verteidiger gewählt ist, E. 28, 413; 44, 217.

3. Aufruf im Anwaltszimmer nur dann veranlaßt, wenn sich der Verteidiger vorher beim Gericht im Sitzungssaal angemeldet hat, Rsp. 3, 236; GoltdA. 57, 208.

4. Der Verteidiger hat in den in Abs. 1 genannten Fällen bei allen wesentlichen Vorgängen, insbesondere bei der Vernehmung des Angekl., anwesend zu sein, E. 38, 216; 44, 18; BayZ. 7, 188, z. B. auch bei Wiederaufnahme der Verh. zum Zwecke eines Hinweises auf einen veränderten rechtlichen Gesichtspunkt, GoltdA. 44, 272. S. noch E. 40, 4. Dauernde Entfernung vor der Erlassung des Urteils, z. B. nach der Verkündung des Spruchs der Geschworenen ist eine unzeitige, E. 2, 104, vgl. auch SeuffBl. 74, 705. Bei nur vorübergehender Entfernung ist der betr. Teil der Verhandlung, wenn eine Unterbrechung nicht erfolgt, neu zu verhandeln, E. 38, 216; 35, 353; SeuffBl. 71, 42.

5. Antrag des Angekl. nicht nötig. Verzicht des Angeklagten auf die Verteidigung nur in den Fällen des § 140 Nr. 2 und des § 141 wirksam, E. 2, 104; GoltdA. 51, 52; BayZ. 5, 233.

6. Auswahl durch den Vorsitzenden; Widerspruch des Angekl. gegen die Bestellung unwirksam; Mitteilung von dem bisherigen Verlauf der Verhandlung an den neu bestellten Verteidiger durch den Vorsitzenden zulässig, E. 33, 330.

7. Oder allenfalls eine Unterbrechung, §§ 227, 228.

8. Nicht der neu gewählte; dieser hat kein Recht auf Unterbrechung oder Aussetzung, E. 16, 32.

9. §§ 62 ff. RAO.; s. auch § 180 GVG.

10. Durch Beschluß. Beschwerde: §§ 346, 348. — Kosten: § 78 Nr. 1; § 47 Abs. 1 Nr. 5, Abs. 2, 3 GKG.

Gemeinschaftlicher Verteidiger. § 146.

Die Verteidigung mehrerer Beschuldigter kann, insofern dies der Aufgabe der Verteidigung nicht widerstreitet,[1] durch einen gemeinschaftlichen Verteidiger geführt werden.[2]

1. Dies ist insbesondere bei gegenseitigen Bezichtigungen von Mitangekl. der Fall; es ist das von Amts wegen zn beachten, E. 35, 189, auch bei Wahlverteidigungen (Löwe). Gegen den Beschluß des Gerichts Beschwerde, § 346. — Widerstreit der Interessen mehrerer Angekl. in der Hauptverh. kann im Falle der Revision nicht durch ihre widersprechenden Angaben im Vorverfahren nachgewiesen werden, JW. 31, 577.

2. Auch bei notwendiger Verteidigung, § 140.

Akteneinsicht durch den Verteidiger.

§ 147.

I Der Verteidiger [1] ist nach dem Schlusse der Voruntersuchung [2] und, wenn eine solche nicht stattgefunden hat, nach Einreichung der Anklageschrift [3] bei dem Gerichte zur Einsicht [4] der dem Gerichte vorliegenden Akten [5] befugt.

II Schon vor diesem Zeitpunkte ist ihm die Einsicht der gerichtlichen Untersuchungsakten insoweit zu gestatten,[6] als dies ohne Gefährdung des Untersuchungszweckes geschehen kann.[7]

III Die Einsicht der Protokolle über die Vernehmung des Beschuldigten, der Gutachten der Sachverständigen und der Protokolle über diejenigen gerichtlichen Handlungen, denen der Verteidiger beizuwohnen befugt ist, darf ihm keinenfalls verweigert werden.[7]

IV Nach dem Ermessen des Vorsitzenden [8] können die Akten, mit Ausnahme der Überführungsstücke, dem Verteidiger in seine Wohnung verabfolgt werden.[9]

1. Jeder Verteidiger, auch der in § 138 Abs. 2 genannte; nicht aber der Beschuldigte, auch wenn er selbst Rechtsanwalt ist, ebenso nicht dessen gesetzlicher Vertreter oder Beistand, OLGM. 5, 248; E. 39, 19.

2. § 195.

3. § 197. Das Recht der Akteneinsicht besteht auch noch nach rechtskräftiger Erledigung der Sache fort.

4. An der Gerichtsstelle; unausgesetztes Bereithalten der Akten zur Einsicht kann jedoch nicht verlangt werden, E. 33, 168. Versendung zur Einsichtnahme an das Gericht des Wohnortes des Verteidigers zulässig, der Verteidiger hat jedoch keinen Anspruch darauf. S. noch Abs. 4. — Abschriften können dem Verteidiger erteilt werden; einen Anspruch darauf hat er aber ebensowenig wie der Angekl., er kann sich jedoch solche selbst fertigen, ObstLG. 3, 44, 34.

5. Auch aller Beiakten mit Ausnahme solcher, die dem Gericht nur unter Vorbehalt, „vertraulich" überlassen wurden, E. 42, 291.

6. Durch den Untersuchungsrichter. Beschwerde: § 346.

7. Abs. 2 und 3 gelten nur für die VU., nicht für das vorbereitende Verfahren (Löwe).

8. Also erst nach Schluß der VU.

9. Zur Gestattung der Einsicht gerichtlicher Akten über ein beendetes Strafverfahren sind die Organe der Justizverwaltung ausschließlich zuständig, ObstLG. 7, 228; SeuffBl. 72, 452.

Verkehr mit dem verhafteten Beschuldigten.

§ 148.

I Dem verhafteten [1] Beschuldigten ist schriftlicher und mündlicher Verkehr mit dem Verteidiger gestattet.[2]

II Solange das Hauptverfahren nicht eröffnet [3] ist, kann der Richter [4] schriftliche Mitteilungen zurückweisen,[5] falls deren Einsicht ihm nicht gestattet wird.

III Bis zu demselben Zeitpunkte[3] kann der Richter,[4] sofern die Verhaftung nicht lediglich wegen Verdachts der Flucht gerechtfertigt ist, anordnen, daß den Unterredungen mit dem Verteidiger eine Gerichtsperson beiwohne.[6]

1. Dem Untersuchungsgefangenen; auf Strafgefangene findet § 148 keine Anwendung.

2. Keine Beschränkungen durch die Gefängnisordnung, vgl. E. 31, 128, soweit solche nicht zur Aufrechterhaltung der Ordnung im Gefängnis geboten sind, § 116 Abs. 2; s. Preuß. Gefängnisordnung §§ 79, 80, Bayer. Hausordnung für Gerichtsgefängnisse § 41.

3. § 201. Nach Eröffnung des Hauptverfahrens sind die Beschränkungen des Abs. 2 und 3 nicht mehr zulässig, KG. in GoltdA. 39, 357; E. 31, 128; von diesem Zeitpunkt an gilt nur Abs. 1.

4. Je nach dem Stande des Verfahrens der Amtsrichter, der UR. oder das Gericht, bei dem die Eröffnung des Hauptverfahrens beantragt ist.

5. Aber nicht öffnen oder beschlagnahmen; s. auch § 97. Keine Abschriftnahme für die Akten, ObstLG. 7, 54; SeuffBl. 72, 36.

6. Eine Beschränkung der in Abs. 3 genannten Art kann von der Eröffnung des Hauptverfahrens an auch nicht etwa die Gefängnisordnung aufstellen; die Gefängnisverwaltung hat in dieser Hinsicht nicht mehr Rechte als der Richter, E. 31, 128.

Beistand.

§ 149.

I Der Ehemann einer Angeklagten ist in der Hauptverhandlung[1] als Beistand[2] derselben zuzulassen[3] und auf sein Verlangen zu hören.[4, 5]

II Dasselbe gilt von dem gesetzlichen Vertreter[6] eines Angeklagten.

III In dem Vorverfahren[7] unterliegt die Zulassung solcher Beistände dem richterlichen Ermessen.

1. In allen Instanzen; auch bei kommissarischen Beweisaufnahmen (§§ 222, 224) (Löwe).

2. Auch neben einem Verteidiger; diesen kann der Beistand aber nicht ersetzen, E. 7, 403.

3. Nur auf Antrag, E. 41, 348; W. 2, 221. Auch wenn er Zeuge ist; in diesem Falle aber Beschränkung seiner Anwesenheit (§§ 242, 58), E. 22, 198; Recht 12, 1309; 15, 1459.

4. Der Beistand ist berechtigt, zur Verteidigung des Angekl. mitzuwirken; er kann während der ganzen Dauer der Hauptverh. das Wort verlangen, rechtliche und tatsächliche Ausführungen machen, Beweiserhebungen anregen usw.; dagegen kann er prozessuale Befugnisse des Angekl., wie Antragstellung, das Ablehnungsrecht usw. nicht ausüben, GoltdA. 48, 132; 50, 120; Recht 11, 1152.

5. Einen Anspruch auf Ladung haben der Ehemann und der gesetzliche Vertreter nicht, solange sie nicht dem Gericht ihre Absicht als Beistand aufzutreten, angezeigt oder um Mitteilung des Termins gebeten haben, DJZ. 11, 487; Recht

12, 1928; in solchem Fall ist die Abhaltung des Termins zu einer früheren als der angesetzten Stunde ohne deren rechtzeitige Benachrichtigung unzulässig, E. 5, 50; letzteres gilt übrigens auch ohne solche vorherige Anzeige, wenn die Vorverlegung ihnen die Möglichkeit benimmt, den Termin wahrzunehmen, E. 38, 106. — Mitteilung des Termins an den gesetzlichen Vertreter s. Preuß. JMBl. 1902, 223; BayJMBl. 1910, 657.

6. S. Anm. 4 zu § 137.

7. Ermittelungsverfahren und VU.

Gebühren.

§ 150.

I Dem zum Verteidiger bestellten [1] Rechtsanwalte sind für die geführte Verteidigung [2] die Gebühren [3] nach Maßgabe der Gebührenordnung [4] aus der Staatskasse zu bezahlen.[5]

II Der Rückgriff an den in die Kosten verurteilten Angeklagten bleibt vorbehalten.

1. §§ 140 Abs. 3, 141; niemals, auch nicht bei notwendiger Verteidigung, dem Wahlverteidiger, Rsp. 5, 743; auch nicht dem dem Privatkl. als Vertreter beigeordneten Armenanwalt, E. 25, 360.

2. Auch für seine Tätigkeit bis zur Eröffnung des Hauptverfahrens. Ebenso für Einlegung und Begründung von Rechtsmitteln, ObstLG. 6, 83; 7, 229; nicht aber für Einreichung eines Gnadengesuches, ObstLG. 6, 83.

3. Auch Schreibgebühren und sonstige Auslagen, ObstLG. 6, 83; s. § 76 RAGebO.

4. RAGebO. §§ 63 ff.; s. auch RAO. § 39 Abs. 2 (abgedr. in Anm. 1 zu § 144).

5. Festsetzung im Verwaltungswege; nur Aufsichtsbeschwerde oder Klage gegen die Staatskasse.

Zweites Buch.

Verfahren in erster Instanz.

Erster Abschnitt.

Öffentliche Klage.

Anklageprinzip.

§ 151.

Die Eröffnung einer gerichtlichen Untersuchung ist durch die Erhebung einer Klage [1] bedingt.[2]

1. Die öffentliche Klage (§ 152) wird erhoben durch die Staatsanwaltschaft (s. auch § 464):

a) durch Antrag auf VU., § 177;

b) durch Einreichung einer Anklageschrift, § 197;

c) durch mündliche Klageerhebung im Falle des § 211;
d) durch mündliche Antragstellung gem. § 265 Abs. 1;
e) durch Antrag auf Strafbefehl, §§ 447, 448;
f) durch Antrag gem. § 477.

Wegen der Privatklage s. § 421, auch § 428.

2. Richterliches Einschreiten ohne staatsanw. Antrag bei Gefahr auf Verzug: §§ 108, 125, 128, 163, 189.

Anklagebehörde. Legalitätsprinzip.

§ 152.

I Zur Erhebung der öffentlichen Klage [1] ist die Staatsanwaltschaft [2] berufen.

II Dieselbe ist, soweit nicht gesetzlich ein anderes bestimmt ist,[3] verpflichtet,[4] wegen aller gerichtlich strafbaren und verfolgbaren [5] Handlungen einzuschreiten, sofern zureichende tatsächliche Anhaltspunkte vorliegen.

1. Wegen der Privatklage s. §§ 414 ff.

2. Im Falle des § 464 die Verwaltungsbehörde.

3. Ausnahmen vom Legalitätsprinzip:
a) bei im Auslande begangenen Straftaten § 4 StGB.; s. auch § 37 StGB.;
b) bei Beleidigungen und Körperverletzungen, deren Verfolgung nur auf Antrag eintritt, s. §§ 416, 414;
c) bei den in § 22 UnlWG. genannten strafbaren Handlungen;
d) im sogenannten objektiven Verfahren, § 477;
e) in den durch die Landesgesetzgebung nach Maßgabe der ihr in § 3 Abs. 2 EG. eingeräumten Befugnis bestimmten Fällen.

4. §§ 147, 148 GVG. finden auch hier Anwendung. — Gerichtliche Anordnung der Klageerhebung auf Antrag des Verletzten, §§ 173, 170. — Verpflichtung unter strafrechtlicher Verantwortlichkeit, § 346 StGB., s. auch E. 28, 384.

5. Nicht verfolgbar: z. B. wegen Strafunmündigkeit des Täters, wegen Verbrauchs der Strafklage, wegen Verjährung, mangels Strafantrags, mangels Ermächtigung zur Verfolgung, §§ 99, 101 StGB., mangels einer die Verfolgbarkeit bedingenden Entsch. §§ 170, 172, 238 StGB. usw.

Umfang u. Tätigkeit des Gerichts; dessen Stellung u. Aufgabe.

§ 153.

I Die Untersuchung und Entscheidung [1] erstreckt sich nur [2] auf die in der Klage bezeichnete Tat [3] und auf die durch die Klage beschuldigten Personen.[4]

II Innerhalb dieser Grenzen sind die Gerichte zu einer selbständigen Tätigkeit berechtigt und verpflichtet; insbesondere sind sie bei Anwendung des Strafgesetzes an die gestellten Anträge nicht gebunden.[5]

1. S. auch § 263 Abs. 1.

2. S. aber auch §§ 189, 265.

3. S. die Anm. zu § 263.

4. Ist auch bei Antragsstraftaten zu beachten; § 63 StGB. ändert hieran nichts, E. 23, 202.

5. Das Gericht hat die Pflicht, die objektive Wahrheit nach Möglichkeit festzustellen; es kann zu diesem Behufe von allen prozessualen Befugnissen aus eigener Entschließung Gebrauch machen und insbesondere hinsichtlich der Art und des Umfanges der Beweisaufnahme über die Anträge der Prozeßbeteiligten hinausgehen; vgl. E. 6, 135; 13, 158; 14, 303; 19, 367. Auch hinsichtlich der rechtlichen Beurteilung des Tatbestandes ist das erkennende Gericht an die Ausführungen der Anklagebehörde nicht gebunden und hat gegebenenfalls die Pflicht, hiervon abzuweichen, vgl. E. 3, 95; 4, 34; 5, 97.

Zurücknahme der Klage.

§ 154.

Die öffentliche Klage kann nach Eröffnung der Untersuchung[1] nicht zurückgenommen werden.[2, 3]

1. Vor Eröffnung der VU. (§§ 179, 182, 200) oder des Hauptverfahrens (§ 201) ist die Zurücknahme der Klage zulässig; dies auch dann noch, wenn das Gericht gem. § 200 einzelne Beweiserhebungen angeordnet hat, BayZ. 4, 481; Recht 12, 1467; bis zu diesem Zeitpunkt kann die Staatsanwaltschaft auch von der Art der gewählten Klageerhebung Abstand nehmen und zu einer anderen Art übergehen, E. 42, 5.

2. Ausnahme: § 451, Fallenlassen der Klage nach rechtzeitigem Einspruch gegen den Strafbefehl; s. auch § 454 Abs. 2, § 460.

3. Zurücknahme der Privatklage und der Nebenklage: §§ 431, 442, 444.

§ 155.

Im Sinne dieses Gesetzes ist:

Angeschuldigter der Beschuldigte,[1] gegen welchen die öffentliche Klage erhoben ist,[2]

Angeklagter der Beschuldigte oder Angeschuldigte, gegen welchen die Eröffnung des Hauptverfahrens beschlossen ist.[3]

1. Beschuldigter: im weitesten Sinne „jeder einer strafbaren Handlung Verdächtige, gegen welchen irgendeine Art obrigkeitlichen Einschreitens stattfindet oder auch nur in Antrag gebracht wird" (Löwe).

2. § 168 Abs. 1.

3. § 201.

Zweiter Abschnitt.

Vorbereitung der öffentlichen Klage.

Strafanzeige. Strafantrag.

§ 156.

[I] Anzeigen strafbarer Handlungen oder Anträge auf Strafverfolgung können bei der Staatsanwaltschaft, den Behörden und

Beamten des Polizei- und Sicherheitsdienstes und den Amtsgerichten mündlich oder schriftlich angebracht werden. Die mündliche Anzeige ist zu beurkunden.[1]

II Bei strafbaren Handlungen, deren Verfolgung nur auf Antrag eintritt,[2] muß der Antrag bei einem Gericht[3] oder der Staatsanwaltschaft[4] schriftlich[5] oder zu Protokoll,[6] bei einer anderen Behörde[7] schriftlich[5] angebracht werden.[8, 9]

1. Schriftlich niederlegen, vormerken; Unterzeichnung durch den Anzeiger nicht erforderlich; s. auch Recht 8, 487.

2. §§ 61 ff. StGB.; nicht aber bei Straftaten, deren Verfolgung nur auf Ermächtigung eintritt (§§ 99, 101, 197 StGB.), E. 18, 382.

3. Bei jedem Gericht ohne Rücksicht auf die Zuständigkeit, auch bei einem Militärgericht (Rsp. 9, 446; Recht 7, 610) kann der Antrag wirksam angebracht werden; er kann in ein gerichtliches Sitzungs- oder Terminsprotokoll aufgenommen werden, E. 38, 39; Protokoll des Gerichtsschreibers genügt.

4. Ein von der verletzten Staatsanwaltschaft selbst gestellter Antrag kann von dieser in den eigenen Akten schriftlich niedergelegt werden, E. 4, 264. Ein mündlicher Antrag muß von einem Mitglied dieser Behörde protokolliert werden; ein Protokoll eines Kanzleibeamten der StA. genügt als solches nicht; ist es aber unterschrieben, so gilt der Antrag als schriftlicher, s. Anm. 5.

5. Schriftlich: Die Erklärung, die auch von einem andern geschrieben sein kann, Rsp. 2, 128, muß vom Antragsteller unterschrieben, E. 3, 442; Recht 11, 1276, oder mit dessen, wenn auch nicht beglaubigten Handzeichen versehen sein, Rsp. 3, 281; 10, 92, wegen Namensstempel s. E. 34, 358. Unterschreiben mit dem Namen des Antragstellers oder Unterkreuzen für diesen durch einen hierzu ermächtigten Dritten genügt, E. 6, 69; Rsp. 10, 92; BayZ. 4, 45; RMG. 16, 18. Protokollierter und hierbei unterschriebener Antrag gilt für jeden Fall als schriftlicher, E. 2, 253; Rsp. 3, 3; 10, 90. Telegraphischer Antrag gilt als schriftlicher, Rsp. 6, 624; E. 24, 283; Fernsprecher s. Anm. 6. Beglaubigte Abschrift eines schriftlichen Strafantrags genügt, GoltdA. 38, 337, nicht aber private Abschrift, GoltdA. 46, 130.

6. Protokoll: eine schriftliche Registratur, durch die beurkundet wird, daß der Antrag mündlich gestellt wurde, E. 2, 253; direkte Rede und Vorlesen ist nicht erfordert, E. 12, 173, auch Unterzeichnung nicht nötig. S. noch Anm. 4. Mittels Fernsprechers kann der Antrag nicht angebracht werden, vgl. E. 38, 282.

7. Das sind hier die Behörden des Polizei- und Sicherheitsdienstes; zu Protokoll bei diesen keine wirksame Antragstellung, auch wenn die betr. Beamten Hilfsbeamte der Staatsanwaltschaft sind, E. 3, 55; unterzeichnetes Protokoll gilt aber als schriftlicher Antrag, s. Anm. 5. S. noch E. 39, 358.

8. Stellvertretung bei Antragstellung: Generalvollmacht genügt zur Stellung des Strafantrags, wenn und insoweit im einzelnen Fall angenommen werden kann, daß die Stellung des Antrags dem wirklichen Willen des Vollmachtgebers entspricht, vgl. E. 1, 387; 2, 145; 15, 144; Rsp. 3, 770; 6, 734. Einer schriftlichen Vollmacht bedarf es nicht, E. 3, 425; 19, 7; W. 3, 246; die Bevollmächtigung kann wirksam auch noch nach Ablauf der Antragsfrist nachgewiesen werden, E. 12, 331; BayZ. 4, 45. S. noch Anm. 5.

9. Die Zurücknahme des Antrags bedarf keiner besonderen Form. E. 8, 79; GoltdA. 41, 28.

Leichenfund.

§ 157.

I Sind Anhaltspunkte dafür vorhanden, daß jemand eines nicht natürlichen Todes[1] gestorben ist, oder wird der Leichnam eines Unbekannten gefunden,[2] so sind die Polizei- und Gemeindebehörden zur sofortigen Anzeige an die Staatsanwaltschaft oder an den Amtsrichter verpflichtet.[3]

II Die Beerdigung darf nur[4] auf Grund einer schriftlichen Genehmigung[5] der Staatsanwaltschaft oder des Amtsrichters erfolgen.[6]

1. Auch bei Anhaltspunkten für Selbstmord.

2. Auch nach Ableben des Unbekannten in Gegenwart von Zeugen (Löwe, bestr.)

3. Und zur einstweiligen Sicherstellung der Leiche. — Wegen der Anzeige an die Militärbehörde s. § 155 MStGB.

4. S. auch § 367 Nr. 1 StGB.

5. Vor deren Erteilung ist zu prüfen, ob der Verdacht strafbarer Handlungen gegeben ist und hiernach dringliche Untersuchungshandlungen, Leichenschau oder Leichenöffnung (§ 87) usw., veranlaßt sind.

6. Vgl. zu § 157: BayJMBl. 1879, 1573; 1885, 10; 1900, 581; 1904, 14; 1908, 152.

Ermittelungen der Staatsanwaltschaft.

§ 158.

I Sobald die Staatsanwaltschaft[1] durch eine Anzeige[2] oder auf anderem Wege von dem Verdacht einer strafbaren Handlung Kenntnis erhält, hat sie behufs ihrer Entschließung darüber, ob die öffentliche Klage zu erheben sei, den Sachverhalt zu erforschen.[3]

II Die Staatsanwaltschaft hat nicht bloß die zur Belastung, sondern auch die zur Entlastung dienenden Umstände zu ermitteln und für die Erhebung derjenigen Beweise Sorge zu tragen, deren Verlust zu besorgen steht.[4]

1. Zuständigkeit: §§ 143, 144 GVG., §§ 7 ff. StPO.

2. Auch bei namenlosen Anzeigen und bei Selbstanzeigen.

3. Sofern nicht Anlaß und die Möglichkeit gegeben, sofort die öffentliche Klage zu erheben. Auch bei Anzeigen nicht strafbarer oder nicht verfolgbarer Handlungen, allenfalls auch bei offenbar unbegründeten Anzeigen erübrigt die Einleitung von Ermittelungen.

4. Durch Beschlagnahme, Veranlassung eidlicher Vernehmung (§ 65) von Zeugen, richterlicher Augenscheinseinnahme, Leichenöffnung usw.

§ 159.

Zu dem im vorstehenden Paragraphen bezeichneten Zwecke[1] kann die Staatsanwaltschaft von allen öffentlichen Behörden Auskunft verlangen[2] und Ermittelungen jeder Art, mit Ausschluß eidlicher Vernehmungen, entweder selbst vornehmen[3] oder durch die Behörden und Beamten des Polizei- und Sicherheitsdienstes vornehmen lassen.[4] Die Behörden und Beamten des Polizei- und Sicherheitsdienstes sind verpflichtet, dem Ersuchen oder Auftrage[5] der Staatsanwaltschaft zu genügen.

1. Zum Zwecke der Entschließung über die Klageerhebung.

2. Soweit diese zur Auskunftserteilung an den Richter verpflichtet sind (Löwe); s. z. B. Anm. 1 zu § 99, ferner §§ 53, 96.

3. Der Beschuldigte, ferner Zeugen und Sachverständige sind nicht verpflichtet, vor dem Staatsanwalt zu erscheinen und von diesem sich vernehmen zu lassen; der StA. hat keine Befugnis zu zwangsweiser Vorführung, vgl. E. 9, 433; s. auch Anm. 2 zu § 161.

4. S. auch die Befugnisse der Staatsanwaltschaft in §§ 98, 100: Beschlagnahme; § 105: Durchsuchung; § 127: vorläufige Festnahme.

5. „Aufträge" der Staatsanwaltschaft (nicht des Amtsanwalts) nur an diejenigen Beamten des Polizei- und Sicherheitsdienstes ihres Bezirks, die Hilfsbeamte der Staatsanwaltschaft sind, § 153 GVG. (vgl. Anm. 4 zu § 98), sonst „Ersuchen".

Richterliche Untersuchungshandlungen.

§ 160.

I Erachtet die Staatsanwaltschaft[1] die Vornahme einer richterlichen Untersuchungshandlung für erforderlich, so stellt sie ihre Anträge[2] bei dem Amtsrichter des Bezirks, in welchem diese Handlung vorzunehmen ist.[3]

II Der Amtsrichter hat zu prüfen, ob die beantragte Handlung nach den Umständen des Falles gesetzlich zulässig ist.[4, 5]

1. Auch der Amtsanwalt; s. aber Art. 33 Abs. 2 PreußGA. f. AA., JMBl. 1879, 260; § 64 Abs. 2 BayDV. f. d. AA., JMBl. 1913, 646.

2. In der Regel Anträge auf Vornahme bestimmter Untersuchungshandlungen; allgemein gehaltene Anträge jedoch zulässig und oft tunlich. Hinausgehen über den Antrag der Staatsanwaltschaft durch den Amtsrichter ist übrigens nicht ausgeschlossen, wenn dies notwendig, im Sinne des Antrags der Staatsanwaltschaft gelegen und zur Vermeidung von Weiterungen und Verzögerungen veranlaßt erscheint. S. noch §§ 163, 164, auch § 165.

3. Vorladung von Personen, die außerhalb des Bezirks des Amtsrichters wohnen, z. B. bei Gegenüberstellungen zulässig. Vgl. noch Anm. 2 zu § 50; s. auch BayJMBl. 1913, 428.

4. Aber nicht, ob sie notwendig oder angemessen erscheint; auch nicht, ob die Staatsanwaltschaft zuständig oder das betr. Strafverfahren zulässig ist. Seine Prüfung erstreckt sich darauf, ob die gesetzlichen Voraussetzungen der beantragten Untersuchungshandlung gegeben sind, wobei allerdings die Prüfung und Würdigung eines gegebenen Sachverhalts erforderlich sein kann, z. B. bei Haftbefehlsanträgen, ob Tat-, Fluchtverdacht usw. gegeben, s. auch z. B. Anm. 2 zu § 65, Anm. 7 zu § 98.

5. Beschwerde: § 346.

Maßnahmen der Polizei- und Sicherheitsbehörden.

§ 161.

I Die Behörden und Beamten des Polizei- und Sicherheitsdienstes[1] haben strafbare Handlungen zu erforschen und alle keinen Aufschub gestattenden Anordnungen zu treffen, um die Verdunkelung der Sache zu verhüten.[2, 3]

II Sie übersenden ihre Verhandlungen ohne Verzug der Staatsanwaltschaft. Erscheint die schleunige Vornahme richterlicher Untersuchungshandlungen erforderlich, so kann die Übersendung unmittelbar an den Amtsrichter erfolgen.[4]

1. Auch wenn die Beamten nicht Hilfsbeamte der Staatsanwaltschaft (§ 153 GVG.) sind.

2. Es besteht keine Rechtspflicht, sich von Polizeibehörden oder Polizeiorganen als Zeuge über begangene Straftaten vernehmen zu lassen und zu diesem Zweck auf Ladung vor ihnen zu erscheinen, E. 9, 433; landesgesetzliche Ausnahmen möglich. Über das Recht der Polizei, Tatzeugen zum Zwecke der Feststellung ihrer Persönlichkeit zwangsweise vorzuführen, s. E. 13, 426.

3. Die Polizei kann insbesondere Beschlagnahmen (§ 98) oder Durchsuchungen (§ 105) vornehmen, sie ist zu vorläufiger Festnahme gem. §§ 127, 162 (Recht 16, 2618) und zur Erlassung von Steckbriefen (§ 131) berechtigt; hierbei hat sie aber die in diesen gesetzlichen Bestimmungen gezogenen Grenzen einzuhalten, s. E. 27, 153; 32, 270; 38, 373; 39, 189; Recht 16, 2618. Die der Präventivpolizei landesgesetzlich eingeräumten Befugnisse werden durch die StPO. nicht berührt, vgl. E. 9, 123; 11, 102; 13, 45; 32, 201; 39, 189; s. auch Anm. 6 zu § 127 und Vorbem. 1 zu Buch 1 Abschnitt 8.

4. Eingreifen des Amtsrichters s. § 163.

Festnahme bei Störung von Ermittelungen.

§ 162.

Bei Amtshandlungen[1] an Ort und Stelle ist der Beamte,[2] welcher dieselben leitet, befugt, Personen, welche seine amtliche Tätigkeit vorsätzlich stören oder sich den von ihm innerhalb seiner Zuständigkeit[3] getroffenen Anordnungen widersetzen, festnehmen und bis zur Beendigung seiner Amtsverrichtungen, jedoch nicht über den nächstfolgenden Tag hinaus, festhalten zu lassen.

1. Jeder Art, hauptsächlich bei Augenscheinseinnahmen, Durchsuchungen usw. S. noch Anm. 1 zu § 106.

2. Richterlicher und nichtrichterlicher. Dem ersteren stehen außerdem auch noch die in §§ 177—181 GVG. bezeichneten Befugnisse zu. (§ 182 GVG.).

3. Vgl. § 113 StGB.

Eingreifen des Amtsrichters bei Gefahr im Verzug.

§ 163.[1]

Wenn Gefahr im Verzug[2] obwaltet, hat der Amtsrichter die erforderlichen Untersuchungshandlungen[3] von Amts wegen vorzunehmen.[4]

1. § 163 gilt für das vorbereitende Verfahren; nach Erhebung der öffentl. Klage greift § 21 Platz.

2. Wenn die Unmöglichkeit späterer Vornahme der Untersuchungshandlung droht oder die Vereitelung ihres Zweckes zu befürchten steht.

3. Aller Art, z. B. Beschlagnahmen, Durchsuchungen, Augenscheinseinnahmen, Vernehmung Schwerverletzter usw. Wegen der Erlassung eines Haftbefehls s. § 125 Abs. 1; s. noch § 128. — Wegen der Erhebung von Entlastungsbeweisen s. § 164.

4. Die weitere Verfügung gebührt aber der Staatsanwaltschaft, § 165.

§ 164.

[I] Wird der Beschuldigte von dem Amtsrichter vernommen und beantragt er bei dieser Vernehmung zu seiner Entlastung einzelne Beweiserhebungen, so hat der Amtsrichter dieselben, soweit er sie für erheblich erachtet, vorzunehmen, wenn der Verlust der Beweise zu besorgen steht oder die Beweiserhebung die Freilassung [1] des Beschuldigten begründen kann.

[II] Der Richter kann, wenn die Beweiserhebung in einem andern Amtsbezirke vorzunehmen ist, den Amtsrichter des letzteren um Vornahme derselben ersuchen.[2, 3]

1. Über diese kann nur derjenige Amtsrichter entscheiden, welcher den Haftbefehl erlassen hat.

2. §§ 157 ff. GVG.

3. Die weitere Verfügung in den Fällen des § 164 gebührt der Staatsanwaltschaft § 165.

§ 165.

In den Fällen der §§ 163, 164 gebührt der Staatsanwaltschaft die weitere Verfügung.

Protokoll bei amtsrichterl. U.-Handlungen.

§ 166.

Die Beurkundung der von dem Amtsrichter vorzunehmenden Untersuchungshandlungen und die Zuziehung eines Gerichtsschreibers erfolgt nach den für die Voruntersuchung geltenden Vorschriften.[1]

1. §§ 185, 186. S. auch Rsp. 5, 266.

Teilnahme der Prozeßbeteiligten an richterlichen Verhandlungen.

§ 167.

[I] Für die Teilnahme der Staatsanwaltschaft an den richterlichen Verhandlungen kommen die für die Voruntersuchung geltenden Vorschriften zur Anwendung.[1]

II Das gleiche gilt hinsichtlich des Beschuldigten, seines Verteidigers und der von ihm benannten Sachverständigen, wenn der Beschuldigte als solcher vom Richter vernommen[2, 3] ist oder sich in Untersuchungshaft befindet.[3]

1. § 190 Abs. 2, §§ 191, 192, 193. — Bei nicht richterlichen Verh. kann die Staatsanwaltschaft stets anwesend sein.

2. §§ 136, 115, 125, 128.

3. Aber nicht vorher, Recht 14, 451. — Der gegen Sicherheitsleistung mit der Untersuchungshaft verschonte Beschuldigte steht dem in Untersuchungshaft befindlichen Beschuldigten hier gleich (Löwe, Stenglein).

Klageerhebung. Einstellung. § 168.

I Bieten die angestellten Ermittelungen genügenden Anlaß zur Erhebung der öffentlichen Klage, so erhebt die Staatsanwaltschaft dieselbe entweder durch einen Antrag auf gerichtliche Voruntersuchung[1] oder durch Einreichung einer Anklageschrift bei dem Gerichte.[2, 3]

II Andernfalls verfügt die Staatsanwaltschaft die Einstellung des Verfahrens[4] und setzt hiervon den Beschuldigten in Kenntnis,[5] wenn er als solcher vom Richter vernommen[6] oder ein Haftbefehl gegen ihn erlassen war.[7]

1. § 177.

2. § 197.

3. Besondere Arten der Klageerhebung: §§ 211, 265 Abs. 1; 447, 448, 477. Wegen der Privatklage s. § 421.

4. Die Einstellung steht nachträglicher weiterer Verfolgung der Sache und einer späteren Klageerhebung nicht entgegen.

5. Mitteilung der Gründe der Einstellung ist nicht erfordert.

6. §§ 136, 115, 125, 128.

7. Aufhebung des Haftbefehls und Freilassung des Beschuldigten ist alsbald zu veranlassen.

Bescheidung des Antragstellers. § 169.

Gibt die Staatsanwaltschaft einem bei ihr angebrachten Antrage[1] auf Erhebung der öffentlichen Klage keine Folge, oder verfügt sie nach dem Abschlusse der Ermittelungen die Einstellung des Verfahrens,[2] so hat sie den Antragsteller[3] unter Angabe der Gründe zu bescheiden.[4]

1. Nicht beschränkt auf die Fälle des Strafantrags im Sinne des § 61 StGB., also bei allen Mitteilungen und Anzeigen, die die Durchführung eines Strafverfahrens bezweckten.

2. § 168 Abs. 2.

3. Dieser braucht nicht der Verletzte (§ 170) sein.

4. Der Einstellungsbescheid ist eine nach § 248 verlesbare Urkunde, E. 24, 263. Er ist dem Antragsteller oder dessen Bevollmächtigten zuzustellen (bestr.) — Beschwerde s. § 170.

Beschwerde, Antrag auf gerichtliche Entscheidung.

§ 170.

I Ist der Antragsteller [1] zugleich der Verletzte,[2] so steht ihm gegen diesen Bescheid binnen zwei Wochen [3] nach der Bekanntmachung die Beschwerde an den vorgesetzten Beamten der Staatsanwaltschaft [4] und gegen dessen ablehnenden Bescheid binnen einem Monate [3] nach der Bekanntmachung der Antrag auf gerichtliche Entscheidung [5] zu.

II Der Antrag muß die Tatsachen, welche die Erhebung der öffentlichen Klage begründen sollen, und die Beweismittel angeben,[6] auch von einem Rechtsanwalt [7] unterzeichnet sein. Der Antrag ist bei dem für die Entscheidung zuständigen Gericht einzureichen.[8]

III Zur Entscheidung ist in den vor das Reichsgericht [9] gehörigen Sachen das Reichsgericht, in anderen Sachen das Oberlandesgericht [10] zuständig.

1. Der Antragsteller, welcher nicht der Verletzte ist, hat das Recht der Aufsichtsbeschwerde, s. §§ 148, 147 GVG. Als Antragsteller ist nur anzusehen, wer unzweideutig den Willen bekundete, die Verfolgung einer bestimmten strafbaren Handlung herbeizuführen, nicht derjenige, welcher die schon eingeleitete Strafverfolgung nach § 170 weiter betreiben will, SRA. 7, 533.

2. Verletzter: der durch die betr. Handlung in seinen privaten oder öffentl. Rechten irgendwie Betroffene vgl. E. 23, 361, z. B. auch Eltern und Kinder eines Getöteten, SächsOLG. 33, 486, auch eine juristische Person. Auch der gesetzliche Vertreter des Verletzten kann diese Rechte ausüben, E. 9, 125, nicht aber der Erbe des Verletzten als solcher. Der angestiftete Täter ist nicht Verletzter im Verhältnis zum Anstifter, SächsOLG. 34, 407. Der Verletzte muß zugleich Antragsteller (s. Anm. 1) sein. Ein Anspruch auf Akteneinsicht steht ihm nicht zu.

3. § 43. Die 2wöchige Frist wird durch den Einlauf der Beschwerde bei der Behörde, deren Bescheid angefochten wird, nicht gewahrt (gem. M.); bei verspäteter Einlegung der Beschwerde auch Verlust des Rechtes, auf gerichtliche Entscheidung anzutragen. Keine Wiedereinsetzung bei Versäumung der 2wöchigen Frist, wohl aber bei Versäumung der einmonatigen Frist, KG. in GoltdA. 42, 429. Im ersteren Fall aber gleichwohl Anweisung zur Klageerhebung durch den vorgesetzten Beamten der Staatsanwaltschaft möglich, BayZ. 2, 425.

4. StA. gegenüber dem Amtsanwalt, StA. am Oberlandesgericht (Oberstaatsanwalt) gegenüber dem landgerichtlichen StA., Reichskanzler gegenüber dem Oberreichsanwalt.

5. Ein solcher Antrag kann nur die Erhebung der öffentl. Klage zum Gegenstande haben; er ist ausgeschlossen, wenn die Staatsanwaltschaft nach gerichtlicher Einstellung (bestr.) oder rechtskräftiger, urteilsmäßiger Erledigung des Verfahrens ein weiteres Vorgehen ablehnt (gem. M.). Er ist auch nicht zulässig in den Fällen, in denen das Legalitätsprinzip nicht gilt, s. Anm. 3 zu § 152. Vgl. KG. in GoltdA. 57, 413. — Neben dem Antrag ist die weitere Aufsichtsbeschwerde zulässig. Erfolgt im Aufsichtswege die Anweisung zur Klageerhebung, so rechtfertigt sich die kostenfreie Zurückweisung des dadurch erledigten Antrags.

6. Die Tatsachen und Beweismittel brauchen nicht neu zu sein; bloße Bezugnahme auf die staatsanwaltschaftlichen Akten oder auf andere Schriftstücke genügt aber nicht, KG. in GoltdA. 58, 226. Die Begründung muß innerhalb der einmonatigen Frist erfolgen.

7. Unterzeichnung durch einen Rechtsanwalt allein ohne Mitzeichnung des Verletzten genügt, wenn er Vollmacht des Verletzten hat. Die Vollmacht muß innerhalb der Frist des Abs. 1 nachgewiesen werden, KG. in GoltdA. 59, 477. Bloße Unterzeichnung des vom Verletzten verfaßten und geschriebenen Antrags durch den Rechtsanwalt genügt nicht, vgl. KG. in GoltdA. 60, 478. Die Unterschrift des Anwalts muß von diesem eigenhändig bewirkt sein; ihre Vollziehung durch einen damit beauftragten Andern ist unzulässig, KG. in GoltdA. 59, 474. — Beiordnung eines Rechtsanwalts auf Antrag des Verletzten ist möglich (bestr.); im Armenrecht erfolgt sie jedoch nicht (gem. M.). — Antrag zu Protokoll des Gerichtsschreibers unzulässig.

8. Zurücknahme des Antrags zulässig, aber auch Erneuerung innerhalb der Frist möglich. Einlauf des Antrags bei einem nicht zuständigen Gericht genügt zur Wahrung der einmonatigen Frist nicht.

9. Als erster Instanz (GVG. § 136 Nr. 1), Rsp. 1, 41.

10. In dessen Bezirk der Staatsanwalt seinen Amtssitz hat, gegen dessen Bescheid der Antrag sich richtet.

§ 171.

I Auf Verlangen des Gerichts hat demselben die Staatsanwaltschaft die bisher von ihr geführten Verhandlungen vorzulegen.

II Das Gericht kann den Antrag unter Bestimmung einer Frist dem Beschuldigten zur Erklärung mitteilen.[1]

III Das Gericht kann zur Vorbereitung seiner Entscheidung Ermittelungen anordnen und mit deren Vornahme eines seiner Mitglieder, den Untersuchungsrichter oder den Amtsrichter beauftragen.

1. Auch die Staatsanwaltschaft bei dem mit dem Antrag befaßten Gericht ist zu hören, § 33. Veranlaßt diese nun die Klageerhebung, so erübrigt eine Entscheidung des Gerichts; vgl. OLGM. in BayZ. 8, 115.

Verwerfung des Antrags.

§ 172.

I Ergibt sich kein genügender Anlaß zur Erhebung der öffentlichen Klage, so verwirft das Gericht den Antrag[1] und setzt den Antragsteller, die Staatsanwaltschaft und den Beschuldigten von der Verwerfung in Kenntnis.[2]

II Ist der Antrag verworfen, so kann die öffentliche Klage nur auf Grund neuer[3] Tatsachen oder Beweismittel erhoben werden.[4]

1. Entscheidung auf Grund sachlicher Würdigung des Antrags; sie ist zu begründen, § 34. Ergeben sich wesentliche Mängel formaler Natur (Mangel der Antragsberechtigung, unterlassene Beschwerde, Nichteinhaltung der Fristen des § 170, Mangel der Unterschrift eines Rechtsanwalts usw.), so ist der Antrag ohne sachliche Würdigung als unzulässig zu verwerfen.

2. Keine Beschwerde, § 346 Abs. 3. — Kosten: § 175.

3. Das sind solche, die dem Gericht nicht bekannt waren, auch wenn sie der Antragsteller schon kannte (Löwe).

4. Abs. 2 greift auch Platz, wenn früher Antrag vom gesetzlichen Vertreter gestellt war, KG. in DJZ. 11, 265. — Lehnt die Staatsanwaltschaft trotz der neuen Tatsachen usw. die beantragte Klageerhebung neuerdings ab, so kann nach erfolgloser Beschwerde wieder neuer Antrag auf gerichtliche Entscheidung (§ 170) gestellt werden. Ein solcher nicht auf wirklich neue Tatsachen usw. gestützter neuer Antrag wäre als unzulässig zu verwerfen.

Anordnung der Klageerhebung.

§ 173.

Erachtet dagegen das Gericht den Antrag für begründet, so beschließt es die Erhebung der öffentlichen Klage.[1] Die Durchführung dieses Beschlusses liegt der Staatsanwaltschaft ob.[2,3]

1. Unter Bezeichnung der Tat wie im § 205 vorgeschrieben.

2. Die Art der Klageerhebung (§ 168 Abs. 1) bleibt auch hier der Staatsanwaltschaft überlassen. — Bei ablehnenden Entscheidungen des mit der Klage befaßten Gerichts ist die Staatsanwaltschaft nicht gehalten, Beschwerde einzulegen. — Nach Eröffnung der Untersuchung ist der gem. § 173 erlassene Beschluß weder für die Staatsanwaltschaft noch für die mit der Sache befaßten Gerichte irgendwie bindend.

3. Anschluß des Antragstellers als Nebenkläger: § 435 Abs. 2.

Anordnung der Sicherheitsleistung.

§ 174.

I Dem Antragsteller kann vor der Entscheidung über den Antrag die Leistung einer Sicherheit für die durch das Verfahren über den Antrag und durch die Untersuchung der Staatskasse und dem Beschuldigten voraussichtlich erwachsenden Kosten[1] durch Beschluß des Gerichts auferlegt werden.[2] Die Sicherheitsleistung ist durch Hinterlegung in barem Gelde oder in Wertpapieren zu bewirken. Die Höhe der zu leistenden Sicherheit wird von dem Gerichte nach freiem Ermessen festgesetzt. Dasselbe hat zugleich eine Frist zu bestimmen, binnen welcher die Sicherheit zu leisten ist.

II Wird die Sicherheit binnen der bestimmten Frist nicht geleistet, so hat das Gericht den Antrag für zurückgenommen zu erklären.[3]

1. S. §§ 504, 499 Abs. 2.

2. Keine Armenrechtsbewilligung.

3. Der Antrag kann innerhalb der einmonatigen Frist (§ 170) erneuert werden (Löwe).

Kostenentscheidung.

§ 175.

Die durch das Verfahren über den Antrag veranlaßten Kosten[1] sind in dem Falle des § 172[2] und des § 174 Abs. 2 dem Antragsteller aufzuerlegen.[3]

1. Gebühr nach § 69 GKG. und allenfallsige Auslagen der Staatskasse im Verfahren, ferner die notwendigen Auslagen des Beschuldigten.

2. Bei Verwerfung des Antrags ohne sachliche Würdigung (s. Anm. 1 zu § 172) keine Gebühr nach § 69 GKG.

3. Für den Fall des § 173 s. § 504.

Dritter Abschnitt.

Gerichtliche Voruntersuchung.

Notwendigkeit und Zulässigkeit der VU.

§ 176.

I Die Voruntersuchung findet in denjenigen Strafsachen statt, welche zur Zuständigkeit des Reichsgerichts[1] oder der Schwurgerichte[2] gehören.[3, 4]

II In denjenigen Strafsachen, welche zur Zuständigkeit der Landgerichte[5] gehören, findet die Voruntersuchung statt:

1. wenn die Staatsanwaltschaft dieselbe beantragt;
2. wenn der Angeschuldigte dieselbe in Gemäßheit des § 199 beantragt und erhebliche Gründe geltend macht, aus denen eine Voruntersuchung zur Vorbereitung seiner Verteidigung erforderlich erscheint.[6, 7]

III In den zur Zuständigkeit der Schöffengerichte[8] gehörigen Sachen ist, außer dem Falle der Verbindung infolge eines Zusammenhangs (§ 5),[9] die Voruntersuchung unzulässig.

1. § 136 Nr. 1 GVG.

2. § 80 GVG.; s. auch § 6 EG. GVG. betr. die Presse.

3. In den in Abs. 1 bezeichneten Sachen ist die VU. notwendig; dies gilt auch für diejenigen Sachen, in welchen die Zuständigkeit des Reichsgerichts und Schwurgerichts nur durch den Zusammenhang begründet wird, E. 4, 365. Der Mangel einer VU. kann in schwurgerichtlichen Sachen nur mit sofortiger Beschwerde gem. §§ 199 Abs. 3, 181, nicht mehr mit Revision geltend gemacht werden, es sei denn, daß die Beschwerde zu Unrecht zurückgewiesen wurde, Rsp. 3, 91; 6, 161; Recht 6, 217. — Ausnahmsweise keine VU. bei Verweisung nach § 270: E. 3, 311; 5, 243.

4. Abs. 1 gilt nicht im Wiederaufnahmeverfahren, GoltdA. 46, 39.

5. §§ 73, 74 GVG.; auch die in § 75 GVG. bezeichneten Sachen gehören hierher.

6. Auch Eröffnung der VU. von Amts wegen möglich: § 200.

7. Die in einer in Abs. 2 bezeichneten Sache gegen einen Angeschuldigten eingeleitete VU. bedingt nicht auch eine VU. gegen andere Mitbeschuldigte, E. 4, 365.

8. § 27 GVG.; die in § 75 GVG. bezeichneten Sachen fallen unter Abs. 2 s. Anm. 5.

9. S. E. 4, 365; Ablehnung der vom StA. in einer schöffengerichtlichen Sache beantragten VU. durch das Gericht wegen Unzweckmäßigkeit der Verbindung möglich.

Antrag auf Eröffnung der VU.

§ 177.

Der Antrag [1] der Staatsanwaltschaft auf Eröffnung der Voruntersuchung muß dem Beschuldigten und die ihm zur Last gelegte Tat [2] bezeichnen. [3]

1. An den UR., § 182. — VU. ohne Antrag der Staatsanwaltschaft s. §§ 200, 199.

2. Nach Ort, Zeit und Art genauer zu bezeichnen; Angabe von Verdachtsgründen und Beweismitteln nicht nötig; vgl. auch ObstLG. 8, 282.

3. Ein dem § 177 nicht entsprechender Antrag ist abzulehnen, § 178. Ergänzung und Erneuerung durch die Staatsanwaltschaft zulässig. — Die Vorschrift des § 177 gilt auch bei Antrag auf Ausdehnung der VU. auf andere Fälle und andere Beschuldigte.

Ablehnung des Antrags auf VU.

§ 178.

I Der Antrag kann nur wegen Unzuständigkeit [1] des Gerichts oder wegen Unzulässigkeit der Strafverfolgung [2] oder der Voruntersuchung (§ 176), oder weil die in dem Antrage bezeichnete Tat unter kein Strafgesetz fällt, [3] abgelehnt werden. [4] Hierzu bedarf es eines Beschlusses des Gerichts. [5, 6]

II Der Angeschuldigte kann vor der Beschlußfassung gehört werden. [7]

1. Örtliche oder sachliche; s. auch §§ 13, 14 GVG.

2. Vgl. Anm. 5 zu § 152.

3. Der Entsch. ist stets der von der Staatsanwaltschaft im Antrag aufgestellte Tatbestand zugrunde zu legen, auch wenn genügende Anhaltspunkte hierfür nicht gegeben erscheinen sollten.

4. Ablehnung also nur aus Rechtsgründen. — Ablehnung wegen formaler Unzulänglichkeit des Antrags s. Anm. 3 zu § 177. — Sofortige Beschwerde: § 181.

5. Strafkammer: § 72 Abs. 1 GVG.

6. Bei Ablehnung gegebenenfalls auch Entsch. über Entschädigung für unschuldig erlittene Untersuchungshaft, § 1 des Ges. v. 14. 7. 04 s. Anhang. — Entsch. des Gerichts, wenn es Hindernisse nach Abs. 1 nicht für gegeben erachtet, s. Anm. 1 zu § 182.

7. Schriftlich oder mündlich; es können nur Einwände der in Abs. 1 bezeichneten Art berücksichtigt werden. S. noch § 179.

Einwendungen gegen die Eröffnung der VU.

§ 179.

I Gegen die Verfügung, durch welche auf Antrag der Staatsanwaltschaft die Voruntersuchung eröffnet worden ist, kann der

Angeschuldigte aus einem der im § 178 Abs. 1 bezeichneten Gründe Einwand erheben.[1] Über den Einwand entscheidet das Gericht.[2]

II Diese Bestimmung findet nicht Anwendung, wenn die Voruntersuchung infolge des Beschlusses des Gerichts eröffnet[3] und der Angeschuldigte vorher gehört[4] worden ist.[5]

1. Bis zum Schluß der VU., § 195. — Einwand formlos.

2. Strafkammer: § 72 Abs. 1 GVG. — Bei der Entsch. sind die im Antrag der StA. aufgeführten Tatumstände (s. Anm. 3 zu § 178), nicht die z. Z. der Beschlußfassung etwa vorliegenden Ergebnisse der VU. zugrunde zu legen. Gegen die Entsch. sofortige Beschwerde nach Maßgabe der §§ 180, 181.

3. §§ 178, 200.

4. Auch wenn er auf Aufforderung zur Erklärung (§ 178 Abs. 2) sich nicht geäußert hatte.

5. Der Einwand der örtl. Unzust. kann trotz vorheriger Anhörung des Angesch. von diesem nachträglich gem. § 16 bis zum Schlusse der VU. erhoben werden.

Beschwerde.

§ 180.

I Gegen den Beschluß des Gerichts, durch welchen der von dem Angeschuldigten in dem Falle des § 178 Abs. 2 und in dem Falle des § 179 Abs. 1 erhobene Einwand der Unzuständigkeit (§ 16) verworfen wird, steht dem Angeschuldigten die sofortige Beschwerde[1, 2] zu.

II Im übrigen kann der Beschluß des Gerichts, durch welchen der Einwand des Angeschuldigten verworfen oder die Eröffnung der Voruntersuchung angeordnet ist, nicht angefochten werden.

1. § 353; bei Entsch. des Reichsgerichts ausgeschlossen, § 346 Abs. 3. Bei Unterlassung oder Verwerfung der sofortigen Beschwerde ist gem. § 17 die Zust. auch für das Hauptverfahren festgestellt.

2. Die Staatsanwaltschaft kann die sofortige Beschwerde auch zugunsten des Angesch. einlegen, § 338 Abs. 2.

§ 181.

Gegen den Beschluß des Gerichts, durch welchen der Antrag der Staatsanwaltschaft oder des Angeschuldigten[1] auf Eröffnung der Voruntersuchung abgelehnt worden ist, findet sofortige Beschwerde[2] statt.[3]

1. § 176 Abs. 2 Nr. 2.

2. § 353.

3. Nach rechtskräftiger Ablehnung neue Klage nur auf Grund neuer Tatsachen (Löwe, Stenglein). Die Bestimmung des § 181 hat nicht zur Folge, daß erst nach Ablauf der Beschwerdefrist über die Eröffnung des Hauptverfahrens beschlossen werden dürfe, Recht 17, 634. Bei erfolgreicher Beschwerde des Angeschuldigten tritt der gegen diesen erlassene Eröff.-Beschl. außer Kraft, JW. 24, 96.

Eröffnung und Führung der Voruntersuchung.

§ 182.

I Die Voruntersuchung wird von dem Untersuchungsrichter eröffnet[1] und geführt.[2, 3]

1. Auch dann, wenn über den Antrag auf VU. gem. § 178 die Strafkammer entscheidet und ihn für berechtigt erachtet, oder wenn die Strafkammer gem. § 200 die Eröffnung einer VU. anordnet; die Entscheidung des Gerichts hat lediglich auszusprechen, daß dem Antrag zu entsprechen ist. Ausdrückliche Verfügung des UR.; auch bei Ausdehnung der VU.

2. Selbständig; die Staatsanwaltschaft kann Anträge stellen § 194, die vom UR. zu verbescheiden sind; Beschwerde: § 346.

3. Die Staatsanwaltschaft kann neben dem UR. Ermittelungen pflegen, nicht aber den Amtsrichter um richterliche Untersuchungshandlungen (§ 160) ersuchen; bei Gefahr im Verzug kann sie Beschlagnahmen, Durchsuchungen vornehmen, auch den Angesch. vorläufig festnehmen lassen.

§ 183.

Durch Beschluß des Landgerichts[1] kann auf Antrag der Staatsanwaltschaft die Führung[2] der Voruntersuchung einem Amtsrichter[3] übertragen[4] werden. Um die Vornahme einzelner Untersuchungshandlungen kann der Untersuchungsrichter die Amtsrichter ersuchen.[5] Auf Amtsrichter, welche mit dem Untersuchungsrichter denselben Amtsitz haben, finden diese Bestimmungen keine Anwendung.

1. Strafkammer: § 72 GVG.

2. Nach vorheriger Eröffnung durch den UR. gem. § 182 (bestr.).

3. Das heißt einem zum Landgerichtsbezirk gehörigen Amtsgericht; der Richter wird durch die Geschäftsordnung des Amtsgerichts bestimmt (Löwe, Stenglein).

4. Auch im Laufe der VU.; Zurücknahme jederzeit zulässig. — Dem Amtsrichter stehen alle Befugnisse des UR. zu.

5. Der Amtsrichter hat die Befugnis, den Angesch. unter Androhung der Vorführung zu laden und ihn gegebenenfalls vorführen zu lassen, KG. in GoltdA. 59, 474. — Wegen der Ersuchen und Aufträge an die Organe des Polizei- und Sicherheitsdienstes s. § 187.

§ 184.

I Bei dem Reichsgerichte wird der Untersuchungsrichter für jede Strafsache aus der Zahl der Mitglieder durch den Präsidenten bestellt.

II Der Präsident kann auch jedes Mitglied eines anderen deutschen Gerichts und jeden Amtsrichter zum Untersuchungsrichter, oder für einen Teil der Geschäfte des Untersuchungsrichters zum Vertreter desselben bestellen.

III Der Untersuchungsrichter und dessen Vertreter können um die Vornahme einzelner Untersuchungshandlungen die Amtsrichter ersuchen.

Zuziehung eines Gerichtsschreibers.

§ 185.

Bei der Vernehmung des Angeschuldigten, der Zeugen und Sachverständigen sowie bei der Einnahme des Augenscheins[1] hat der Untersuchungsrichter einen Gerichtsschreiber zuzuziehen.[2] In dringenden Fällen kann der Untersuchungsrichter eine von ihm zu beeidigende[3] Person als Gerichtsschreiber zuziehen.

1. Hierher gehören auch die Leichenschau und Leichenöffnung (§ 87); auch für die Durchsuchung (§ 105) gilt die Vorschrift. — S. noch Anm. 2 zu § 86.

2. Ein ohne Zuziehung eines Gerichtsschreibers aufgenommenes Protokoll kann nicht gem. §§ 248 ff. verlesen werden. Über eine Ausnahme nach § 20 des BundesG. v. 8. 11. 67 s. Recht 11, 323. — Protokollierung s. § 186.

3. Eid für Preußen: „daß er die Pflichten eines Gerichtsschreibers getreulich erfüllen wolle", § 9 Abs. 3 des preußischen Ges. betr. die Dienstverh. der Gerichtsschreiber v. 3. 3. 79.

Beurkundung der Untersuchungshandlungen.

§ 186.

I Über jede Untersuchungshandlung ist ein Protokoll aufzunehmen.[1] Dasselbe ist von dem Untersuchungsrichter und dem zugezogenen Gerichtsschreiber zu unterschreiben.

II Das Protokoll muß Ort und Tag der Verhandlung sowie die Namen der mitwirkenden oder beteiligten[2] Personen angeben und ersehen lassen, ob die wesentlichen Förmlichkeiten[3] des Verfahrens beobachtet sind.

III Das Protokoll ist den bei der Verhandlung beteiligten[2] Personen, soweit es dieselben betrifft, behufs der Genehmigung vorzulesen oder zur eigenen Durchlesung vorzulegen. Die erfolgte Genehmigung ist zu vermerken, und das Protokoll von den Beteiligten entweder zu unterschreiben,[4] oder in demselben anzugeben, weshalb die Unterschrift unterblieben ist.[5]

1. Ob der Gerichtsschreiber den Text selbständig oder nach Diktat des UR. niederschreibt, ist gleichgültig; der UR. kann das Protokoll auch selbst schreiben. Stets muß aber das Protokoll von beiden unterzeichnet sein. Letzteres gilt auch hinsichtlich der bei einem Augenschein gefertigten Zeichnungen, JW. 21, 503. S. noch Anm. 2 zu § 86. — Meinungsverschiedenheiten zwischen Richter und Gerichtsschreiber sind im Protokoll zu beurkunden.

2. Dazu gehören auch der anwesende Angesch., der Verteidiger, die Zeugen und Sachverständigen usw., E. 31, 135; Recht 17, 144.

3. S. insbesondere Abs. 3; s. auch z. B. § 51 Abs. 2, § 136 Abs. 1.

4. Unterkreuzen zulässig, Recht 6, 187.

5. Bei Verletzung der Vorschriften des Abs. 2 und 3 oder bei sonstigen Mängeln, z. B. Rasuren, Durchstreichungen usw. hat der erkennende Richter gem. § 260 frei zu würdigen, welche Bedeutung diesen Verstößen und Mängeln zukommt und ob und inwieweit sie die Beweiskraft des Protokolls beeinträchtigen oder aufheben, E. 34, 397; 31, 135; Recht 17, 144; 18, 155.

§ 187.[1]

Die Behörden und Beamten des Polizei- und Sicherheitsdienstes sind verpflichtet, Ersuchen oder Aufträgen des Untersuchungsrichters um Ausführung einzelner Maßregeln oder um Vornahme von Ermittelungen zu genügen.

1. S. § 159.

Zweck und Umfang der Voruntersuchung.

§ 188.

I Die Voruntersuchung ist nicht weiter auszudehnen, als erforderlich ist, um eine Entscheidung darüber zu begründen, ob das Hauptverfahren zu eröffnen oder der Angeschuldigte außer Verfolgung zu setzen sei.[1]

II Auch sind Beweise, deren Verlust für die Hauptverhandlung zu besorgen steht, oder deren Aufnahme zur Vorbereitung der Verteidigung des Angeschuldigten erforderlich erscheint, in der Voruntersuchung zu erheben.[2, 3]

1. Hierüber entscheidet zunächst der UR.; Beschränkungen: § 58 Abs. 2, § 65 Abs. 2; Einflußnahme durch die Staatsanwaltschaft: §§ 194, 195 Abs. 2, durch das Gericht: § 200.

2. Wiederholung der im vorber. Verfahren schon erfolgten Beweiserhebungen ohne besonderen Grund nicht erfordert. Ausnahme: § 190 Abs. 1 (Vernehmung des Angesch.).

3. S. noch § 158 Abs. 2 und Anm. 4 hierzu.

Ausdehnung der Voruntersuchung.

§ 189.

I Ergibt sich im Laufe der Voruntersuchung Anlaß zur Ausdehnung derselben auf eine in dem Antrage der Staatsanwaltschaft nicht bezeichnete Person oder Tat, so hat der Untersuchungsrichter in dringenden Fällen die in dieser Beziehung erforderlichen Untersuchungshandlungen von Amts wegen vorzunehmen.[1]

II Die weitere Verfügung gebührt auch in solchen Fällen der Staatsanwaltschaft.[2]

1. Ausnahme von dem Grundsatz in § 153 Abs. 1. — S. auch § 163.

2. Will die Staatsanwaltschaft die VU. auf eine andere Person oder eine andere Tat erstreckt wissen, so hat sie Antrag gem. § 177 zu stellen (§ 151).

Vernehmung des Angeschuldigten.

§ 190.

I Der Angeschuldigte ist in der Voruntersuchung zu vernehmen,[1] auch wenn er schon vor deren Eröffnung vernommen worden ist. Demselben ist hierbei die Verfügung, durch welche die Voruntersuchung eröffnet worden, bekannt zu machen.[2]

II Die Vernehmung erfolgt in Abwesenheit der Staatsanwaltschaft und des Verteidigers.[3]

1. Nötigenfalls Zwang zum Erscheinen: § 133. — Art der Vernehmung: § 136. — Zeitpunkt der Vernehmung nach Ermessen des UR.; wiederholte Vernehmung zulässig und vor Abschluß der VU. meist zweckdienlich.

2. Durch mündliche Verkündung. Der Gerichtsbeschluß, der die Eröffnung der VU. allenfalls veranlaßte (s. Anm. 1 zu § 182), ist zuzustellen.

3. Abs. 2 gilt für alle Vernehmungen des Angesch. — Beistände können zugelassen werden: § 149 Abs. 3.

Rechte der Prozeßbeteiligten.

§ 191.

I Findet die Einnahme eines Augenscheins[1] statt, so ist der Staatsanwaltschaft, dem Angeschuldigten und dem Verteidiger die Anwesenheit bei der Verhandlung zu gestatten.[2]

II Dasselbe gilt, wenn ein Zeuge oder Sachverständiger vernommen werden soll, welcher voraussichtlich am Erscheinen in der Hauptverhandlung verhindert, oder dessen Erscheinen wegen großer Entfernung besonders erschwert sein wird.[3]

III Von den Terminen sind die zur Anwesenheit Berechtigten[4] vorher zu benachrichtigen, soweit dies ohne Aufenthalt für die Sache[5] geschehen kann.

IV Einen Anspruch auf Anwesenheit hat der nicht auf freiem Fuße[6] befindliche Angeschuldigte nur bei solchen Terminen, welche an der Gerichtsstelle[7] des Orts abgehalten werden, wo er sich in Haft befindet.[8]

V Auf die Verlegung eines Termins wegen Verhinderung haben die zur Anwesenheit Berechtigten keinen Anspruch.

1. S. §§ 86, 87, 193; nur der gerichtliche Augenschein kommt hier in Frage, Recht 16, 959; DJZ. 17, 812. — Der Richter kann auch bei andern als den in § 191 genannten Beweisakten den Prozeßbeteiligten die Anwesenheit gestatten (bestr.).

2. Auch dem Nebenkläger. — Wegen des Beistands s. 149 Abs. 3. — Den zur Anwesenheit berechtigten Prozeßbeteiligten steht auch ein Fragerecht zu (bestr.).

3. S. §§ 250 Abs. 2, 222, 223; 65 Abs. 2 (Beeidigung). Wegen der Anwesenheit der Prozeßbeteiligten bei anderen Vernehmungen s. noch Anm. 1.

4. Die in Abs. 1 genannten Prozeßbeteiligten, E. 23, 142. S. noch Anm. 8.

5. Also Gefahr im Verzug nicht erfordert; Benachrichtigung nur davon

abhängig, daß durch sie nicht dem raschen Fortgange der Untersuchung unnötige, vielleicht den Erfolg gefährdende Hemmnisse bereitet werden, Rsp. 1, 634.

6. S. Anm. 5 zu § 35.

7. Gerichtsstelle: das regelmäßige Geschäftslokal des betr. Gerichts, Rsp. 1, 634.

8. Hat der Angesch. keinen Anspruch auf Anwesenheit, so hat die Benachrichtigung gleichwohl zu erfolgen; Unterlassung der Benachrichtigung aber nur dann Revisionsgrund, wenn die Verlesung des betr. Protokolls trotz Widerspruchs des Angekl. erfolgte, E. 23, 142; stillschweigender Verzicht des Angekl. auf derartigen Widerspruch bei Kenntnis des Mangels möglich, Recht 7, 508. — Vorführung zu einem Termin außerhalb der Gerichtsstelle möglich.

Ausschließung des Angeschuldigten.

§ 192.

Der Richter kann einen Angeschuldigten[1] von der Anwesenheit bei der Verhandlung ausschließen, wenn zu befürchten ist, daß ein Zeuge[2] in seiner Gegenwart die Wahrheit nicht sagen werde.[3]

1. Ausschließung des Verteidigers unzulässig. — Keine entsprechende Anwendung des § 192 auf den Privatkläger und den Nebenkläger, E. 25, 177.

2. Nicht aber ein Sachverständiger.

3. Alsbaldige Mitteilung wie in § 246 hier nicht nötig. — Bei anderen Akten der Beweisaufnahme keine Ausschließung des zur Anwesenheit berechtigten (§ 191) Angeschuldigten.

Sachverständige des Angeschuldigten.

§ 193.

I Findet die Einnahme eines Augenscheins unter Zuziehung von Sachverständigen statt, so kann der Angeschuldigte[1] beantragen, daß die von ihm für die Hauptverhandlung in Vorschlag zu bringenden Sachverständigen zu dem Termine geladen werden und, wenn der Richter den Antrag ablehnt, sie selbst laden lassen.[2]

II Den von dem Angeschuldigten benannten Sachverständigen[3] ist die Teilnahme[4] am Augenschein und an den erforderlichen Untersuchungen insoweit zu gestatten, als dadurch die Tätigkeit der vom Richter bestellten Sachverständigen nicht behindert wird.[5]

1. Auch die Staatsanwaltschaft und der Nebenkläger (Löwe, Stenglein).

2. Unmittelbare Ladung (§ 38) auch ohne vorherige Ablehnung der Ladung; auch Mitbringen zum Termin zulässig.

3. Offenkundig nicht sachverständige Personen können vom Richter zurückgewiesen werden (gem. M.).

4. Prüfung der Befundtatsachen und Anregung von Feststellungen im Protokoll.

5. § 219 Abs. 3 gilt im Falle des § 193 nicht.

§ 194.

Die Staatsanwaltschaft[1] kann stets, ohne daß jedoch das Verfahren dadurch aufgehalten werden darf, von dem Stande der Voruntersuchung durch Einsicht der Akten[2] Kenntnis nehmen und die ihr geeignet scheinenden Anträge[3] stellen.

1. Verteidiger: § 147.

2. Die nötigenfalls auch vom UR. selbst zur Einsichtnahme und Antragstellung der Staatsanwaltschaft übermittelt werden.

3. S. § 182 Anm. 2; wegen der Befugnis der Staatsanwaltschaft neben dem UR. Ermittelungen zu pflegen s. Anm. 3 zu § 182.

Schluß der VU.

§ 195.

I Erachtet der Untersuchungsrichter den Zweck der Voruntersuchung[1] für erreicht, so übersendet er die Akten der Staatsanwaltschaft zur Stellung ihrer Anträge.[2]

II Beantragt die Staatsanwaltschaft eine Ergänzung der Voruntersuchung, so hat der Untersuchungsrichter, wenn er dem Antrage nicht stattgeben will, die Entscheidung des Gerichts[3] einzuholen.

III Von dem Schlusse der Voruntersuchung[4] ist der Angeschuldigte in Kenntnis zu setzen.

1. § 188.

2. Förmliche Abschlußverfügung nicht nötig, aber zweckmäßig. — Anträge der Staatsanwaltschaft: § 196.

3. Strafkammer: § 72 GVG. — Gegen ablehnenden Beschluß Beschwerde: § 346.

4. Schluß der VU. erst mit der Antragstellung der Staatsanwaltschaft (§ 196) an das Gericht; für die bis zu diesem Zeitpunkte noch nötigen richterlichen Handlungen, z. B. Haft, Beschlagnahme usw. bleibt der UR. zuständig, vgl. E. 33, 200; Recht 17, 1684; ObstLG. 5, 158.

Vierter Abschnitt.

Entscheidung über die Eröffnung des Hauptverfahrens.

Entscheidung über das Ergebnis der VU.

§ 196.

I Hat eine Voruntersuchung stattgefunden, so entscheidet das Gericht,[1] ob das Hauptverfahren zu eröffnen[2] oder der Angeschuldigte außer Verfolgung zu setzen[3] oder das Verfahren vorläufig einzustellen[4] sei.[5]

II Die Staatsanwaltschaft legt zu diesem Zwecke die Akten mit ihrem Antrage[6] dem Gerichte vor. Der Antrag auf Eröffnung des Hauptverfahrens erfolgt durch Einreichung einer Anklageschrift.[7]

1. Strafkammer, § 72 GVG.; 1. Strafsenat des Reichsgerichts, § 138 Abs. 1 GVG. Keine Bindung an die Anträge der Staatsanwaltschaft, §§ 204, 206. Keine Klagezurücknahme durch die Staatsanwaltschaft, § 154.

2. § 201.

3. § 202.

4. § 203, s. auch § 208.

5. § 200: Ergänzung der VU., § 261 Abs. 2: Aussetzung. Aussetzung aus bloßen Zweckmäßigkeitsgründen aber unzulässig, ObstLG. in SeuffBl. 77, 98.

6. Der Antrag auf Außerverfolgungsetzung ist kurz zu begründen.

7. § 198. Antrag auf Überweisung an das SchöffG. s. § 75 GVG.

§ 197.

Unmittelbare Klageerhebung.

Erhebt die Staatsanwaltschaft, ohne daß eine Voruntersuchung stattgefunden, die Anklage, so ist die Anklageschrift [1] mit den Akten, wenn die Sache zur Zuständigkeit des Schöffengerichts gehört, bei dem Amtsrichter,[2] andernfalls bei dem Landgerichte [3] einzureichen.[4]

1. § 198.

2. § 30 Abs. 2 GVG. — Vorlage der Akten durch den Amtsrichter an das Landgericht: § 207 Abs. 2.

3. S. § 207 Abs. 1.

4. Entsch.: Eröffnung des Hauptverfahrens § 201, Beweiserhebungen oder (durch die Strafk.) Eröffnung einer VU. § 200, Nichteröffnung des Hauptverfahrens § 202.

§ 198.

Anklageschrift.

I Die Anklageschrift hat die dem Angeschuldigten [1] zur Last gelegte Tat [2] unter Hervorhebung ihrer gesetzlichen Merkmale und des anzuwendenden Strafgesetzes [3] zu bezeichnen, sowie die Beweismittel [4] und das Gericht, vor welchem die Hauptverhandlung stattfinden soll, anzugeben.

II In den vor dem Reichsgerichte, den Schwurgerichten oder den Landgerichten zu verhandelnden [5] Strafsachen sind außerdem die wesentlichen Ergebnisse der stattgehabten Ermittelungen in die Anklageschrift aufzunehmen.[6]

1. Dessen Person ist genau zu bezeichnen. Vgl. Anm. 4 zu § 136. Vorstrafen insbesondere bei Rückfall.

2. Tat: nicht bloß nach ihren abstrakten gesetzlichen Tatbestandsmerkmalen, sondern unter Darstellung des Sachverhalts, d. h. unter Hervorhebung der einzelnen Tatumstände mit Angabe von Ort und Zeit; vgl. E. 3, 406.

3. Anzuwendendes Strafgesetz: nur diejenigen Bestimmungen, welche den Begriff der für gegeben erachteten einfachen oder erschwerten Straftat aufstellen; nicht solche für etwaige Strafminderungsgründe oder für zu erkennende Nebenstrafen usw., vgl. E. 30, 209; 5, 137; 4, 40.

4. Zur Belastung und Entlastung. Wegen nachträglicher Benennung und Verwertung von anderen Beweismitteln durch die Staatsanwaltschaft s. § 221 Abs. 2, § 245.

5. Auch wenn sie infolge Zusammenhangs schöffengerichtliche sind; nicht aber im Falle des § 75 GVG. Will bei einem Antrag der Staatsanwaltschaft nach § 75 GVG. die Strafk. die Sache selbst verhandeln und entscheiden, so muß nach Ablehnung des Antrags die Staatsanwaltschaft die Anklageschrift nach § 198 Abs. 2 ergänzen; das Gericht hat den Fortgang des Verfahrens von dieser Ergänzung abhängig zu machen; dann Zustellung der ergänzten Anklageschrift nach § 199. E. 31, 100.

6. Mängel der Anklageschrift begründen die Revision nicht, E. 2, 33; 31, 100; GoltdA. 35, 321; s. aber noch E. 27, 233. Das Gericht kann eine Beschlußfassung über eine nicht ordnungsmäßige Anklageschrift ablehnen. — Das Fehlen der Unterschrift des StA. ist ein Mangel, der durch nachträgliche Unterzeichnung oder durch den Nachweis behoben werden kann, daß das Schriftstück mit Wissen und Willen der Staatsanwaltschaft als Anklage zu den Akten kam, E. 37, 407.

Mitteilung der Anklageschrift. § 199.

I Der Vorsitzende des Gerichts hat die Anklageschrift dem Angeschuldigten mitzuteilen [1] und ihn zugleich aufzufordern, sich innerhalb einer zu bestimmenden Frist [2] zu erklären, ob er eine Voruntersuchung [3] oder die Vornahme einzelner Beweiserhebungen vor der Hauptverhandlung [4] beantragen, oder Einwendungen [5] gegen die Eröffnung des Hauptverfahrens vorbringen wolle.

II Hat eine Voruntersuchung stattgefunden, so ist die Aufforderung entsprechend zu beschränken.[6]

III Über die Anträge und Einwendungen beschließt das Gericht.[7] Eine Anfechtung des Beschlusses findet nur nach Maßgabe der Bestimmungen im § 180 Abs. 1 und § 181 statt.[8]

IV Auf die vor den Schöffengerichten zu verhandelnden [9] Sachen finden die Bestimmungen dieses Paragraphen keine Anwendung.

1. Durch Zustellung (§ 35), E. 1, 345. Bloßes Vorlesen der Anklageschrift ungenügend, Rsp. 2, 406; anders wenn dem verhafteten Angesch. die Anklageschrift durch den Gerichtsschreiber vorgelesen und übergeben und er zur Erklärungsabgabe nach § 199 Abs. 1 aufgefordert wurde, Recht 7, 345. — Zustellung an den gesetzlichen Vertreter ungenügend, Recht 16, 1568; Zustellung an den zum Verteidiger bestellten und zur Entgegennahme von Zustellungen jeder Art bevollmächtigten Rechtsanwalt genügt, Recht 12, 3004. — Mangel der Zustellung Revisionsgrund nur bei vergeblicher Rüge in der Hauptverh., E. 1, 345; Rsp. 3, 482.

2. Nach Lage des Einzelfalles zu bestimmen, Rsp. 2, 406. Vorzeitige Entsch. des Gerichts kein Revisionsgrund, E. 2, 19. Antrag auf Fristverlängerung zulässig.

3. § 176 Abs. 2 Nr. 2.

4. Anträge auf Erhebung von Beweisen in der Hauptverh. hier unbeachtlich; Verweisung an den Vorsitzenden, § 218, Rsp. 1, 251.

5. Tatsächlicher und rechtlicher Natur, vgl. Rsp. 1, 477.

6. Wegen der Bestellung eines Verteidigers von Amts wegen bei notwendiger Verteidigung s. § 140 und Anm. 12 hierzu.

7. Nach Anhörung der Staatsanwaltschaft, § 33; durch mit Gründen versehenen Beschluß, der mit dem allenfallsigen Eröff.-Beschl. verbunden werden kann; stillschweigendes Übergehen der Anträge usw. unzulässig, E. 1, 170, Verstoß hiergegen aber kein Revisionsgrund, E. 44, 380.

8. Sofortige Beschwerde, § 353, des Angeschuldigten (gem. § 338 Abs. 2 auch der Staatsanwaltschaft), und zwar nur, wenn der vom Angekl. erhobene Einwand der örtl. Unzust. ausdrücklich oder stillschweigend zurückgewiesen (§ 180), oder der Antrag auf Anordnung einer VU. abgelehnt wurde (§ 181). Durch Versäumung oder Verwerfung der Beschwerde wird der Unzuständigkeitseinwand verbraucht; keine Wiederholung in der Hauptverh., E. 26, 340; 34, 215; GoltdA. 47, 162; Recht 14, 3431. Bei Ablehnung von Anträgen kann übrigens über die Eröffnung des Hauptverfahrens vor Ablauf der Beschwerdefrist beschlossen werden, Recht 17, 634. Enthält der Eröff.-Beschl. zugleich die Ablehnung des Antrags auf VU., so ist hiergegen die sofortige Beschwerde zulässig, Recht 10, 1573. Ordnet das Beschwerdegericht die Eröffnung einer VU. an, so ist der vorliegende Eröff.-Beschl. gegenstandslos, E. 32, 80; JW. 24, 96. Hauptverh. vor Entsch. des Beschwerdegerichts hiernach unzulässig, E. 32, 80.

9. Auch in den Fällen des § 75 GVG.; s. auch Anm. 5 zu § 198.

Anordnung weiterer Ermittelungen.

§ 200.

I Zur besseren Aufklärung der Sache kann das Gericht eine Ergänzung[1] der Voruntersuchung oder, falls eine Voruntersuchung nicht stattgefunden hat, die Eröffnung[3] einer solchen oder einzelne Beweiserhebungen[3] anordnen.[4] Die Anordnung einzelner Beweiserhebungen steht auch dem Amtsrichter zu.[5]

II Eine Anfechtung des Beschlusses findet nicht statt.

1. Nach Ergänzung der VU. allenfalls Änderung des Antrags (§ 196 Abs. 2) durch die Staatsanwaltschaft; neue Anklageschrift nur bei wesentlichen neuen Ergebnissen nötig.

2. Eröffnung durch den UR. s. Anm. 1 zu § 182. — In diesem Fall muß nach durchgeführter VU. die Staatsanwaltschaft nach § 196 Abs. 2 ihre Anträge stellen und wenn sie die Eröffnung des Hauptverfahrens beantragen will, eine neue Anklageschrift einreichen; dann Verfahren nach § 199. Vgl. GoltdA. 40, 52; ObstLG. 1, 426. — Nach Eröffnung des Hauptverfahrens kann die Eröffnung einer VU. nicht mehr angeordnet werden, E. 2, 33.

3. Durch einen beauftragten oder ersuchten Richter; s. hierzu auch ObstLG. 3, 103, dann auf etwaigen neuen Antrag der Staatsanwaltschaft wieder Verfahren nach § 199, ObstLG. 6, 84. S. noch wegen der Zurücknahme der Klage Anm. 1 zu § 154.

4. Von Amts wegen. S. auch § 199: Anträge des Angesch. — Vgl. noch Anm. 2 zu § 331.

5. Auch im Privatklageverfahren, § 423.

Eröffnung des Hauptverfahrens.

§ 201.

Das Gericht beschließt[1] die Eröffnung des Hauptverfahrens, wenn nach den Ergebnissen der Voruntersuchung oder, falls eine solche nicht stattgefunden hat, nach den Ergebnissen des vorbereitenden Verfahrens der Angeschuldigte einer strafbaren Handlung hinreichend verdächtig erscheint.[2, 3]

1. Beschluß: § 205. — Hauptverh. ohne Eröffnungsbeschluß: §§ 211, 265, 451, 456, 462. Eines solchen bedarf es auch nicht bei einer Nachtragsanklage wegen einer Handlung, die zu einer fortgesetzten Straftat gehört, wegen welcher das Hauptverfahren schon eröffnet ist, DJZ. 8, 56. — In allen anderen Fällen ist ein Eröff.-Beschl. Voraussetzung der Hauptverh.; fehlt er oder leidet er an unheilbaren Mängeln, so ist das Verfahren in der Hauptverh. ohne Verh. zur Sache durch Beschluß einzustellen, E. 24, 64, s. auch E. 10, 56; 27, 125; 32, 80; 43, 218.

2. Keine Anfechtung des Eröff.-Beschl., § 209; s. aber auch Anm. 8 zu § 199.

3. Nach Eröffnung des Hauptverfahrens muß die Sache grundsätzlich durch eine in der Hauptverh. ergehende Entsch. ihre Erledigung finden, auch z. B. wenn sich nachträglich ergibt, daß die Strafklage schon verjährt oder durch rechtskräftiges Erkenntnis verbraucht ist, vgl. ObstLG. 1, 1. — Ausnahmsweise beschlußmäßige Einstellung vor der Hauptverh.: beim Ableben des Angekl., bei sich ergebendem Mangel der Gerichtsbarkeit (Exterritorialität, Militärperson) und auch im Falle des Mangels oder der zulässigen Zurücknahme eines Strafantrags (vgl. Löwe 630, s. auch Recht 12, 1469; GoltdA. 55, 231); ist das Verfahren vor der Hauptverh. wegen Zurücknahme des Strafantrags beschlußmäßig eingestellt worden, so kann das Gericht, wenn ein neuer wirksamer Strafantrag von anderer Seite gestellt wird, den Einstellungsbeschuß auf die Beschwerde des Antragstellers oder der Staatsanwaltschaft wieder aufheben, JW. 41, 947.

Nicht-Eröffnung des Hauptverfahrens.

§ 202.

I Beschließt das Gericht, das Hauptverfahren nicht zu eröffnen, so muß aus dem Beschlusse hervorgehen, ob derselbe auf tatsächlichen oder auf Rechtsgründen beruht.[1, 2]

II Hat eine Voruntersuchung stattgefunden, so ist auszusprechen, daß der Angeschuldigte außer Verfolgung zu setzen sei.[2]

III Der Beschluß ist dem Angeschuldigten bekannt zu machen.[3]

1. Bei sachlicher Unzuständigkeit: § 207. Bei örtlicher Unzuständigkeit beschlußmäßige Unzuständigkeitserklärung; s. auch § 17. — Im übrigen s. Anm. 2 zu § 204.

2. Aufhebung des Haftbefehls: § 123. Entschädigung für Untersuchungshaft: § 4 des Ges. v. 14. 7. 04, s. Anhang. — Hinausgabe beschlagnahmter Gegenstände, ObstLG. 10, 15 und in SeuffBl. 75, 295. — Kosten: §§ 496, 499, 502, 504.

3. Durch Zustellung, § 35. — Auch wenn der Angesch. nicht gehört war, § 199 Abs. 4. — Anfechtung: § 209 Abs. 2. Wirkung: § 210.

Vorläufige Einstellung.

§ 203.

Vorläufige Einstellung des Verfahrens kann beschlossen[1] werden, wenn dem weiteren Verfahren Abwesenheit[2] des Angeschuldigten oder der Umstand entgegensteht, daß derselbe nach der Tat in Geisteskrankheit[3] verfallen ist.[4,5]

1. Der Beschluß unterbricht die Verjährung, E. 21, 308; 27, 81. — Anfechtung durch StA. und Angesch.: Beschwerde § 346, vgl. ObstLG. 10, 226. — Vorläufige Einstellung nach § 203 kann auch nach Eröffnung des Hauptverfahrens beschlossen werden.

2. §§ 319, 327, 470. S. ObstLG. 8, 3.

3. Falls nicht nur eine partielle Geistesstörung vorliegt, die die Verteidigungsfähigkeit nicht beeinträchtigt, E. 1, 149; 29, 324; ObstLG. 9, 183. Bei Geisteskrankheit z. Zt. der Tat ist der Angesch. außer Verfolgung zu setzen.

4. Taubstummheit steht hier der Geisteskrankheit gleich, wenn sie eine Verständigung mit dem Angesch. ausschließt, E. 3, 29. Auch hochgradige Gebrechlichkeit und dauernde Krankheit rechtfertigen die vorläufige Einstellung, ObstLG. 10, 226.

5. Wiederaufnahme des Verfahrens unter Aufhebung des Beschlusses auf Antrag der Staatsanwaltschaft (ObstLG. 1, 263) oder von Amts wegen. Wiederaufnahme lediglich zum Zwecke der Unterbrechung der Verjährung unzulässig, ObstLG. 7, 329.

§ 204.

Das Gericht ist bei der Beschlußfassung an die Anträge der Staatsanwaltschaft nicht gebunden.[1,2,3]

1. S. § 153 Abs. 2, auch § 206.

2. Das Gericht kann z. B. bei mehreren sachlich zusammentreffenden Straftaten teilweise außer Verfolgung setzen oder nicht eröffnen. Bei Idealkonkurrenz aber keine Nichteröffnung oder Außerverfolgsetzung hinsichtlich eines einzelnen rechtlichen Gesichtspunktes. Das Gericht kann in der Anklageschrift nicht enthaltene Tatumstände heranziehen oder solche aus der Anklageschrift, weil nicht genügend dargetan, weglassen und hiernach die Tat anders rechtlich beurteilen; in diesen Fällen aber keine Einstellung hinsichtlich einzelner rechtlicher Gesichtspunkte oder hinsichtlich einzelner, nur die größere oder geringere Strafbarkeit begründender Qualifikationsmomente, Rsp. 4, 326; E. 23, 392. — S. noch Anm. 1 zu § 202.

3. Änderung der Anklageschrift s. Anm. 5 zu § 198.

Eröffnungsbeschluß.

§ 205.

I In dem Beschlusse, durch welchen das Hauptverfahren eröffnet wird,[1] ist die dem Angeklagten zur Last gelegte Tat[2] unter Hervorhebung ihrer gesetzlichen Merkmale und des anzuwendenden Strafgesetzes,[3] sowie das Gericht zu bezeichnen, vor welchem die Hauptverhandlung stattfinden soll.[4]

II Das Gericht hat zugleich von Amts wegen über die Anordnung oder Fortdauer der Untersuchungshaft[5] zu beschließen.

1. § 201.

2. S. Anm. 2 zu § 198.

3. S. Anm. 3 zu § 198. — Hervorhebung der Strafbarkeitseinsicht Jugendlicher unnötig, JW. 19, 106. Erwähnung des Strafantrags nicht erforderlich, Rsp. 9, 84.

4. Ein mangelhafter und unvollständiger Eröff.-Beschl. kann aus der Anklageschrift ergänzt und erläutert werden, E. 3, 406; 21, 64; 44, 30; Rsp. 5, 583; 8, 377; SeuffBl. 72, 298, Ergänzung durch Belehrung seitens des Vorsitzenden möglich, E. 21, 64; 24, 66; keine Ergänzung, wenn die Abänderung derart wesentliche Bestandteile ergriffen hat, daß die danach zur Aburteilung stehende Tat nicht mehr dieselbe ist wie die im Eröff.-Beschl. bezeichnete, Recht 17, 298. Mängel und Unvollständigkeiten des Eröff.-Beschl. begründen nur dann die Revision, wenn sie in der Hauptverh. gerügt, aber nicht beachtet oder ohne Erfolg zum Anlaß für einen Aussetzungsantrag gem. § 264 Abs. 4 genommen wurden, Rsp. 5, 583; Recht 12, 3921; 16, 1985; 17, 298. — Über das Fehlen von Unterschriften unter dem Eröff.-Beschl. s. E. 43, 217; BayZ. 6, 314. — Verfahren bei Fehlen eines Eröff.-Beschl. oder bei unheilbaren Mängeln s. Anm. 1 zu § 201.

5. §§ 112 ff., § 125.

Eröffnung gegen Antrag der StA.

§ 206.

I Wenn von der Staatsanwaltschaft beantragt ist,[1] den Angeschuldigten außer Verfolgung zu setzen, von dem Gerichte aber die Eröffnung des Hauptverfahrens beschlossen[2] wird, so hat die Staatsanwaltschaft eine dem Beschlusse entsprechende Anklageschrift einzureichen.[3]

II Die Bestimmungen des § 199 finden hier gleichfalls Anwendung;[4] es ist jedoch die Aufforderung auf die Erklärung zu beschränken, ob der Angeklagte die Vornahme einzelner Beweiserhebungen vor der Hauptverhandlung[5] beantragen wolle.

1. Nach durchgeführter VU. §§ 196, 202 Abs. 2.

2. Der Eröff.-Beschl. ist mit Gründen zu versehen (bestr.); Fassung: § 205.

3. Keine Beschwerde, vgl. § 209 Abs. 2.

4. Der Eröff.-Beschl. ist mit der Anklageschrift zuzustellen.

5. Zur besseren Vorbereitung der Verteidigung; Wiederaufhebung des Eröff.-Beschl. ausgeschlossen. Ablehnung des Antrags, falls die Beweiserhebungen vor der Hauptverh. nicht nötig oder nicht zweckmäßig erscheinen; keine Beschwerde hiergegen, § 199 Abs. 3. Andernfalls Beweisaufnahme durch ersuchten oder beauftragten Richter; Anwesenheit der Prozeßbeteiligten: § 223.

Verfahren bei sachlicher Unzuständigkeit.

§ 207.[1]

I Das Landgericht kann das Hauptverfahren vor den erkennenden Gerichten jeder Ordnung,[2] nicht aber vor dem Reichsgericht eröffnen. Erachtet das Landgericht die Zuständigkeit des Reichsgerichts für begründet, so legt es die Akten durch Vermittelung der Staatsanwaltschaft diesem Gerichte zur Entscheidung vor.[3]

II Ebenso hat der Amtsrichter, wenn er findet, daß eine bei ihm eingereichte Sache die Zuständigkeit des Schöffengerichts übersteige, die Akten durch Vermittelung der Staatsanwaltschaft dem Landgerichte zur Entscheidung vorzulegen.[4]

1. Bei örtl. Unzust. beschlußmäßige Unzust.-Erklärung; s. auch § 17.

2. Schwurgericht, Landgericht, Schöffengericht. — Auch das Reichsgericht kann das Hauptverfahren vor diesen Gerichten eröffnen, Rsp. 2, 219. — Die niederen Gerichte können in der Hauptverh. gegebenenfalls sich gem. § 270 für unzuständig erklären.

3. Nötigenfalls unter kurzer Begründung seiner Auffassung. Keine bloße Unzuständigkeitserklärung; gegen eine solche Beschwerde, § 346, allenfalls auch neue Klage vor dem zuständigen Gericht, vgl. E. 32, 50.

4. Auch wenn voraussichtlich Überweisnng nach § 75 GVG. erfolgen wird. — Verfahren s. Anm. 3. — Ist das Landgericht zuständig und erfolgt keine Überweisung, so ist die Anklageschrift zu ändern und dann nach § 199 zu verfahren, Rsp. 4, 767.

Vorläufige Einstellung.

§ 208.

I Betraf das Vorverfahren mehrere derselben Person zur Last gelegte strafbare Handlungen und erscheint für die Strafzumessung die Feststellung des einen oder des anderen Straffalles unwesentlich, so kann das Gericht auf Antrag[1] der Staatsanwaltschaft beschließen, daß in Ansehung eines solchen das Verfahren vorläufig einzustellen sei.

II Die Aufhebung des Einstellungsbeschlusses kann[2] binnen einer Frist von drei Monaten[3] nach Rechtskraft des Urteils von der Staatsanwaltschaft beantragt[4] werden, wenn nicht Verjährung[5] eingetreten ist.

1. Ist in die Anklageschrift aufzunehmen (bestr.). Auch nachträgliche Anträge und Einstellungsbeschlüsse bis zur Erlassung des Urteils über die zum Hauptverfahren gebrachten Straffälle möglich, ObstLG. 6, 253 und in SeuffBl. 71, 534.

2. Nach erfolgter völliger Freisprechung muß die Staatsanwaltschaft die Aufhebung beantragen (Löwe).

3. Berechnung der Frist: § 43. Wird sie versäumt, so ist das Klagerecht verbraucht. Der Antrag kann übrigens schon vor Rechtskraft des Urteils, sogar schon vor Verkündung des letzteren gestellt werden, ObstLG. 13, 134.

4. Dem rechtzeitigen Antrag muß entsprochen werden.

5. § 67 StGB. — Der Einstellungsbeschluß unterbricht die Verjährung, E. 21, 308.

Anfechtung der Eröffnungs- und Einstellungsbeschlüsse.

§ 209.

I Der Beschluß, durch welchen das Hauptverfahren eröffnet worden ist, kann von dem Angeklagten nicht angefochten werden.[1]

II Gegen den Beschluß, durch welchen die Eröffnung des Hauptverfahrens abgelehnt[2] oder abweichend von dem Antrage der Staatsanwaltschaft die Verweisung an ein Gericht niederer Ordnung ausgesprochen worden ist,[3] steht der Staatsanwaltschaft[4] die sofortige Beschwerde[5] zu.

1. Ausnahme s. § 199 Abs. 3 und Anm. 8 hierzu, Recht 10, 1572. — Gegen den gleichzeitigen Beschluß über die Untersuchungshaft (§ 205 Abs. 2) einfache Beschwerde, § 346. — Unzulässigkeit einer Aufhebung des Beschlusses von Amts wegen s. E. 45, 262.

2. § 202. Auch wenn die Staatsanwaltschaft die Ablehnung selbst beantragt hatte (gem. M.).

3. Nicht aber, wenn das Gericht lediglich die Tat im Eröff.-Beschl. anders als in der Anklageschrift rechtlich beurteilt hat, Rsp. 4, 325; ObstLG. 1, 131.

4. Nebenkläger: § 441 Abs. 1. Der Verletzte, welcher nicht Nebenkläger ist, hat kein Beschwerderecht.

5. § 353. Diese kann auch auf neue Tatsachen und Beweismittel gestützt werden. — Das Beschwerdegericht wird im gleichen Umfang wie das Erstgericht mit der Prüfung der Anklage befaßt; es hat bei begründeter Beschwerde unter Aufhebung des Beschlusses das Hauptverfahren vor dem zuständigen Gericht zu eröffnen, § 351 Abs. 2; es kann aber auch gegebenenfalls gem. § 200 VU. anordnen, worauf nach deren Abschluß wieder nach §§ 199, 201, 202 von der Strafk. zu verfahren ist, GoltdA. 46, 428; s. auch ObstLG. in BayZ. 5, 68.

Wirkung des rechtskräftigen Einstellungsbeschlusses.

§ 210.

Ist die Eröffnung des Hauptverfahrens durch einen nicht mehr anfechtbaren Beschluß abgelehnt,[1] so kann die Klage nur auf Grund neuer Tatsachen oder Beweismittel[2] wieder aufgenommen werden.[3,4,5]

1. §§ 202, 209 Abs. 2, auf Grund einer sachlichen Beurteilung der Strafklage; ist eine solche nicht erfolgt, so ist § 210 nicht anwendbar, so z. B. bei Ablehnung der Eröffnung auf Grund der irrigen Annahme, daß ein Strafantrag fehle, oder daß dieser nicht rechtswirksam sei, Recht 9, 171, oder bei Ablehnung wegen Unzuständigkeit, E. 32, 50. Auf Beschlüsse nach §§ 203, 208 findet § 210 keine Anwendung. — Ein Beschluß, der rechtsirrig bei einheitlicher Tat hinsichtlich einzelner rechtlicher Gesichtspunkte außer Verfolgung setzt, hinsichtlich anderer rechtlicher Gesichtspunkte das Hauptverfahren eröffnet, steht der Aburteilung der einheitlichen Tat nach allen in Betracht kommenden rechtlichen Gesichtspunkten nicht entgegen, Recht 18, 1378.

2. Solche, die „nach Lage der Akten z. Zt. der Entsch. über die Eröffnung des Hauptverfahrens unbekannt waren, einerlei, ob sie früher oder später zur Entstehung gekommen sind". (Prot. 329); ObstLG. 7, 315. Sie müssen erheblich sein.

3. Durch neuerliche Erhebung der öffentl. Klage gem. §§ 168 ff.; E. 13, 295; 22, 187. Dann Verfahren nach §§ 199 ff.; ObstLG. 7, 315. Bei Eröffnung der

BU. hat der UR., bei der Entsch. über die Eröffnung des Hauptverfahrens hat das Gericht zu prüfen, ob die Tatsachen oder Beweismittel neu und erheblich sind; im Zweifelsfalle wird der UR. gem. § 178 die Strafk. entscheiden lassen. Wird das Hauptverfahren eröffnet, so wird damit der frühere Beschluß mit rückwirkender Kraft aufgehoben; die Aufhebung ist ausdrücklich auszusprechen. Der früher zugelassene Nebenkläger hat wieder die Rechte eines solchen, E. 43, 153. Das erkennende Gericht kann übrigens noch in der Hauptverh. prüfen, ob die Wiederaufnahme zu Recht erfolgte, E. 46, 71; s. dagegen E. 22, 187. — Wegen der Entsch. über die Haft vor Klageerhebung s. §§ 125, 126.

4. Der Beschluß nach § 202 hat diese Wirkung übrigens nur gegenüber derjenigen Person, die er unmittelbar betrifft; die Verfolgung anderer Personen (Anstifter, Teilnehmer) hindert er nicht, Rsp. 6, 603; Recht 12, 3922.

5. Lehnt die Staatsanwaltschaft die Wiederaufnahme ab, so ist das Verfahren nach § 170 nicht zulässig (bestr.).

Abgekürztes Verfahren vor dem Schöffengericht.

§ 211.

I Vor dem Schöffengericht[1] kann ohne schriftlich erhobene Anklage und ohne eine Entscheidung über die Eröffnung des Hauptverfahrens zur Hauptverhandlung geschritten werden, wenn der Beschuldigte entweder sich freiwillig stellt oder infolge einer vorläufigen Festnahme[2] dem Gerichte vorgeführt oder nur wegen Übertretung verfolgt wird. Der wesentliche Inhalt der Anklage[3] ist in den Fällen der freiwilligen Stellung oder der Vorführung in das Sitzungsprotokoll, anderenfalls in die Ladung des Beschuldigten aufzunehmen.[4]

II Auch kann der Amtsrichter in dem Falle der Vorführung[5] des Beschuldigten mit Zustimmung der Staatsanwaltschaft[6] ohne Zuziehung von Schöffen zur Hauptverhandlung schreiten, wenn der Beschuldigte nur wegen Übertretung verfolgt wird und die ihm zur Last gelegte Tat eingesteht.[7] Gegen die im Laufe der Hauptverhandlung ergehenden Entscheidungen und Urteile des Amtsrichters finden dieselben Rechtsmittel statt, wie gegen die Entscheidungen und Urteile des Schöffengerichts.[8]

1. Bei allen Übertretungen (§ 1 Abs. 3 StGB.) und bei den in § 27 Nr. 2—8 GVG. bezeichneten Vergehen; aber nicht in Überweisungssachen, § 75 GVG., auch nicht im Privatklageverfahren, §§ 421 ff.

2. §§ 127, 128.

3. Die der Amtsanwalt in der Verh. mündlich erhebt.

4. S. Preußische Geschäftsanweisung für Amtsanwälte (JMBl. 1879, 276) Art. 54—56; Bayerische Vorschriften für die Behandlung der amts- und schöffengerichtlichen Strafsachen (JMBl. 1913, 422) §§ 38, 39, 52.

5. Auf Grund Haftbefehls oder nach vorläufiger Festnahme, §§ 115, 125, 127, 128.

6. Amtsanwalt, § 143 Nr. 3 GVG.

7. Einräumen der der Anklage zugrunde liegenden Tatsachen, auch wenn Strafausschließungsgründe, z. B. Verjährung, geltend gemacht werden. Bei Behauptung von Schuldausschließungsgründen, z. B. Unzurechnungsfähigkeit, ebenso bei Widerruf des Geständnisses Zuziehung von Schöffen nötig (Löwe, Stenglein) — Der Beschuldigte kann das abgekürzte Verfahren weder verlangen noch hiergegen Widerspruch erheben.

8. Wegen der Gebühren s. § 64 Abs. 2 GKG.

Fünfter Abschnitt.

Vorbereitung der Hauptverhandlung.

Terminsanberaumung.

§ 212.

Der Termin zur Hauptverhandlung wird von dem Vorsitzenden des Gerichts anberaumt.[1, 2]

1. Auch die Verlegung von Amts wegen oder auf Antrag erfolgt durch den Vorsitzenden; zur Ablehnung eines Verlegungsantrags kein Gerichtsbeschluß nötig (Löwe, Stenglein).

2. Die Angabe einer Terminsstunde hat nicht die Bedeutung, daß die Verhandlung zu diesem Zeitpunkte beginnen muß, sondern daß die Beteiligten von da ab sich der Hauptverh. gewärtig halten müssen, GoltdA. 53, 69, BayZ. 2, 82. — Unrichtige Terminangabe in der Ladung des gewählten Verteidigers ist unter Umständen Revisionsgrund, vgl. E. 41, 72.

§ 213.

Die zur Hauptverhandlung erforderlichen Ladungen[1] und die Herbeischaffung der als Beweismittel dienenden Gegenstände bewirkt die Staatsanwaltschaft.[2]

1. Des Angekl. (§ 215), der übrigen Prozeßbeteiligten, des Verteidigers (§ 217), der Zeugen und Sachverständigen. Nachträgliche Benennung und Ladung von Zeugen und Sachverständigen durch die Staatsanwaltschaft möglich, s. § 221 Abs. 2. Auch die vom Vorsitzenden gem. §§ 218, 220 oder in der Hauptverh. gem. § 243 Abs. 3 angeordneten Ladungen hat die Staatsanwaltschaft zu betätigen.

2. In schöffengerichtlichen Sachen der Amtsanwalt. S. auch Preußische Geschäftsanweisung für die Amtsanwälte (JMBl. 1879, 270), Art. 24 Abs. 2. Bayerische Vorschriften für die Behandlung der amts- und schöffengerichtlichen Straff. (JMBl. 1913, 422), § 41. Die Staatsanwaltschaft bewirkt die Ladungen in eigenem Namen, E. 18, 76. Ladung durch das Gericht aber nicht ausgeschlossen, E. 35, 232; s. auch § 36 Abs. 2.

§ 214.

Der Beschluß über die Eröffnung des Hauptverfahrens[1] ist dem Angeklagten spätestens mit der Ladung zuzustellen.[2]

1. § 205. In schöffengerichtlichen Sachen müssen auch die auf der Anklageschrift bezeichneten Beweismittel hierbei dem Angekl. mitgeteilt werden.

2. Verletzung des § 214 begründet die Revision nur dann, wenn in der Hauptverh. ein hierauf gestützter Aussetzungsantrag abgelehnt wurde, Rsp. 3, 482; 6, 645; BayZ. 2, 425.

Ladung des Angeklagten.

§ 215.

I Die Ladung[1] eines auf freiem Fuße befindlichen Angeklagten[2] geschieht schriftlich unter der Warnung, daß im Falle seines unentschuldigten Ausbleibens seine Verhaftung oder Vorführung erfolgen werde.[3] Die Warnung kann in den Fällen des § 231 unterbleiben.[4]

II Die Ladung des nicht auf freiem Fuße[5] befindlichen Angeklagten erfolgt durch Bekanntmachung des Termins zur Hauptverhandlung in Gemäßheit des § 35. Dabei ist der Angeklagte zu befragen,[6] ob und welche Anträge er in bezug auf seine Verteidigung für die Hauptverhandlung zu stellen habe.[7]

1. Bei Erscheinen des Angekl. ohne Ladung Verh. mit seiner Zustimmung zulässig, E. 43, 161. Unterlassung oder Mangelhaftigkeit der Ladung ist nur dann Revisionsgrund, wenn sie gerügt und einem darauf gestützten Aussetzungsantrag nicht stattgegeben wurde, Rsp. 5, 629; Recht 6, 81.

2. Zustellung der Ladung an einen bestellten Zustellungsbevollmächtigten genügt, E. 43, 321.

3. S. § 229. Irrtum oder Schreibfehler bei Angabe der Straffolgen belanglos, E. 18, 76.

4. Auch im Falle des § 232 Abs. 1 (Entbindung vom persönlichen Erscheinen) kann die Warnung unterbleiben; Ladung aber auch in diesem Falle nötig, Rsp. 4, 230; E. 21, 100.

5. S. Anm. 5 zu § 35.

6. S. PreußJME. v. 10. 12. 99 (JMBl. 728) § 15; BayJMB. v. 2. 3. 10 (JMBl. 195) §§ 57, 69 ff. Mangelhafte Befragung nur bei vergeblicher Rüge in der Hauptverh. Revisionsgrund, Rsp. 1, 299.

7. Ladung abwesender Angekl.: §§ 320, 321, 473.

Ladungsfrist.

§ 216.

I Zwischen der Zustellung der Ladung (§ 215[1]) und dem Tage der Hauptverhandlung muß eine Frist von mindestens einer Woche liegen.[2]

II Ist diese Frist nicht eingehalten worden, so kann der Angeklagte die Aussetzung der Verhandlung verlangen, solange mit der Verlesung des Beschlusses über die Eröffnung des Hauptverfahrens nicht begonnen ist.[3]

1. Des Angeklagten; der Verteidiger und der Nebenkläger haben keinen Anspruch auf Einhaltung einer Ladefrist, Recht 14, 1881; SeuffBl. 71, 628.

2. Verzicht hierauf zulässig, GoltdA. 52, 247; dieser kann nicht widerrufen werden. — Bei einer Vorführung gem. § 229 zu einer neuen Hauptverh. bedarf

es keiner Ladung und demnach auch nicht der Einhaltung einer Ladungsfrist, Rsp. 3, 113. Wird der Termin unter Aussetzung der Verh. auf einen späteren Tag verlegt, so bedarf es nicht der wiederholten Einhaltung der Ladungsfrist, E. 15, 113; wird aber der Termin auf einen früheren Tag verlegt, so muß zwischen der neuen Ladung und dem Termin die Frist von mindestens einer Woche liegen, es genügt nicht, daß zwischen der früheren Ladung und dem neuen Termin eine solche Frist liegt, E. 25, 74. Auch bei einem Termin nach Aufhebung des Urteils und Zurückverweisung der Sache durch das Revisionsgericht ist die Ladungsfrist neuerdings einzuhalten, E. 42, 407.

3. Unterläßt der Angekl., einen Aussetzungsantrag zu stellen, so kann die Nichteinhaltung der Ladungsfrist im Wege der Revision nicht gerügt werden und zwar selbst dann nicht, wenn der Angekl. auf sein Recht nicht gem. § 227 Abs. 3 aufmerksam gemacht worden war, Rsp. 1, 262, 299, 376, 743.

§ 217.

Ladung des Verteidigers.

Neben dem Angeklagten ist[1] der bestellte[2] Verteidiger stets, der gewählte[3] Verteidiger dann zu laden,[4] wenn die erfolgte Wahl dem Gerichte angezeigt[5] worden ist.

1. Zu Unrecht erfolgte Unterlassung der Ladung des Verteidigers begründet die Revision, E. 1, 405; 2, 233; Rsp. 3, 472, beim Wahlverteidiger liegt eine solche dann nicht vor, wenn dieser trotz aktenmäßig auf andere Weise erlangter Kenntnis den Termin nicht wahrnahm, E. 17, 45; Recht 7, 320. Auch durch eine Verhandlung ohne Verteidiger vor der Zeit, zu der der Verteidiger geladen war, wird die Verteidigung unzulässig beschränkt und die Revision begründet, GoltdA. 39, 340; E. 41, 73; Recht 15, 3954; s. auch Recht 17, 441; SeuffBl. 78, 186. Ein Verzicht des Angekl. auf den Beistand eines Verteidigers in der Verh. ist bei solchen Verstößen nur dann wirksam, wenn er auf diese ausdrücklich hingewiesen wurde oder sonst Kenntnis hiervon hatte, E. 19, 436; 27, 425; 43, 162; es wäre unzulässig, einen Vertagungsantrag des Angekl. in solchen Fällen mit der Begründung abzulehnen, daß ein Fall der notwendigen Verteidigung nicht vorliegt oder eine Verteidigung nach Lage des Falls nicht nötig sei, Recht 10, 195; ein Verzicht des Verteidigers auf Ladung ist bedeutungslos, JW. 31, 578.

2. § 140 Abs. 3, §§ 141—144; die Ladung des bestellten Verteidigers muß auch dann erfolgen, wenn die Voraussetzungen einer notwendigen Verteidigung nachträglich entfallen sind, die Bestellung aber nicht zurückgenommen wurde, E. 19, 373; 21, 266.

3. §§ 137, 138. Auch der vom gesetzlichen Vertreter des Angekl. gewählte E. 36, 316. Der Wahlverteidiger muß die Verteidigung auch übernommen haben DJZ. 17, 1188; GoltdA. 60, 77.

4. Anspruch auf Einhaltung einer Ladungsfrist hat der Verteidiger nicht, SeuffBl. 71, 628; Recht 14, 1881, doch muß die Ladung rechtzeitig, d. h. unter billiger Rücksichtnahme auf die sonstigen Berufsgeschäfte des Anwalts, erfolgen, Recht 9, 535.

5. Anzeige durch den Angekl. oder dessen legitimierten Vertreter; der Rechtsanwalt, der seine Bestellung als Verteidiger anzeigt, muß eine Vollmacht beilegen, E. 2, 375; Rsp. 3, 516; 9, 4; SeuffBl. 72, 348; Recht 10, 195; stillschweigendes Einlegen der schriftlichen Vollmacht in die Akten durch den Verteidiger gelegentlich der Akteneinsicht genügt nicht, Recht 14, 622; DJZ. 15, 484. Ist die Vollmacht für mehrere Anwälte ausgestellt, so ist nur der zu laden, der seine Bestellung anzeigte, GoltdA. 47, 156; Recht 13, 2207; s. auch Recht 12, 434; über die Ladung von 2 nacheinander bestellten Verteidigern s. SeuffBl. 73, 703; 74, 465; ist die Vollmacht für verschiedene Straff. ausgestellt, so ist für jede gesonderte Anzeige zu erstatten oder die eine Anzeige so zu fassen, daß sie unzweideutig erkennen läßt, daß sie für alle Straff. gilt, GoltdA. 48, 118. Die Anzeige selbst ist an keine Form gebunden; es genügt, wenn der Angekl. mit dem Verteidiger in der Verh. erscheint, E. 25, 152; erscheint so ein anderer als der geladene Verteidiger, so ist dieser im weiteren Verfahren zu laden, GoltdA. 41, 262. S. auch Rsp. 4, 813.

Beweisanträge des Angeklagten.

§ 218.

I Verlangt der Angeklagte die Ladung von Zeugen oder Sachverständigen oder die Herbeischaffung anderer Beweismittel zur Hauptverhandlung, so hat er unter Angabe der Tatsachen, über welche der Beweis erhoben werden soll,[1] seine Anträge bei dem Vorsitzenden des Gerichts[2] zu stellen. Die hierauf ergehende Verfügung[3] ist ihm bekannt zu machen.[4]

II Beweisanträge des Angeklagten sind, soweit ihnen stattgegeben ist, der Staatsanwaltschaft[5] mitzuteilen.

1. Auch Beweisanträge ohne eine solche Angabe müssen verbeschieden werden, Rsp. 8, 4.

2. Wegen des Schwurgerichts s. § 83 Abs. 3 GVG.

3. Die Verfügung des Vorsitzenden kann nicht mit Beschwerde angefochten werden, ObstLG. 9, 123. Auch kann auf die Ablehnung eines Beweisantrags durch den Vorsitzenden die Revision nicht gestützt werden, da es dem Angekl. unbenommen bleibt, entweder die gewünschten Zeugen usw. unmittelbar zu laden, oder auch den Beweisantrag in der Hauptverh. zu wiederholen, E. 1, 106; Rsp. 1, 158, 250; 2, 246.

4. Unterlassung der Bek. begründet die Revision nicht, Rsp. 2, 649.

5. S. §§ 213, 221, 245. Auch dem Nebenkläger sind sie mitzuteilen.

Unmittelbare Ladung.

§ 219.

I Lehnt der Vorsitzende den Antrag auf Ladung einer Person[1] ab, so kann der Angeklagte die letztere unmittelbar laden lassen.[2] Hierzu ist er auch ohne vorgängigen Antrag befugt.

II Eine unmittelbar geladene Person ist nur dann zum Erscheinen verpflichtet,[3] wenn ihr bei der Ladung die gesetzliche Entschädigung für Reisekosten und Versäumnis[4] bar dargeboten oder deren Hinterlegung bei dem Gerichtsschreiber[5] nachgewiesen wird.

III Ergibt sich in der Hauptverhandlung, daß die Vernehmung einer unmittelbar geladenen Person zur Aufklärung der Sache dienlich war, so hat das Gericht auf Antrag[6] anzuordnen, daß derselben die gesetzliche Entschädigung aus der Staatskasse zu gewähren sei.[7]

1. Bei Ablehnung anderer Beweisanträge nur Wiederholung in der Hauptverh. möglich.

2. § 38. Er kann sie auch in die Hauptverh. ohne vorherige Ladung mitbringen; ein solcher „gestellter" Zeuge gehört aber nicht zu den Zeugen, welche vernommen werden müssen, E. 1, 198, 297; s. § 244 und Anm. hierzu. — Verständigung der Staatsanwaltschaft, § 221. Die erfolgte unmittelbare Ladung ist auch dem Gericht mitzuteilen, Rsp. 1, 549.

3. Ungehorsamsfolgen: §§ 50, 77. Antrag des Angekl. auf Verhängung dieser Folgen nicht nötig; er muß aber die ordnungsmäßige, verpflichtende Ladung (§§ 38, 219 Abs. 2) nachweisen.

4. Also bei Sachverständigen Darbieten oder Hinterlegung der weiteren in § 84 bezeichneten Entschädigungen nicht erfordert. Erreicht der Vorschuß des Angekl. nicht die Höhe der vom Gericht für den unmittelbar geladenen Zeugen auf dessen Antrag festgesetzten Gebühren, so hat dieser wegen seiner Mehrforderung einen Anspruch an den in die Kosten verurteilten Angekl., ObstLG. 6, 206 und in SeuffBl. 71, 489.

5. S. PreußJMBl. 1891, 161; ferner Geschäftsanweisung für Gerichtsvollzieher, PreußJMBl. 1914, 364; BayJMBl. 1900, 642.

6. Nicht von Amts wegen. Den Antrag kann die vernommene Person, der Angekl. oder die Staatsanwaltschaft stellen. Er kann noch binnen 3 Monaten nach Beendigung der Zuziehung des Zeugen (§ 16 ZGebO.) angebracht werden, ObstLG. 10, 274 (bestr.).

7. Vorbehaltlich der späteren endgültigen Entsch. darüber, von wem nach §§ 496 ff. die Kosten des Verfahrens zu tragen sind, E. 16, 212. Eine Entsch. nach Abs. 3 kommt nicht mehr in Frage, wenn die unmittelbar geladene Person schon aus Mitteln des Angekl. entschädigt worden ist, ObstLG. 6, 71.

Anordnung von Ladungen usw. durch den Vorsitzenden.

§ 220.

Der Vorsitzende des Gerichts kann auch von Amts wegen die Ladung von Zeugen und Sachverständigen sowie die Herbeischaffung anderer Beweismittel anordnen.[1]

1. Ausführung durch die Staatsanwaltschaft § 213. — S. auch § 245 Abs. 3. Sofortige Vernehmung anwesender Personen von Amts wegen, Recht 12, 2891.

Mitteilung an den Gegner.

§ 221.

I Der Angeklagte hat die von ihm unmittelbar geladenen oder zur Hauptverhandlung zu stellenden Zeugen und Sachverständigen rechtzeitig[1] der Staatsanwaltschaft namhaft zu machen und ihren Wohn- oder Aufenthaltsort anzugeben.

II Dieselbe Verpflichtung hat die Staatsanwaltschaft gegenüber dem Angeklagten,[2] wenn sie außer den in der Anklageschrift benannten oder auf Antrag des Angeklagten geladenen Zeugen oder Sachverständigen die Ladung noch anderer Personen, sei es auf Anordnung des Vorsitzenden (§ 220) oder aus eigener Entschließung, bewirkt.[3, 4]

1. Damit die Staatsanwaltschaft Zeit zur Einziehung von Erkundigungen hat und eine Aussetzung der Hauptverh. (§ 245 Abs. 2, 4) vermieden wird.

2. Mitteilung an den zustellungsbevollmächtigten Verteidiger genügt, Recht 12, 3004.

3. Mitteilung an den Gegner von dem Fallenlassen eines Beweismittels, z. B. von der Nichtladung eines in der Anklageschrift aufgeführten Zeugen ist nicht erfordert, Rsp. 1, 376, aber zur Vermeidung allenfalls hierauf gestützter Aussetzungsanträge des Gegners meist zweckmäßig.

4. Benachrichtigung des Gegners von der allenfallsigen Benützung von Urkunden, die als Beweismittel noch nicht bezeichnet waren, nicht erfordert, da § 221 sich nur auf Zeugen und Sachverständige bezieht, JW. 36, 413. Verstoß gegen § 221 begründet nicht die Revision, JW. 20, 292, 505.

Kommissarische Vernehmung. § 222.

I Wenn dem Erscheinen[1] eines Zeugen oder Sachverständigen[2] in der Hauptverhandlung für eine längere oder ungewisse Zeit[3] Krankheit oder Gebrechlichkeit[4] oder andere nicht zu beseitigende Hindernisse[5] entgegenstehen, so kann das Gericht[6] die Vernehmung desselben durch einen beauftragten oder ersuchten Richter[7] anordnen.[8] Die Vernehmung erfolgt, soweit die Beeidigung zulässig ist, eidlich.[9]

II Dasselbe gilt, wenn ein Zeuge oder Sachverständiger[2] vernommen werden soll, dessen Erscheinen wegen großer Entfernung besonders erschwert sein wird.[10, 11]

1. Abs. 1 muß sinngemäß auch auf einen Zeugen Anwendung finden, der zwar erschienen, aber z. B. infolge nervöser Überreizung nicht vernehmungsfähig ist, Recht 10, 1093; DJZ. 12, 68.

2. Auf Mitbeschuldigte als solche findet § 222 keine Anwendung, E. 16, 232.

3. Ob die Zeit, innerhalb deren die Hebung des Hindernisses zu erwarten steht, eine längere oder kürzere ist, hat das Gericht nach pflichtgemäßem Ermessen zu entscheiden, Rsp. 10, 451.

4. Z. B. vorgerückte Schwangerschaft, Rsp. 10, 451; Recht 10, 1093, nicht aber Schwangerschaft an sich, Recht 10, 454; JW. 35, 493.

5. Wegen vorübergehender dienstlicher Unabkömmlichkeit eines Beamten s. Rsp. 5, 737.

6. Nicht der Vorsitzende, E. 1, 210. Dieser bestimmt aber den beauftragten Richter, Rsp. 8, 712.

7. Auch der UR. kann mit der Vernehmung beauftragt werden, E. 4, 91; W. 3, 251; bei einer vom Schwurgericht beschlossenen kommissarischen Vernehmung kann diese einem dem Schwurgericht nicht angehörigen Mitglied des

Landgerichts, bei dem das Schwurgericht sich befindet, übertragen werden, Recht 6, 514. Kommissarische Vernehmung im Ausland durch einen deutschen Konsul zulässig, Rsp. 4, 697.

8. Die Anordnung der kommissarischen Vernehmung kann unterbleiben, wenn schon im Vorverfahren eine Vernehmung unter Beobachtung der Vorschriften der §§ 191 Abs. 2, 65 erfolgt ist (§ 250 Abs. 2, 3) und nicht inzwischen neu hervorgetretene Gründe eine neue Vernehmung nötig erscheinen lassen.

9. S. §§ 56, 57. — Berufung auf einen im Vorverfahren geleisteten Eid unzulässig, Rsp. 1, 655; 7, 529. Handgelübde an Eides Statt in Basel, Rsp. 7, 503; Recht 7, 346; 11, 844. Uneidliche Vernehmung im Ausland, SeuffBl. 72, 659; DJZ. 12, 1028; E. 46, 50.

10. Die große Entfernung muß für eine längere oder ungewisse Zeit gegeben sein, Rsp. 2, 602 und außerdem muß wegen dieser großen Entfernung das Erscheinen „besonders erschwert" sein, E. 18, 261; es ist bei der Entsch. die Beschaffenheit der Verkehrsmittel in Berücksichtigung zu ziehen, Rsp. 4,120; 10, 675, weshalb auch eine kommissarische Vernehmung eines im Bezirk des erkennenden Gerichts wohnenden Zeugen nicht ausgeschlossen ist, JW. 36, 413 und es kann hierbei auf die körperliche Beschaffenheit des Zeugen ebenso Rücksicht genommen werden, E. 19, 246, wie auf die größere oder geringere Erheblichkeit des Zeugnisses, Recht 9, 477, so daß sogar Zeugen aus demselben Ort teils geladen, teils kommissarisch vernommen werden können, Rsp. 8, 358; 10, 63; Recht 6, 107. Immer aber sind bei der Entsch. die besonderen Umstände des Einzelfalls und die Verhältnisse des einzelnen Zeugen, nicht die einer Klasse von solchen, zu berücksichtigen, Recht 14, 815; SeuffBl. 75, 322.

Der Revisionsrichter kann nachprüfen, ob der Begriff der großen Entfernung nicht verkannt ist, Rsp. 3, 301; 4, 120; es müssen auch die Gründe für die Annahme eines besonders erschwerten Erscheinens, falls sie nicht aus der Sachlage ersichtlich sind, ersichtlich gemacht werden, E. 44, 8.

11. Das Gericht hat von Amts wegen zu prüfen, ob die Voraussetzungen des § 222 gegeben sind und kann nicht etwa deren Glaubhaftmachung verlangen, ObstLG. 6, 134; s. auch Recht 7, 508.

Benachrichtigung der Prozeßbeteiligten.

§ 223.

I Von den zum Zwecke dieser Vernehmung anberaumten Terminen sind die Staatsanwaltschaft,[1] der Angeklagte[2] und der Verteidiger[3] vorher zu benachrichtigen,[4] insoweit dies nicht wegen Gefahr im Verzug[5] untunlich ist;[6] ihrer Anwesenheit bei der Vernehmung bedarf es nicht. Das aufgenommene Protokoll ist der Staatsanwaltschaft und dem Verteidiger vorzulegen.[7]

II Der nicht auf freiem Fuße befindliche[8] Angeklagte hat einen Anspruch auf Anwesenheit nur bei solchen Terminen, welche an der Gerichtsstelle[9] des Orts abgehalten werden, wo er sich in Haft befindet.[10]

1. Auch der Nebenkläger. — Fragerecht: § 239 Abs. 2.

2. Bei einer Mehrheit von Angekl. ist jeder zu benachrichtigen, E. 1, 210;

Recht 6, 107. — Der Angekl. kann von der Verh. nur unter den Voraussetzungen des § 246 ausgeschlossen werden. — Fragerecht: § 239 Abs. 2.

3. Der Verteidiger ist neben dem Angekl. besonders zu benachrichtigen, Rsp. 2, 562; 8, 731; vorausgesetzt, daß seine Wahl dem Gericht angezeigt ist, GoltdA. 46, 114, in diesem Fall aber auch dann, wenn z. Zt. der Anzeige der Angekl. schon benachrichtigt war, GoltdA. 45, 52. — Fragerecht: § 239 Abs. 2.

4. Benachrichtigung muß durch Zustellung (§ 35) erfolgen, GoltdA. 41, 145, s. aber auch GoltdA. 54, 481; Rsp. 18, 1769. Es kann auf sie verzichtet werden, JW. 20, 545. Einer Belehrung über die Bedeutung der kommissarischen Vernehmung bedarf es bei der Benachrichtigung nicht, E. 4, 264.

5. Gefahr im Verzug ist vor allem bei dem drohenden Verlust des Beweismittels gegeben; eine bloße Verzögerung der Sache, ein „Aufenthalt für die Sache" wie in § 191 Abs. 3, genügt nicht, Rsp. 1, 362, 655; die Unterlassung der Benachrichtigung wird auch nicht durch die Nähe des Termins der Hauptverh. und die drohende Notwendigkeit einer Aussetzung in dieser gerechtfertigt, es ist allenfalls der Termin zur Hauptverh. zu verlegen, Rsp. 4, 385; 1, 362, 655; Recht 7, 508; JW. 37, 590; anders wenn die Verzögerung der Hauptverh. die Durchführung des Untersuchungszweckes gefährdet, E. 43, 337, oder wenn die kommissarische Vernehmung im Ausland erfolgt und das dortige Gesetz die Anwesenheit der Prozeßbeteiligten nicht gestattet, Rsp. 7, 11; JW. 36, 558; 37, 360; Recht 12, 217.

6. Die zu Unrecht erfolgte Unterlassung der Benachrichtigung und die nicht rechtzeitige (SeuffBl. 73, 289; JW. 37, 360) Benachrichtigung machen die Wiederholung der Vernehmung nötig; der Verstoß kann aber durch Verzicht der davon betroffenen Prozeßbeteiligten geheilt werden; widerspruchsloses Zulassen der Verlesung des Vernehmungsprotokolles gilt als Verzicht, E. 4, 301; Rsp. 5, 536; 6, 624; Recht 6, 377; bei unterlassener Benachrichtigung des Verteidigers muß neben diesem auch der Angekl. verzichten und ein stillschweigender Verzicht des letzteren setzt seine Kenntnis von der Unterlassung voraus, Rsp. 8, 731; Recht 7, 508.

7. Falls sie nicht anwesend waren. — Auf die Vorlegung kann verzichtet werden; widerspruchsloses Zulassen der Verlesung des Protokolls in der Hauptverh. durch den Angekl. und den Verteidiger gilt als Verzicht, Rsp. 2, 156. Keine Vorlegung an den Angekl., auch wenn dieser Rechtsanwalt ist und sich selbst verteidigt, Rsp. 4, 351.

8. S. Anm. 5 zu § 35.

9. S. Anm. 7 zu § 191.

10. Die Benachrichtigung muß aber gleichwohl erfolgen, s. noch Anm. 8 zu § 191.

Kommissarischer Augenschein.

§ 224.

Ist zur Vorbereitung der Hauptverhandlung [1] noch ein richterlicher Augenschein [2] einzunehmen, so finden die Bestimmungen des vorhergehenden Paragraphen gleichfalls Anwendung. [3]

1. Vor der Hauptverh. Anordnung des Augenscheins durch das Gericht, nicht durch den Vorsitzenden (gem. M.). — In der Hauptverh. selbst kann durch das erkennende Gericht ebenfalls eine solche Augenscheinseinnahme angeordnet und einem ersuchten oder beauftragten Richter übertragen werden, E. 20, 149.

Das erkennende Gericht kann auch selbst mit den Prozeßbeteiligten den Augenschein einnehmen.

2. §§ 86, 193. — Verlesung des Protokolls: § 248.

3. Bei Verstoß gegen § 223 Verlesung unzulässig, wenn die nicht benachrichtigten Prozeßbeteiligten widersprechen, E. 1, 256.

Sechster Abschnitt.

Hauptverhandlung.

§ 225.

Die Hauptverhandlung[1] erfolgt in ununterbrochener Gegenwart der zur Urteilsfindung berufenen Personen[2] sowie der Staatsanwaltschaft[3] und eines Gerichtsschreibers.[4, 5]

1. Einschließlich der Urteilsverkündung, § 267, auch wenn diese in einem besonderen Termine stattfindet, E. 3, 116. — Auf eine Verh. über ein Ablehnungsgesuch findet § 225 keine Anwendung, E. 13, 302.

2. Ergänzungspersonen: § 194 Abs. 2, 3 GVG.

3. Die Staatsanwaltschaft muß insbesondere auch bei der Urteilsverkündung anwesend sein, E. 9, 275; Heilung eines Verstoßes hiergegen durch wiederholte Verkündung innerhalb der gesetzlichen Frist (§§ 228, 267), Recht 14, 3873. — S. noch § 226, ferner § 377 Nr. 5 und Anm. 10 hierzu.

4. Wechsel der Person des Gerichtsschreibers im Laufe der Hauptverh. zulässig.

5. Wegen der Anwesenheit des Verteidigers s. § 227 Abs. 2 und Anm. 4 zu § 145, des Angeklagten s. §§ 229, 230, 231, 232, 246, 319, 470; der Mitangeklagte gehört nicht zu den Personen, deren Anwesenheit in der Hauptverh. das Gesetz vorschreibt, E. 38, 272; s. auch noch E. 29, 294; GoltdA. 50, 391. — Wegen der Anwesenheit aller Beteiligten bei einer Augenscheinseinnahme unter beschränkten Raumverhältnissen s. Recht 15, 1247; DJZ. 16, 876.

§ 226.

Es können mehrere Beamte der Staatsanwaltschaft[1] und mehrere Verteidiger[2] in der Hauptverhandlung mitwirken und ihre Verrichtungen unter sich teilen.

1. Diese können nicht nur nebeneinander, sondern auch nacheinander tätig sein, E. 16, 180; W. 5, 245; kann bei einem notwendigen Wechsel der neu eintretende StA. mangels Kenntnis des Sachverhalts nicht ohne weiteres tätig werden, so ist § 145 Abs. 2 entsprechend anzuwenden, JW. 20, 53. — S. noch §§ 145, 146 GVG.

2. S. auch § 137 und Anm. 3 und 5 hierzu.

Anträge auf Aussetzung der Hauptverhandlung.

§ 227.

I Über Anträge auf Aussetzung einer Hauptverhandlung entscheidet das Gericht.[1] Kürzere Unterbrechungen[1] ordnet der Vorsitzende an.

II Eine Verhinderung des Verteidigers gibt, unbeschadet der Bestimmung des § 145, dem Angeklagten kein Recht, die Aussetzung der Verhandlung zu verlangen.[2, 3]

III Ist die Frist des § 216 Abs. 1 nicht eingehalten worden, so soll[4] der Vorsitzende den Angeklagten mit der Befugnis, Aussetzung der Verhandlung zu verlangen, bekannt machen.

1. Gründe für eine Aussetzung s. z. B. §§ 145, 229, 235, 243, 245, 264. Gerichtsbeschluß und dessen Bekanntmachung auch bei nicht näher begründetem Aussetzungsantrag nötig, E. 23, 136; W. 2, 225. — Bei kürzeren Unterbrechungen kein Anspruch des Wahlverteidigers auf Festsetzung der Zeit des Wiederbeginns JW. 38, 331.

2. Auch dann nicht, wenn die Hauptverh. zu einer späteren als der angesetzten Stunde beginnt, E. 1, 235; 11, 173; in diesem Fall hat der Verteidiger durch Benachrichtigung des Gerichts dafür zu sorgen, daß ihm der Beginn der Verh. rechtzeitig gemeldet wird, GoltdA. 53, 69; BayZ. 2, 82. — Ausnahmen beim notwendigen und bestellten Verteidiger s. § 145.

3. Der Nebenkläger und sein Vertreter können im Falle ihrer Verhinderung Aussetzung nicht verlangen, SeuffBl. 71, 629.

4. Verstoß hiergegen kein Revisionsgrund, Rsp. 1, 299, 376, 743.

Unterbrechung der Hauptverhandlung.

§ 228.

Eine unterbrochene Hauptverhandlung muß spätestens am vierten Tage[1] nach der Unterbrechung fortgesetzt[2] werden, widrigenfalls mit dem Verfahren von neuem zu beginnen ist.[3, 4]

1. Der Tag, an dem die Unterbrechung erfolgt, wird nicht mitgerechnet, § 42. Keine Verlängerung der Frist nach § 43 Abs. 2; es ist nötigenfalls am Sonntag oder Feiertag die Verh. fortzusetzen. — Bei Aussetzung der Urteilsverkündung längere Frist (§ 267); erfolgt aber die Urteilsverkündung nach Ablauf der in § 228 bezeichneten Frist, so kann in eine weitere sachliche Verh., auch bloß zum Zwecke eines Hinweises nach § 264, nicht mehr eingetreten werden, E. 37, 365; Recht 10, 947; 16, 1862. — Wiederholte Anordnung der Aussetzung bis zu 4 Tagen zulässig, Recht 14, 1055.

2. In Gegenwart derselben zur Urteilsfindung berufenen Personen, § 225; Staatsanwaltschaft: § 226; Gerichtsschreiber: Anm. 4 zu § 225. — Wiederholung von Beweisakten in der fortgesetzten Verh. möglich.

3. Dies gilt im schwurgerichtlichen Verfahren auch dann, wenn die Unterbrechung erst nach der Verkündung des unangefochten gebliebenen Geschworenenspruchs erfolgte, E. 42, 244. S. noch § 287.

4. Bei erneuter Hauptverh. darf das Urteil sich nur auf das Ergebnis dieser Verh. stützen; die neue Verh. ist von der früheren völlig unabhängig, es besteht auch kein Recht des Angekl. gem. § 244 auf wiederholte Ladung und Vernehmung der in der früheren Verh. erschienenen Zeugen, E. 2, 109. — Unterlassung wiederholter Beeidigung: § 66.

Ausschluß des Ungehorsamsverfahrens.

§ 229.

I Gegen einen ausgebliebenen Angeklagten findet eine Hauptverhandlung nicht statt.[1, 2]

II Ist das Ausbleiben des Angeklagten nicht genügend entschuldigt, so ist die Vorführung[3] anzuordnen oder ein Haftbefehl[4] zu erlassen.[5]

1. Dessen Anwesenheit ist ausnahmsweise nicht erfordert in den Fällen der §§ 230 Abs. 2, 231, 232, 319, 470; s. auch §§ 370, 371 (Berufungsverfahren), § 390 (Verfahren in der Revisionsinstanz), § 427 (Privatklageverfahren), s. E. 31, 399. Sonst muß er gegenwärtig sein, auch wenn Einstellung (§ 259 Abs. 2) erfolgen muß, Recht 16, 960; DJZ. 17, 755; auch z. B. bei einer Ortsbesichtigung durch das erkennende Gericht kann er auf seine Anwesenheit nicht verzichten, E. 42, 198, es ist überhaupt eine auch nur vorübergehende kurze Entfernung unzulässig, E. 40, 230. Der verhaftete Angekl. muß vorgeführt werden, insbesondere auch zur Urteilsverkündung, E. 31, 398, dessen Verzicht auf Vorführung wäre unwirksam.

2. Beim Ausbleiben eines von mehreren Angekl. nach Lage der Sache entweder Aussetzung der Verh. gegen Alle oder Verh. gegen die Erschienenen, E. 38, 272.

3. § 134. Vorherige Warnung bei der Ladung nach § 215 Abs. 1 nötig. Auch ein Mitglied des Reichstags darf vorgeführt werden, E. 38, 179.

4. § 114. Voraussetzungen der §§ 112, 113 hier nicht erfordert, wohl aber die Warnung in der Ladung nach § 215 Abs. 1. Kein Haftbefehl gegen den Privatbeklagten: § 427 Abs. 3.

5. Zuständig ist das Gericht, nicht der Vorsitzende. Die Maßregeln können bei nachträglicher genügender Entschuldigung wieder aufgehoben werden.

§ 230.

I Der erschienene Angeklagte darf sich aus der Verhandlung nicht entfernen. Der Vorsitzende kann die geeigneten Maßregeln treffen,[1] um die Entfernung desselben zu verhindern; auch kann er ihn während einer Unterbrechung der Verhandlung in Gewahrsam halten lassen.[2]

II Entfernt der Angeklagte sich dennoch, oder bleibt er bei der Fortsetzung einer unterbrochenen Hauptverhandlung aus,[3] so kann diese in seiner Abwesenheit zu Ende geführt werden,[4] wenn seine Vernehmung über die Anklage schon erfolgt war[5] und das Gericht seine fernere Anwesenheit nicht für erforderlich erachtet.[6, 7]

1. Keine Anrufung des Gerichts nach § 237 Abs. 2 gegen diese Maßregeln (Stenglein).

2. Im Gerichtsgebäude, auch im Gerichtsgefängnis. Bei längerer Unterbrechung (§§ 228, 267) Untersuchungshaft, wenn zulässig, meist zweckdienlicher.

3. Abs. 2 setzt ein vorsätzliches Handeln des Angekl. voraus; bei Entfernung oder Ausbleiben des Angekl. wegen Erkrankung ist er nicht anwendbar,

E. 22, 247; 42, 246; GoltdA. 53, 294; R. 15, 2023; ebenso nicht bei versehentlich unterbliebener Vorführung des verhafteten Angekl., E. 31, 398. S. übrigens RG. in SächsRA. 8, 130.

4. Das Gericht kann natürlich auch Vorführungs- oder Haftbefehl erlassen, § 229 Abs. 2.

5. § 242 Abs. 3; daß der Angekl. sich über die Anklage geäußert hat, ist nicht erfordert, Rsp. 8, 213. Bei nachträglich eintretender Veränderung des rechtlichen Gesichtspunktes ist Abs. 2 wegen der Vorschrift des § 264 Abs. 1 nicht mehr anwendbar, E. 32, 96.

6. Das Gericht hat, wenn es die Voraussetzungen des Abs. 2 für gegeben erachtet, dies in einer Weise zu begründen, daß eine Nachprüfung des ausgeübten Ermessens möglich ist, Recht 15, 3591; bei einer nur zum Zwecke der Urteilsverkündung anberaumten Fortsetzung der Verh. ist jedoch ein förmlicher Beschluß darüber, daß die fernere Anwesenheit des Angekl. nicht für erforderlich erachtet wird, entbehrlich, E. 9, 341.

7. Vertretung des abwesenden Angekl.: § 233. — Keine Wiedereinsetzung.

Verhandlung gegen den ausgebliebenen Angeklagten.

§ 231.

I Beim Ausbleiben[1] des Angeklagten[2] kann[3] zur Hauptverhandlung geschritten werden, wenn die den Gegenstand der Untersuchung bildende Tat nur mit Geldstrafe,[4] Haft oder Einziehung,[5] allein oder in Verbindung miteinander, bedroht ist.[6]

II In solchen Fällen muß der Angeklagte in der Ladung auf die Zulässigkeit dieses Verfahrens ausdrücklich hingewiesen werden.[7, 8]

1. Liegt ein rechtzeitiger, nicht verbeschiedener Vertagungsantrag des Angeklagten vor, so ist eine Verh. in seiner Abwesenheit unzulässig, GoltdA. 46, 436. — Verfahren gegen einen abwesenden Angekl.: §§ 319, 470.

2. Auch wenn dieser noch nicht 18 Jahre alt ist, E. 24, 411.

3. Das Gericht kann aber auch das persönliche Erscheinen des Angekl. anordnen: § 235. — Der in der betr. Sache verhaftete Angekl. ist stets vorzuführen (Löwe).

4. Umwandlung der nicht einbringlichen Geldstrafe in Gefängnis schließt das Ungehorsamsverfahren nicht aus, Rsp. 7, 93.

5. Nicht aber bei andern Nebenstrafen, z. B. Überweisung an die Landespolizeibehörde.

6. Ergibt sich in der Verh. eine Veränderung des rechtlichen Gesichtspunkts (§ 264), so ist die Verh. auszusetzen und in der neuen Ladung auf den neuen rechtlichen Gesichtspunkt hinzuweisen, E. 35, 65; handelt es sich hiernach aber um eine schwerere Art der Straftat, die nicht mehr unter die in Abs. 1 bezeichneten Arten fällt, so ist die Anwesenheit des Angekl. in der neuen Verh. nötig.

7. Die Androhung der Vorführung oder Verhaftung kann in diesen Fällen unterbleiben (§ 215 Abs. 1). — Ohne den Hinweis nach Abs. 2 ist das Ungehorsamsverfahren nicht zulässig; dieser kann nicht dadurch ersetzt werden, daß der erschienene Verteidiger der Verh. zustimmt, E. 27, 380.

8. Das Urteil ist dem ausgebliebenen Angekl. zuzustellen.

Entbindung vom persönlichen Erscheinen.

§ 232.

I Der Angeklagte kann auf seinen Antrag [1] wegen großer Entfernung [2] seines Aufenthaltsorts von der Verpflichtung zum Erscheinen in der Hauptverhandlung entbunden werden,[3] wenn nach dem Ermessen des Gerichts [4] voraussichtlich keine andere Strafe als Freiheitsstrafe bis zu sechs Wochen [5] oder Geldstrafe oder Einziehung, allein oder in Verbindung miteinander,[6] zu erwarten steht.[7, 8]

II In diesem Falle muß der Angeklagte, wenn seine richterliche Vernehmung nicht schon im Vorverfahren erfolgt ist,[9] durch einen beauftragten oder ersuchten Richter [10] über die Anklage vernommen werden.

III Von dem zum Zwecke der Vernehmung anberaumten Termine sind die Staatsanwaltschaft und der Verteidiger vorher zu benachrichtigen; ihrer Anwesenheit bei der Vernehmung bedarf es nicht. Das Protokoll über die Vernehmung ist in der Hauptverhandlung zu verlesen.[11, 12]

1. Nicht von Amts wegen oder auf Antrag der Staatsanwaltschaft.

2. Begriff: s. Anm. 10 zu § 222. Aus anderen Gründen, z. B. wegen Krankheit, Siechtums usw. kann diese Befreiung nicht erfolgen. Berücksichtigung des körperlichen Zustandes des Angekl. aber möglich bei Entsch. der Frage, ob die Entfernung groß ist, E. 19, 246. Daß der Antrag überhaupt oder gerade im Sinne des § 232 begründet wird, ist nicht erfordert, E. 27, 273.

3. Das Gericht kann die gewährte Befreiung jederzeit zurücknehmen und das persönliche Erscheinen des Angekl. anordnen, § 235. — Wiederholung des Antrags auf Entbinden vom Erscheinen, falls weitere Hauptverhandlungen notwendig werden, grundsätzlich nicht erfordert, s. hierzu Recht 14, 1313.

4. Das Gericht ist hierbei an die dem Eröff.-Beschl. zugrunde liegende rechtliche Beurteilung der Tat gebunden, E. 17, 19.

5. Die Höchstgrenze gilt auch für den Fall einer Gesamtstrafe bei Realkonkurrenz (§ 74 StGB.); auch die Summe der nach §§ 75, 77 StGB. gesondert nebeneinander zu erkennenden Freiheitsstrafen darf 6 Wochen nicht übersteigen, E. 30, 277; 32, 61; ebenso darf auch die Freiheitsstrafe, die bei Uneinbringlichkeit an Stelle der Geldstrafe tritt, nicht mehr als 6 Wochen betragen, Recht 18, 156. Findet das Gericht in der Hauptverh., daß auf eine höhere Strafe zu erkennen ist, so hat es das persönliche Erscheinen des Angekl. anzuordnen, E. 15, 337; 30, 277.

6. Zu erwartende Nebenstrafen, z. B. Veröffentlichungsbefugnis, schließen die Befreiung aus, E. 29, 44; 35, 18; Recht 9, 49. Unbrauchbarmachung ist aber keine Nebenstrafe, Recht 16, 1412; DJZ. 17, 1188. Entbindung ausgeschlossen, wenn auf Werterſatz oder Nachzahlung einer hinterzogenen Abgabe zu erkennen ist, Recht 18, 156.

7. Der Beschluß über die Befreiung, kann gegebenenfalls auch noch in der Hauptverh. erlassen werden; er ist dem Angekl. selbst, nicht dessen Zustellungsbevollmächtigten zuzustellen, E. 44, 47, und zwar rechtzeitig, E. 15, 202;

29, 69; Recht 17, 1406; er macht eine Ladung des Angekl. nicht überflüssig und dem Anspruche des Angekl. hierauf wird durch die Ladung des bestellten Verteidigers nicht genügt, Rsp. 4, 230; E. 21, 100; Recht 11, 323. In der Ladung wird die Warnung nach § 215 Abs. 1 wegbleiben und ein Hinweis darauf erfolgen, daß der Geladene nicht zu erscheinen braucht. S. noch DJZ. 19, 441.

8. Bei einer Veränderung des rechtlichen Gesichtspunkts in der Hauptverh. (§ 264) ist diese auszusetzen und der Angekl. neuerdings kommissarisch einzuvernehmen; Hinweis des Verteidigers auf die Veränderung ungenügend, E. 12, 45; Recht 7, 320; 12, 3728; sind infolge dieser Veränderung aber die Voraussetzungen des Abs. 1 nicht mehr gegeben, so ist das persönliche Erscheinen des Angekl. in der neuen Hauptverh. anzuordnen.

9. Es kann auch eine frühere richterliche Vernehmung als Zeuge genügen, E. 19, 246 (bestr.). Neuerliche Vernehmung aber stets nötig, wenn der Angeklagte sie beantragt, E. 15, 202; GoltdA. 48, 307; Recht 17, 1406, oder wenn in der Hauptverh. neue, in der Anklageschrift nicht aufgeführte Tatsachen oder Beweismittel vorgebracht werden sollen, E. 21, 100.

10. Vernehmung durch einen ausländischen Richter genügt, JW. 28, 474. Der ersuchte Richter kann gegen den nichterschienenen Angekl. die nach §§ 229, 235 zulässigen Zwangsmaßregeln treffen, KG. in GoltdA. 59, 473.

11. Die Verlesung des Protokolls ersetzt die Vernehmung und muß deshalb zu dem in § 242 Abs. 3 bezeichneten Zeitpunkte geschehen, E. 10, 135; 19, 249; der darin enthaltene Einwand der örtl. Unzust. soll (§ 16) vor der Verlesung des Eröff.-Beschl. bekannt gegeben werden; er gilt übrigens auch bei erst nachträglicher Verlesung als rechtswirksam erhoben, E. 40, 356. — Unterlassung der Verlesung ist Revisionsgrund, GoltdA. 39, 234.

12. Beweisanträge im Protokoll können nicht vom Vorsitzenden, sondern müssen vom erkennenden Gericht verbeschieden werden, auch wenn sie der erschienene Vertreter des Angekl. nicht wiederholt, E. 10, 135; 19, 249; 40, 356; Recht 15, 3884. — Veränderung des rechtlichen Gesichtspunktes s. Anm. 8. — Neue Tatsachen und Beweismittel s. Anm. 9.

Vertretung des nicht erschienenen Angeklagten.

§ 233.

Insoweit die Hauptverhandlung ohne Anwesenheit des Angeklagten stattfinden kann,[1] ist letzterer befugt, sich durch einen mit schriftlicher Vollmacht[2] versehenen Verteidiger[3] vertreten[4] zu lassen.

1. §§ 230 Abs. 2, 231, 232; s. auch noch §§ 370, 390, 427, 451 Abs. 2, 457 Abs. 2.

2. Die Vollmacht muß dem Verteidiger ausdrücklich die Vertretungsbefugnis einräumen (Löwe, bestr.).

3. § 138; die in § 138 Abs. 2 bezeichneten Personen können auch hier nur mit Genehmigung des Gerichts auftreten.

4. Vertretung: die Erklärungen, auch Zugeständnisse des Vertreters, gelten als solche des Angekl., E. 10, 138; 12, 48. S. auch Anm. 2 zu § 137. — Vertretung im Falle des § 232 aber erst möglich nach vorschriftsmäßiger Einvernahme des Angekl. über die Anklage, E. 12, 45. — S. noch Anm. 12 zu § 232.

Wiedereinsetzung.

§ 234.

I Hat die Hauptverhandlung ohne Anwesenheit des Angeklagten stattgefunden, so kann derselbe gegen das Urteil binnen einer Woche nach der Zustellung die Wiedereinsetzung in den vorigen Stand [1] unter gleichen Voraussetzungen wie gegen die Versäumung einer Frist nachsuchen.[2]

II War jedoch der Angeklagte auf seinen Antrag von der Verpflichtung zum Erscheinen in der Hauptverhandlung entbunden worden, oder hatte derselbe von der Befugnis, sich vertreten zu lassen, Gebrauch gemacht, so findet eine Wiedereinsetzung in den vorigen Stand nicht statt.

1. §§ 44 ff. — S. noch § 356 Berufung, § 382 Revision, neben dem Wiedereinsetzungsgesuch.

2. Unter diesen Voraussetzungen auch bei Säumnis des Vertreters. — Wiedereinsetzung auch bei wiederholter Versäumnis zulässig. — Wird die Wiedereinsetzung gewährt, so tritt das erlassene Urteil von selbst außer Wirksamkeit.

Anordnung des persönlichen Erscheinens.

§ 235.

Das Gericht ist stets befugt, das persönliche Erscheinen des Angeklagten anzuordnen [1] und dasselbe durch einen Vorführungsbefehl oder Haftbefehl zu erzwingen.[2]

1. S. noch §§ 370, 371 (Berufungsinstanz), § 390 (Revisionsinstanz), ferner §§ 427 Abs. 3, 451 Abs. 2, 457 Abs. 2.

2. §§ 134, 114. Voraussetzung ist, abgesehen vom Falle des § 230 Abs. 2, stets die vorherige Warnung in der Ladung nach § 215 Abs. 1.

Verbindung zusammenhängender Sachen.

§ 236.

Das Gericht kann im Falle eines Zusammenhangs zwischen mehreren bei ihm anhängigen Strafsachen die Verbindung derselben zum Zwecke gleichzeitiger Verhandlung anordnen,[1, 2, 3] auch wenn dieser Zusammenhang nicht der im § 3 bezeichnete ist.[4]

1. Auch wenn sie sich nicht in der gleichen Prozeßlage befinden; also auch eine Berufungssache mit einer erstinstanziellen Sache, E. 20, 161; Recht 16, 2779, in welchem Falle dann bei einer Gesamtstrafe die Revision auch in der Berufungssache von der Strafk. an das Reichsgericht geht, E. 31, 125. Auch Verbindung von Privatklage- und Offizialverfahren zulässig, SächsOLG. 33, 482.

2. Die Verbindung ist von einem Antrag der Prozeßbeteiligten nicht abhängig; über sie hat das Gericht pflichtgemäß lediglich nach Gründen der Zweckmäßigkeit zu entscheiden, und diese Entsch. ist nicht anfechtbar, Recht 6, 441; W. 2, 226; 7, 167, auch dann nicht, wenn infolge der Verbindung der in der einen Sache Angekl. nunmehr als Mitangekl. nicht mehr als Zeuge vernommen werden kann, Recht 10, 1277. In dem gemeinsamen Verfahren dürfen auch Sachverstän-

dige vernommen werden, die in einer der verbundenen Sachen nicht benannt waren, W. 7, 167. — § 397 ist nur anwendbar auf Fälle des Zusammenhangs nach § 3, nicht auf solche nach § 236, E. 6, 256; Rsp. 10, 74.

3. Die verbundenen Sachen können aus Zweckmäßigkeitsgründen auch wieder getrennt werden, GoltdA. 43, 401.

4. Z. B. bei wechselseitigen Straftaten, wie Körperverletzungen usw., oder wenn ein ursächlicher Zusammenhang zwischen Straftaten besteht. Es genügt jeder noch so weite sachliche oder persönliche Zusammenhang, W. 8, 181. Verbindung von zwei bei dem Gericht anhängigen Sachen auch dann zulässig, wenn sich herausstellt, daß beide Verfahren eine und dieselbe Tat betreffen; ergibt sich dann zweifelsfrei die Identität, so ist das zuletzt eröffnete Verfahren gem. § 259 einzustellen, E. 46, 213.

Befugnisse der Vorsitzenden.

§ 237.

I Die Leitung der Verhandlung,[1] die Vernehmung des Angeklagten[2] und die Aufnahme des Beweises[3] erfolgt durch den Vorsitzenden.

II Wird eine auf die Sachleitung bezügliche Anordnung[4] des Vorsitzenden von einer bei der Verhandlung beteiligten Person[5] als unzulässig[6] beanstandet, so entscheidet das Gericht.

1. Die Verhandlungsleitung, die einem Beisitzer nicht übertragen werden kann, E. 9, 310, schließt das Recht in sich, sachwidrige, den Fortgang der Verh. aufhaltende Ausführungen der Prozeßbeteiligten einzuschränken, Rsp. 4, 151, oder unnütze Wiederholungen zu verhindern, E. 44, 285, bei nicht sachgemäßen Ausführungen, bei tatsächlichen Anführungen, die nicht ein Ergebnis der Verh. sind oder bei überflüssigen Wiederholungen den Verteidiger zu unterbrechen und ihm einstweilen das Wort zu entziehen, Rsp. 8, 271; GoltdA. 39, 308; SeuffBl. 74, 176; und dies auch wiederholt zu tun, E. 30, 216; endgültige Wortentziehung durch den Vorsitzenden aber unzulässig, andernfalls bei Widerspruch Gerichtsbeschluß, E. 22, 336; SeuffBl. 74, 176; Recht 16, 961. S. noch Anm. 5 zu § 257.
Den Beamten der Staatsanwaltschaft kann der Vorsitzende das Wort nicht entziehen; er kann bei gesetzwidrigem Verfahren der Staatsanwaltschaft nur die Verh. abbrechen, Rsp. 3, 96; BayZ. 7, 407; JW. 40, 856 (bestr.).
S. noch die Bestimmungen über die Sitzungspolizei: GVG. §§ 177—180.

2. Vernehmung des Angeklagten: §§ 242, 136, 256; sie darf nicht durch einen Beisitzer oder einen Prozeßbeteiligten erfolgen, E. 9, 310, der Vorsitzende kann jede Einmischung des Verteidigers zurückweisen, E. 32, 276; der Verteidiger hat auch kein Recht, zu verlangen, daß der Vorsitzende bestimmte Fragen an den Angekl. richte, Recht 17, 299. Falls der Vorsitzende es ablehnt, eine Frage an den Angekl. zu stellen, so hat das Gericht auf Antrag über diese Ablehnung zu entscheiden, E. 47, 139.

3. Beweisaufnahme: Auch diese kann einem Beisitzer nicht übertragen werden, E. 9, 310; wegen der Befugnis der Beisitzer und der Prozeßbeteiligten zur Stellung von Fragen an Zeugen und Sachverständige s. §§ 238, 239. Der Vorsitzende bestimmt die Reihenfolge der Vernehmungen, Rsp. 8, 286, entscheidet auch in erster Linie über die Beeidigung der Zeugen, s. Anm. 2 zu § 57, er kann auch ohne Gerichtsbeschluß solche zu Gebote stehende Beweismittel aufnehmen, auf welche die Beweisaufnahme nicht an sich schon notwendig sich erstrecken muß, Rsp. 2, 159, 160, 608.

4. Als solche Anordnung sind Fragen des Vorsitzenden an den Angekl. oder an Zeugen und Sachverständige nicht zu erachten; gegen solche also keine Anrufung des Gerichts, sondern allenfalls Protokollierung nach § 273 Abs. 3, E. 42, 157.

5. Prozeßbeteiligte, Verteidiger, auch Beisitzer (Schöffen), gegebenenfalls auch Zeugen und Sachverständige.

6. Behauptung gesetzlicher Unzulässigkeit erfordert, E. 44, 65; kein Anrufen des Gerichts über Fragen der Zweckmäßigkeit, vgl. Rsp. 8, 286.

Kreuzverhör.

§ 238.

I Die Vernehmung der von der Staatsanwaltschaft und dem Angeklagten benannten[1] Zeugen und Sachverständigen ist der Staatsanwaltschaft und dem Verteidiger[2] auf deren übereinstimmenden Antrag[3] von dem Vorsitzenden zu überlassen.[4] Bei den von der Staatsanwaltschaft benannten Zeugen und Sachverständigen hat diese, bei den von dem Angeklagten benannten der Verteidiger in erster Reihe das Recht zur Vernehmung.

II Der Vorsitzende hat auch nach dieser Vernehmung die ihm zur weiteren Aufklärung der Sache erforderlich scheinenden Fragen an die Zeugen und Sachverständigen zu richten.

1. Nicht der auf Anordnung des Vorsitzenden (§ 220) oder des Gerichts (§ 243 Abs. 3) geladenen.

2. Nicht dem Angeklagten.

3. Der Antrag kann auf die Vernehmung einzelner Zeugen oder Sachverständiger beschränkt werden; er ist vor Beginn der Vernehmung durch den Vorsitzenden zu stellen; einem nachträglichen Antrag kann entsprochen werden

4. Bei Mißbrauch Entziehung der Befugnis nach § 240 Abs. 1.

Fragerecht der Beteiligten.

§ 239.

I Der Vorsitzende hat den beisitzenden Richtern auf Verlangen zu gestatten, Fragen an die Zeugen und Sachverständigen[1] zu stellen.[2]

II Dasselbe hat der Vorsitzende der Staatsanwaltschaft, dem Angeklagten und dem Verteidiger sowie den Geschworenen und den Schöffen zu gestatten.[3, 4]

1. An den Angekl. Fragen zu stellen, sind die in § 239 bezeichneten Personen nicht berechtigt; der Vorsitzende kann aber solche Fragen zulassen, Rsp. 5, 784. S. noch Anm. 2 zu § 237. — Befragung des Angekl. durch den Sachverständigen: § 80 Abs. 2, JW. 20, 504.

2. Die nach § 239 Frageberechtigten haben ihre Fragen selbst zu stellen, sie können nicht fordern, daß der Vorsitzende bestimmte, von ihnen bezeichnete Fragen stelle, E. 29, 147; Recht 13, 1959; JW. 39, 202.

3. Den Zeitpunkt der Ausübung des Fragerechts bestimmt der Vorsitzende, DJZ. 13, 483; der Angekl. hat kein Recht, während der Vernehmung eines Zeugen Fragen an diesen zu stellen, Recht 10, 131. — Einschränkung des Fragerechts durch den Vorsitzenden bei Mißbrauch: § 240 Abs. 2. Diese Bestimmung gilt aber nicht für Fragen der beisitzenden Richter, die der Vorsitzende demnach unbedingt zulassen muß, E. 10, 378.

4. Fragen eines Zeugen an einen andern, auch die unmittelbare Aussprache zweier Zeugen untereinander kann der Vorsitzende zulassen, GoltdA. 50, 274; Recht 10, 512; SeuffBl. 71, 417.

Mißbrauch des Kreuzverhörs und des Fragerechts.

§ 240.

I Demjenigen, welcher im Falle des § 238 Abs. 1 die Befugnis der Vernehmung mißbraucht, kann dieselbe von dem Vorsitzenden entzogen werden.[1]

II In den Fällen des § 238 Abs. 1 und des § 239 Abs. 2[2] kann der Vorsitzende ungeeignete[3] oder nicht zur Sache gehörige[3] Fragen zurückweisen.[4]

1. Das Fragerecht nach § 239 Abs. 2 geht damit nicht verloren, vgl. E. 38, 58; anders E. 18, 365. — Gegen die Entsch. des Vorsitzenden Antrag auf Entsch. des Gerichts gem. § 237 Abs. 2; E. 18, 365.

2. Das Fragerecht der beisitzenden Richter (§ 239 Abs. 1) kann nicht beschränkt werden, E. 10, 378.

3. Ungeeignete Fragen sind vor allem Suggestivfragen, ferner unnötige, den Zeugen verletzende Fragen, GoltdA. 56, 324; Recht 13, 2332, weshalb z. B. eine solche nach Vorstrafen des Zeugen, wenn diese für die Sache oder die Glaubwürdigkeit des Zeugen ohne Belang, zurückgewiesen werden kann, SeuffBl. 71, 389; Recht 12, 2762, ebenso eine Frage, ob jemand den Zeugen beeinflußte, von seinem Zeugnisverweigerungsrecht keinen Gebrauch zu machen, DJZ. 13, 364; Recht 11, 1479, auch eine durch die Sache nicht erforderte Frage nach Familienverhältnissen, Recht 13, 1748; auch unnötig wiederholte Fragen gehören hierher, E. 44, 41.

Dagegen können Fragen wegen tatsächlicher Unerheblichkeit nicht abgelehnt werden, E. 8, 161; 21, 236; Rsp. 2, 122; 8, 323; DJZ. 13, 1107; GoltdA. 56, 229; Recht 11, 1276; ebenso nicht eine Frage, die den Zeugen möglicherweise der Gefahr einer strafrechtlichen Verfolgung aussetzt, E. 9, 426, oder deren Beantwortung die Preisgabe eines Geschäftsgeheimnisses zur Folge hat, DJZ. 16, 1093, auch nicht eine Frage über die Glaubwürdigkeit eines andern Zeugen, SeuffBl. 74, 670; GoltdA. 56, 324 oder über die politische Parteistellung einer Person, E. 26, 70.

4. Das Fragerecht selbst kann aber nicht entzogen werden; es kann immer nur die einzelne Frage zurückgewiesen werden, E. 38, 57. Eine allgemeine Ablehnung von Fragen über bestimmte Punkte ist unzulässig, W. 8, 181. — Gegen die Entsch. des Vorsitzenden Antrag auf Entsch. des Gerichts gem. § 237 Abs. 2; E. 18, 365. S. noch § 241.

Entscheidung des Gerichts über die Zulässigkeit einer Frage.

§ 241.

Zweifel über die Zulässigkeit[1] einer Frage entscheidet in allen Fällen[2] das Gericht.[3]

1. § 240 Abs. 2.

2. Auf Fragen des Vorsitzenden und der beisitzenden Richter findet § 241 keine Anwendung, E. 42, 157, s. auch E. 10, 378. S. noch § 237 Abs. 2 und Anm. 4 hierzu.

3. Auch im schwurgerichtlichen Verfahren steht die Entsch. dem Gericht, nicht den Geschworenen zu, E. 2, 44.

Beginn der Hauptverhandlung. **§ 242.**

I Die Hauptverhandlung beginnt[1] mit dem Aufrufe der Zeugen und Sachverständigen.[2]

II Hieran schließt sich[3] die Vernehmung des Angeklagten über seine persönlichen Verhältnisse[4] und die Verlesung[5] des Beschlusses über die Eröffnung des Hauptverfahrens.[6]

III Sodann erfolgt die weitere Vernehmung des Angeklagten nach Maßgabe des § 136.[7]

IV Die Verlesung des Beschlusses und die Vernehmung des Angeklagten geschieht in Abwesenheit der zu vernehmenden Zeugen.[8]

1. Zuerst Aufruf der Sache. Wie und wo dieser zu geschehen hat, bestimmt das Gericht nach freiem Ermessen; Aufruf im Anwaltszimmer nicht erfordert, Rsp. 3, 236; GoltdA. 57, 208; Recht 13, 3504. — Beginn der schwurgerichtlichen Hauptverh.: § 278.

2. Nichtbeachtung kein Revisionsgrund, DJZ. 16, 876, s. aber auch DJZ. 16, 1448. Dem Angekl. ist spätestens zu diesem Zeitpunkte mitzuteilen, daß ein zu ladender Zeuge nicht erschienen ist, DJZ. 18, 979.

3. Es ist nicht ausgeschlossen, aus Gründen der Zweckmäßigkeit von der in §§ 242, 243 bezeichneten Reihenfolge der Prozeßakte abzuweichen; Widerspruch eines Prozeßbeteiligten unbeachtlich, SeuffBl. 75, 146.

Beispiele: vor der Vernehmung des Angekl. kann nötigenfalls erfolgen eine allgemeine Sachdarstellung durch den Vorsitzenden, E. 32, 318; Rsp. 10, 348, eine Erläuterung des Eröff.-Beschl., Rsp. 6, 223; Recht 15, 1456; diese kann auch nach der Vernehmung erfolgen, Recht 11, 323, ferner eine Verlesung von Aktenstücken oder die Vornahme einzelner Beweisakte, Rsp. 1, 269; 6, 714; GoltdA. 37, 201; eine Erläuterung einer Handzeichnung, E. 24, 60.

Es darf bei diesen Abweichungen jedoch nie auf die Ergebnisse des Vorverfahrens eingegangen werden und es dürfen hierbei auch besondere Prozeßnormen nicht verletzt werden, E. 32, 318; Rsp. 10, 348; Recht 12, 218; s. auch E. 23, 310; GoltdA. 47, 378; SeuffBl. 74, 465; JW. 38, 332.

4. S. Anm. 4 zu § 136. Wegen der Vorstrafen s. BayJMBl. 08, 131.

5. Verlesung durch den Gerichtsschreiber, auch durch den Vorsitzenden oder einen Beisitzer, E. 9, 315; 27, 172. — Die Verlesung des EB. ist eine notwendige Prozeßhandlung, deren Unterlassung begründet die Revision, E. 8, 144 (Ausnahmefälle s. GoltdA. 38, 431; W. 7, 167); auch die verspätete Verlesung kann zur Aufhebung des Urteils führen, E. 23, 310; 44, 314; Rsp. 8, 651. — Enthält der EB. mehrere selbständige Straftaten, so kann er auch abschnittweise verlesen werden, E. 44, 312. — Erläuterung des EB. durch den Vorsitzenden s. Anm. 3.

6. Im Falle des § 270 ist statt des Eröff.-Beschl. vor dem höheren Gericht der Unzuständigkeitsbeschluß zu verlesen, Rsp. 7, 473. Unterlassung der Verlesung dieses Beschlusses nicht unbedingt Revisionsgrund, Recht 18, 442. Nach Aufhebung des Urteils oder nach Wiederaufnahme des Verfahrens ist der Eröff.-Beschl. in der neuen Hauptverh. wieder zu verlesen; der Verlesung des aufhebenden Urteils oder des Wiederaufnahmebeschlusses bedarf es nicht, E. 4, 426; 21, 436; Recht 11, 844; W. 3, 254.

7. S. die Anm. zu § 136. Das Verhör erfolgt nur durch den Vorsitzenden, § 237, s. hierzu Anm. 2 zu § 237 und Anm. 1 zu § 239. Der Angekl. muß sich mündlich verteidigen. Vorlegung einer Verteidigungsschrift unzulässig; wenn mündliche Vernehmung infolge Unwohlseins des Angekl. nicht möglich, so erübrigt nur Aussetzung, Rsp. 4, 563; Recht 7, 486. Wegen der Verwertung schriftlicher Erklärungen Stotternder s. GoltdA. 60, 86; JW. 41, 945. Keine Vertretung des Angekl. durch den Verteidiger beim Verhör, E. 44, 285. Geisteskrankheit schließt unter Umständen das Verhör und die Verh. nicht aus, E. 1, 149; 29, 324. Verstoß gegen Abs. 3 heilbar durch wirksame Beobachtung der §§ 256, 257, GoltdA. 47, 378.

8. Verstoß hiergegen kein Revisionsgrund, E. 1, 366, 409; 40, 158; Rsp. 3, 685; Verteidiger als Zeuge, Recht 9, 653. Auf Sachverständige bezieht sich die Vorschrift auch dann nicht, wenn sie zugleich Zeugen sind, Rsp. 3, 496; E. 22, 434; ebenso nicht auf den Nebenkläger, der zugleich Zeuge ist, E. 2, 388; 25, 177; W. 4, 272.

Beweisaufnahme.

§ 243.

I Nach[1] der Vernehmung des Angeklagten folgt die Beweisaufnahme.[2]

II Es bedarf eines Gerichtsbeschlusses,[3, 7] wenn ein Beweisantrag[4] abgelehnt[5, 6] werden soll, oder wenn die Vornahme einer Beweishandlung eine Aussetzung der Hauptverhandlung erforderlich macht.[7]

III Das Gericht[8] kann[9] auf Antrag[10] und von Amts wegen die Ladung von Zeugen und Sachverständigen sowie die Herbeischaffung anderer Beweismittel[11] anordnen.[12]

1. Abweichen von dieser Reihenfolge zulässig, s. Anm. 3 zu § 242.

2. Die Beweisaufnahme, die nötigenfalls auch außerhalb der Gerichtsstelle geschehen kann, E. 39, 348, erfolgt durch den Vorsitzenden, § 237. Sie kann sich durch ein in der Hauptverh. abgelegtes, ausreichendes Geständnis erübrigen; wird aber das Urteil außer auf das Geständnis auch noch auf andere Umstände gestützt, so muß darüber Beweis erhoben werden, insbesondere kann auch die Glaubwürdigkeit des Geständnisses nicht durch Bezugnahme auf den Akteninhalt begründet werden, E. 1, 81. — Wegen einer Beweisaufnahme über inländisches oder ausländisches Recht s. Rsp. 9, 231; E. 42, 54; Recht 15, 2267; s. auch E. 44, 118.

3. Der Vorsitzende kann nur einen lediglich wiederholten, bereits abgelehnten Beweisantrag zurückweisen, E. 31, 62. — Am Schwurgericht entscheidet das Gericht (§ 82 GVG.); entsprechende Rücksichtnahme auf mögliche abweichende Auffassung der Geschworenen, E. 7, 76; Recht 15, 2408; SeuffBl. 73, 459. S. noch Anm. 8. — Gerichtsbeschluß s. Anm. 7.

4. Beweisantrag: muß den Zweck der Beweiserhebung, insbesondere die Beweistatsachen und die Beweismittel angeben oder aus dem Zusammenhange der Verhandlung entnehmen lassen; zum wenigsten muß ein allenfallsiger Mangel dieser Art durch eine dann notwendig von Amts wegen erfolgende Befragung des Antragstellers behebbar sein, vgl. Rsp. 6, 322; 7, 534; 8, 100, 581; E. 38, 127; Recht 12, 1735, andernfalls liegt ein Beweisantrag nicht vor und es bedarf dann auch keiner Verbescheidung; dies gilt insbesondere auch für ein bloßes Beweiserbieten, Rsp. 6, 390. Auch die bloße Überreichung eines Beweisanträge enthaltenden Schriftstücks ist kein Beweisantrag, E. 28, 394; s. hierzu auch Recht 18, 1379.

Formell einwandfreie, aber offensichtlich nicht ernstlich gemeinte und nur in Verschleppungsabsicht gestellte, hierzu auch geeignete Beweisanträge können ohne weiteres abgelehnt werden, Rsp. 7, 427, 550, 679; E. 20, 206, wobei aber die für diese Annahme sprechenden Gründe ausführlich darzulegen sind, Rsp. 10, 148; Recht 14, 625, 626, 3434; JW. 40, 248; 41, 945; GoltdA. 57, 229; BayZ. 3, 148; SeuffBl. 77, 124; dasselbe gilt für Anträge, die die Beweiserhebung dem Ermessen des Gerichts anheimstellen und für sog. Beweisermittelungsanträge, E. 24, 422; 40, 50; Recht 15, 2692; JW. 35, 792; SeuffBl. 73, 366.

Beweisanträge bei kommissarischer Vernehmung s. Anm. 12 zu § 232. Vor der Hauptverh. gestellte Beweisanträge müssen in dieser wiederholt werden, Rsp. 1, 251, 376; BayZ. 2, 403.

Ablehnung eines nur von einem Mitangeklagten gestellten Beweisantrags beschwert den anderen Mitangeklagten nicht, E. 1, 170; BayZ. 3, 109, noch weniger den Prozeßgegner, E. 17, 375, es sei denn, daß sie sich dem Antrag angeschlossen haben, Recht 6, 537; 7, 269; 12, 1930 (stillschweigend).

5. Ablehnung von Beweisanträgen durch das Gericht zulässig (außer den in Anm. 4 genannten Fällen): s. hierzu Begr. z. n. E.

a) wegen Bedeutungslosigkeit der Beweistatsache für die Entsch. hinsichtlich der Schuld- oder Straffrage, E. 29, 368; 39, 259. Dies ist näher zu begründen, Recht 6, 399. — Ist die Tatsache aber in diesem Sinne erheblich, so ist eine Ablehnung mit der Begründung unzulässig, daß das Gericht schon durch die erhobenen Beweise die Überzeugung von dem Gegenteil der zu beweisenden Tatsache gewonnen habe, E. 1, 189; 21, 227; Rsp. 3, 768; 6, 453; 7, 296; DJZ. 14, 1092 (anders beim Sachverständigenbeweis, GoltdA. 57, 212), oder daß die Behauptung mit anderen Angaben des Angekl. oder Verteidigers in Widerspruch stehe, GoltdA. 59, 120.

b) wegen Offenkundigkeit der Beweistatsache: z. B. bei Tatsachen des Naturlebens oder der Geschichte, die allgemein als feststehend gelten (Begr. z. n. E.), E. 16, 331;

c) bei einer zugunsten des Angekl. erwiesenen oder als wahr unterstellten Beweistatsache, E. 39, 231; GoltdA. 59, 316; BayZ. 2, 382; JW. 37, 591; Recht 16, 1117; auch im schwurgerichtlichen Verfahren SeuffBl. 73, 459; in diesem haben die Geschworenen die vom Gericht als wahr unterstellten Tatsachen bei Beantwortung der Schuldfragen gleichfalls als wahr anzusehen, E. 46, 278; s. hierzu aber noch Anm. 8;

d) wegen Unerreichbarkeit der bezeichneten Beweismittel, z. B. weil die Persönlichkeit oder der Aufenthalt des Zeugen nicht feststellbar, der Verwahrungsort einer abhanden gekommenen Urkunde völlig unbekannt ist, E. 38, 257; Recht 9, 2517; 15, 1693; BayZ. 3, 213; GoltdA. 59, 138, immer vorausgesetzt aber, daß sich diese Lücken des Antrags nicht durch nähere Ermittelungen ausfüllen lassen, Rsp. 4, 63; Recht 16, 532;

e) wegen Ungeeignetheit der bezeichneten Beweismittel: z. B. „versteht es sich, daß nicht ein Blinder bezeugen kann, etwas gesehen zu haben, daß nicht ein Kind einen Vorgang richtig beobachtet haben kann, dessen Verständnis ihm nach seiner Entwicklung noch verschlossen ist, und daß zur Abgabe eines Gutachtens, das eine gewisse Erfahrung voraussetzt, eine Person sich nicht eignet, die der Erfahrung ermangelt" (Begr. z. n. E.), ebenso GoltdA. 39, 219; 49, 264. Auch die durch bestimmte Tatsachen, z. B. Verwandtschaft, Beteiligung an der Tat, Art der Persönlichkeit usw., begründete Unglaubwürdigkeit kann gegenüber schon vorliegenden glaubwürdigen Erhebungen die Aussagen benannter Zeugen als zur Beweisführung über eine Tatsache nicht geeignet erscheinen lassen, vgl. Rsp. 4, 633; E. 5, 312; 31, 138; 46, 385; Recht 6, 486 (Ehemann), Recht 17, 1407 (Schwester), Recht 7, 162 (Verschwägerte), SeuffBl. 76, 35 (Vorstrafen), GoltdA. 54, 303 (Trunkenheit z. Zt. der Tat); daß und warum dies der Fall, hat der die Vernehmung ablehnende Gerichtsbeschluß darzulegen, JW. 41, 946; Recht 17, 1407. Ablehnung der Ladung von Zeugen zulässig, die vor der Hauptverh. von ihrem Zeugnisverweigerungsrecht Gebrauch gemacht haben, s. E 38, 256; 41, 32, aber auch E. 40, 345; ebenso eines Zeugen, der wegen einer bereits vorliegenden Genehmigungsversagung nach § 53 nicht vernommen werden kann, E. 44, 291.

Eine Ablehnung eines Zeugenbeweises nur mit der Begründung, es sei nicht ersichtlich, daß die Zeugen die unter Beweis gestellten Tatsachen würden bekunden können, wäre unzulässig, E. 1, 51; Rsp. 8, 693; Recht 6, 134; ebenso eine solche mit der Begründung, der Zeuge werde sich vermutlich nicht erinnern können, BayZ. 2, 362, auch eine solche mit der Begründung, daß der Antragsteller nicht wisse, sondern nur mutmaße, daß der Zeuge im Sinne der Beweisbehauptung bekunden werde, Recht 16, 3513; JW. 42, 163.

6. Aus anderen als den in Anm. 4 und 5 bezeichneten Gründen kann ein Beweisantrag nicht abgelehnt werden, insbesondere nicht wegen verspäteter Antragstellung, § 245 Abs. 1. Die bloße allgemeine Begründung, „daß die Sache genügend aufgeklärt sei", genügt niemals, E. 1, 417; Rsp. 8, 306.

7. Der Gerichtsbeschluß, der im Protokoll gem. § 273 zu beurkunden ist, E. 1, 35, ist alsbald, spätestens aber vor Schluß der Beweisaufnahme zu fassen und mit Gründen zu verkünden. Es ist nicht angängig, die Beschlußfassung bis zur Verkündung des Urteils auszusetzen und die ablehnende Entsch. erst in den Gründen des Urteils oder gleichzeitig mit diesen durch einen besonderen Beschluß zu verkünden, es sei denn, daß der Beweisantrag nur event. für den Fall gestellt ist, daß den in erster Linie von den Prozeßbeteiligten gestellten Anträgen auf Freisprechung oder auf Verurteilung nicht entsprochen wird. Vgl. Rsp. 1, 156 256; E. 1, 394; 3, 222; 29, 438; Recht 14, 3432; 17, 442. — Nichtbescheiden von Beweisanträgen ist Revisionsgrund, Rsp. 8, 4, 581; JW. 37, 591; DJZ. 17, 164. In einem zu Schluß der Verh. erklärten Verzicht auf weitere Beweisaufnahme liegt nicht notwendig eine Zurücknahme der vorher gestellten, noch nicht beschiedenen Beweisanträge, Recht 18, 1202.

Die Begründung muß derart sein, daß sie eine genügende Grundlage für die Nachprüfung durch den Richter höherer Instanz bietet. Es genügt z. B. nicht, bloß zu erklären, daß die unter Beweis gestellte Tatsache für die Entsch. nicht von Bedeutung ist, oder daß das Beweismittel unerreichbar ist usw., sondern es muß auch dargetan werden, warum dies nach Anschauung des Gerichtes der Fall ist, vgl. E. 1, 189; 21, 237; Rsp. 1, 332; 8, 462; Recht 6, 399; 16, 1116; s. noch Anm. 6.

Widerspruch zwischen den Beschlußgründen und den Urteilsgründen führt zur Aufhebung des Urteils, Rsp. 4, 465, 501; 8, 462. Nachholung der Begründung im Urteil nicht möglich, SeuffBl. 74, 176, wohl aber Ergänzung, E. 1, 417.

8. Auch der Vorsitzende kann auf Antrag oder von Amts wegen neue Beweiserhebungen veranlassen, wenn hierdurch eine Aussetzung der Verh. (s. Abs. 2) nicht erforderlich wird, Gerichtsbeschluß nur bei Beanstandung, Rsp. 2, 156, 160; Recht 12, 1310. Den Geschworenen steht eine Befugnis, den Umfang der Beweisaufnahme mitzubestimmen, nicht zu, E. 7, 76; Rsp. 9, 175; E. 35, 389; SeuffBl. 72, 658; ihre Befragung, ob sie eine Beweiserhebung noch für zweckmäßig erachten, ist zwar zulässig, GoltdA. 48, 455, nicht aber die Veranlassung einer förmlichen Beschlußfassung der Geschworenen hierüber, Recht 14, 821. Hat aber das Gericht einen Beweisantrag als unerheblich abgelehnt oder die Beweistatsachen als wahr unterstellt, so können die Geschworenen, wenn sie die gerichtliche Entsch. nicht oder nicht mehr für zutreffend erachten, anderweitige Beschlußfassung anregen, Recht 18, 157. S. noch Anm. 3.

9. Die Anordnung weiterer Beweisaufnahme ist dann Pflicht des Gerichts, wenn die Sache weiterer Aufklärung bedarf und weitere sachdienliche Beweismittel vorhanden und dem Gericht bekannt sind, Rsp. 10, 421; GoltdA. 44, 273; E. 41, 269. Unterlassung ist Revisionsgrund nur bei rechtsverletzender Verkennung der dem Tatrichter in den §§ 243 Abs. 3, 153 Abs. 2 zugewiesenen Rechte und Pflichten, E. 6, 135; 13, 158; Recht 18, 1036.

10. Auch bei Beweisanträgen des Verteidigers, die mit den Angaben des Angekl. in Widerspruch stehen, E. 17, 315; s. auch GoltdA. 59, 120.

11. Hierzu gehört insbesondere auch die Vornahme eines Augenscheins, E. 20, 149. Ablehnung eines Antrags hierauf wegen Bedeutungslosigkeit (s. Anm. 5a) zulässig, Recht 6, 561; 14, 2328.

12. Zurückverweisung der Sache in die VU. ist unzulässig, E. 2, 33.

Umfang der Beweisaufnahme. **§ 244.**

I Die Beweisaufnahme ist auf die sämtlichen vorgeladenen [1] Zeugen und Sachverständigen [2] sowie auf die anderen herbeigeschafften [3] Beweismittel [3] zu erstrecken.[4] Von der Erhebung einzelner Beweise kann jedoch abgesehen werden, wenn die Staatsanwaltschaft und der Angeklagte [5] hiermit einverstanden sind.[6]

II In den Verhandlungen vor den Schöffengerichten [7] und vor den Landgerichten in der Berufungsinstanz, sofern die Verhandlung vor letzteren eine Übertretung betrifft oder auf erhobene Privatklage erfolgt, bestimmt das Gericht den Umfang der Beweisaufnahme, ohne hierbei durch Anträge, Verzichte oder frühere Beschlüsse gebunden zu sein.

1. Abs. 1 bezieht sich nicht auf die von den Prozeßbeteiligten zur Verh. mitgebrachten, die sog. gestellten Zeugen; das Gericht kann deren Vernehmung gegebenenfalls als unerheblich nach § 243 Abs. 2 ablehnen, E. 1, 198, 297, 383; Recht 6, 81; GoltdA. 49, 133; SeuffBl. 71, 527.

Die ordnungsgemäß geladenen Zeugen und Sachverständigen müssen vernommen werden, ohne Unterschied, ob sie auf Anordnung der Staatsanwaltschaft, des Vorsitzenden oder des Gerichts oder ob sie vom Angekl. unmittelbar

(§§ 219, 38) geladen waren; letztere Ladung muß aber dem Gericht nachgewiesen werden, Rsp. 1, 660; 4, 14; 7, 24; E. 17, 440; Recht 6, 465; 12, 3098; geschieht letzteres nicht, so gilt für den erschienenen Zeugen das im vorstehenden Absatz Bemerkte, E. 23, 400; bei Ladung durch die Staatsanwaltschaft Nachweis nicht erfordert, E. 40, 138.

Die Zeugen und Sachverständigen müssen auch erschienen, E. 1, 175, 196; 40, 140, und bis zur Vernehmung anwesend, Recht 11, 1480; 14, 1190, auch vernehmungsfähig sein, E. 35, 398 (Trunkenheit); BayZ. 4, 420 (Kind). Andernfalls besteht keine Verpflichtung des Gerichts nach Abs. 1 zu deren Vernehmung; dieses hat dann über die Erheblichkeit ihrer Vernehmung nach § 243 zu entscheiden; vgl. auch GoltdA. 44, 160. Auf einen als Zeugen geladenen, aber in seiner amtlichen Eigenschaft erschienenen Richter oder StA. findet § 244 keine Anwendung, E. 42, 1, auch nicht auf Beamte, die wegen Versagung der dienstlichen Genehmigung nicht vernommen werden können, GoltdA. 49, 133; Recht 15, 953, ebenso nicht auf einen versehentlich geladenen und erschienenen Zeugen, der deshalb ohne Zustimmung der Prozeßbeteiligten unvernommen entlassen werden kann, Recht 11, 716; GoltdA. 54, 418; DJZ. 12, 1088.

2. Auf Dolmetscher findet die Bestimmung keine Anwendung, Rsp. 8, 97. Mit der Vernehmung eines geladenen Zeugen bloß als Sachverständigen ist der Vorschrift des Abs. 1 genügt, E. 26, 388; 27, 398; s. auch Recht 11, 1339; eine Verpflichtung des Gerichts, den als Zeugen Geladenen als Sachverständigen zu vernehmen, besteht aber nach § 244 nicht, JW. 19, 64.

3. a) Andere Beweismittel: Urkunden, Aktenstücke, Protokolle, Lichtbilder, auch Überführungsgegenstände usw.

Ganze Akten sind kein Beweismittel in diesem Sinne; der Beweisführende muß die zum Beweise dienenden Stellen, Urkunden usw. in diesen dem Gericht bezeichnen, E. 3, 250; 5, 27; 13, 158; GoltdA. 46, 430; Recht 11, 392; dasselbe gilt für Handelsbücher, E. 21, 108, ebenso für eine dem Gericht vorliegende „gesamte Korrespondenz", SeuffBl. 73, 543.

b) Herbeigeschafft sind die Beweismittel nur dann, wenn sie in der gesetzlich vorgeschriebenen Weise durch die Staatsanwaltschaft (§§ 198, 213) oder auf Anordnung des Vorsitzenden nach Antrag des Angekl. (§ 218), oder von Amts wegen (§ 220) oder auf Grund eines Gerichtsbeschlusses (§ 243) zur Hauptverh. gebracht wurden, E. 1, 383 (bestr.); das erkennende Gericht muß außerdem von ihrem Vorhandensein dadurch Kenntnis erlangt haben, daß sie in der Verh. als Beweismittel angesprochen wurden und ihre Herbeischaffung festgestellt wurde, Rsp. 7, 364; E. 5, 268. Es sind hiernach Urkunden, die der Angekl. vor der Hauptverh. dem Gerichte überreicht oder die sonst in den Akten sich befinden und in der Anklageschrift als Beweismittel bezeichnet sind, dadurch noch nicht herbeigeschaffte Beweismittel; es muß in der Hauptverh. ihre Verwertung als solche beantragt werden, E. 5, 268; 41, 13; GoltdA. 42, 247; JW. 37, 360; 38, 521; W. 3, 257; 7, 169; dasselbe gilt hinsichtlich anderer Überführungsgegenstände, Recht 6, 354; DJZ. 9, 268.

Protokolle über kommissarische Vernehmungen von Zeugen und Sachverständigen, desgleichen über Einnahme eines Augenscheins (§ 224) sind nur dann als herbeigeschaffte Beweismittel anzusehen und müssen verlesen werden, wenn die Beweisaufnahme von dem erkennenden Gericht in der Hauptverh., nicht vor derselben beschlossen war, Rsp. 5, 39; SeuffBl. 71, 59; Recht 12, 3198, andernfalls werden sie herbeigeschaffte Beweismittel nur dann, wenn sie schon vorher als Beweismittel bezeichnet wurden, sich in der Hauptverh. bei den Akten befinden und ihre Verlesung von einer Seite beantragt wird, SeuffBl. 75, 470; Recht 14, 2137; 18, 302.

4. Die Vorschrift des Abs. 1 Satz 1 ist unbedingt bindend für das Gericht; sie greift auch Platz, wenn die zu beweisende Tatsache unerheblich ist, E. 45, 141. Ausnahme nur dann, wenn die Tatsache außer allem Zusammenhang mit dem Straffalle steht, E. 1, 241; 45, 141; Rsp. 9, 322; Recht 15, 1460.

5. Alle Prozeßbeteiligten, auch z. B. der Nebenkläger, da die herbeigeschafften Beweismittel allen Prozeßbeteiligten gemeinsam sind. Die Mitangeklagten müssen alle einverstanden sein, wenn nicht das Beweismittel ausschließlich nur auf einzelne Angeklagte Bezug hat, E. 10, 300; Rsp. 2, 70; 10, 217; Recht 6, 561. Verzicht des Verteidigers ohne Widerspruch des anwesenden Angekl. genügend, E. 1, 198; Rsp. 6, 295; Recht 6, 300 und umgekehrt E. 16, 376.

6. Das Einverständnis muß ausdrücklich erklärt werden; ein „dem Gericht Anheimstellen" kann genügen, Recht 9, 437; ausreichender stillschweigender Verzicht nur bei Schweigen der Beteiligten nach ausdrücklicher Aufforderung zur Erklärung, E. 4, 398; Rsp. 6, 160; Recht 7, 188, bloßes „Anhören" der Prozeßbeteiligten ungenügend, Recht 10, 259; GoltdA. 57, 203. — Bei Verzicht kein Gerichtsbeschluß auf Nichterhebung des Beweises, DJZ. 9, 72; Recht 17, 637.

Verzicht auch nach Beginn der Erhebung zulässig, E. 37, 194; ebenso Verzicht auf einen Teil eines Beweismittels, z. B. einer Protokollaraussage, GoltdA. 48, 308, auch ein allgemeiner Verzicht auf jede weitere Beweisaufnahme, Rsp. 10, 91; W. 8, 183. Er ist auch dann nötig, wenn das Verfahren ohne Eingehen auf den Schuldbeweis, z. B. wegen fehlenden Strafantrages, erledigt werden kann; Verstoß hiergegen aber nur dann Revisionsgrund, wenn das Urteil darauf beruht, Rsp. 10, 649.

Widerruf des Verzichts gilt als ein nach § 243 zu behandelnder neuer Beweisantrag. — Keine nachträgliche Anfechtung des Verzichts (Recht 18, 1938).

7. §§ 27, 29, 75 GVG.; vor dem Schöffengericht also auch bei Vergehen und in einem Verf. auf erhobene öffentliche Klage.

Zeitgrenze für Beweisanträge. **§ 245.**

I Eine Beweiserhebung darf nicht deshalb abgelehnt werden, weil das Beweismittel oder die zu beweisende Tatsache zu spät vorgebracht worden sei.[1]

II Ist jedoch ein zu vernehmender Zeuge oder Sachverständiger dem Gegner des Antragstellers so spät namhaft gemacht[2] oder eine zu beweisende Tatsache[3] so spät vorgebracht worden, daß es dem Gegner an der zur Einziehung von Erkundigungen erforderlichen Zeit gefehlt hat, so kann derselbe bis zum Schlusse der Beweisaufnahme die Aussetzung der Hauptverhandlung zum Zwecke der Erkundigung beantragen.

III Dieselbe Befugnis haben die Staatsanwaltschaft und der Angeklagte in betreff der auf Anordnung des Vorsitzenden[4] oder des Gerichts[4] geladenen Zeugen oder Sachverständigen.

IV Über die Anträge entscheidet das Gericht nach freiem Ermessen.

1. **Beweisanträge zulässig bis zum Beginn der Verkündung des Urteils, auch noch in dem zur Verkündung des Urteils anberaumten Termin, E. 3, 116;**

GoltdA. 55, 317; 59, 343; s. übrigens Anm. 1 zu § 228; schriftliche Beweisanträge zwischen dem Schlusse der Verh. und dem Verkündungstermin müssen in letzterem wiederholt werden, GoltdA. 59, 343; Recht 15, 3592; s. auch Recht 16, 961. — Vor dem Schwurgericht Beweisanträge möglich bis zur Verkündung des endgültigen Spruchs der Geschworenen, auch noch während eines Berichtigungsverfahrens, E. 28, 340.

Wegen Ablehnung von in Verschleppungsabsicht gestellten Beweisanträgen s. Anm. 4 zu § 243.

2. § 221. Die Bestimmung gilt auch für andere Beweismittel (gem. M.).

3. Auch wenn die neue Tatsache durch schon für andere Tatsachen herbeigeschaffte Beweismittel bewiesen werden soll (Löwe).

4. §§ 220, 243 Abs. 3.

Entfernung des Angeklagten aus dem Sitzungszimmer.

§ 246.

I Das Gericht[1] kann den Angeklagten,[2] wenn zu befürchten ist, daß ein Mitangeklagter oder ein Zeuge[3] bei seiner Vernehmung[4] in Gegenwart des Angeklagten die Wahrheit nicht sagen werde, während dieser Vernehmung[5] aus dem Sitzungszimmer abtreten lassen.[6] Der Vorsitzende hat[7] jedoch den Angeklagten, sobald dieser wieder vorgelassen worden,[8] von dem wesentlichen Inhalt desjenigen zu unterrichten,[9] was während seiner Abwesenheit ausgesagt oder sonst verhandelt worden ist.

II In gleicher Weise ist zu verfahren, wenn das Gericht wegen ordnungswidrigen Benehmens des Angeklagten zeitweise dessen Entfernung aus dem Sitzungszimmer angeordnet hat.[10]

1. Gerichtsbeschluß nach vorheriger Anhörung der Prozeßbeteiligten, insb. auch des Angekl.; Begründung, Verkündung, Protokollierung nötig, E. 20, 273. Unterbliebener Widerspruch des Angekl. bei Ausführung heilt die Unterlassung seiner Anhörung, GoltdA. 48, 302; 50, 101. Die Maßregel darf für mehrere Zeugen durch einen Beschluß angeordnet werden, GoltdA. 48, 300.

2. Nicht den Privatkläger oder Nebenkläger, E. 25, 177.

3. Nicht aber ein Sachverständiger, GoltdA. 47, 296.

4. Auch bei der Vernehmung über die Personalien, E. 38, 10; Recht 9, 318; SeuffBl. 74, 466. Dagegen muß der Angekl. bei der Beeidigung anwesend sein, E. 39, 357; Recht 12, 3369.

5. Nicht aber während anderer Beweisakte, z. B. Urkundenverlesung, E. 38, 433; Verzicht hierauf unwirksam, Recht 16, 1863; SeuffBl. 77, 553; ist eine solche Verlesung während der Vernehmung eines Zeugen oder Mitangeklagten nötig, so muß sie nach Wiedereintritt des Entfernten wiederholt werden, E. 29, 30; 38, 433; Recht 12, 3369. Bei Antrag während der Abwesenheit auf Ausschluß der Öffentlichkeit ist der Angekl. zurückzuführen und über den Antrag zu hören; Anhörung des Verteidigers genügt nicht, E. 18, 138.

6. Nachträgliche Geltendmachung des Fragerechts (§ 239 Abs. 2) durch den Angekl. dadurch nicht ausgeschlossen.

7. Von Amts wegen. Verzicht unwirksam, JW. 32, 217. Verstoß hiergegen Revisionsgrund, E. 8, 49; 20, 123, aber nicht für den davon nicht betroffenen

Mitangeklagten, Recht 8, 84, s. übrigens auch E. 34, 334. — Die erfolgte Mitteilung ist im Protokoll zu beurkunden.

8. Alsbald nach Wiedereintritt; es ist unzulässig, vorher weiter zu verhandeln, insbesondere etwa den Angekl. über die Beschuldigung zu vernehmen, E. 20, 123; 32, 120. Anders wenn mehrere Angeklagte entfernt waren; hier Mitteilung erst nach Wiedereintritt sämtlicher Angeklagten nötig, E. 8, 153; 38, 348; Recht 17, 905; 18, 1203. Die Mitteilung hat stets in Gegenwart sämtlicher Angekl. zu geschehen, E. 34, 332; vgl. auch Recht 12, 3924; 18, 1203.

9. Den Umfang der Mitteilung bestimmt der Vorsitzende nach pflichtgemäßem Ermessen; Anträge der Staatsanwaltschaft sind mitzuteilen, nicht aber deren Begründung, E. 32, 88; GoltdA. 43, 34, ebenso nicht abgelehnte Anträge auf Vorhalte an einen Zeugen, Recht 10, 321, auch nicht sitzungspolizeiliche Maßnahmen, GoltdA. 56, 214. Die Mitteilung kann auch im Wege von Vorhaltungen geschehen, Recht 16, 2780.

10. S. § 178 GVG. — Bei andauernder, eine Verh. mit dem Angekl. ausschließender Ungebühr Mitteilung nicht nötig und Durchführung der ganzen Hauptverh., auch vor dem Schwurgericht, in Abwesenheit des Angekl. zulässig, E. 35, 433.

Entlassung von Zeugen und Sachverständigen.

§ 247.

Die vernommenen Zeugen und Sachverständigen dürfen sich nur mit Genehmigung oder auf Anweisung des Vorsitzenden von der Gerichtsstelle [1] entfernen.[2] Die Staatsanwaltschaft und der Angeklagte sind vorher zu hören.[3]

1. Entfernung aus dem Sitzungssaale zulässig, W. 4, 277, s. auch Recht 15, 155.

2. Bei eigenmächtiger Entfernung Bestrafung nach §§ 50, 77.

3. Ausdrücklich erklärtes Einverständnis nicht erfordert, Recht 13, 1256. Unterlassung einer Erklärung durch den Angekl. auf Befragen nach § 256 genügt, Rsp. 7, 279, ebenso Unterlassung eines Einspruchs gegen die Entlassung oder Unterlassung des Antrags auf Zurückberufung abgegangener Zeugen, Recht 11, 588; W. 4, 277. — Auf Zeugen, die ihr Zeugnis mit Recht verweigert haben, findet § 247 Satz 2 keine Anwendung, E. 41, 32; W. 8, 183. — Entbindung vom Wiedererscheinen bei Unterbrechung nach § 228 nur nach Anhörung der Staatsanwaltschaft und des Angekl. zulässig, Recht 12, 2432; SeuffBl. 73, 831.

Verlesung von Schriftstücken.

§ 248.[1]

Urkunden [2] und andere als Beweismittel dienende Schriftstücke [3] werden in der Hauptverhandlung verlesen.[4, 5] Dies gilt insbesondere von früher ergangenen Strafurteilen,[6] von StrafListen und von Auszügen aus Kirchenbüchern und Personenstandsregistern und findet auch Anwendung auf Protokolle über die Einnahme des richterlichen Augenscheins.[7, 8]

1. Es handelt sich hier nur um Urkunden und Schriftstücke, deren Inhalt zum Beweise dient, mit denen also bewiesen werden soll, daß etwas in bestimmter

Weise schriftlich oder im Druck niedergelegt ist. Soweit dagegen die Urkunde selbst, d. h. ihre äußere Beschaffenheit, z. B. bei Fälschungen, Beweismittel ist, muß sie vorgelegt und besichtigt werden (Begr. z. n. E.). Vgl. auch Rsp. 3, 789; E. 5, 398; GoltdA. 37, 54; JW. 32, 217; Recht 14, 816; 17, 2619.

2. Öffentliche und Privaturkunden, E. 26, 139, ebenso einfache Abschriften von solchen, GoltdA. 39, 234; JW. 32, 217; W. 7, 170; wegen fremdsprachiger Urkunden s. E. 9, 51, ferner unten Anm. 4.

3. Außer den in Satz 2 genannten Schriftstücken, insbesondere staatsanwaltschaftliche und gerichtliche Einstellungsbeschlüsse, E. 24, 263; GoltdA. 46, 207 (nicht aber die Anklageschrift, E. 41, 262), Protokolle über Zeugenaussagen zur Feststellung, wie diese lauteten, z. B. bei Meineid usw., Rsp. 8, 718; E. 17, 15; Recht 6, 301; DJZ. 11, 1264; Zeugenaussagen im Zivilprozeß, DJZ. 11, 148, Protokolle über Beschlüsse einer Gesellschaft, GoltdA. 50, 106, Eingaben des Angekl. zu den Akten, E. 18, 23, ein Schreiben des Angekl., das ein Schuldbekenntnis enthält, E. 35, 234; Recht 11, 1034; Briefe (zur Feststellung ihres Vorhandenseins und ihres Inhalts als solchen, nicht aber zur Ersetzung der Vernehmung des Briefschreibers), E. 22, 51; 31, 407; 32, 240; 33, 35; Rsp. 10, 29; JW. 35, 494; BayZ. 7, 447; zu gleichem Zweck auch die Auskünfte einer Auskunftei, E. 41, 429 usw.

4. Verlesung durch Vorsitzenden, Beisitzer, Ergänzungsrichter oder Gerichtsschreiber, nicht durch einen Prozeßbeteiligten, E. 9, 315; 21, 69; 27, 172; s. übrigens auch GoltdA. 56, 223 (Verlesung durch den Verfasser). Bloßes Vorlegen der Schriftstücke steht dem Verlesen nicht gleich, SeuffBl. 75, 322, s. noch Anm. 1.

Ob und in welchem Umfang eine Verlesung stattzufinden habe, steht im richterlichen Ermessen, E. 1, 383; 8, 128; Recht 10, 67 (Ausnahme: s. § 244 und Anm. 3 hierzu); hierüber entscheidet in erster Linie der Vorsitzende, bei Beanstandung das Gericht, E. 2, 194, 408.

Angabe und Protokollierung des Zweckes der Verlesung nicht erforderlich, E. 38, 254, wenn auch zuweilen angemessen, E. 31, 407; 33, 35. S. noch Anm. 8.

Verlesung fremdsprachiger Schriftstücke durch mündliche Übersetzung des Dolmetschers, E. 32, 239, nicht durch Verlesung einer von diesem vorher gefertigten Übersetzung, E. 25, 353; 27, 161. Verlesung in der fremden Sprache ohne Dolmetscher und ohne Feststellung, daß alle Beteiligten dieser Sprache mächtig sind, unzulässig, Recht 6, 537. S. noch E. 36, 371: amtliche Übersetzungen ausländischer Protokolle, ferner E. 38, 323.

5. Mitteilung des Inhalts durch den Vorsitzenden statt Verlesung möglich, falls nicht Verlesung von einem der Prozeßbeteiligten ausdrücklich gefordert wird, E. 26, 32; 35, 198; Recht 9, 85; W. 7, 170; 8, 184. Referat aus umfangreichen Akten, E. 3, 161, 282; Recht 9, 85. Mitteilung von Tatsachen aus dem Schriftstück unter Schlußfolgerungen aber unzulässig, E. 2, 408; 25, 125; Recht 17, 906. Bekanntgabe durch Vorhalt an den Angekl. und an Zeugen möglich; Protokollierung des Vorhalts, außer im Falle des § 254, nicht nötig, SeuffBl. 71, 294; W. 8, 184. — Über die Behändigung von Abschriften einer Urkunde an die Richter (Geschworenen) s. Recht 16, 2781; BayZ. 9, 24.

6. Strafurteile: in anderer Sache, Rsp. 4, 300, auch noch nicht rechtskräftige, samt den Gründen, E. 8, 153, und den darin wiedergegebenen Zeugenaussagen, Rsp. 10, 16, letztere aber nicht etwa zur Umgehung eines notwendigen Zeugenbeweises, GoltdA. 50, 138; Recht 7, 163. — Verlesung von im vorliegenden Verfahren ergangenen früheren Urteilen nicht ausgeschlossen, E. 5, 429; GoltdA. 38, 42; Recht 12, 2613.

7. Augenscheinsprotokolle: auch über Leichenschau, E. 2, 153, und über richterliche Durchsuchungen, E. 24, 233; nicht dagegen über Leichenöffnung, hier muß mindestens einer der Ärzte in der Hauptverh. vernommen werden, falls nicht §§ 250, 252 gegeben, E. 2, 153; Rsp. 4, 699.

Bekundungen von Zeugen und Sachverständigen im Augenscheinsprotokolle, die mit dem Augenschein in sachlichem Zusammenhang stehen, dürfen mitverlesen werden, E. 10, 10; 12, 308; JW. 31, 579; Recht 16, 835; doch darf hierdurch die mündliche Vernehmung der Zeugen und Sachverständigen nicht ersetzt werden.

Lichtbilder, Abbildungen, Handzeichnungen usw. (s. Anm. 5 zu § 86) verwertbar, E. 47, 235; Recht 12, 1313; 13, 2765; hieran angefügte erläuternde Bemerkungen verlesbar, GoltdA. 54, 294. Vernehmung der Verfertiger nur bei sich ergebenden Zweifeln nötig, Rsp. 9, 89; E. 36, 55. Übertragung von Zeichnungen zum Augenscheinsprotokoll auf die Gerichtstafel zulässig, DJZ. 8, 322; JW. 34, 758; GoltdA. 56, 226.

Wesentliche Mängel bei Aufnahme des Augenscheinsprotokolls hindern die Verlesung, z. B. nicht gemeinschaftlich gemachte Wahrnehmungen der Urkundspersonen, E. 16, 147, oder Nichtzuziehung der Prozeßbeteiligten (heilbar durch Verzicht), E. 1, 256. Verstoß gegen § 186 Abs. 3 nicht wesentlich, W. 3, 258; Recht 17, 144.

8. Die Verlesung und die in Anm. 5 bezeichnete Mitteilung ist im Protokoll zu beurkunden, JW. 37, 592, da sonst eine Verwertung der Schriftstücke im Urteil unzulässig, Rsp. 1, 480; 2, 79, 529. Wegen Protokollierung des Zweckes der Verlesung s. Anm. 4.

Unmittelbarkeit der Beweisführung.

§ 249.

Beruht der Beweis einer Tatsache[1] auf der Wahrnehmung[2] einer Person, so ist die letztere in der Hauptverhandlung zu vernehmen. Die Vernehmung darf nicht[3] durch Verlesung des über eine frühere Vernehmung aufgenommenen Protokolls[4] oder einer schriftlichen Erklärung[5] ersetzt[6] werden.[7]

1. Nur Beweistatsachen für die Entsch. der Schuld- und Straffrage. Auf den Nachweis prozessualer Voraussetzungen, z. B. des Strafantrags, Rsp. 1, 614; E. 6, 162; 12, 34; Recht 11, 1215; 14, 1191, des Einwands der entschiedenen Sache, E. 10, 253, der Verfolgbarkeit nach Maßgabe eines Auslieferungsdekrets, GoltdA. 52, 240, ferner auf den Nachweis der Voraussetzungen für einzelne Prozeßhandlungen, E. 38, 323, und auf die Ermittelung und Feststellung des objektiven Rechts, z. B. ausländischer Rechtsvorschriften, E. 42, 56 (s. Anm. 2 zu § 243), findet § 249 (Mündlichkeit, Unmittelbarkeit) keine Anwendung.

2. Vernehmung von Zeugen über Hörensagen, E. 2, 160; Rsp. 7, 457; 8, 502 und über nur mittels eines Urteils erkannte Tatsachen, z. B. Trunkenheit, Rsp. 3, 812, zulässig.

3. Auch nicht mit Genehmigung aller Prozeßbeteiligten, E. 9, 49; Rsp. 7, 401. Rüge eines Verstoßes erfordert die Darlegung, daß und inwiefern die Verlesung bestimmt war, die Vernehmung einer Person zu ersetzen, Recht 16, 2620.

4. Verlesbarkeit von Protokollen: § 250, ferner §§ 252, 253 Abs. 2; solche verlesbar auch zur Feststellung, daß Zeuge nach Auffassung des Gerichts früher dieselbe Aussage wie in der Hauptverh. machte, E. 37, 317, nicht aber bloß

zur Prüfung oder Begründung der Glaubwürdigkeit der Aussage, E. 33, 128. S. noch § 248 Anm. 1 und 3.

5. Verlesbarkeit von schriftlichen Erklärungen: § 255. Außerdem Verlesung nach § 248, s. Anm. 1 hierzu, z. B. Briefe usw., s. Anm. 3 hierzu. S. noch Anm. 6.

6. Eine solche Ersetzung darf auch nicht erfolgen durch Heranziehen von Feststellungen, die in einem anderen Verfahren oder von einer anderen Behörde, z. B. in einem anderen Urteil getroffen wurden, E. 1, 299; Rsp. 2, 45; GoltdA. 37, 166; 50, 138; Recht 7, 163; 9, 437. Dagegen ist bei der Vernehmung z. B. die Verwendung von schriftlichen Aufzeichnungen des Zeugen, E. 20, 105; SeuffBl. 75, 647 oder die Einsichtnahme und Verwendung eines früheren Gutachtens des Sachverständigen durch diesen, E. 5, 129, oder die Einsichtnahme in ein vom Zeugen aufgenommenes Protokoll durch diesen oder in einen von ihm erstatteten Bericht zur Auffrischung seines Gedächtnisses, Rsp. 8, 722; 9, 380, 475; E. 36, 53; Recht 14, 4223; SeuffBl. 74, 737, zulässig.

7. Über Verlesung von Zeugenaussagen bei Verbindung einer Berufungssache mit einer Strafkammersache s. Recht 14, 253; DJZ. 15, 316.

Verlesung von Protokollen.

§ 250.

I Ist ein Zeuge, Sachverständiger oder Mitbeschuldigter verstorben[1] oder in Geisteskrankheit[2] verfallen, oder ist sein Aufenthalt nicht zu ermitteln gewesen,[3] so kann das Protokoll über seine frühere richterliche[4] Vernehmung[5] verlesen werden. Dasselbe gilt von dem bereits verurteilten Mitschuldigen.

II In den im § 222 bezeichneten Fällen[6] ist die Verlesung des Protokolls über die frühere Vernehmung statthaft, wenn letztere nach Eröffnung des Hauptverfahrens[7] oder wenn sie in dem Vorverfahren unter Beobachtung der Vorschriften des § 191 erfolgt[8] ist.

III Die Verlesung[9] kann nur durch Gerichtsbeschluß[10] angeordnet, auch muß der Grund derselben verkündet und bemerkt werden, ob die Beeidigung der vernommenen Personen stattgefunden hat.[11] An den Bestimmungen über die Notwendigkeit der Beeidigung wird hierdurch für diejenigen Fälle, in denen die nochmalige Vernehmung ausführbar[12] ist, nichts geändert.

Zu Abs. 1.

1. Irrige Annahme des Todes ist Revisionsgrund, Recht 9, 286.

2. Die Geisteskrankheit braucht keine unheilbare zu sein; auch völlige Vernehmungsunfähigkeit für längere und ungewisse Zeit genügt, Rsp. 9, 213; E. 15, 409.

3. Bloße Unbestellbarkeit der Ladung genügt nicht; es müssen Ermittelungen erfolglos vorgenommen sein, E. 1, 285; 12, 104; Recht 15, 426, oder nach Sachlage, z. B. bei Flucht, aussichtslos erscheinen, E. 9, 88; unbedingte und dauernde Unmöglichkeit der Ermittelung wird nicht erfordert, E. 3, 367; 4, 416, jedoch müssen die vorhandenen Hinweise auf den Aufenthalt des Zeugen erschöpft werden, Recht 15, 426, Verzicht des Angekl. auf Ermittelungen unzulässig, E. 12,

104; 9, 49; schweben z. Zt. der Hauptverh. noch Ermittelungen, so ist die Verlesung unstatthaft, Recht 7, 532. S. noch E. 38, 323 (Konsulatsauskunft).

Beispiele: Die bloße Tatsache der Auswanderung nach Amerika oder des Verweilens bei der Schutztruppe in den Kolonien genügt an sich nicht, Recht 6, 272; 10, 445; s. auch JW. 36, 413.

4. Nur richterliche Protokolle, E. 2, 235, auch richterliche Protokolle in Disziplinarsachen, GoltdA. 54, 290, und militärgerichtliche Protokolle, E. 29, 433, ferner Protokolle eines deutschen Konsuls, JW. 22, 530; E. 39, 319; GoltdA. 54, 482; Recht 14, 455, auch ausländische richterliche Protokolle, Rsp. 7, 293. In den Protokollen enthaltene Bemerkungen der vernehmenden Beamten über den Eindruck von Zeugen usw. können mitverlesen werden, E. 37, 212.

Voraussetzung ist, daß nicht ein wesentlicher Mangel des Protokolls vorliegt, z. B. fehlende Unterschrift einer Urkundsperson, Rsp. 3, 259, Aufnahme durch einen kraft Gesetzes ausgeschlossenen Richter, E. 30, 70 usw., unterlassene Belehrung über das Zeugnisverweigerungsrecht, E. 20, 187. Mangelnde Unterschrift des Zeugen ist kein wesentlicher Mangel, SeuffBl. 72, 249, ebenso nicht unterlassene Belehrung über das Eidesverweigerungsrecht, Recht 11, 780; SeuffBl. 72, 946. — Bei ausländischen richterlichen Protokollen genügt die Beobachtung der einschlägigen ausländischen Prozeßvorschriften, Rsp. 7, 293, auch dann, wenn diese den Prozeßbet. die Anwesenheit nicht gestatten, E. 11, 391; 40, 189; 46, 50; Recht 12, 217; JW. 37, 360, oder wenn hiernach die Beeidigung unterbleiben mußte, E. 12, 347; GoltdA. 47, 164; Recht 7, 346; SeuffBl. 72, 659. — Wegen der fremdsprachigen Protokolle s. Anm. 4 zu § 248.

Im übrigen ist es gleichgültig, ob die Vernehmung in der anhängigen Sache, z. B. in einer früheren Hauptverh., Rsp. 6, 212, oder in einer anderen Sache, E. 7, 156 oder in einer Zivilprozeßsache, E. 10, 29 erfolgte, ob sie eidlich oder uneidlich geschah, Rsp. 4, 659; E. 20, 60; GoltdA. 59, 119; ob die seinerzeitige Beeidigung gesetzlich begründet war, E. 10, 156, ob die Person als Zeuge oder als Beschuldigter vernommen wurde, Recht 11, 716.

Art und Umfang der Verlesung s. Anm. 9. — Bei mehrmaligen Vernehmungen gegebenenfalls Beschränkung der Verlesung auf ein Protokoll zulässig, Rsp. 7, 153.

Nichtrichterliche, z. B. staatsanwaltschaftliche, polizeiliche Protokolle können auch nicht mit Zustimmung aller Prozeßbeteiligten verlesen werden, E. 2, 235; 9, 49; außer wenn sie durch Bezugnahme bei einer richterlichen Vernehmung Bestandteile eines richterlichen Protokolls wurden, E. 1, 391; 26, 289; Rsp. 9, 176.

5. Bloße schriftliche Erklärungen (Aufzeichnungen) einer verstorbenen Person über wahrgenommene Tatsachen dürfen zum Zwecke des Beweises dieser Tatsachen nicht verlesen werden, GoltdA. 46, 435; s. auch JW. 38, 335.

Zu Abs. 2.

6. Der Grund zur kommissarischen Vernehmung (§ 222) muß z. Zt. der Hauptverh. noch fortbestehen; der Gerichtsbeschluß (Abs. 3) muß dies feststellen, Rsp. 2, 562; GoltdA. 41, 271; ob der früher angenommene Grund der kommissarischen Vernehmung richtig war, braucht das erkennende Gericht nicht nachzuprüfen, Recht 15, 2490.

7. Kommissarische Vernehmung nach §§ 222, 223 und auch Vernehmungen nach §§ 206 Abs. 2, 223 (Löwe).

8. Voraussetzung ist die Einhaltung der Vorschriften der §§ 222, 223, 191. Bei unterlassener oder nicht rechtzeitiger Benachrichtigung eines Prozeßbeteiligten und des Verteidigers Verzicht, auch stillschweigend durch Zulassung der Verlesung möglich, E. 4, 301; Rsp. 5, 536; 6, 624; 8, 731; s. noch Anm. 6 zu § 223, auch Anm. 3b zu § 244.

Ferner müssen die Vorschriften über die Notwendigkeit der Beeidigung (§§ 56, 57, 60) beobachtet sein. Eine unbeeidigte Aussage darf dann, wenn die Beeidigung nach dem Gesetze erforderlich und noch möglich ist (GoltdA. 57, 214), nicht verlesen werden; die Beeidigung ist nachzuholen, E. 12, 347; 20, 60; Recht 7, 346; dies gilt auch bei erst nachträglich eingetretener Eidesfähigkeit, GoltdA. 57, 214; Recht 13, 3696. Verweigerte Beeidigung hindert die Verlesung nicht, GoltdA. 59, 119. Bei nach § 56 Nr. 3 unterbliebener Vereidigung muß im Falle der Verlesung die Nichtbeeidigung auch durch das erkennende Gericht begründet werden, Recht 11, 844; SeuffBl. 72, 994. Beeidigung im Vorverfahren ohne gesetzlichen Grund hindert die Verlesung nicht, E. 10, 156. Ist die seinerzeitige Vernehmung mittels Dolmetschers erfolgt, so ist dessen erfolgte Beeidigung Voraussetzung der Verlesbarkeit, Recht 7, 486. — Wegen der ausländischen Protokolle s. oben Anm. 4, wegen der fremdsprachigen Protokolle s. Anm. 4 zu § 248.

Zu Abs. 3.

9. Die Verlesung kann durch den Vorsitzenden, einen Besitzer, einen Ergänzungsrichter oder den Gerichtsschreiber geschehen, nicht aber durch einen Prozeßbeteiligten, E. 9, 315; 21, 69; 27, 172.

Mitteilung des Inhalts statt Verlesung unzulässig.

Die Verlesung muß vollständig erfolgen, Rsp. 1, 655, Abweichung nur mit Zustimmung aller Prozeßbeteiligten, Rsp. 1, 659; E. 14, 1; auch die bei der Vernehmung in Bezug genommenen (JW. 32, 218; GoltdA. 54, 288) früheren gerichtlichen und polizeilichen Protokollangaben oder schriftlichen Erklärungen (E. 9, 49; 14, 1; Rsp. 9, 176; GoltdA. 48, 112) des betr. Zeugen, die dadurch zu einem Bestandteil der Vernehmung wurden, sind mitzuverlesen, E. 1, 391; 26, 289; nicht dagegen protokollierte Erklärungen anderer Personen, auf die der Zeuge bei seiner Vernehmung Bezug nahm, E. 18, 24, es sei denn, daß der Zeuge bei der Vernehmung das Protokoll über die von ihm als richtig bestätigten Bekundungen eines andern ausdrücklich genehmigt hat, Recht 8, 535; DJZ. 9, 1139.

10. Verlesung ohne Gerichtsbeschluß ist Revisionsgrund, E. 1, 118, 236, 242. Der Beschluß muß unter Angabe des Grundes verkündet werden, E. 1, 245. Unterlassung der Bekanntgabe der Gründe begründet dann die Revision nicht, wenn diese nach dem Gang der Verhandlung ohne weiteres erkennbar und bekannt sind, GoltdA. 45, 370; 46, 120; W. 5, 251. Der Beschluß ist mit den Gründen im Protokoll zu beurkunden, E. 1, 242; SeuffBl. 73, 703; Beurkundung der erfolgten Verkündung nicht unbedingt nötig, Rsp. 2, 204. — S. noch Anm. 6.

11. Mitteilung hinsichtlich der Beeidigung zur Ermöglichung einer richtigen Würdigung der Aussage. Unterlassung ist Revisionsgrund, Rsp. 1, 230, ebenso unrichtige Angabe über die Beeidigung, E. 2, 237. Der Vorschrift ist übrigens genügt, wenn das verlesene Protokoll die Bemerkung über die Beeidigung enthält und diese mitverlesen wird, BayZ. 1, 263.

12. Vgl. hierzu GoltdA. 53, 95; 57, 214.

§ 251.

Die Aussage eines vor der Hauptverhandlung vernommenen Zeugen,[1] welcher erst in der Hauptverhandlung[2] von seinem Rechte,

das Zeugnis zu verweigern,[3] Gebrauch macht, darf nicht verlesen werden.[4]

1. Auch die Aussage, die der Zeuge seinerzeit als Beschuldigter machte, darf nicht verlesen werden, E. 35, 5. Dagegen ist eine außerhalb des Strafverf., z. B. vor dem Vormundschaftsgericht gemachte Aussage verlesbar, E. 35, 247.

Auch schriftliche Erklärungen, z. B. Briefe des Zeugen (s. aber § 97) sind verlesbar, E. 22, 51, und anderweit an Privatpersonen gemachte Mitteilungen, Rsp. 2, 644; E. 14, 266, und Aussagen, z. B. dem Gerichtsarzt gegenüber, Rsp. 7, 336, oder Polizeibeamten gegenüber, Rsp. 8, 502, können durch Vernehmung dieser Personen festgestellt und verwertet werden; es darf jedoch dem als Zeugen vernommenen Beamten das von ihm hierüber aufgenommene Protokoll hierbei nicht zur Einsicht vorgelegt und es dürfen ihm auch Vorhalte daraus nicht gemacht werden, E. 39, 433.

2. Der Zeuge muß in der Hauptverh. anwesend sein und in dieser von seinem Zeugnisverweigerungsrecht Gebrauch machen; im Falle seiner Abwesenheit kann das Protokoll unter den Voraussetzungen des § 250 verlesen werden, E. 9, 91, auch wenn er im Vorverfahren bei einer späteren Vernehmung das Zeugnis nachträglich verweigert hatte, Rsp. 7, 457 (bestr.).

3. Zeugnisverweigerungsrecht: §§ 51—54.

4. Nicht bloß die Verlesung des Protokolls einschließlich der Schriftstücke, auf die sich der Zeuge darin bezog, GoltdA. 45, 440, sondern auch jede mittelbare Bekanntgabe in Form von Vorhalten an den Angekl. ist verboten, E. 15, 100; 35, 164; Recht 18, 159, und bei Vorhalten vor der Vernehmung des Zeugen muß das Gericht sich erst vergewissern, ob dieser das Zeugnis nicht verweigert, E. 27, 29.

Dagegen ist es zulässig, Gerichtspersonen, die bei der früheren Vernehmung beteiligt waren (Untersuchungsrichter, Gerichtsschreiber, Geschworene usw.), über die frühere Aussage des Zeugen zu vernehmen, Rsp. 3, 449, 678; 4, 271; 5, 336; 7, 278; 9, 170; E. 16, 119; 35, 5; SeuffBl. 71, 477; W. 7, 170; JW. 41, 1070, jedoch mit der Einschränkung, daß diesen Personen das Protokoll nicht zur Unterstützung ihres Gedächtnisses zur Einsicht vorgelegt werden darf und daß ihnen auch nicht Aussagen aus dem Protokoll vorgehalten werden dürfen, E. 8, 122; 35, 5; 39, 433; Recht 11, 780; 16, 2125.

§ 252.

I Erklärt ein Zeuge oder Sachverständiger, daß er sich einer Tatsache nicht mehr erinnert, so kann[1] der hierauf bezügliche Teil[2] des Protokolls[3] über seine frühere Vernehmung[4] zur Unterstützung seines Gedächtnisses[5] verlesen[6, 7] werden.

II Dasselbe kann geschehen, wenn ein in der Vernehmung hervortretender Widerspruch mit der früheren Aussage nicht auf andere Weise ohne Unterbrechung der Hauptverhandlung festgestellt oder gehoben werden kann.[5]

1. Der Vorsitzende ordnet die Verlesung an; Gerichtsbeschluß nur bei Beanstandung, § 237 Abs. 2, Rsp. 6, 210.

2. Es kann auch das ganze Protokoll verlesen werden, wenn der Zeuge oder Sachverständige nach seiner Erklärung sich der gesamten Vorgänge nicht mehr genügend erinnert, E. 1, 409; Rsp. 6, 210.

3. Auch nichtrichterliche, z. B. polizeiliche Protokolle, E. 1, 409, auch Protokolle in einer anderen Straff. oder in einer Zivilprozeßsache, E. 10, 358, über eidliche und nichteidliche Vernehmungen, E. 27, 163; Recht 15, 2025; auch über frühere Vernehmungen des Zeugen als Beschuldigten, E. 12, 118; GoltdA. 36, 319.

Unbeglaubigte Abschriften von Protokollen dürfen nicht verlesen werden, E. 34, 48.

Den Vernehmungsprotokollen stehen hier früher erstattete amtliche Berichte des Zeugen gleich, Rsp. 9, 379; E. 36, 53; W. 2, 232; ebenso schriftliche Gutachten, GoltdA. 46, 128.

4. Nur die Aussagen über seine eigenen Wahrnehmungen; Protokolle, die der Zeuge über Vernehmungen dritter Personen aufgenommen hat, fallen nicht unter die Bestimmung des § 252, E. 18, 24, Recht 13, 3498; 18, 1204; wegen der Verwertung solcher Protokolle, sowie von Notizen des Zeugen s. Anm. 2 zu § 68, aber auch Anm. 1 und 4 zu § 251. S. hierzu noch BayZ. 5, 52.

5. Nicht zu anderen Zwecken, z. B. zur Prüfung oder Begründung der Glaubwürdigkeit der Aussage, E. 33, 128; s. Anm. 4 zu § 249.

6. Verlesung: durch wen, s. Anm. 9 zu § 250. Protokollierung: § 254. Es genügt auch der bloße Vorhalt der Aussage an den Zeugen durch den Vorsitzenden, Rsp. 9, 123; Recht 14, 1192; auch Vorlage des Protokolls zur Durchsicht zulässig, E. 36, 53; Recht 12, 1312. Sind Vorhalte erfolglos und kommt es auf die Wiedergabe des besonderen Inhalts der früheren Aussage an, so bedarf es der Verlesung, Rsp. 5, 145; E. 27, 163.

7. Das Verlesene darf vom Gericht bei der Entsch. auch dann berücksichtigt werden, wenn der Zeuge erklärt, daß er sich der darin bekundeten Tatsachen nicht mehr erinnern kann, E. 20, 220; Recht 10, 947; BayZ. 2, 362.

§ 253.

I Erklärungen des Angeklagten,[1] welche in einem richterlichen[2] Protokolle enthalten sind, können[3] zum Zwecke der Beweisaufnahme über ein Geständnis[4] verlesen[5] werden.

II Dasselbe kann geschehen, wenn ein in der Vernehmung hervortretender Widerspruch mit der früheren Aussage nicht auf andere Weise[6] ohne Unterbrechung der Hauptverhandlung festgestellt oder gehoben werden kann.

1. Auch solche, die er früher als Zeuge in derselben oder in einer anderen Straff. oder in einer Zivilsache beeidigt oder unbeeidigt abgab, Rsp. 4, 427; 5, 410, 538; DJZ. 18, 100; s. auch Recht 17, 787; BayZ. 9, 255 (Protokoll des Vorm.-Richters). Nur der in der gegenwärtigen Straffache Angekl. kommt hier in Betracht; auf derartige Erklärungen von anderen Angekl. in anderen Straff. bezieht sich § 253 nicht, GoltdA. 41, 416; JW. 23, 49. Dagegen kann ein Geständnis eines Angekl. zum weiteren Zweck der Überführung eines Mitangeklagten verlesen werden, E. 9, 88; JW. 28, 475; Recht 10, 321.

2. Auch die in einem richterlichen Protokoll (s. Anm. 4 zu § 250) in Bezug genommenen nichtrichterlichen Protokolle können verlesen werden, wenn diese ein wesentlicher Bestandteil des richterlichen Protokolls dadurch geworden sind, daß sie dem Angekl. vorgelesen und von ihm genehmigt wurden und daß irgendeine Wendung des Protokolls den Willen des Vernommenen kenntlich macht, seine frühere Aussage zu einem Teil des richterlichen Protokolls zu machen, E. 24, 94; 25, 31; 40, 425; Recht 14, 1193; SeuffBl. 75, 470. Sonst sind Erklärungen zu nichtrichterlichen, z. B. staatsanwaltschaftlichen, polizeilichen Protokollen nicht verlesbar, E. 24, 94; GoltdA. 44, 156; Recht 17, 788; DJZ. 18, 867; es müssen hier vielmehr zum Beweise eines Geständnisses die betr. Beamten hierüber als Zeugen vernommen werden; hierbei würde aber eine bloße Vernehmung über die Richtigkeit der seinerzeitigen Protokollierung nicht genügen, um den Verstoß einer vorherigen Verlesung eines solchen Protokolls zu heilen, E. 20, 321.

Das richterliche Protokoll darf an keinem wesentlichen Mangel leiden, GoltdA. 38, 187. Ausdrückliche Genehmigung der in einem Hauptverhandlungsprotokoll niedergelegten Aussage aber nicht erfordert, E. 20, 23. S. auch E. 31, 69.

3. Über die Verlesung entscheidet der Vorsitzende; Gerichtsbeschluß nur bei Beanstandung, § 237 Abs. 2. — Zustimmung des Angekl. und des Verteidigers nicht erfordert, SeuffBl. 74, 134.

4. Geständnis: nicht nur förmliches Schuldbekenntnis, sondern jedes Anerkennen von Tatsachen, die für die Schuldfrage von Bedeutung sein können, gleichgültig, ob sie den Angekl. zu belasten oder zu entlasten vermögen, E. 45, 196; Rsp. 6, 554; GoltdA. 55, 328; Recht 10, 513; 12, 2278; 15, 3143; SeuffBl. 73, 940. Nachprüfung bei Revision: JW. 36, 413; Recht 11, 1216; E. 45, 196. S. noch Anm. 1. — Vom Angekl. herrührende Schriftstücke, die Geständnisse enthalten, können nach § 248 verlesen werden, E. 35, 234; Recht 11, 1034; 16, 1986; W. 4, 280.

5. Verlesung: s. oben Anm. 3, ferner Anm. 9 zu § 250. Teilweise Verlesung ist zulässig, JW. 19, 270. Ein bloßer Vorhalt aus der Aussage statt der Verlesung ist statthaft und genügend, solange letztere nicht beantragt wird, Rsp. 7, 212; E. 23, 58.

6. Ob Verlesung oder andere Mittel vorzuziehen, ist Ermessenssache; keine Revision hierwegen, JW. 35, 254; Recht 11, 1480.

Protokollierung.

§ 254.

In den Fällen der §§ 252, 253 ist die Verlesung und der Grund derselben auf Antrag[1] der Staatsanwaltschaft oder des Angeklagten im Protokolle zu erwähnen.

1. Nicht nur der Grund der Verlesung, sondern auch die Verlesung selbst ist nur auf Antrag zu protokollieren; § 273 greift in diesen Fällen nicht Platz, E. 32, 315; GoltdA. 36, 321 (bestr.).

Verlesung von Zeugnissen usw.

§ 255.

I Die ein Zeugnis oder ein Gutachten enthaltenden Erklärungen[1] öffentlicher Behörden,[2] mit Ausschluß von Leumundszeugnissen,[3] desgleichen ärztliche[4] Atteste[5] über Körperverletzungen, welche nicht zu den schweren[6] gehören, können verlesen[7] werden.

II Ist das Gutachten einer kollegialen Fachbehörde eingeholt worden, so kann das Gericht die Behörde ersuchen, eines ihrer Mitglieder mit der Vertretung des Gutachtens in der Hauptverhandlung zu beauftragen und dem Gerichte zu bezeichnen.[8]

1. Amtliche Erklärungen über amtliche Wahrnehmungen. Kollegialbehörde s. E. 37, 166. Auch amtliche, persönliche Wahrnehmungen eines eine Behörde darstellenden Einzelbeamten, E. 9, 88, ebenso Erklärungen über Äußerungen, die von Dritten der Behörde gegenüber gemacht wurden, GoltdA. 37, 187; SeuffBl. 71, 65; BayZ. 5, 473. Immer vorausgesetzt, daß § 53 nicht entgegensteht, JW. 21, 415.

Verlesung zulässig, auch wenn die Erklärung nicht auf Ansuchen des Gerichts abgegeben, E. 19, 264; Amtssiegel, Unterschrift nicht erfordert, wenn Gewißheit, daß die Erklärung von der Behörde ausgeht, E. 43, 405; Rsp. 7, 201.

2. Öffentliche Behörden: auch ausländische, Rsp. 10, 450. Erklärungen eines Einzelbeamten dann nicht verlesbar, wenn dieser nicht die Behörde darstellt, also z. B. nicht Berichte eines Staatsanwalts, E. 2, 301, eines Polizeibeamten, Recht 7, 435; 9, 437; 14, 254; BayZ. 6, 119, Registraturvermerke eines Richters, Rsp. 7, 199; s. auch E. 37, 212; Bericht eines Richters über eine Revision bei einem Notar, E. 26, 138; Erklärung eines Sparkasserendanten, Rsp. 9, 489 usw. In solchen Fällen zeugschaftliche Vernehmung der Beamten (§ 53!) nötig.

Öffentliche Behörden sind z. B.: die Reichsdruckerei, E. 19, 264, die Verwaltungen der preußischen Kreissparkassen und das Direktorium der preußischen Zentralgenossenschaftskasse, E. 39, 391, das Medizinalkomitee einer bayer. Universität, E. 27, 359, der bei diesem bestellte besondere Sachverständige für chemische und mikroskopische Untersuchungen, E. 37, 166, das mechanisch-technische Laboratorium der technischen Hochschule in München, BayZ. 1, 223, die bayer. Verkehrskontrolle, Recht 13, 3697, BayZ. 6, 58, die Kreisgesundheitsämter in Hessen, E. 29, 26, die lit., musik. usw. Sachverständigenkammern, E. 22, 258, deutsche Berufskonsuln, GoltdA. 56, 222.

Keine öffentliche Behörden: z. B. der bayer. Distrikts- und Bezirkstechniker, E. 25, 140, der badische Waisenrichter bei Abschätzung beschlagnahmter Sachen, E. 32, 365.

3. Leumundszeugnisse: über den Angekl. oder Dritte, GoltdA. 38, 328; E. 30, 439; 41, 429; z. B. militärische Führungsatteste und Qualifikationsberichte, soweit sie sich über die sittliche Führung aussprechen, GoltdA. 45, 430; 57, 225; s. noch Recht 15, 2693; 16, 2126; BayZ. 8, 334, Zeugnisse in preußischen Gesindedienstbüchern, E. 30, 439, Schulzeugnisse über das sittliche Verhalten und die Wahrheitsliebe von Schülern, Rsp. 7, 757, Zeitungsartikel über den Leumund und das Geschäftsgebaren eines Angekl., E. 25, 125.

Dagegen sind verlesbar: Zeugnisse von Schulbehörden über die geistigen Fähigkeiten und die dadurch bedingte Glaubwürdigkeit eines Schülers, E. 1, 234, ein Bescheid des Vormundschaftsgerichts nach §§ 35 ff. FGG., Recht 15, 3787, Entscheidungen von Behörden in Disziplinarsachen, Rsp. 7, 276, ein staatsanwaltschaftlicher Einstellungsbescheid mit Ausführungen über die Glaubwürdigkeit eines Zeugnisses, E. 24, 263, ein Revisionsurteil, auch wenn darin ein Leumundszeugnis wiedergegeben, GoltdA. 48, 365. S. noch Recht 12, 436; 15, 2693; 16, 2126.

Teilweise Verlesung, wenn die Urkunde nur teilweise den Charakter eines Leumundszeugnisses hat, Rsp. 1, 523.

Umgehung des Verbots der Verlesung durch anderweitige Bekanntgabe unzulässig, DJZ. 8, 82.

Auch ein Leumundszeugnis ist übrigens nach § 248 stets verlesbar, wenn es sich um die Feststellung handelt, daß, in welcher Form und von wem es ausgestellt ist, E. 25, 94, s. auch E. 41, 429, ferner Anm. 1 zu § 248.

4. Arzt: nur der nach den Vorschriften der GewO. approbierte Arzt, E. 14, 55; Feststellung dieser Eigenschaft nur bei Bestreiten, Rsp. 1, 587.

5. Atteste: Befundberichte, auch Gutachten, E. 19, 364, und Konsultationsgründe, DJZ. 12, 299, auch über Verletzungen, die der Angekl. erlitt, E. 35, 162; auch außergerichtlich abgegebene Atteste, E. 19, 364. Eidliche Bekräftigung nicht nötig, Rsp. 1, 587. Verlesung neben der zeugschaftlichen Einvernahme des Arztes zulässig, JW. 32, 218. Dagegen Verlesung einer früheren protokollarischen Vernehmung des Arztes unzulässig, Rsp. 1, 633; 4, 435.

In den Attesten enthaltene Bekundungen Dritter über den Krankheitszustand dürfen nicht verlesen werden, ebenso nicht darin enthaltene Angaben des Verletzten über den Hergang, GoltdA. 46, 109; Recht 7, 216; JW. 32, 218.

6. Schwere Körperverletzungen: §§ 224 ff. StGB.; also Verlesung in den Fällen des § 223a StGB. zulässig, E. 1, 188; maßgebend ist stets die Art der Verletzung; wie die Anklage hierüber lautet, ist gleichgültig, Recht 12, 1468; W. 3, 261; auch in allen Fällen der fahrlässigen Körperverletzung, selbst wenn der Erfolg ein schwerer war, ist die Verlesung zulässig, E. 39, 286.

Es muß sich aber stets um ein Verfahren wegen Körperverletzung handeln, Recht 9, 49; 14, 1469; Attest über die Folgen eines Sittlichkeitsverbrechens also z. B. nicht verlesbar, E. 26, 38; dagegen ist nicht erfordert, daß gerade die betreffende Körperverletzung den Gegenstand der Anklage bildet, E. 35, 162.

7. Verlesung: auf Anordnung des Vorsitzenden, Gerichtsbeschluß nur bei Beanstandung, § 237 Abs. 2. — Verleser: Anm. 9 zu § 250. — Anspruch der Prozeßbeteiligten auf Verlesung statt Einvernahme nur unter den Voraussetzungen des § 244, E. 1, 383.

8. Das Gericht kann den Vertreter nicht selbst auswählen, E. 44, 400. Seine Vernehmung bezweckt nur die Erläuterung des Gutachtens; dieses muß demnach zum Gegenstand der Beweisaufnahme gemacht werden. Geschieht das nicht, so ist er nur Sachverständiger, der ein Gutachten erstattet, GoltdA. 46, 422; E. 39, 140; 44, 400.

§ 256.

Nach der Vernehmung eines jeden Zeugen, Sachverständigen oder Mitangeklagten, sowie nach der Verlesung eines jeden Schriftstücks soll[1] der Angeklagte[2] befragt werden, ob er etwas zu erklären[3] habe.

1. Unterlassung ist nicht Revisionsgrund, E. 2, 202; 32, 321; 42, 169; 44, 284.

2. Der Angekl. selbst; keine Vertretung durch den Verteidiger, E. 44, 284.

3. Erklärungen jeder Art, auch Beweisanträge, GoltdA. 46, 434.

Schlußvorträge.

§ 257.

I Nach dem Schlusse der Beweisaufnahme[1] erhalten[2] die Staatsanwaltschaft[3] und sodann der Angeklagte[4] zu ihren Ausführungen[5] und Anträgen[6] das Wort.

II Der Staatsanwaltschaft steht das Recht der Erwiderung zu;[7] dem Angeklagten gebührt das letzte Wort.[8]

III Der Angeklagte ist, auch wenn ein Verteidiger für ihn gesprochen hat, zu befragen,[9] ob er selbst noch etwas zu seiner Verteidigung anzuführen habe.

1. Die Beweisaufnahme kann von Amts wegen oder auf Antrag bis zur Verkündung des Urteils oder eines endgültigen, einwandfreien Spruchs der Geschworenen wieder aufgenommen werden, E. 3, 116; 28, 340; GoltdA. 55, 317. Es ist dann den Prozeßbeteiligten das Wort von neuem zu erteilen, E. 6, 254; Rsp. 6, 248; JW. 20, 450; Recht 6, 465; GoltdA. 55, 317; dies auch dann, wenn ein im Schlußvortrag gestellter Beweisantrag durch Gerichtsbeschluß abgelehnt wird, Rsp. 7, 519; E. 26, 32, selbst wenn neben dem Beweisantrag in zweiter Linie Freisprechung beantragt wurde, E. 20, 380. Anders wenn in erster Linie Freisprechung, in zweiter Linie Beweiserhebung beantragt wurde; hier kann nach Verkündung eines ablehnenden Gerichtsbeschlusses ohne nochmaliges Gehör der Prozeßbeteiligten sofort das Urteil verkündet werden, Recht 8, 51; 13, 779; 14, 2767; DJZ. 11, 656.

2. Das Wort muß von Amts wegen, auch ohne ausdrückliches Verlangen, erteilt werden, Rsp. 6, 248; 9, 537; s. übrigens hierzu auch Recht 13, 3277; BayZ. 5, 474.

3. Auch der Nebenkläger, E. 16, 253; Recht 10, 131; Unterlassung kein Revisionsgrund für den Angekl., Recht 14, 3693; DJZ. 16, 155.

4. Wird dem Angekl. das Wort erteilt, so gilt das zugleich auch für den Verteidiger, dieser darf dann ohne weiteres für ihn sprechen, E. 42, 51.

5. Die Ausführungen dürfen sich nur auf die Ergebnisse der Hauptverhandlung stützen, Recht 9, 1807; Verstoß hiergegen kein Revisionsgrund, E. 32, 239; s. aber auch E 41, 259. Bezugnahme auf Kommentare, Urteile, liter. Erzeugnisse, Äußerungen der Tagespresse hierbei zulässig, Rsp. 5, 550; BayZ. 7, 286, ebenso auch z. B. teilweise Verlesung der Anklageschrift zur Klarlegung eines Punktes der Prozeßgeschichte, E. 41, 259. — Eingreifen des Vorsitzenden bei sachwidrigen Ausführungen s. Anm. 1 zu § 237; der Vorsitzende ist in solchem Fall auch zu zeitlichen Beschränkungen befugt, Recht 15, 3885, DJZ. 17, 164.

6. Anträge der Staatsanwaltschaft: auf Freisprechung, Einstellung oder Verurteilung; letzterenfalls soll regelmäßig eine bestimmte Strafe beantragt werden. In zweifelhaften Fällen kann die Staatsanwaltschaft auch die Entsch. in der Sache dem Gericht anheimstellen. — Zurücknahme der Klage nicht mehr zulässig, § 154.

7. Mehrmalige Erwiderungen der Staatsanwaltschaft zulässig; es ist hierbei das Ermessen der gerichtlichen Sachleitung maßgebend, E. 11, 135.

8. Letztes Wort: nur der StA., nicht dem Verteidiger gegenüber, Rsp. 7, 191; bei Ablehnung eines hierbei gestellten Beweisantrages ist dem Angekl. nochmal Gelegenheit zur Äußerung zu geben, Rsp. 7, 519; E. 26, 32; s. übrigens auch noch die Fälle in Recht 9, 374; 13, 2763; 14, 1058.

Bei einer Mehrheit von Angekl. und Verteidigern bestimmt der Vorsitzende die Reihenfolge, in der diese zu sprechen haben.

9. Befragung auch in der Form ausdrücklicher Verstattung zum letzten Wort, E. 23, 319. Vor dem Schwurgericht kann sie auch erst nach der Rechtsbelehrung erfolgen, DJZ. 17, 459, nicht aber erst nach Beantwortung der Schuldfragen, SeuffBl. 73, 860. Unterlassung kann die Revision begründen, Rsp. 4, 94; 5, 749; E. 9, 69; 23, 319. Der Angekl. muß neben dem Verteidiger zum Wort

kommen; daß dies unbedingt erst nach dem Verteidiger geschieht, ist nicht erforderlert, Recht 12, 3370. Nochmalige Befragung nach Verbescheidung von Eventualanträgen, Recht 17, 443.

Verdolmetschung der Anfrage. **§ 258.**

I Einem der Gerichtssprache nicht mächtigen Angeklagten müssen aus den Schlußvorträgen mindestens die Anträge der Staatsanwaltschaft und des Verteidigers durch den Dolmetscher[1] bekannt gemacht werden.[2]

II Dasselbe gilt von einem tauben[3] Angeklagten, sofern nicht eine schriftliche Verständigung erfolgt.

1. Dolmetscher: §§ 187, 188 GVG.

2. Besondere Feststellung im Protokoll nicht erforderlert, sofern dieses ergibt, daß der Dolmetscher während der ganzen Verh. zugegen war; vgl. JW. 19, 270; Recht 11, 1216; s. auch E. 1, 379.

3. Nicht aber von einem bloß schwerhörigen Angekl.; s. hierzu E. 15, 172; Recht 14, 4224.

Urteil. **§ 259.**

I Die Hauptverhandlung schließt mit der Erlassung des Urteils.[1, 2] Das Urteil kann nur auf Freisprechung,[3] Verurteilung oder Einstellung des Verfahrens lauten.[4]

II Die Einstellung[5, 6] ist auszusprechen, wenn bei einer nur auf Antrag zu verfolgenden strafbaren Handlung sich ergibt, daß der erforderliche Antrag nicht vorliegt, oder wenn der Antrag rechtzeitig zurückgenommen ist.

1. Sie kann auch mit der Erlassung eines Beschlusses schließen, z. B. bei Aussetzung, §§ 227, 228; bei Unzuständigkeitserklärung, E. 23, 155, s. auch § 270; bei vorläufiger Einstellung § 203, die auch bei nicht möglicher Verständigung mit einem Taubstummen auszusprechen ist, E. 3, 29; auch bei Einstellung wegen mangelnder wesentlicher Prozeßvoraussetzungen, wenn der Mangel ohne Durchführung der Hauptverh. ohne weiteres festgestellt werden kann, z. B. wenn ein Eröff.-Beschl. fehlt oder mit unheilbaren Mängeln behaftet ist, E. 24, 64. — Wegen der Einstellung vor der Hauptverh. s. Anm. 3 zu § 201.

2. Die Beratung und Abstimmung muß zwischen den Schlußvorträgen und der Urteilsverkündung erfolgen, E. 42, 85, es darf dies aber geschehen, bevor ein Beweisanträge ablehnender Beschluß verkündet und dem Angekl. das Schlußwort gestattet wird; neue Beratung nur bei neuem Vorbringen, E. 43, 51. — Kein Wiedereintritt in die Verh. nach Verkündung des Urteils, JW. 37, 361; W. 2, 233.

3. Freisprechung: nicht von einem einzelnen rechtlichen Gesichtspunkt etwa bei Abweichung vom Eröff.-Beschl., sei es, daß ein anderes Strafgesetz angewendet wird, sei es, daß eines der im Eröff.-Beschl. in Idealkonkurrenz aufgeführten Strafgesetze für nicht anwendbar erachtet wird, E. 3, 4, 43; 36, 276; Rsp. 5, 604; GoltdA. 38, 188; ObstLG. 7, 214, 251, auch nicht Freisprechung von einzelnen in einer fortgesetzten Straftat enthaltenen Tathandlungen, die wegfallen, E. 39, 146; ObstLG. 7, 150 (anders, wenn statt der Realkonkurrenz des Eröff.-

Beschl. eine fortgesetzte Straftat angenommen wird und einzelne Straftaten wegfallen, Recht 13, 1434; 15, 2785; SeuffBl. 74, 561; BayZ. 7, 368, oder wenn statt der fortgesetzten Straftat des Eröff.-Beschl. eine Mehrheit von Straftaten angenommen wird und wegen einzelner Taten Verurteilung nicht erfolgen kann, Recht 17, 1062), ebenso nicht Freisprechung, wenn bei einer einzigen, auf mehrere Gegenstände sich beziehenden Straftat, hinsichtlich einzelner Gegenstände kein Schuldbeweis erbringbar, E. 18, 297. — Wegen der Entschädigung für unschuldig erlittene Untersuchungshaft s. Ges. v. 14. 7. 04 (Anhang).

4. Ein vom Revisionsgericht aufgehobenes verurteilendes Erkenntnis kann bei Schuldspruch nach erneuter Verh. nicht „aufrechterhalten" werden, sondern die Entsch. muß auf Verurteilung lauten, Recht 12, 3199; GoltdA. 55, 331.

5. Auf urteilsmäßige Einstellung ist in allen Fällen zu erkennen, in denen das Gericht auf Grund der Hauptverh. durch Urteil nicht über die Schuldfrage entscheidet, E. 41, 155 (wegen der beschlußmäßigen Einstellung s. Anm. 1); Fälle urteilsmäßiger Einstellung sind z. B. gegeben:

a) bei Fehlen des erforderlichen Strafantrags (§§ 61 ff. StGB.), ObstLG. 8, 51, oder der erforderlichen Ermächtigung (§ 99 StGB.). Einstellung auch dann, wenn für eine Tat der Tatbestand einer Offizial- und einer Antragsstraftat in Betracht kommen kann, nach den Urteilsgründen aber nur die Merkmale einer Antragstat festzustellen sind, E. 46, 363. Ob ein wirksamer Strafantrag vorliegt, entscheidet das Gericht, ohne an die Vorschriften über die Beweiserhebung gebunden zu sein, Rsp. 1, 614; E. 6, 161; 12, 34; Recht 6, 487; Verh. darüber nur bei Anträgen usw. nötig, Rsp. 4, 207, die in irgendeiner Form zu verbescheiden sind, E. 1, 43; Rsp. 1, 637; Verlesung des Antrags nicht nötig, E. 4, 264, aber zweckmäßig. Eintreten in die Verh. bei Fehlen oder Zurücknahme des Antrags nicht nötig, E. 2, 221, DJZ. 17, 775, sofern nicht die Tat auch Offizialdelikt. Nachholung des fehlenden Strafantrags möglich, Rsp. 5, 270; 9, 83, solange nicht das Verfahren in der Instanz abgeschlossen ist, Recht 6, 133; andernfalls nur neues Verfahren auf Grund rechtzeitigen neuen Antrags. Kein Beschluß nach § 243 nötig bei Ablehnung eines Antrags der StA. auf Aussetzung zur Beseitigung der Mängel eines Strafantrags, E. 26, 373;

b) bei mangelnder Gerichtsbarkeit, E. 41, 155, z. B. Exterritorialität, Militärperson; vgl. z. B. auch E. 33, 405;

c) bei Nichtverfolgbarkeit einer im Ausland begangenen Tat nach §§ 4 ff. StGB. oder einer Tat nach völkerrechtlichen Verträgen, z. B. in Fällen der Auslieferung wegen Beschränkung der Verfolgbarkeit nach dem jeweils geltenden Auslieferungsrecht, vgl. E. 46, 367;

d) bei Fehlen einer eine Voraussetzung der Strafverfolgung bildenden Entsch., z. B. bei Ehebruch, § 172 StGB., Eheerschleichung, § 170 StGB., Entführung, § 238 StGB. oder bei Fehlen einer Vorentscheidung in den Fällen des § 164 Abs. 2 und § 191 StGB., E. 41, 155;

e) bei fehlender Genehmigung gesetzgebender Versammlungen zur Strafverfolgung eines ihrer Mitglieder während der Zeit der Tagung, E. 41, 155;

f) bei Strafunmündigkeit des Täters gem. § 55 StGB., vgl. JW. 25, 463, auch E. 20, 46; s. auch Oppenh. Anm. 4 zu § 55 StGB.;

g) bei rechtskräftig entschiedener Sache (ne bis in idem) E. 41, 152; 46, 217;

h) bei anderweitiger Rechtshängigkeit der Sache, E. 46, 217;

i) bei Verjährung, E. 41, 167.

Wegen der vom RG. in früheren Entsch. in einigen der vorbezeichneten Fälle auch gebilligten Urteilsformel, daß „die Strafverfolgung unzulässig" sei, s. E. 7, 359; 9, 15; 27, 235.

5. Wirkung der urteilsmäßigen Einstellung: Verbrauch der Strafklage möglich, wenn und soweit bei der Entsch. die sachliche Aburteilung der Tat statthaft und deshalb geboten war; so ist z. B. eine neue Strafverfolgung nach rechtskräftiger Einstellung mangels Strafantrags wegen einer mit der Antragsstraftat rechtlich zusammenhängenden Nichtantragsstraftat nicht mehr zulässig, weil diese schon bei der Erlassung des Urteils zu berücksichtigen war, s. E. 46, 368; Rsp. 10, 245, auch die durch die rechtskräftige Einstellung erledigte Frage kann nicht wieder aufgeworfen werden, E. 46, 368. Der Aburteilung in einem neuen Verfahren sind nur noch die Fragen zugänglich, über die damit noch nicht entschieden ist. So ist z. B. durch Einstellung mangels Strafantrags nicht entschieden, daß Antragsberechtigte nicht vorhanden oder deren Berechtigungen erloschen sind, weshalb hier neue Strafklage bei nachträglichem, rechtzeitigem Strafantrag möglich ist, E. 46, 368; Rsp. 3, 350, 479; GoltdA. 39, 437; Recht 6, 133; 16, 530.

Freie Beweiswürdigung.

§ 260.

Über das Ergebnis der Beweisaufnahme [1, 2] entscheidet das Gericht nach seiner freien, aus dem Inbegriffe der Verhandlung geschöpften Überzeugung. [3, 4]

1. Nur die in der Verhandlung erhobenen Beweise dürfen zur Grundlage der Entsch. gemacht werden. Keine Bezugnahme auf aktenmäßige, in der Verh. nicht erhobene Tatsachen, Rsp. 1, 236; 9, 614, auf in der Verh. nicht benützte Urkunden, Rsp. 2, 523; E. 2, 76; 39, 257, oder Akten (Rückfallsbelege), Rsp. 2, 529; JW. 31, 58; Recht 12, 2279, auch Entsch. unter bloßer Bezugnahme auf ein anderes Urteil unzulässig, E. 33, 319; ebenso eine Entsch. auf Grund der in einer anderen Verh. gewonnenen Überzeugung, Recht 11, 323. Die Ergebnisse der Verh. bleiben auch dann allein maßgebend, wenn der Angekl. der Beihilfe zu einer Straftat beschuldigt ist, derentwegen der Haupttäter in einem anderen Strafverfahren rechtskräftig freigesprochen wurde, E. 33, 319; Recht 12, 220; s. auch Recht 14, 3433.

Verstöße hiergegen können nur dann wirksam gerügt werden, wenn sie sich aus den Urteilsgründen ergeben. Keine Nachprüfung, ob Privatunterhaltungen von Einfluß auf die Entsch. gewesen, Recht 12, 3200; dies gilt insbesondere für den Geschworenenspruch, JW. 22, 417; s. auch E. 40, 49.

2. Offenkundige, allgemein bekannte und deshalb vernünftigerweise nicht in Zweifel zu ziehende sog. notorische Tatsachen können ohne weiteres verwertet werden, E. 16, 327; 28, 171; Recht 11, 716, 1084; 18, 1037. Keine Verhandlung darüber, ob eine Tatsache notorisch; diese selbst ist aber zum Gegenstand der Verh. zu machen, E. 28, 171; Recht 10, 575. Ob eine Tatsache notorisch, ist Tatfrage, keine Revision, JW. 19, 64, solche nur zulässig, wenn es sich um die richtige Anwendung des Begriffes Notorietät handelt, E. 16, 327; GoltdA. 47, 293.

Gerichtskundige, d. h. dem erkennenden Gericht als solchem amtlich bekannte Tatsachen, können ebenfalls ohne weiteres verwertet werden, E. 28, 172; 33, 77; die gerichtskundige Tatsache muß aber zum Gegenstand der Hauptverh. gemacht werden, SeuffBl. 73, 763. Bekanntschaft der Richter mit dem Inhalt einer unzüchtigen Schrift begründet aber z. B. noch nicht Gerichtskundigkeit; die Schrift muß deshalb verlesen werden, E. 40, 54.

3. Keine Beweisregel. Keine Bindung an Geständnisse, an Vereinbarungen usw. der Prozeßbeteiligten, E. 7, 221, an Gutachten der Sachverständigen einschließlich der Psychiater, E. 7, 425, an Entsch. der Verwaltungsbehörden, E. 12, 1; 17, 26; 43, 373; s. aber E. 43, 33 (Entsch. des preuß. Heroldsamtes über Berechtigung zur Führung des Adelsprädikats), E. 44, 264 (Entsch. der Ersatzbehörden über Tauglichkeit eines Militärpflichtigen), s. ferner Anm. 2 zu § 261.

Ausnahmen: §§ 274, 475, ferner die gem. § 5 EG.StPO. von § 260 nicht berührten Beweisregeln anderer Reichsgesetze (s. Löwe Anm. 3); eine solche ist für den Strafprozeß die Vorschrift des § 1362 Abs. 1 BGB. aber nicht, E. 36, 332, ebenso nicht die Rechtsvermutung des § 1717 BGB., GoltdA. 59, 342.

4. Außer den vorgeführten Beweismitteln können auch unmittelbare Wahrnehmungen und Beobachtungen der Richter in der Hauptverh., z. B. Gebärden, Mienenspiel usw. verwertet werden, E. 39, 303; 33, 404; Schlußfolgerungen aus Zeugnisverweigerung zulässig, Rsp. 8, 502; ebenso Verwertung einer nicht beeidigten Aussage, E. 25, 134, irrige Verwertung als eidliche Aussage wäre aber gesetzwidrig, GoltdA. 50, 114; 55, 326. Auch Bezichtigungen Mitangeklagter können verwertet und u. U. sogar als allein zureichender Beweis erachtet werden, vgl. Recht 15, 1248. Auch Heranziehung einer durch Freisprechung erledigten Tat als Beweisgrund nicht ausgeschlossen, E. 33, 303; DJZ. 15, 651; Berücksichtigung ordnungsmäßig verlesener, unter Prozeßverstößen zustande gekommener Protokolle zulässig, Recht 14, 1314; SeuffBl. 75, 395.

Zivilrechtliche Vorfragen. § 261.

I Hängt die Strafbarkeit einer Handlung von der Beurteilung eines bürgerlichen Rechtsverhältnisses ab, so entscheidet das Strafgericht auch über dieses nach den für das Verfahren und den Beweis in Strafsachen geltenden Vorschriften.[1, 2]

II Das Gericht ist jedoch befugt,[3] die Untersuchung auszusetzen[4] und einem der Beteiligten[5] zur Erhebung der Zivilklage eine Frist zu bestimmen[6] oder das Urteil des Zivilgerichts abzuwarten.[7]

1. Keine Bindung des Strafrichters durch zivilgerichtliche Urteile, sofern diese nicht rechtsbegründender (konstitutiver) Natur sind, wie z. B. bei Grenzstreitigkeiten, Teilungen usw., Rsp. 8, 591.

2. § 261 findet auch entsprechende Anwendung auf Vorfragen des öffentlichen Rechts, E. 12, 3; 17, 26; 32, 110; 39, 64; 43, 377. Entsch. des Patentamts betr. die Erteilung, die Zurücknahme oder die Nichtigkeit eines Patents sind, weil konstitutiv, für den Strafrichter bindend, E. 3, 253; 7, 146; 42, 340; dasselbe gilt für Entsch. des Patentamts darüber, ob ein Warenzeichen, weil Freizeichen, nicht eingetragen werden durfte, Recht 14, 3874; SeuffBl. 76, 172; in solchen Fällen muß einem Aussetzungsantrag stattgegeben werden. S. noch E. 43, 33 (Entsch. des preuß. Heroldsamtes in Adelssachen).

3. Aber nicht verpflichtet, E. 18, 123; Recht 15, 1856; Ausnahmen s. Anm. 2.

4. Vor und in der Hauptverh.; auch noch in der Berufungsinstanz, nicht mehr aber in der Revisionsinstanz, E. 3, 253. — Der Beschluß kann nicht mit Beschwerde angefochten werden, ObstLG. 9, 408.

5. Nicht bloß den am Strafverf. Beteiligten.

6. Fristsetzung unter Androhung der Fortsetzung des Strafverfahrens;

Unterlassung der Klagestellung höchstens Beweismoment. Kein Ruhen der Verjährung während der Frist.

7. Das Zivilurteil ist aber auch in diesem Fall für den Strafrichter nicht bindend; s. Anm. 1.

Entscheidung über die Schuldfrage.

§ 262.[1]

I Zu einer jeden dem Angeklagten nachteiligen Entscheidung, welche die Schuldfrage betrifft, ist eine Mehrheit von zwei Dritteilen der Stimmen erforderlich.[2 3]

II Die Schuldfrage begreift auch solche von dem Strafgesetze besonders vorgesehene Umstände, welche die Strafbarkeit ausschließen, vermindern oder erhöhen.[2]

III Die Schuldfrage begreift nicht die Voraussetzungen des Rückfalles und der Verjährung.[4]

1. Entsch. im Strafprozeß erfolgen im allgemeinen mit einfacher Stimmenmehrheit (§ 198 Abs. 1 GVG.), so Entsch.:

a) über Art und Höhe der Strafe,
b) über Anrechnung der Untersuchungshaft, § 60 StGB.
c) über mildernde Umstände, s. auch § 297 Abs. 2,
d) darüber, ob ein minder schwerer Fall nach §§ 94, 96 StGB. oder ein besonders leichter Fall nach § 57[4] StGB. vorliegt, E. 6, 25,
e) über die prozessualen Voraussetzungen der Strafverfolgung, z. B. ob der erforderliche Strafantrag vorliegt, E. 2, 221; ob Strafmündigkeit gegeben, ob Verbrauch der Strafklage eingetreten usw.,
f) über Rückfall s. Abs. 3,
g) über Verjährung s. Abs. 3; hierbei sind die Feststellungen der Geschworenen hinsichtlich der Zeit der Tat maßgebend, E. 15, 107.

2. Einer Zweidrittelmehrheit (Strafk.: 4 Stimmen, Geschworene, § 307 Abs. 2: 8 Stimmen) bedarf es:

a) bei Bejahung der Schuldfrage. Über diese ist ungeteilt abzustimmen; keine Trennung nach objektiven und subjektiven Tatbestandsmerkmalen, E. 8, 218; Rsp. 3, 797; s. auch E. 2, 379;

b) bei Bejahung von gesetzlichen Straferhöhungsgründen, z. B. §§ 117 Abs. 2, 123 Abs. 2, 208, 221 Abs. 2 und 3, 223 Abs. 2, 223a, 224, 225, 226, 230 Abs. 2, 243, 250, 251, 254, 255 usw. StGB.;

c) bei Verneinung von Strafausschließungsgründen, z. B. §§ 51—55, 173 Abs. 4, 247 Abs. 2, 257 Abs. 2 StGB., einschließlich der Strafaufhebungsgründe z. B. §§ 46, 163 Abs. 2, 199, 204, 209, 310 StGB., Wahrheitsbeweis im Falle des § 186 StGB., Rsp. 4, 783;

d) bei Verneinung von gesetzlichen Strafminderungsgründen, z. B. §§ 157, 158 StGB. beim Meineid, E. 1, 423; § 213 StGB. beim Totschlag, E. 14, 298; Recht 16, 3015; § 216 StGB. Einwilligung bei Tötung, Rsp. 6, 225; E. 26, 363; GoltdA. 52, 92; auch § 370[5] StGB. gegenüber § 242 StGB., E. 5, 404; auch §§ 248a, 264a StGB. usw.

3. Keine Angabe des Stimmenverhältnisses im landgerichtlichen Urteil, Rsp. 1, 250; 2, 70. Vernehmung eines erkennenden Richters über die Vorgänge bei der Beratung und Abstimmung unzulässig, E. 36, 371.

4. Deshalb keine Frage an die Geschworenen über Rückfall, DJZ. 12, 1379 und über Verjährung, vgl. E. 23, 327.

Gegenstand der Urteilsfindung. Klageänderung.

§ 263.

I Gegenstand der Urteilsfindung ist die in der Anklage bezeichnete Tat,[1] wie sich dieselbe nach dem Ergebnisse der Verhandlung darstellt.[2]

II Das Gericht ist an diejenige Beurteilung der Tat, welche dem Beschlusse über die Eröffnung des Hauptverfahrens zugrunde liegt, nicht gebunden.[3, 4]

1. Abweichungen von dem Eröff.-Beschl., der die Anklage enthält (E. 3, 406) sind in tatsächlicher Hinsicht möglich und zulässig, wenn und soweit hierbei die Identität der Tat gewahrt bleibt; unter dieser ist aber nicht notwendig dasselbe konkrete Tun des Angekl., sondern nur derselbe geschichtliche Vorgang zu verstehen, vgl. E. 9, 420; 12, 409; 15, 133; 24, 370; 25, 334; 30, 11; 41, 165; 44, 28; 46, 218; Recht 16, 1731.

Die in der Anklage bezeichnete Tat ist sonach z. B. noch gegeben:

a) bei Annahme einer anderen Art der Beteiligung, z. B. Anstiftung statt Täterschaft, E. 3, 95;

b) bei abweichenden Feststellungen hinsichtlich Ort und Zeit der Tat, Rsp. 3, 493; E. 30, 11; W. 6, 152; ObstLG. 11, 349;

c) bei Wechsel in der Person des Verletzten, Rsp. 9, 430; JW. 35, 254;

d) bei Abweichungen hinsichtlich der Gegenstände, an denen die Tat verübt wurde, E. 24, 370;

e) bei Heranziehung neuer, im Eröff.-Beschl. nicht aufgeführter Straftaten, die unter eine angeklagte fortgesetzte oder gewerbs- oder gewohnheitsmäßige Straftat fallen, E. 38, 40; ObstLG. in BayZ. 7, 449; s. auch noch Recht 18, 1772.

2. Das Gericht hat alle in der Hauptverh. zur Sache ermittelten Tatumstände, auch wenn sie im Eröff.-Beschl. nicht enthalten sind, von Amts wegen zu berücksichtigen. Das Urteil muß in jedem Fall die Anklage in tatsächlicher Beziehung vollständig erschöpfen, E. 2, 360; 3, 147, s. auch E. 30, 209. Ist der Eröff.-Beschl. unvollständig, so kann er nötigenfalls aus der Anklageschrift ergänzt werden, E. 3, 406; GoltdA. 40, 318; über den Fall der Mangelhaftigkeit des Eröff.-Beschl. und der Anklageschrift s. E. 21, 64; s. noch Anm. 4 zu § 205.

3. Die in der Hauptverh. festgestellte Tat ist vom Gericht von Amts wegen ohne Bindung an das Parteivorbringen nach allen möglichen einschlägigen Gesichtspunkten strafrechtlich zu würdigen. Kein Vorbehalt der anderweitigen Verfolgung im Urteil, E. 15, 133. Das Urteil muß zwar die im Eröff.-Beschl. enthaltene Anklage in rechtlicher Hinsicht erschöpfen (Rsp. 1, 720, s. auch E. 30, 209), das Gericht ist aber völlig unabhängig von der rechtlichen Beurteilung im Eröff.-Beschl., weshalb es auch auf die Tat ein in diesem nicht erwähntes oder ausdrücklich abgelehntes Strafgesetz anwenden kann, Rsp. 1, 681; 2, 637. Anregungen und Anträge der Prozeßbeteiligten hierzu sind im Urteil zu würdigen; fehlt es an solchen, so bedarf es darin keiner Erörterung darüber, daß und warum ein Anlaß zu einer Änderung des rechtlichen Gesichtspunktes nicht gefunden wurde, E. 2, 15, 30; 4, 192; 5, 230; Rsp. 7, 522.

Eine abweichende rechtliche Beurteilung der Tat kann mit und ohne abweichende tatsächliche Feststellungen erfolgen.

Einzelfälle: Anstiftung oder Beihilfe statt Mittäterschaft, E. 3, 95; 9, 161; Vorsatz statt Fahrlässigkeit und umgekehrt, Rsp. 1, 798; 2, 332; Idealkonkurrenz statt Realkonkurrenz, BayZ. 3, 237; fortgesetzte Straftat oder Kollektivdelikt statt Realkonkurrenz und umgekehrt, Rsp. 5, 766; 2, 163 (wegen teilweiser Freisprechung in diesen Fällen s. Recht 10, 633; GoltdA. 53, 279; SeuffBl. 74, 561; s. auch Anm. 3 zu § 259); Hehlerei statt Diebstahl und umgekehrt, E. 5, 249; 8, 135; Betrug statt Unterschlagung und umgekehrt; E. 9, 420; 44, 118 u. dgl. mehr.

4. Auf der vorerörterten Prüfungspflicht des Gerichts bei der Urteilsfällung beruht der Grundsatz

Ne bis in idem:

d. h. durch ein auf Verh. erlassenes, rechtskräftiges, strafrichterliches Urteil wird die Strafklage verbraucht, so daß dieselbe Person wegen derselben Tat nicht von neuem strafrechtlich verfolgt werden kann, E. 8, 135; 21, 78.

Dieser Grundsatz ist von Amts wegen, auch noch in der Revisionsinstanz zu beachten, und zwar hier auch dann, wenn die rechtskräftige Entsch. später erging als die angefochtene, E. 18, 272; 30, 340. Er hat die urteilsmäßige Einstellung der Sache zur Folge, E. 41, 152. Im schwurgerichtlichen Verf. entscheidet darüber das Gericht, nicht die Geschworenen, E. 43, 60; 45, 396. — Wegen der Wirkungen der bloßen Rechtshängigkeit s. E. 29, 174; 41, 108; 42, 372.

Voraussetzungen des ne bis in idem.

A. Es muß eine Entsch. des Strafrichters vorliegen.

Disziplinarentscheidung genügt nicht, s. aber wegen des militärischen Disziplinarstrafrechts, E. 22, 1. Wegen der Strafentsch. der Verwaltungsbehörden s. E. 3, 105, ferner E. 2, 211; Rsp. 5, 570; E. 34, 165; 41, 153; 43, 168 (polizeiliche Strafverfügungen) und E. 22, 232 (Strafbescheid eines Seemannsamtes).

Gleichgültig ist, ob ein höheres oder niederes Gericht entschied, E. 3, 211, ob dieses etwa seine Zuständigkeit überschritt oder sonst nicht ordnungsgemäß erkannte, etwa auch in unzulässiger Prozeßform, z. B. auf unzulässige Privatkl., E. 9, 14, 324.

B. Der Strafrichter muß ein inländischer sein. Vgl. aber §§ 5 [1], 7, 37 StGB.

C. Das Erkenntnis des Strafrichters muß rechtskräftig, Rsp. 5, 29; E. 41, 109 und auf Grund einer Verh. ergangen sein, welche die Würdigung der Tat nach allen Richtungen gewährleistet, es muß sohin eine materielle Erledigung der Anklage, eine sachliche Entscheidung über die Tat enthalten, E. 26, 150, gleichgültig, ob es auf Verurteilung, Freisprechung oder Einstellung lautet, E. 15, 237. — Wegen der Einstellung s. noch Anm. 5 zu § 259.

Amtsrichterliche und forstrichterliche Strafbefehle bewirken den Verbrauch der Strafklage nicht, E. 4, 243; 9, 321; 15, 112, sofern auf die Tat ein anderes, schwereres als das im Strafbefehl angeführte Strafgesetz anzuwenden ist, E. 14, 358; 28, 83; 29, 156; Recht 12, 2523. Dasselbe gilt für Strafverfügungen und Strafbescheide, Recht 17, 1548. S. noch Anm. 3 zu § 450, Anm. 10 zu § 453.

D. Es muß Identität der Person gegeben sein.

Dann auch nachträgliches objektives Strafverf. ausgeschlossen, E. 8, 349; 44, 319, sofern nicht die damit bezweckte Einziehung usw. lediglich den Charakter einer polizeilichen Vorsorgemaßregel hat, E. 14, 161; 27, 352; 44, 320.

Andrerseits kann aus der gegen einen Andern ergangenen Entsch. weder gegen die Zulässigkeit, noch gegen die Art der Begründung der neuen Strafklage ein Einwand entnommen werden, Rsp. 6, 603; E. 33, 319.

E. Es muß Identität der Tat gegeben sein.

Es muß sich um denselben geschichtlichen Vorgang handeln; s. Anm. 1. Ob dies der Fall, entscheidet das Gericht selbständig ohne Bindung durch eine etwaige Entsch. über diese Frage in einem anderen richterlichen Erkenntnis, E. 15, 133; 21, 79.

Aus der Rechtsprechung des Reichsgerichts:

Identität der Tat: wenn innerhalb desselben Tatsachenbereiches lediglich eine Veränderung des subjektiven Tatbestands oder der Art des subjektiven Verschuldens in Frage kommt, z. B. bei Annahme von Vorsatz statt Fahrlässigkeit und umgekehrt, E. 2, 347; 3, 132, von Beihilfe statt Täterschaft, E. 13, 146, von Körperverletzung statt durch Mißhandlung und Lärmen verübten groben Unfugs, Rsp. 3, 343, von Beleidigung statt durch Beschimpfungen verübten groben Unfugs, E. 23, 307, s. auch ObstLG. 9, 47, von Diebstahl statt Hehlerei an derselben Sache, E. 8, 135, von Teilnahme am Mord statt Nichtanzeige dieses Mordes, E. 21, 78, von fahrlässiger Tötung statt unbefugter Ausübung des Hebammengewerbes, Rsp. 5, 29, von Hehlerei statt einer Straftat nach § 148a GewO., Recht 10, 67; SeuffBl. 71, 190.

Keine Identität der Tat: wenn eine andere, zwar gleichartige, aber selbständige Straftat derselben Person in Frage steht, z. B. Privatbankerutt des offenen Handelsgesellschafters nach Verurteilung wegen Bankerutts in seiner letzteren Eigenschaft, E. 11, 5, Betrug bei Regelung der Brandentschädigung nach Freisprechung wegen betrügerischer Brandstiftung, GoltdA. 36, 462, Urkundenfälschung und Betrug zur Vorbereitung und Verdeckung eines abgeurteilten Forstfrevels, JW. 40, 249, wiederholte Verbreitung einer unzüchtigen Schrift nach Freisprechung, E. 5, 101, unter Umständen mehrmaliger strafbarer Verkauf von Losen derselben Lotterie, E. 12, 115, Recht 13, 3888, spätere gleichartige Verfehlung gegen das MarkenschutzG., E. 5, 105, späterer wiederholter Diebstahl hinsichtlich eines dem Dieb abgenommenen Gegenstands, Rsp. 7, 597, Beleidigung einer andern Person in derselben Druckschrift, E. 21, 276; 33, 46, Anstiftung eines andern zu gleicher Tat neben fortgesetzter Selbsttäterschaft des Anstifters, Recht 11, 1548, s. auch noch E. 14, 342; 27, 39; ferner Recht 10, 132: Verfolgung des Täters nach objektivem Verfahren.

Bei Verurteilung wegen eines Kollektivdelikts (Gewerbs- und Gewohnheitsmäßigkeit) ist Identität der Tat hinsichtlich aller vor der Aburteilung begangenen Einzelstraftaten gegeben, auch wenn sie der Strafrichter nicht kannte, E. 7, 32, 229; 23, 7; 41, 110; Rsp. 3, 470; 7, 670; 8, 134. Anders wenn unter Verneinung der Gewerbs- oder Gewohnheitsmäßigkeit nur ein Einzelfall abgeurteilt wurde oder wenn Freisprechung erfolgte; dann können frühere, nicht bei der Aburteilung behandelte Einzelfälle verfolgt werden, E. 23, 230; 24, 419; 41, 110.

Dasselbe gilt im allgemeinen auch entsprechend bei den sog. fortgesetzten Straftaten, E. 9, 344, s. auch E. 36, 42; 41, 392. War aber umgekehrt in einem früheren Urteil eine Mehrheit sachlich zusammentreffender Straftaten festgestellt worden, so dürfen diese in einem späteren Urteil nicht für Bestandteile einer darin angenommenen, fortgesetzten Straftat erklärt werden, E. 15, 23; 26, 162; Recht 12, 1116; früher abgeurteilter Einzelfall und fortgesetzte Tat, s. Recht 14, 255, s. aber auch Recht 13, 2766.

Bei Idealkonkurrenz ist nachträgliche Verfolgung aus einem andern rechtlich konkurrierenden Gesichtspunkt wegen Identität der Tat unzulässig, Rsp. 2, 271; 5, 52; Recht 12, 1117, auch wenn der letztere aus irgendeinem Grunde, z. B. mangels Strafantrags der Aburteilung nicht zugrunde gelegt wurde oder werden konnte, E. 3, 385; 25, 27; Recht 12, 1117; diese Identität ist auch hinsichtlich solcher Straftaten gegeben, die mit einem einzelnen Bestandteile eines abgeurteilten Kollektivdelikts ideell konkurrieren, E. 23, 7; 28, 283. — Vgl. aber auch noch die Fälle in E. 32, 57; 33, 405; 37, 89; 44, 119. (Verfolgung aus einem andern rechtlichen Gesichtspunkt möglich, wenn das früher erkennende Gericht an dessen Berücksichtigung und an der entsprechenden Umgestaltung der Strafklage aus Rechtsgründen gehindert war).

Veränderung des rechtl. Gesichtspunkts.

§ 264.

I Eine Verurteilung[1] des Angeklagten auf Grund eines anderen als des in dem Beschlusse über die Eröffnung des Hauptverfahrens[2] angeführten[3] Strafgesetzes[4] darf nicht erfolgen, ohne daß der Angeklagte zuvor auf die Veränderung des rechtlichen Gesichtspunktes besonders hingewiesen[5] und ihm Gelegenheit zur Verteidigung[6] gegeben worden ist.[7]

II In gleicher Weise ist zu verfahren, wenn erst in der Verhandlung solche vom Strafgesetze besonders vorgesehene Umstände behauptet werden, welche die Strafbarkeit erhöhen.[8]

III Bestreitet der Angeklagte, unter der Behauptung auf die Verteidigung nicht genügend vorbereitet zu sein, neu hervorgetretene Umstände,[9] welche die Anwendung eines schwereren Strafgesetzes gegen den Angeklagten zulassen als des in dem Beschlusse über die Eröffnung des Hauptverfahrens angeführten, oder welche zu den im zweiten Absatze bezeichneten gehören, so ist auf seinen Antrag die Hauptverhandlung auszusetzen.[10]

IV Auch sonst hat das Gericht auf Antrag oder von Amts wegen die Hauptverhandlung auszusetzen, falls dies infolge der veränderten Sachlage zur genügenden Vorbereitung der Anklage oder der Verteidigung angemessen[11] erscheint.

V Auf die in § 244 Abs. 2 bezeichneten Verhandlungen findet die Vorschrift des dritten Absatzes nicht Anwendung.

1. Auch eine Entsch. gegen Jugendliche nach § 56 Abs. 2 StGB.; Recht 7, 84; DJZ. 8, 202.

2. § 205 oder im Verweisungsbeschluß nach § 270, E. 15, 286; Recht 10, 1277; 12, 1736; nicht aber im Strafbescheid einer Verwaltungsbehörde im Falle des § 462; E. 4, 116; Rsp. 5, 586; Recht 14, 4222.

3. Unterlassene oder unrichtige Angabe der Paragraphenzahl bei richtiger Anführung der gesetzlichen Merkmale der Straftat belanglos, E. 6, 169, auch unterlassene Anführung der Bestimmungen über zu erkennende Nebenstrafen machen eine Hinweisung nicht nötig, E. 5, 137; 10, 139; 29, 21; Recht 9, 374 (Buße), auch nicht unterlassene Anführung des § 57 StGB. bei Jugendlichen, GoltdA. 48, 114.

4. Anderes Strafgesetz: die Tat muß strafrechtlich eine andere werden.

Hierbei ist zu beachten:

a) Daß das nunmehr anzuwendende Strafgesetz milder ist, ist belanglos.

b) Auch die Anwendung einer anderen, abweichenden Bestimmung des allgemeinen Teiles des Strafrechts (StGB.s) läßt die Tat regelmäßig strafrechtlich als eine andere erscheinen.

c) Auch bei Anwendung desselben Paragraphen ist dann strafrechtlich eine andere Tat, also ein anderes Strafgesetz gegeben, wenn ein in diesem Paragraphen enthaltener anderer, verschiedener Tatbestand in Frage kommt.

Auch in allen solchen Fällen muß der Hinweis erfolgen.

Aus der Rechtsprechung des Reichsgerichts:

Der Hinweis muß erfolgen:

Zu a. Auch bei milderem Strafgesetz: bei Mundraub statt Diebstahl, E. 5, 199; bei § 186 statt § 187 StGB., E. 5, 211; 20, 33; bei § 223 statt § 223a StGB., E. 7, 199; Recht 9, 535; bei § 223a statt § 224 StGB., Rsp. 4, 298; bei § 242 statt § 243 StGB., GoltdA. 47, 167; bei § 246 statt § 350 StGB., E. 17, 293; bei § 259 statt § 260 StGB., Recht 16, 1864; bei Fahrlässigkeit statt Vorsatz, E. 6, 349; auch bei Antragsstraftat statt Offizialstraftat, GoltdA. 49, 266; bei Anwendung des Strafrahmens für Jugendliche § 57 StGB. statt des ursprünglich für maßgebend erachteten gewöhnlichen Strafrahmens, E. 33, 166.

Zu b. Auch bei Anwendung anderer, abweichender Bestimmungen des allgemeinen Teiles des Strafrechts (StGB.s), bei Versuch statt Vollendung, Rsp. 5, 536; bei Anstiftung statt Mittäterschaft, Rsp. 5, 190; bei Mittäterschaft statt Alleintäterschaft, Rsp. 5, 23; bei Alleintäterschaft statt Mittäterschaft, E. 22, 367; 36, 18; Recht 10, 195; 13, 780; bei Täterschaft allein oder mit einem andern statt Alleintäterschaft, Recht 8, 507, oder statt Mittäterschaft, Recht 9, 625; bei Mittäterschaft statt Beihilfe und umgekehrt, GoltdA. 42, 241; BayZ. 4, 185; bei Täterschaft statt Beihilfe, Rsp. 6, 654; bei Vorsatz statt Fahrlässigkeit und umgekehrt, GoltdA. 53, 177; E. 6, 349; bei Realkonkurrenz statt Idealkonkurrenz, Recht 2, 163; und umgekehrt SeuffBl. 72, 545; bei Realkonkurrenz mehrerer Taten statt einer Tat, E. 16, 437; bei Realkonkurrenz statt fortgesetzter Straftat und umgekehrt, 9, 426; 20, 226.

Zu c. Auch bei Anwendung eines andern, verschiedenen Tatbestands desselben Paragraphen: StGB. bei § 49a: schriftliches Erbieten zur Teilnahme statt schriftliche Aufforderung zur Begehung. Recht 13, 1258, — bei § 112: Anreizung statt Aufforderung, GoltdA. 47, 286, — bei § 113: tätlicher Angriff neben Widerstand mit Gewalt, GoltdA. 48, 359, — bei § 123: unbefugtes Verweilen statt widerrechtlichen Eindringens, E. 19, 401, — bei § 166: Beschimpfung der Gebräuche statt Verübung beschimpfenden Unfugs, Recht 14, 1470, — bei § 181a: die eine oder die andere Alternative, JW. 34, 246, — bei § 184: Verbreiten statt Verteilen, Recht 8, 365, — bei § 223a: mittels gefährlichen Werkzeugs statt gemeinschaftlich, E. 12, 379, gemeinschaftlich und mittels gefährlichen Werkzeugs statt bloß gemeinschaftlich, Rsp. 9, 204; mittels Messers und lebensgefährdender Behandlung statt bloß mittels Messers, Recht 11, 524, — bei § 230: Abs. 2 statt Abs. 1, GoltdA. 46, 447, — bei § 237: Entführung zum Zwecke der Ehe statt zum Zwecke der Unzucht, Recht 12, 677; GoltdA. 55, 226, — bei § 243: Nr. 3 statt Nr. 2, GoltdA. 42, 241, und umgekehrt, JW. 36, 405, Einsteigen statt Einbruch, GoltdA. 46, 321; Erbrechen eines Behältnisses statt Einbruch, Rspr. 7, 138, — § 257 Abs. 3 statt § 258, Recht 17, 445, —

bei § 259: Ansichbringen statt Mitwirken zum Absatz, Recht 9, 535, — bei § 260: gewerbsmäßig statt gewohnheitsmäßig, E. 27, 138; W. 8, 186, — bei § 266: Abs. 2 statt Abs. 1, Recht 10, 947, — bei § 267: Privaturkunde statt öffentliche Urkunde, E. 23, 279, — bei § 274 Nr. 2: Unkenntlichmachung statt Wegnahme, Recht 9, 139, — bei § 289: Wegnahme fremder Sachen zugunsten des Eigentümers statt Wegnahme eigener Sachen, GoltdA. 50, 109, — bei § 302 b: Verschleierung statt Wechselmäßigkeit, SeuffBl. 75, 322, bei § 345: Vollstreckung einer der Art nach unzulässigen Strafe statt einer überhaupt nicht vollstreckbaren Strafe, Recht 6, 514, — bei § 348 Abs. 2: amtlich zugängliche statt amtlich anvertraute Urkunde, E. 24, 89.

Auch bei Bankerutt § 240 KO.: Nr. 3 statt Nr. 2, E. 21, 387, — § 12 NahrMittelG.: Herstellung statt Verkauf, E. 8, 149, — bei § 136 VerZG.: Nr. 8 statt Nr. 6, E. 28, 114 u. dgl. mehr.

Ein anderes Strafgesetz liegt jedoch nicht vor, wenn nur von mehreren, in demselben Deliktstatbestande als gleichwertig anerkannten Merkmalen das eine an die Stelle des andern tritt.

Aus der Rechtsprechung des Reichsgerichts:

Der Hinweis ist nicht erforderlich bei nachbezeichneten Veränderungen: StGB. bei § 117: Waldeigentümer oder von diesem bestellter Aufseher statt Forstbeamter, E. 33, 224, — bei § 164: Begehung einer strafbaren Handlung statt Verletzung einer Amtspflicht, Recht 12, 914, — bei § 184 Nr. 1: Ankündigung statt Anpreisung, Recht 11, 524, — bei § 223 a: gefährliches Werkzeug statt Messer, E. 30, 176, — bei § 230: Berufspflicht statt Gewerbepflicht, Rsp. 3, 350, — bei § 243 Nr. 3: falsche Schlüssel statt anderer Werkzeuge, Recht 10, 1445; Türe statt Behältnis, E. 37, 353, — bei § 253: Drohung statt Gewalt, Recht 10, 1016, — bei § 257: Verbrechen statt Vergehen des Begünstigten, E. 13, 134, — bei § 257 Abs. 1 statt § 258, Recht 17, 445, — bei § 263: Unterhaltung statt Erregung eines Irrtums, Recht 12, 913, — bei § 266: Gelder statt Forderungen, Recht 15, 2787, — bei § 268: beabsichtigte Schädigung eines andern statt beabsichtigter eigener Vermögensvorteil, E. 39, 107, — bei § 274 Nr. 1: Unterdrückung statt Vernichtung, E. 40, 114, — bei § 274 Nr. 2: fälschlich setzen statt verrücken, Rsp. 4, 62; — bei § 286: Lotterie statt Ausspielung, E. 31, 71, — bei § 288: Veräußern statt Beiseiteschaffen, DJZ. 12, 1379, — bei § 302 a: Leichtsinn statt Notlage, E. 17, 440, s. auch Recht 14, 817.

Auch bei Bankerutt § 240 KO.: unordentliche Buchführung statt unterlassener Buchführung, E. 3, 417; Zahlungseinstellung statt Konkurseröffnung, E. 36, 266, — bei § 153 GewO.: Ehrverletzung statt Verrufserklärung, E. 37, 102, — bei § 12 NahrMittelG.: Inverkehrbringen statt Verkaufen, Recht 9, 653 und dgl. mehr.

5. Hinweis: durch das Gericht (Vorsitzenden).

Bloße Antragstellung und Erörterung durch die Staatsanwaltschaft ungenügend, E. 1, 254, auch wenn sich der Verteidiger darauf einließ, E. 20, 33. Im schwurgerichtlichen Verf. genügt aber die bloße Stellung und Verlesung entsprechender Hilfs- oder Nebenfragen, E. 2, 55, 92; 19, 224; Rsp. 4, 242; 5, 191; GoltdA. 54, 71.

Eine bestimmte Form ist nicht vorgeschrieben. Bezugnahme auf den Antrag der Staatsanwaltschaft möglich, GoltdA. 47, 161. Der Angekl. muß erfahren, welcher neue rechtliche Gesichtspunkt in Frage kommt. Es genügt z. B. nicht ein bloßer Hinweis, daß eine „andere" Straftat angenommen werden könne, E. 2, 116; Rsp. 5, 190, oder daß § 73 StGB. zur Anwendung kommen könne, GoltdA.

58, 194. Bei Paragraphen mit verschiedenen Tatbeständen ist der in Frage kommende Tatbestand zu bezeichnen, E. 28, 150; Recht 10, 67; 16, 156. Auf Strafbestimmungen, die gegebenenfalls die Verhängung einer Nebenstrafe rechtfertigen, braucht nicht hingewiesen zu werden, Recht 18, 161.

Zeit: bis zur Verkündung des Urteils oder des Geschworenenspruchs, vgl. Rsp. 6, 174. Hinweis nach Beginn der Verkündung der Urteilsgründe aber vor Beginn der Verlesung der Urteilsformel zulässig, Recht 12, 3501. S. noch Anm. 6.

Der Hinweis muß auch im Falle § 230 Abs. 2, ferner im Ungehorsamsverfahren (§ 231), E. 32, 96; 35, 65 und bei Entbindung des Angekl. vom persönlichen Erscheinen erfolgen, E. 12, 45.

6. Der Angekl. muß Zeit und Gelegenheit zu Erörterungen und Anträgen haben. Ausdrückliche Befragung nicht nötig, Recht 11, 1340. Erlassung des Urteils unmittelbar nach Hinweis ohne Anhörung des Angekl. unzulässig, E. 21, 372; 25, 340; Recht 11, 1416.

7. Der erfolgte Hinweis (nicht die Art und Weise, Recht 11, 1340) ist im Protokoll zu beurkunden; Erwähnung in den Urteilsgründen genügt nicht, Rsp. 2, 67.

Unterlassung des Hinweises ist Revisionsgrund, Rsp. 1, 789, wenn das Urteil auf dieser Gesetzesverletzung beruht, Rsp. 1, 580; E. 1, 254; 20, 33; 23, 77; 28, 150. — Fälle, in denen der Hinweis unterlassen werden kann s. GoltdA. 39, 222; 41, 362; 49, 272; JW. 35, 610; Recht 10, 2140; 16, 962.

8. Z. B. § 222 Abs. 2 (SeuffBl. 75, 359), §§ 223a, 224, 243, 244, 250, 264 StGB., § 293 StGB. (Rsp. 3, 531; Recht 12, 3201).

9. Diese müssen erst in der Verh. hervorgetreten sein; neue Schlußfolgerungen aus den alten Tatsachen genügen nicht, E. 39, 17; neue Tatsachen können auch „innere" Tatsachen sein, z. B. Vorsatz statt bisher angenommene Fahrlässigkeit, BayZ. 2, 228; GoltdA. 53, 177.

10. Sind die Voraussetzungen des Abs. 3 alle gegeben, so muß die Aussetzung erfolgen, E. 1, 106; 3, 402.

11. Also nach Ermessen des Gerichts, Rsp. 2, 20; Nachprüfung in der Revisionsinstanz, soweit hierfür rechtliche Erwägungen maßgebend, E. 28, 124.

Neue Anklage in der Hauptverhandlung.

§ 265.

I Wird der Angeklagte im Laufe der Hauptverhandlung[1] noch einer anderen Tat[2] beschuldigt,[3] als wegen welcher das Hauptverfahren wider ihn eröffnet worden, so kann[4] dieselbe auf Antrag[5] der Staatsanwaltschaft und mit Zustimmung[6] des Angeklagten zum Gegenstande derselben Aburteilung gemacht werden.

II Diese Bestimmung findet nicht Anwendung, wenn die Tat als ein Verbrechen[7] sich darstellt oder die Aburteilung derselben die Zuständigkeit des Gerichts überschreitet.[8]

1. Auch vor dem Schwurgericht, E. 4, 76, nicht aber erst vor dem Berufungsgericht als solchem, E. 42, 91; die Zustimmung des Angekl. vor dem Erstgericht bleibt aber für das Verf. in der Berufungsinstanz wirksam, E. 12, 164.

2. Eine mit den Straftaten im Eröff.-Beschl. sachlich zusammentreffende Tat, E. 23, 33.

3. Nicht notwendig durch die Staatsanwaltschaft; Antrag der Staatsanwaltschaft kann auch erst nach Formulierung der Beschuldigung durch das Gericht gestellt werden, E. 23, 33.

4. Ablehnung des Antrags der Staatsanwaltschaft auch bei Zustimmung des Angekl. möglich.

5. Nicht von Amts wegen. Der Antrag ist inhaltlich einem Eröff.-Beschl. entsprechend zu fassen und in dieser Fassung zu protokollieren. Es muß dem Angekl. die Tat unter Hervorhebung ihrer ges. Merkmale und des anzuwendenden Strafgesetzes bezeichnet werden, E. 1, 432.

6. Formlos, aber unzweideutig; bloße Auslassung auf die neue Anklage genügt nicht, GoltdA. 47, 154, vgl. auch Recht 16, 1732. Vor dem Schwurgericht genügt die Erklärung des Angekl., daß er gegen eine Hilfsfrage über die „andere Tat" nichts einzuwenden habe; bloßes Einverständnis mit der Fassung einer solchen Frage genügt nicht, E. 4, 76.

7. § 1 Abs. 1 StGB. S. E. 23, 33.

8. In solchem Fall auch keine Verweisung (§ 270), Rsp. 3, 91. Bei unzulässiger Aburteilung Aufhebung des betr. Teiles des Urteils in der Revisionsinstanz, GoltdA. 48, 443.

Urteilsgründe.

§ 266.

I Wird der Angeklagte verurteilt, so müssen die Urteilsgründe[1] die für erwiesen erachteten Tatsachen angeben, in welchen die gesetzlichen Merkmale der strafbaren Handlung gefunden werden.[2] Insoweit der Beweis aus anderen Tatsachen gefolgert wird, sollen auch diese Tatsachen angegeben werden.[3]

II Waren in der Verhandlung solche vom Strafgesetze besonders vorgesehene Umstände behauptet[4] worden, welche die Strafbarkeit ausschließen, vermindern oder erhöhen,[5] so müssen die Urteilsgründe sich darüber aussprechen, ob diese Umstände für festgestellt oder für nicht festgestellt erachtet werden.

III Die Gründe des Strafurteils müssen ferner das zur Anwendung gebrachte Strafgesetz[6] bezeichnen und sollen[7] die Umstände anführen, welche für die Zumessung der Strafe bestimmend gewesen sind.[8] Macht das Strafgesetz die Anwendung einer geringeren Strafe von dem Vorhandensein mildernder Umstände im allgemeinen abhängig, so müssen die Urteilsgründe die hierüber getroffene Entscheidung ergeben, sofern das Vorhandensein solcher Umstände angenommen, oder einem in der Verhandlung gestellten Antrage[9] entgegen verneint wird.

IV Wird der Angeklagte freigesprochen, so müssen die Urteilsgründe ergeben, ob der Angeklagte für nicht überführt, oder ob und aus welchen Gründen die für erwiesen angenommene Tat für nicht strafbar erachtet worden ist.[10]

Zu Abs. 1.

1. Die Urteilsgründe müssen selbst die bezeichneten Angaben enthalten; bloße Bezugnahme auf die Anklageschrift oder den Eröff.-Beschl. oder das Sitzungsprotokoll oder auf den Inhalt eines andern Urteils unzulässig, E. 4, 137, 382; Rsp. 1, 558; E. 4, 367; 30, 143; JW. 22, 583; SeuffBl. 75, 177; Recht 13, 3889; 16, 3511.

2. Wegen der Verweisung auf den Eröff.-Beschl. oder auf im Urteil schon geschilderte gleiche Taten des Angekl. s. Recht 17, 789. — Bloße Feststellung der ges. Tatbestandsmerkmale nach ihrem Wortlaut ohne Angabe der ihre Anwendung in dem betr. Fall begründenden Tatsachen ist unzulässig, E. 1, 152; 2, 419; dies gilt auch im Fall eines Geständnisses, E. 1, 415; Beifügung von Zeichnungen und Abbildungen zur Verdeutlichung, aber nicht zur Ersetzung der sprachlichen Darstellung zulässig, E. 41, 19.

Abstrakte Straftatsbegriffe müssen stets in ihre einzelnen ges. Merkmale aufgelöst werden, Rsp. 2, 63, so z. B. die Begriffe „entwenden", E. 1, 152, „unterschlagen", E. 2, 279, „Versuch", Rsp. 3, 292, s. auch Rsp. 2, 150; Recht 14, 820. Dagegen brauchen gemeinverständliche Rechtsbegriffe, wie z. B. der des „Findens" nicht aufgelöst zu werden, E. 3, 201.

Alternative Feststellungen sind insoweit zulässig, als es sich um verschiedene Ausführungsarten derselben Straftat handelt, die einen verschiedenen Tatbestand nicht bedingen und die das Ges. als gleichwertige nebeneinander stellt, Rsp. 1, 777; E. 22, 216; 26, 157; 35, 299; Recht 13, 3278; 14, 819; SeuffBl. 73, 44. — S. noch Anm. 1 zu § 292.

3. Die Angabe der Beweismittel, z. B. Anführung der Zeugenaussagen ist nicht nötig, vgl. E. 3, 201; Rsp. 1, 532, 776; dagegen sollen die sog. „Indizien" nach Abs. 1 Satz 2 angegeben werden. Erörterung eines erfolglos gebliebenen Entlastungsbeweises nicht erfordert, Rsp. 8, 598.

Zu Abs. 2.

4. Beweis des Vorbringens einer solchen Behauptung in der Verh. außer durch Anführung im Urteil nur durch das Protokoll, E. 17, 346.

5. S. Anm. 2 zu § 262, z. B. Notwehr, Rsp. 9, 188; DJZ. 9, 405; sinnlose Trunkenheit, Recht 9, 535, mangelnde Strafbarkeitseinsicht des Jugendlichen, E. 31, 161; 36, 112. Auch die Geltendmachung der Voraussetzung der §§ 199, 233 StGB. gehört hierher, E. 17, 346; 31, 347; Recht 11, 844, nicht aber die einer andern rechtlichen Beurteilung der Tat, z. B. Beihilfe statt Täterschaft, E. 20, 351, oder fortgesetztes Vergehen statt mehrerer Vergehen, Recht 9, 477.

Zu Abs. 3.

6. Angewendetes Strafgesetz: die den Straftatsbegriff und die Strafandrohung enthaltenden gesetzlichen Vorschriften, Rsp. 5, 175, wozu auch diejenigen gehören, auf Grund deren auf Einziehung erkannt wird, GoltdA. 38, 203. Auch die für den Straftatsbegriff wesentlichen Vorschriften des allgemeinen Teiles des StGB., z. B. Versuch (§ 43), GoltdA. 39, 70, Mittäterschaft (§ 47), E. 19, 213; 32, 351 gehören hierher; bei § 223a StGB. (gemeinschaftliche Körperverletzung) braucht aber § 47 nicht angeführt zu werden, GoltdA. 39, 310. Das ausländische Strafgesetz braucht im Falle des § 4 Abs. 2 StGB. nicht ausdrücklich angeführt zu werden, Recht 15, 1689, s. aber auch Recht 13, 1960 und E. 13, 229.

Diejenigen Vorschriften, welche zu einer allseitig richtigen Festsetzung der Strafe zu beachten sind, z. B. §§ 28, 29, 41 StGB., brauchen nicht angeführt zu werden, Rsp. 5, 175, auch nicht die Vorschriften über den Kostenpunkt, Recht 6, 354. Auch erübrigt z. B. die Anführung des § 20 PreßG., Recht 10, 1277; SeuffBl. 75, 146.

Unterlassung der Angabe der Paragraphenzahl dann belanglos, wenn das Gesetz seinem Wortlaut nach angeführt ist, GoltdA. 39, 318; SeuffBl. 75, 213; s. auch noch GoltdA. 45, 367; 46, 204; 47, 374; Recht 7, 47; W. 8, 186.

7. Unterlassung kein Revisionsgrund, E. 6, 25.

8. Strafzumessungsgründe: z. B. hartnäckiges Leugnen einer erwiesenen Tat, E. 38, 207; Recht 10, 947; 12, 1314; Abschreckung anderer, Recht 10, 892; 14, 3128; 15, 958; BayZ. 4, 247, auch die Feststellung, daß ein besonders leichter Fall i. S. des § 57[4] StGB. oder ein minder schwerer Fall (§§ 94, 96 StGB.) vorliegt, gehört hierher, E. 6, 25. Unzulässig ist es, ein gesetzliches Merkmal der Tat als Strafzumessungsgrund zu verwerten, Recht 12, 3502; DJZ. 18, 412. Bei Bemessung der Strafe darf nicht das rechnerische Mittel des Strafrahmens als Normalstrafe zugrunde gelegt werden, GoltdA. 55, 320; BayZ. 4, 439; Straftaten, von denen der Angekl. freigesprochen wurde oder deren er nur verdächtig ist, dürfen bei der Strafzumessung nicht berücksichtigt werden, E. 23, 91; ObstLG. 7, 309, s. aber auch Recht 17, 145; DJZ. 18, 468. Bei Gesamtstrafe sind die Einzelstrafen anzugeben, E. 2, 235.

Ein Antrag auf Anrechnung der Untersuchungshaft bedarf keiner Erwähnung, E. 35, 234.

9. Als solcher gilt auch ein von irgendeiner Seite gestellter Antrag auf eine Strafe, auf die nur bei mildernden Umständen erkannt werden kann, E. 29, 276; Übergehen eines solchen Antrags in den Urteilsgründen kann der Angekl. auch dann rügen, wenn der Antrag nur von der Staatsanwaltschaft gestellt wurde, Recht 6, 51; E. 45, 331. Revisionsgrund nur, wenn das Urteil darauf beruht, E. 43, 297; Recht 14, 3127; s. auch GoltdA. 56, 76. — Über Begründung der Versagung mildernder Umstände s. E. 6, 433; Recht 15, 2491.

Zu Abs. 4.

10. Bei Freisprechung genügt die Feststellung, daß der Angekl. nicht überführt ist, nicht, E. 2, 60; es müssen hierbei die tatsächlichen und rechtlichen Gesichtspunkte bestimmt auseinandergehalten, die nicht erwiesenen Tatumstände deutlich bezeichnet und der für die Freisprechung maßgebende Rechtsgrund klar hervorgehoben werden, E. 5, 227; 13, 30; 15, 217; 41, 19. Vgl. auch DJZ. 16, 340. Wegen der Urteilsfassung bei Verneinung des inneren (subjektiven) Tatbestandes s. Recht 18, 444. — Die Vorschrift des Abs. 4 gilt auch für das objektive Verfahren nach §§ 477 ff., E. 41, 19.

Urteilsverkündung.

§ 267.

I Die Verkündung[1] des Urteils erfolgt durch Verlesung[2] der Urteilsformel und Eröffnung der Urteilsgründe am Schlusse der Verhandlung oder[3] spätestens[4] mit Ablauf einer Woche[5] nach dem Schlusse der Verhandlung. Die Eröffnung der Urteilsgründe geschieht durch Verlesung oder durch mündliche Mitteilung ihres wesentlichen Inhalts.[6]

II War die Verkündung des Urteils ausgesetzt,[7] so sind die Urteilsgründe vor derselben schriftlich festzustellen.[8]

1. Die Urteilsverkündung ist ein Teil der Hauptverh., bei ihr müssen demnach auch im Falle eines besonderen Verkündungstermins diejenigen Richter anwesend sein, die bei der Hauptverh. mitwirkten, E. 3, 116, ferner StA. und Gerichtsschreiber; die Anwesenheit des Angekl. und des Verteidigers ist in einem

solchen Termin dann nicht nötig, wenn die Voraussetzungen des § 230 Abs. 2 gegeben sind, E. 9, 341; 42, 246. Einer Ladung des Angekl. zu diesem Termin bedarf es dann nicht, wenn dieser ihm in der Verh. mündlich bekannt gegeben worden war, vgl. GoltdA. 45, 39. Der nicht auf freiem Fuß befindliche Angekl. ist vorzuführen, E. 31, 398.

Die Verkündung muß nach § 174 GVG. stets öffentlich erfolgen, E. 1, 90, und ist bei Meidung der Nichtigkeit im Protokoll zu beurkunden, Rsp. 1, 496.

Wiederaufnahme der sachlichen Verhandlung im Verkündungstermin s. Anm. 1 zu § 245 und Anm. 1 zu § 228.

2. Die Urteilsformel muß also vorher schriftlich, aber nicht im Protokoll, (Rsp. 4, 382), niedergelegt sein. Mündliche Eröffnung statt Verlesung nur dann Revisionsgrund, wenn Widerspruch zwischen der verkündeten und der später ausgefertigten Urteilsformel gegeben, E. 3, 131; 16, 347; s. übrigens auch Rsp. 7, 233. Bei einem Widerspruch zwischen Protokoll und Urteil ist ersteres maßgebend, Rsp. 3, 378; W. 8, 187.

Nachträgliche Berichtigung von offensichtlichen Schreib- und Fassungsfehlern zulässig, E. 13, 267; GoltdA. 37, 176; SeuffBl. 76, 172; irgendeine sachliche Änderung darf aber hierbei nicht erfolgen, E. 28, 81, 247; SeuffBl. 76, 395; ObstLG 5, 1. Wohl aber kann ein versehentlich nicht mitverkündeter Teil der Urteilsformel innerhalb der einwöchigen Frist nachträglich noch verkündet werden, E. 15, 271; BayZ. 8, 138. Es ist übrigens zulässig, eine schon verkündete Urteilsformel noch sachlich zu ändern, solange die Eröffnung der Urteilsgründe noch nicht abgeschlossen ist, Recht 11, 844; BayZ. 5, 417; W. 4, 286. Nach vollständiger Verkündung des Urteils ist aber jede Ergänzung oder Abänderung des Urteils ausgeschlossen, Rsp. 3, 723; 7, 245; E. 42, 341; SeuffBl. 73, 100; Recht 13, 2573.

3. Im Verfahren vor dem Schwurgericht ist eine Vertagung der Urteilsverkündung unzulässig, § 315.

4. Überschreitung der Frist von einer Woche ist Revisionsgrund, E. 27, 116.

5. Fristberechnung: § 43. — Wegen des Verfahrens im Verkündungstermin s. Anm. 1.

6. Unterlassung der Bekanntgabe der Urteilsgründe ist kein Revisionsgrund, Rsp. 1, 249, 476; 2, 51, es ist aber in solchem Fall dann die Zustellung des Urteils nötig, und die Frist zur Einlegung der Rechtsmittel beginnt erst mit dieser, E. 1, 192, ein vorher erklärter Rechtsmittelverzicht ist unwirksam, E. 2, 78; JW. 23, 396.

Widerspruch zwischen den mündlich mitgeteilten und den schriftlichen Urteilsgründen ist kein Revisionsgrund, E. 4, 382; Rsp. 4, 210; wohl aber ein Widerspruch zwischen den Urteilsgründen und der Urteilsformel hinsichtlich der erkannten Strafe, DJZ. 10, 507; Recht 13, 1435; E. 46, 326.

Der Vorsitzende entscheidet nach freiem Ermessen darüber, worin der wesentliche Inhalt der Urteilsgründe besteht, Rsp. 4, 210; W. 8, 186.

Dem bei der Verkündung abwesenden Angekl. ist das Urteil zuzustellen und zwar auch dann, wenn ein Vertreter für ihn erschienen war, E. 19, 390; 34, 331.

7. Kürzere Unterbrechung, z. B. Verlegung der Verkündung auf eine spätere Stunde, ist keine Aussetzung, BayZ. 2, 82; W. 7, 173.

8. Sie müssen auch von sämtlichen Richtern unterzeichnet sein, DJZ. 8, 332. Verstoß gegen Abs. 2 ist Revisionsgrund, wenn das Urteil darauf beruht, E. 31, 140; W. 8, 187. Eine unwesentliche, sachlich belanglose Abweichung der ausgefertigten Urteilsgründe von den vor der Verkündung schriftlich festgestellten Gründen verstößt nicht gegen Abs. 2, E. 44, 308. Die schriftlich festgestellten Urteilsgründe können durch bloße mündliche Mitteilung ihres wesentlichen Inhalts verkündet werden, Rsp. 9, 603. Das Vorhandensein schriftlicher Urteilsgründe braucht weder bei der Verkündung ausdrücklich festgestellt noch protokolliert zu sein, Recht 13, 1961.

Urteilszustellung an den ges. Vertreter.

§ 268.

Urteile, durch welche die Unterbringung des Angeklagten in eine Erziehungs- oder Besserungsanstalt angeordnet wird,[1] sind auch dessen gesetzlichem Vertreter[2] zuzustellen, sofern nicht der letztere in der Hauptverhandlung als Beistand[3] des Angeklagten aufgetreten und bei der Verkündung des Urteils gegenwärtig gewesen ist.[4]

1. § 56 StGB. Vgl. E. 7, 180.
2. S. Anm. 4 zu § 137.
3. § 149.
4. Der gesetzliche Vertreter muß aber auch in diesem Falle die für den Angekl. laufende Frist zur Einlegung von Rechtsmitteln einhalten (§ 340), E. 29, 385. A. M. Löwe.

Verbot einer Unzuständigkeitserklärung.

§ 269.

Das Gericht darf sich nicht für unzuständig[1] erklären, weil die Sache vor ein Gericht niederer Ordnung gehöre.[2]

1. Sachliche Unzuständigkeit; wegen der örtl. Unzuständigkeit s. §§ 16—18.
2. Auch dann nicht, wenn die Unzuständigkeit sich schon aus dem Eröff.-Beschl. ergibt, E. 16, 39, oder wenn die Sache durch eine ungerechtfertigte Unzuständigkeitserklärung eines niederen Gerichts vor das höhere Gericht kam, Rsp. 7, 641; E. 44, 395, oder wenn, wie z. B. in Forstrügesachen, ein besonderes Verf. vorgeschrieben ist, E. 13, 383.

Unzuständigkeitserklärung.

§ 270.

I Stellt sich nach dem Ergebnisse der Verhandlung[1] die dem Angeklagten zur Last gelegte Tat als eine solche dar,[2] welche die Zuständigkeit[3] des Gerichts überschreitet,[4] so spricht es durch Beschluß[5] seine Unzuständigkeit aus und verweist die Sache an das zuständige Gericht.[6]

II Dieser Beschluß hat die Wirkung eines das Hauptverfahren eröffnenden Beschlusses und muß den Erfordernissen eines solchen entsprechen.[7]

III Die Anfechtbarkeit des Beschlusses bestimmt sich nach den Vorschriften des § 209.[8]

IV Ist der Beschluß von einem Schöffengerichte ergangen, so kann der Angeklagte innerhalb einer bei der Bekanntmachung

des Beschlusses zu bestimmenden Frist[9] die Vornahme einzelner Beweiserhebungen vor der Hauptverhandlung beantragen. Über den Antrag entscheidet der Vorsitzende des Gerichts, an welches die Sache verwiesen ist.[10]

1. Unzuständigkeitserklärung ohne Beweisaufnahme nur, wenn sich die Unzuständigkeit schon aus dem Inhalt des Eröff.-Beschl. ergibt, E. 3, 314. In allen anderen Fällen ist Verh. nötig, auf deren Umfang kommt es jedoch nicht an, E. 3, 70; 41, 408; GoltdA. 37, 286; es ist dann ausschließlich das Verhandlungsergebnis maßgebend, Recht 14, 623, 2426.

2. Es genügt, wie beim Eröff.-Beschl., hinreichender Verdacht, GoltdA. 50, 284; E. 41, 408; s. auch Recht 14, 1471; 15, 266.

3. Es handelt sich hier nur um die sachliche Zuständigkeit, E. 42, 265; wegen der örtlichen s. § 18.

4. Dies ist vor dem Schöffengericht auch dann der Fall, und Verweisung ist hier nötig, wenn die Tat an sich vor die Strafk. gehört, aber nach § 75 GVG. an das Schöffengericht überwiesen werden kann; anders, wenn in einer dem Schöffengericht nach § 75 GVG. überwiesenen Sache dieses eine andere Überweisungsstraftat annimmt. — S. auch noch § 28 GVG.

5. Nicht durch Urteil, E. 23, 155. Der Beschluß ist dem Angekl. nach § 35 bekannt zu machen, E. 4, 373.

6. Es erläßt keine Entsch. in der Sache; insbesondere wäre es unzulässig, neben der Verweisung den Angekl. hinsichtlich der dem Eröff.-Beschl. zugrunde liegenden rechtlichen Beurteilung der Tat freizusprechen, E. 3, 4. Gehört von mehreren verbundenen Sachen nur eine vor das höhere Gericht, so ist nur diese zu verweisen, wenn nicht gleichzeitige Aburteilung nötig (Löwe); s. noch JW. 37, 591.

Dringliche Untersuchungshandlungen, z. B. Verhaftungen, Beschlagnahmen, kann das verweisende Gericht noch vornehmen; s. Anm. 2 zu § 20.

Das gem. § 394 Abs. 2 nach Anordnung des Revisionsgerichts mit der Sache befaßte „andere" Gericht kann nur an ein höheres Gericht seines Bezirks verweisen, E. 42, 263.

7. § 205. Mängel des Beschlusses berechtigen das höhere Gericht nicht, die Einlassung auf die Sache zu verweigern, GoltdA. 37, 191; keine Zurückverweisung (§ 269). Die Mängel sind vom zuständigen, aburteilenden Gericht durch Vervollständigung, nötigenfalls unter Heranziehung des Eröff.-Beschl., zu beheben, Rsp. 5, 227; 9, 439. Ergibt sich, daß ein noch höheres Gericht zuständig ist, so kann die Sache an dieses weiter verwiesen werden, GoltdA. 50, 275. — S. noch E. 5, 243; 11, 253; W. 8, 187.

Der Beschluß ist in der neuen Hauptverh. zu verlesen, Rsp. 7, 473. Der in der neuen Hauptverh. allenfalls notwendig werdende Hinweis auf die Veränderung des rechtlichen Gesichtspunkts nach § 264 ist auch dann nötig, wenn wieder das Strafgesetz des mitverlesenen früheren Eröff.-Beschl. in Betracht kommt, E. 15, 286; Recht 12, 1736.

Im Falle einer Verweisung nach § 270 fällt die sonst gebotene VU. (§ 176) weg, E. 3, 311.

8. Kein Beschwerderecht des Angekl., vgl. E. 3, 311; Rsp. 5, 691.

9. Unterlassung der Fristbestimmung dann nicht Revisionsgrund, wenn sie der Angekl. in der neuen Hauptverh. nicht rügte und nicht Aussetzung und Beweiserhebung verlangte, Rsp. 7, 641. — S. noch Anm. 15 zu § 140.

10. S. Anm. 5 zu § 206.

Protokoll. **§ 271.**

I Über die Hauptverhandlung[1] ist ein Protokoll aufzunehmen und von dem Vorsitzenden und dem Gerichtsschreiber zu unterschreiben.[2, 3, 4]

II Ist der Vorsitzende verhindert, so unterschreibt für ihn der älteste beisitzende Richter. Im Falle der Verhinderung des Amtsrichters genügt die Unterschrift des Gerichtsschreibers.

1. Bei mehrtägiger Hauptverh. ein einheitliches Protokoll zulässig, E. 30, 205.

2. Nur das von beiden Urkundspersonen unterzeichnete Protokoll ist beweiskräftig (Ausnahme: Abs. 2). Zusätze und Änderungen durch den Vorsitzenden bedürfen deshalb der aus dem Protokoll zu entnehmenden Zustimmung des Gerichtsschreibers, E. 1, 242; 20, 425; 22, 243; SeuffBl. 74, 279; JW. 37, 363; BayZ. 2, 342; (zeitliche Grenze für diese Zustimmung, JW. 37, 765) und es müssen deshalb auch Randbemerkungen die Unterschrift Beider aufweisen, E. 1, 242; Rsp. 2, 658; 9, 55. — Überklebungen unzulässig, GoltdA. 47, 377; Unterpunktierungen s. E. 27, 169; DJZ. 7, 526.

3. Die Unterzeichnung ist an keine Frist gebunden und kann auch noch nach Einlegung einer Revisionsbeschwerde erfolgen, E. 13, 351; bis zur erfolgten Unterzeichnung durch beide Urkundspersonen sind Änderungen und Ergänzungen zulässig, Rsp. 5, 191; GoltdA. 56, 95, Zeitgrenze: Abgabe des abgeschlossenen Protokolls zu den Akten, E. 17, 346. Nachher können solche durch gesonderte, übereinstimmende Erklärungen Beider (BayZ. 8, 382) erfolgen, E. 3, 47, aber nur solange, als nicht ein auf den betr. Mangel gestütztes Rechtsmittel eingelegt ist, E. 2, 76; 43, 1, (s. aber auch Recht 16, 3512) oder als nicht das Gericht anderweit Kenntnis von der Richtung der Revisionsbeschwerde erlangte, Recht 11, 1276; BayZ. 3, 456; es sei denn, daß die Erklärung die Rüge bestätigt, E. 21, 323; GoltdA. 57, 396. S. auch DJZ. 16, 820; 17, 1399; Recht 18, 875.

Antrag eines Prozeßbeteiligten auf Berichtigung des Protokolls zulässig; bei Ablehnung aus Rechtsgründen Beschwerde, E. 3, 47; 5, 44; 20, 166; ObstLG. 7, 53, 163; 10, 192. Über den Umfang der Beweiskraft einer nachträglichen Ergänzung und Berichtigung s. Recht 17, 2023.

4. Formelle Mängel und auch Fälschungen des Protokolls geben als solche keinen Revisionsgrund ab, vgl. z. B. Rsp. 2, 39; 4, 875 (Protokollrügen).

Inhalt des Protokolls. **§ 272.**

Das Protokoll über die Hauptverhandlung enthält:

1. den Ort und den Tag der Verhandlung;
2. die Namen der Richter, Geschworenen und Schöffen,[1] des Beamten der Staatsanwaltschaft, des Gerichtsschreibers und des zugezogenen Dolmetschers;
3. die Bezeichnung der strafbaren Handlung nach der Anklage;[2]
4. die Namen der Angeklagten, ihrer Verteidiger, der Privatkläger, Nebenkläger, gesetzlichen Vertreter,[3] Bevollmächtigten[4] und Beistände;[5]
5. die Angabe, daß öffentlich verhandelt oder die Öffentlichkeit ausgeschlossen ist.[6]

1. Auch der Ergänzungspersonen, § 194 GVG.

2. Das ist der Eröffnungsbeschluß. Der strafrechtliche Name der Tat genügt.

3. S. Anm. 4 zu § 137.

4. §§ 233, 418, 427, 437.

5. § 149.

6. S. §§ 170—175 GVG. Das Protokoll muß ersehen lassen, daß über den Antrag auf Ausschluß der Öffentlichkeit verhandelt wurde, E. 1, 50; 10, 92; 20, 21, 52, auch müssen die Gründe angegeben sein, aus denen die Öffentlichkeit ausgeschlossen wurde, Rsp. 3, 677; 9, 715.

Inhalt des Protokolls.

§ 273.

I Das Protokoll muß den Gang und die Ergebnisse[1] der Hauptverhandlung im wesentlichen wiedergeben und die Beobachtung aller wesentlichen Förmlichkeiten[2] ersichtlich machen, auch die Bezeichnung der verlesenen Schriftstücke,[3] sowie die im Laufe der Verhandlung gestellten Anträge,[4] die ergangenen Entscheidungen[5] und die Urteilsformel[6] enthalten.

II Aus der Hauptverhandlung vor dem Schöffengerichte sind außerdem die wesentlichen Ergebnisse der Vernehmungen[7] in das Protokoll aufzunehmen.

III Kommt es auf die Feststellung eines Vorgangs in der Hauptverhandlung oder des Wortlauts einer Aussage oder einer Äußerung an, so hat der Vorsitzende die vollständige Niederschreibung und Verlesung anzuordnen.[8] In dem Protokoll ist zu bemerken, daß die Verlesung geschehen und die Genehmigung erfolgt ist, oder welche Einwendungen erhoben sind.

1. Nicht die Zeugenaussagen (Ausnahme Abs. 2) E. 1, 199. S. übrigens auch PreußJMV. v. 7. 12. 82 (JMBl. 381) und 2. 11. 85 (JMBl. 359), BayJME. v. 30. 5. 86 (JMBl. 167). — Wegen der Protokollierung der Tätigkeit des Dolmetschers s. E. 1, 137; 43, 442; DJZ. 11, 765.

2. S. § 274.

3. Nur die verlesenen, nicht auch die durch bloße Mitteilung ihres wesentlichen Inhalts bekannt gegebenen Schriftstücke sind zu bezeichnen, GoltdA. 46, 211.

4. Die Anträge, nicht aber deren Begründung, sind aufzunehmen, E. 32, 239; bei Beweisanträgen die Beweistatsachen und die Beweismittel, E. 1, 32; Recht 9, 569; 10, 195; s. auch Recht 12, 2277. Zweifel über erfolgte Stellung eines Beweisantrags s. GoltdA. 60, 265.

5. Auch die Gründe der Entsch. sind zu protokollieren, E. 1, 236; Beigabe der Entsch. samt Gründen als Anlage zum Protokoll und Bezugnahme darauf im Protokoll zulässig, E. 25, 248, 335. Eine besondere Erwähnung der Verkündung einer im Protokoll als erlassen aufgeführten Entsch. ist nicht nötig, Rsp. 2, 205.

6. Die Urteilsformel muß notwendig in das Protokoll aufgenommen werden; keine Bezugnahme auf eine Anlage, Rsp. 1, 496, 826; 5, 451.

7. Verlesung solcher protokollierter Zeugenaussagen zur Beweisführung in einem Meineidsverfahren zulässig, Recht 6, 301.

8. Anordnung auf Antrag oder von Amts wegen. S. auch § 185 GVG. Ob es auf Feststellung des Wortlautes einer Aussage oder einer Äußerung ankommt, entscheidet der Vorsitzende oder das Gericht; die Prozeßbeteiligten haben kein Recht auf deren Protokollierung, E. 5, 352; 28, 394; Rsp. 10, 156; SeuffBl. 74, 466. (S. übrigens die ME. in Anm. 1). Anders bei Feststellung von Vorgängen (prozessual wichtigen Ereignissen), es sei denn, daß diese keinen Bezug auf die vorliegende Sache haben (Löwe).

Niederschrift in einer von den beiden Urkundspersonen zu unterzeichnenden Protokollanlage zulässig, E. 2, 33. Der Inhalt einer nach Abs. 3 protokollierten Aussage wird durch das Protokoll dergestalt bewiesen, daß nur der Einwand der Fälschung zulässig ist, E. 42, 157.

Verstoß gegen Abs. 3 kein Revisionsgrund, GoltdA. 53, 290. Protokollrüge stets unwirksam s. Anm. 4 zu § 271. — Berichtigungsanträge s. Anm. 3 zu § 271.

Beweiskraft des Protokolls.

§ 274.

Die Beobachtung der für die Hauptverhandlung vorgeschriebenen Förmlichkeiten[1] kann nur durch das Protokoll[2] bewiesen werden.[3] Gegen den diese Förmlichkeiten betreffenden Inhalt desselben ist nur der Nachweis der Fälschung[4] zulässig.

1. Förmlichkeiten: die ganze äußere Gestaltung der Hauptverh., soweit das Protokoll zu ihrer Feststellung bestimmt ist; z. B. die Stellung oder Nichtstellung von Anträgen der Prozeßbeteiligten, die in der Verh. ergangenen Entsch. samt Gründen, E. 1, 85; 2, 76; 31, 163; 35, 61, kurz alle für die Rechtsbeständigkeit des Verfahrens wesentlichen Vorgänge.

Dazu gehören nicht die vor der Strafk. oder dem Schwurgericht etwa protokollierten Aussagen, Fragen oder Vorhalte, E. 35, 164; 43, 438; W. 6, 156 (Ausnahme: § 273 Abs. 3, E. 42, 160), ferner nicht die im Protokoll festgestellte Betätigung des Dolmetschers, E. 43, 441, auch nicht die etwa protokollierten Erklärungen über Urteilsanfechtung oder Rechtsmittelverzicht nach der Urteilsverkündung, E. 24, 355; 40, 134.

Auch zur Feststellung von Vorgängen außerhalb der Verh., z. B. im Beratungszimmer, ist das Protokoll nicht bestimmt, E. 3, 266; 17, 287; 27, 3. Mangel der Feststellung einer Beratung im Protokoll beweist deshalb nicht, daß die Beratung nicht stattfand, Recht 17, 1549; s. auch noch Recht 16, 3306.

2. Auch durch ein nicht ordnungsmäßiges Protokoll (Löwe).

3. Das Protokoll beweist hinsichtlich dieser Förmlichkeiten in einer nur durch den Nachweis der Fälschung zuwiderlegenden Weise, daß sie beobachtet oder, beim Schweigen hierüber, daß sie nicht beobachtet wurden, E. 1, 85; 2, 76; 31, 163; 34, 385; Beweiserhebung durch das Revisionsgericht zur Ergänzung oder Widerlegung ausgeschlossen, E. 20, 166. Auch Gegenbeweis durch die Urteilsgründe unmöglich, Rsp. 9, 379; E. 31, 163; 35, 61; Recht 10, 454; 12, 3503. Diese Beweiskraft hat das Protokoll übrigens nur in dem Strafverf., in dem es errichtet wurde; für ein anderes Strafverf. ist es nur gewöhnliches, urkundliches Beweismittel, SeuffBl. 73, 237.

Wegen nachträglicher Änderungen oder Ergänzungen s. Anm. 3 zu § 271.

4. Fälschung: nur bewußte, fälschliche Anfertigung oder bewußte Verfälschung, nicht fahrlässige, falsche Beurkundungen, E. 5, 44; 20, 166; DJZ. 11, 817; gegen letztere Berichtigungsanträge zulässig; s. hierzu Anm. 3 zu § 271.

Fertigstellung des Urteils.

§ 275.

I Das Urteil mit den Gründen ist binnen drei Tagen[1] nach der Verkündung zu den Akten zu bringen, falls es nicht bereits vollständig in das Protokoll aufgenommen worden ist.[2]

II Es ist von den Richtern, welche bei der Entscheidung mitgewirkt haben, zu unterschreiben.[3] Ist ein Richter verhindert,[4] seine Unterschrift beizufügen, so wird dies unter Angabe[5] des Verhinderungsgrundes von dem Vorsitzenden[6] und bei dessen Verhinderung von dem ältesten beisitzenden Richter unter dem Urteile bemerkt.[7] Der Unterschrift der Schöffen bedarf es nicht.

III Die Bezeichnung des Tages der Sitzung, sowie die Namen der Richter, der Schöffen, des Beamten der Staatsanwaltschaft und des Gerichtsschreibers, welche an der Sitzung teilgenommen haben, sind in das Urteil aufzunehmen.[8]

IV Die Ausfertigungen und Auszüge der Urteile sind von dem Gerichtsschreiber zu unterschreiben und mit dem Gerichtssiegel zu versehen.[9, 10]

1. §§ 42, 43 Abs. 2.

2. Verstoß gegen Abs. 1 kein Revisionsgrund, E. 2, 378; 31, 140, 348; W. 3, 268.

3. Es müssen sowohl die Urteilsformel als auch die Urteilsgründe von sämtlichen Richtern unterschrieben sein, Rsp. 1, 826; E. 19, 233. Auf Beschlüsse bezieht sich diese Vorschrift nicht, E. 1, 402; 43, 218. Nachholung einer versehentlich unterbliebenen Unterschrift jederzeit zulässig, Rsp. 9, 480, ebenso Berichtigung einer versehentlich beigesetzten unrichtigen Unterschrift, W. 7, 174.

Änderungen in einem von einem Teil der Richter unterzeichneten Urteilsentwurf sind nur mit deren Zustimmung zulässig, E. 44, 120; auch der Vorsitzende hat keine einseitige Abänderungs- oder Ergänzungsbefugnis, E. 24, 118; BayZ. 6, 237. Ein von sämtlichen Richtern unterzeichnetes Urteil kann sachlich nur mit Zustimmung aller geändert werden; die Änderung ist von allen zu unterzeichnen, E. 23, 261; 28, 57; Recht 6, 488. Nach Zustellung des Urteils sind aber auch solche Änderungen nicht mehr zulässig, E. 28, 247; Recht 15, 3886. Nur offensichtliche Schreib- und Rechenfehler usw. können jederzeit, auch wenn sie bereits zur Begründung einer Revisionsbeschwerde herangezogen sind und auch noch nach Vollziehung des Urteils berichtigt werden, E. 13, 269; 28, 81, 247; BayZ. 9, 279; Recht 18, 1205.

4. Z. B. auch der nicht am Gerichtssitz wohnende, vor Abfassung des Urteils an seinen Wohnort zurückgekehrte Hilfsrichter, Rsp. 8, 739.

5. Keine besondere Form hierfür vorgeschrieben, GoltdA. 39, 318.

6. Das ist der Vorsitzende in der betr. Hauptverh., GoltdA. 38, 48.

7. Unterschreiben auch nur durch einen Richter bei Verhinderung aller übrigen hiernach möglich, GoltdA. 42, 31. Nachholung der Unterschriften übrigens

jederzeit möglich, Rsp. 9, 480, auch noch nach Rüge des Fehlens in der Revisionsbeschwerde, Recht 18, 561.

8. Unrichtige Angaben der bezeichneten Art geben keinen Revisionsgrund ab, Rsp. 9, 480. — Aufnahme der Personalien des Angekl. in die Urteilsformel s. PreußJMBl. 1881, 152; 1888, 10.

9. Bei beglaubigten Abschriften Gerichtssiegel nicht nötig, E. 9, 274.

10. Wegen der Einrichtung von Strafregistern und der wechselseitigen Mitteilung der Strafurteile s. VO. des BR. v. 16. 6. 82; 9. 7. 96; 17. 4. 13 (RZBl. 1913, 495; PreußJMBl. 1913, 266; BayJMBl. 1913, 91). — Registerbehörden: RZBl. 1882, 447; 1883, 244; PreußJMBl. 1913, 277; BayJMBl. 1913, 133 ff.

Siebenter Abschnitt.

Hauptverhandlung vor den Schwurgerichten.

§ 276.

Die Bestimmungen der beiden vorhergehenden Abschnitte finden auf das Verfahren vor den Schwurgerichten[1] insoweit Anwendung, als nicht in diesem Abschnitt ein anderes bestimmt ist.

1. §§ 79—99 GVG.

Bekanntgabe der Spruchliste. § 277.

I Vor dem Tage, an welchem die Hauptverhandlung beginnen soll, muß die Spruchliste[1] der Geschworenen dem Angeklagten, wenn er sich nicht auf freiem Fuße[2] befindet, zugestellt,[3] für den auf freiem Fuße befindlichen Angeklagten auf der Gerichtsschreiberei zur Einsicht niedergelegt werden.

II Die Namen später auf die Spruchliste gebrachter Geschworener[4] sind dem Angeklagten bis zum Beginne der Hauptverhandlung mitzuteilen.[5]

1. § 92 GVG., s. auch § 279 Abs. 2.

2. S. Anm. 5 zu § 35.

3. Formlose Aushändigung statt Zustellung nach § 37 ist kein Revisionsgrund, Rsp. 5, 174.

4. S. § 94 Abs. 2 GVG., ferner § 280 Abs. 3. — Mitteilung der Namen später wieder ausgeschiedener Geschworener ist nicht erfordert, E. 35, 216.

5. Verstoß gegen § 277 ist dann kein Revisionsgrund, wenn der Angekl. es unterließ, ihn in der Hauptverh. zu rügen und Aussetzung hierwegen zu verlangen, E. 8, 233; BayZ. 2, 443; s. auch GoltdA. 37, 164.

Beginn der Hauptverhandlung. § 278.

Die Hauptverhandlung beginnt[1, 2] mit der Bildung der Geschworenenbank[3] durch Auslosung der Geschworenen.[4]

1. Zwischen Eröffnung der Sitzung und Beginn der Hauptverh. Erledigung allgemeiner Geschäfte, z. B. von Entlassungs- und Urlaubsgesuchen der Geschworenen usw. möglich.

2. Gang des Verfahrens nach Aufruf der Sache und Feststellung der Anwesenheit des Angekl. und des Verteidigers (s. §§ 279—285, 288):

a) Namensaufruf der Geschworenen;
b) Aufforderung der Geschworenen zur Anzeige von Ausschließungsgründen unter Bekanntgabe dieser Gründe und unter Bezeichnung des Angekl., des Verletzten und der Straftat;
c) Verh. und Entsch. über etwa sich ergebende Ausschließungs- oder Unfähigkeitsgründe;
d) Einlage der Namen der Geschworenen in die Urne;
e) Bekanntgabe der Zahl der zur Auslosung kommenden Geschworenen und der Zahl der Geschworenen, die die Staatsanwaltschaft und der Angekl. ablehnen können;
f) Belehrung des Angekl. über sein Ablehnungsrecht;
g) Auslosung der Geschworenen; Anfrage wegen Erklärung nach § 286.
h) Vereidigung der Geschworenen nach Bildung der Bank.

3. Die Bildung der Geschworenenbank ist ein Teil der Hauptverh.; § 225 gilt deshalb auch für sie (Ausnahme: § 286) E. 29, 337. Verfahren: §§ 279—285, s. Anm. 2. Beurkundung: § 274.

4. Versehen bei Bildung der Geschworenenbank, die die Nichtigkeit des Verfahrens begründen, können durch Bildung einer neuen Geschworenenbank geheilt werden, Rsp. 9, 522; E. 32, 378; 33, 75; 41, 405.

Ausscheidung von Geschworenen. § 279.

I Vor der Auslosung sind, außer den zum Geschworenenamte Unfähigen,[1] solche Geschworene auszuscheiden,[2] welche von der Ausübung des Amts in der zu verhandelnden Sache kraft Gesetzes ausgeschlossen[3] sind. Die erschienenen Geschworenen sind zur Anzeige etwaiger Ausschließungsgründe aufzufordern.[4]

II Die Entscheidung über das Ausscheiden eines Geschworenen erfolgt nach Anhörung desselben durch das Gericht.[5] Beschwerde findet nicht statt.[6] Ein für unfähig Erklärter ist in der Spruchliste zu streichen.

1. Unfähigkeitsgründe: §§ 32, 85 Abs. 2, § 84 GVG. Ihre Nichtbeachtung bewirkt Nichtigkeit des Verfahrens, § 377 Nr. 1. Maßgebend für die Beurteilung solcher Unfähigkeit des Geschworenen ist der Zeitpunkt der Auslosung bei Bildung der Geschworenenbank, nicht der Zeitpunkt der Aufstellung der verschiedenen Listen, E. 2, 241.

2. Von Amts wegen; Antrag eines Prozeßbeteiligten nicht nötig, E. 17, 173.

3. Ausschließungsgründe: §§ 22, 32, 317 Abs. 3. — Nichtbeachtung Revisionsgrund: § 377 Nr. 2.

4. Hierbei sind ihnen die Ausschließungsgründe unter gleichzeitiger Bezeichnung des Angekl., des Verletzten und der Straftat bekannt zu geben. Unterlassung der Aufforderung nur dann Revisionsgrund, wenn wirklich ein ausgeschlossener Geschworener mitgewirkt hat, E. 12, 119. Nachholung unter Bildung einer neuen Geschworenenbank zulässig, E. 41, 405; Recht 10, 67; BayZ. 2, 63. — Keine Erhebung über Befangenheitsmöglichkeiten, SeuffBl. 72, 946.

Ein ausgeschlossener Geschworener kann während der Verh. durch einen zu dieser zugezogenen Ergänzungsgeschworenen ersetzt werden, E. 35, 372; ebenso erübrigt die Bildung einer neuen Bank, wenn die Verhinderung des Ausgelosten noch während der Auslosung sich ergibt; dieser scheidet aus, die Bildung der Bank ist fortzusetzen, sofern nach dem Ausscheiden noch mindestens 24 Geschworene vorhanden sind, E. 41, 444.

5. Gericht: die Gesamtheit der richterlichen Mitglieder des Schwurgerichts, E. 13, 191; 30, 226.

6. Aber Anfechtung des Beschlusses mit Revision, E. 17, 173; 37, 414.

Zahl der Geschworenen. Hilfsgeschworene.

§ 280.

I Zur Bildung der Geschworenenbank kann geschritten werden, wenn die Zahl der Geschworenen, welche erschienen und nicht in Gemäßheit des vorhergehenden Paragraphen ausgeschieden[1] worden sind, mindestens vierundzwanzig[2] beträgt. Anderenfalls ist die Zahl aus der Liste der Hilfsgeschworenen[3] auf dreißig zu ergänzen.[4]

II Die Ergänzung geschieht mittels Losziehung durch den Vorsitzenden in öffentlicher Sitzung.[5] Sie gilt für alle in der Sitzungsperiode noch zu verhandelnden Sachen.

III Die ausgelosten Hilfsgeschworenen werden unter Hinweis auf die gesetzlichen Folgen des Ausbleibens[6] geladen. Ihre Namen sind in die Spruchliste aufzunehmen.[7]

IV Es kann zur Bildung der Geschworenenbank schon dann geschritten werden, wenn infolge des Erscheinens von Hilfsgeschworenen die Zahl von vierundzwanzig Geschworenen erfüllt ist.

V Erscheinen zu einer späteren Hauptverhandlung mehr als dreißig Geschworene, so treten die überzähligen Hilfsgeschworenen in der umgekehrten Reihenfolge ihrer Auslosung zurück.[8]

1. Nur die gem. § 279 ausgeschiedenen, nicht die auf Ansuchen gem. § 94 GVG. entlassenen oder beurlaubten Geschworenen kommen hier in Frage; erscheint ein beurlaubter Geschworener freiwillig, so zählt er mit, E. 9, 253. — Erscheint ein ausgebliebener Geschworener noch während der Auslosung, so entscheidet das Schwurgericht, ob sein Erscheinen rechtzeitig ist oder nicht. Im ersteren Fall ist mit Bildung der Geschworenenbank von neuem zu beginnen. Keine Nachprüfung der Entsch. durch das Revisionsgericht, GoltdA. 60, 429.

2. Bildung der Bank aus einer geringeren Zahl auch nicht mit Zustimmung aller Prozeßbeteiligten zulässig.

3. Hilfsgeschworene: § 89 Abs. 2, 3, § 90 GVG.

4. Ohne Aufschub; aus welchen Gründen die geladenen Geschworenen nicht erschienen, ist hierbei belanglos, E. 30, 226. Keine Einberufung von Geschworenen nach § 94 Abs. 2 GVG.

5. Nicht notwendig in einer Hauptverh.; auch schon vor dem Tage, an dem die Hilfsgeschworenen benötigt sind (gem. M.). — Eine unzulässige oder überflüssige derartige Losziehung begründet dann die Revision nicht, wenn weder die Bildung der Geschworenenbank noch das Urteil auf ihr beruht, E. 6, 170.

6. §§ 56, 96 GVG. Die Revision kann nicht darauf gestützt werden, daß ein in der Spruchliste stehender Geschworener nicht geladen und nicht erschienen ist, E. 47, 87.

7. S. § 277 Abs. 2.

8. Die zurückgetretenen, überzähligen Hilfsgeschworenen bleiben aber auf der Spruchliste und stehen für die ganze Dauer der Sitzungsperiode zur Verfügung, E. 6, 170.

Ziehung der Lose.

§ 281.

Die Bildung der Geschworenenbank[1] erfolgt in öffentlicher Sitzung. Das Los wird von dem Vorsitzenden gezogen.[2]

1. § 278. Die Bank ist gebildet, wenn 12 Hauptgeschworene und die Ergänzungsgeschworenen endgültig ausgelost sind. Beim Ausscheiden eines Hauptgeschworenen nach diesem Zeitpunkt Eintritt eines Ergänzungsgeschworenen oder beim Fehlen eines solchen Neubildung der Geschworenenbank. Anders beim Ausscheiden eines Geschworenen während der Bildung der Bank; in diesem Falle wird die Bildung der Bank fortgesetzt und ein anderer Geschworener ausgelost, sofern nach dem Ausscheiden noch mindestens 24 Geschworene vorhanden sind, E. 41, 444.

2. Bei der Losziehung vorgekommene Irrungen, Versehen oder Gesetzwidrigkeiten können durch Wiederholung der Ziehung unschädlich gemacht werden. Z. B. Einlage von zuviel Losen in die Urne, E. 33, 75, versehentliche Entnahme von zuviel Losen aus der Urne, Rsp. 9, 522. — S. auch Rsp. 8, 573 (Beseitigung eines versehentlich in die Urne gekommenen Namenszettels eines beurlaubten Geschworenen durch den Vorsitzenden).

Ablehnung.

§ 282.

I Von den ausgelosten Geschworenen können so viele abgelehnt[1] werden, als Namen über zwölf[2] in der Urne sich befinden.

II Die eine Hälfte der Ablehnungen steht der Staatsanwaltschaft,[3] die andere dem Angeklagten[4] zu. Dem Angeklagten gebührt eine Ablehnung mehr, wenn die Gesamtzahl der Ablehnungen eine ungerade ist.[5]

1. Keine Ablehnung von Geschworenen nach § 24, E. 18, 238. Auch § 30 findet auf Geschworene keine Anwendung. — Ausschließungsgründe: § 279.

2. S. aber § 285 Abs. 1.

3. Der Nebenkläger hat kein Ablehnungsrecht: § 437 Abs. 2.

4. Mehrheit von Angeklagten: § 284. — Erklärungen des Verteidigers über Annahme oder Ablehnung, die dieser in Gegenwart und ohne Widerspruch des Angekl. abgibt, gelten als solche des Angeklagten, Rsp. 1, 335; Recht 13, 1085; W. 4, 289.

5. Falsche Belehrung des Angekl. über die ihm zustehende Zahl der Ablehnungen ist Revisionsgrund, GoltdA. 49, 129.

Art der Ablehnung.

§ 283.

I Sobald ein Name gezogen und aufgerufen ist, hat die Staatsanwaltschaft und sodann der Angeklagte [1] durch die Worte „angenommen" oder „abgelehnt" die Annahme oder Ablehnung zu erklären. Die Angabe von Gründen ist unzulässig.

II Wird eine Erklärung nicht abgegeben, so gilt dies als Annahme.

III Die Erklärung kann nicht zurückgenommen werden, sobald ein fernerer Name gezogen,[2] oder die gesamte Ziehung für beendet erklärt ist.[3]

1. Für den Angekl. kann auch der Verteidiger die Erklärung abgeben, s. Anm. 4 zu § 282; letzterer muß bei der Auslosung stets anwesend sein, E. 18, 361.

2. Dies ist jedenfalls dann der Fall, wenn der Vorsitzende den Zettel in der Hand hält und den Namen gesehen hat, Recht 9, 506; GoltdA. 52, 403.

3. Die Annahmeerklärung des Angekl. schließt die Zurücknahme der Annahmeerklärung der Staatsanwaltschaft noch nicht aus, E. 37, 421; Recht 10, 633. Eine nachträgliche Ablehnung mit Rücksicht auf eine dem Prozeßbeteiligten unterlaufene Namensverwechselung ist unzulässig, BayZ. 6, 258.

Annahme der Geschworenen durch die Parteien nimmt diesen nicht die Befugnis der Anfechtung des Urteils wegen gesetzwidriger Bildung der Geschworenenbank, Rsp. 9, 522; E. 14, 213.

Ablehnung bei einer Mehrheit von Angeklagten.

§ 284.

I Sind bei einer Hauptverhandlung mehrere Angeklagte beteiligt, so haben sie das Ablehnungsrecht gemeinschaftlich auszuüben.

II Insoweit eine Vereinigung nicht zustande kommt, werden die Ablehnungen gleichmäßig verteilt; über die Ausübung derjenigen Ablehnungen, welche sich nicht gleichmäßig verteilen lassen, sowie über die Reihenfolge der Erklärungen entscheidet das Los.[1]

1. Entscheidung durch das Los mangels „Vereinigung" auch dann, wenn die Zahl der Angekl. größer ist, als die Zahl der ihnen insgesamt zustehenden Ablehnungen (Löwe).

Ergänzungsgeschworene.

§ 285.

I Ist die Zuziehung von Ergänzungsgeschworenen [1] angeordnet [2] worden, so vermindert sich die Zahl der zulässigen Ablehnungen um die Zahl der Ergänzungsgeschworenen.[3]

II Sind mehrere Ergänzungsgeschworene zugezogen worden, so treten sie in der Reihenfolge der Auslosung ein.[4,5]

1. Ergänzungsgeschworene: § 194 GVG.

2. Anordnung durch den Vorsitzenden. Die Anordnung und deren Zurücknahme ist nur bis zum Beginn der Auslosung zulässig, E. 14, 206; 26, 1; 34, 335, s. aber auch GoltdA. 56, 213.

3. Die Ergänzungsgeschworenen sind unmittelbar nach dem 12. Geschworenen auszulosen und mit den übrigen Geschworenen zu beeidigen, Auslosung nach Beeidigung der Hauptgeschworenen aber nicht unbedingt Revisionsgrund, GoltdA. 59, 118, Recht 15, 653; W. 6, 156.

4. Über das Eintreten der Ergänzungsgeschworenen entscheidet das Gericht, E. 13, 191, in zweifelsfreien Fällen kann dies auch der Vorsitzende, E 38, 43. Vorherige Anhörung des Angeklagten ist nicht erfordert, E. 7, 234. Das Eintreten des Ergänzungsgeschworenen braucht nicht in öffentlicher Sitzung zu geschehen, GoltdA. 52, 91.

5. Mitwirken eines Ergänzungsgeschworenen bei der Beratung nur im Falle seines Eintritts in die Reihe der Hauptgeschworenen. Andernfalls darf er das Beratungszimmer während der Beratung nicht betreten; ein Verstoß hiergegen ist Revisionsgrund und kann auch durch nochmalige Beratung nur der 12 Hauptgeschworenen nicht mehr geheilt werden, E 6, 58; Recht 16, 2896; JW. 41, 947; s. aber auch E. 3, 266; Verlassen des Zimmers durch den Ergänzungsgeschworenen vor Beginn der Beratung, vgl. Recht 15, 961; W. 6, 158.

Geschworenenbank für mehrere Verhandlungen.

§ 286.

Stehen an demselben Tage mehrere Verhandlungen an, so verbleibt [1] die für eine [2] derselben gebildete Geschworenenbank für die folgende Verhandlung oder für mehrere folgende Verhandlungen, [3] wenn die dabei beteiligten Angeklagten [4] und die Staatsanwaltschaft [5] sich damit vor der Beeidigung der Geschworenen einverstanden erklärt haben. [6]

1. Nur Beibehaltung der Geschworenenbank; nicht gleichzeitige Bildung der Bank für mehrere Sachen. Geschieht eine solche gleichwohl, so heilt das nach § 286 erklärte Einverständnis des Angekl. und der Staatsanwaltschaft den Verstoß, Recht 10, 1387.

2. Es ist nicht nötig, daß die ursprüngliche Bildung der Bank gerade für die zuerst anstehende Sache geschieht, GoltdA. 53, 277.

3. Auch wenn diese Verhandlungen dann erst an einem andern Tag erfolgen. Zeitgrenze: § 228.

4. Auch der Verteidiger muß bei der Verh. über die Beibehaltung der Geschworenenbank anwesend sein, E. 18, 361. Unterlassung nachträglichen Widerspruchs durch den nicht anwesend gewesenen Verteidiger heilt den Verstoß nicht, Recht 11, 1152. Daß der in der andern Sache Angekl. und dessen Verteidiger schon während der Bildung der Bank anwesend sind, ist nicht erfordert, aber zweckmäßig. Ein Ablehnungsrecht haben übrigens dieser Angekl. und sein Verteidiger keinesfalls, GoltdA. 53, 277; Recht 10, 698; BayZ. 2, 342.

5. Ein späterer Wechsel in der Person des Vertreters der Anklage ist belanglos. Auch die richterlichen Mitglieder des Schwurgerichts können in der anderen Sache andere sein, E. 29, 337.

6. Widerruf des Einverständnisses unzulässig. Erklärung des Einverständnisses erst nach der Beeidigung der Geschworenen unwirksam. Ebenso Einverständniserklärung vor Bildung der Geschworenenbank wirkungslos, JW. 22, 9.

Neubildung der Geschworenenbank.

§ 287.

Muß nach Unterbrechung einer Hauptverhandlung mit dem Verfahren von neuem begonnen werden,[1] so ist auch die Geschworenenbank von neuem zu bilden.[2]

1. § 228; auch bei Wegfall eines Richters oder Geschworenen, für die ein Ersatzmann nicht vorhanden ist.

Bei bloßer Unterbrechung kann eine abgetrennte Sache innerhalb der 4tägigen Frist (§ 228) vor derselben Geschworenenbank weiterverhandelt werden; anders bei Aussetzung, die auch in dem Beschluß, gegen die andern Mitangekl. allein zu verhandeln, liegt, GoltdA. 49, 267; Recht 6, 300; JW. 31, 583.

2. S. noch Anm. 3 zu § 228.

Beeidigung der Geschworenen.

§ 288.

I Nach Bildung der Geschworenenbank werden die Geschworenen[1] in Gegenwart der Angeklagten, über welche sie richten sollen, beeidigt.

II Die Beeidigung erfolgt in öffentlicher Sitzung.

III Der Vorsitzende richtet an die zu Beeidigenden die Worte:

„Sie schwören bei Gott, dem Allmächtigen und Allwissenden, in der Anklagesache (den Anklagesachen[2]) wider N. N. die Pflichten eines Geschworenen getreulich zu erfüllen und ihre Stimme nach bestem Wissen und Gewissen abzugeben."

VI Die Geschworenen leisten den Eid, indem jeder einzeln die Worte spricht:

„ich schwöre es, so wahr mir Gott helfe."

V Der Schwörende soll bei der Eidesleistung die rechte Hand erheben.

VI Ist ein Geschworener Mitglied einer Religionsgesellschaft, welcher das Gesetz den Gebrauch gewisser Beteuerungsformeln an Stelle des Eides gestattet, so wird die Abgabe einer Erklärung unter der Beteuerungsformel dieser Religionsgesellschaft der Eidesleistung gleich geachtet.[3]

1. Auch die Ergänzungsgeschworenen s. Anm. 3 zu § 285.
2. S. § 286.
3. Vgl. § 64 und Anm. hierzu.

Verhandlung zur Sache.

§ 289.

Nach der Beeidigung der Geschworenen erfolgt die Verhandlung in der Sache selbst.[1, 2]

1. §§ 242—256. Aushändigung einer Abschrift des Eröff.-Beschl. nach dessen Verlesung an die Geschworenen zulässig, SRA. 3, 514. Nach der Beweisaufnahme

erfolgt die Fragestellung §§ 290—298, dann die Ausführungen und Anträge zur Schuldfrage § 299, weiter die Rechtsbelehrung § 300.

2. Über Beweisanträge haben die Geschworenen nicht zu entscheiden, E. 26, 273; s. hierzu Anm. 3 und 8 zu § 243.

Vorfragen, z. B. über das Vorhandensein des Strafantrags, entscheidet ebenfalls nur das Gericht, nicht die Geschworenen; es kann hiernach auch ein schwurgerichtliches Urteil ohne Verh. zur Sache und ohne Geschworenenspruch ergehen, E. 2, 221, vgl. auch Rsp. 9, 226.

Stellung und Verlesung der Fragen.

§ 290.

I Die den Geschworenen zur Beantwortung vorzulegenden Fragen werden von dem Vorsitzenden entworfen.[1]

II Nach dem Schlusse der Beweisaufnahme werden die entworfenen Fragen verlesen.[2] Der Vorsitzende kann sie den Geschworenen, der Staatsanwaltschaft und dem Angeklagten in Abschrift mitteilen und soll einem hierauf gerichteten Antrage entsprechen.

III Auf Verlangen der Staatsanwaltschaft oder des Angeklagten oder eines der Geschworenen ist behufs Prüfung der Fragen die Verhandlung auf kurze Zeit zu unterbrechen.[3]

1. Feststellung des Entwurfes auf Grund einer Beratung des Gerichtes zulässig, Recht 9, 171. — Anweisungen auf dem Fragebogen über die Form der Kundgabe des Geschworenenspruches sind zulässig, GoltdA. 50, 111.

2. Verlesung unbedingt nötig; kein Ersatz hierfür durch wortgetreue Angabe des Inhalts oder durch Abschrifterteilung; auch Verzicht der Prozeßbeteiligten auf Verlesung unwirksam, E. 10, 436; 26, 336; GoltdA. 41, 43.

Bei Wiederaufnahme des geschlossenen Beweisverfahrens wiederholte Verlesung nicht nötig, falls nicht die Fragen beanstandet, ergänzt oder geändert wurden, E. 7, 284; 22, 138; bei einer Änderung oder Ergänzung der Fragen sind mindestens diejenigen nochmal zu verlesen, welche irgendwie von der Beanstandung und der Änderung betroffen wurden, E. 24, 102; 26, 336; 28, 414.

3. Die Zeitdauer bestimmt der Vorsitzende. Die Unterbrechung muß bewilligt werden.

Feststellung von Fragen auf Bemängelung.

§ 291.

I Die Staatsanwaltschaft und der Angeklagte, sowie jeder Geschworene ist befugt, auf Mängel in der Fragestellung aufmerksam zu machen, sowie auf Abänderung und Ergänzung der Fragen anzutragen.[1]

II Das Gericht stellt, wenn Einwendungen erhoben oder Anträge angebracht werden, oder wenn einer der Richter es verlangt, die Fragen fest.[2] Die festgestellten Fragen sind zu verlesen.[3]

1. Diese Befugnis schließt auch das Recht in sich, die Stellung von Neben- und Hilfsfragen zu beantragen, E. 2, 92. S. §§ 296, 297.

Zeitgrenze: Solche Einwendungen und Anträge und auch die Wiederaufnahme der Fragestellung von Amts wegen sind bis zur begonnenen Verkündung eines formrichtigen und von sachlichen Mängeln freien Geschworenenspruches zulässig, E. 7, 345; 11, 168; 30, 403; 45, 136; also auch noch nach Einleitung eines Berichtigungsverfahrens, E. 2, 361; s. noch E. 16, 126.

Zu allen derartigen Verhandlungen über die Fragestellung muß der Angekl. zugezogen werden, § 306 Abs. 2, § 311 Abs. 2.

2. Eine Ablehnung von Fragen ist zu begründen; nicht dagegen die erfolgte Feststellung (Fassung) der Fragen, E. 27, 67.

3. Einer Feststellung und Verlesung bedarf es nur hinsichtlich der von der Beanstandung und Abänderung betroffenen Fragen, E. 28, 414. — Spätere Abänderungen der festgestellten Fragen noch möglich, s. Anm. 1 und § 306 Abs. 2, § 311 Abs. 2. Die Verlesung hat bei jeder späteren Abänderung nochmals zu erfolgen, E. 26, 336.

Art der Fragestellung.

§ 292.

I Die Fragen sind so zu stellen, daß sie mit Ja oder mit Nein sich beantworten lassen.[1]

II Wenn eine nachfolgende Frage nur für den Fall zu beantworten ist, daß eine vorausgehende in einem gewissen Sinne erledigt werde, so ist dies bemerklich zu machen.

III Bei einer Mehrzahl von Angeklagten oder von strafbaren Handlungen müssen die Fragen für jeden Angeklagten und für jede strafbare Handlung besonders gestellt werden.[3, 4, 5]

1. Alternative Fragestellung ist zulässig, wenn es sich nicht um verschiedene selbständige Tatbestände, sondern nur um alternativ verschiedene, aber gleichwertige Ausführungsarten des gesetzlichen Tatbestands der nämlichen Straftat oder nur um unwesentliche Abweichungen hinsichtlich der Art der Ausführung (Zeit, Ort, Werkzeug usw.) einer und derselben Straftat handelt, E. 26, 155; 28, 98; 32, 85; 35, 299; 37, 215; 43, 382. S. auch Anm. 2 zu § 266.

Z. B.: Täterschaft und Mittäterschaft, E. 12, 347; 36, 18, falls Mittäterschaft nicht einen Erschwerungsgrund wie in § 223a StGB. bildet, Recht 16, 1987; die verschiedenen Mittel der Anstiftung, auch mit dem Zusatz „oder durch andere Mittel", Rsp. 3, 93; 5, 463; Anstiftung eines Täters oder mehrerer Mittäter der nämlichen Tat, E. 37, 215; § 176 [1] oder § 176 [2] StGB., GoltdA. 40, 44; willenlos oder geisteskrank nach § 176 [2] StGB., Rsp. 4, 86; wörtliche oder tätliche Beleidigung, Recht 9, 374; Gewalt oder Drohung bei Raub, E. 11, 104; Raub unter Marterung oder Raub mit der Folge einer schweren Körperverletznng E. 35, 357; wissen oder den Umständen nach annehmen müssen bei § 259 StGB., Rsp. 1, 777; an sich bringen oder zum Absatze mitwirken nach § 259 StGB., Rsp. 3, 815; § 267 oder § 269 StGB., GoltdA. 40, 44; § 267 oder § 270 StGB., E. 35, 299; wegen der verschiedenen Brandobjekte in § 308 StGB. s. E. 35, 285; die verschiedenen Tatbestandsmerkmale des § 239 Nr. 2 KO., E. 24, 435; Recht 10, 3388; 15, 2409; des § 239 Nr. 4 KO., DJZ. 8, 32; des § 240 Nr. 4 KO., E. 36, 193; des § 242 Nr. 1 KO., SeuffBl. 76, 321; die verschiedenen Arten des Tatbestandes des § 351 StGB., E. 43, 382.

Unzulässig ist sie, wenn zwei verschiedene, selbständige Taten, z. B. sich widersprechende Eide in Frage stehen, E. 26, 155, oder wenn eine Gesetzesbestimmung mehrere selbständige Tatbestände umfaßt, z. B. bei Auffordern und Erbieten nach § 49a StGB., Recht 10, 130; SeuffBl. 71, 123; bei Widerstand oder tätlichem Angriff nach § 117 StGB., E. 28, 98; bei den beiden Alternativen des § 132 StGB., E. 32, 85; bei Defraudation oder Kontrebande i. S. der §§ 134, 135 VZG., E 22, 216, usw.; auch alternative Fragen nach § 185 und § 186 StGB., ferner nach § 243² und § 243³ StGB. sind unzulässig, vgl. Recht 14, 819; 13, 3278; E. 23, 47.

2. Eine bestimmte Form hierfür ist nicht vorgeschrieben; Verbindung von Fragen durch das Wort „eventuell" aber ungenügend, E. 7, 434; 6, 243; auch die bloße Bezeichnung als Hilfsfrage genügt nicht, GoltdA. 47, 383.

Die Reihenfolge der Fragen muß logisch sein. Die Hilfsfragen sind der Hauptfrage nachzustellen, sofern nicht § 294 Abs. 2 Platz greift, Rsp. 6, 225. Die Nebenfragen müssen stets den Haupt- oder Hilfsfragen nachstehen, Rsp. 6, 225; auch wäre es nicht angängig, bei Jugendlichen die Fragen nach mildernden Umständen der Frage nach der Strafbarkeitseinsicht voranzustellen, E. 33, 298. — Abweichen von der vorgeschriebenen Reihenfolge bei zu befürchtender Unverständlichkeit der Fragen zulässig, GoltdA. 40, 146.

3. a) Bei Realkonkurrenz sind hiernach so viele Hauptfragen zu stellen, als der Eröff.-Beschl. strafbare Handlungen annimmt, Rsp. 2, 533; auch bei Gleichartigkeit von zwei sachlich zusammentreffenden Straftaten ist eine Zusammenfassung in eine Frage unzulässig, selbst wenn hierbei der Tatbestand beider Fälle unterschieden und die Antwort mit dem Beisatz „in beiden Fällen" versehen würde, Rsp. 2, 638; E. 5, 383; bei einer Mehrheit solcher Hauptfragen kann die Verschiedenheit durch die Angaben über Ort, Zeit usw. ersichtlich sein, andernfalls ist ein Beisatz „durch eine fernere selbständige Handlung" oder dgl. nötig, E. 29, 327; Rsp. 4, 482; Recht 14, 1196. S. auch Recht 10, 1277. — Gesonderte Fragen über die Anstiftung sind zu jeder einzelnen Haupttat bei Realkonkurrenz auch dann nötig, wenn die Anstiftung nur durch eine einzige Handlung erfolgte, E. 8, 153. — Ebenso muß bei Realkonkurrenz zu jeder eine einzelne Straftat betr. Frage die Nebenfrage auf mildernde Umstände gesondert gestellt werden, E. 2, 227; s. auch Recht 11, 588; DJZ. 12, 968.

b) Bei Idealkonkurrenz können die verschiedenen rechtlichen Tatbestände in eine Frage zusammengefaßt werden, es können aber auch hinsichtlich jeden Strafgesetzes Einzelfragen gestellt werden, wobei aber kenntlich zu machen ist, daß diese sämtlich dieselbe Straftat betreffen, E. 4, 287; 21, 405; 24, 280; 44, 343; Rsp. 9, 673; DJZ. 12, 969. — Die Nebenfrage auf mildernde Umstände ist bei Idealkonkurrenz nur einmal zu stellen, E. 5, 155; Recht 11, 588; und sie umfaßt hierbei auch diejenigen ideell konkurrierenden Straftaten, bei welchen das Gesetz mildernde Umstände nicht kennt, E. 14, 8; Rsp. 10, 158; s. aber auch GoltdA. 40, 146.

c) Bei einer fortgesetzten Straftat können statt einer Frage auch besondere Fragen für jede einzelne Fortsetzungshandlung gestellt werden, wobei jedoch zum Ausdruck zu bringen ist, daß diese Fortsetzungshandlungen nicht selbständige Handlungen sind, Rsp. 9, 673. Bei Annahme einer fortgesetzten Straftat statt der Realkonkurrenz des Eröff.-Beschl. ist den verschiedenen Einzelfragen eine Hilfsfrage dahin anzufügen, ob die bezeichneten Straftaten durch ein fortgesetztes Tun verübt sind, Rsp. 2, 533. S. auch noch E. 14, 75; 25, 409.

Zu Anm. 3 s. Abhandlung in SeuffBl. 78, 193 ff.

4. Bei einer Mehrzahl von Angeklagten muß die gesonderte Fragestellung auch dann erfolgen, wenn die Verneinung der Schuld des einen Angekl. notwendig zur Verneinung der Schuld des andern Angekl. führen muß, E. 24, 302; unzulässig wäre es aber, in diesen Sonderfragen für jeden einzelnen Angekl. zugleich irgendwie über die Mitschuld von Mitangekl. zu fragen, BayZ. 3, 435, s. auch E. 36, 19. — Wegen der Fragestellung bei Mittäterschaft s. Anm. 7 zu § 293.

5. Eine Verweisung oder Bezugnahme auf eine Vorfrage ist zulässig, wenn die nachfolgende Frage mit der Vorfrage in notwendigem Zusammenhang steht, also z. B. in der Frage über Anstiftung oder Beihilfe auf die den Täter betr. Vorfrage, in einer Hilfsfrage auf die vorangehende Hauptfrage, vgl. E. 2, 134, 408; 41, 187.

§ 293.

Hauptfrage.

Die Hauptfrage beginnt mit den Worten: „Ist der Angeklagte schuldig?"[1,2,3] Sie muß die dem Angeklagten zur Last gelegte Tat[4] nach ihren gesetzlichen Merkmalen[5] und unter Hervorhebung der zu ihrer Unterscheidung erforderlichen Umstände[5] bezeichnen.[6,7]

1. Die Geschworenen entscheiden nur über die Schuldfrage (§ 81 GVG.) und über das Vorhandensein von mildernden Umständen, § 297.

a) Bei der Entsch. über die Schuldfrage entscheiden die Geschworenen wie die Tatfrage, so auch die Rechtsfrage s. Anm. 3.

b) Eine besondere Befragung über Schuldausschließungsgründe findet hierbei nicht statt. Es wird vielmehr bei Beantwortung der Hauptfrage stillschweigend hierüber mitentschieden.

Also keine besondere Frage über Zurechnungsfähigkeit, E. 1, 70; 4, 400; über Notwehr oder straflose Überschreitung der Notwehr, E. 11, 277; über den Schuldausschließungsgrund des § 59 StGB.; Rsp. 4, 86; 7, 446.

Auch keine besondere Frage über § 193 StGB. (Wahrung berechtigter Interessen), E. 9, 105.

Wegen der Umstände, durch welche die Strafbarkeit wieder aufgehoben wird s. § 295 Abs. 2.

2. Die Geschworenen haben deshalb nicht zu entscheiden über:

a) die prozeßrechtlichen Voraussetzungen für die Strafverfolgung, z. B. Strafantrag, E. 2, 221; 5, 329; Verjährung s. § 262 Abs. 3, Recht 16, 1865, s. auch GoltdA. 46, 425; JW. 35, 610; Verbrauch der Strafklage (ne bis in idem), E. 43, 60; 45, 397; Scheidung der Ehe bei Ehebruch, E. 15, 122; Verfolgbarkeit nach Maßgabe der Auslieferungsverträge, E. 33, 272; 39, 137; Staatsangehörigkeit des Angekl. im Falle des § 4 Abs. 2 StGB., E. 31, 122; 42, 332 usw.;

b) die Voraussetzungen des Rückfalls s. § 262 Abs. 3, E. 39, 97; GoltdA. 55, 226; das Gericht ist aber an den im Geschworenenspruch festgestellten Tag der Verübung der Tat gebunden, E. 15, 107;

c) die Tatumstände für die Strafzumessung, auch wenn die Strafe absolut bestimmt ist, E. 12, 150.

3. Die Hauptfrage muß mit den Worten beginnen: „Ist der Angeklagte schuldig?" E. 31, 122, eine andere Fassung z. B. „Hat der Angeklagte . . . getan?" ist unzulässig, E. 41, 188.

Den Geschworenen obliegt auch die Entsch. über die Rechtsfrage; sie haben auf den Tatbestand das Gesetz anzuwenden und demzufolge auch über die Anwendbarkeit der einschlägigen Rechtsbegriffe zu entscheiden, Rsp. 2, 431; E. 2, 138; 3, 295; 4, 314; 6, 94 usw. Ob hierbei falsche Auffassungen unterliefen, kann in der Revisionsinstanz nicht nachgeprüft werden, Rsp. 2, 431; 3, 738; 4, 387; Recht 14, 2425, abgesehen von dem Fall, daß die Art der Fragestellung von vorneherein gesetzwidrig war, Rsp. 7, 551.

4. Für die Bezeichnung der dem Angekl. zur Last gelegten Tat ist der Eröff.-Beschl. maßgebend. Mängel der Tatbezeichnung in diesem können bei der Fragestellung verbessert werden, Rsp. 3, 131; E. 26, 155. Stets aber muß die Anklage durch die Fragestellung erschöpft werden; es wäre z. B. auch nicht mit Zustimmung aller Prozeßbeteiligten zulässig, ein im Eröff.-Beschl. angenommenes; ideal konkurrierendes Strafgesetz wegzulassen (Löwe), Recht 17, 2024.

5. Gesetzliche Merkmale der Straftat:

a) nur die im Strafgesetz ausdrücklich angeführten; keine Ersetzung dieser durch konkrete Tatumstände, auch keine Ergänzung durch stillschweigend vorausgesetzte, aus allgemeinen Rechtssätzen folgende Erfordernisse, E. 12, 112; 16, 186; 38, 279; Rsp. 3, 819.

Führt das Strafgesetz nicht alle Merkmale selbst auf, sondern verweist es auf andere Strafgesetze, so sind aus letzteren die Merkmale zu ergänzen (vgl. hierzu E. 43, 313), z. B. bei § 159 StGB. die Merkmale des Meineids aus §§ 153, 154 StGB., E. 19, 97, ebenso bei § 155 Nr. 2 StGB., GoltdA. 58, 460, bei §§ 268, 270 StGB. sind die Merkmale aus § 267 StGB. aufzunehmen, E. 1, 169; 12, 113; 23, 260; 38, 280, bei § 350 StGB. die Merkmale aus § 246 StGB., E. 2, 279; 23, 79; 37, 8, bei § 214 StGB. die Merkmale der betr. strafbaren Handlung, E. 23, 79; 44, 271. — Dagegen keine Spezialisierung der Begriffe „Verbrechen oder Vergehen" in § 157 Nr. 1 StGB., E. 27, 371, auch keine Erläuterung des Begriffes „verfälschtes Geld" in § 147 StGB., E. 43, 312.

b) Die gesetzlichen Merkmale der Tat sind mit dem Ausdruck des Gesetzes zu bezeichnen, E. 8, 234. Es ist unstatthaft, die Ausdrücke des Strafgesetzes durch andere Bezeichnungen zu ersetzen oder zu erläutern und die Rechtsbegriffe zu umschreiben oder aufzulösen, E. 12, 339; 27, 67; auch eine Ersetzung der abstrakten Ausdrücke des Gesetzes durch Angabe der konkreten Tatsachen ist unzulässig, vgl. E. 4, 314; 27, 370. — Eine solche Ersetzung kann nur ausnahmsweise bei ganz selbstverständlichen Tatsachen und Rechtsbegriffen erfolgen, z. B. durch Bezeichnung der bestimmten Person statt des Begriffes „Mensch", E. 8, 235; 12, 337; über den unter Umständen zulässigen Gebrauch anderer, aber völlig gleichbedeutender Ausdrücke s. E. 4, 22; 38, 281; GoltdA. 37, 360.

c) Im Falle des § 4 Abs. 2 Nr. 3 StGB. hat sich die Fragestellung auch auf die Merkmale des ausländischen Rechts zu erstrecken, E. 13, 229; 31, 123; 43, 86; Recht 12, 2524; Befragung hierbei wie bei Idealkonkurrenz, also Aufnahme der Merkmale des inländischen und ausländischen Strafgesetzes in eine Frage oder zwei Hauptfragen unter Hervorhebung, daß es sich dabei nur um eine Tat handelt, E. 13, 232; 42, 331. — S. noch oben Anm. 2a.

d) Sind die gesetzlichen Merkmale nicht vollständig in der Frage und demgemäß im Spruch enthalten, so ist eine Ergänzung mittels eines Zusatzes im Wege des Berichtigungsverfahrens möglich, GoltdA. 41, 124; keine Ergänzung durch Auslegung seitens des Schwurgerichtshofes, E. 2, 45.

6. Unterscheidungsumstände: es muß die Tat z. B. durch Angabe von Ort, Zeit, Person des Verletzten usw. von anderen Straftaten deutlich unterschieden und deren Identität mit der Tat des Eröff.-Beschl. erkennbar gemacht werden. Ortsangabe ist jedenfalls erforderlich insoweit, daß ersichtlich, ob die Tat im Inland oder Ausland verübt ist, E. 43, 84; Recht 15, 2410; BayZ. 7, 447. Dagegen bedarf es z. B. nicht unbedingt der Bezeichnung der beleidigten Person bei Anklage wegen Beleidigung, E. 38, 421, auch nicht des Mittäters, E. 36, 19. Die Art der nötigen Individualisierung ergibt sich aus den Umständen des Einzelfalles. Maßgebend ist hierbei das Ermessen des Gerichts, GoltdA. 36, 157; 48, 440. Zuweitgehende Individualisierung ist aber zu vermeiden. Vgl. E. 8, 233; GoltdA. 60, 416; Recht 17, 446.

7. Aus der Rechtsprechung des Reichsgerichts über die Fragestellung:

A. Allgemeiner Teil des StGB.:

1. Versuch: Frage, ob der Angekl. „den Versuch gemacht hat", unzulässig, Rsp. 3, 292; Anfang „der" Ausführung, nicht „zur" Ausführung, Recht 15, 2788; Anfang der Ausführung, nicht „Anfang des Verbrechens usw.", SeuffBl. 74, 244.

2. Mittäterschaft: es muß das Merkmal der „gemeinschaftlichen Ausführung" in die Frage aufgenommen werden, E. 13, 121, sonst keine Verurteilung durch das Gericht wegen gemeinschaftlicher Ausführung, Recht 12, 3204; alternative Fragestellung „allein oder gemeinschaftlich mit einem andern" zulässig, E. 12, 352; 36, 19; Recht 15, 1441, 3955, sofern die Mittäterschaft nicht wie im § 223a StGB. Erschwerungsgrund ist, Recht 16, 1987; die Fassung „allein oder mit einem andern handelnd", ist ungenügend, Recht 14, 3129; GoltdA. 58, 197; JW. 40, 234. Weglassung der Worte des Eröff.-Beschl. „gemeinschaftlich mit andern", BayZ. 5, 24. — Name des Mittäters nicht nötig, E. 36, 19; SeuffBl. 74, 134. Mittäterschaft bei Mord: Recht 16, 329. Frage bei Exzeß der Mittäterschaft, E. 44, 321.

3. Anstiftung: die Frage muß stets die Mittel der Anstiftung, wenn auch in alternativer Form, und zwar mindestens eines der im § 48 StGB. selbst ausdrücklich angeführten Mittel (Recht 16, 2894) und immer mit dem allgemeinen Zusatz: „oder durch andere Mittel" enthalten, Rsp. 5, 463, 480, Weglassen dieses allgemeinen Zusatzes ist Revisionsgrund, Rsp. 8, 780, unzulässig ist auch die Aufnahme eines im Gesetz nicht bezeichneten Mittels unter Beifügung des Zusatzes: „oder durch andere Mittel", E. 15, 304; GoltdA. 36, 162.

Aus der Frage muß hervorgehen, daß die Haupttat infolge der Anstiftung auch wirklich begangen wurde, E. 13, 234; Rsp. 9, 137; Recht 11, 1216; sie muß deshalb den vollen Tatbestand der Haupttat, zu der angestiftet wurde, enthalten, es ist aber statt dessen eine Bezugnahme auf eine vorangehende, den Haupttäter betr. Frage zulässig, Rsp. 1, 497; 3, 93. Eine Anführung des Namens des Angestifteten oder eine nähere Bezeichnung seiner Person ist nicht nötig, GoltdA. 38, 347. Die begangene Haupttat muß an sich strafbar sein, E. 40, 25, daß der Haupttäter dann aber aus irgendeinem rechtlichen oder tatsächlichen Grunde nicht verurteilt werden kann, ist für die Frage der Anstiftung gleichgültig, E. 3, 162; Rsp. 4, 700; deshalb kann bei Verneinung der Schuldfrage des Täters und Bejahung derjenigen des Anstifters die Frage, ob der Spruch sich widerspricht, nur auf Grund der konkreten Verhältnisse des Falles beurteilt werden, GoltdA. 48, 125. Umstände, die den Täter betreffen, aber nur für den Anstifter von rechtlicher Bedeutung sind, können in die Hauptfrage gegen den Anstifter aufgenommen werden, Rsp. 3, 93.

Gegen den als Täter Angekl. darf eine Hilfsfrage wegen Anstiftung eines nicht ermittelten Dritten zur Tat nicht gestellt werden, ohne gleichzeitige anderweite Fragestellung über die Täterschaft des Dritten infolge der Anstiftung, E. 15, 178.

Bei Anstiftung zu mehreren sachlich zusammenhängenden Haupttaten ist für die Anstiftung zu jeder Haupttat je eine besondere Frage auch dann zu stellen, wenn zu diesen mehreren Taten durch eine einzige Handlung angestiftet wurde, E. 8, 158.

Fragen bei gemeinschaftlich begangener Anstiftung, E. 13, 121.

4. Beihilfe „zur Begehung" der Haupttat, nicht bloß „zur" Haupttat, Recht 7, 134; 10, 513; 13, 1087; „zur" Begehung der Haupttat, nicht „bei" Begehung der Haupttat, E. 16, 350. Die Tatsachen, in denen die Beihilfe durch Rat oder Tat gefunden wird, brauchen nicht in die Frage aufgenommen zu werden, E. 1, 391. Angabe des Namens des Täters nicht erfordert, SeuffBl. 74, 134.

Aus der Frage muß hervorgehen, daß die Tat, zu welcher Beihilfe geleistet wurde, begangen wurde, Rsp. 9, 137. Hilfsfrage auf Beihilfe bei dem der Täterschaft Angekl., SeuffBl. 74, 134; Beihilfe bei Annahme eines unbekannten Täters, DJZ. 13, 1224; Beihilfe zu ideell konkurrierenden Straftaten, E. 44, 409; Beihilfe zu einer rechtlich mehrfach und verschieden zu beurteilenden Tat, Recht 17, 2363.

5. § 49a StGB.: keine alternative Fragestellung auf „auffordern" oder „sich erbieten", Recht 10, 130; SeuffBl. 71, 123.

6. Realkonkurrenz: Anm. 3a zu § 292.

7. Idealkonkurrenz: Anm. 3b zu § 292. Bei Zusammenfassung der ideell konkurrierenden Straftaten in eine Frage die Formel: „durch eine und dieselbe Handlung" oder auch „durch eine weitere, nicht selbständige Handlung", GoltdA. 40, 146; Rsp. 9, 672. Stellung einer besonderen Frage nach dem Vorhandensein von Idealkonkurrenz zulässig, Recht 6, 537. Hervorhebung der Idealkonkurrenz kann unterbleiben, wenn diese im Einzelfall als einzige Möglichkeit logisch zwingend sich darstellt und den Geschworenen sonstwie genügend zum Bewußtsein gebracht wird, E. 33, 317.

Bei Annahme mehrerer ideell konkurrierender Straftaten im Eröff.-Beschl. Frage über jede einzelne Straftat nötig, E. 21, 405, auch die Beantwortung sämtlicher Fragen hierüber durch die Geschworenen erfordert, E. 4, 190. Bei Zusammenfassung in eine Frage, auch in der Form 1a, 1b nur eine Antwort nötig, Beisetzung der Antwort neben 1a genügend, GoltdA. 50, 277.

§ 294 Abs. 2 findet auf die Fälle der Idealkonkurrenz keine Anwendung, E. 24, 280.

8. Fortgesetzte Straftat: Anm. 3c zu § 292. Bei einer fortgesetzten Straftat genügt es, die Tatbestandsmerkmale mit den Worten des Gesetzes anzuführen und es braucht der Umstand, daß die einheitliche Tat sich aus mehreren Einzelhandlungen zusammensetzt, nur insoweit berücksichtigt zu werden, als erforderlich ist, die Gesamttat zu erkennen und von anderen Taten unterscheiden zu können; bei fortgesetzter Unterschlagung genügt es daher z. B., wenn die Frage von „Ausführung eines und desselben Vorsatzes während eines längeren Zeitraums" spricht und die „Zueignung einer Mehrzahl von Barbeträgen" zum Gegenstande hat, BayZ. 2, 43.

B. Einzelne Straftaten:

1. § 117 StGB.: Widerstand „in", nicht „während" der rechtmäßigen Ausübung seines Rechts, Recht 9, 940. S. noch E. 28, 98.

2. § 122 StGB.: Recht 10, 947; DJZ. 11, 1320; SeuffBl. 72, 158.

3. Münzverbrechen: Recht 13, 1957; SeuffBl. 74, 606. Die Bezeichnung „Geld" statt „Metallgeld" kann im Falle des § 147 StGB. genügen; der Gebrauch der Worte „inländisches oder ausländisches" Geld ist bei Anwendung der Ausdrucksweise des § 147 überflüssig, BayZ. 5, 24. Keine Spezialisierung des Begriffes „verfälschtes Geld" bei § 147, E. 43, 312.

4. Meineid und Falscheid: Die Frage braucht den Inhalt des vom Angekl. geleisteten Eides nicht zu enthalten, E. 4, 313; 27, 369; auch nicht den Inhalt des falschen Zeugnisses, Recht 6, 329; eine Aufnahme nur einzelner, angeblich falsch beschworener Tatsachen ist stets unzulässig, E. 27, 369; GoltdA. 53, 287.

Bei § 153 StGB. Angabe der Streitsache nicht unbedingt nötig, wenn Ort und Tag der Eidesleistung und die Art des geleisteten Eides aufgenommen sind, kein Widerspruch erfolgt und kein Anhalt dafür gegeben ist, daß der Angekl. an demselben Ort und Tag einen zweiten Eid gleicher Art geleistet hat, GoltdA. 36, 157. Einer Aufnahme des Tatbestandsmerkmals, daß der Eid vor einer zur Abnahme von Eiden zuständigen Behörde geleistet wurde, bedarf es bei § 153 StGB. nicht, E. 16, 186.

Bei § 154 StGB. muß zum Ausdruck gebracht werden, ob der Eid durch ein falsches Zeugnis verletzt oder ein solches mit einem Eide bekräftigt worden ist, GoltdA. 47, 383. Es ist auch die Aufnahme des Tatbestandsmerkmales, daß der Eid vor einer zur Abnahme von Eiden zuständigen Behörde geleistet wurde, nötig, Rsp. 5, 97; E. 21, 321; die Angabe der betr. Behörde kann unterbleiben, soweit sie nicht zur Individualisierung der Tat erforderlich ist, JW. 35, 494; „Amtsgericht" statt „Schöffengericht" genügend, JW. 35, 494; Recht 15, 2696.

Bei § 155 Nr. 2 StGB. muß zum Ausdruck gebracht werden, ob der Eid durch ein falsches Zeugnis verletzt oder ein solches mit einem Eide bekräftigt worden ist, GoltdA. 47, 383; 51, 405; 58, 460; DJZ. 16, 475.

Fassung der Frage im Falle der §§ 163, 155^{2}, 154 StGB., Recht 10, 1445.

Über das Vorhandensein der in den §§ 157, 158 StGB. enthaltenen Strafminderungsgründe haben die Geschworenen, nicht das Gericht zu entscheiden (Nebenfragen), E. 1, 423; 4, 377; 9, 74. Diese Strafminderungsgründe sind nicht in den Eröff.-Beschl. aufzunehmen, wenn dies aber geschehen, so liegt es mangels eines Antrags lediglich im pflichtmäßigen Ermessen des Gerichts, ob hierüber eine Nebenfrage zu stellen, E. 30, 209. Keine Spezialisierung der Begriffe „Verbrechen oder Vergehen" im Falle des § 157^{1} StGB., E. 27, 371. Stellung einer Nebenfrage aus § 157^{1} StGB. gegen den Anstifter zum Meineid usw. unzulässig, E. 22, 109; 4, 377, Fragestellung bei § 157^{2} StGB., GoltdA. 41, 49.

5. Unternommene Meineidsverleitung § 159 StGB.: hier ist der Meineid, zu dem verleitet werden sollte, nach allen seinen Merkmalen (Zeugeneid, Parteieid, falscher Eid, wissentlich usw.) in die Frage aufzunehmen, Rsp. 3, 152; E. 2, 283; 19, 96. — S. noch SeuffBl. 75, 360.

6. Verleitung zum Falscheid § 160 StGB.: hier gilt entsprechend das vorstehend unter 5 Bemerkte, E. 23, 251; die einzelnen Tatsachen der eidlichen Aussage dürfen aber nicht aufgenommen werden, GoltdA. 53, 287. Zusatz, daß der falsche Eid tatsächlich geleistet wurde, nicht geboten, Recht 11, 1340; W. 2, 240.

7. Sittlichkeitsverbrechen: § 176^{2} StGB.: Rsp. 4, 86; § 176^{3} StGB.: E. 12, 337; § 176^{1} oder § 176^{3} StGB.: GoltdA. 40, 44.

8. Beleidigung: Angabe des Namens des Beleidigten in der Frage nicht geboten, E. 38, 421. Zu § 196 StGB. s. E. 15, 85; ob eine Beleidigung gegen einen Beamten in bezug auf seinen Beruf begangen, gehört nicht in die Frage, Recht 10, 1016.

9. Straftaten wider das Leben: Frage auf Mord: „Ist N. schuldig, den X. vorsätzlich getötet und diese Tötung mit Überlegung ausgeführt zu haben?", E. 8, 276; Rsp. 7, 500; es ist hier übrigens auch zulässig, eine Hauptfrage wegen vorsätzlicher Tötung (§ 212 StGB.) voranzustellen und das Merkmal der überlegten Ausführung in eine Nebenfrage aufzunehmen, E. 31, 332; GoltdA. 38, 339; Recht 6, 217; SeuffBl. 73, 458. Bei Zusammenfassung in eine Frage Schuldspruch auf Totschlag durch Verneinung des Merkmals der überlegten Ausführung möglich, Rsp. 1, 296, auch Stellung einer Hauptfrage auf Mord und für den Fall ihrer Verneinung einer Hilfsfrage auf Totschlag möglich, E. 13, 344; 31, 253.

Bei Verwechslung der Person durch den Mörder: „den X., den er für den Y. hielt", Rsp. 10, 734.

Fragestellung, wenn über dieselbe Handlung sowohl vom Gesichtspunkte des Mordes, wie des Totschlags und des Kindsmords eine Entscheidung abzugeben ist: E. 20, 171.

Frage bei Anstiftung zum Mord, E. 37, 217; zum versuchten Mord, E. 44, 378.

Frage im Falle möglicher verschiedenartiger Teilnahme Mehrerer bei der Tötung einer Person, vgl. GoltdA. 43, 34; 45, 368; s. auch Recht 16, 329.

Mordversuch: „Ist N. schuldig, den Entschluß, den X. zu töten, durch vorsätzliche und mit Überlegung begangene Handlungen, welche einen Anfang der Ausführung dieses Verbrechens enthalten, betätigt zu haben?" E. 3, 296; 36, 26; eine weitere nicht beanstandete Fassung s. E. 44, 378; s. auch Rsp. 10, 256.

Totschlagsversuch: „Ist N. schuldig, den Entschluß, den X. vorsätzlich zu töten, durch nicht mit Überlegung ausgeführte Handlungen, welche einen Anfang der Ausführung dieses Verbrechens enthalten, betätigt zu haben?" E. 35, 72; vgl. E. 32, 253.

§ 213 StGB.: es ist zulässig, aus § 213 StGB. eine Nebenfrage nur nach mildernden Umständen zu stellen, wenn nur diese und nicht gleichzeitig eine solche nach Reizung durch Mißhandlung oder schwere Beleidigung beantragt ist, JW. 35, 607.

Qualifizierter Totschlag, § 214 StGB.: der Begriff „strafbare Handlung" muß in der Frage durch Aufführung ihrer wesentlichen Merkmale bestimmt werden; die Auflösung des Begriffs „Unternehmung" ist nicht erforderlich, E. 23, 78; 44, 270; s. noch Recht 17, 1550.

Aszendenten-Totschlag, § 215 StGB.: SeuffBl. 70, 480; GoltdA. 52, 89.

Tötung auf Verlangen, § 216 StGB.: keine Frage auf mildernde Umstände, E. 45, 247; Recht 16, 1979. Fragestellung, wenn aus §§ 211 ff. StGB. verwiesen, E. 26, 363; s. auch E. 28, 200.

Kindstötung § 217 StGB.: Ordnung der Fragen bei gleichzeitiger Beurteilung der Tat aus dem Gesichtspunkt des Mordes und des Totschlags, E. 20, 171. — S. auch noch E. 2, 153, ferner E. 25, 321.

§ 218 StGB.: SeuffBl. 72, 989.

§ 219 StGB.: Fragestellung nur so, daß erkennbar ist, daß in jedem der drei Fälle (Verschaffen, Anwenden, Beibringen) für sich allein der Tatbestand des § 219 erfüllt ist; also nicht „verschaffen und anwenden", JW. 35, 607; BayZ. 2, 273. — S. noch E. 12, 409.

§ 221 StGB.: E 25, 321.

10. Körperverletzung mit Todesfolge, § 226 StGB.: wenn diese mittels einer Waffe oder eines gefährlichen Werkzeugs oder einer das Leben gefährdenden Behandlung erfolgte, so muß zunächst eine die Tatbestandsmerkmale des § 223 StGB. enthaltende Hauptfrage, dann für den Fall ihrer Bejahung eine den betr. straferhöhenden Umstand des § 226 enthaltende Nebenfrage und schließlich für den Fall der Bejahung der ersten und der Verneinung der zweiten Frage eine den strafverschwerenden Umstand des § 223a enthaltende weitere Nebenfrage gestellt werden. Verbindung der ersten und zweiten Frage gem. § 295 Abs. 1 und gesonderte Anfügung der dritten unter entsprechender Eventualität aber ebenfalls zulässig, E. 36, 277; s. auch E. 26, 312; Recht 11, 72. Ferner Rsp. 1, 759; E. 28, 409; 33, 285.

11. Schlägerei, § 227 StGB.: die schuldhafte Beteiligung muß auch ohne besondern Antrag in die Frage aufgenommen werden, Recht 10, 760.

12. Fahrlässige Körperverletzung, § 230 StGB.: Auflösung des Begriffes „Körperverletzung" in der Frage nicht geboten, GoltdA. 51, 352.

13. Raub: bei § 249 StGB. keine Teilung in eine Hauptfrage wegen Diebstahls und in eine Nebenfrage nach Gewalt usw., GoltdA. 38, 347; s. auch E. 6, 243; ferner GoltdA. 55, 226, Recht 17, 1064; bei § 251 StGB. alternative Fragestellung nach Raub unter Marterung oder Raub mit der Folge einer schweren Körperverletzung zulässig, E. 35, 357; Zusammenziehung des Tatbestands der §§ 251, 252 StGB. in eine Frage zulässig, E. 19, 141. Fragestellung bei versuchtem Straßenraub, GoltdA. 47, 284; Recht 16, 2895; bei §§ 250 Nr. 4, 43 StGB., JW. 32, 219. — S. auch noch E. 6, 325; 13, 391. — Gleichzeitiges Zusammentreffen des § 251 StGB. mit Mord, E. 4, 287; 33, 317; 44, 224; auch E. 42, 330 (österr. Recht).

14. Urkundenfälschung: in den Fällen der §§ 268, 270 StGB. sind die gesamten Tatbestandsmerkmale des § 267 StGB. in die Fragen aufzunehmen, E. 3, 168; 12, 113; 38, 280. Bezeichnung einer „Privaturkunde" lediglich als Urkunde, E. 7, 194. Frage bei § 270 StGB. in Verbindung mit §§ 269, 268, 267 StGB.: E. 23, 260. Hilfsfrage aus § 270 StGB. bei Hauptfrage aus §§ 267, 268 StGB., E. 34, 414, desgleichen Hilfsfrage aus §§ 271, 272 StGB. bei Hauptfrage aus §§ 267, 268 StGB., E. 27, 413. Beanstandete Frage aus § 270 StGB., Recht 11, 716. Zu § 271 StGB., s. GoltdA. 47, 158. Frage aus § 363 StGB. nur als Hilfsfrage für den Fall der Verneinung der Hauptfrage wegen Urkundenfälschung, JW. 35, 608.

15. § 288 StGB.: in der Frage braucht die Person des geschädigten Gläubigers nicht festgestellt zu sein, W. 6, 157.

16. Brandstiftung: über alternative Fragestellung bei § 308 StGB. s. E. 35, 285. Fragestellung bei der zweiten Alternative des § 308 StGB. GoltdA. 41, 33. — S. auch noch E. 8, 233.

17. Straftaten im Amte: bei § 350 StGB. sind alle Merkmale der Unterschlagung aufzunehmen, E. 2, 279; 23, 79; 37, 8; 38, 280; 43, 313; ist dies geschehen, so darf dann bei §§ 350, 351 StGB. im zweiten, den § 351 betreffenden Teil der Frage das Wort „Unterschlagung" gebraucht werden, E. 37, 8. Zusammenfassung von §§ 350, 351 StGB. in eine Frage zulässig, Rsp. 7, 174. S. auch noch Rsp. 7, 551; GoltdA. 37, 53. — Auslassen der Worte „als Beamter" bei §§ 348—350 StGB. auch bei Aufführung des Amtstitels des Täters unzulässig, Recht 11, 844; BayZ. 3, 417. — Zu § 350 StGB. s. auch noch Recht 12, 1120; SeuffBl. 73, 629. — Alternative Frage-

stellung hinsichtlich der verschiedenen Begehungsformen des § 351 StGB. zulässig, E. 43, 382.

18. Bankerott: zu § 239 Nr. 2 KO., Recht 10, 1387; 15, 2409; SeuffBl. 72, 250; zu § 242 Nr. 1 KO., DJZ. 14, 1148; SeuffBl. 76, 321; zu § 242 Nr. 2 KO., E. 38, 275.

19. Preßgesetz: zu § 21 s. E. 29, 143.

20. Depotgesetz: E. 34, 238.

Hilfsfrage.

§ 294.

I Hat die Verhandlung Umstände ergeben, nach welchen eine von dem Beschlusse über die Eröffnung des Hauptverfahrens abweichende Beurteilung der dem Angeklagten zur Last gelegten Tat in Betracht kommt,[1] so ist eine hierauf gerichtete Frage zu stellen[2] (Hilfsfrage).[3]

II Diese ist der dem Beschluß entsprechenden Frage voranzustellen, wenn die abweichende Beurteilung eine erhöhte Strafbarkeit begründet.[4]

1. Es muß sich um eine Klageänderung (§ 263) handeln. — Wegfall einzelner im Eröff.-Beschl. enthaltener erschwerender Umstände genügt nicht, E. 9, 401; s. aber E. 13, 344. — Hinweis auf den veränderten rechtlichen Gesichtspunkt: § 264 Anm. 5. Handelt es sich bloß um neu hervorgetretene strafmindernde oder straferhöhende Umstände, so greift § 295 Platz.

2. Von Amts wegen, nach pflichtgemäßem Ermessen des Gerichts. — Wegen der Anträge auf Stellung von Hilfsfragen s. § 296. Äußerster Zeitpunkt für Stellung solcher Anträge: Anm. 1 zu § 291.

3. Die Hilfsfrage ist ihrem Wesen nach Hauptfrage; sie muß demnach inhaltlich dem § 293 entsprechen und den vollen Tatbestand der betr. Straftat enthalten, E. 5, 327; 33, 131; 41, 187; mangelhafter Inhalt der Hilfsfrage ist auch dann Revisionsgrund, wenn die Hauptfrage bejaht wurde, E. 33, 131. Verweisung in der Hilfsfrage auf den Inhalt der Hauptfrage unter Umständen zulässig, E. 41, 187.

Die Hilfsfrage kommt nur in Betracht, wenn die Hauptfrage ganz verneint wird, GoltdA. 49, 265. Ausnahme bei Hilfsfrage, ob eine fortgesetzte Straftat vorliegt, Recht 10, 513; BayZ. 2, 248. — Enthält die Hauptfrage den vollen Tatbestand der Hilfsfrage, so kann die Stellung einer Hilfsfrage unterlassen werden, da die Geschworenen durch teilweise Verneinung der Hauptfrage die abweichende rechtliche Beurteilung zum Ausdruck bringen können, E. 31, 253. Es ist jedoch auch in solchen Fällen eine besondere Hilfsfrage zulässig, z. B. neben Mord eine solche nach Totschlag, E. 13, 344; 31, 253; Recht 6, 217.

4. Für die erhöhte Strafbarkeit ist entscheidend der ohne Annahme mildernder Umstände maßgebende Strafrahmen, GoltdA. 48, 358; 41, 282; s. auch Recht 6, 272; 9, 506. — Auf Fälle der Idealkonkurrenz findet Abs. 2 keine Anwendung, E. 24, 280.

Nebenfragen.

§ 295.

I Über solche vom Strafgesetze besonders vorgesehene Umstände, welche die Strafbarkeit vermindern oder erhöhen[1], sind geeignetenfalls[2] den Geschworenen besondere Fragen vorzulegen (Nebenfragen).

II Eine Nebenfrage kann auch auf solche vom Strafgesetze besonders vorgesehene Umstände gerichtet werden, durch welche die Strafbarkeit wieder aufgehoben[3] wird.

1. Über Straferhöhungs- und Strafminderungsgründe siehe Anm. 2 b, d zu § 262. — Beispiele: Nebenfragen aus § 157 Abs. 1 StGB., E. 1, 423; 27, 369, aus § 213 StGB., E. 14, 298, aus § 214 StGB., Rsp. 7, 367; Recht 17, 1550, aus § 216 StGB., E. 26, 363, aus § 219 StGB. im Verhältnis zu § 218 Abs. 3 StGB., E. 23, 147, aus § 250 StGB., Rsp. 4, 242; GoltdA. 38, 347, aus § 260 StGB., E. 14, 356, aus § 313 Abs. 2 StGB., E. 20, 352, aus § 351 StGB., Rsp. 7, 174, aus § 370[5] StGB., E. 5, 404; 20, 352; bei Mord zulässig Nebenfrage auf überlegte Ausführung neben der Hauptfrage auf Totschlag, E. 13, 344; 31, 332; Recht 6, 217; 18, 876. — Dagegen keine Nebenfrage, sondern Hilfsfrage aus § 363 StGB. neben §§ 267, 268 StGB., Recht 7, 320; JW. 32, 357; 35, 608. Auch keine Nebenfragen über Strafzumessungsgründe, E. 12, 150; auch nicht über Rückfall, DJZ. 12, 1379, ebenso nicht über den Einwand der entschiedenen Sache, GoltdA. 37, 443; Recht 12, 2433; s. noch Anm. 2 zu 293.

2. Die Strafminderungs- und Straferhöhungsgründe können auch in die Hauptfrage aufgenommen werden, E. 1, 63; 9, 401; 23, 147; 31, 332. Ob hierüber eine Nebenfrage zu stellen ist, entscheidet das Gericht nach seinem Ermessen; hierbei hat es vor allem auf die leichte Faßlichkeit und Deutlichkeit der Fragen Rücksicht zu nehmen, Rsp. 1, 759; 3, 93; E. 5, 327. — Die Stellung von Nebenfragen kann von Amts wegen oder auf Antrag (§ 296) erfolgen. Sie sind stets der Hauptfrage nachzustellen, Rsp. 6, 225.

3. Strafaufhebungsgründe: z. B. §§ 46, 163, 204, 209, 310 StGB. Diese können nur in eine Nebenfrage, niemals in die Hauptfrage aufgenommen werden. — Nebenfrage auf freiwilligen Rücktritt vom Versuch, E. 16, 347; s. auch Rsp. 8, 12. — Auf die Schuldausschließungsgründe findet § 295 keine Anwendung, s. Anm. 1 b zu § 293.

Ablehnung von Hilfs- und Nebenfragen.

§ 296.

Wird die Vorlegung von Hilfs- oder Nebenfragen beantragt,[1] so kann sie nur aus Rechtsgründen[2] abgelehnt[3] werden.

1. Von den Prozeßbeteiligten (StA., Nebenkläger, E. 43, 260, Angekl.) oder von den Geschworenen, E. 3, 67, nicht aber von den beisitzenden Richtern (§ 291 Abs. 2). Der Verteidiger kann für von ihm nicht verteidigte Mitangeklagte solche Anträge nicht stellen, Rsp. 4, 524. — Zeitliche Grenze für solche Anträge: Anm. 1 zu § 291.

2. Das Gericht darf hierbei nicht in die Aufgabe der Geschworenen (Entsch. der Schuldfrage) eingreifen. Also keine Ablehnung, weil das Gericht eine Berücksichtigung der von der Frage berührten Tatsachen bei der Entsch. über die Schuldfrage für unrichtig hält, vgl. E. 1, 423; 8, 222, oder weil die Verh. keinen Anhaltspunkt für eine Abweichung von dem Eröff.-Beschl. ergab, Rsp. 9, 476, oder weil der Angekl. kein Interesse habe, seine Tat unter einem andern strafrechtlichen Gesichtspunkt geprüft zu sehen, E. 3, 67; wegen Zusatzfragen nach ideal konkurrierenden Straftaten s. E. 44, 343. — Unberechtigte Ablehnung ist stets Revisionsgrund, Rsp. 2, 675; E. 13, 305. Stellung einer den Tatbestand nicht erschöpfenden Hilfsfrage gilt als Ablehnung, GoltdA. 47, 298.

3. Ablehnung zulässig:

a) wenn die beantragte Frage rechtlich bedeutungslos, z. B. wenn sie auf Tatsachen gerichtet ist, die die gesetzlichen Merkmale irgendeiner Straftat überhaupt nicht enthalten, oder wenn die Umstände, die sie enthalten soll, alle schon in der Hauptfrage enthalten sind, E. 14, 75;

b) wenn die Frage rechtlich unzulässig ist: weil die Entsch. darüber dem Gericht und nicht den Geschworenen zusteht, z. B. Frage nach Rückfall, GoltdA. 55, 226, nach Strafzumessungsgründen, E. 12, 150 usw. s. Anm. 2 zu § 293; — unzulässig ist auch eine Frage nach einer Antragsstraftat, wenn ein Antrag fehlt, E. 5, 327; 37, 412; 42, 105, oder nach einer Straftat, deren Verfolgung verjährt ist, E. 23, 327 oder nach Begünstigung, wenn diese straflos, GoltdA. 47, 164, nach mildernden Umständen, wenn das Gesetz solche nicht kennt, E. 18, 400; — unzulässig ist auch eine Frage nach einer andern als der im Eröff.-Beschl. bezeichneten Tat, E. 12, 409; 44, 341; — unzulässig ist schließlich auch eine Frage, die zu spät oder von einem hierzu nicht Berechtigten gestellt wird, s. oben Anm. 1.

Nebenfrage nach mildernden Umständen.

§ 297.

I **Wenn das Gesetz beim Vorhandensein mildernder Umstände[1] eine geringere Strafe androht, so ist[2] eine darauf gerichtete Nebenfrage[3] zu stellen,[4] wenn es von der Staatsanwaltschaft oder dem Angeklagten beantragt[5] oder von Amts wegen für angemessen erachtet wird.**

II **Zur Verneinung der Frage nach dem Vorhandensein mildernder Umstände bedarf es einer Mehrheit von mindestens sieben Stimmen.[6]**

1. Hierzu gehören nicht die Fälle des § 57 Nr. 4 StGB. (besonders leichter Fall) und der §§ 94, 96 StGB. (minder schwerer Fall), E. 6, 25. — Wegen der Fälle des § 213 StGB. s. E. 33, 323; 40, 52; GoltdA. 39, 419; Recht 13, 1257.

2. Auch bei Rückfallsverbrechen, obwohl die Entsch. über Rückfall dem Gericht zusteht, E. 39, 97; Recht 11, 1216; GoltdA. 55, 226. Sie ist auch dann zu stellen, wenn sie nur bei teilweiser Verneinung der Hauptfrage von Bedeutung sein kann, was dann bei der Fragestellung gem. § 292 Abs. 2 zum Ausdruck zu bringen ist, vgl. E. 18, 400. — S. noch E. 2, 95; GoltdA. 48, 306.

Wegen der Frage nach mildernden Umständen bei Realkonkurrenz und Idealkonkurrenz s. Anm. 3 zu § 292.

3. Bestimmte Form nicht vorgeschrieben. Zweckmäßig: „Sind mildernde Umstände vorhanden?" vgl. Rsp. 5, 191; E. 20, 266. Unzulässig: „Waren mildernde Umstände vorhanden?" E. 20, 266. Beschränkung der Frage auf einzelne mildernde Umstände unzulässig, vgl. Rsp. 3, 841; 5, 191. Keine Festsetzung der Zahl der mildernden Umstände durch die Geschworenen, E. 33, 323.

4. Ist keine Frage auf mildernde Umstände gestellt, so dürfen auch die Geschworenen nicht aussprechen, daß die Tat unter mildernden Umständen verübt sei, Rsp. 7, 471.

5. Den Geschworenen steht ein solches Antragsrecht hier nicht zu, E. 9, 101. — Zeitliche Grenze für solche Anträge: Anm. 1 zu § 291.

6. Bei § 213 StGB. 8 Stimmen für Verneinung der Reizung, 7 Stimmen für Verneinung „anderer mildernder Umstände" E. 14, 301; 40, 49; Recht 13, 1257. — Nach Urteilsverkündung abgegebene, berichtigende Erklärung über das Stimmenverhältnis s. Recht 12, 3926; BayZ. 5, 93.

Nebenfrage nach der Strafbarkeitseinsicht.

§ 298.

I Hatte ein Angeklagter zur Zeit der Tat noch nicht das achtzehnte Lebensjahr vollendet, so muß die Nebenfrage gestellt werden, ob er bei Begehung der Tat die zur Erkenntnis ihrer Strafbarkeit erforderliche Einsicht besessen habe.[1]

II Dasselbe gilt, wenn ein Angeklagter taubstumm ist.[2]

1. S. § 56 StGB. Unterlassung der Stellung dieser Frage ist auch dann Revisionsgrund, wenn sie ihren Grund in einem Irrtum des Gerichts über das Alter des Angekl. hatte, E. 31, 232. Stellt sich der Mangel vor der Urteilsverkündung heraus, so ist das sachliche Berichtigungsverfahren anzuordnen, Rsp. 8, 286. — Die Bejahung der Frage erfordert mindestens 8 Stimmen, § 307 Abs. 2. Bei Verneinung ist Entsch. nach § 56 Abs. 2 StGB. zu treffen. S. noch E. 27, 392.

2. S. § 58 StGB.

Plaidoyer.

§ 299.

An die Fragestellung schließen sich die Ausführungen und Anträge[1] der Staatsanwaltschaft und des Angeklagten zur Schuldfrage.[2]

1. Für die Ausführungen und Anträge gilt auch hier § 257. Insbesondere ist das Recht der Staatsanwaltschaft auf eine erste und eine erwidernde Ausführung beschränkt; weitere Ausführungen sind nicht ausgeschlossen, unterliegen aber der gerichtlichen Sachleitung, E. 11, 136; ferner gebührt auch hier dem Angekl. das letzte Wort, E. 32, 321. Der Verteidiger darf bei seinen Ausführungen zur Schuldfrage auch über die Strafe sprechen, die das Gesetz androht, E. 16, 365. S. noch die Anm. zu § 257.

2. Nach einer durch die Vorträge veranlaßten Wiederaufnahme des Beweisverfahrens oder Abänderung der Fragen muß den Prozeßbeteiligten das Wort von neuem erteilt werden, E. 24, 102. — Wegen der Ausführungen zur Straffrage s. § 314 Abs. 2.

Rechtsbelehrung.

§ 300.

I Der Vorsitzende belehrt,[1] ohne in eine Würdigung der Beweise einzugehen, die Geschworenen über die rechtlichen Gesichtspunkte,[2] welche sie bei Lösung der ihnen gestellten Aufgabe in Betracht zu ziehen haben.

II Die Belehrung des Vorsitzenden darf von keiner Seite einer Erörterung unterzogen werden.[3, 4]

1. Zeitpunkt der Rechtsbelehrung: unmittelbar nach den Ausführungen der Prozeßbeteiligten über die Schuldfrage, § 299, und vor der Übergabe der

Fragen an die Geschworenen, § 301. Jede vor Schluß der Ausführungen der Prozeßbeteiligten stattfindende Vorwegnahme der Rechtsbelehrung oder eines Teiles derselben ist unzulässig, Rsp. 4, 151, ebenso ein bloßer nachträglicher Hinweis auf eine solche frühere, unzulässige Belehrung, E. 22, 18. Wird nach der Rechtsbelehrung die Verh. nochmals eröffnet, so muß nicht nur § 257 von neuem befolgt, sondern auch eine neue Rechtsbelehrung erteilt werden; letztere kann aber dann unterbleiben, wenn die neue Verh. keinen Stoff und Anlaß dazu gab, GoltdA. 44, 53; 46, 212; E. 29, 263, oder wenn z. B. der Angekl. nur über einen tatsächlichen Punkt befragt wurde, dem rechtlich eine besondere Bedeutung nicht zukommt, Recht 18, 562. — Über die Belehrung bei eintretendem Berichtigungsverfahren: E. 6, 317; 26, 89.

2. Nicht über Tatsachen, E. 17, 231. Anpassung an den einzelnen Fall, E. 1, 85. Die Geschworenen sind an die Rechtsbelehrungen nicht gebunden.

3. Keine Worterteilung an den Verteidiger nach der Rechtsbelehrung „zur Ergänzung seiner Ausführungen". Dagegen Anträge auf Änderung in der Fragestellung, auf Wiedereintritt in die Beweisaufnahme oder auf Erhebung eines neuen Beweises nach der Belehrung noch zulässig, E. 27, 188. In den dann folgenden neuen Plaidoyers ist eine Erörterung der vorher erteilten Rechtsbelehrung nicht ausgeschlossen, es muß dann aber eine neue Rechtsbelehrung erfolgen, E. 29, 263; Recht 13, 781; GoltdA. 56, 213.

4. Auf den Inhalt der Rechtsbelehrung kann die Revision niemals gestützt werden; jeder Antrag auf protokollarische Feststellung der Belehrung des Vorsitzenden ist unzulässig, E. 1, 85; 11, 277; W. 3, 270.

Beratung der Geschworenen.

§ 301.

Die Fragen werden vom Vorsitzenden[1] unterzeichnet[2] und den Geschworenen übergeben. Die Geschworenen[3] ziehen sich in das Beratungszimmer zurück. Der Angeklagte wird aus dem Sitzungszimmer entfernt.[4]

1. Nicht auch vom Gerichtsschreiber; anders § 308 Abs. 2.

2. Versehentlich unterbliebene Unterzeichnung kann nachgeholt werden; hierbei muß der Angekl. anwesend sein, E. 35, 407; stellt sich der Mangel erst nach Verlesung des Spruchs heraus, so muß der Vorsitzende den fehlerhaften Teil der Hauptverh. wiederholen; ein Berichtigungsverfahren ist nicht zulässig, GoltdA. 58, 197; s. auch W. 8, 189.

3. Nicht aber die Ergänzungsgeschworenen, s. Anm. 5 zu § 285.

4. Verstoß hiergegen kein Revisionsgrund, Rsp. 10, 417; Recht 13, 2208. — Verh. und Entsch. in Abwesenheit des Angekl. über Anträge auf Wiederaufnahme der Verh. s. E. 44, 38.

Mitnahme von Gegenständen ins Beratungszimmer.

§ 302.

Gegenstände, welche in der Verhandlung den Geschworenen zur Besichtigung vorgelegt[1] wurden, können[2] ihnen in das Beratungszimmer verabfolgt werden.

1. Vorlage zum Zwecke der Beweisaufnahme durch Augenschein, z. B. gefälschte Urkunden, Münzen, Tatwerkzeuge usw., E. 10, 115; Rsp. 10, 88; W. 2, 241;

s. aber auch E. 5, 398; 10, 161. Diese Vorlage zum Zwecke der Besichtigung muß durch das Protokoll festgestellt sein, E. 37, 253; Recht 13, 1259; SeuffBl. 74, 738.

In der Hauptverh. nur verlesene Protokolle über Vernehmungen dürfen nicht mitgegeben werden, Recht 14, 3131, noch weniger ganze Aktenbände, E. 16, 187; 22, 368, auch nicht z. B. die Abschrift eines verlesenen Liedes, DJZ. 10, 71, ebenso nicht schriftliche Erklärungen des Angekl., Recht 12, 437; Beweismittel aus Akten, z. B. Unterschriften sind von sonstigen Aktenteilen tunlichst zu trennen, E. 22, 368, s. auch SeuffBl. 74, 738.

Gesetzbücher und Kommentare können zwar den Geschworenen mitgegeben werden, Rsp. 8, 301, 721; dies ist aber tunlichst zu vermeiden. Einen Rechtsanspruch auf die Mitgabe solcher Bücher haben aber weder die Prozeßbeteiligten noch die Geschworenen, E. 13, 248; Recht 6, 81; 18, 415. S. noch BayJMBl. 1913 S. 214.

Beglaubigte Abschriften verlesener Beweisurkunden können den Geschworenen während der Beweiserhebung eingehändigt werden, E. 20, 382; BayZ. 4, 420; 9, 24; Recht 16, 2781.

2. Nach Ermessen des Vorsitzenden und allenfalls des Gerichts. — Zweck der Vorschrift ist, zu verhüten, daß die Geschworenen bei der Beratung Umstände in Betracht ziehen, die nicht Gegenstand der Beweisaufnahme waren, BayZ. 4, 420.

Sicherung der Beratung gegen fremde Einflüsse.

§ 303.

I Zwischen den im Beratungszimmer versammelten [1] Geschworenen und anderen Personen [2] darf keinerlei Verkehr [3] stattfinden.

II Der Vorsitzende sorgt dafür, daß ohne seine Erlaubnis kein Geschworener das Beratungszimmer verlasse und keine dritte Person in dasselbe eintrete.[4]

1. Vor diesem Zeitpunkt von den Geschworenen untereinander oder mit Dritten gepflogene Besprechungen sind durch das Gesetz nicht verboten, GoltdA. 36, 195; 56, 212.

2. Wegen der Ergänzungsgeschworenen s. Anm. 5 zu § 285.

3. Nur ein die Selbständigkeit der Beratung und Beschlußfassung gefährdender Verkehr begründet die Revision, E. 1, 207; W. 4, 291; ein solcher liegt nicht schon dann vor, wenn ein Geschworener das Beratungszimmer verlassen und Räume betreten hat, in denen andere Personen sich befanden, E. 27, 3. — Zeitweiliges Eintreten des Gerichtsdieners auf Verlangen der Geschworenen oder auf Anordnung des Vorsitzenden oder zum Zwecke dienstlicher Verrichtungen nicht unzulässig, Recht 10, 195; s. auch BayZ. 5, 336. — Die Möglichkeit, trotz verschlossener Türe die Beratung zu hören, ist dann belanglos, wenn die Geschworenen hiervon nichts merkten und wenn deshalb ihre Beratung und Abstimmung hierdurch nicht beeinflußt war, Recht 15, 960; JW. 40, 510.

4. Ein Verstoß gegen § 303 ist Revisionsgrund; daß er aus dem Protokoll erhellt, ist nicht erfordert, da er sich außerhalb der Hauptverh. ereignet hat, E. 27, 3; 3, 266. Abs. 2 gilt auch für etwa ausgeloste Ergänzungsgeschworene; diese dürfen im Beratungszimmer nicht anwesend sein, wenn die ordentlichen Geschworenen vollzählig sind, Recht 16, 2896; SeuffBl. 77, 554; s. Anm. 5 zu § 285.

Obmann.

§ 304.

I Die Geschworenen wählen ihren Obmann mittels schriftlicher Abstimmung nach Mehrheit der Stimmen.[1] Bei Stimmengleichheit entscheidet das höhere Lebensalter.

II Der Obmann leitet die Beratung und Abstimmung.[2]

1. Verstoß hiergegen kein Revisionsgrund, E. 2, 257; Rsp. 4, 713.

2. Die Art der Beratung und Abstimmung, überhaupt die ganze Tätigkeit der Geschworenen innerhalb des Beratungszimmers ist dem Revisionsangriff entzogen. Es ist nicht erforderlich, daß sie über die gestellten Fragen schriftlich abstimmen, Rsp. 3, 495. — Keine Feststellung über Vorgänge bei der Beratung der Geschworenen, DJZ. 19, 632.

Beantwortung der Fragen.

§ 305.

I Die Geschworenen haben die ihnen vorgelegten Fragen mit ja oder mit nein zu beantworten.[1]

II Sie sind berechtigt, eine Frage teilweise zu bejahen und teilweise zu verneinen.[2]

1. Dies auch dann, wenn die Hauptfrage Umstände enthält, welche die Strafbarkeit erhöhen oder vermindern (Anm. 2 zu § 295), es ist nicht erforderlich, erkennbar zu machen, daß und wie eine gesonderte Abstimmung hierüber stattgefunden hat, E. 1, 63. Ein Spruch, der die Schuldfrage gleichzeitig mit Ja und mit Nein (Ja mit 7 Stimmen, Nein mit 5 Stimmen) beantwortet, ist sachlich mangelhaft und unterliegt dem Berichtigungsverfahren, E. 9, 107. Verneinung der Realkonkurrenz durch den Spruch: „Ja, in fortgesetzter Handlung, mit mehr als 7 Stimmen" zulässig, Recht 14, 2141.

2. Keine bestimmte Form hierfür vorgeschrieben, E. 35, 70. Es muß aber aus dem Spruch klar hervorgehen, welche Teile der Frage bejaht und welche verneint sind; im Zweifelsfalle keine Auslegung des Spruchs durch das Gericht, sondern Berichtigungsverfahren, E. 7, 194, s. auch E. 36, 193.

Bejahen die Geschworenen eine Haupt- oder Hilfsfrage, verneinen sie aber ein für die Schuld wesentliches Tatbestandsmerkmal, so muß Freisprechung erfolgen, und zwar auch dann, wenn die Geschworenen daneben noch die Frage nach mildernden Umständen bejaht haben sollten; es darf in solchen Fällen nicht etwa ein Berichtigungsverfahren eingeleitet werden, Rsp. 3, 817; E. 2, 95; 10, 315; 28, 409; 41, 241; 45, 135.

Zusätze zur Antwort durch die Geschworenen sind zulässig, sofern diese lediglich tatsächliche, für die Identität der Tat und ihre rechtliche Bedeutung unerhebliche sind, z. B. hinsichtlich des Zeitpunktes der Tat, GoltdA. 43, 260, oder hinsichtlich der Höhe unterschlagener Beträge, BayZ. 2, 43; dagegen nicht Zusätze, durch die eine Hilfsfrage in unzulässiger Weise ersetzt werden soll, E. 34, 413; s. auch E. 45, 396 (unzulässiger Zusatz über Fortsetzungszusammenhang mit einer rechtskräftig abgeurteilten Straftat).

Weitere Belehrung der Geschworenen.

§ 306.

I Glauben die Geschworenen vor Abgabe ihres Spruchs einer weiteren Belehrung[1] zu bedürfen, so wird diese auf ihren Antrag

durch den Vorsitzenden erteilt, nachdem sie zu dem Zweck in das Sitzungszimmer zurückgekehrt sind.[2]

II Ergibt sich Anlaß zur Änderung[3] **oder Ergänzung**[4] **der Fragen, so muß**[5] **der Angeklagte zur Verhandlung zugezogen werden.**

1. Nur über rechtliche Gesichtspunkte, nicht über Tatsachen kann Belehrung verlangt und erteilt werden. Bei Zweifeln in tatsächlicher Beziehung nötigenfalls Wiederaufnahme der Verh. und neue Beweiserhebung, E. 17, 231. Anregung von weiteren Beweiserhebungen durch die Geschworenen, E. 35, 389.

2. Bei dieser Belehrung, die ein Teil der Hauptverh. ist, müssen alle Personen zugegen sein, deren Anwesenheit § 225 erfordert, E. 9, 271; Rsp. 3, 535; der Angekl. ist hierbei nicht zugegen (Abs. 2, § 301 S. 3). Die Anwesenheit des letzteren ist übrigens kein Revisionsgrund, Rsp. 10, 513; GoltdA. 56, 319; BayZ. 5, 436.

3. Eine Änderung liegt auch dann vor, wenn der bei der Verlesung benützte Entwurf der Fragen mit der den Geschworenen ausgehändigten Abschrift in Übereinstimmung gebracht wird, GoltdA. 40, 169, nicht aber bei Berichtigung offenbarer Schreibfehler; ein solcher kann z. B. in der Angabe der Zeit der Tat liegen, sofern diese Zeitangabe nicht für die Beurteilung der Identität der Tat wesentlich ist, GoltdA. 43, 255.

4. Die Ergänzung begreift hier auch die Stellung neuer Hilfs- und Nebenfragen in sich, E. 2, 92. Äußerster Zeitpunkt hierfür s. Anm. 1 zu § 291.

5. Unterlassung der Zuziehung des Angekl. ist Revisionsgrund, GoltdA. 36, 309.

Geschworenenspruch.

§ 307.

I Der Spruch ist von dem Obmann neben den Fragen niederzuschreiben[1] **und von ihm zu unterzeichnen.**[2]

II Bei jeder dem Angeklagten nachteiligen Entscheidung[3] **ist anzugeben,**[4] **daß dieselbe mit mehr als sieben Stimmen,**[5] **bei Verneinung der mildernden Umstände, daß dieselbe mit mehr als sechs Stimmen**[6] **gefaßt worden ist. Im übrigen darf das Stimmenverhältnis nicht ausgedrückt werden.**[7]

1. Niederschrift durch einen andern Geschworenen unzulässig. Ein solcher Verstoß ist jedoch dann nicht Revisionsgrund, wenn nachweislich richtig niedergeschrieben wurde, SeuffBl. 72, 890.

2. Unterzeichnen muß der Obmann den Spruch als Ganzes, auch wenn eine Mehrzahl von Fragen gestellt ist. Er braucht also nicht unter die Antwort auf jede einzelne Frage seine Unterschrift zu setzen, E. 2, 201, und zwar auch dann nicht, wenn die Fragen auf mehrere, nicht verbundene Bogen geschrieben sind, Rsp. 2, 674. Bei einer Mehrzahl von Fragen kann der Obmann auch dann seine Unterschrift an den Schluß aller Fragen setzen, wenn nur die erste Frage beantwortet ist, E. 26, 213. Unterzeichnet aber der Obmann die Antworten einzeln, so ist, wenn er hierbei eine Frage nicht unterzeichnet, diese als nicht unterschrieben anzusehen, denn die Unterschrift unter der letzten Antwort kann in diesem Falle nicht als Unterzeichnung des ganzen Spruches gelten, E. 8, 10; s. aber auch E. 40, 197.

Stelle der Unterschrift: es muß erkennbar sein, daß sie sämtliche vorausgehende Fragen und Antworten deckt; z. B. Unterschrift in der Spalte der Fragen statt in der Spalte der Antworten genügend, Rsp. 9, 566; GoltdA. 43, 381; Recht 13, 2574.

Zusatz „Obmann" nicht nötig, E. 26, 214; BayZ. 7, 165. Auch Beisetzung des Vornamens des Obmanns nicht erfordert, Recht 14, 2444. Unterschrift auch der übrigen Geschworenen unschädlich, BayZ. 7, 165.

Fehlt die Unterschrift des Obmanns, so ist das Berichtigungsverfahren einzuleiten; Mangel der Unterschrift wäre Revisionsgrund, DJZ. 18, 923.

3. Also bei Bejahung der Schuldfrage, ferner bei Verneinung einer Nebenfrage über Umstände, welche die Strafbarkeit mindern oder wieder aufheben, § 295. — Stimmenverhältnis bei der Frage nach einer fortgesetzten Handlung: GoltdA. 55, 316; BayZ. 4, 312. — Bei Bejahung der Idealkonkurrenz statt Realkonkurrenz bedarf es keiner Angabe des Stimmenverhältnisses, Recht 14, 2331.

4. Fehlt diese Angabe, so ist der Spruch unvollständig; es ist dann das Berichtigungsverfahren einzuleiten, in dem die Geschworenen, weil ein sachlicher Mangel vorliegt, an keinen Teil ihres früheren Spruches gebunden sind (§ 311) E. 4, 122, 278; 10, 315; 14, 298; 23, 402; GoltdA. 48, 306. Dasselbe gilt bei einem Spruch, der die Schuldfrage in der Form: Ja mit 7 Stimmen, Nein mit 5 Stimmen, E. 9, 107, oder mit Ja mit mehr als 6 Stimmen beantwortet. Holt aber der Obmann die fehlende Angabe ohne Widerspruch der Geschworenen mündlich nach, so liegt nur ein formeller Mangel des Spruchs vor, E. 46, 205.

Unterlassung des Berichtigungsverfahrens begründet die Revision und es ist der ganze Spruch aufzuheben, auch wenn z. B. nur bei der Frage nach mildernden Umständen die erforderliche Angabe fehlt, Rsp. 5, 66; E. 21, 70; 23, 402.

5. S. § 262 Abs. 1.

6. § 297 Abs. 2.

7. Es bildet jedoch keinen Revisionsgrund, wenn bei einem dem Angekl. günstigen Spruch die Zahl der Stimmen beigefügt wird, Berichtigungsverfahren also nicht unbedingt nötig, E. 11, 42; ebenso ist nicht Revisionsgrund bei Verneinung der mildernden Umstände der Beisatz „mit mehr als 7 Stimmen", E. 32, 372, auch nicht die Angabe der Einstimmigkeit bei einer dem Angekl. nachteiligen Entsch., GoltdA. 47, 297.

Kundgebung des Spruchs.

§ 308.

I Der Spruch ist im Sitzungszimmer von dem Obmann kund zu geben.[1] Der Obmann spricht die Worte:

„Auf Ehre und Gewissen bezeuge ich als den Spruch der Geschworenen"[2]

und verliest die gestellten Fragen mit den darauf abgegebenen Antworten.[3]

II Der verlesene Spruch ist von dem Vorsitzenden und dem Gerichtsschreiber zu unterzeichnen.[4]

1. In Abwesenheit des Angekl., §§ 301, 313.

2. Weglassen dieser Eingangsworte ist Revisionsgrund, Rsp. 2, 662. Ausdrückliche Angabe im Protokoll, daß sie gesprochen wurden, ist nicht erfordert;

die Prozeßbeteiligten können aber die erfolgte Weglassung protokollieren lassen, Rsp. 3, 842.

3. Die Kundgebung des Spruches darf nicht unterbrochen oder geteilt werden, E. 12, 373; 41, 243; s. aber auch E. 37, 248. — Nach Kundgebung eines formgerechten und von sachlichen Mängeln freien Spruches Stellung weiterer Fragen unzulässig, s. Anm. 1 zu § 291. Keine Nachprüfung der Gesetzlichkeit des Zustandekommens des ordnungsmäßig kundgegebenen Wahrspruchs durch die richterlichen Mitglieder des Schwurgerichts oder das Revisionsgericht, GoltdA. 56, 212. Berichtigungserklärung der Geschworenen nach der Urteilsverkündung unbeachtlich, Recht 12, 3926; BayZ. 5, 93.

4. Alsbald nach der Kundgebung. Nachträgliche Unterzeichnung aber zulässig, sogar noch nach Eingang einer hierauf gestützten Revisions-Rüge, JW. 24, 571. — Unterzeichnung nach durchgeführtem Berichtigungsverfahren: Rsp. 7, 26.

Berichtigungsverfahren.

§ 309.

I Erachtet das Gericht,[1] daß der Spruch in der Form nicht vorschriftsmäßig[2] oder in der Sache undeutlich, unvollständig oder sich widersprechend[3] sei, so werden die Geschworenen von dem Vorsitzenden[4] aufgefordert, sich in das Beratungszimmer zurückzubegeben, um dem gerügten Mangel[1] abzuhelfen.

II Diese Anordnung ist zulässig, solange das Gericht noch nicht auf Grund des Spruchs das Urteil verkündet hat.[5]

1. Entsch. hierüber durch das Gericht, nicht durch den Vorsitzenden, E. 12, 375; 39, 247; Unterlassung der Anhörung der Prozeßbeteiligten (§ 33) ist nicht Revisionsgrund, GoltdA. 57, 400; förmlicher Gerichtsbeschluß aber nicht nötig, E. 39, 245; SeuffBl. 73, 459; Recht 15, 1253.

Der Mangel, dem abzuhelfen, ist zweifelsfrei zu bezeichnen, E. 6, 318. Ausspruch darüber, ob der Mangel formell oder sachlich, und Hinweis auf § 311 Abs. 1 nicht unbedingt nötig, Recht 16, 2785, aber zweckmäßig, E. 26, 89; unrichtige Belehrung der Geschworenen hierüber ist Revisionsgrund, Rsp. 6, 438, der durch nochmaliges Berichtigungsverfahren beseitigt werden kann, E. 31, 425.

Das Protokoll muß ersehen lassen, daß und aus welchem Grunde das Berichtigungsverfahren eingeleitet wurde, E. 4, 122.

2. Mängel in der Form (§ 307 Abs. 1): in der schriftlichen Abfassung und Beurkundung des Spruchs, z. B. Mangel der Unterschrift des Obmanns, Schreibfehler, Rsp. 2, 679; SeuffBl. 75, 396, unleserliche Schriftzüge, unklare Durchstreichungen und Unterpunktierungen usw., GoltdA. 49, 264 (nicht aber Durchstreichungen usw., welche den Sinn des Spruches nicht zweifelhaft machen, GoltdA. 49, 263); versehentliches Schreiben einer Antwort neben eine Frage, auf die sie sich nicht bezieht, E. 39, 245, versehentlich unterbliebene Beisetzung einer Antwort neben eine Frage, Recht 11, 780 usw. — S. noch § 310.

3. Mängel in der Sache: ob diese auf einen Irrtum der Geschworenen oder auf die Fragestellung durch das Gericht zurückzuführen sind, ist belanglos, E. 21, 405; 45, 132. Rechtsirrtum der Geschworenen oder irrige Vorstellung über die Wirkung ihres Spruches sind bedeutungslos und rechtfertigen nicht die Einleitung eines Berichtigungsverfahrens, E. 28, 242.

a) Undeutlich in der Sache ist ein Spruch, „sobald er den Sinn, den die Geschworenen ihm beilegen wollen, nicht klar erkennen läßt, oder wenn seine

Fassung einen Zweifel zuläßt, ob die Geschworenen nicht die Frage mißverstanden und deshalb die wirklich gestellte Frage unbeantwortet gelassen haben" (Mot.). Keine Auslegung eines solchen undeutlichen Spruchs durch die richterlichen Mitglieder des Schwurgerichts, GoltdA. 50, 116. Beispiele: E. 2, 361; 7, 194; 9, 103; 40, 203; Rsp. 7, 26; GoltdA. 50, 116. Zubilligung mildernder Umstände ohne Nebenfrage hierüber macht den Spruch nicht undeutlich, E. 33, 139, auch nicht das Einklammern der Worte „mit mehr als 7 Stimmen", DJZ. 9, 526; dagegen ist z. B. ein Spruch undeutlich, wenn der Obmann nach Verkündung des Spruchs und dem Plaidoyer des StA. erklärt, die Geschworenen hätten mildernde Umstände zubilligen wollen und seien der irrigen Meinung gewesen, dies sei durch teilweise Bejahung einer Hauptfrage geschehen, E. 46, 171.

b) Unvollständig ist ein Spruch, wenn z. B. bei Idealkonkurrenz im Eröff.-Beschl. nicht wegen jeder Tat Fragen gestellt oder nicht alle Fragen beantwortet wurden, E. 4, 190; 21, 405; ferner bei Nichtangabe des Stimmenverhältnisses, E. 4, 122; 10, 315; 31, 427; 45, 397; bei unvollständiger Fragestellung, z. B. Weglassung eines wesentlichen Tatbestandsmerkmals, E. 45, 134; Nichtbefragung über ausländisches Recht im Falle des § 4 Abs. 2 Nr. 3 StGB., E. 13, 233; Nichtstellung einer Nebenfrage nach § 298 bei Jugendlichen, Rsp. 8, 286.

c) Widersprechend muß der Spruch in sich selbst sein, sei es in der einzelnen Antwort oder im Verhältnis der verschiedenen Antworten zueinander, E. 11, 418; 28, 340; eine sich widersprechende Würdigung des Beweisergebnisses durch die Geschworenen kann nicht Anlaß zu einem Berichtigungsverfahren geben, E. 6, 317. S. aber: ob der Spruch in sich widersprechend, hat das Schwurgericht auf Grund des konkreten Sachverhältnisses zu prüfen, GoltdA. 48, 125, das Revisionsgericht kann dies nur auf Grund des abstrakten Inhalts der Fragen, E. 44, 166; ergibt sich der Widerspruch nicht aus dem Spruche selbst, so bedarf es der Feststellung des den Widerspruch begründenden Sachverhalts, E. 46, 346.

Widersprechend: z. B. A. nicht schuldig der Körperverletzung, B. schuldig der mit A. gemeinschaftlich verübten Körperverletzung, E. 28, 340, Verneinung des Vorsatzes und Bejahung der Gemeinschaftlichkeit bei Körperverletzung, Rsp. 8, 254, Haupttäter nicht schuldig, Gehilfe des Haupttäters schuldig der Beihilfe, E. 37, 417; GoltdA. 57, 400, Haupttäter nicht schuldig, Anstifter schuldig, GoltdA. 48, 125, verschiedene Beantwortung der Fragen nach mildernden Umständen bei ideal konkurrierenden Straftaten, E. 5, 155, Bejahung der Frage nach mildernden Umständen, wenn sie, z. B. bei Bejahung der Überlegung bei Mord, nach der den Geschworenen gegebenen Anweisung nicht zu beantworten war, E. 35, 283, Ja mit 7 gegen 5 Stimmen, E. 4, 278; 9, 107, Nein mit 7 Stimmen bei Frage nach Reizung gem. § 213 StGB., E. 14, 302, vom Obmann ausdrücklich bei Verkündung bestätigter Widerspruch zwischen dem niedergeschriebenen und dem tatsächlich beschlossenen Spruch, E. 37, 248.

Nicht widersprechend: z. B. Beantwortung der Frage nach mildernden Umständen, obwohl sie durch teilweise Verneinung der Hauptfrage oder einer Nebenfrage über einen Straferhöhungsgrund gegenstandslos geworden war, E. 2, 95; 10, 315; 27, 392; 28, 409; 41, 241; GoltdA. 49, 278; BayZ. 3, 435; Recht 16, 1733; Gnadenbefürwortung trotz Nichtschuldig, Recht 16, 1570, Zubilligung mildernder Umstände ohne Nebenfrage hierüber, E. 33, 139, Bejahung der Frage nach mildernden Umständen trotz Verneinung der Frage nach der Strafbarkeitseinsicht, Recht 11, 844; 18, 721, oder trotz Bejahung der Frage nach Rücktritt vom Versuch, JW. 34, 550, Bejahung einer Frage nach § 219 StGB. hinsichtlich der einen Angeklagten und Verneinung einer Frage nach § 218 Abs. 1 hinsichtlich der Mitangeklagten, Recht 13, 2336; s. auch noch über Fragen bei § 218 StGB., Recht 17, 909.

4. Förmlicher Gerichtsbeschluß nicht erforderlich, s. Anm. 1. Unterbrechung der Verkündung des Spruchs durch das Gericht, sobald der Mangel erkennbar, ist zulässig, Recht 10, 132; Mitgabe des ersten Spruchs ins Beratungszimmer nicht erforderlich, BayZ. 9, 302; E. 47, 187.

5. Kundgebung des Spruchs nach § 308 ist Voraussetzung des Berichtigungsverfahrens, GoltdA. 51, 192. Berichtigungsverfahren auch noch möglich, wenn der Mangel erst bei den Erörterungen über den Spruch sich ergibt, E. 13, 229, auch noch nach Verkündung des Spruchs an den Angekl., E. 31, 425. — Über die zeitliche Grenze für Stellung neuer Fragen s. Anm. 1 zu § 291. Neue Beweisanträge sind nach Anordnung des Berichtigungsverfahrens noch zulässig, E. 2, 92; 28, 340, s. übrigens auch E. 44, 38.

Mängel in der Form.

§ 310.

Sind nur Mängel in der Form [1] des Spruchs zu berichtigen, so darf eine sachliche Änderung nicht vorgenommen werden.

1. S. Anm. 2 zu § 309.

Mängel in der Sache.

§ 311.

I Sind sachliche Mängel[1] des Spruchs zu berichtigen, so sind die Geschworenen bei ihrer erneuten Beratung an keinen Teil ihres früheren Spruchs gebunden.[2]

II Ergibt sich bei der Erörterung solcher Mängel Anlaß zur Änderung oder Ergänzung der Fragen,[3] so muß der Angeklagte zur Verhandlung zugezogen werden.[4]

1. S. Anm. 3 zu § 309.

2. Auch dann nicht, wenn es sich um mehrere, voneinander unabhängige Straftaten, auch um solche mehrerer Angekl. handelt, E. 20, 188; 24, 302; 45, 135; Rsp. 9, 287; 10, 349; JW. 32, 134. — Belehrung hierüber s. Anm. 1 zu § 309.

3. S. hierzu Anm. 1 zu § 291, Anm. 3 und 4 zu § 306 und Anm. 5 zu § 309. — Bei Änderung zweckmäßig nicht Korrektur, sondern Formulierung einer neuen Frage, GoltdA. 41, 124.

4. Bloße Mitteilung von der erfolgten Änderung oder Ergänzung ungenügend, E. 45, 137. Unterlassung der Zuziehung des Angekl. kann durch Wiederholung des ohne ihn Vorgenommenen in seinem Beisein geheilt werden, Rsp. 4, 86. Bloße Berichtigung eines offenkundigen Schreibfehlers macht die Zuziehung nicht erforderlich, GoltdA. 43, 256, s. auch SeuffBl. 75, 396.

Berichtigter Spruch.

§ 312.

Der berichtigte Spruch ist in der Weise niederzuschreiben,[1] daß der frühere erkennbar bleibt.[2, 3, 4]

1. Durchstreichungen zulässig, wenn der frühere Spruch erkennbar bleibt, E. 39, 277, zweckmäßiger jedoch neue Niederschrift unter dem ersten Spruch mit der Bezeichnung „berichtigter Spruch". Niederschrift auch in der Weise zulässig, daß auf dem Fragebogen in einem besonderen Nachtrag der Reihe nach die Ordnungsnummern aller Fragen und neben jede einzelne Nummer die Antworten gesetzt werden, Recht 12, 1315; GoltdA. 55, 230. — Unterzeichnung des berichtigten Spruches durch den Obmann nicht erforderlich, wenn der Spruch durch die frühere Unterschrift gedeckt ist, Rsp. 7, 26; 8, 383.

2. Verstoß hiergegen dann belanglos, wenn der Inhalt des früheren Spruchs und die Art der Berichtigung mit Zuhilfenahme des Protokolls erkannt werden kann, Rsp. 8, 383; GoltdA. 39, 56; BayZ. 7, 165. Es muß das Revisionsgericht nachprüfen können, wie der frühere Spruch lautete und ob hiernach ein Berichtigungsverfahren veranlaßt war. War er fehlerfrei und war hiernach das Berichtigungsverfahren unzulässig, so unterliegt das Urteil und der diesem zugrunde liegende spätere Spruch der Aufhebung und es ist alsdann unter Zugrundelegung des ersten Spruchs anderweitig zu erkennen, E. 6, 318; 20, 188; s. auch 41, 238.

3. Der berichtigte Spruch muß in seinem ganzen Umfange von neuem kundgegeben werden, E. 27, 411; JW. 24, 592. Bis zur Kundgebung sind Abänderungen zulässig, GoltdA. 43, 381.

4. Es ist auch zulässig, die Fragen von neuem zu schreiben und den neuen Fragebogen den Geschworenen zu übergeben, während der frühere Spruch in den Händen des Gerichts verbleibt, BayZ. 9, 302, E. 47, 187.

Verkündung des Spruchs an den Angeklagten.

§ 313.

Der Spruch der Geschworenen wird dem Angeklagten, nachdem er in das Sitzungszimmer wieder eingetreten ist, durch Verlesung verkündet.[1]

1. Verlesung der Fragen hierbei nicht unbedingt nötig; es genügt, wenn der Inhalt jeder einzelnen Frage in einer Mißverständnisse ausschließenden Weise nur auszugsweise wiedergegeben und die Antwort hierauf verlesen wird, E. 45, 350. — Unmöglichkeit der Verkündung wegen Erkrankung des Angekl. erfordert Vertagung der Verh., E. 22, 247. Dagegen kann die Spruch- und Urteilsverkündung in Abwesenheit des Angekl. erfolgen, wenn dieser gem. § 246 Abs. 2 wegen Ungebühr entfernt wurde und weitere Störung zu gewärtigen ist, E. 35, 433.

Freispruch. Anträge der Prozeßbeteiligten.

§ 314.

I Ist der Angeklagte von den Geschworenen für nicht schuldig erklärt worden, so spricht das Gericht ihn frei.[1]

II Andernfalls müssen, bevor das Urteil erlassen wird, die Staatsanwaltschaft und der Angeklagte[2] mit ihren Ausführungen und Anträgen[3] gehört werden.

1. Anhörung der Prozeßbeteiligten nicht nötig; anders wenn die Antwort auf schuldig lautet, eine teilweise Verneinung aber die Freisprechung bedingt.

2. Auch der Verteidiger, E. 2, 104.

3. Nur über die Anwendung des Gesetzes auf den Spruch; neue Beweisanträge zur Schuldfrage unbeachtlich, E. 21, 243 Beweisaufnahme zur Strafsfrage noch zulässig, E. 21, 390. — § 257 Abs. 2 und 3 gelten auch hier.

Urteilsverkündung.

§ 315.

Die Verkündung des Urteils erfolgt am Schlusse der Verhandlung.[1]

1. Also keine Aussetzung der Urteilsverkündung nach § 267.

Urteil.

§ 316.

In den Gründen des Urteils[1] ist auf den Spruch der Geschworenen Bezug zu nehmen.[2] Die Urschrift des Spruchs ist dem niedergeschriebenen Urteil anzufügen.[3]

1. § 266.

2. Bei der Strafzumessung und deren Begründung ist das Gericht von den Geschworenen unabhängig; dem Spruch nicht widersprechende, tatsächliche Feststellungen hierbei zulässig, vgl. GoltdA. 43, 253, auch Rsp. 5, 531; E. 36, 18; es darf aber z. B. bei Bejahung der Frage, ob die Tat „allein oder in Mittäterschaft mit einer andern Person" begangen wurde, das Gericht die Mittäterschaft weder als gesetzlichen Straferhöhungsgrund feststellen, noch bei der Strafzumessung verwerten, da die Frage der Allein- oder Mittäterschaft durch den Spruch offen geblieben ist, Recht 18, 877.

3. § 275 ist entsprechend anzuwenden. — Bei Revision Zustellung einer Abschrift des Spruchs nach § 383 Abs. 2 nicht nötig, Rsp. 8, 360 (bestr.).

Verweisung an ein anderes Schwurgericht.

§ 317.

I Ist das Gericht einstimmig der Ansicht,[1] daß die Geschworenen sich in der Hauptsache[2] zum Nachteile[3] des Angeklagten geirrt haben, so verweist es durch Beschluß ohne Begründung seiner Ansicht die Sache zur neuen Verhandlung vor das Schwurgericht der nächsten Sitzungsperiode. Die Verweisung ist nur von Amts wegen[4] und bis zur Verkündung des Urteils[5] zulässig.[6]

II Betrifft das Verfahren mehrere selbständige strafbare Handlungen oder mehrere Angeklagte, so erfolgt die Verweisung nur in Ansehung derjenigen Handlung oder Person, in bezug auf welche die Geschworenen sich nach Ansicht des Gerichts geirrt haben.[7]

III An der neuen Verhandlung darf kein Geschworener teilnehmen, welcher bei dem früheren Spruche mitgewirkt hat.[8]

IV Auf Grund des neuen Spruchs ist stets das Urteil zu erlassen.

1. Bloße Zweifel des Gerichts genügen nicht, GoltdA. 46, 198.

2. Das heißt in der Schuldfrage in ihrem ganzen Umfang und hinsichtlich der die Strafbarkeit wieder aufhebenden Umstände (Löwe).

3. Irrtum zum Nachteil des Angekl. s. E. 17, 31. Ein solcher liegt auch in einer nach Ansicht des Gerichts irrigen Bejahung der Schuldfrage hinsichtlich einer ideal konkurrierenden Straftat, auch wenn diese für die Strafzumessung bedeutungslos ist, E. 31, 241.

4. Anträge der Prozeßbeteiligten unzulässig; Verbescheidung nicht geboten, DJZ. 10, 747; 17, 1532; kein Anspruch der Prozeßbeteiligten, über die Frage einer Verweisung gehört zu werden, Recht 16, 2897.

5. Also nicht mehr nach Aufhebung des Urteils durch das Revisionsgericht und Zurückverweisung der Sache unter Aufrechterhaltung des Spruchs, Rsp. 7, 757.

6. Keine Beschwerde. — Revision bei rechtsirriger Begründung der Unterlassung der Verweisung, E. 17, 31; 31, 241.

7. Bei Verstoß gegen Abs. 2 keine Fragen, welche die früheren Geschworenen zugunsten des Angekl. verneint hatten, vielmehr sofortige Freisprechung des Angeklagten von der betr. Anklage, Rsp. 7, 30. Dagegen hat in Ansehung einer und derselben Tat eines und desselben Angekl. die Verweisung die Wirkung, daß der Spruch in seinem ganzen Umfang, also auch insoweit beseitigt wird, als er zugunsten des Angekl. lautete, E. 33, 94.

8. Wohl aber ein Ergänzungsgeschworener, der an der Entsch. nicht beteiligt war.

Achter Abschnitt.

Verfahren gegen Abwesende.

Begriff: abwesend.

§ 318.

Ein Beschuldigter gilt als abwesend, wenn sein Aufenthalt unbekannt ist oder, wenn er sich im Ausland [1] aufhält und seine Gestellung vor das zuständige Gericht nicht ausführbar oder nicht angemessen [2] erscheint.

1. Ausland: jedes nicht zum Deutschen Reich gehörige Gebiet, § 8 StGB., Rsp. 1, 322.

2. Weil Kosten und Umstände außer Verhältnis zur Straftat stehen.

Hauptverhandlung gegen einen Abwesenden.

§ 319.

I Gegen einen Abwesenden [1] kann eine Hauptverhandlung nur dann stattfinden, wenn die den Gegenstand der Untersuchung bildende Tat nur mit Geldstrafe [2] oder Einziehung, [3] allein oder in Verbindung miteinander, bedroht ist. [4]

II Für das Verfahren kommen die Vorschriften der §§ 320 bis 326 zur Anwendung.

1. § 318.

2. Auch wenn im Falle der Uneinbringlichkeit Freiheitsstrafe an ihre Stelle tritt, E. 20, 290.

3. Auch bei Konfiskation nach § 135 VerZG., E. 20, 290.

4. Fälle solcher Art: §§ 145, 276, 285, 364, 365 Abs. 1 StGB. — Gleichgültig ist, welches Gericht sachlich zuständig ist. — § 203 (vorl. Einstellung) in diesen Fällen nicht anwendbar (bestr.).

Öffentliche Ladung.

§ 320.

Die Ladung [1] des Angeklagten zur Hauptverhandlung ist im Falle, daß sein Aufenthalt unbekannt ist oder die Befolgung der für Zustellungen im Auslande [2] bestehenden Vorschriften unausführbar oder voraussichtlich erfolglos [3] erscheint, in einer beglaubigten Abschrift an die Gerichtstafel bis zum Tage der Hauptverhandlung anzuheften. Außerdem ist ein Auszug der Ladung [4] in das für amtliche Bekanntmachungen des betreffenden Bezirks [5] bestimmte Blatt und nach Ermessen des Gerichts auch in ein anderes Blatt dreimal einzurücken. Zwischen dem Tage der letzten Bekanntmachung und dem Tage der Hauptverhandlung muß eine Frist von mindestens einem Monate liegen. [6]

1. Die Ladung erfolgt auch hier durch die Staatsanwaltschaft, § 213.

2. §§ 199—202 ZPO.

3. D. h. wenn die Zustellung voraussichtlich nicht möglich ist, nicht aber, wenn zu erwarten steht, daß der zugestellten Aufforderung nicht entsprochen wird, E. 32, 306.

4. Inhalt der Ladung, § 321. Dieser muß ganz aufgenommen werden; nur die Tat kann („Auszug") bloß mit dem strafrechtlichen Namen bezeichnet werden (Löwe).

5. Des Gerichtssitzes, nicht des letzten Wohnsitzes des Angekl., E. 39, 20.

6. Wird der Aufenthalt des Angekl. nachträglich bekannt, so ist die regelmäßige Ladung nachzuholen.

Inhalt der öffentlichen Ladung.

§ 321.

I Die Ladung muß enthalten: [1]

die Angabe des Namens und, soweit dies bekannt, des Vornamens, Alters, Standes, Gewerbes und Wohnorts oder Aufenthaltsorts des Angeklagten, die Bezeichnung der dem Angeklagten zur Last gelegten strafbaren Handlung, [2] sowie die Angabe des Tages und der Stunde der Hauptverhandlung.

II Zugleich ist die Warnung hinzuzufügen, daß bei unentschuldigtem Ausbleiben des Angeklagten zur Hauptverhandlung werde geschritten werden.

1. § 321 gilt nur für die öffentliche Ladung nach § 320; bei persönlichen Zustellungen im Ausland §§ 213 ff., 231 maßgebend, E. 20, 290.

2. Unter Hervorhebung ihrer gesetzlichen Merkmale und des anzuwendenden Strafgesetzes (vgl. § 205); s. auch Anm. 4 zu § 320.

Verteidigung des Abwesenden. **§ 322.**

In der Hauptverhandlung kann für den Angeklagten ein Verteidiger auftreten. Auch Angehörige[1] des ersteren sind, ohne daß sie einer Vollmacht bedürfen, als Vertreter zuzulassen.[2]

1. Im weitesten Sinne, auch über den Kreis der in § 52 StGB. Genannten hinaus; ohne Unterschied des Geschlechts.

2. Entgegen der Regel des § 138. — Rechtsmittelbefugnis: § 324.

Urteilszustellung. **§ 323.**

Die Zustellung des Urteils erfolgt nach Maßgabe der Bestimmungen des § 40 Abs. 2.[1, 2]

1. Auch bei möglicher anderweitiger Zustellung.

2. Wiedereinsetzung in den vorigen Stand nach § 234 möglich (bestr.).

Rechtsmittel. **§ 324.**

Die im § 322 bezeichneten Personen können von den dem Beschuldigten zustehenden Rechtsmitteln Gebrauch machen.[1]

1. Die in § 340 Genannten aus eigenem Recht, die übrigen nur auf Grund vermuteter Vollmacht; sämtliche nur innerhalb der für den Angekl. laufenden Fristen. Vorheriges Auftreten der Angehörigen als Vertreter oder Verteidiger nicht erfordert.

Beschlagnahme einzelner Vermögensgegenstände. **§ 325.**

Insoweit es nach dem Ermessen des Richters zur Deckung der den Angeschuldigten[1] möglicherweise treffenden höchsten Geldstrafe und der Kosten des Verfahrens erforderlich ist, können einzelne zum Vermögen des Angeschuldigten gehörige Gegenstände[2] mit Beschlag belegt werden.[3] Auf diese Beschlagnahme finden die Bestimmungen der Zivilprozeßordnung über die Vollziehung und die Wirkungen des dinglichen Arrestes[4] entsprechende Anwendung. Die Beschlagnahme ist aufzuheben, wenn der Grund derselben weggefallen ist.[5]

1. Erhebung der öffentlichen Klage gegen den Abwesenden also Voraussetzung, § 155.

2. Bewegliche und unbewegliche (Eintrag im Grundbuch). Wegen Beschlagnahme des ganzen Vermögens s. §§ 326, 332 ff.

3. Auch bei Übertretungen. — Gleichgültig ist, welches Gericht sachlich zuständig ist. In der VU. entscheidet über die Beschlagnahme der UR. (anders § 326).

4. §§ 928—932 ZPO.; s. auch §§ 803 ff. ZPO.

5. Bei Freisprechung, Außerverfolgungsetzung, bei Wegfall der Voraussetzungen des § 319. Aufhebung gegen Sicherheitsleistung möglich (Löwe).

Beschlagnahme des Vermögens. **§ 326.**

I Insoweit eine Deckung in Gemäßheit der vorstehenden Bestimmung nicht ausführbar erscheint,[1] kann durch Beschluß des Gerichts[2] das im Deutschen Reich befindliche Vermögen des Angeschuldigten[3] mit Beschlag belegt werden.[4] Der Beschluß ist durch den Deutschen Reichsanzeiger und nach Ermessen des Gerichts auch durch andere Blätter zu veröffentlichen.

II Verfügungen,[5] welche der Angeschuldigte über sein mit Beschlag belegtes Vermögen nach der ersten durch den Deutschen Reichsanzeiger bewirkten Veröffentlichung des Beschlusses vornimmt, sind der Staatskasse gegenüber nichtig.

III Die Beschlagnahme des Vermögens ist aufzuheben, sobald der Grund derselben weggefallen[6] oder die Deckung der Staatskasse durch eine Beschlagnahme in Gemäßheit des § 325 bewirkt ist.

IV Die Aufhebung der Beschlagnahme ist durch dieselben Blätter bekannt zu machen, durch welche die Beschlagnahme veröffentlicht worden ist.

1. Also erst in zweiter Linie. S. auch Abs. 3.
2. In der VU. also Beschluß der Strafk. nötig (anders § 325).
3. Erhebung der öffentl. Klage gegen den Abwesenden also Voraussetzung § 155.
4. Die Beschlagnahme ergreift auch künftiges Vermögen (Löwe).
5. Erbschaftsausschlagung ist keine solche Verfügung, vgl. ElsLZ. 37, 79.
6. S. Anm. 5 zu § 325.

Verfahren z. Zw. der Beweissicherung: §§ 327—336. **§ 327.**

I In anderen als den im § 319 bezeichneten Fällen findet gegen einen Abwesenden eine Hauptverhandlung nicht statt. Das gegen den Abwesenden eingeleitete Verfahren hat die Aufgabe, für den Fall seiner künftigen Gestellung die Beweise zu sichern.

II Für dieses Verfahren gelten die Bestimmungen der §§ 328 bis 336.

Verteidigung. Eidliche Vernehmungen. **§ 328.**

I Die Zulassung eines Verteidigers[1] wird durch die Abwesenheit des Beschuldigten nicht ausgeschlossen. Zur Wahl eines Verteidigers sind auch Angehörige[2] des Beschuldigten befugt.

II Zeugen und Sachverständige sind eidlich zu vernehmen.[3]

1. § 138. Nachweis der Bevollmächtigung s. Anm. 9 zu § 138. Teilnahme des Verteidigers bei Beweiserhebungen, §§ 167, 191, 222, 223, 224.

2. S. Anm. 1 zu § 322. Diese können aber als solche nicht selbst als Verteidiger auftreten (anders § 322).

3. Sofern nicht §§ 56, 57, 72 Platz greifen. Voraussetzung ist gerichtliche Vernehmung.

Benachrichtigung.

§ 329.

I Dem abwesenden Beschuldigten steht ein Anspruch auf Benachrichtigung[1] über den Fortgang des Verfahrens nicht zu.[2]

II Der Richter ist jedoch befugt, einem Abwesenden, dessen Aufenthalt bekannt ist, Benachrichtigungen zugehen zu lassen.[3]

1. S. z. B. §§ 191, 193, 195 Abs. 3.

2. Der Verteidiger (§ 328) muß in den gesetzlich vorgeschriebenen Fällen benachrichtigt werden.

3. Förmliche Zustellung nicht erfordert.

Aufforderung zum Erscheinen.

§ 330.

Der Abwesende, dessen Aufenthalt unbekannt ist, kann in öffentlichen Blättern zum Erscheinen vor Gericht oder zur Anzeige seines Aufenthaltsortes aufgefordert werden.

Beweisaufnahme.

§ 331.

Stellt sich erst nach Eröffnung des Hauptverfahrens die Abwesenheit des Angeklagten heraus, so erfolgen die noch erforderlichen Beweisaufnahmen durch einen beauftragten oder ersuchten Richter.[1, 2]

1. Nach Anhörung der Staatsanwaltschaft, § 33. Nicht in der Hauptverh., auch wenn sich in dieser erst die Abwesenheit herausstellt. Anwesenheit der Staatsanwaltschaft und des Verteidigers bei der Beweiserhebung, § 223. Nach der Beweisaufnahme oder wenn solche nicht mehr erforderlich, vorläufige Einstellung, § 203; s. auch § 336 Abs. 2.

2. Ergibt sich die Abwesenheit nach unmittelbar erhobener Klage vor Eröffnung des Hauptverf., so hat das mit der Sache befaßte Gericht vor der vorläufigen Einstellung des Verf. zu prüfen, ob eine Sicherung der Beweise erforderlich ist. Ist die vorläufige Einstellung ohne solche Prüfung erfolgt, so kann dieser Beschluß nachträglich wieder aufgehoben und das zur Beweissicherung Erforderliche angeordnet werden, ObstLG. 1, 259.

Vermögensbeschlagnahme.

§ 332.

I Liegen gegen den Abwesenden,[1] gegen welchen die öffentliche Klage erhoben ist,[2] Verdachtsgründe vor, welche die Erlassung eines Haftbefehls rechtfertigen würden,[3] so kann sein im Deutschen Reich befindliches Vermögen[4] durch Beschluß des Gerichts[5] mit Beschlag belegt werden.

II Die im vorstehenden Absatze bezeichnete Beschlagnahme findet in Sachen, welche zur Zuständigkeit der Schöffengerichte gehören,[6] nicht statt.

1. § 318.

2. §§ 168, 177, 197.

3. § 112; Erlassung eines Haftbefehls ist nicht Voraussetzung.

4. Auch das künftige Vermögen des Abwesenden wird von der Beschlagnahme ergriffen. Bei unbeweglichem Vermögen keine Eintragung im Grundbuch, s. Anm. 1 zu § 334. Nachteile für Berechtigte am Vermögen durch die Beschlagnahme berühren deren Rechtmäßigkeit nicht, SRA. 5, 220.

5. In der VU. also zuständig die Strafk., nicht der UR. — Im Beschluß ist lediglich auszusprechen, daß das im Deutschen Reich befindliche Vermögen des Angeschuldigten mit Beschlag belegt wird; hier keine Beschlagnahme einzelner Vermögensstücke, ObstLG. 7, 248 und in SeuffBl. 72, 669.

6. § 27 GVG., wohl aber bei Überweisungssachen § 75 GVG.

Bekanntmachung der Beschlagnahme.

§ 333.

Der die Beschlagnahme verhängende Beschluß ist durch den Deutschen Reichsanzeiger bekannt zu machen[1] und kann nach dem Ermessen des Gerichts auch durch andere Blätter veröffentlicht werden.

1. Wirkung: § 334 Abs. 1.

Wirkung der Beschlagnahme.

§ 334.

I Mit dem Zeitpunkte der ersten Bekanntmachung in dem Deutschen Reichsanzeiger verliert der Angeschuldigte das Recht, über das in Beschlag genommene Vermögen[1] unter Lebenden zu verfügen.[2]

II Der die Beschlagnahme verhängende Beschluß ist derjenigen Behörde mitzuteilen, welche für die Einleitung einer Vormundschaft über Abwesende zuständig ist.[3] Diese Behörde hat eine Güterpflege einzuleiten.[4]

1. Keine Eintragung der Beschlagnahme im Grundbuch, KG. im Recht 9, 445; ObstLG. 12, 31 und in SeuffBl. 76, 360.

2. Solche Verfügungen sind nichtig, JE. 11, 188. Rechte Dritter am Vermögen, z. B. Unterhaltsansprüche bleiben unberührt. Vgl. OLGM. 7, 416. Verfügungen von Todes wegen sind unbeschränkt zulässig.

3. Amtsgericht: § 35 FGG. oder die gem. Art. 147 EG. BGB. landesgesetzlich bestimmte Behörde.

4. Nun Abwesenheitspflegschaft, § 1911 BGB. Keine Ablehnung der Einleitung einer Güterpflege mangels der Voraussetzungen des § 1911 (bestr.). Bei Ablehnung Beschwerde der Staatsanwaltschaft, KG. im Recht 15, 811. Der Pfleger

hat das Vermögen nach Maßgabe des bürgerlichen Rechts festzustellen, sicherzustellen und in Verwaltung zu nehmen, ObstLG. 7, 248 und in SeuffBl. 72, 669.

Aufhebung der Beschlagnahme.

§ 335.

I Die Beschlagnahme ist aufzuheben, wenn die Gründe derselben weggefallen sind.[1]

II Die Aufhebung der Beschlagnahme ist durch dieselben Blätter bekannt zu machen, durch welche die Beschlagnahme selbst veröffentlicht worden war.[2]

1. Z. B. bei Gestellung, Verhaftung, Wegfall des Haftgrundes, Sicherheitsleistung nach § 117, Außerverfolgungsetzung, Verjährung, Tod. Vorl. Einstellung (§ 203) ist kein Grund zur Aufhebung der Beschlagnahme, OLGM. 8, 289. — Aufhebung aus Billigkeits- und Zweckmäßigkeitsgründen jederzeit zulässig.

2. § 333.

§ 336.

I Auf das nach Erhebung der öffentlichen Klage eintretende Verfahren finden im übrigen die Vorschriften über die Voruntersuchung entsprechende Anwendung.

II In dem nach Beendigung dieses Verfahrens ergehenden Beschlusse (§ 196)[1] ist zugleich über die Fortdauer oder Aufhebung der Beschlagnahme zu entscheiden.[2]

1. Bei Außerverfolgungsetzung (§ 202) Aufhebung der Beschlagnahme. Bei vorl. Einstellung (§ 203) ist ebenfalls ausdrückliche Entsch. zu treffen; Aufhebung aus Zweckmäßigkeitsgründen hierbei möglich. S. Anm. 1 zu § 335.

2. Abs. 2 ist auch im Falle von Beweiserhebungen nach Eröffnung des Hauptverf. (§ 331) entsprechend anzuwenden (gem. M.).

Sicheres Geleit.

§ 337.

I Das Gericht[1] kann einem abwesenden Beschuldigten[2] sicheres Geleit erteilen; es kann diese Erteilung an Bedingungen[3] knüpfen.

II Das sichere Geleit gewährt Befreiung von der Untersuchungshaft, jedoch nur in Ansehung derjenigen strafbaren Handlung, für welche dasselbe erteilt ist.[4]

III Es erlischt,[5] wenn ein auf Freiheitsstrafe lautendes Urteil[6] ergeht, wenn der Beschuldigte Anstalten zur Flucht trifft, oder wenn er die Bedingungen nicht erfüllt, unter welchen ihm das sichere Geleit erteilt worden ist.

1. Auch der Amtsrichter; in der VU. die Strafk.

2. Nicht einem Zeugen, Sachverständigen oder anderen am Verfahren beteiligten Personen.

3. Z. B. Erscheinen in einem Termin, Einhaltung gewisser Aufenthaltsbeschränkungen; auch Sicherheitsleistung, SRA. 5, 313. Nachträgliche Bedingungen unzulässig, wenn Angesch. von dem erteilten sicheren Geleit Gebrauch gemacht hat und Abs. 3 nicht zutrifft, RG. in DJZ. 11, 489.

4. Ohne Rücksicht auf ihre strafrechtliche Beurteilung; es bleibt sonach wirksam, wenn nachträglich die Tat als eine schwerere erscheint.

5. Von selbst; vorhergehender gerichtlicher Beschluß nicht nötig (Löwe).

6. Rechtskraft nicht erfordert.

Drittes Buch.
Rechtsmittel.

Erster Abschnitt.
Allgemeine Bestimmungen.

Rechtsmittelbefugnis. **§ 338.**

I Die zulässigen Rechtsmittel[1] gegen gerichtliche Entscheidungen[2] stehen sowohl der Staatsanwaltschaft[3] als dem Beschuldigten[4] zu.[5]

II Die Staatsanwaltschaft[6] kann von denselben[1] auch zugunsten des Beschuldigten[7] Gebrauch machen.[8]

1. Rechtsmittel: Beschwerde, Berufung und Revision; nicht Einspruch gegen einen Strafbefehl, auch nicht Wiederaufnahme des Verfahrens, ebenso nicht Wiedereinsetzung in den vorigen Stand, E. 22, 31, ferner nicht der Antrag nach § 386 Abs. 2, E 38, 9.

2. Nur gegen die Entscheidung selbst, nicht lediglich gegen deren Gründe. Voraussetzung ist, daß sie den Anfechtenden beschwert; daß sie dessen eigenen früheren Anträgen entspricht, ist belanglos. Also kein Rechtsmittel des Angeklagten gegen das auf Nichtschuldig lautende Urteil, E. 4, 355; 13, 324, selbst dann nicht, wenn er damit eine andere Entsch. im Kostenpunkte nach § 499 Abs. 2 erstrebt, DJZ. 17, 1531, auch nicht bei Freisprechung wegen Unzurechnungsfähigkeit, Recht 9, 653, JW. 39, 864, oder auf Grund des § 193 StGB., Recht 16, 2788, ebenso nicht bei Einstellung unter vollständiger Verneinung des Strafanspruchs des Staates, E. 42, 400; anders wenn unter Schuldfeststellung Freisprechung, z. B. wegen Kompensation usw., oder Einstellung wegen Verjährung, mangels Strafantrags u. dgl. erfolgt, E. 4, 358; 42, 400; Recht 16, 2788. — S. noch GoltdA. 50, 104.

Einlegung eines Rechtsmittels vor Erlassung der Entsch. unwirksam, JW. 31, 301, ebenso bedingte oder bloß eventuelle Einlegung, Rsp. 3, 490; SächsOLG. 19, 269.

3. Staatsanwaltschaft bei dem Gericht, dessen Entsch. angefochten wird, ObstLG. 1, 223, 230. S. auch § 146 GVG.

4. Auch dem minderjährigen strafmündigen Beschuldigten, Rsp. 5, 754.

5. Befugnis anderer zur Einlegung von Rechtsmitteln: § 340 (ges. Vertreter, Ehemann), § 346 Abs. 2 (Zeugen, Sachverständige usw.), § 430 (Privatkläger), § 441 (Nebenkläger), §§ 466—469 (Verwaltungsbehörde), § 479 (Beteiligte im Einziehungsverfahren) usw.

6. Auch dem Privatkläger, Nebenkläger und der Verwaltungsbehörde (§§ 430, 441, 464, 466, 467) steht die in Abs. 2 bezeichnete Befugnis zu; vgl. E. 22, 400.

7. Auch zugunsten Dritter, z. B. von Einziehungsinteressenten, von Zeugen, Sachverständigen, von Antragstellern im Falle des § 502 usw., E. 7, 409; OLGR. 6, 405.

8. Wenn und solange der Staatsanwaltschaft selbst ein Rechtsmittel zusteht; vgl. Rsp. 4, 889. Ausdrückliche Erklärung dieses Zweckes nicht nötig, E. 5, 218, aber zweckmäßig. — Zurücknahme eines nach Abs. 2 eingelegten Rechtsmittels s. § 344 Abs. 1 Satz 2.

Einlegung von Rechtsmitteln durch den Verteidiger.

§ 339.

I Für den Beschuldigten kann der Verteidiger,[1] jedoch nicht gegen dessen ausdrücklichen Willen,[2] Rechtsmittel einlegen.[3]

1. Der im vorangegangenen Verfahren tätig gewesene gewählte oder bestellte Verteidiger; letzterer, solange seine Bestellung nicht zurückgenommen, auch dann, wenn er in der Hauptverh. nicht auftrat und der Angekl. sich einen anderen Verteidiger wählte, E. 1, 71; Recht 6, 329; der bisherige Verteidiger bedarf keiner ausdrücklichen Vollmacht zur Einlegung und Begründung von Rechtsmitteln, E. 3, 222. Dagegen bedarf einer solchen Vollmacht ein seinerzeit in der Hauptverh. ohne schriftliche Vollmacht gem. § 233 stillschweigend zugelassener Vertreter, E. 18, 346. — Ein als Verteidiger nicht tätig gewesener Rechtsanwalt bedarf einer vor Ablauf der Einlegungsfrist hierzu erteilten Vollmacht; Vorlage dieser rechtzeitig erteilten Vollmacht erst nach Ablauf dieser Frist genügend, E. 1, 71; 21, 125; Recht 6, 377; s. auch E. 41, 14; ObstLG. 8, 150. — Nachbevollmächtigter (Substitut) s. E. 41, 14, GoltdA. 56, 87, JW. 38, 335.

Vertretung des Beschuldigten bei Einlegung von Rechtsmitteln durch einen beliebigen anderen Bevollmächtigten als einen Rechtsanwalt zulässig, ObstLG. 10, 454.

2. Einlegung durch den Verteidiger wirkungslos, wenn der Beschuldigte auf das Rechtsmittel verzichtet, Rsp. 9, 230; also keine selbständige Rechtsmittelbefugnis des Verteidigers, Recht 12, 678.

3. Zur Zurücknahme bedarf der Verteidiger ausdrücklicher Ermächtigung, § 344 Abs. 2.

Rechtsmittelbefugnis des ges. Vertreters u. des Ehemanns.

§ 340.

I Der gesetzliche Vertreter[1] eines Beschuldigten, desgleichen der Ehemann einer beschuldigten Frau[2] können binnen der für den Beschuldigten laufenden Frist[3] selbständig[4] von den zulässigen Rechtsmitteln[5] Gebrauch machen.

II Auf ein solches Rechtsmittel und auf das Verfahren finden die über die Rechtsmittel des Beschuldigten geltenden Vorschriften entsprechende Anwendung.[6]

1. S. Anm. 4 zu § 137. — Verliert der gesetzliche Vertreter nachträglich diese seine Eigenschaft, so kann er das Rechtsmittel nicht weiter betreiben, E. 42,

342; Recht 17, 1835; Einlegung und Begründung der Revision durch den gesetzlichen Vertreter des Angekl. kann deshalb nur dann wirksam werden, wenn er bis zur Hauptverh. die gesetzliche Vertretung auch behält, E. 47, 159.

2. Die Ehefrau ist nur kraft ausdrücklicher Bevollmächtigung, nicht aber kraft Gesetzes berechtigt, für ihren Ehemann ein Rechtsmittel einzulegen, DJZ. 15, 1084.

3. Auch wenn dem gesetzlichen Vertreter nach § 268 das Urteil besonders zugestellt werden muß, ist diese Frist von ihm einzuhalten, E. 29, 385. Auf Unkenntnis davon, daß und wann die Frist in Lauf gesetzt wurde, kann er sich nicht berufen, ObstLG. 7, 422.

4. Kraft eigenen Rechts, auch gegen den Willen des Beschuldigten und nach dessen Verzicht, E. 5, 50. Ein „für" die Frau eingelegtes Rechtsmittel des Ehemanns ist als von diesem kraft eigenen Rechts eingelegt zu erachten, E. 21, 335; dagegen bedarf der Ehemann einer Vollmacht der Frau, wenn er „namens" oder „im Auftrage" dieser von einem Rechtsmittel Gebrauch macht, Rsp. 3, 175, 602; E. 21, 335; ebenso wenn er Revisionsanträge zu einer von der Frau selbst eingelegten Revision anbringen will, Rsp. 4, 479; dies gilt auch für den Vater eines minderjährigen Beschuldigten, DJZ. 8, 106; JW. 32, 220. — Der von dem Vater des Angekl. gem. § 137 Abs. 2 gewählte Verteidiger bedarf zur Rechtsmitteleinlegung namens des Vaters einer besonderen Vollmacht, Recht 10, 1328; BayZ. 2, 481; JW. 41, 948.

5. Die Antragstellung nach § 386 Abs. 2 ist kein Rechtsmittel; hier also Vollmacht nötig, E. 38, 9.

6. Keine Abänderung des Urteils zum Nachteile des Beschuldigten, §§ 372, 398 Abs. 2. — Kosten: § 505, E. 46, 138. — Untersuchungshaft: § 482 Anm. 3.

Rechtsmittelerklärungen des verhafteten Beschuldigten.

§ 341.

I Der nicht auf freiem Fuße befindliche[1] Beschuldigte kann die Erklärungen, welche sich auf Rechtsmittel beziehen,[2] zu Protokoll des Gerichtsschreibers desjenigen Gerichts geben, in dessen Gefängnis er sich befindet, und falls das Gefängnis kein gerichtliches ist, desjenigen Amtsgerichts, in dessen Bezirke das Gefängnis liegt.[3]

II Zur Wahrung einer Frist genügt es, wenn innerhalb derselben das Protokoll aufgenommen wird.[4]

1. Anm. 5 zu § 35.

2. Einlegung, Verzicht und Zurücknahme, Rsp. 1, 423. Ein nach Abs. 1 erklärter Rechtsmittelverzicht ist unwiderruflich, auch wenn er noch nicht an das mit der Sache befaßte Gericht gelangt ist, GoltdA. 50, 276.

3. Ausnahme insb. von den Regelfällen in § 355 Abs. 1; § 381 Abs. 1 und § 385 Abs. 2, in denen die Erklärungen nur zu Protokoll des Gerichtsschreibers des mit der Sache befaßten Gerichts abgegeben werden können.

4. Verspätete Vorführung des Verhafteten zur Erklärungsabgabe trotz rechtzeitigen Antrags hierauf begründet die Wiedereinsetzung in den vorigen Stand, Rsp. 1, 179; GoltdA. 46, 113; ObstLG. 10, 97.

Rechtsmittelbezeichnung.

§ 342.

Ein Irrtum in der Bezeichnung[1] des zulässigen Rechtsmittels[2] ist unschädlich.[3]

1. Auch Unterlassung jeder Bezeichnung unschädlich; es genügt, wenn die Erklärung die Absicht der Anfechtung im Sinne der Anrufung einer höheren Instanz erkennen läßt. (Begr.) — Bloßes Gesuch um Urteilsabschrift genügt aber nicht, Rsp. 1, 110.

2. § 342 gilt auch für die Rechtsbehelfe des Einspruchs, der Wiedereinsetzung und der Wiederaufnahme, ObstLG. 10, 57.

3. Bei zweifelhaften und unklaren Erklärungen Befragung des Erklärenden.

Wirkung der Rechtsmittel der StA. zugunsten d. Beschuldigten.

§ 343.

Jedes von der Staatsanwaltschaft[1] eingelegte Rechtsmittel hat die Wirkung,[2] daß die angefochtene[3] Entscheidung auch zugunsten des Beschuldigten abgeändert oder aufgehoben werden kann.[4, 5]

1. Auch die Rechtsmittel des Privatklägers (§ 430 Abs. 1), des Nebenklägers, E. 41, 349; 45, 14 und der Verwaltungsbehörde, E. 22, 214; 45, 326 haben diese Wirkung zugunsten des Beschuldigten. — S. noch § 397.

2. Einen Anschluß des Beschuldigten an das Rechtsmittel der Staatsanwaltschaft kennt die StPO. nicht; eine solche innerhalb der Einlegungsfrist abgegebene Anschlußerklärung kann aber unter Umständen inhaltlich eine selbständige Rechtsmitteleinlegung darstellen und als solche wirksam sein, vgl. E. 1, 194; s. Anm. 1 zu § 342.

3. Soweit sie angefochten ist; bei Berufung der Staatsanwaltschaft im Strafmaß keine Aufhebung des Schuldspruchs, JW. 23, 225; ObstLG. 3, 45.

4. Nach pflichtgemäßem Ermessen des Gerichts. Die Bestimmung gilt auch für die nach Zurückverweisung (§§ 369, 394) mit der Sache wieder befaßte Vorinstanz.

5. Revision des Angekl. gegen ein Berufungsurteil zulässig, das nur durch eine Berufung der Staatsanwaltschaft zuungunsten des Angekl. veranlaßt war und diese zurückwies. Betraf diese Berufung der Staatsanwaltschaft lediglich die Strafhöhe, so kann der Angekl. mit seiner Revision Freisprechung nicht mehr begehren.

Zurücknahme, Verzicht.

§ 344.

I Die Zurücknahme eines Rechtsmittels sowie der Verzicht auf die Einlegung eines Rechtsmittels[1] kann auch vor Ablauf der Frist[2] zur Einlegung desselben wirksam erfolgen. Ein von der Staatsanwaltschaft zugunsten des Beschuldigten eingelegtes Rechtsmittel kann jedoch ohne dessen Zustimmung nicht zurückgenommen werden.[3]

II Der Verteidiger bedarf zur Zurücknahme einer ausdrücklichen Ermächtigung.[4, 5]

1. Zurücknahme und Verzicht bedürfen keiner besonderen Form, E. 2, 78; 39, 393; bei einer schriftlichen Erklärung genügt zwar die Unterzeichnung mit einem Handzeichen, Rsp. 3, 281, nicht aber mit einem Namensstempel, E. 34, 358; Erklärung zu Protokoll der Hauptverh. zulässig, Rsp. 2, 562, wobei aber § 274 nicht Platz greift, E. 40, 134; Protokollierung im Anschluß an das Sitzungsprotokoll s. SeuffBl. 72, 1094; Recht 11, 1152; 12, 1316; die einem Gefängnisbeamten gegenüber abgegebene, unterschriebene Erklärung wird erst wirksam mit Einlauf bei Gericht, Rsp. 1, 423; Recht 7, 84.

Bedingte Erklärungen sind wirkungslos, vgl. Rsp. 3, 490, auch bloße stillschweigende Willenserklärungen, JW. 19, 108; im Zweifelsfalle Befragung des Erklärenden. — Beschränkung der Erklärungen auf einzelne Straftaten bei Realkonkurrenz zulässig, Rsp. 4, 732, ebenso auf Teile einer Entscheidung, die einer in sich selbständigen Prüfung und Beurteilung zugänglich sind, E 42, 242; unzulässig aber teilweiser Verzicht auf Anfechtung eines Urteils hinsichtlich einer und derselben Handlung, Rsp. 1, 366.

Die Erklärungen müssen (Ausnahme § 341) dem mit der Sache befaßten Gericht gegenüber, und zwar in dem betr. Verfahren abgegeben sein, E. 1, 92; 32, 277; JW. 45, 1541. Nach Einlauf beim Gericht (Abgabe bei der Botenmeisterei gilt als solcher, Rsp. 6, 63) können sie nicht mehr widerrufen werden, E. 1, 92; Rsp. 1, 365, 826, auch wenn die Einlegungsfrist noch läuft, Rsp. 1, 650; auch eine Anfechtung der Zurücknahme wegen Irrtums ist nicht mehr zulässig, Recht 11, 466; BayZ. 3, 195; SeuffBl. 78, 65.

2. Ein Rechtsmittel kann zwar nicht vor Erlassung der Entsch., JW. 31, 301, wohl aber vor Beginn des Laufes der Einlegungsfrist, JW. 29, 493 eingelegt werden. Dagegen ist ein Rechtsmittelverzicht erst nach Beginn des Laufes der Rechtsmittelfrist zulässig, E. 2, 78; JW. 23, 396 und letzteres gilt auch für eine Rechtsmittelzurücknahme.

3. Der gesetzliche Vertreter und der Ehemann (§ 340) bedürfen zur Zurücknahme der von ihnen selbständig eingelegten Rechtsmittel der Zustimmung der Beschuldigten nicht (bestr.); anders wenn sie diese „namens" der Beschuldigten eingelegt haben, E. 28, 385. Ein Minderjähriger kann andrerseits ohne Zustimmung seines gesetzlichen Vertreters auf das von ihm eingelegte Rechtsmittel wirksam verzichten, Rsp. 1, 650.

4. Diese kann im voraus erteilt sein; Zurücknahme eines von einem Verteidiger eingelegten Rechtsmittels durch diesen wirkt auch hinsichtlich des von einem weiteren Verteidiger gleichfalls eingelegten Rechtsmittels, E. 24, 142.

5. Kosten bei Zurücknahme: § 505.

§ 345.

Wenn die Entscheidung über das Rechtsmittel auf Grund mündlicher Verhandlung stattzufinden hat, so kann die Zurücknahme nach Beginn der Hauptverhandlung [1] nur mit Zustimmung des Gegners erfolgen. [2]

1. §§ 365, 391.

2. Äußerster Zeitpunkt für solche Zurücknahme: Beginn der Verkündung des Urteils.

Zweiter Abschnitt.

Beschwerde.

Zulässigkeit der Beschwerde. **§ 346.**

I Die Beschwerde ist gegen alle von den Gerichten in erster Instanz oder in der Berufungsinstanz erlassenen Beschlüsse [1] und gegen die Verfügungen [1] des Vorsitzenden, des Untersuchungsrichters, des Amtsrichters und eines beauftragten oder ersuchten Richters zulässig, [2] soweit das Gesetz dieselben nicht ausdrücklich einer Anfechtung entzieht. [3]

II Auch Zeugen, Sachverständige und andere Personen [4] können gegen Beschlüsse und Verfügungen, durch welche sie betroffen werden, Beschwerde erheben. [5]

III Gegen Beschlüsse und Verfügungen der Oberlandesgerichte [6] und des Reichsgerichts findet eine Beschwerde nicht statt.

1. Förmliche Beschlüsse und Verfügungen nicht Voraussetzung. Gegen Urteile nur Berufung und Revision. Für die Art des zulässigen Rechtsmittels ist die Form, nicht der Inhalt der Entsch. maßgebend, Rsp. 4, 322; E. 23, 156

2. Begründung der Beschwerde: rechtlich wie tatsächlich, neue Tatsachen und Beweismittel zulässig. — Beschwerdegericht: a) gegen Beschlüsse und Verfügungen des UR., Amtsrichters und des Schöffengerichts das Landgericht (Strafk.) §§ 72, 77, 78 GVG.; b) gegen solche der Strafk. und des Schwurgerichts und der Vorsitzenden dieser Gerichte, ferner bei weiterer Beschwerde (§ 352) das Oberlandesgericht § 123 Nr. 5 GVG., in Bayern das Oberste Landesgericht, Art. 167 Nr. 12 AG. BGB., c) gegen Beschlüsse in Sachen der Sitzungspolizei das Oberlandesgericht, § 183 Abs. 3 GVG., in Bayern (s. unter b) das Oberste Landesgericht. — Wegen der Zuständigkeit des Kammergerichts in Preußen s. § 50 PreußAG. GVG.

3. §§ 28, 46 Abs. 2, 180 Abs. 2, 199 Abs. 3, 200 Abs. 2, 209 Abs. 1, 270 Abs. 3, 279 Abs. 2, 346 Abs. 3, 347, 352, 388 Abs. 2; ferner GVG. §§ 41, 52 Abs. 4, 53 Abs. 2, 75 Abs. 2, 94 Abs. 1; PreßG. § 25.

4. Z. B. Eigentümer und Inhaber beschlagnahmter Sachen (§ 98), Sicherheit leistende Dritte (§ 122), kostenpflichtig erklärte Dritte (§§ 502, 504), der Verteidiger ObstLG. 10, 12, nicht jedoch der StA., ObstLG. 1, 230.

5. Beschwerde der Staatsanwaltschaft zugunsten solcher Personen s. Anm. 7 zu § 338.

6. Auch dann, wenn das OLG. nicht zuständig war, E. 32, 93. Auch bei Kosten- und Gebührenentsch., Rsp. 5, 34, 527. — Ausnahme nur in § 160 GVG.

§ 347.

Entscheidungen der erkennenden Gerichte, [1] welche der Urteilsfällung vorausgehen, [2] unterliegen nicht der Beschwerde. Ausgenommen sind Entscheidungen über Verhaftungen, Beschlagnahmen oder Straffestsetzungen [3], sowie alle Entscheidungen, durch welche dritte Personen [4] betroffen werden.

1. Erkennendes Gericht ist dasjenige, vor welchem nach dem Eröff.-Beschl. (§ 205) die Hauptverh. stattfinden soll; es handelt sich hier demnach um solche Entsch., welche nach der Eröffnung des Hauptverfahrens und vor Erlassung des Urteils, auch außerhalb der Hauptverh., ergehen, E 43, 180; ObstLG. 1, 43; auch solche des das erkennende Gericht vertretenden Vorsitzenden (§§ 218—220), ObstLG. 1, 155. Einzelfälle: Ablehnung eines Beweisantrags vor der Hauptverh., ObstLG. 9, 123, Ablehnung des Antrags des Angekl., die Berufung des Nebenklägers als unzulässig zu verwerfen, ObstLG. 8, 118 usw.

2. Innerer Zusammenhang mit dieser nicht erfordert, E. 43, 180; a. M. ObstLG. 6, 406; 9, 408; 10, 11. — Auf Entsch., die durch vorläufige Einstellung die Durchführung des Verfahrens bis zum Urteil verhindern, findet § 347 keine Anwendung, E. 43, 180; ObstLG. 15, 1.

3. Wegen der Unterbringung in einer Irrenanstalt s. § 81 und Anm. 9 hierzu.

4. S. § 346 Abs. 2.

Verfahren.

§ 348.

I Die Beschwerde[1] wird bei demjenigen Gerichte, von welchem oder von dessen Vorsitzenden die angefochtene Entscheidung erlassen ist, zu Protokoll des Gerichtsschreibers[2] oder schriftlich[3] eingelegt. Sie kann in dringenden Fällen[4] auch bei dem Beschwerdegericht[5] eingelegt werden.

II Erachtet das Gericht oder der Vorsitzende, dessen Entscheidung angefochten wird, die Beschwerde für begründet, so haben sie derselben abzuhelfen;[6] andernfalls ist die Beschwerde sofort, spätestens vor Ablauf von drei Tagen, dem Beschwerdegerichte vorzulegen.[7]

III Die vorstehenden Bestimmungen finden auch auf die Entscheidungen des Amtsrichters im Vorverfahren, des beauftragten oder ersuchten Richters und des Untersuchungsrichters Anwendung.

1. Fristlos; Ausnahme: sofortige Beschwerde, § 353 Abs. 2. — Begründung der Beschwerde s. Anm. 2 zu § 346.

2. Persönlich an der Gerichtsstelle, nicht durch Erklärung mittels Fernsprechers, E. 38, 282. — S. noch Anm. 6 zu § 156; ferner Anm. 11 zu § 385.

3. Telegramm genügt, E. 9, 38; 8, 92, muß aber die Unterschrift des Beschwerdeführers enthalten oder mindestens urkundlich erkennen lassen, daß es von ihm herrührt, Rsp. 10, 176; 9, 144; s. auch E. 24, 283; ObstLG. 5, 285. — Vgl. noch Anm. 5 zu § 156.

4. Einlegung in nicht dringlichen Fällen beim Beschwerdegericht bewirkt nicht den Verlust des Beschwerderechts.

5. Beschwerdegericht s. Anm. 2 zu § 346.

6. Abänderung oder Zurücknahme auch von Amts wegen ohne Beschwerde zulässig, Rsp. 8, 150; E. 37, 114; 43, 225. — Abweichung von Abs. 2 bei der sofortigen Beschwerde: § 353 Abs. 3.

7. Auch bei Unzulässigkeit der Beschwerde (Anm. 3 zu § 346) keine Zurückweisung durch das Erstgericht, E. 43, 180. — Vorlagefrist nur instruktionell.

Keine aufschiebende Wirkung.

§ 349.

I Durch Einlegung der Beschwerde wird der Vollzug der angefochtenen Entscheidung nicht gehemmt.[1]

II Jedoch kann das Gericht, der Vorsitzende[2] oder der Richter, dessen Entscheidung angefochten wird, sowie auch das Beschwerdegericht anordnen, daß die Vollziehung der angefochtenen Entscheidung auszusetzen sei.[3]

1. Ausnahmen: § 81, ferner GVG. §§ 183 Abs. 2, 180, 182.
2. Nur wenn die Entsch. von ihm selbst erlassen ist
3. S. aber § 123 Abs. 2.

Zwischenverfahren.

§ 350.

Das Beschwerdegericht kann dem Gegner des Beschwerdeführers die Beschwerde zur schriftlichen Gegenerklärung mitteilen;[1] es kann etwa erforderliche Ermittelungen anordnen oder selbst vornehmen.

1. Anhörung der Staatsanwaltschaft, § 351

Entscheidung über die Beschwerde.

§ 351.

I Die Entscheidung über die Beschwerde erfolgt ohne vorgängige mündliche Verhandlung,[1] in geeigneten Fällen nach Anhörung der Staatsanwaltschaft.[2]

II Wird die Beschwerde für begründet erachtet, so erläßt das Beschwerdegericht zugleich die in der Sache erforderliche Entscheidung.[3]

1. Ausnahme: § 122 Abs. 2.
2. Staatsanwaltschaft des Beschwerdegerichts. Schriftlich oder mündlich, § 33.
3. Unter Aufhebung der angefochtenen Entsch. Vorherige Ermittelungen, § 350. Das Beschwerdegericht ordnet hiernach z. B. die VU. an, GoltdA. 46, 428, oder eröffnet das Hauptverf. usw. Wenn die angefochtene Entsch. sich nur auf eine Vorfrage, z. B. die Zuständigkeit, bezog, so bildet diese den Gegenstand der Entsch. „in der Sache", vgl. E. 19, 337; ObstLG. 6, 365. Keine Zurückverweisung E. 19, 337.

Weitere Beschwerde.

§ 352.

I Beschlüsse, welche von dem Landgericht in der Beschwerdeinstanz[1] erlassen sind, können, insofern sie Verhaftungen[2] betreffen, durch weitere Beschwerde angefochten werden.[3]

II Im übrigen findet eine weitere Anfechtung der in der Beschwerdeinstanz ergangenen Entscheidungen nicht statt.[4]

1. § 72 GVG.

2. Verhaftung: §§ 112 ff., einschließlich der Entscheidungen betr. Sicherheitsleistung und der Entscheidungen aus Anlaß einer vorl. Festnahme. Nicht gehören hierher: die Zwangshaft (§§ 69, 95) ObstLG. 7, 297, die Unterbringung in einer Irrenanstalt (§ 81) KG. in GoltdA. 53, 180, die Vorführung (§ 229) ObstLG. 1, 366, die Verhaftung zum Zwecke der Strafvollstr., ObstLG. 8, 42.

3. Beschwerdegericht bei weiterer Beschwerde s. Anm. 2 zu § 346.

4. Auch nicht durch den Gegner des Beschwerdeführers, OLGM. 3, 143. — Ausnahme von Abs. 2: § 160 GVG.

Sofortige Beschwerde.

§ 353.

I Für die Fälle der sofortigen Beschwerde [1] gelten die nachfolgenden besonderen Bestimmungen. [2]

II Die Beschwerde ist binnen der Frist von einer Woche, [3] welche mit der Bekanntmachung (§ 35) der Entscheidung beginnt, einzulegen. Die Einlegung bei dem Beschwerdegerichte [4] genügt zur Wahrung der Frist, auch wenn der Fall für dringlich nicht erachtet wird.

III Das Gericht [5] ist zu einer Abänderung seiner durch Beschwerde angefochtenen Entscheidung nicht befugt. [6, 7]

1. Sofortige Beschwerde: §§ 28 Abs. 1, 46 Abs. 3, 81 Abs. 3, 122 Abs. 2, 180 Abs. 1, 181, 199 Abs. 3, 209 Abs. 2, 270 Abs. 3, 363 Abs. 2, 412, 455 Abs. 3, 461, 463 Abs. 3, 494 Abs. 4, 501 Abs. 3, ferner GVG. § 183.

2. Daneben auch die übrigen Bestimmungen des zweiten Abschnittes.

3. Fristberechnung § 43. Verlängerung der Frist ausgeschlossen. Nach Fristablauf vorgebrachte Beschwerdebegründung ist zu berücksichtigen (bestr.). Zurückweisung einer verspäteten sofortigen Beschwerde nur durch das Beschwerdegericht.

4. Vgl. § 348 Abs. 1. Beschwerdegericht s. Anm. 2 zu § 346. — S. noch § 341. (Beschwerde des nicht auf freiem Fuß Befindlichen).

5. Auch die in § 348 Abs. 2, 3 genannten Richter.

6. Auch Abänderung ohne Beschwerde von Amts wegen hier unzulässig. Dies gilt auch für die auf die sofortige Beschwerde erlassene Entsch. des Beschwerdegerichts, OLGM. 6, 347. — Über den Fall einer Ausnahme von Abs. 3 s. E. 37, 112 (Aufhebung eines von einem sachlich unzuständigen Gericht außerhalb der Hauptverh. erlassenen Beschlusses durch dieses).

7. Auch die sofortige Beschwerde hat grundsätzlich keine aufschiebende Wirkung, § 349. Soweit eine weitere Beschwerde (§ 352) zulässig ist, ist auch sie sofortige Beschwerde (Löwe).

Dritter Abschnitt.

Berufung.

Zulässigkeit.

§ 354.

Die Berufung [1] findet statt gegen die Urteile [2] der Schöffengerichte. [3, 4]

1. Berufungsführer kann jeder Prozeßbeteiligte sein, § 338. Gesetzlicher Vertreter, Ehemann, § 340. Hinsichtlich des Verteidigers s. § 339.

2. Auch nur gegen einen Teil des Urteils, s. Anm. 2 zu 368.

3. Auch des Amtsrichters ohne Schöffen, § 211 Abs. 2. Vgl. noch § 3 Abs. 3, EG. StPO.

4. Berufungsgericht ist die Strafk. des Landgerichts, § 76 GVG., in Besetzung mit 5 oder 3 Mitgliedern, § 77 GVG. Auswärtige Strafk., § 78 GVG.

Frist und Form.

§ 355.

I Die Berufung [1] muß bei dem Gerichte erster Instanz [2] binnen einer Woche [3] nach Verkündung des Urteils zu Protokoll des Gerichtsschreibers [4] oder schriftlich [5] eingelegt [6] werden.

II Hat die Verkündung des Urteils nicht in Anwesenheit [7] des Angeklagten stattgefunden, so beginnt für diesen die Frist mit der Zustellung. [8, 9]

1. Berufungseinlegung vor Erlassung des Urteils unwirksam, vgl. JW. 31, 301, ebenso bedingte oder bloß eventuelle Einlegung, vgl. Rsp. 3, 490; SächsOLG. 19, 269. Dagegen Einlegung nach Erlassung des Urteils aber vor dessen Zustellung (Abs. 2) wirksam, JW. 29, 493.

2. Amtsgericht. Einlegung beim Berufungsgerichte nur wirksam, wenn sie noch rechtzeitig an das Amtsgericht gelangt. — Wegen der Ausnahme zugunsten des nicht auf freiem Fuß befindlichen Angekl. s. § 341.

3. Fristberechnung: § 43. — Über Rechtzeitigkeit und Wahrung der Frist s. Anm. 1 zu § 44.

4. Des betr. Amtsgerichts, vgl. auch Rsp. 3, 50; E. 32, 277. Eine im Sitzungsprotokoll im Anschluß an die Urteilsverkündung beurkundete Berufungseinlegung ist wirksam; eine Verpflichtung zu solcher Beurkundung besteht jedoch nicht, vgl. E. 24, 355. — Gerichtsschreiber eines andern Gerichts nicht zuständig, dessen unterzeichnetes Protokoll hat nur die Bedeutung einer schriftlichen Erklärung; Ausnahme: § 341. — Telephonische Anbringung unzulässig, E. 38, 282. S. noch Anm. 6 zu § 156; ferner Anm. 11 zu § 385.

5. Schriftlich: s. Anm. 3 zu § 348, Anm. 5 zu § 156. S. auch ObstLG. 7, 114; 10, 42, ferner BayZ. 3, 259.

6. Einlegung durch den Verteidiger oder einen anderen Bevollmächtigten s. § 339 und die Anm. hierzu.

7. §§ 230 Abs. 2, 231, 232, 233. Anwesenheit eines Vertreters des Angekl. belanglos, E. 19, 390; 34, 331.

8. Zustellung nur an den Angekl., nicht an den zustellungsbevollmächtigten Vertreter, E. 19, 390; 43, 321. Verzicht auf Zustellung unwirksam Rsp. 1, 118. — S. noch oben Anm. 1.

9. Abs. 2 gilt auch für den nicht anwesend gewesenen Nebenkläger, E. 6, 28. Wegen der Verwaltungsbehörde s. § 469.

Berufung und Wiedereinsetzung.

§ 356.

I Der Beginn der Frist zur Einlegung der Berufung wird dadurch nicht ausgeschlossen, daß gegen ein auf Ausbleiben des Angeklagten ergangenes Urteil eine Wiedereinsetzung in den vorigen Stand [1] nachgesucht werden kann.

II Stellt der Angeklagte ein Gesuch um Wiedereinsetzung in den vorigen Stand, so wird die Berufung dadurch gewahrt, daß sie sofort [2] für den Fall der Verwerfung jenes Gesuchs rechtzeitig eingelegt wird. Die weitere Verfügung in bezug auf die Berufung bleibt dann bis zur Erledigung des Gesuchs um Wiedereinsetzung in den vorigen Stand ausgesetzt.

III Die Einlegung der Berufung ohne Verbindung mit dem Gesuch um Wiedereinsetzung in den vorigen Stand gilt als Verzicht auf die letztere.

1. Wiedereinsetzung: § 234.

2. Nachträgliche Einlegung der Berufung innerhalb der Frist zulässig. Sie gilt nicht als stillschweigende Zurücknahme des gestellten Wiedereinsetzungsgesuches.

Wirkung der Berufungseinlegung.

§ 357.

I Durch rechtzeitige [1] Einlegung der Berufung wird die Rechtskraft [2] des Urteils, soweit [3] dasselbe angefochten ist, gehemmt.[4]

II Dem Beschwerdeführer,[5] welchem das Urteil mit den Gründen noch nicht zugestellt war,[6] ist [7] dasselbe [8] nach Einlegung der Berufung sofort zuzustellen.[9]

1. § 355.

2. Vgl. § 481.

3. §§ 359, 368.

4. S. aber § 123 Abs. 2.

5. Im Falle des § 340 dem beschwerdeführenden gesetzlichen Vertreter oder Ehemann. — Bei einer Mehrheit von Beschwerdeführern jedem von ihnen. — Bei Berufungseinlegung durch den Verteidiger (§ 339) Zustellung an diesen, wenn er zustellungsbevollmächtigt oder wenn dies ausdrücklich beantragt; Zustellung an den Angekl. selbst aber auch in solchen Fällen wirksam, vgl. E. 6, 93; Rsp. 4, 830; 6, 32; ObstLG. 6, 11. Vgl. übrigens noch Rsp. 9, 42.

6. Vgl. § 355 Abs. 2.

7. Verzicht auf Zustellung unwirksam, ObstLG. 8, 139. — Keine Zustellung bei verspäteter Berufung (§ 360 Abs. 1).

8. S. Anm. 6 zu § 383.

9. Zustellung an die Staatsanwaltschaft: § 41.

Rechtfertigung der Berufung.

§ 358.

Die Berufung kann binnen einer weiteren Woche nach Ablauf der Frist [1] zur Einlegung des Rechtsmittels oder, wenn zu dieser Zeit das Urteil noch nicht zugestellt war, nach dessen Zustellung [2] bei dem Gericht erster Instanz zu Protokoll des Gerichtsschreibers oder in einer Beschwerdeschrift gerechtfertigt werden.[3]

1. § 355.
2. § 357, Abs. 2.
3. Rechtfertigung auch vor und nach der in § 358 bezeichneten Frist zulässig.

Beschränkung der Berufung.

§ 359.

Die Berufung kann auf bestimmte Beschwerdepunkte[1] beschränkt werden.[2] Ist dies nicht geschehen oder eine Rechtfertigung überhaupt nicht erfolgt, so gilt der ganze Inhalt des Urteils als angefochten.

1. Z. B. auf die Entsch. über eine von mehreren Straftaten, auf die Straffrage, auf den Kostenpunkt usw. Vgl. § 368. — S. auch Anm. 2 zu § 338.

2. Muß ausdrücklich und unzweideutig geschehen; auch noch in der Hauptverh. möglich. Widerruf der einmal erklärten Beschränkung unzulässig.

Verspätete Berufung.

§ 360.

I Ist die Berufung verspätet[1] eingelegt, so hat das Gericht erster Instanz[2] das Rechtsmittel als unzulässig[3] zu verwerfen.[4]

II Der Beschwerdeführer kann binnen einer Woche[5] nach Zustellung des Beschlusses auf die Entscheidung des Berufungsgerichts[6] antragen.[7] In diesem Fall sind die Akten an das Berufungsgericht einzusenden;[8] die Vollstreckung des Urteils wird jedoch hierdurch nicht gehemmt.[9]

1. § 355.
2. Der Amtsrichter: § 30 Abs. 2 GVG.
3. Über andere Unzulässigkeitsgründe kann nur das Berufungsgericht entscheiden, § 363.
4. Durch Beschluß. Gebühren; § 66 Nr. 2 GKG. — Zurücknahme des zugestellten Beschlusses durch den Amtsrichter unzulässig (bestr.).
5. § 43.
6. Strafk. des Landgerichts, § 76 GVG.
7. Antrag kann auch beim Berufungsgericht angebracht werden (bestr.).
8. Durch Vermittlung der Staatsanwaltschaft. — Die den Antrag zurückweisende Entsch. des Berufungsgerichts ist nicht anfechtbar, ObstLG. 12, 193 (bestr.).
9. In zweifelhaften Fällen Aufschub der Vollstreckung durch die Strafvollstreckungsbehörde (§ 483). Bei verspäteter Berufung Anrechnung der Untersuchungshaft vom Ablauf der Einlegungsfrist an (§ 482).

Verfahren nach Berufungseinlegung.

§ 361.

Ist die Berufung rechtzeitig[1] eingelegt, so hat nach Ablauf der Frist zur Rechtfertigung[2] der Gerichtsschreiber ohne Rücksicht darauf, ob eine Rechtfertigung stattgefunden hat oder nicht, die Akten der Staatsanwaltschaft[3] vorzulegen. Diese stellt, wenn die Berufung von ihr eingelegt ist,[4] dem Angeklagten die Schriftstücke über Einlegung und Rechtfertigung der Berufung zu.[5]

1. § 355.

2. § 358.

3. Amtsanwalt; s. auch PreußJMBl. 1880, 33; BayJMBl. 1913, 450.

4. Auch wenn dies zugunsten des Angekl. geschah, § 338 Abs. 2.

5. Durch Übergabe von beglaubigten Abschriften der zuzustellenden Schriftstücke, § 170 ZPO. — S. noch § 430 Abs. 3 (Privatklageverfahren).

§ 362.

Die Staatsanwaltschaft übersendet die Akten an die Staatsanwaltschaft bei dem Berufungsgerichte.[1] Diese übergibt die Akten binnen einer Woche[2] dem Vorsitzenden des Gerichts.[3]

1. Berufungszurücknahme durch diese (§ 146 GVG.) möglich. Sie kann aber auch, ohne die Akten dem Vorsitzenden des Gerichts zu übergeben, diese dem Amtsanwalt mit dem Auftrage zurücksenden, die Berufung zurückzunehmen (§ 147 GVG.).

2. Nur instruktionell.

3. Unter Bezeichnung der Beweismittel für die Hauptverh., falls nicht Antrag auf Verwerfung wegen Unzulässigkeit gem. § 363 veranlaßt.

Verwerfung wegen Unzulässigkeit.

§ 363.

I Erachtet das Berufungsgericht die Bestimmungen über die Einlegung der Berufung[1] nicht für beobachtet, so kann[2] es das Rechtsmittel durch Beschluß als unzulässig verwerfen.[3] Anderenfalls entscheidet es über dasselbe durch Urteil.[4]

II Der Beschluß kann durch sofortige Beschwerde[5] angefochten werden.

1. Die Vorschriften über Form und Frist der Berufung (§ 355, s. auch § 360 Abs. 2) und über die Berechtigung zur Einlegung der Berufung (vgl. § 340); dagegen gehört die Frage, ob ein rechtsgültiger Verzicht auf die Berufung vorliegt, nicht hierher, s. Anm. 4.

2. Es kann die Entsch. auch dem erkennenden Gericht überlassen; dieses entscheidet in der Hauptverh. durch Urteil, hiergegen nur Revision; s. aber § 380.

3. Von Amts wegen oder auf Antrag der Staatsanwaltschaft, in beratender Sitzung, also in Besetzung von 3 Richtern (§ 77 GVG.). — Gebühren: § 66 Nr. 2 GKG. — Wegen Anrechnung der Untersuchungshaft s. Anm. 9 zu § 360.

4. Urteil (nicht Beschluß außerhalb der Hauptverh.) z. B. bei Berufung des Angekl. trotz vorherigen rechtsgültigen Verzichts hierauf, ObstLG. 6, 405.

5. Sofortige Beschwerde, § 353. — Beschwerdegericht s. Anm. 2 zu § 346. Die die Zulässigkeit der Berufung aussprechende Entsch. des Beschwerdegerichts

ist nicht anfechtbar, sie ist aber für das daraufhin in der Hauptverh. erkennende Berufungsgericht nicht bindend.

Vorbereitung der Hauptverhandlung.

§ 364.

I Auf die Vorbereitung der Hauptverhandlung finden die Vorschriften der §§ 213, 215—224 Anwendung. In der Ladung ist der Angeklagte auf die Folgen des Ausbleibens[1] ausdrücklich hinzuweisen.[2]

II Die Ladung der in erster Instanz vernommenen Zeugen und Sachverständigen kann nur dann unterbleiben, wenn deren wiederholte Vernehmung zur Aufklärung der Sache nicht erforderlich erscheint.[3]

III Neue Beweismittel[4] sind zulässig.

IV Bei der Auswahl der zu ladenden Zeugen und Sachverständigen ist auf die von dem Angeklagten zur Rechtfertigung der Berufung benannten Personen Rücksicht zu nehmen.

1. Folgen des Ausbleibens des Angekl.: a) bei Berufung des Angekl.; sofortige Verwerfung, § 370; b) bei Berufung der Staatsanwaltschaft: Verh. in Abwesenheit oder Vorführung oder Verhaftung, § 370; c) bei Berufung des gesetzlichen Vertreters oder des Ehemanns: Verh. in Abwesenheit oder Vorführung, § 371.

2. Bei Berufung einer der in § 340 genannten Personen Hinweis dieser in der Ladung, daß die Berufung verworfen wird, wenn weder sie noch der Angeklagte erscheint.

3. Wegen der Verlesung ihrer in erster Instanz gemachten Aussagen s. § 366.

4. Auch neue Tatsachen; § 245 Abs. 1 gilt auch hier.

Hauptverhandlung.

§ 365.

I Nachdem die Hauptverhandlung nach Vorschrift des § 242 Abs. 1 begonnen hat,[1] hält ein Berichterstatter[2] in Abwesenheit der Zeugen[3] einen Vortrag[4] über die Ergebnisse des bisherigen Verfahrens.[5] Das Urteil erster Instanz ist stets zu verlesen.[6]

II Sodann erfolgt die Vernehmung des Angeklagten[7] und die Beweisaufnahme.[8]

1. Vor dem Vortrag des Berichterstatters nötigenfalls Feststellung des Umfanges der Anfechtung des Ersturteils (vgl. §§ 359, 368) durch Befragung des Beschwerdeführers.

2. Berichterstatter kann auch der Vorsitzende sein.

3. Vgl. Anm. 8 zu § 242.

4. Mündlich, auch Verlesung eines schriftlichen Berichts zulässig.

5. Hierbei Feststellung der Formalien des Rechtsmittels (vgl. Anm. 1 zu § 363). Verlesung des Eröff.-Beschl. nicht notwendig, JW. 35, 254. Die neuen

Anführungen und die Anträge des Beschwerdeführers und seines Gegners sind bekanntzugeben (Löwe).

6. Mit den Gründen.

7. Gem. § 242 Abs. 2, 3 (§ 373).

8. Für die Beweisaufnahme gelten die §§ 243 ff.; s. aber auch § 366

Beschränkung der Mündlichkeit des Verfahrens.

§ 366.

Bei der Berichterstattung und der Beweisaufnahme können Schriftstücke verlesen werden;[1] Protokolle über Aussagen der in der Hauptverhandlung erster Instanz vernommenen Zeugen und Sachverständigen dürfen, abgesehen von den Fällen der §§ 250, 252 ohne die Zustimmung[2] der Staatsanwaltschaft und des Angeklagten nicht verlesen werden, wenn die wiederholte Vorladung[3] der Zeugen oder Sachverständigen erfolgt[4] ist oder von dem Angeklagten rechtzeitig[5] vor der Hauptverhandlung beantragt worden war.[6]

1. Für die Verlesung von Schriftstücken zum Zwecke der Beweisaufnahme gelten auch hier, abgesehen von Satz 2 dieses Paragraphen, die Bestimmungen in §§ 248—255.

2. Die Zustimmung kann auch eine stillschweigende sein; sie muß aber unzweideutig sein, bloßes Geschehenlassen der Verlesung genügt nicht; die in der Hauptverh. ausgesprochene Zustimmung ist unwiderruflich. Vgl. RMG. 9, 21; 10, 264; 13, 250.

3. Durch wen die Ladung veranlaßt wurde, ist gleichgültig; Stellung der Zeugen oder Sachverständigen steht der Ladung gleich.

4. Auch wenn sie nicht erschienen sind; dann, wenn Aussage nötig, Aussetzung.

5. Das heißt so, daß die Ladung noch bewirkt werden konnte.

6. Verlesung also zulässig: a) wenn §§ 250, 252 Platz greifen, b) bei Zustimmung der Staatsanwaltschaft und des Angekl., c) bei nicht erfolgter oder vom Angekl. nicht rechtzeitig beantragter Ladung der Zeugen und Sachverständigen. — Wegen des Falles der gleichzeitigen Verh. verbundener erst- und zweitinstanzieller Sachen s. DJZ. 15, 316

Plädoyer.

§ 367.

Nach dem Schlusse der Beweisaufnahme werden die Staatsanwaltschaft sowie der Angeklagte[1] und sein Verteidiger[2] mit ihren Ausführungen und Anträgen, und zwar der Beschwerdeführer zuerst,[3] gehört.[4] Dem Angeklagten gebührt das letzte Wort.[4]

1. Im Falle des § 340 auch der gesetzliche Vertreter und der Ehemann.

2. Gewählter oder gem. § 141 bestellter Verteidiger. — Verteidigung nicht notwendig, § 140.

3. Bei Berufung des Angekl. und der Staatsanwaltschaft zuerst die Staatsanwaltschaft.

4. § 257.

Umfang der Prüfung des Ersturteils.

§ 368.

Der Prüfung des Gerichts unterliegt das Urteil nur, soweit dasselbe angefochten ist.[1, 2, 3]

1. S. §§ 357, 359. Der nicht angefochtene Teil des Urteils wird rechtskräftig. — Der angefochtene Teil ist vom Berufungsrichter völlig frei und unabhängig von den Gründen und Anträgen des Beschwerdeführers zu prüfen; bei der Entsch. ist aber § 372 zu beachten.

2. Teilweise Anfechtung z. B.: a) bei einer Mehrheit selbständiger Straftaten nur hinsichtlich einzelner Taten, b) nur hinsichtlich der Straffrage, wodurch die Entsch. in der Schuldfrage (Tat- wie Rechtsfrage) rechtskräftig wird, KG. in GoltdA. 55, 122, vgl. ObstLG. 5, 118; 6, 245; RMG. 8, 119; 15, 185, c) innerhalb der Straffrage nur hinsichtlich einzelner der erkannten Strafen, nur hinsichtlich einer Nebenstrafe vgl. BayZ. 4, 125, einer Buße vgl. E. 44, 295, auch nur wegen Bildung einer Gesamtstrafe vgl. E. 37, 284 usw., d) nur hinsichtlich der Kosten vgl. E. 6, 237.

Einzelheiten: Wird bei einheitlicher Straftat auch nur ein einzelner Teil der Schuldfrage angegriffen, so muß der ganze Schuldspruch nachgeprüft werden, vgl. RMG. 11, 17; 12, 260; wenn bei einheitlicher Straftat allgemein wegen Freisprechung Berufung eingelegt und dann nur wegen einzelner Handlungen Verurteilung begehrt wurde, so ist der gesamte Sachverhalt nachzuprüfen, RMG. 11, 210; bei Berufung in der Straffrage keine Ablehnung eines hierfür erheblichen Beweisantrags, weil die betr. Tatsache gleichzeitig die Schuldfrage betrifft, vgl. RMG. 11, 62, bei Berufung nur in der Straffrage keine Nachprüfung nach dem Vorliegen eines ordnungsmäßigen Strafantrags, vgl. RMG. 10, 200.

3. Keine Entsch. zugunsten des nicht beschwerdeführenden Mitangekl.; anders bei Revision, § 397. S. auch Recht 14, 822.

Entscheidung des Berufungsgerichts.

§ 369.

I Insoweit die Berufung für begründet befunden wird, hat das Berufungsgericht unter Aufhebung[1] des Urteils in der Sache selbst zu erkennen.[2]

II Leidet das Urteil an einem Mangel,[3] welcher die Revision wegen Verletzung einer Rechtsnorm über das Verfahren begründen würde,[4] so kann das Berufungsgericht unter Aufhebung des Urteils die Sache, wenn die Umstände des Falles es erfordern,[5] zur Entscheidung an die erste Instanz[6] zurückverweisen.

III Hat das Gericht erster Instanz mit Unrecht[7] seine Zuständigkeit[8] angenommen, so hat das Berufungsgericht unter Aufhebung des Urteils die Sache an das zuständige Gericht[9] zu verweisen[10] oder wenn es selbst in erster Instanz zuständig ist, zu erkennen.[11, 12]

1. Aufhebung, nicht Abänderung. Bei unbegründeter Berufung: Verwerfung. Ist die Berufung in der Art begründet, daß sie eine Änderung des Schuld- oder Strafausspruchs bedingt, so kann neben dieser Entsch. nicht zugleich auf Verwerfung des ganzen Rechtsmittels erkannt werden, RMG. 8, 176; dagegen muß, wenn die in der Schuldfrage und in der Straffrage eingelegte Berufung nur in der Straffrage Erfolg hat, die Berufung des Angekl. im übrigen verworfen werden.

2. Nach Maßgabe der §§ 260 ff.

3. Auf materiellrechtliche Mängel und Verstöße findet Abs. 2 keine Anwendung.

4. §§ 376, 377. Ein solcher Mangel ist von Amts wegen, auch ohne Rüge der Beteiligten zu beachten (bestr.). § 378 findet entsprechende Anwendung.

5. In der Regel nur bei erheblichen Verstößen, z. B. bei nicht vorschriftsmäßiger Besetzung des Erstgerichts. — Mängel der Urteilsgründe s. JW. 44, 1372.

6. Nicht an ein anderes Gericht. Neue Verh. und Entsch. durch das Erstgericht, dieses ist an die Rechtsauffassung des Berufungsgerichts nicht gebunden; es hat gegebenenfalls § 372 (Verbot der ref. in pejus) zu beachten.

7. Objektiv; also auch dann, wenn die Unzuständigkeit aus neuen, erst in der Berufungsverh. ermittelten Tatsachen sich ergibt, E. 6, 309.

8. Örtl. Unzust. kann hier nur in Frage kommen, wenn das Erstgericht den Einwand der Unzust. zu Unrecht zurückwies (§§ 16—18), vgl. E. 3, 136; 17, 412. — Sachliche Unzust.: vgl. E. 31, 302; 41, 112; 45, 351.

9. Anderes Schöffengericht, Schwurgericht, Reichsgericht. Diese Gerichte haben gegebenenfalls § 372 (Verbot der ref. in pejus) zu beachten, E. 8, 308. — Keine Verweisung an eine andere Abteilung (Strafkammer) desselben Gerichts E. 45, 353. Verweisung an eine auswärtige Strafk. möglich E. 50, 160.

10. Durch Urteil.

11. Vorheriger Verweisungsbeschluß nicht erfordert, Recht 16, 157, ebenso nicht eine besondere Hinweisung des Angekl., JW. 19, 399. Erkennen in erster Instanz auch möglich, wenn und soweit vor dem Erstgericht § 265 angewendet wurde, also ein formeller Eröff.-Beschluß fehlt, E. 12, 164, ebenso wenn das Schöffengericht auf Einspruch einen Strafbefehl als unzulässig aufhob, in der Sache selbst aber unter Überschreitung seiner sachlichen Zuständigkeit erkannte, E. 31, 302; vgl. noch E. 41, 112.

Verfahren: nötigenfalls (§ 77 GVG.) Zuziehung von zwei weiteren Richtern, E. 6, 309; 19, 166; die Verlesung des Eröff.-Beschl. wird durch die Verlesung des schöffengerichtlichen Urteils ersetzt, GoltdA. 45, 54; Recht 10, 633; SeuffBl. 71, 478. §§ 364 ff. gelten für diese Verh. nicht, also Urteil auf Grund verlesener Zeugenaussagen nur insoweit, als die Verlesung nach den für die Hauptverh. erster Instanz bestehenden Vorschriften statthaft, Rsp. 5, 731; 8, 342; auch § 370 (Erkennen in Abwesenheit des Angekl.) ist nicht anwendbar, E. 20, 390. Es ist das Urteil des Schöffengerichts aufzuheben, nicht etwa die Berufung des schuldigen Angekl. zu verwerfen, und zwar auch dann nicht, wenn § 372 Platz greift, Recht 18, 446. Die Revision gegen das Urteil geht an das Reichsgericht, E. 19, 166; 22, 113; Recht 18, 871; § 380 ist nicht anwendbar, E. 20, 390; wegen des Verfahrens vor der Strafk. nach Aufhebung des Urteils durch das Revisionsgericht und Zurückverweisung der Sache s. DJZ. 14, 548; Recht 18, 563.

12. Kosten bei Zurückverweisung in die erste Instanz s. § 505 Anm. 2. Erkennt die Strafk. nach Abs. 3 in erster Instanz, so hat der Angekl. die Kosten des ganzen Verfahrens gem. §§ 496, 497 zu tragen, Recht 16, 1413. — Gebühren für die Berufungsinstanz: § 65 GKG.

Verfahren beim Ausbleiben des Angeklagten.

§ 370.

I Ist bei dem Beginne der Hauptverhandlung weder der Angeklagte, noch in den Fällen, wo solches zulässig,[1] ein Vertreter desselben erschienen, und das Ausbleiben nicht genügend entschuldigt, so ist, insoweit der Angeklagte die Berufung eingelegt hat, dieselbe sofort zu verwerfen,[2] insoweit die Staatsanwaltschaft[3] die Berufung eingelegt hat, über diese zu verhandeln oder die Vorführung oder Verhaftung des Angeklagten anzuordnen.

II Der Angeklagte kann binnen einer Woche nach der Zustellung des Urteils die Wiedereinsetzung in den vorigen Stand unter den in den §§ 44, 45 bezeichneten Voraussetzungen beanspruchen.[4]

1. Vertretung des Angekl. zulässig: a) stets bei Berufung der Staatsanwaltschaft, §§ 233, 370 Abs. 1; b) ferner stets bei Berufung einer der in § 340 bezeichneten Personen, §§ 233, 371; c) bei Berufung des Angekl. dann, wenn die den Gegenstand der Untersuchung in der Berufungsinstanz bildende Tat nur mit Geldstrafe, Haft oder Einziehung, allein oder in Verbindung miteinander, bedroht ist, §§ 233, 231 (nicht schon, wenn bloß auf solche Strafen vom Erstgericht erkannt ist und diese nach § 372 relative Rechtskraft erlangten), ferner wenn der Angekl. durch das Berufungsgericht vom persönlichen Erscheinen entbunden ist, §§ 233, 232. — Das persönliche Erscheinen kann das Berufungsgericht übrigens stets anordnen, § 235.

2. Auch wenn die Prozeßbeteiligten mit der Verh. oder der Aussetzung einverstanden wären. Keine vorherige Berichterstattung (§ 365). — Revision, s. aber § 380. — Gebühren: § 65 Abs. 3 GKG. — Über eine gleichzeitige Berufung der Staatsanwaltschaft ist gesondert zu erkennen; s. übrigens § 343.

3. Bei Berufung einer der im § 340 bezeichneten Personen s. § 371

4. Auch gegen das über die Berufung der Staatsanwaltschaft zu seinem Nachteil ergangene Urteil. — § 234 Abs. 2 gilt auch hier (§ 373). — Die Frist für das Gesuch beginnt erst mit der Urteilszustellung; ein vorher gestelltes Gesuch ist unwirksam, SRA. 1, 357

§ 371.

Ist von einer der im § 340 bezeichneten Personen die Berufung eingelegt worden, so hat das Gericht auch den Angeklagten zu der Hauptverhandlung vorzuladen[1] und kann ihn bei seinem Ausbleiben zu derselben zwangsweise vorführen[2] lassen.

1. Sofortige Verwerfung (§ 370) hier nur dann, wenn weder der Beschwerdeführer noch der Angekl. erscheint. Beide können sich übrigens vertreten lassen. Das in ihrer Abwesenheit verkündete Urteil ist ihnen zuzustellen.

2. Aber nicht verhaften.

Verbot der reformatio in pejus.

§ 372.

War das Urteil nur von dem Angeklagten[1] oder zugunsten desselben von der Staatsanwaltschaft[2] oder von einer der im § 340

bezeichneten Personen angefochten worden, so darf das Urteil nicht zum Nachteile des Angeklagten abgeändert werden.[3, 4, 5, 6, 7]

1. Oder für diesen von einem Andern, § 339 (Verteidiger), § 324 (Angehörige).

2. S. § 338 Abs. 2 und Anm. 16 hierzu.

3. Schwerere Strafe unzulässig; dagegen schwerere rechtliche Beurteilung der Tat zulässig, E. 9, 324; 25, 397; Rsp. 8, 319; Recht 6, 400; Annahme einer Mehrheit von Straftaten (bei gleichem Tatbestande) statt der im Ersturteil angenommenen einen Straftat zulässig, Rsp. 9, 449.

Schwerere Strafe: solche läge z. B. vor, wenn die vom Erstgericht angerechnete Untersuchungshaft in Wegfall gebracht würde, vgl. Rsp. 2, 602, oder wenn auf eine vom Erstgericht nicht ausgesprochene Nebenstrafe z. B. Veröffentlichungsbefugnis erkannt würde, Recht 10, 1387; 16, 1397 (Veröffentlichung in einem andern Blatt, s. Recht 10, 454). Auch Änderung der Entsch. im Kostenpunkt zum Nachteil des Angekl. unzulässig, KG. in DJZ. 10, 1013; a. M. KG. in GoltdA. 55, 119.

Keine schwerere Strafe liegt vor: wenn an Stelle der Freiheitsstrafe des Ersturteils eine Geldstrafe ausgesprochen wird, die höher ist, als sie nach dem Umwandlungsmaßstab des § 29 StGB. sein könnte, wenn nur die für sie festgesetzte eventuelle Freiheitsstrafe nicht höher ist als die frühere, E. 2, 205; ObstLG. in SeuffBl. 74, 393; wenn trotz festgestellter milderer Sachlage oder Anwendung eines milderen Gesetzes dieselbe Strafe ausgesprochen wird, Recht 12, 1933; 15, 2697; SMA. 1, 64; 6, 370; wegen der Entsch. bei Gesamtstrafe s. Anm. 4. — Buße: s. Anm. 6.

4. Eine Gesamtstrafe darf beibehalten werden, wenn die Handlungen des Angekl. statt als eine Mehrheit von Straftaten nur als eine Straftat angesehen werden und die Strafe an sich zulässig bleibt, Rsp. 2, 239; ObstLG. 7, 207. Die einer Gesamtstrafe zugrunde liegenden Einzelstrafen dürfen nicht erhöht werden, E. 26, 167; SeuffBl 74, 244; bei Wegfall eines von 2 Konkurrenzfällen also keine Erhöhung der für den übrig bleibenden Fall festgesetzten Einzelstrafe, RMG. 1, 43; s. auch Recht 14, 4043; spricht das Berufungsgericht von einzelnen der mehreren vom Erstrichter bestraften Handlungen frei, so darf es die Gesamtstrafe, wenn eine solche noch in Frage kommt und wenn es diese trotz der teilweisen Freisprechung noch für angemessen erachtet, beibehalten, vgl. E. 2, 202, jedoch nur insolange, als diese die Summe der Einzelstrafen nicht erreicht, die vom Erstgericht für die Straftaten angesetzt sind, wegen welcher auch in der Berufungsinstanz Verurteilung erfolgt Vgl GoltdA. 45, 425, Löwe. Erhöhung der Einzelstrafen unter Beibehaltung der Gesamtstrafe unzulässig, Recht 12, 2281; BayZ. 4, 340. S. noch RMG. 11, 227.

5. § 372 gilt auch nach Zurückverweisung der Sache an das Erstgericht (§ 369 Abs. 2). ebenso nach Verweisung der Sache an das zuständige Gericht gem. § 369 Abs. 3, E. 8, 307, oder wenn die Strafk. gem. § 369 Abs. 3 in erster Instanz erkennt, Recht 18, 722; ebenso wenn das Berufungsgericht im Privatklageverfahren gem. § 429 das Verfahren eingestellt hat und dann auf erhobene öffentl. Klage zu urteilen ist, E. 9, 324; 42, 422; ebenso, wenn auf Berufung des Angekl. gem. § 458 das Urteil aufgehoben wird, in dem auf staatsanwaltschaftliche Anklage neu eingeleiteten Verfahren, GoltdA. 50, 131.

6. Auf die Buße findet § 372 keine Anwendung, E. 15, 439; 44, 295.

7. Rüge der Verletzung des § 372 ist nach § 380 unzulässig, KG. in DJZ. 12, 430; ObstLG. 9, 281; SMA. 6, 109.

§ 373.

Im übrigen finden die im sechsten Abschnitte des zweiten Buches über die Hauptverhandlung gegebenen Vorschriften Anwendung.

Vierter Abschnitt.

Revision.

Zulässigkeit.

§ 374.

Die Revision findet statt gegen die Urteile der Landgerichte[1] und der Schwurgerichte.[2, 3, 4]

1. In erster Instanz und in der Berufungsinstanz. Revisionsgericht bei landgerichtlichen Urteilen erster Instanz das Reichsgericht, ausnahmsweise das Oberlandesgericht (§§ 136, 123 Nr. 3 GVG.), bei landgerichtlichen Berufungsurteilen das Oberlandesgericht (§ 123 Nr. 2 GVG.), ausnahmsweise das Reichsgericht (§ 136 Abs 2 GVG.). Wegen der Zuständigkeit des Kammergerichts in Preußen s. § 50 AG. GVG., des obersten Landesgerichts in Bayern s. Art. 167 Nr. 12 AG. BGB. — S. noch § 388.

2. Revisionsgericht bei schwurgerichtlichen Urteilen: Reichsgericht (§ 136 Nr. 2 GVG.).

3. Voraussetzung ist, daß der Beschwerdeführer durch das Urteil beschwert ist, vgl. Anm. 2 zu § 338. Vgl. auch Recht 15, 3278. Anfechtung nur eines Teiles des Urteils zulässig, sofern er von den übrigen Urteilsbestandteilen rechtlich trennbar; hiernach Revision möglich z. B. nur hinsichtlich der Kostenentsch., E. 6, 237; 33, 21, der erkannten Nebenstrafen, wie Überweisung an die Landespolizeibehörde. Eidesunfähigkeit, BayZ. 4, 125, 359; der auferlegten Buße, E. 44, 295 usw.; s. noch Anm. 6 zu § 384.

4. Das Urteil des Revisionsgerichts ist mit der Verkündung rechtskräftig, Rsp. 4, 300.

§ 375.

Der Beurteilung des Revisionsgerichts unterliegen auch diejenigen Entscheidungen, welche dem Urteile vorausgegangen sind,[1] sofern dasselbe auf ihnen beruht.[2]

1. In und vor der Hauptverh., auch im Vorverfahren. Vor allem der Eröff.-Beschl. gehört hierher, E. 10, 56; Rsp. 5, 583; vgl. hierzu noch Anm. 1 zu § 201, Anm. 4 zu § 205. Bei Mangel der gesetzlich notwendigen BU. nur sofortige Beschwerde gem. §§ 199, 181, keine Revision; Verwendung ungesetzlicher Akte der BU. in der Hauptverh. gegen den Angekl. aber allenfalls Revisionsgrund, Rsp. 3, 91; 6, 161. Prozessuale Verstöße vor der Hauptverh. begründen nur dann die Revision, wenn sie in der Hauptverh. erfolglos gerügt wurden, E. 1, 66; 10, 56; Rsp. 5, 583; 6, 644.

2. Das heißt wenn die vorausgegangene Entsch. mit dem Urteil in ursächlichem Zusammenhange steht, der Inhalt des Urteils von ihr materiell beeinflußt ist, E. 2, 122.

Revisionsgrund.

§ 376.

I Die Revision kann nur[1] darauf gestützt werden, daß das Urteil auf einer Verletzung des Gesetzes beruhe.[2]

II Das Gesetz[3] ist verletzt, wenn eine Rechtsnorm[3] nicht oder nicht richtig angewendet worden ist.[4]

1. a) Die Prüfung der Tatfrage ist dem Revisionsgerichte grundsätzlich entzogen. Auch die tatsächlichen Voraussetzungen der Straffestsetzung sind der Nachprüfung durch den Revisionsrichter entzogen; z. B. nicht nachprüfbar, ob die Voraussetzungen für mildernde Umstände gegeben waren, Rsp. 2, 83, ob eine irrige Anrechnung einer nicht erlittenen Untersuchungshaft erfolgte, E. 9, 244; Rsp. 2, 479; 3, 561, ob irrige Feststellungen hinsichtlich der Vorstrafen vorliegen, W. 3, 277; wegen der tatsächlichen Voraussetzungen des Rückfalls s. Rsp. 2, 17; 5, 47; 7, 225; der Revisionsrichter kann hier nur dann eingreifen, wenn bei der Straffestsetzung ein Rechtsirrtum unterlief, z. B. eine gesetzlich nicht zulässige Strafe ausgesprochen, eine Gesamtstrafe nicht richtig berechnet wurde, eine falsche Umwandlung einer Gefängnisstrafe in Zuchthausstrafe stattfand oder wenn bei der Strafzumessung Fälle herangezogen wurden, in denen Freisprechung erfolgte, E. 8, 76; 23, 91; GoltdA. 46, 36 usw.

b) Dagegen sind die tatsächlichen Voraussetzungen für die Anwendung einer Prozeßregel grundsätzlich nachprüfbar, soweit nicht erkennbar das freie Ermessen des Instanzrichters entscheiden soll, E. 4, 388; 8, 251; 11, 262.

Nachprüfbar z. B. ob ein frist- und formgerechter Strafantrag vorliegt, Rsp. 1, 614; 6, 331; BayZ. 6, 315, ob der Antragsteller antragsberechtigt, Rsp. 10, 156, ob eine Erklärung einen Strafantrag enthält, Rsp. 1, 614; 7, 259, ob es nach der Art der Tat eines Strafantrags bedarf, Rsp. 10, 187, ob die Verjährung unterbrochen wurde, E. 12, 434, ob die Strafverfolgung zulässig, E. 12, 125; 22, 135, ob der Grundsatz ne bis in idem in Frage kommt, E. 18, 272; 21, 276; 35, 367; 49, 170; DJZ. 17, 403, ob die Beeidigung eines Zeugen rechtlich zulässig war, E. 11, 261, ob die Beeidigung einer eidesfähigen Person irrigerweise unterblieb, E. 20, 163; 32, 158, ob ein Zeuge zeugnis- oder eidesverweigerungsberechtigt war, Rsp. 9, 130; E. 32, 157 usw.

Nicht nachprüfbar z. B. ob ein Zeuge wegen Verstandesschwäche nicht zu beeidigen war, E. 11, 261, ob ein Zeuge tat- oder teilnahmeverdächtig, da in solchen Fällen das Ermessen des Instanzrichters allein maßgebend ist.

2. Das heißt wenn ohne diese Verletzung die Entsch. nicht so hätte ergehen können, wie sie erging (Mot.). Vgl. E. 1, 210, 254, auch E. 25, 310. Bei Verletzung prozeßrechtlicher Normen beruht das Urteil hierauf stets in den Fällen des § 377, in den übrigen Fällen dann, wenn die Möglichkeit besteht, daß die Verletzung von Einfluß auf das Urteil gewesen ist, E. 1, 210, 254; 9, 69, 310; 10, 135; 20, 33; 32, 322; 43, 299; 44, 345; vor der Hauptverh. begangene, dem Beschwerdeführer bekannte prozeßrechtliche Verstöße müssen von ihm in der Hauptverh. gerügt worden sein, E. 10, 56; Rsp. 5, 583; 6, 644. — Die Revisionsbeschwerden müssen ernsthaft gemeint und klar sein, DJZ. 18, 700.

3. Gesetz: jede Rechtsnorm, § 7 EG. StPO. Rechtsnorm: nicht bloß die ausdrücklichen Bestimmungen der Gesetze, sondern auch alle sich aus dem Sinne und Zusammenhang der gesetzlichen Vorschriften ergebenden Grundsätze (Mot.), E. 6, 237, also auch das Gewohnheitsrecht, E. 9, 299; ferner das ausländische Recht, E. 10, 285; die ordnungsmäßig verkündeten Staatsverträge.

E. 12, 381; ebenso alle Rechtsverordnungen, die Gesetze im materiellen Sinn das heißt Vorschriften enthalten, welche Rechtssätze, allgemein verbindliche Anordnungen aufstellen, vgl. Recht 14, 624; BayZ. 6, 138; z. B. Post-, Telegraphenordnung, Eisenbahnverkehrsordnung usw.

Nicht hierher gehören z. B. bloße Dienstesvorschriften und Instruktionen, E. 1, 125; 29, 180; 42, 168; DJZ. 11, 556, polizeiliche Anordnungen für einen bestimmten Einzelfall, E. 20, 177, behördliche Unfallverhütungsvorschriften, Recht 8, 145, die Eisenbahn-, Bau- und Betriebsordnung, Recht 12, 2614; die Fahrdienstvorschriften der Eisenbahn, BayZ. 6, 100; Anordnungen über Geschäftsverteilung, GoltdA. 47, 159; DJZ. 12, 428; E. 36, 321, Gefängnisordnungen, Recht 14, 624; BayZ. 6, 138; auch nicht die Beweisregel in dubio pro reo, Recht 13, 783; BayZ. 6, 101; W. 8, 193.

4. Eine nach Erlaß des Urteils eingetretene Gesetzesänderung kann in der Revisionsinstanz nicht berücksichtigt werden, E. 22, 347; 46, 339. S. aber E. 51, 47.

Unbedingte Revisionsgründe.

§ 377.

Ein Urteil ist stets[1] als auf einer Verletzung des Gesetzes beruhend anzusehen:[2]

1. wenn das erkennende[3] Gericht[1] oder die Geschworenenbank[5] nicht vorschriftsmäßig besetzt war;
2. wenn bei dem Urteile ein Richter, Geschworener oder Schöffe mitgewirkt hat, welcher von der Ausübung des Richteramts kraft des Gesetzes ausgeschlossen war;[6]
3. wenn bei dem Urteile ein Richter oder Schöffe mitgewirkt hat nachdem derselbe wegen Besorgnis der Befangenheit abgelehnt war, und das Ablehnungsgesuch entweder für begründet erklärt war oder mit Unrecht verworfen worden ist;[7]
4. wenn das Gericht seine Zuständigkeit mit Unrecht angenommen hat;[8]
5. wenn die Hauptverhandlung[9] in Abwesenheit der Staatsanwaltschaft[10] oder einer Person,[11] deren Anwesenheit das Gesetz vorschreibt, stattgefunden hat;
6. wenn das Urteil auf Grund einer mündlichen Verhandlung ergangen ist, bei welcher die Vorschriften über die Öffentlichkeit des Verfahrens[12] verletzt sind;
7. wenn das Urteil keine Entscheidungsgründe[13] enthält;
8. wenn die Verteidigung in einem für die Entscheidung wesentlichen Punkte[14] durch einen Beschluß des Gerichts[15] unzulässig beschränkt worden ist.

1. S. aber §§ 378, 379, 380.

2. Unwiderlegliche, zwingende Rechtsvermutung, E. 42, 107, die zur Aufhebung des Urteils führt. Teilaufhebung: E. 44, 16. Nachträgliche Heilung einzelner Verstöße der in § 377 bezeichneten Arten, z. B. durch Wiederholung des betr. Aktes, nicht ausgeschlossen, E. 35, 353; JW. 32, 134. — Wegen eines Verstoßes, der nur einen von mehreren Mitangeklagten betrifft, s. E. 29, 294.

Zu Nr. 1.

3. Nicht das vor der Hauptverh. tätige Gericht, dessen vorschriftswidrige Besetzung nur dann Revisionsgrund ist, wenn das Urteil darauf beruht, E. 2, 338; GoltdA. 43, 123, Recht 12, 3927.

4. Das Gericht ist nicht vorschriftsmäßig besetzt, wenn nicht die vorgeschriebene Zahl der Richter oder wenn eine zur Ausübung des Richteramts überhaupt oder bei dem betr. Gericht unfähige Person mitwirkte (wegen der relativen Unfähigkeit s. § 377 Nr. 2), E. 2, 241; 3, 8, 236; 17, 375; 18, 9. Es begründet die Revision, wenn das Gericht nicht den Bestimmungen des GVG. gem. gebildet ist, E. 23, 166. Einzelfälle: Ordentlicher Strafkammervorsitzender, der nicht Direktor, E. 18, 9; ein nicht ordnungsmäßig als Stellvertreter (Hilfsrichter) berufener Richter eines andern Gerichts, Rsp. 7, 41, eine nicht durch das Präsidium gebildete Ferienkammer, E. 37, 59; DJZ. 10, 178 usw. Dagegen Verstoß gegen §§ 62, 63 GVG. nicht Revisionsgrund, E. 2, 195; 3, 8, auch nicht die Teilnahme eines beurlaubten Richters, GoltdA. 38, 440; Recht 15, 3887, oder eines zum StA. ernannten Richters vor Aushändigung des Ernennungsdekretes, E. 26, 412; wegen der ständigen Behinderung des Direktors s. BayZ. 9, 92, wegen der Gerichtsassessoren als Hilfsrichter und Mitglieder des erkennenden Gerichts s. Rsp. 3, 68; E. 3, 236; 22, 134, 168, 202. — Fehlen des Gerichtsschreibers ist nach Nr. 5 zu rügen, E. 38, 102.

5. Die Geschworenenbank ist nicht vorschriftsmäßig besetzt, wenn nicht die vorgeschriebene Zahl von Geschworenen tätig war, wenn eine zum Geschworenenamt überhaupt unfähige Person mitwirkte (wegen der relativen Unfähigkeit s. § 377 Nr. 2), ferner wenn bei der Auswahl und Berufung der Geschworenen oder bei der Bildung der Geschworenenbank eine wesentliche gesetzliche Vorschrift verletzt wurde, E. 2, 241; 5, 21; 12, 119, z. B. bei falscher Belehrung über die Ablehnungsbefugnis, GoltdA. 49, 129, bei unberechtigter Ausscheidung eines Geschworenen vor Bildung der Geschworenenbank, E. 17, 173; 45, 287, bei Verletzung der Vorschriften über die Beeidigung der Geschworenen usw. Vgl. auch E. 48, 192, 405. Keine Heilung solcher Mängel durch Verzicht der Prozeßbeteiligten, Rsp. 9, 523; E. 14, 206; 17, 173. — Verstöße bei Bildung der Spruchliste nur dann Revisionsgrund, wenn es hierwegen überhaupt an dem gesetzlichen Fundament für die Bildung der Geschworenenbank fehlt, E. 25, 418; 26, 409. — Mangelnde geistige Fähigkeit, Unkenntnis der deutschen Sprache kein Revisionsgrund, E. 30, 399, ebenso nicht Schwerhörigkeit, W. 5, 268, mangelnde Aufmerksamkeit, Schlafen, E. 22, 106; 40, 48.

Zu Nr. 2.

6. §§ 22, 23, 31, 32, 279. S. E. 2, 209, 241; 17, 375; 28, 53; 45, 261, 354. Nr. 2 betrifft die Fälle relativer Unfähigkeit in der einzelnen, bestimmten Sache.

Zu Nr. 3.

7. §§ 24, 31. Insbesondere auch bei Verwerfung durch ein unzuständiges Gericht, E. 19, 332. Nur bei Beschlüssen des erkennenden Gerichts nach Eröffnung des Hauptverfahrens, sonst sofortige Beschwerde, § 28 Abs. 1, E. 7, 175; 22, 135; ObstLG. 3, 405; 9, 328; wegen Ablehnung in früherer Hauptverh. s. Recht 13, 2338. Nachprüfung durch den Revisionsrichter auch in tatsächlicher Beziehung, E. 7, 340; 22, 135, neue tatsächliche Anführungen aber unbeachtlich, Rsp. 4, 527.

Zu Nr. 4.

8. Bei Verwerfung des rechtzeitig erhobenen Einwands der örtlichen Unzuständigkeit, E. 3, 136; 17, 412; Recht 16, 1866; bei der Frage der sachlichen

Zuständigkeit nur dann, wenn das Gericht über eine zur Zuständigkeit eines höheren Gerichts gehörige Straftat entschied, E. 16, 39; 45, 296, s. auch E. 44, 137.

Zu Nr. 5.

9. Oder auch nur ein Teil der Hauptverh., Rsp. 10, 276, E. 35, 408; 38, 217; 40, 230; 42, 246; 44, 18; 45, 137; Verzicht des Angekl. auf seine Anwesenheit bei einem Teil der Hauptverh. unwirksam, E. 42, 197. Abtretenlassen des Angekl., s. Recht 17, 2364. Abwesenheit eines Richters beim Zeugenaufruf unschädlich, Recht 10, 1016.

10. Anwesenheit der Staatsanwaltschaft s. § 225 und Anm. 3 hierzu. Verstoß nach Nr. 5 auch bei Anwesenheit eines zur Vertretung des StA. nicht befugten Beamten (Gerichtsassessors), E. 20, 40; wegen der Vertretung der Staatsanwaltschaft durch einen Beamten einer anderen Staatsanwaltschaft infolge Auftrags der Landesjustizverwaltung, s. E. 44, 75. Vgl. noch E. 51, 222.

11. Gerichtsschreiber: § 225. — Angekl.: §§ 229, 230, 231, 232, 233, 246, 319, 327, 470; Ausbleiben eines Mitangeklagten steht der Verh. nicht entgegen, E. 38, 272, s. auch E. 29, 294; GoltdA. 50, 391. Abführung von Mitangeklagten aus der Hauptverh. und spätere getrennte Verh. gegen sie zulässig, Recht 14, 1315. — Verteidiger: § 145 und Anm. 4 hierzu. — Privatkläger: §§ 425, 427, 431. — Der Nebenkläger gehört nicht zu den in Nr. 5 bezeichneten Personen, E. 28, 220; Recht 12, 2434. — Wegen des Beistands vgl. E. 22, 198. Auf Geschworene findet Nr. 5 keine Anwendung, E. 40, 49.

Zu Nr. 6.

12. §§ 170, 173, 174, 175 GVG., §§ 281, 288 StPO. Der Verstoß muß auf ein Verschulden des Gerichts oder des Vorsitzenden zurückzuführen sein, ein Versehen durch den Gerichtsdiener genügt nicht, E. 2, 302; 43, 189; JW. 40, 247; DJZ. 17, 459, auch genügt nicht der Ausschluß unbeteiligter Dritter infolge der besonderen Natur und Lage des Ortes, an dem die Prozeßhandlungen vorgenommen werden mußten, W. 8, 193. Der Umstand, daß jemand unbefugt der Verh. beigewohnt hat, läßt die Rechtsbeständigkeit des Verfahrens unberührt, Rsp. 1, 324; 4, 286; W. 5, 269. Verh. in öffentlicher Sitzung trotz veranlaßten oder sogar beschlossenen Ausschlusses der Öffentlichkeit ist nicht Revisionsgrund, sondern nur der gegenteilige Fall einer gesetzwidrigen Beschränkung der Öffentlichkeit, E. 3, 295; BayZ. 2, 462; W. 4, 299. — Verh. über Ausschluß der Öffentlichkeit ohne Anhörung des Angekl. ist Revisionsgrund, Rsp. 2, 480.

Zu Nr. 7.

13. Entscheidungsgründe: §§ 266, 316. Die Bestimmung der Nr. 7 trifft nicht bloß dann zu, wenn lediglich die Urteilsformel vorhanden ist, E. 40, 184, sondern auch dann, wenn das Urteil teilweise, insbesondere hinsichtlich des in der Revisionsinstanz in Betracht kommenden Teiles keine Entscheidungsgründe enthält, E. 3, 147, 431; 43, 297; Recht 15, 3956, oder wenn die Begründung unverständlich ist, nicht aber dann, wenn sie lediglich mangelhaft ist, E. 43, 297; Recht 14, 2330; 15, 1461; 16, 158; es ist nicht nötig, daß sie sich über jedes Schutzvorbringen des Angekl. und über jedes vorgeführte Beweismittel ausspricht, Recht 11, 588; die Unterlassung der Verlesung oder mündlichen Mitteilung der Begründung bei der Urteilsverkündung fällt nicht unter Nr. 7, Rsp. 1, 249; 2, 3.

Zu Nr. 8.

14. Bei Entsch. der Frage, ob der Punkt ein wesentlicher ist, kann der Beschluß nur in rechtlicher Hinsicht, also auf einen etwa vorliegenden Rechtsirrtum geprüft werden, keine tatsächliche Würdigung des Falles; vgl. E. 3, 298; 4, 138;

s. aber Rsp. 1, 136, 213. Hierbei genügt es, daß nicht mit Sicherheit verneint werden kann, daß der betr. Punkt für die Entsch. in irgendeiner Beziehung wesentlich war, Recht 17, 1954.

15. In der Hauptverh., nicht außerhalb dieser; auf Verfügungen des Vorsitzenden vor und auch in der Hauptverh. kann die Revision nach Nr. 8 nicht gestützt werden, E. 1, 106; 17, 45; 20, 38. Ob die unzulässige Verteidigungsbeschränkung durch einen besonders verkündeten Gerichtsbeschluß oder durch Bescheidung eines Eventualantrages im Urteil erfolgt ist, ist gleichgültig, Recht 14, 4044.

Beschränkung der Revisionsbefugnis der StA.

§ 378.

Die Verletzung von Rechtsnormen, welche lediglich zugunsten des Angeklagten gegeben sind,[1] kann von der Staatsanwaltschaft[2] nicht zu dem Zwecke geltend gemacht werden, um eine Aufhebung des Urteils zum Nachteile[3] des Angeklagten herbeizuführen.

1. Z. B. § 264 (Hinweis auf die Veränderung des rechtl. Gesichtspunktes) E. 5, 218; Recht 12, 3202; ferner § 282 Abs. 2, S. 2 E. 48, 405; dagegen gehören nicht hierher die Vorschriften über die Öffentlichkeit des Verfahrens, E. 1, 90, über das schwurgerichtl. Berichtigungsverfahren, E. 14, 298, über den Ausschluß von Richtern nach § 23, E. 2, 209, über die notwendige Anwesenheit des Angekl. in der Hauptverh., E. 29, 44, auch nicht der Grundsatz ne bis in idem, E. 3, 384.

2. Auch vom Privatkläger und Nebenkläger vgl. E. 28, 220.

3. Bei Revision der Staatsanwaltschaft zugunsten des Angekl. nach § 338 Abs. 2 kann das Rechtsmittel auch auf Verletzung von Rechtsnormen der in § 378 bezeichneten Art gestützt werden, E. 5, 218.

§ 379.

Wenn der Angeklagte von den Geschworenen[1] für nichtschuldig[2, 3] erklärt worden ist, so steht der Staatsanwaltschaft[4] die Revision nur in den Fällen zu, in welchen dieselbe durch die Bestimmungen des § 377 Nr. 1, 2, 3, 5 oder durch die Stellung oder Nichtstellung von Fragen[5] begründet wird.

1. In einem formell richtigen und inhaltlich vollständigen und unzweideutigen Spruch. Andernfalls Rüge durch die Staatsanwaltschaft zulässig, z. B. weil ein erforderliches Berichtigungsverfahren unterlassen wurde, E. 2, 96; Rsp. 4, 315; 6, 439 oder weil ein solches zu Unrecht eingeleitet wurde, E. 6, 317; 14, 298.

2. Auch bei einem Nichtschuldig trotz Bejahung der Schuldfrage: z. B. bei gleichzeitiger Verneinung eines wesentlichen Tatbestandsmerkmals (Anm. 2 zu § 305), ferner bei gleichzeitiger Bejahung eines die Strafbarkeit wieder aufhebenden Umstandes (§ 295 Abs. 2). — Dagegen greift § 379 nicht Platz in den Fällen, in denen nach Bejahung des Schuldspruchs vom Gericht auf Einstellung des Verfahrens erkannt wird oder in denen eine unrichtige Auffassung des Spruchs durch das Gericht, das ein Nichtschuldig annahm, von der StA. geltend gemacht wird (Löwe). Unbeschränkte Revision auch gegen das bei Nichtschuldig erlassene, eine beantragte Einziehung, Unbrauchbarmachung, ablehnende Urteil usw., Rsp. 2, 191.

3. Bei teilweisem Nichtschuldig findet die Vorschrift insoweit Anwendung, als das Nichtschuldig der Geschworenen reicht, E. 10, 410; 14, 300. Bei Nichtschuldig aus einem rechtlichen Gesichtspunkt unter gleichzeitigem Schuldig wegen derselben Tat aus einem anderen rechtlichen Gesichtspunkt ist § 379 anwendbar, GoltdA. 50, 120.

4. Und dem Nebenkläger, E. 28, 220.

5. Bei Mängeln der Fragestellung prozeßrechtlicher oder materiellrechtlicher Natur, also z. B. auch bei gesetzwidriger oder sonst mangelhafter Fassung, E. 19, 96; Recht 14, 627; vgl. auch Rsp. 6, 438. Das Urteil muß auf der betr. Gesetzesverletzung beruhen, § 376, E. 15, 178; 19, 97; 42, 105. Bei einer Mehrheit von Angekl. können nur solche Fragen in Betracht kommen, welche zu dem freigesprochenen Angekl. selbst Beziehung haben, E. 42, 109.

Beschränkung der Revision gegen Berufungs-Urteile.

§ 380.

Gegen die in der Berufungsinstanz erlassenen Urteile der Landgerichte kann die Revision[1] wegen Verletzung einer Rechtsnorm über das Verfahren[2, 3] nur auf Verletzung der Vorschrift des § 398 gestützt werden.[4]

1. Auch wenn diese gem. § 136 Abs. 2 GVG. an das Reichsgericht geht JW. 38, 523.

2. Rechtsnormen über das Verfahren, deren Verletzung nicht gerügt werden kann, sind (vgl. hierzu Löwe S. 911) z. B. die Bestimmungen über die Zuständigkeit, JW. 38, 523; ObstLG. 10, 353, insbesondere auch über die Abgrenzung der Zivil- und Militärjustiz, über die Besetzung des Gerichts und die Ausschließung und Ablehnung der Gerichtspersonen, RG. in GoltdA. 57, 233, über die Zulässigkeit der Privatklage, der Widerklage, der Nebenklage, der Berufung, über den Sühneversuch, ObstLG. 1, 134, 272; 4, 163, über das Verbot der reformatio in pejus (bestr.), ObstLG 9, 281, über den Strafantrag E. 2, 221; 12, 34; ObstLG. 1, 134, 274; 2, 145 (bestr., vgl. ObstLG. 6, 144; 10, 75), die Bestimmung des § 432 ObstLG. 12, 224 usw.

3. Dagegen fallen nicht unter § 380 die Vorschriften des materiellen Rechts, zu diesen gehören auch die Bestimmungen über die Kostenpflicht, GoltdA. 54, 483 ObstLG. 8, 27. — Die Vorschriften über Verjährung, E. 41, 167, Rechtskraft und ne bis in idem, E. 41, 153; 43, 61; ObstLG. 7, 251 sind nicht ausschließlich prozeßrechtlicher, sondern auch materiellrechtlicher Natur; so auch z. B. die Vorschrift des § 415, ObstLG. 8, 12 und in BayZ. 10, 108.

4. Es können also hier auch nicht die absoluten Revisionsgründe des § 377 geltend gemacht werden, ObstLG. 4, 34; 5, 381.

Frist und Form.

§ 381.[1]

I Die Revision muß bei dem Gerichte, dessen Urteil angefochten wird,[2] binnen einer Woche nach Verkündung des Urteils zu Protokoll des Gerichtsschreibers[3] oder schriftlich eingelegt werden.[4]

II Hat die Verkündung des Urteils nicht in Anwesenheit des Angeklagten stattgefunden, so beginnt für diesen die Frist mit der Zustellung.

1. S. die Anm. zu dem gleichlautenden § 355.

2. Die Revision gegen ein Urteil des Schwurgerichts muß nach Beendigung der Sitzungsperiode bei der Strafk. eingelegt werden, E. 13, 156, die Revision gegen das Urteil einer bei einem Amtsgericht gebildeten Strafk. kann auch beim Landgericht des Bezirks eingelegt werden, Rsp. 2, 30. — Wegen des nicht auf freiem Fuß befindlichen Angekl. s. § 341.

3. S. Anm. 2 zu § 348. In Preußen Annahme der Revisionsanmeldung durch den Gerichtsschreiber in seiner Wohnung nach Schluß der Dienststunden zulässig, E. 31, 4; in Bayern Annahme durch diesen nur auf der Gerichtsschreiberei Rsp. 2, 369; vgl. auch E. 22, 124; JW. 37, 365; Recht 11, 1584.

4. Der bloße Antrag auf Erteilung einer Urteilsabschrift enthält eine Einlegung der Revision nicht, Recht 16, 159.

Revision und Wiedereinsetzung.

§ 382.

I Der Beginn der Frist zur Einlegung der Revision wird dadurch nicht ausgeschlossen, daß gegen ein auf Ausbleiben des Angeklagten ergangenes Urteil eine Wiedereinsetzung in den vorigen Stand nachgesucht werden kann.[1]

II Stellt der Angeklagte ein Gesuch um Wiedereinsetzung in den vorigen Stand, so wird die Revision dadurch gewahrt, daß sie sofort[2] für den Fall der Verwerfung jenes Gesuchs rechtzeitig eingelegt und begründet wird. Die weitere Verfügung in bezug auf die Revision bleibt dann bis zur Erledigung des Gesuchs um Wiedereinsetzung in den vorigen Stand ausgesetzt.

III Die Einlegung der Revision ohne Verbindung mit dem Gesuch um Wiedereinsetzung in den vorigen Stand gilt als Verzicht auf die letztere.

1. S. §§ 234, 44 ff.

2. S. Anm. 2 zu § 356.

Wirkung der Revisionseinlegung.

§ 383.

I Durch rechtzeitige[1] Einlegung der Revision wird die Rechtskraft[2] des Urteils, soweit dasselbe angefochten ist,[3] gehemmt.[4]

II Dem Beschwerdeführer,[5] welchem das Urteil mit den Gründen noch nicht zugestellt war, ist dasselbe[6] nach Einlegung der Revision zuzustellen.[7]

1. § 381.

2. Vgl. § 481.

3. §§ 384, 392. S. auch Anm. 3 zu § 374.

4. S. aber § 123 Abs. 2.

5. S. Anm. 5 zu § 357. Dem gemeinsamen Verteidiger mehrerer beschwerdeführender Angekl. sind soviele Ausfertigungen zuzustellen, als Angekl. in

Frage kommen, SeuffBl. 76, 132; Recht 14, 3875. Mehrheit von Zustellungsbevollmächtigten erfordert nicht Zustellung des Urteils an jeden von diesen, Recht 12, 1471.

6. Mit den Gründen, Rsp. 9, 161; die Zustellung des Geschworenenspruchs ist nicht geboten, Rsp. 8, 360. Das Urteil muß in Ausfertigung oder in beglaubigter Abschrift zugestellt werden; die Zustellung einer einfachen Abschrift ist unwirksam und setzt die Notfrist nicht in Lauf, Rsp. 1, 118; E. 9, 274. Bei einer Mehrheit von Angekl. und von Straftaten können die Angekl. die Zustellung des Urteils nur in denjenigen Teilen verlangen, durch welche sie wenigstens mittelbar berührt werden, Rsp. 10, 422.

7. Verzicht auf die Zustellung ist unzulässig, Rsp. 1, 118. — Zustellung an die Staatsanwaltschaft, § 41.

Revisions-Antrag und Begründung.

§ 384.

I Der Beschwerdeführer hat die Erklärung abzugeben,[1] inwieweit er das Urteil anfechte,[2] und dessen Aufhebung beantrage, (Revisionsanträge),[3] und die Anträge zu begründen.

II Aus der Begründung muß hervorgehen,[4] ob das Urteil wegen Verletzung einer Rechtsnorm über das Verfahren oder wegen Verletzung einer andern Rechtsnorm[5, 6] angefochten wird. Ersterenfalls müssen die den Mangel enthaltenden Tatsachen angegeben werden.[7]

1. S. §§ 386, 389. Frist und Form § 385. Nicht ernsthaft gemeinte oder zu unklare Revisionsbeschwerden unbeachtlich, DJZ. 18, 700.

2. Wegen t e i l w e i s e r Anfechtung s. Anm. 3 zu § 374 und unten Anm. 6. Beschränkung der Revision bei Einlegung auf einen bestimmten Teil der Entsch. enthält keinen Verzicht auf die Anfechtung des übrigen Teils der Entsch., Anfechtung des letzteren vielmehr bis zum Ablauf der Frist noch zulässig, JW. 41, 1070.

3. Der R e v i s i o n s a n t r a g geht nur auf Aufhebung des Urteils; weitergehende Anträge hinsichtlich der vom Beschwerdeführer gewünschten Entsch. sind belanglos, E. 3, 43. Enthält die Erklärung nicht den bestimmten Antrag auf ganze oder teilweise Aufhebung des Urteils, läßt sie aber erkennen, in welchem Umfang das Urteil angefochten wird, so genügt das, E. 5, 187; 44, 161; Rsp. 9, 420; Recht 14, 256.

4. Aus dieser selbst; Bezugnahme auf andere Schriftstücke unzulässig, z. B. auf eine Revisionsbegründung in anderer Sache, E. 20, 42; ObstLG. 6, 200, auf eine solche gegen ein früheres Urteil in derselben Sache, E. 18, 95; Recht 6, 400, auf eine solche eines Mitangeklagten, GoltdA. 47, 163; ObstLG. in SeuffBl. 77, 561. Dies gilt gleichmäßig für die Revision des Angekl. wie der Staatsanwaltschaft, E. 29, 411.

5. Bei Rüge eines m a t e r i e l l r e c h t l i c h e n Verstoßes genügt die Behauptung, daß das Strafgesetz auf das festgestellte Sachverhältnis fehlerhaft a n gewendet sei, E. 5, 186; dadurch wird der Revisionsrichter mit der Prüfung der Gesetzesanwendung im vollen Umfange befaßt, wobei er von den Angriffen und Ausführungen des Beschwerdeführers unabhängig ist; er hat demzufolge z. B. die Frage der Verjährung, E. 12, 434, des ne bis in idem, E. 35, 367; 25, 27 und jede andere einschlägige Gesetzesanwendung zu prüfen, auch wenn sie vom Beschwerdeführer nicht gerügt ist (Ausnahme: Anm. 6).

Das Vorbringen des Angekl., er sei unschuldig verurteilt, ist keine zureichende Begründung, E. 1, 257; eine formell auf Verletzung des Strafgesetzes gestützte, tatsächlich nur den Beweis der Täterschaft anfechtende Revision ist unzulässig, E. 40, 99, wie denn überhaupt das Revisionsgericht nur über ernstlich gemeinte Rügen zu entscheiden hat, DJZ. 16, 93; 18, 700.

6. Eine Beschränkung einer materiellrechtlichen Anfechtung ist dann zulässig, wenn sich als Gegenstand der Anfechtung ein solcher Teil der Entsch. darstellt, der losgelöst und getrennt von den nicht angefochtenen Entscheidungsteilen einer in sich selbständigen Prüfung und Beurteilung zugänglich ist, z. B. die Entsch. über Nebenstrafen usw., E. 42, 242, vgl. auch die Zusammenstellung der bisherigen Rechtsprechung des Reichsgerichts über solche Fälle in E. 42, 31; ferner z. B. zulässig auch bloße Rüge des fehlenden Strafantrags, E. 43, 363; Beschränkung der Rüge auf die Straffrage, E. 45, 149, auch auf eine von mehreren Hauptstrafen, Recht 17, 300 oder auf Nebenstrafen, wie auf die Überweisung an die Landespolizeibehörde, Recht 10, 1093; 11, 1340; BayZ. 4, 125; 5, 356, auf die Aberkennung der Eidesfähigkeit, BayZ. 4, 359, auf die Zuerkennung oder Verweigerung der Veröffentlichungsbefugnis, GoltdA. 51, 179 usw.

7. Bei Rüge eines prozeßrechtlichen Verstoßes Angabe der verletzten Rechtsnorm (Prozeßvorschrift) nicht erfordert, Rsp. 2, 543, wohl aber sind die Tatsachen zu bezeichnen, in denen die gerügte Verletzung liegen soll; es genügt also die bloße Rüge „wegen Verletzung von Rechtsnormen über das Verfahren" nicht, Rsp. 3, 792; E. 48, 288, auch nicht die Erklärung, es werde dem Ermessen des Revisionsgerichts überlassen, ob und inwieweit eine Verletzung einer bestimmten Gesetzesvorschrift stattfand, JW. 38, 336, ebenso nicht das bloße Hervorheben von Zweifeln oder Bedenken prozeßrechtlicher Art, W. 2, 249, auch nicht z. B. die bloße Rüge, es sei gegen § 248 verstoßen, Recht 12, 439, oder es seien §§ 292, 293 durch die Fragestellung verletzt, DJZ. 11, 1029 oder es seien die sämtlichen (zahlreichen) Beweisanträge zu Unrecht abgelehnt worden, BayZ. 3, 109.

Frist und Form der Revisionsrechtfertigung.

§ 385.

Die Revisionsanträge[1] und deren Begründung[1] sind spätestens binnen einer weiteren Woche[2] nach Ablauf der Frist zur Einlegung des Rechtsmittels[3] oder, wenn zu dieser Zeit das Urteil noch nicht zugestellt war, nach dessen Zustellung[2] bei dem Gerichte, dessen Urteil angefochten wird,[4] anzubringen.[5]

II Seitens des Angeklagten[6] kann dies nur in einer von dem Verteidiger[7] oder einem Rechtsanwalt[8] unterzeichneten[9] Schrift[10] oder zu Protokoll des Gerichtsschreibers[11] geschehen.[12]

1. § 384.

2. § 43. Über Rechtzeitigkeit und Wahrung der Frist s. Anm. 1 zu § 44. Keine Wiedereinsetzung gegen Verlust einzelner RevBeschwerden, E. 24, 250. Nichtbescheidung eines für das Revisionsverf. gestellten Armenrechtsgesuchs ist kein Wiedereinsetzungsgrund, ObstLG. 10, 135. — Frist läuft von der Zustellung des Urteils an auch dann, wenn diese nicht durch die Staatsanwaltschaft vermittelt ist, Recht 15, 2412. Frist f. Nebenkläger: E. 48, 235. Beginn der Frist nach Wiedereinsetzung gegen Versäumung der Revisionsfrist, s. Recht 14, 1472; DJZ. 15, 828.

3. Also auch dann 2 Wochen Gesamtfrist, wenn das Urteil schon während der Einlegungsfrist (§ 381) zugestellt wurde, ObstLG. 10, 85.

4. Wegen des nicht auf freiem Fuß befindlichen Angekl. s. § 341.

5. In Urschrift; beglaubigte Abschrift genügt nicht, E. 34, 137.

6. Und seitens der in §§ 324, 340, 478 bezeichneten Personen; vgl. hierzu wegen des Ehemanns Recht 7, 269; wegen der Einziehungsinteressenten Recht 9, 286. Der gesetzliche Vertreter, der gem. § 340 die Revision einlegte, kann diese nicht mehr begründen, wenn er inzwischen diese seine Eigenschaft verlor, E. 42, 342. Wegen des Privatklägers und des Nebenklägers s. § 430 Abs. 2, § 437.

7. Verteidiger: gewählter oder bestellter, auch ein nicht rechtskundiger; nicht aber der Beistand, E. 7, 403. Der Verteidiger kann auch erst für das Revisionsverfahren bestellt oder gewählt sein, E. 28, 430. Der schon in der Vorinstanz tätig gewesene Verteidiger bedarf zur Revisionsrechtfertigung keiner Legitimation, E. 3, 222. — Der Antrag auf Bewilligung des Armenrechts und Bestellung eines Verteidigers ist vom Instanzgericht, nicht vom Revisionsgericht zu verbescheiden, ObstLG. 12, 322.

8. Rechtsanwalt: braucht nicht Verteidiger sein oder gewesen sein. Auch die von einem Rechtsanwalt, welcher nicht Verteidiger war und auch Vollmacht nicht beibrachte, unterzeichnete Revisionsschrift ist zuzulassen, wenn aus den Umständen des Falles Bedenken gegen die Annahme, daß die Unterzeichnung im Auftrage des Angekl. geschah, nicht zu entnehmen sind, wenn insbesondere der Angekl. selbst die Revision angemeldet hat, Rsp. 9, 90; 6, 355. Ist der Rechtsanwalt selbst der Angekl., so genügt die Unterzeichnung durch ihn allein, Rsp. 4, 695.

9. Unterzeichnung: mit dem vollen bürgerlichen Namen des Verteidigers oder des Rechtsanwalts, E. 37, 82, Namensstempel genügt nicht, E. 34, 358; BayZ. 3, 259. Eine bloße Beglaubigung oder Legalisation der Unterschrift des Beschwerdeführers durch den Verteidiger oder Rechtsanwalt genügt nicht, E. 9, 68; 21, 159; Rsp. 5, 527; 10, 149, ebenso nicht die bloße Unterzeichnung der vom Angekl. selbst verfaßten, geschriebenen und unterschriebenen Revisionsschrift durch den Anwalt ohne Einwirkung auf deren Abfassung, Recht 10, 1093; GoltdA. 54, 309; 55, 313; BayZ. 3, 174, SeuffBl. 76, 35; auch nicht die auf einem besonderen Blatte beigefügte Erklärung eines Rechtsanwalts, daß er die Revisionsbegründung unterzeichne, E. 18, 103, s. aber ObstLG. 12, 96, auch genügt bei versehentlich unterbliebener Unterzeichnung nicht der Nachweis, daß die Schrift von einem Rechtsanwalt oder Verteidiger verfaßt ist, E. 30, 366. Unterzeichnung unwirksam, wenn mit Beisatz versehen, der der Annahme Raum gibt, daß der Unterzeichnende die Verantwortung für den Inhalt der Schrift nicht uneingeschränkt übernimmt, E. 19, 95; DJZ. 14, 604; ObstLG. 9, 295.

10. Schrift: beigefügte, formlose, als „integrierende Bestandteile" der Revisionsschrift bezeichnete Schriftstücke unbeachtlich, E. 14, 348; Recht 13, 939. S. noch Anm. 5. — Telegraphische Revisions-Rechtfertigung zulässig; E. 10, 166, s. noch Anm. 3 zu § 348, Anm. 5 zu § 156.

11. Protokoll des Gerichtsschreibers: desjenigen Gerichts, dessen Urteil angefochten wird, Rsp. 3, 51; E. 7, 174; Gerichtsschreiber des Amtsgerichts auch dann nicht zuständig, wenn das Landgericht, dessen Urteil angefochten wurde, das Amtsgericht ersucht hatte, dem Angekl. Gelegenheit zu geben, eine Revisions-Rechtfertigung zu Protokoll zu erklären, Recht 17, 301; BayZ. 9, 92. Ausnahme nach § 341 für nicht auf freiem Fuß befindliche Angeklagte. — Telephonische Anbringung unzulässig, E. 38, 282.

Der Gerichtsschreiber hat unter selbständiger Prüfung des Beschwerdevorbringens für eine klare und angemessene Form der Begründung Sorge zu tragen; diktieren des Beschwerdeführers unzulässig, E. 27, 211; Recht 13, 1437; BayZ. 5, 256; DJZ. 14, 85; in letzterem Falle ist der Beschwerdeführer auf die Unzulässigkeit aufmerksam zu machen und gegebenenfalls ist im Protokoll zu vermerken, daß dieser trotzdem auf dieser Art der Aufnahme beharrte, Recht 15, 268; SeuffBl. 76, 241; s. auch Recht 14, 2333; eine bloße Bezugnahme auf eine vom Beschwerdeführer überreichte Schrift ungenügend, ebenso auch eine bloße Umkleidung einer solchen Schrift mit den Eingangs- und Schlußformeln eines Protokolls, E. 2, 358, 444; 4, 7; Rsp. 2, 172, 215, 587; 8, 338; Recht 18, 162. Wörtliche Aufnahme der Revisions-Rechtfertigung eines Anwalts ins Protokoll übrigens nicht ausgeschlossen, Recht 16, 160; W. 7, 178. — Unterzeichnung des Protokolls durch den Beschwerdeführer nicht erfordert E. 48, 78; nicht genehmigtes Protokoll unwirksam, KG. in GoltdA. 55, 124. Das Protokoll muß innerhalb der Frist des Abs. 1 abgeschlossen und vom Gerichtsschreiber unterzeichnet sein, Recht 7, 460. Eine Mitwirkung des Richters bei der Tätigkeit des Gerichtsschreibers schadet nicht, DJZ. 11, 84. — Wegen der Anbringung einer Revisions-Rechtfertigung zu Protokoll des Gerichtsschreibers durch einen bevollmächtigten Vertreter s. E. 9, 78.

12. Die Revisions-Rechtfertigung durch die Staatsanwaltschaft erfolgt durch einen von dem zuständigen Beamten der Staatsanwaltschaft unterzeichneten Schriftsatz, E. 34, 137. Auch hier Bezugnahme auf ein anderes Schriftstück unzulässig; bloßes Zeichnen der Begründung mit den Namenschiffern des Beamten ungenügend, DJZ. 14, 148.

Verwerfung der unzulässigen Revision.

§ 386.

I Ist die Revision verspätet [1] eingelegt, oder sind die Revisionsanträge [2] nicht rechtzeitig [3] oder nicht in der im § 385 Abs. 2 vorgeschriebenen Form angebracht worden, [4] so hat das Gericht, dessen Urteil angefochten wird, das Rechtsmittel durch Beschluß [5] als unzulässig zu verwerfen.

II Der Beschwerdeführer [6] kann binnen einer Woche [7] nach Zustellung des Beschlusses auf die Entscheidung des Revisionsgerichts [8] antragen. [9] In diesem Falle sind die Akten an das Revisionsgericht einzusenden; die Vollstreckung [10] des Urteils wird jedoch hierdurch nicht gehemmt.

1. § 381 Abs. 1.

2. Und deren Begründung, E. 44, 264; Recht 16, 1571.

3. § 385 Abs. 1.

4. Aus anderen Gründen kann der Vorderrichter die Revision nicht verwerfen; es steht ihm also z. B. die Prüfung und Entsch. darüber nicht zu, ob ein Verstoß gegen § 384 vorliegt, Rsp. 9, 420, ob die Form der Einlegung gewahrt ist, Rsp. 1, 266, auch nicht, ob ein wirksamer Verzicht auf das Rechtsmittel vorliegt, Rsp. 8, 469 (s. auch ObstLG. in BayZ. 2, 189; SeuffBl. 71, 582), ob das Rechtsmittel rechtswirksam zurückgenommen ist, Recht 12, 3504, ob der Beschwerdeführer zur Einlegung des Rechtsmittels befugt ist usw.

5. Dieser ist allen Prozeßbeteiligten zuzustellen, ObstLG. 9, 148. — Gebühren: § 66 Nr. 2 GKG.

6. Nicht die Staatsanwaltschaft für den Angekl., Rsp. 4, 889, auch nicht die in § 340 bezeichneten Personen für diesen, E. 38, 9; Recht 21, 540; ObstLG. 7, 40.

7. § 43.

8. S. Anm. 1 und 2 zu § 374. Entsch. des Revisionsgerichts nicht anfechtbar, § 346 Abs. 3.

9. Der Beschluß wird mit Ablauf der Frist oder mit der Verwerfung des Antrags durch das Revisionsgericht rechtskräftig; er kann, ausgenommen den Fall der Wiedereinsetzung, weder durch das Gericht, das ihn erließ, noch auch nach Rechtskraft durch das höhere Gericht wieder aufgehoben werden, E. 37, 292; 38, 157; Recht 12, 3006. S. auch noch Recht 12, 678.

10. Das Urteil ist vollstreckbar und die Untersuchungshaft ist demzufolge anzurechnen: bei verspäteter Einlegung der Revision vom Ablauf der Einlegungsfrist an, bei nicht rechtzeitiger oder nicht formgerechter Anbringung der Revisionsanträge von der zum Zwecke der Zustellung erfolgenden Übergabe des die Revision als unzulässig verwerfenden Beschlusses an die Staatsanwaltschaft an (Löwe). S. noch ObstLG. 7, 185.

Weiteres Verfahren nach Rev.-Einlegung.

§ 387.

I Ist die Revision rechtzeitig eingelegt, und sind die Revisionsanträge rechtzeitig und in der vorgeschriebenen Form angebracht, so ist die Revisionsschrift dem Gegner des Beschwerdeführers zuzustellen.[1] Diesem steht frei, binnen einer Woche eine schriftliche Gegenerklärung[2] einzureichen. Der Angeklagte[3] kann letztere auch zu Protokoll des Gerichtsschreibers abgeben.

II Nach Eingang der Gegenerklärung oder nach Ablauf der Frist erfolgt durch die Staatsanwaltschaft die Einsendung der Akten an das Revisionsgericht.[4]

1. Durch das Gericht, mittels Übergabe einer beglaubigten Abschrift der zuzustellenden Schriftstücke (§ 170 ZPO.), und zwar durch das Gericht und nicht durch die Staatsanwaltschaft auch dann, wenn die Revision von der Staatsanwaltschaft eingelegt ist; Zustellung an die Staatsanwaltschaft gem. § 41. Dem Angekl. auch dann, wenn die Revision von der Staatsanwaltschaft gem. § 338 Abs. 2 zu seinen Gunsten eingelegt ist.

2. § 385 Abs. 2 gilt für diese nicht. — Keine Erwiderung auf diese Gegenerklärung, JW. 30, 691.

3. Und die in §§ 324, 340, 478 bezeichneten Personen.

4. S. Anm. 1 und 2 zu § 374.

Unzuständigkeitsbeschluß des Revisionsgerichts.

§ 388.

I Findet das Gericht, an welches die Einsendung der Akten erfolgt ist, daß die Verhandlung und Entscheidung über das Rechtsmittel zur Zuständigkeit eines anderen Gerichts[1] gehöre, so hat es durch Beschluß seine Unzuständigkeit auszusprechen.[2]

II Dieser Beschluß, in welchem das zuständige Revisionsgericht zu bezeichnen ist, unterliegt einer Anfechtung nicht und ist für das in demselben bezeichnete Gericht bindend.[3]

III Die Abgabe der Akten erfolgt durch die Staatsanwaltschaft.

1. S. Anm. 1 zu § 374.

2. Dies kann auch noch in der Hauptverh. geschehen. — Ein vom unzuständigen Revisionsgericht erlassenes Urteil ist unanfechtbar; das zuständige Revisionsgericht kann keine weitere Entsch. treffen, E. 22, 113.

3. Der Beschluß eines OLG. ist auch für das Reichsgericht bindend, E. 35, 157. Die Frage, ob überhaupt in der Revisionsinstanz auf Grund eines formgerecht eingelegten Rechtsmittels erkannt werden kann, wird aber durch den Unzuständigkeitsbeschluß nicht erledigt, Rsp. 6, 298.

Verwerfung wegen Unzulässigkeit durch das Rev.-Gericht.

§ 389.

I Erachtet das Revisionsgericht die Bestimmungen über die Einlegung[1] der Revision oder diejenigen über die Anbringung der Revisionsanträge[2] nicht für beobachtet, so kann es das Rechtsmittel durch Beschluß als unzulässig verwerfen.[3]

II Andernfalls entscheidet es über dasselbe durch Urteil.

1. § 381. Auch die Bestimmungen über die Berechtigung zur Einlegung der Revision gehören hierher, E. 35, 26.

2. § 385. Auch der Fall, daß die Begründung der Revisionsanträge formell der Vorschrift des § 384 Abs. 2 nicht entspricht, gehört hierher, Rsp. 1, 126; 8, 336; s. auch E. 40, 99; KG. in GoltdA. 55, 235.

3. Keine Beschwerde (§ 346 Abs. 3). Gebühren: § 66 Nr. 2 GKG.

Terminsmitteilung. Vertretung.

§ 390.

I Der Angeklagte oder auf dessen Verlangen der Verteidiger ist von dem Tage der Hauptverhandlung zu benachrichtigen. Der Angeklagte kann in dieser erscheinen oder sich durch einen mit schriftlicher Vollmacht versehenen Verteidiger vertreten lassen.[1]

II Der nicht auf freiem Fuße befindliche Angeklagte hat keinen Anspruch auf Anwesenheit.

1. S. Anm. 2—4 zu § 233.

Verhandlung vor dem Revisionsgerichte.

§ 391.

I Die Hauptverhandlung beginnt mit dem Vortrage eines Berichterstatters.

II Hierauf werden die Staatsanwaltschaft sowie der Angeklagte und sein Verteidiger mit ihren Ausführungen und Anträgen, und zwar der Beschwerdeführer zuerst, gehört. Dem Angeklagten gebührt das letzte Wort.

Umfang der Prüfung des Revisionsgerichts.

§ 392.

I Der Prüfung des Revisionsgerichts unterliegen nur die gestellten Revisionsanträge[1] und, insoweit die Revision auf Mängel des Verfahrens gestützt wird, nur diejenigen Tatsachen,[2] welche bei Anbringung der Revisionsanträge bezeichnet worden sind.

II Eine weitere Begründung der Revisionsanträge, als die im § 384 Abs. 2 vorgeschriebene, ist nicht erforderlich und, wenn sie unrichtig ist, unschädlich.

1. S. Anm. 3—6 zu § 384. — Wegen der Entsch. über Haft s. Anm. 1 zu § 124.

2. S. § 384 Abs. 2 und Anm. 7 hierzu, insb. auch E. 48, 288. Bei Beweiserhebung über diese Tatsachen keine Bindung des Revisionsgerichts an die Vorschriften der StPO. über die Beweisaufnahme, insbesondere an § 249. S. übrigens § 274. — Freie Würdigung der bezeichneten Tatsachen, E. 4, 388.

Aufhebung des Urteils.

§ 393.

I Insoweit die Revision für begründet erachtet wird, ist das angefochtene Urteil aufzuheben.[1]

II Gleichzeitig sind die dem Urteile zugrunde liegenden Feststellungen[2] aufzuheben, sofern sie durch die Gesetzesverletzung betroffen werden,[3] wegen deren die Aufhebung des Urteils erfolgt.[4, 5]

1. Bei unbegründeter Revision Verwerfung. Teilweise Verwerfung möglich. Kosten: § 505.

2. Feststellungen: im schwurgerichtlichen Verfahren der Geschworenenspruch.

3. Keine Aufhebung der tatsächlichen Feststellungen, wenn eine materiellrechtliche Gesetzesverletzung nur bei der Anwendung des Strafgesetzes auf die Feststellungen stattfand oder wenn eine prozeßrechtliche Gesetzesverletzung außerhalb des den Feststellungen zugrunde liegenden Verfahrens z. B. in dem Verfahren nach der Verkündung des Geschworenenspruchs stattfand. Vgl. E. 2, 289. — Teilweise Aufhebung der Feststellungen über die Schuldfrage hinsichtlich derselben Tat des nämlichen Angekl. nicht möglich, E. 1, 81; 2, 289; 38, 318; 41, 186. — Aufhebung lediglich der Feststellungen über Rückfall dagegen möglich, E. 32, 310.

4. Die nicht aufgehobenen Feststellungen sind rechtskräftig und für das Instanzgericht bindend, auch wenn die neue Verh. ihre Unrichtigkeit ergibt, Rsp. 3, 561; E. 7, 176. Ihrer Wiedergabe im neuen Urteil bedarf es nicht, Recht 12, 3371. Beweisaufnahme bei Aufrechterhaltung der gesamten Feststellungen zur Schuldfrage nur noch zum Zwecke der Strafzumessung zulässig, E. 3, 319; Recht 7, 406; 15, 2268; 16, 1988; hierbei gelten die §§ 243, 244, 245; E. 20, 411; es dürfen aber keine Feststellungen getroffen werden, die den aufrecht erhaltenen Feststellungen zur Schuldfrage widersprechen, GoltdA. 55, 115; BayZ. 4, 108. Die Frage der Strafmündigkeit ist für jeden Fall neuerdings zu prüfen, BayZ. 3, 434; JW. 36, 561. Die Zuerkennung mildernder Umstände gehört nicht zu den dem Urteile zugrundeliegenden Feststellungen, sondern zur Strafzumessung, Rsp.

7, 378; die Strafk. ist deshalb, wenn die Feststellungen aufrecht erhalten wurden, im neuen Urteil an die früheren Feststellungen über die m. U. nicht gebunden, E. 9, 98; 20, 411.

Bei Aufrechterhaltung des Geschworenenspruches neue Urteilsfällung, allenfalls nach Beweisaufnahme zur Straffrage, nur durch die richterlichen Mitglieder des Schwurgerichts ohne Zuziehung von Geschworenen, E. 21, 388; Rsp. 8, 760.

5. Liegt bei einer Mehrheit von Strafen wegen einer Straftat eine Gesetzesverletzung nur hinsichtlich einer dieser Strafen vor, so ist das gesamte Strafmaß aufzuheben, Rsp. 5, 663. Werden mit einer Gesamtstrafe nur die Feststellungen hinsichtlich einzelner der mehreren Straftaten aufgehoben, so bleiben die für die übrigen Straftaten festgesetzten Einzelstrafen bestehen, wenn sie nicht ausdrücklich mitaufgehoben wurden, E. 4, 140; 25, 297; s. noch Anm. 4 zu § 372.

Entsch. des Revisionsgerichts in der Sache selbst. Zurückverweisg.

§ 394.

I Erfolgt die Aufhebung des Urteils nur wegen Gesetzesverletzung bei Anwendung des Gesetzes auf die dem Urteile zugrunde liegenden Feststellungen, so hat das Revisionsgericht in der Sache selbst zu entscheiden, sofern ohne weitere tatsächliche Erörterungen nur auf Freisprechung [1] oder auf Einstellung [2] oder auf eine absolut bestimmte Strafe [3] zu erkennen ist, oder das Revisionsgericht in Übereinstimmung mit dem Antrage der Staatsanwaltschaft die gesetzlich niedrigste Strafe [4] für angemessen erachtet.

II In anderen Fällen ist die Sache zur anderweiten Verhandlung und Entscheidung an das Gericht, dessen Urteil aufgehoben ist, oder an ein, demselben Bundesstaate angehöriges, benachbartes Gericht gleicher Ordnung zurückzuverweisen. [5, 6]

III Die Zurückverweisung kann an ein Gericht niederer Ordnung erfolgen, wenn die noch in Frage kommende strafbare Handlung zu dessen Zuständigkeit gehört.

1. Freisprechung: vgl. z. B. E 41, 238; s. auch E. 51, 49; wegen der Beseitigung einer nicht statthaften Nebenstrafe s. BayZ. 4, 359. — Zurückweisung eines Einziehungsantrags, E. 42, 123.

2. Einstellung: vgl. Anm. 5 zu § 259; eine solche ist wegen fehlenden Strafantrags dann nicht möglich, wenn nach den tatsächlichen Feststellungen des Vorderrichters von diesem zu Unrecht eine Antragsstraftat angenommen worden war, GoltdA. 49, 262.

3. Absolut bestimmte Strafe: z. B. wenn der gesetzliche Höchstbetrag der an Stelle einer Geldstrafe tretenden Freiheitsstrafe zugleich den nach Lage des Falls zulässigen Mindestbetrag derselben darstellt, E. 20, 218, oder die Strafen bei gewissen Zoll- und Steuerstrafsachen, GoltdA. 55, 314, oder fest bestimmte Nebenstrafen, wie Eidesunfähigkeit, Unbrauchbarmachung, Recht 12, 3505; vgl. auch GoltdA. 52, 398; diesen Fällen steht der Fall gleich, wenn der Angekl. nach den Feststellungen des Vorderrichters wegen einer in der Urteilsformel übergangenen Straftat (bei Idealkonkurrenz) zu verurteilen, die Strafe aber nicht zu ändern ist, E. 4, 179.

4. Gesetzlich niedrigste Strafe: sind mildernde Umstände die Voraussetzung hierfür, so muß der Vorderrichter deren Vorhandensein ausdrücklich festgestellt haben, E. 2, 355.

5. Bei Aufhebung sämtlicher Feststellungen hat dann eine völlig neue, selbständige Verh. stattzufinden, Rsp. 1, 767; 2, 137; E. 41, 189; W. 6, 163. Keine Ausschließung der in der früheren Verh. tätig gewesenen Richter, E. 31, 225. Verh. vor einer andern Strafk. desselben Gerichts zulässig, Rsp 3, 216. Wegen einer auswärtigen Strafk. s E. 17, 230. — Wegen des Verfahrens bei Aufrechterhaltung der tatsächlichen Feststellungen s. Anm. 4 zu § 393. — S. noch Anm. 4 zu § 259.

6. Benachbartes Gericht: dieses wird örtlich ausschließlich zuständig; erachtet sich dieses (Strafk.) sachlich für unzuständig, so darf es die Sache gem. § 270 nur an das Gericht höherer Instanz (Schwurg.) seines Bezirks verweisen, E. 42, 263. — Zur Strafvollstreckung bleibt die Staatsanwaltschaft des früheren Gerichts örtlich zuständig (PreußJMBl. 1887, 135).

Verweisung an das zuständige Gericht.

§ 395.

Wird ein Urteil aufgehoben, weil das Gericht der vorigen Instanz sich mit Unrecht für zuständig[1] erachtet hat, so verweist das Revisionsgericht gleichzeitig die Sache an das zuständige Gericht.[2]

1. Sachlich oder örtlich, E. 40, 354; auch dann, wenn die Unzuständigkeit sich erst aus der veränderten rechtlichen Beurteilung des Falles durch das Revisionsgericht ergibt, E. 10, 192; 14, 19; Rsp. 6, 726.

2. § 398 Abs. 1 gilt auch hier.

Urteilsverkündung.

§ 396.

Die Verkündung des Urteils erfolgt nach Maßgabe des § 267.

Entscheidung zugunsten Mitverurteilter.

§ 397.

Erfolgt zugunsten[1] eines Angeklagten die Aufhebung des Urteils wegen Gesetzesverletzung bei Anwendung des Strafgesetzes,[2] und erstreckt sich das Urteil, soweit es aufgehoben wird,[3] noch auf andere Angeklagte,[4] welche die Revision nicht eingelegt haben,[5] so ist zu erkennen, als ob sie gleichfalls die Revision eingelegt hätten.[6]

1. Ob auf Revision des Angekl., einer der in § 340 bezeichneten Personen oder der Staatsanwaltschaft (§§ 338 Abs. 2, 343) ist gleichgültig, E. 16, 417; 33, 371.

2. Nur bei materiellrechtlichen, nicht bei prozeßrechtlichen Verstößen. Ob der materiellrechtliche Verstoß bei der Feststellung des Tatbestandes oder bei der Anwendung des Gesetzes hierauf, ob er im Urteil selbst oder in einer diesem vorangehenden Entsch erfolgte, ist gleichgültig. Vgl. E. 16, 417; Löwe S. 935. Einzelfälle: E. 1, 152; 43, 163; Rsp. 3, 249; 5, 156; GoltdA. 54, 484 (Kostenentsch.); s. übrigens auch Recht 13, 2340 (Aufhebung nur hinsichtlich der Mittäter). S. noch Recht 15, 3278 (Prozeßverstoß nur hinsichtlich eines Mitangeklagten).

3. Ob das Revisionsgericht eine Endentsch. erläßt oder die Sache zurückverweist, ist gleichgültig.

4. Das angefochtene Urteil muß sich auf die andern Angekl. erstrecken; auch muß Identität der Tat vorliegen, die Teilnahme der einzelnen hieran kann verschieden sein, E. 6, 257. Erfolgte die Aburteilung der verschiedenen Teilnehmer an der Tat in verschiedenen Urteilen, so findet § 397 keine Anwendung; ebenso ist bei Aufhebung eines Berufungsurteils § 397 nicht anwendbar hinsichtlich eines verurteilten Mitangeklagten, der Berufung nicht ergriffen hatte, Recht 14, 822. Erforderlich ist auch, daß ein gemeinschaftlicher Revisionsgrund der mehreren Angekl. vorliegt; hierbei können unter Umständen auch solche Gründe den anderen Angekl. zugute kommen, die lediglich in der Person des Beschwerdeführers liegen, E. 16, 417 (bestr.), s. auch Recht 16, 161.

5. Oder welche die Revision unzutreffend begründet haben, Rsp. 6, 557, oder deren Revision als unzulässig verworfen wurde, E. 40, 219.

6. Ist mit der Anwendung des § 397 durch das Revisionsgericht zu rechnen, so ist, sofern nicht besondere Gründe dagegen sprechen, zweckmäßig mit der Vollstreckung gegen die Mitverurteilten zuzuwarten. — Die von dem Mitverurteilten verbüßte Strafe ist auf die im neuen Urteil erkannte Strafe auch dann anzurechnen, wenn dies im Urteilstenor nicht ausdrücklich ausgesprochen ist, E. 40, 219; JW. 36, 561.

Beschränkung d. Instanzgerichts durch das Revisionsurteil. — Verbot der reformatio in pejus.

§ 398.

I **Das Gericht, an welches die Sache zur anderweiten Verhandlung und Entscheidung verwiesen ist, hat die rechtliche Beurteilung,[1] welche der Aufhebung des Urteils zugrunde gelegt ist, auch seiner Entscheidung zugrunde zu legen.[2]**

II **War das Urteil nur von dem Angeklagten oder zugunsten desselben von der Staatsanwaltschaft oder von einer der im § 340 bezeichneten Personen angefochten worden, so darf das neue Urteil eine härtere Strafe, als die in dem ersteren erkannte, nicht verhängen.[3, 4]**

1. Der einschlägigen materiellrechtlichen und prozeßrechtlichen Fragen, auch z. B. einer Erklärung des Angekl., ObstLG. 10, 401. Von dieser Beurteilung hat sich das Instanzgericht von Amts wegen Kenntnis zu verschaffen; Verlesung des Revisionsurteils in der neuen Hauptverh. aber nicht geboten, E. 21, 436; W. 4, 305.

2. Die rechtliche Beurteilung ist nicht bloß für den Vorderrichter, sondern auch für das wiederholt mit der Sache befaßte Revisionsgericht bindend, Rsp. 4, 300; dies gilt auch für das Reichsgericht, wenn das frühere Revisionsurteil von einem OLG. erlassen wurde, E. 6, 357; 22, 156. Sie kann übrigens bedeutungslos werden, wenn in der neuen Verh. neue Tatsachen die Anwendung eines anderen Strafgesetzes bedingen, vgl. E. 31, 436. Die von dem Revisionsurteil nicht berührten Fragen unterstehen der völlig freien Beurteilung des Instanzgerichts, Rsp. 8, 319.

3. Zu Abs. 2 vgl. die Anm. zu § 372. — Die Bestimmung des Abs. 2 gilt für das ganze schwebende Verfahren, Recht 14, 3876; sie findet auch dann Anwendung, wenn gleichzeitig die Staatsanwaltschaft zuungunsten des Angekl., aber erfolglos, die Revision eingelegt hatte (gem. M.).

4. Über Verurteilung wegen eines andern Einzelfalls eines Kollektivdeliktes nach Zurückverweisung s. GoltdA. 54, 421; s. auch noch GoltdA. 47, 157. — Längere Gefängnisstrafe an Stelle kürzerer Zuchthausstrafe bei Beachtung des § 21 StGB. möglich, E. 40, 412. — Wegen der Untersuchungshaft s. Recht 17, 2539. — Im übrigen s. die Anm. zu § 372.

Viertes Buch.

Wiederaufnahme eines durch rechtskräftiges Urteil geschlossenen Verfahrens.

Wiederaufnahme zugunsten des Verurteilten.

§ 399.

Die Wiederaufnahme eines durch rechtskräftiges Urteil[1] geschlossenen Verfahrens zugunsten des Verurteilten[2] findet statt:[3]

1. wenn eine in der Hauptverhandlung zu seinen Ungunsten als echt vorgebrachte Urkunde[4] fälschlich angefertigt[5] oder verfälscht[5] war;
2. wenn durch Beeidigung eines zu seinen Ungunsten abgelegten Zeugnisses oder abgegebenen Gutachtens der Zeuge oder Sachverständige[6] sich einer vorsätzlichen oder fahrlässigen Verletzung der Eidespflicht[7] schuldig gemacht hat;
3. wenn bei dem Urteil ein Richter, Geschworener oder Schöffe mitgewirkt hat,[8] welcher sich in Beziehung auf die Sache einer Verletzung seiner Amtspflichten schuldig gemacht hat, sofern diese Verletzung mit einer im Wege des gerichtlichen Strafverfahrens zu verhängenden öffentlichen Strafe bedroht[9] und nicht vom Verurteilten selbst veranlaßt ist;
4. wenn ein zivilgerichtliches Urteil, auf welches das Strafurteil gegründet ist, durch ein anderes rechtskräftig gewordenes Urteil aufgehoben ist;[10]
5. wenn neue[11] Tatsachen oder Beweismittel beigebracht sind, welche allein oder in Verbindung mit den früher erhobenen Beweisen die Freisprechung[12] des Angeklagten oder in Anwendung eines milderen Strafgesetzes eine geringere Bestrafung[12] zu begründen geeignet sind.[13] In den vor den Schöffengerichten verhandelten Sachen können nur solche Tatsachen oder Beweismittel beigebracht werden, welche der Verurteilte in dem früheren Verfahren einschließlich der Berufungsinstanz nicht gekannt hatte oder ohne Verschulden nicht geltend machen konnte.

1. Gegen einen rechtskräftigen Strafbefehl keine Wiederaufnahme, E. 4, 243.

2. Keine Wiederaufnahme, wenn der Angekl. zwar in den Gründen für schuldig erklärt wurde, das Urteil aber auf Einstellung lautet; vgl. RMG. 12, 35. — Bei Realkonkurrenz ist jede einzelne Verurteilung angreifbar; bei Idealkonkurrenz muß sich der Antrag mindestens gegen denjenigen Tatbestand richten, auf Grund dessen das für die Strafbestimmung maßgebende Gesetz festgestellt wurde. Bei fortgesetzter Straftat Wiederaufnahme nur zulässig, wenn gegen sämtliche Einzelhandlungen ein Wiederaufnahmegrund geltend gemacht wird; vgl. RMG. 7, 303.

3. Zeitlich unbeschränkt § 401; Zweck: Freisprechung oder Anwendung eines anderen, milderen Strafgesetzes; s. übrigens Anm. 13 und § 403 und die Anm. hierzu. — Wiederholte Anträge auf Wiederaufnahme zulässig; bei Prüfung solcher wiederholter Anträge Eingehen auf den durch frühere Beschlüsse erledigten Tatsachenstoff in der Regel nicht nötig, KG. in GoltdA. 58, 226.

4. Auch Augenscheinsobjekte (bestr.) — Die Urkunde muß erkennbar oder wenigstens möglicherweise von Einfluß auf die Entsch. zum Nachteil des Angekl. gewesen sein, § 410.

5. Urkundenfälschung im Sinne des StGB. nicht erfordert (bestr.); s. noch § 404. Echte Urkunden mit unwahrem Inhalt kommen hier nicht in Frage; vgl. auch RMG. 8, 304; s. aber Nr. 5 des Paragraphen.

6. Auch der Dolmetscher, vgl. E. 9, 51; 25, 354. — Die wissentlich falsche Aussage eines Mitangeklagten ist kein Wiederaufnahmegrund, vgl. RMG. 11, 177.

7. §§ 154, 163 StGB. — Keine Wiederaufnahme, wenn das eidliche Zeugnis oder Gutachten nicht von Einfluß auf die Entsch. gewesen ist, § 410.

8. Auf StA., Gerichtsschreiber und Verteidiger findet Nr. 3 keine Anwendung.

9. Ursächlicher Zusammenhang zwischen Pflichtverletzung und Entsch. nicht erforderlich. — S. noch § 404.

10. Vgl. § 261.

11. Dem früher erkennenden Gericht nicht bekannte Tatsachen oder Beweismittel. — Alte Beweismittel für neue Tatsachen und neue Beweismittel zur andern Beurteilung alter Tatsachen zulässig; vgl. auch RMG. 6, 43. Wegen Widerrufs eines Geständnisses vgl. RMG. 8, 214.

12. Die neuen Tatsachen und Beweismittel müssen also für die Entsch. der Schuldfrage von Bedeutung sein. Nur um letztere handelt es sich hier. Tatsachen oder Beweismittel, die nur für die Vorbedingungen der Strafverfolgung z. B. Strafantrag, Verjährung, frühere, rechtskräftige Verurteilung usw. von Bedeutung sind, also nur die Herbeiführung der Einstellung des Verfahrens bezielen, kommen hier nicht in Frage, E. 19, 321; KG. in DJZ. 11, 657; ObstLG. 2, 316; 5, 287 (bestr.); s. übrigens auch E. 20, 46 hinsichtlich des § 55 StGB. — S. noch Anm. 3 zu § 408.

13. Im Falle des ersten Satzes der Nr. 5 ist es nicht erforderlich, daß der Angekl. die beigebrachten Tatsachen oder Beweismittel bei den früheren Hauptverh. nicht gekannt oder doch aus entschuldbaren Gründen nicht vorgebracht hat, E. 2, 323. — Keine Wiederaufnahme nach Nr. 5, wenn trotz Anwendbarkeit eines milderen Strafgesetzes eine mildere Strafe nicht zu erwarten steht (gem. M.). — Ergibt sich bei Anträgen nach Nr. 5 auch nur mittelbar die Behauptung einer strafbaren Handlung, so greift § 404 Platz (bestr.).

Wiederaufnahmeantrag und Vollstreckung.

§ 400.

I Durch den Antrag auf Wiederaufnahme des Verfahrens wird die Vollstreckung des Urteils nicht gehemmt.[1]

II Das Gericht[2] kann jedoch einen Aufschub sowie eine Unterbrechung der Vollstreckung anordnen.[3]

1. Auch nicht durch dessen Zulassung gem. § 408 Abs. 2; wohl aber durch den Beschluß nach § 410 Abs. 2; der Verurteilte ist auf einen solchen Beschluß aus der Strafhaft zu entlassen, kann aber nötigenfalls in Untersuchungshaft genommen werden (gem. M.).

2. § 407 Abs. 1. — Einstweiliger Aufschub der Vollstreckung durch die Strafvollstreckungsbehörde (§ 483) in dringlichen Fällen nicht ausgeschlossen (Löwe).

3. Gegen die Entscheidung sofortige Beschwerde, §§ 412, 353.

Wiederaufn. nach Vollstreckung u. nach dem Tode des Verurteilten.

§ 401.

I Der Antrag auf Wiederaufnahme des Verfahrens wird weder durch die erfolgte Strafvollstreckung[1] noch durch den Tod[2] des Verurteilten ausgeschlossen.

II Im Falle des Todes sind der Ehegatte, die Verwandten auf- und absteigender Linie[3] sowie die Geschwister[3] des Verstorbenen zu dem Antrage befugt.[4]

1. Auch nicht durch den gnadenweisen Erlaß der Strafe

2. S. auch § 411 Abs. 1.

3. Auch die unehelichen Verwandten, §§ 1589, 1705 BGB., vgl. hierzu auch Rsp. 2, 223. Ebenso die halbbürtigen Geschwister.

4. Die in Abs. 2 genannten Personen sind nach dem Tod des Verurteilten ausschließlich zu dem Antrag befugt; sie können auch einen von dem inzwischen verstorbenen Verurteilten gestellten Antrag weiter verfolgen. Für die Anwendung der §§ 338 Abs. 2, 339, 340 ist nach dem Ableben des Verurteilten kein Raum mehr (gem. M.). S. noch § 405 und die Anm. hierzu

Wiederaufnahme zuungunsten des Verurteilten.

§ 402.

Die Wiederaufnahme eines durch rechtskräftiges Urteil geschlossenen Verfahrens zuungunsten des Angeklagten findet statt:[1]

1. wenn eine in der Hauptverhandlung zu seinen Gunsten als echt vorgebrachte Urkunde fälschlich angefertigt oder verfälscht war;[2]
2. wenn durch Beeidigung eines zu seinen Gunsten abgelegten Zeugnisses oder abgegebenen Gutachtens der Zeuge oder Sachverständige sich einer vorsätzlichen oder fahrlässigen Verletzung der Eidespflicht schuldig gemacht hat;[3]

3. wenn bei dem Urteil ein Richter, Geschworener oder Schöffe mitgewirkt hat, welcher sich in Beziehung auf die Sache einer Verletzung seiner Amtspflichten schuldig gemacht hat, sofern diese Verletzung mit einer im Wege des gerichtlichen Strafverfahrens zu verhängenden öffentlichen Strafe bedroht ist;[4]
4. wenn von dem Freigesprochenen[5] vor Gericht oder außergerichtlich ein glaubwürdiges Geständnis[6] der strafbaren Handlung abgelegt wird.[7]

1. Sofern nicht inzwischen die Strafverfolgung verjährt ist. — Antragsberechtigung: § 405 und Anm. hierzu. — Zweck: Verurteilung des Freigesprochenen oder aber in den Fällen Nr. 1 bis 3 auch Anwendung eines andern, schwereren Strafgesetzes gegen den schon Verurteilten, E. 3, 400; anders im Falle der Nr. 4 s. Anm. 5; s. auch § 403.

2. S. Anm. 4 und 5 zu § 399.

3. S. Anm. 6 und 7 zu § 399.

4. S. Anm. 8 und 9 zu § 399.

5. Der Angekl. muß völlig freigesprochen sein; es gibt keine Wiederaufnahme nach Nr. 4, wenn der Angekl. wegen einer leichteren Straftat als im Eröff.-Beschl. angenommen war, verurteilt wurde und nachträglich ein Geständnis ablegt, wonach er der schwereren Straftat schuldig war, E. 3, 399.

6. Geständnis: nicht Schuldbekenntnis, sondern lediglich Einräumen von Tatsachen, welche die Tat und die Täterschaft erweisen. Vgl. RMG. 12, 174.

7. Das Geständnis muß nach der Freisprechung abgelegt sein.

Unzulässiger Zweck der Wiederaufnahme.

§ 403.

Eine Wiederaufnahme des Verfahrens[1] zum Zwecke der Änderung der Strafe innerhalb des durch dasselbe Gesetz[2] bestimmten Strafmaßes findet nicht statt.[3]

1. Nach § 399 oder § 402.

2. Anderes Gesetz ist hier jede Bestimmung, die einen besondern, die Strafbarkeit ändernden Tatumstand voraussetzt, gleichgültig, ob sie in einem andern oder in demselben Paragraphen enthalten ist, z. B. § 243 oder § 244 (Rückfall) im Verhältnis zu § 242 StGB., § 222 Abs. 2 im Verhältnis zu § 222 Abs. 1 StGB. Vgl. RMG. 4, 95. — Unzulässig ist die Wiederaufnahme, wenn es sich nur um Bewilligung oder Versagung mildernder Umstände, auch solcher nach § 213 StGB. handelt (gem. M.).

3. Ist gleichwohl die Wiederaufnahme rechtskräftig angeordnet worden, so hat das daraufhin erkennende Gericht, deren Rechtmäßigkeit nicht nachzuprüfen, vgl. Rsp. 3, 447; 5, 300; s. auch GoltdA. 45, 128.

Antrag auf Grund behaupteter strafbarer Handlungen.

§ 404.

Ein Antrag auf Wiederaufnahme des Verfahrens, welcher auf die Behauptung einer strafbaren Handlung gegründet werden soll,[1] ist nur dann zulässig, wenn wegen dieser Handlung eine rechtskräftige Verurteilung ergangen ist, oder wenn die Einleitung oder Durchführung eines Strafverfahrens aus anderen Gründen[2] als wegen Mangels an Beweis nicht erfolgen kann.

1. S. § 399 Nr. 1—3, § 402 Nr. 1—3; s. auch Anm. 5 zu § 399. — Bei Anträgen, die auf § 399 Nr. 5 gegründet sind, genügt es zur Anwendung des § 404, wenn aus dem Antrag auch nur mittelbar die Behauptung einer strafbaren Handlung z. B. der Eidesverletzung zu entnehmen ist (bestr.).

2. Z. B. wegen Todes, Abwesenheit, Verjährung. In diesen Fällen also Beweiserhebungen und dann bei festgestellter strafbarer Handlung Wiederaufnahme (Mot.).

Antragsberechtigung usw.

§ 405.

Die allgemeinen Bestimmungen über Rechtsmittel[1] finden auch bei dem Antrag auf Wiederaufnahme des Verfahrens Anwendung.[2]

1. §§ 338—345. Die Staatsanwaltschaft kann den Antrag zugunsten wie zuungunsten des Angekl. stellen; Antrag durch den Verteidiger, § 339, s. hierzu noch Anm. 13 zu § 140; Antragsrecht des gesetzlichen Vertreters und des Ehemanns, § 340. — Antragsrecht nach dem Tode des Verurteilten s. § 401 und Anm. 4 hierzu.

2. Dem Verletzten als solchem steht ein Antragsrecht nach § 402 nicht zu, vgl. auch RMG. 10, 248. Wegen des Privatklägers s. 430, wegen des Nebenklägers s. § 441 Anm. 1.

Inhalt und Form des Antrages.

§ 406.

I In dem Antrage müssen der gesetzliche Grund[1] der Wiederaufnahme des Verfahrens sowie die Beweismittel angegeben werden.[2]

II Von dem Angeklagten[3] und den im § 401 Abs. 2 bezeichneten Personen kann der Antrag nur mittels einer von dem Verteidiger[4] oder einem Rechtsanwalt unterzeichneten Schrift oder zu Protokoll des Gerichtsschreibers angebracht werden.[5]

1. §§ 399, 402.

2. Keine bloße Anführung der betr. Nummer der §§ 399, 402, sondern Angabe der Tatsachen für den behaupteten Wiederaufnahmegrund und der Beweismittel hierzu.

3. Ferner von dem gesetzlichen Vertreter und dem Ehemann, §§ 340, 405.

4. Wegen der Fortdauer der Befugnisse des im früheren Verfahren tätig gewesenen notwendigen Verteidigers s. Anm. 13 zu § 140. S. noch §§ 339, 405.

5. Zu Abs. 2 s. noch die Anm. 7—12 zu § 385 Abs. 2.

Zuständigkeit.

§ 407.

I Über die Zulassung des Antrags auf Wiederaufnahme des Verfahrens entscheidet das Gericht, dessen Urteil mit dem Antrag

angefochten wird.[1, 2, 3] Wird ein in der Revisionsinstanz erlassenes Urteil aus anderen Gründen als auf Grund des § 399 Nr. 3 oder des § 402 Nr. 3[4] angefochten, so entscheidet das Gericht, gegen dessen Urteil die Revision eingelegt war.

II Die Entscheidung erfolgt ohne mündliche Verhandlung.[5]

1. Auch wenn diesem Gericht die Gerichtsbarkeit über den Angekl. fehlte oder nunmehr fehlt, z. B. über eine der Militärgerichtsbarkeit unterstehende Person, vgl. E. 12, 125. Die von einem unzuständigen Gericht erlassene, rechtskräftige Entsch. über Wiederaufnahme bindet übrigens das mit der erneuten Hauptverh. befaßte Gericht, Rsp. 6, 344.

2. Bei Berufungsurteilen entscheidet das Berufungsgericht und bei begründetem Antrag wird das Berufungsverfahren wieder aufgenommen. Nur dann, wenn das Berufungsgericht nicht über die Schuldfrage eine Entsch. traf, also etwa lediglich auf die Entsch. der Straffrage oder der Kostenfrage beschränkt war (Anm. 2 zu § 368) oder die Berufung nur aus prozessualen Gründen als unzulässig (§ 363) oder sofort (§ 370) verwarf, ist das Erstgericht zuständig, OLGM. 1, 430; ObstLG. 10, 21 und in DJZ. 12, 1032. Auch in letzteren Fällen ist übrigens das Berufungsgericht das zur Entsch. zuständige Gericht, wenn der geltend gemachte Wiederaufnahmegrund innerhalb des Berufungsverfahrens liegt (Löwe).

3. Bei einem Urteil, das auf Gesamtstrafe lautet und in diese die Strafen anderer Gerichte einrechnete, ist zur Entsch. über einen die Wiederaufnahme hinsichtlich aller Urteile bezweckenden Antrag jedes einzelne der Gerichte insoweit zuständig, als sein Urteil angefochten ist, OLGM. 7, 210.

4. Nur in den hier genannten Ausnahmefällen kann der Antrag beim Revisionsgericht gestellt werden, E. 47, 45.

5. Amtsrichter: § 30 Abs. 2 GVG. — Strafk. in der Besetzung von drei Mitgliedern: § 77 GVG., Rsp. 3, 356, — Oberlandesgericht und Reichsgericht; §§ 124, 139, 140 GVG. — Die beschlußfassenden Richter können auch an der späteren Hauptverh. teilnehmen, E. 4, 426. Vorlegung der Entscheidung an die Staatsanwaltschaft nicht geboten, Rsp. 3, 356.

Entscheidung über die Zulässigkeit.

§ 408.

I Ist der Antrag nicht in der vorgeschriebenen Form[1] angebracht, oder ist darin kein gesetzlicher Grund[2] der Wiederaufnahme geltend gemacht oder kein geeignetes Beweismittel[3] angeführt, so ist der Antrag als unzulässig zu verwerfen.[4]

II Anderenfalls ist derselbe dem Gegner des Antragstellers unter Bestimmung einer Frist zur Erklärung zuzustellen.[5]

1. § 406 Abs. 2.

2. §§ 399, 402; s. auch § 404.

3. S. insbesondere § 399 Nr. 5 und Anm. 11 und 12 hierzu. — Bei Vorbringen neuer geeigneter Beweismittel im Sinne des § 399 Nr. 5 ist der Antrag für zulässig zu erklären und dann nach § 409 zu verfahren; es ist gesetzeswidrig, den Antrag als unzulässig zu verwerfen, weil diese Beweise schon von der Staatsanwaltschaft erhoben worden und für den Angekl. belastend gewesen seien, SRA. 1, 18. Ein auf § 399 Nr. 5 gestützter Antrag kann nicht zum Teil zulässig, zum

Teil unzulässig sein; ist auch nur eine der neu vorgetragenen Tatsachen geeignet, die in Nr. 5 vorausgesetzte Wirkung herbeizuführen, so muß der Antrag zugelassen werden, KG. in GoltdA. 57, 414.

4. Zuständiges Gericht: § 407. — Der Beschluß ist mit sofortiger Beschwerde anfechtbar, §§ 412, 353. S. hierzu KG. in GoltdA. 53, 184. — Gebühren: § 66 Nr. 3 GKG.

5. Vorher förmliche Entsch. über die Zulassung. Gegen den Zulassungsbeschluß sofortige Beschwerde, §§ 412, 353. — Die Erklärung des Gegners, der auch seinerseits neue Tatsachen und Beweismittel vorbringen kann, bedarf keiner besonderen Form. Auch nach Fristablauf eingehende, sachdienliche Erklärungen sind zu berücksichtigen.

Verfahren nach Zulassung des Antrags.

§ 409.

I Wird der Antrag an sich für zulässig befunden,[1] so beauftragt das Gericht mit Aufnahme der angetretenen[2] Beweise, soweit diese erforderlich ist,[3] einen Richter.[4]

II Dem Ermessen des Gerichts bleibt es überlassen, ob die Zeugen und Sachverständigen eidlich vernommen werden sollen.[5]

III Hinsichtlich der Berechtigung der Beteiligten zur Anwesenheit bei der Beweisaufnahme kommen die für die Voruntersuchung gegebenen Vorschriften zur Anwendung.[6]

IV Nach Schluß der Beweisaufnahme sind die Staatsanwaltschaft und der Angeklagte unter Bestimmung einer Frist zur ferneren Erklärung aufzufordern.[7, 8]

1. § 408.

2. Auch andere, noch für erforderlich erachtete Beweise können erhoben werden. Beobachtung des Verurteilten in einer Irrenanstalt zulässig (Löwe). — Außer Beweisaufnahme auch andere notwendige Maßnahmen, wie Durchsuchung, Beschlagnahme, Verhaftung zulässig.

3. Gegebenenfalls auch ohne Beweiserhebung sofortige Anordnung der Wiederaufnahme und der Erneuerung der Hauptverhandlung gem. § 410 Abs. 2, GoltdA. 44, 145.

4. Dieser kann auch der Vorsitzende sein; die Beweisaufnahme kann auch durch einen ersuchten Richter erfolgen. Zuziehung eines Gerichtsschreibers erforderlich.

5. Regelmäßig eidliche Vernehmung (Mot.). Berufung von Zeugen und Sachverständigen auf den in der früheren Hauptverh. geleisteten Eid unstatthaft, E. 18, 417. — Abs. 2 findet in denjenigen Fällen, in denen eine Erneuerung der Hauptverh. nicht stattfindet (§ 411 Abs. 1, 2), keine Anwendung; die Zeugen und Sachverständigen müssen hier eidlich vernommen werden, E. 29, 64.

6. §§ 191, 192. — Die Bestimmung des Abs. 3 gilt nicht schon in dem vor dem Wiederaufnahmeverfahren durch die Staatsanwaltschaft eingeleiteten Ermittelungsverfahren, GoltdA. 46, 39.

7. Dem Angeklagten ist das Ergebnis der Beweisaufnahme mitzuteilen. Dem Verteidiger steht das Recht der Akteneinsicht ohne die Beschränkung des § 147

Abs. 2 zu (Löwe). Die Unmöglichkeit der Mitteilung des Beweisergebnisses an den Angekl. hindert die Entsch nach § 410 nicht, vgl. RMG. 10, 71. Im übrigen ist aber die Vorschrift des Abs. 4 zwingend; eine ohne deren Einhaltung ergangene materielle Entsch. über den Antrag (§ 410) unterliegt auf Beschwerde der Aufhebung.

8. Das Gericht kann nach Eingang der Erklärungen auch noch weitere Beweisaufnahme anordnen. — Zurücknahme des Antrags auch nach Schluß der Beweisaufnahme zulässig, vgl. RMG. 10, 249.

Sachliche Entscheidung über den Antrag.

§ 410.

I Der Antrag auf Wiederaufnahme des Verfahrens wird ohne mündliche Verhandlung als unbegründet verworfen,[1, 2] wenn die darin aufgestellten Behauptungen keine genügende Bestätigung gefunden haben, oder wenn in den Fällen des § 399 Nr. 1, 2 oder des § 402 Nr. 1, 2 nach Lage der Sache die Annahme ausgeschlossen ist, daß die in diesen Bestimmungen bezeichnete Handlung auf die Entscheidung Einfluß gehabt hat.[3]

II Anderenfalls verordnet das Gericht[1] die Wiederaufnahme des Verfahrens und die Erneuerung der Hauptverhandlung.[4, 5, 6]

1. Zuständig ist das in § 407 bezeichnete Gericht.

2. Gegen den Beschluß, der zu begründen ist, sofortige Beschwerde, §§ 412, 353. — Gebühren: § 67 GKG.

3. Verwerfung auch dann, wenn sich ergibt, daß schon die Voraussetzungen für eine Zulassung nicht gegeben waren und der Zulassungsbeschluß (§ 408) hiernach zu Unrecht erging.

4. Der Beschluß nach Abs. 2 ist die unerläßliche Voraussetzung für die Rechtsbeständigkeit eines im Wiederaufnahmeverfahren ergehenden neuen Urteils, E. 35, 352. Er ist gewissermaßen als Eröffnungsbeschluß für dieses Verfahren anzusehen, E. 18, 417. Er bindet das daraufhin in der Sache erkennende Gericht, Rsp. 3, 447; 5, 300; 6, 344, und hat zur Folge, daß dieses Gericht in der Schuld- und Straffrage auf Grund des Ergebnisses der neuen Hauptverh. neu und völlig unabhängig vom früheren Urteil entscheidet, vgl. E. 2, 323; 30, 421; Rsp. 4, 869; 10, 429. Die Aufhebung der im früheren Verfahren verwirkten Prozeßfristenversäumnisse (§§ 140, 199) bewirkt er nicht, E. 35, 409. — Gebühren: § 77 GKG. — Sofortige Beschwerde: §§ 412, 353.

5. Die Erneuerung der Hauptverh. findet in derjenigen Instanz statt, in der das angefochtene Urteil erging (vgl. Anm. 2 und 4 zu § 407); sie kann gegebenenfalls auch vor einem Gericht niederer Ordnung stattfinden, E. 9, 34; 29, 278.

6. Bei Wiederaufnahme zugunsten des Verurteilten ist dieser, wenn er sich in Strafhaft befindet, freizulassen; nötigenfalls kann die Untersuchungshaft verhängt werden.

Freisprechung ohne neue Hauptverhandlung.

§ 411.

I Ist der Verurteilte bereits verstorben,[1] so hat ohne Erneuerung der Hauptverhandlung[2] das Gericht[3] nach Aufnahme des etwa noch erforderlichen Beweises[4] entweder die Freisprechung[5] zu erkennen[6] oder den Antrag auf Wiederaufnahme abzulehnen.[7]

II Auch in anderen Fällen kann das Gericht,[3] bei öffentlichen Klagen jedoch nur mit Zustimmung der Staatsanwaltschaft,[8] den Verurteilten sofort freisprechen,[6] wenn dazu genügende Beweise bereits vorliegen.

III Mit der Freisprechung ist die Aufhebung des früheren Urteils zu verbinden.

IV Die Aufhebung ist auf Verlangen des Antragstellers durch den Deutschen Reichsanzeiger bekanntzumachen, und kann nach dem Ermessen des Gerichts auch durch andere Blätter veröffentlicht werden.[9]

1. Antragstellung nach dem Tode: § 401. Wenn der Verurteilte nach Stellung des Antrages stirbt, so muß das Verfahren eingestellt werden, falls nicht einer der nach § 401 Abs. 2 Antragsberechtigten den Antrag aufnimmt und das Verfahren weiter betreibt.

2. Eine solche findet gegen einen Verstorbenen auch dann nicht statt, wenn gleichzeitig gegen einen noch lebenden Mitverurteilten die Erneuerung der Hauptverh. angeordnet wird, E. 10, 423.

3. Zuständig ist das in § 407 bezeichnete Gericht. — Besetzung s. Anm. 4 zu § 407.

4. Die Beweisaufnahme erfolgt nach Maßgabe des § 409 Abs. 1; die Zeugen und Sachverständigen müssen hierbei eidlich vernommen werden, E. 29, 65. Die Prozeßbeteiligten sind zur Anwesenheit bei den Beweiserhebungsterminen berechtigt und sind von diesen zu benachrichtigen; Verzicht auf Benachrichtigung zulässig, GoltdA. 46, 211; ebenso Verzicht auf Bemängelung eines Verstoßes hiergegen, Recht 9, 286.

5. Nur Freisprechung kann hier in Frage kommen; keine Wiederaufnahme zum Zwecke der Anwendung eines anderen, milderen Strafgesetzes.

6. Durch Urteil, nicht durch Beschluß, E. 28, 146; 29, 65. — Gegen das Urteil Berufung oder Revision, nicht sofortige Beschwerde nach § 412, E. 28, 146. — S. noch § 4 des Ges. vom 20. 5. 98 betr. die Entschädigung der im Wiederaufnahmeverfahren freigesprochenen Personen, abgedruckt im Anhang.

7. Durch Beschluß. Hiergegen sofortige Beschwerde § 412. — Gebühren § 67 GKG.

8. Zustimmung des Angekl. nicht erfordert, auch nicht die des Nebenklägers, ebenso im Privatklageverfahren nicht die Zustimmung des Privatklägers.

9. Abs. 4 gilt nur für Freisprechungen nach § 411, nicht für solche nach § 413, E. 15, 188; 42, 115. Die Kosten der Bekanntmachung hat die Staatskasse zu tragen.

Rechtsmittel.

§ 412.

Alle Entscheidungen,[1] welche aus Anlaß eines Antrags auf Wiederaufnahme des Verfahrens von dem Gericht in erster Instanz[2] erlassen werden, können mit der sofortigen Beschwerde[3] angefochten werden.[4]

1. Jedoch nicht die Urteile nach §§ 411, 413.

2. Zur Entsch. in erster Instanz kann auch das Berufungsgericht berufen sein, s. Anm. 2 zu § 407. Bei Entsch. der Oberlandesgerichte und des Reichsgerichts greift § 346 Abs. 3 Platz.

3. § 353. Diese kann auf rechtliche und tatsächliche Gründe gestützt werden. Bringt sie neue Tatsachen oder Beweismittel, so muß sie der Formvorschrift des § 406 Abs. 2 genügen, KG. in GoltdA. 55, 121. — Die Revision gegen das neue Urteil kann auf Verstöße bei Entscheidungen im Wiederaufnahmeverfahren nicht gestützt werden, E. 20, 48; 22, 97; 29, 278.

4. Beschwerdeberechtigt: Staatsanwaltschaft, Angekl., die zur Antragstellung berechtigten Dritten vgl. Anm. 1 zu § 405.

Neues Urteil. Verbot der reformatio in pejus.

§ 413.

I In der erneuten Hauptverhandlung[1, 2] ist entweder das frühere Urteil aufrechtzuerhalten[3] oder unter Aufhebung desselben anderweit in der Sache zu erkennen.[3, 4]

II Ist die Wiederaufnahme des Verfahrens nur von dem Verurteilten oder zugunsten desselben von der Staatsanwaltschaft oder von einer der im § 340 bezeichneten Personen beantragt worden, so darf das neue Urteil eine härtere Strafe als die in dem früheren erkannte nicht verhängen.[5]

1. Wegen der Zuständigkeit s. Anm. 5 zu § 410. — Die bei der Beschlußfassung nach § 410 Abs. 2 beteiligten Richter können auch in der neuen Hauptverh. mitwirken, E. 4, 426.

2. In der neuen Hauptverh. ist der ursprüngliche Eröff.-Beschl. zu verlesen; der Wiederaufnahmebeschluß (§ 410 Abs. 2) kann, muß aber nicht verlesen werden, E. 4, 426; eine Nachprüfung des letzteren steht dem erkennenden Gericht nicht zu, E. 4, 402, Rsp. 5, 300; 6, 344. Auch eine Verlesung des im ursprünglichen Verfahren ergangenen Strafurteils ist nicht ausgeschlossen, E. 5, 429.

3. In der erneuten Hauptverh. muß das Urteil vollständig von neuem lediglich auf Grund der Ergebnisse dieser Verh. ohne alle Rücksicht auf frühere, an anderer Stelle erhobene Beweise gefunden werden; das Gericht entscheidet sowohl in der Schuldfrage, wie in der Straffrage völlig frei und unabhängig vom früheren Urteil, E. 2, 324; 12, 125; 20, 46; 30, 421; Rsp. 4, 869; 5, 300; 10, 429. S. aber Abs. 2. Auf „Aufrechterhaltung" des früheren Urteils kann hiernach nur dann erkannt werden, wenn das Gericht in Schuld- und Straffrage zu einer Entsch. gelangt, die mit der früher getroffenen in allen Punkten übereinstimmt. — Vernehmung früherer Mitverurteilter als Zeugen zulässig, GoltdA. 52, 88. — Keine Berufung der Zeugen auf den in der früheren Hauptverh. oder im Verfahren nach § 409 geleisteten Eid, E. 18, 417. — Wegen des Verfahrens hinsichtlich einer im früheren Urteil versehentlich übergangenen Straftat s. E. 19, 227.

4. Auf die im neuen Urteil erkannte Strafe ist die schon verbüßte Strafe anzurechnen, auch wenn dies im Urteil nicht ausdrücklich ausgesprochen ist, GoltdA. 47, 296. Die Vorschrift des § 411 Abs. 4 über öffentliche Bekanntmachung der Aufhebung des früheren Urteils findet hier keine entsprechende Anwendung; jedoch ist eine solche Bekanntmachung auf Antrag des Freigesprochenen dann anzuordnen, wenn dem Verletzten im früheren Urteil die Veröffentlichungsbefugnis zuerkannt und die Veröffentlichung daraufhin erfolgt war, E. 15, 188; 42, 115. — Berechnung der Gesamtstrafe bei Freisprechung hinsichtlich einer Straftat im Wiederaufnahmeverfahren, E. 24, 149. — Im neuen Urteil muß über die sämtlichen Kosten des Verfahrens entschieden werden, E. 27, 382.

Wegen der Beschlußfassung über die Entschädigung des im Wiederaufnahmeverfahren Freigesprochenen s. § 4 des Ges. v. 20. 5. 98 im Anhang.

5. S. § 372 und § 398 Abs. 2 und die Anm. hierzu. — Anschluß als Nebenkläger erst im Wiederaufnahmeverfahren zulässig; Abs. 2 steht dann der Zuerkennung einer Buße an den Nebenkläger nicht entgegen, E. 41, 104.

Fünftes Buch.

Beteiligung des Verletzten bei dem Verfahren.

Erster Abschnitt.

Privatklage.

Privatklagebefugnis.

§ 414.

I Beleidigungen[1] und Körperverletzungen[2] können, soweit die Verfolgung nur auf Antrag[3] eintritt, von dem Verletzten im Wege der Privatklage verfolgt werden,[4] ohne daß es einer vorgängigen Anrufung der Staatsanwaltschaft bedarf.

II Die gleiche Befugnis steht denjenigen zu, welchen in den Strafgesetzen das Recht, selbständig auf Bestrafung anzutragen, beigelegt ist.[5]

III Hat der Verletzte einen gesetzlichen Vertreter, so wird die Befugnis zur Erhebung der Privatklage durch diesen[6] und, wenn Korporationen, Gesellschaften und andere Personenvereine, welche als solche in bürgerlichen Rechtsstreitigkeiten klagen können, die Verletzten sind, durch dieselben Personen wahrgenommen, durch welche sie in bürgerlichen Rechtsstreitigkeiten vertreten werden.

1. §§ 185, 186, 187, 189 StGB. — §§ 103, 104 StGB. gehören nicht hierher (bestr.).

2. §§ 223, 230 StGB., nicht § 223a StGB. — Außer den Beleidigungen und Körperverletzungen sind noch mit Privatkl. verfolgbar Zuwiderhandlungen gegen das UnlWG. v. 7. 6. 09, soweit deren Verfolgung nur auf Antrag eintritt, § 22 Abs. 3. S. auch noch § 47 Abs. 2 UrhRG. v. 19. 6. 01.

3. §§ 194, 195, 196, 232 StGB. — Auch bei Beleidigungen einer Behörde Privatkl. möglich, E 23, 293. „Ermächtigung" (vgl. §§ 99, 101, 197 StGB) ist nicht gleich „Antrag"; Fälle solcher Beleidigungen gehören demnach nicht hierher.

4. Solange die Strafantragsfrist läuft. Nach rechtzeitiger Strafantragstellung kann übrigens die Privatklage während der ganzen Dauer der Verjährungszeit erhoben werden, E. 3, 373.

5. Der Ehemann (§§ 195, 232 Abs. 3 StGB.), ferner auch die amtlichen Vorgesetzten (§§ 196, 232 Abs. 3 StGB.); diese Berechtigten sind hierbei unabhängig vom Willen des Verletzten. S. auch noch § 189 StGB. — Der Vater eines minderjährigen Kindes hat seit dem Inkrafttreten des BGB. kein selbständiges Antragsrecht mehr (Art. 34 VI EG. BGB.); es steht ihm nur ein formelles Antragsrecht in Ausübung des dem Kinde zustehenden materiellen Rechts zu, KG in JW. 34, 108; ObstLG. 9, 444 (bestr.)

6. Der Minderjährige ist zur selbständigen Erhebung der Privatkl. auch dann nicht berechtigt, wenn ihm, nach vollendetem 18. Lebensjahr, das Recht zusteht, selbständig Strafantrag zu stellen (§ 65 StGB.), E. 37, 63; ObstLG. 8, 80 Auch die unter Vormundschaft stehenden volljährigen Personen (Geisteskranke, Verschwender usw.) können selbständig die Privatkl. nicht erheben; es muß dies für sie der Vormund tun.

Mehrheit von Privatklageberechtigten.

§ 415.

I Sind wegen derselben strafbaren Handlung mehrere Personen zur Privatklage berechtigt,[1] so ist bei Ausübung dieses Rechts ein jeder von dem anderen unabhängig.[2]

II Hat jedoch einer der Berechtigten die Privatklage erhoben, so steht den übrigen nur der Beitritt zu dem eingeleiteten Verfahren, und zwar in der Lage zu, in welcher sich dasselbe zur Zeit der Beitrittserklärung befindet.[3]

III Jede in der Sache selbst[4] ergangene Entscheidung äußert zugunsten des Beschuldigten ihre Wirkung auch gegenüber solchen Berechtigten, welche die Privatklage nicht erhoben haben.

1. Mehrere Berechtigte: a) der Verletzte und die neben ihm selbständig Antragsberechtigten, wie der Ehemann, der amtliche Vorgesetzte (§ 414 Abs. 2), b) mehrere, durch dieselbe Handlung Verletzte; auch für die Letzteren gilt § 415, E. 3, 362.

2. Er kann es aber nur ausüben, solange für ihn die Antragsfrist nicht abgelaufen ist (§§ 61, 62 StGB.); nur solange steht ihm auch das Beitrittsrecht nach Abs. 2 zu.

3. Form der Beitrittserklärung: § 421. Durch den Beitritt erlangt der Berechtigte die Stellung eines Mitklägers; er wird nicht Nebenkläger. Der Beitritt kann ohne vorausgehenden Sühneversuch erklärt werden (Löwe). Zeitliche Begrenzung des Beitrittsrechtes s. Anm. 2. — Auch die Staatsanwaltschaft kann bei anhängiger Privatkl. nicht auf Antrag eines andern Berechtigten die öffentliche Klage erheben; für sie gibt es keinen Beitritt, sondern sie verfährt gegebenenfalls nach § 417 Abs. 2, E. 3, 362.

4. Die Entsch. muß rechtskräftig ObstLG. 14, 4 und über die Schuldfrage ergangen sein, also eine Aburteilung der Tat enthalten. Eine Entsch. bloß über prozessuale Voraussetzungen der Strafverfolgung z. B. die Einstellung wegen mangelnden Strafantrags oder wegen Zurücknahme der Klage steht einer neuen Verfolgung auf Antrag eines andern Berechtigten nicht entgegen, Rsp. 3, 479; Recht 16, 841. Dagegen wird durch eine rechtskräftige Sachentsch. die ganze Strafklage wegen derselben Tat, durch die gleichzeitig andere Personen außer dem Privatkläger verletzt sind, derart verbraucht, daß sowohl die Privatkl. der übrigen

Verletzten als auch die öffentliche Klage, letztere auch wegen einer idealkonkurrierenden Offizialstraftat, unzulässig ist, Rsp. 3, 240; E. 3, 362, 385; ObstLG. 9, 21.

Öffentliche Klage bei Privatklage-Straftaten.

§ 416.

Die öffentliche Klage wird wegen der im § 414 bezeichneten strafbaren Handlungen von der Staatsanwaltschaft nur dann erhoben,[1, 2] wenn dies im öffentlichen Interesse liegt.[3, 4]

1. Voraussetzung für deren Erhebung ist ein rechtzeitiger Strafantrag (§ 61 StGB.); die Zurücknahme des Strafantrags (§§ 64, 194, 232 Abs. 2 StGB.) ist auch nach erhobener öffentlicher Klage noch zulässig, vgl. Rsp. 1, 601; 5, 272. Die rechtzeitige Stellung des Strafantrags bei der Staatsanwaltschaft wahrt die Antragsfrist, auch wenn die Staatsanwaltschaft die Erhebung der öffentlichen Klage ablehnt; die Privatkl. kann dann während der ganzen Verjährungszeit erhoben werden, E. 3, 373.

2. Die erhobene öffentliche Klage kann nach Eröffnung der Untersuchung nicht mehr zurückgenommen werden (§ 154), wenn sich nachträglich ergibt, daß ein öffentliches Interesse an der Verfolgung nicht gegeben ist; auch kann die Staatsanwaltschaft dann die Einstellung des Verfahrens nicht beantragen. Dies gilt auch dann, wenn die öffentliche Klage wegen einer Offizialstraftat erhoben war und die betr. Handlung nachträglich sich nur als Antragsstraftat darstellt oder wenn lediglich eine mit der angeklagten Offizialstraftat rechtlich zusammentreffende Antragsstraftat übrig bleibt, E. 6, 310; 11, 128.

3. Ob dies der Fall, darüber entscheidet ausschließlich die Staatsanwaltschaft. Antrag auf gerichtliche Entsch. nach § 170 ausgeschlossen. — Verneinung des öffentlichen Interesses auch bei Beleidigungen von Behörden möglich, E. 23, 293

4. Zuständig zur Entsch. hierüber: Staatsanwalt am Landgericht § 73 Nr. 1 (§ 27 Nr. 3) GVG., Überweisung § 75 Nr. 4 GVG., oder Amtsanwalt.

Mitwirkung der StA. Übernahme der Verfolgung durch die StA.

§ 417.

I In dem Verfahren auf erhobene Privatklage ist die Staatsanwaltschaft zu einer Mitwirkung nicht verpflichtet;[1] es ist ihr jedoch der zur Hauptverhandlung bestimmte Termin bekanntzumachen.[2]

II Auch kann die Staatsanwaltschaft in jeder Lage der Sache bis zum Eintritt der Rechtskraft des Urteils[3] durch eine ausdrückliche Erklärung die Verfolgung übernehmen.[4] In der Einlegung eines Rechtsmittels[5] ist die Übernahme der Verfolgung enthalten.[6]

III Übernimmt die Staatsanwaltschaft die Verfolgung,[7] so richtet sich das weitere Verfahren nach den Bestimmungen, welche im zweiten Abschnitte dieses Buchs für den Anschluß des Verletzten als Nebenkläger gegeben sind.[8]

1. Aber berechtigt; sie kann in- und außerhalb der Hauptverh. Anträge stellen. S. auch § 430 Abs. 3.

2. Während des Verfahrens vor dem SchöffG. ist zuständig der Amtsanwalt § 143 Nr. 3 GVG.; s. hierzu Art. 90 der PreußGeschAnw. f. AA. v. 28. 8. 79 (JMBl. 261), §§ 46, 47 der BayJMBek. v. 29. 11. 13 (JMBl. 439). S. noch § 146 GVG.

3. Übernahme auch nach anderweitiger Beendigung des Privatklageverfahrens (Zurücknahme der Privatkl § 431, Einstellung wegen Todes des Privatklägers § 433) nicht mehr zulässig, E. 16, 421. Nach Einstellung wegen Ablebens des Privatklägers aber Erhebung einer neuen öffentlichen Klage möglich; ebenso nach Zurücknahme der Privatkl. dann, wenn trotz dieser Zurücknahme der Strafantrag wirksam bleibt, weil dessen Zurücknahme nicht zulässig ist, E. 8, 207; 19, 284; GoltdA. 49, 136.

4. Mangel eines Sühneversuchs dann belanglos, E. 45, 222. — Besondere Form der Übernahmeerklärung nicht erfordert, E. 46, 119. Die Übernahme kann auch durch Anklageerhebung wegen einer mit der Privatklagestraftat rechtlich zusammentreffenden Offizialstraftat erfolgen, ObstLG. 9, 252.

5. Berufung, Revision, auch Beschwerde; zuungunsten wie zugunsten (§ 338 Abs. 2) des Angekl. — Fristen: die des Privatklägers; bei Mitwirkung der Staatsanwaltschaft in der Hauptverh. aber Fristenlauf für sie von der in ihrer Gegenwart erfolgten Urteilsverkündung an.

6. Die Staatsanwaltschaft hat dann den ganzen weiteren Betrieb der Sache zu übernehmen; keine Beschränkung des Eingreifens lediglich auf die Einlegung des Rechtsmittels.

7. Verfahren nach Übernahme: a) bei Übernahme vor Eröffnung des Hauptverfahrens ist das Privatklageverfahren einzustellen; die Staatsanwaltschaft hat dann eine neue Anklageschrift einzureichen, vgl. auch ObstLG. 9, 274 und in SeuffBl. 74, 710; b) bei Übernahme nach Eröffnung des Hauptverfahrens Fortsetzung des Verfahrens in der Lage, in der es sich befindet, vgl. E. 41, 280; 46, 126; KG. in DJZ. 13, 976; ObstLG. 8, 137; 9, 56; a. M. E. 10, 239; 29, 423; 36, 7. Verbindung einer solchen an sich am Schöffengericht weiter zu betreibenden Sache mit anderen am Landgericht zu verhandelnden Sachen wegen Zusammenhangs zulässig, E. 46, 130. — Im Falle b kann die Staatsanwaltschaft die Verfolgung nicht wieder aufgeben; im Falle a gilt dasselbe, sobald auf die neue Klage die Untersuchung eröffnet ist, § 154.

8. Der Privatkläger wird ohne besondere Anschlußerklärung Nebenkläger und bleibt es, bis er hierauf ausdrücklich verzichtet, E 7, 437; 28, 223; ObstLG. 2, 90; er kann die Zurücknahme der Privatklage nicht mehr wirksam erklären, wohl aber den Strafantrag zurücknehmen, sofern dies gesetzlich noch zulässig (§ 64 StGB.). Sein Ableben berührt das Verfahren nicht. — Wegen der Kosten des Privatklageverfahrens s. Anm. 5 zu § 503; sie werden ein Bestandteil der allgemeinen Kosten des Verfahrens, vgl. Recht 12, 223; ObstLG. 7, 17; 9, 56. — Eine vor der Übernahme erhobene Widerklage bleibt anhängig; sie wird durch die Übernahme nicht berührt.

Beistand, Vertreter des Privatklägers.

§ 418.

Der Privatkläger kann[1] im Beistand eines Rechtsanwaltes[2] erscheinen oder sich durch einen mit schriftlicher Vollmacht versehenen Rechtsanwalt[2] vertreten lassen.[3] Im letzteren Falle können die Zustellungen an den Privatkläger mit rechtlicher Wirkung an den Anwalt erfolgen.[4]

1. In den Fällen des § 430 Abs. 2 muß der Privatkläger einen Rechtsanwalt zuziehen.

2. §§ 26, 100 RAO. (s. Anm. 1 zu § 138) gelten auch hier. S. noch § 427 Abs. 2. Den übrigen in § 138 genannten Personen stehen die hier den Rechtsanwälten eingeräumten Befugnisse nicht zu. Dagegen kann der Ehemann einer Privatklägerin als deren Beistand auftreten (bestr.).

3. Die Bestimmung gilt nur für die Hauptverh., ObstLG. 8, 125. S. noch Anm. 2 zu § 425. — Persönliches Erscheinen des Privatklägers s. §§ 427 Abs. 3, 431 Abs. 2, 3. — Beistand und Vertreter des Angekl. s. § 427 Abs. 1.

4. §§ 176, 177 ZPO. — Die Zustellungen können übrigens trotz Bevollmächtigung des Anwalts auch wirksam an den Privatkläger selbst erfolgen.

Sicherheitsleistung des Privatklägers. Armenrecht.

§ 419.

I Der Privatkläger hat für die der Staatskasse[1] und dem Beschuldigten voraussichtlich erwachsenden Kosten unter denselben Voraussetzungen Sicherheit zu leisten, unter welchen in bürgerlichen Rechtsstreitigkeiten der Kläger auf Verlangen des Beklagten Sicherheit wegen der Prozeßkosten zu leisten hat.[2]

II Die Sicherheitsleistung ist durch Hinterlegung in barem Gelde oder in Wertpapieren zu bewirken.

III Für die Höhe der Sicherheit und die Frist zur Leistung derselben,[3] sowie für die Bewilligung des Armenrechts[4, 5] gelten dieselben Bestimmungen wie in bürgerlichen Rechtsstreitigkeiten.

1. Gebühren- und Auslagen-Vorschußpflicht des Privatklägers: §§ 83—85 GKG. Keine weitere Sicherheitsleistung für Kosten der Staatskasse.

2. §§ 108—113 ZPO. Für allenfallsige Kosten des Beschuldigten hat nur der Ausländer (§§ 110, 111 ZPO.) Sicherheit zu leisten und zwar nur auf Verlangen des Beschuldigten (§ 110 ZPO.).

3. Höhe: § 112 ZPO. Frist: § 113 ZPO.

4. §§ 114—127 ZPO. Das Armenrecht muß demnach in jeder Instanz besonders bewilligt werden (§ 119 ZPO.), E. 32, 252. Den Antrag auf Bewilligung des Armenrechts und auf Bestellung eines Verteidigers zum Zwecke der Anbringung von Revisionsanträgen hat das Gericht zu verbescheiden, dessen Urteil angefochten ist, ObstLG. 12, 322. Für die Rechtsmittel sind in dem die Bewilligung des Armenrechts betr. Verfahren die Vorschriften der StPO. maßgebend, E. 30, 143. — Gegen den Beschluß, durch den dem Privatkläger das Armenrecht bewilligt wird, steht dem Angekl. die Beschwerde zu, ObstLG. in SeuffBl. 75, 431. — Die Beiordnung eines Rechtsanwalts durch das Gericht im Armenrecht ersetzt die schriftliche Vollmacht des Privatklägers, E. 26, 97; dem als Vertreter beigeordneten Anwalt steht kein Anspruch auf Zahlung der Gebühren aus der Staatskasse zu, E. 25, 360.

5. Das Armenrecht kann nur dem Privatkläger, nicht dem Angekl. bewilligt werden, letzterem auch dann nicht, wenn er zugleich Widerkläger ist, OLGM. 2, 268; 6, 709. Dagegen kann dem Nebenkläger das Armenrecht bewilligt werden, auch wenn er infolge Verbindung zusammenhängender Strafsachen in dem verbundenen Verfahren auch Angekl. ist, ObstLG. 13, 37.

Sühneversuch.

§ 420.

I Wegen Beleidigungen[1] ist, insofern nicht einer der im § 196 des Strafgesetzbuchs bezeichneten Fälle vorliegt, die Erhebung der Klage erst zulässig,[2] nachdem von einer durch die Landesjustizverwaltung zu bezeichnenden Vergleichsbehörde[3] die Sühne erfolglos[4] versucht worden ist.[5,6] Der Kläger hat die Bescheinigung hierüber mit der Klage einzureichen.

II Diese Bestimmung findet keine Anwendung, wenn die Parteien nicht in demselben Gemeindebezirke wohnen.[7]

1. Nicht auch wegen Körperverletzungen.

2. Der Mangel des Sühneversuchs ist von Amts wegen zu berücksichtigen; er unterliegt nicht dem Verzicht des Angekl. Bei fehlender Sühneversuchsbescheinigung und erfolgloser Fristsetzung hierwegen Zurückweisung der Klage. Nachholung des Sühneversuchs nach versehentlicher Eröffnung des Hauptverfahrens unzulässig; Einstellung des Verf. (bestr.). — Sühneversuch nicht nötig zum Beitritt (§ 415 Abs. 2) und zur Widerklage (§ 428); Mangel des Sühneversuchs belanglos bei Übernahme der Verfolgung durch die Staatsanwaltschaft (§ 417 Abs. 2). E. 3, 373; 45, 222.

3. Preußen: Schiedsmannsordnung v. 29. 3. 79 (GS. 321) §§ 33 ff.; Bayern: Art. 80 AG. GVG. und MinBek. v. 5. 8. 79 (GVBl. 769, JMBl. 369), vgl. auch noch die MinE. in Weber GVS. Bd. 16, 102; 19, 78.

4. Weil ein Vergleich nicht zustande kam oder der Beschuldigte nicht erschien. Erscheint der Sühnekläger nicht, so erhält er keine Bescheinigung.

5. Das Gesuch um Anberaumung eines Sühnetermins wahrt die Antragsfrist nicht. — Vertretung durch Bevollmächtigte im Termin unzulässig. — Für Minderjährige hat der gesetzliche Vertreter den Sühneversuch zu veranlassen und wahrzunehmen, ObstLG. in SeuffBl. 73, 335.

6. Der bedingungslose Vergleich vor der Vergleichsbehörde beseitigt das Privatklagerecht und auch das Antragsrecht (letzteres bestr.), s. auch ObstLG. in SeuffBl. 71, 363, unbeschadet der Rechte der neben dem Vergleichschließenden selbständig Privatklageberechtigten (§ 414 Abs. 2). Ein außergerichtlicher, privater Vergleich hebt ebenfalls das Privatklagerecht des Vergleichschließenden auf, ObstLG. 10, 438 und in BayZ. 6, 162; Einstellung auf Grund eines solchen außergerichtlichen privaten Vergleichs ohne gerichtlich erklärte Zurücknahme der Privatklage aber nicht möglich ObstLG. 14, 159, anders ObstLG. 13, 63. Privater vertragsmäßiger Verzicht auf das Privatklagerecht zulässig, JE. 42, 64, nicht aber auf das Antragsrecht, E. 3, 221; 14, 204.

7. Maßgebend nicht der Wohnsitz im juristischen Sinne, sondern der tatsächliche dauernde Aufenthalt.

Erhebung der Privatklage.

§ 421.

Die Erhebung der Klage geschieht zu Protokoll des Gerichtsschreibers oder durch Einreichung einer Anklageschrift.[1] Die Klage muß den im § 198 Abs. 1 bezeichneten Erfordernissen entsprechen. Mit der Anklageschrift sind zwei Abschriften[2] derselben einzureichen.[3]

1. Keine Formvorschriften. Mitwirkung eines Rechtsanwalts nicht erforderlich.

2. Für den Gegner und für die Staatsanwaltschaft.

3. Gebühren im Privatklageverfahren: §§ 70—73 GKG. — Gebühren- und Auslagen-Vorschußpflicht des Privatklägers: §§ 83—85 GKG.

Vorverfahren.

§ 422.

Ist die Klage vorschriftsmäßig erhoben,[1] so teilt das Gericht[2] dieselbe dem Beschuldigten unter Bestimmung einer Frist zur Erklärung[3] und der Staatsanwaltschaft[4] zur Kenntnisnahme mit.

1. §§ 420, 421, 198 Abs. 1. Ist den in diesen Paragraphen enthaltenen Vorschriften nicht genügt, so setzt der Amtsrichter dem Privatkläger eine Frist zur Beseitigung des Mangels und weist nach fruchtlosem Ablauf der Frist die Klage zurück. — Beschwerde § 346.

2. Der Amtsrichter: § 30 Abs. 2 GVG.

3. Der Beschuldigte braucht eine Erklärung nicht abzugeben, vgl. § 423.

4. Je nach der Zuständigkeit für die Verfolgung der in der Privatklage bezeichneten Straftat der Staatsanwaltschaft des Landgerichts oder dem Amtsanwalt. Vgl § 46 der BayJMBek. v. 29. 11. 13 (JMBl. 440). — Die Staatsanwaltschaft ist zur Erklärungsabgabe nicht verpflichtet. Wegen der Übernahme der Verfolgung durch die Staatsanwaltschaft s. § 417 und Anm. 4 und 7 hierzu

Eröffnung des Hauptverfahrens. Zurückweisung der Klage.

§ 423.

Nach Eingang der Erklärung des Beschuldigten[1] oder Ablauf der Frist[1] entscheidet das Gericht[2] darüber,[3] ob das Hauptverfahren zu eröffnen oder die Klage zurückzuweisen sei, nach Maßgabe der Bestimmungen, welche bei einer von der Staatsanwaltschaft unmittelbar erhobenen Anklage Anwendung finden.[4, 5]

1. § 422.

2. Der Amtsrichter, § 30 Abs. 2 GVG., s. auch E. 28, 31.

3. Vorherige Beweiserhebungen (vgl. § 200) nicht ausgeschlossen; VU. aber unzulässig (§ 176 Abs. 3), auch Untersuchungshaft nicht zulässig (vgl. § 427 Abs. 3)

4. §§ 201, 202, 204, 205 Abs. 1. Es ist zu prüfen: ob die Strafverfolgung zulässig ist (Verjährung usw.), ob eine im Privatklageverfahren verfolgbare Straftat in Frage steht, E. 9, 324, ob das Gericht auch sonst zuständig ist, ob dem Kläger ein Privatklagerecht zusteht, ob er dieses selbständig geltend machen kann (Anm. 6 zu § 414) und ob die Klage nach dem tatsächlichen Vorbringen und rechtlich begründet ist. — Zurückweisung der Klage aus tatsächlichen Gründen nach Vorerhebungen (Anm. 3) nicht ausgeschlossen. Bei Zurückweisung, weil Offizialstraftat vorliegt, sind die Akten der Staatsanwaltschaft zu übermitteln, vgl. § 429 Abs. 2; — Nichtbefolgung des § 63 StGB. ist kein Grund zur Zurückweisung; Eröffnung des Hauptverfahrens gegen nicht angeklagte Beteiligte unzulässig, vgl. E. 23, 202.

5. Gegen den zurückweisenden Beschluß sofortige Beschwerde (§ 353) des Privatklägers (§§ 430, 209). Sofortige Beschwerde des Angekl. gegen den Eröff.-Beschl. nur bei Zurückweisung seines Einwandes der örtl. Unzust. (gem. M.) s. Anm. 8 zu § 199. — Wiederaufnahme der zurückgewiesenen Klage: § 210.

Weiteres Verfahren.

§ 424.

I Das weitere Verfahren richtet sich nach den Bestimmungen, welche für das Verfahren auf erhobene öffentliche Klage gegeben sind.[1]

II Vor dem Schwurgerichte kann eine Privatklagesache nicht gleichzeitig mit einer auf öffentliche Klage anhängig gemachten Sache verhandelt werden.[2]

1. §§ 212, 214 ff. — Als Zeuge kann der Privatkläger nicht vernommen werden, Rsp. 2, 174; ObstLG. 7, 373. Untersuchungshaft nicht zulässig, vgl. § 427 Abs. 3 (Löwe, Stenglein). Bei Ableben des Angekl. Einstellung, Privatkläger dann kostenpflichtig, OLGM. 8, 80. Ableben des Privatklägers, § 433.

2. Ausnahme von § 2. Die Vorschrift des Abs. 2 gilt auch in denjenigen Bundesstaaten, in welchen in Preßsachen für Privatklagen das Schwurgericht zuständig ist (§ 6 EG. GVG.).

Stellung des Privatklägers im Verfahren.

§ 425.

I Insoweit in dem Verfahren auf erhobene öffentliche Klage die Staatsanwaltschaft zuzuziehen und zu hören ist, wird in dem Verfahren auf erhobene Privatklage der Privatkläger zugezogen und gehört.[1] Desgleichen sind alle Entscheidungen, welche dort der Staatsanwaltschaft bekannt gemacht werden, hier dem Privatkläger bekannt zu machen.[2]

II Es werden jedoch die auf richterliche Anordnung ergehenden Ladungen nicht durch die Staatsanwaltschaft, sondern durch den Gerichtsschreiber bewirkt.

III Zwischen der Zustellung der Ladung des Privatklägers zur Hauptverhandlung und dem Tage der letzteren muß eine Frist von mindestens einer Woche liegen.[3]

IV Das Recht der Akteneinsicht kann der Privatkläger nur durch seinen Anwalt ausüben.[4]

1. Als Zeuge kann der Privatkläger nicht vernommen werden, Rsp. 2, 174; ObstLG. 7, 373. §§ 192, 246 finden auf ihn keine Anwendung, E. 25, 177.

2. Bei Vertretung des Privatklägers durch einen Rechtsanwalt in der Hauptverh. keine Zustellung des Urteils an den nicht anwesend gewesenen Privatkläger; die Rechtsmittelfristen laufen in solchem Falle für diesen von der Urteilsverkündung an. War er aber zugleich Widerbeklagter, so muß ihm als solchem das Urteil zugestellt werden und es läuft für ihn als Widerbeklagten die Rechtsmittelfrist von der Zustellung an, ObstLG. 9, 123.

3. Vgl. § 216 und die Anm. hierzu.

4. Vgl. § 147.

Herbeischaffung von Beweismitteln.

§ 426.

I Der Vorsitzende des Gerichts bestimmt, welche Personen als Zeugen oder Sachverständige zur Hauptverhandlung geladen werden sollen.[1]

II Dem Privatkläger wie dem Angeklagten steht das Recht der unmittelbaren Ladung zu.[2]

1. Auch die Anordnung der Herbeischaffung anderer Beweismittel obliegt ihm. Anträge hierauf: § 218. Vorschußpflicht: § 84 GKG.

2. Vgl. § 219.

Vertretung der Parteien. Anordn. d. persönl. Erscheinens.

§ 427.

I In der Hauptverhandlung kann auch[1] der Angeklagte im Beistand eines Rechtsanwalts erscheinen oder sich auf Grund einer schriftlichen Vollmacht durch solchen vertreten[2] lassen.[3]

II Die Bestimmung des § 139 findet auf den Anwalt des Klägers wie auf den des Angeklagten Anwendung.

III Das Gericht ist befugt, das persönliche Erscheinen des Klägers sowie des Angeklagten anzuordnen,[4] auch den Angeklagten vorführen zu lassen.[5]

1. Wegen des Privatklägers s. § 418. S. auch § 431 Abs. 2, 3. Ununterbrochene Anwesenheit des Privatklägers oder seines Vertreters in der Hauptverh. nicht erfordert (Löwe, bestr.). S. noch Anm. 2 zu § 425.

2. Vertretung: Anm. 4 zu § 233; nur durch einen Rechtsanwalt; s. übrigens auch Abs. 2. Dagegen gelten für die Befugnis zur Führung der Verteidigung auch hier die allgemeinen Bestimmungen in § 138 Abs. 1 und 2 und für die Befugnis zum Auftreten als Beistand die Bestimmungen in § 149. Beiordnung eines Verteidigers auf Antrag oder von Amts wegen möglich, §§ 141, 144 (Löwe).

3. Beim Ausbleiben des Angekl. und seines bevollm. Vertreters kein Ungehorsamsverfahren nach § 231, sondern Vorführung des Angekl., § 229. — Entbinden des Angekl. vom persönlichen Erscheinen nach § 232 zulässig.

4. Bleibt der Privatkläger trotzdem aus, so erfolgt Einstellung, § 431 Abs. 2, keine Vorführung; dagegen wird der Angekl. in solchem Falle vorgeführt.

5. Untersuchungshaft im Privatklageverf. nicht zulässig (Löwe, Stenglein).

Widerklage.

§ 428.

I Bei wechselseitigen[1] Beleidigungen oder Körperverletzungen kann der Beschuldigte bis zur Beendigung der Schlußvorträge (§ 257) in erster Instanz mittels einer Widerklage[2] die Bestrafung des Klägers beantragen.[3, 4]

II Über Klage und Widerklage ist gleichzeitig zu erkennen.[5]

III Die Zurücknahme der Klage ist auf das Verfahren über die Widerklage ohne Einfluß.[6]

1. Gleichartigkeit der Vergehen nicht erfordert, also z. B. Widerklage wegen Körperverletzung bei Privatklage wegen Beleidigung möglich; auch zeitlicher oder sachlicher Zusammenhang nicht nötig, insbesondere also nicht notwendig eine „auf der Stelle erwiderte" Beleidigung oder Körperverletzung im Sinne der §§ 199, 233 StGB., vgl. E. 2, 87. Dagegen müssen die Vergehen „wechselseitige" sein zwischen dem Kläger und dem Angekl., weshalb z. B. dann, wenn eine andere Person als der Verletzte aus eigenem Recht (§ 414 Abs. 2) Privatklage erhob, eine Widerklage wegen eines vom Verletzten gegen den Angekl. verübten Vergehens nicht erhoben werden kann; dagegen ist beim Vorliegen eines solchen Verg. des Verletzten die Wechselseitigkeit gegeben, wenn für diesen sein gesetzlicher Vertreter Klage erhob, da hier der Verletzte der Privatkläger ist, ObstLG. 1, 55.

2. Widerklage gegenüber einer öffentlichen Klage nicht möglich, Rsp. 3, 627; 5, 317; 7, 216; E. 29, 116; ObstLG. 10, 250, auch nicht gegen den Nebenkläger, E. 29, 116.

3. Der Widerkläger muß prozeßfähig sein; das in Anm. 6 zu § 414 Bemerkte gilt auch hier. — Form der Widerklage: außerhalb der Hauptverh Erhebung nach § 421, worauf nach §§ 422, 426 (kein Eröff.-Beschl.) zu verfahren ist; in der Hauptverh. mündlich oder durch Übergabe einer Klageschrift. — Vorheriger Sühneversuch nicht erfordert. — Bedingte Widerklage wirkungslos, DJZ 13, 1284. — Über die Zulässigkeit der Widerklage Gerichtsbeschluß (Löwe, bestr.). Bei Zurückweisung wegen Unzulässigkeit sofortige Beschwerde, § 209.

4. Beitritt anderer Berechtigter zur Widerklage (vgl. § 415 Abs. 2, 3) zulässig.

5. Kosten: § 503 Anm. 8; Gebühren: § 70 GKG.

6. Auch die Übernahme der Verfolgung der Privatklagestraftat durch die Staatsanwaltschaft ist auf das Verfahren über die schon vorher erhobene Widerklage ohne Einfluß. Ebenso berührt ein Vergleich nur über die Privatklage und ein auf Grund dieses Vergleiches ergehender Einstellungsbeschluß die Widerklage nicht.

Einstellung des Verfahrens.

§ 429.

I Findet das Gericht nach verhandelter Sache, daß die für festgestellt zu erachtenden Tatsachen [1] eine solche strafbare Handlung darstellen, auf welche das in diesem Abschnitte vorgeschriebene Verfahren keine Anwendung erleidet, so hat es durch Urteil, welches diese Tatsachen hervorheben muß, die Einstellung des Verfahrens auszusprechen. [2, 3]

II Die Verhandlungen sind in diesem Falle der Staatsanwaltschaft mitzuteilen. [4]

1. Einstellung gem. § 429 auch dann, wenn sich nachträglich ergibt, daß schon die in der Klage behaupteten Tatsachen eine strafbare Handlung darstellen, die nicht im Wege der Privatklage verfolgbar ist, E. 9, 324.

2. Also keine Verweisung an das zuständige Gericht. Über das Verfahren nach einer prozeßordnungswidrigen Verweisung nach § 270 s. E. 46, 165, vgl. auch E. 23, 416. Nach § 429 ist auch dann zu verfahren, wenn erst in der Berufungsinstanz und nach Übernahme der Verfolgung durch die Staatsanwaltschaft die Voraussetzungen für das Verfahren nach § 429 sich ergeben; also keine Anwendung des § 369 Abs. 3, E. 29, 422; ObstLG. 8, 141. Gleichzeitige Anwendung des § 417 Abs. 2 und § 429 ist ausgeschlossen, ObstLG. in SeuffBl. 74, 179. Erkennt das

Gericht entgegen der Vorschrift des § 429 in der Sache selbst, so wird durch das rechtskräftige Urteil die Strafklage verbraucht, E. 9, 14, 324; für ein derartiges in der Sache selbst ergehendes Urteil gelten auch die Vorschriften über relative Rechtskraft, E. 9, 324.

3. Das Urteil ist mit den regelmäßigen Rechtsmitteln anfechtbar.

4. Die dem rechtskräftigen Einstellungsurteil zugrunde liegende Auffassung ist für die Staatsanwaltschaft bindend (Löwe, bestr.); diese kann aber die Verfolgung aus anderen Gründen (Mangel an Beweis usw.) ablehnen. Das nach erhobener öffentlicher Klage erkennende Gericht ist bei seiner Entsch. vom früheren Urteil völlig unabhängig.

Rechtsmittel des Privatklägers. **§ 430.**

I Dem Privatkläger stehen diejenigen Rechtsmittel zu, welche in dem Verfahren auf erhobene öffentliche Klage der Staatsanwaltschaft zustehen. Dasselbe gilt von dem Antrage auf Wiederaufnahme des Verfahrens in den Fällen des § 402. Die Bestimmung des § 343 findet auf das Rechtsmittel des Privatklägers Anwendung.[1]

II Revisionsanträge und Anträge auf Wiederaufnahme des durch ein rechtskräftiges Urteil geschlossenen Verfahrens kann der Privatkläger nur mittels einer von einem Rechtsanwalt unterzeichneten Schrift anbringen.[2]

III Die in den §§ 361, 362, 387 angeordnete Vorlage und Einsendung der Akten erfolgt wie im Verfahren auf erhobene öffentliche Klage an und durch die Staatsanwaltschaft. Die Zustellung der Berufungs- und Revisionsschriften an den Gegner des Beschwerdeführers wird durch den Gerichtsschreiber bewirkt.

1. Der Privatkläger kann Rechtsmittel auch zugunsten des Angekl. einlegen, E. 22, 400 (bestr.). — Für die Rechtsmittel des Angekl. gelten die allgemeinen Vorschriften.

2. Nicht aber zu Protokoll des Gerichtsschreibers; bei Verstoß hiergegen nicht Beschluß nach § 386 Abs. 1, sondern Unzulässigkeitserklärung durch das Revisionsgericht nach § 389, SächsOLG. 32, 289. — S. noch Anm. 8—10 zu § 385. Beiordnung eines Rechtsanwalts auf Antrag des im Armenrechte klagenden Privatklägers. Die Entsch. über das Gesuch um Bewilligung des Armenrechts behufs Stellung von Revisionsanträgen steht der Strafkammer, diejenige über das Gesuch um das Armenrecht für die Revisionsinstanz dem Revisionsgericht zu, ObstLG. 12, 322. Das Unterlassen der Verbescheidung des von dem Privatkläger für das Revisionsverfahren gestellten Armenrechtsgesuchs kann einen Grund zur Wiedereinsetzung in den vorigen Stand gegen die Versäumung der Frist zur Revisionsbegründung bilden, ObstLG. 10, 135. — S. auch ObstLG. 9, 174.

Zurücknahme der Privatklage. **§ 431.**

I **Die Privatklage kann bis zur Verkündung des Urteils erster Instanz und, soweit zuläßige[1] Berufung eingelegt ist, bis zur Verkündung des Urteils zweiter Instanz[2] zurückgenommen werden.[3,4,5]**

II Als Zurücknahme gilt es im Verfahren erster und, soweit der Angeklagte[6] die Berufung eingelegt hat, im Verfahren zweiter Instanz, wenn der Privatkläger in der Hauptverhandlung weder erscheint[7] noch durch einen Rechtsanwalt vertreten[8] wird,[7] oder in der Hauptverhandlung oder einem anderen Termine ausbleibt, obwohl das Gericht sein persönliches Erscheinen angeordnet[9] hatte, oder eine Frist nicht einhält, welche ihm unter Androhung der Einstellung des Verfahrens gesetzt war.[10]

III Soweit der Privatkläger die Berufung eingelegt hat, ist dieselbe im Falle der vorbezeichneten Versäumungen unbeschadet der Bestimmung des § 343 sofort zu verwerfen.[11]

IV Der Privatkläger kann binnen einer Woche[12] nach der Versäumung die Wiedereinsetzung in den vorigen Stand unter den in den §§ 44, 45 bezeichneten Voraussetzungen beanspruchen.

1. Bei nicht zulässiger Berufung (vgl. §§ 360, 363) Zurücknahme der Privatklage nach Verkündung des erstinstanziellen Urteils wirkungslos.

2. Auch im Falle einer Zurückverweisung der Sache durch das Revisionsgericht in die Berufungsinstanz.

3. Auch gegen den Willen des Angekl. Wegen der Widerklage s. § 428 Abs. 3. — Mit der Zurücknahme der Privatklage gilt auch der in ihr enthaltene Strafantrag in denjenigen Fällen, in welchen dessen Zurücknahme zulässig ist (vgl. § 64 StGB.), als zurückgenommen, sofern der Privatkläger nicht ausdrücklich das Gegenteil erklärt. Ist die Zurücknahme des Strafantrages nicht oder nicht mehr zulässig, so kann nach der Zurücknahme der Privatklage die Staatsanwaltschaft bis zur daraufhin erfolgenden Einstellung das Verfahren gem. § 417 Abs. 2 übernehmen, auch nach erfolgter Einstellung die öffentliche Klage erheben, E. 8, 207; 19, 284; GoltdA. 49, 136; Recht 12, 3928; W. 4, 310; ObstLG. 12, 325.

4. Nach erfolgter Zurücknahme der Klage Einstellung des Verfahrens durch Beschluß. S. übrigens KG. in DJZ. 11, 825. — Kosten: § 503 Abs. 2. — Gebühren: §§ 70, 72 GKG.

5. Ein gerichtlicher Vergleich beseitigt das Privatklagerecht und hat die beschlußmäßige Einstellung des Verfahrens zur Folge; die Privatklage braucht in diesem Falle nicht zurückgenommen zu werden (Löwe). — Wegen des außergerichtlichen Vergleiches s. Anm. 6 zu § 420.

6. Auch wenn neben ihm der Privatkläger im gleichen Klagepunkte ebenfalls Berufung eingelegt hat. Abs. 3 dann nicht anwendbar (Löwe).

7. Ohne genügende Entschuldigung. — Bei vorzeitiger Entfernung des Privatklägers oder seines Vertreters findet Abs. 2 keine Anwendung. Die Verh. wird ohne sie zu Ende geführt; allenfalls Anordnung des persönlichen Erscheinens des Privatklägers. Vgl. E. in GoltdA. 59, 369.

8. § 418. Die Rechtsnachteile des Abs. 2 werden nicht dadurch ausgeschlossen, daß der Vertreter des Privatklägers nicht neben diesem geladen wurde, KG. in DJZ. 12, 601. Genügende Entschuldigung des Ausbleibens des Vertreters schließt sie aus, ElsLZ. 32, 645.

9. § 427 Abs. 3.

10. Zur Fristsetzung ist das Gericht, nicht der Vorsitzende zuständig. Die

Begründung der Berufung binnen gesetzter Frist kann dem Privatkläger nicht unter Androhung der Einstellung des Verfahrens aufgegeben werden, SächsOLG. 32, 481. Auch in den Fällen des Abs. 2 in erster wie in zweiter Instanz Einstellung durch Beschluß, nicht durch Urteil, vgl. JW. 31, 586.

11. Durch Urteil. — Gebühren: § 70 Nr. 2 GKG.

12. Von der Versäumung an, nicht von der Zustellung des Einstellungsbeschlusses oder des gem. Abs. 3 die Berufung verwerfenden Urteils an (Löwe).

Wirkung der Klagezurücknahme.

§ 432.

Die zurückgenommene[1] Privatklage[2] kann nicht von neuem erhoben werden.[3, 4]

1. Ausdrücklich oder gem. § 431 Abs. 2.

2. Hinsichtlich der Erhebung der öffentlichen Klage wegen derselben Tat s. Anm. 3 zu § 431.

3. Erneuerung der Privatkl. durch andere Klageberechtigte (Anm. 1 zu § 415) aber möglich. ObstLG. in BayZ. 10, 108.

4. Auf die Verletzung des § 432 kann die Revision gem. § 380 nicht gestützt werden, ObstLG. 12, 224.

Ableben des Privatklägers.

§ 433.

I Der Tod des Privatklägers[1] hat die Einstellung des Verfahrens zur Folge.[2]

II War jedoch die Privatklage darauf gestützt, daß der Beschuldigte wider besseres Wissen in Beziehung auf den anderen eine unwahre Tatsache behauptet oder verbreitet habe, welche denselben verächtlich zu machen oder in der öffentlichen Meinung herabzuwürdigen geeignet ist,[3] so kann die Klage nach dem Tode des Klägers von den Eltern, den Kindern[4] oder dem Ehegatten des letzteren fortgesetzt werden.[5, 6]

III Die Fortsetzung ist von dem Berechtigten bei Verlust des Rechts binnen zwei Monaten, vom Tode des Privatklägers an gerechnet, bei Gericht zu erklären.[7]

1. Tod des Angekl. s. Anm. 1 zu § 424.

2. Neue öffentliche Klage durch die Staatsanwaltschaft möglich — Kosten: Anm. 5 zu § 503.

3. Vgl. § 187 StGB. Der hier angeführte Tatbestand dieses Paragraphen muß in der Klage des Verstorbenen behauptet sein; ergibt sich übrigens nach Fortsetzung des Verfahrens in der Hauptverh., daß nur § 185 oder § 186 StGB. vorliegt, so hat das Urteil auf Einstellung zu lauten (gem. M.).

4. Nur von den Abkömmlingen ersten Grades.

5. Nicht von der Staatsanwaltschaft; s. aber Anm. 2. — Mehrheit von Berechtigten: § 415. — Der Bußanspruch ist nicht vererblich, §§ 444 Abs. 4, 446. — Die vom Ehemann wegen Beleidigung der Ehefrau in eigenem Namen erhobene

Privatkl. kann nach dem Tode des ersteren von der Witwe fortgesetzt werden ObstLG. 7, 366.

6. Die Einstellung erfolgt im Falle des Abs. 2 erst nach Ablauf der in Abs. 3 bezeichneten zweimonatigen Frist, ObstLG. 3, 359, a. M. Löwe.

7. Ist zur Zeit des Bekanntwerdens des Todes des Privatklägers die Berufungsfrist für einen Mitangeklagten noch nicht abgelaufen, sind aber die Akten wegen der Berufung eines andern Mitangeklagten dem Berufungsgerichte schon vorgelegt (§ 362), so hat dieses über die Frage der Einstellung oder Fortsetzung des Verfahrens zu entscheiden, ObstLG. 7, 310.

§ 434.

Die Zurücknahme der Privatklage und der Tod des Privatklägers, sowie die Fortsetzung der Privatklage sind dem Beschuldigten bekannt zu machen.

Zweiter Abschnitt.

Nebenklage.

Nebenklageberechtigung.

§ 435.

I Wer nach Maßgabe der Bestimmung des § 414 [1] als Privatkläger aufzutreten berechtigt ist, [2, 3] kann sich der erhobenen [4] öffentlichen [5] Klage in jeder Lage des Verfahrens [6] als Nebenkläger anschließen. [7] Der Anschluß kann behufs Einlegung von Rechtsmitteln auch nach ergangenem Urteile geschehen. [8]

II Die gleiche Befugnis steht demjenigen zu, welcher durch einen Antrag auf gerichtliche Entscheidung (§ 170) die Erhebung der öffentlichen Klage herbeigeführt hat, [9] wenn die strafbare Handlung gegen sein Leben, seine Gesundheit, seine Freiheit, seinen Personenstand oder seine Vermögensrechte [10] gerichtet [11] war.

1. Oder nach § 22 UnlWG. v. 7. 6. 09; Recht 16, 711; GoltdA. 59, 466; E. 46, 46, oder nach § 47 Abs. 2 LitUG., E. 46, 362.

2. Gleichgültig ist, ob mit der betr. Privatklagestraftat (Beleidigung, Körperverletzung) eine Offizialstraftat (z. B. ein Sittlichkeitsverbrechen) rechtlich zusammentrifft und nur wegen der letzteren die öffentl. Klage erhoben wurde, Rsp. 5, 40; 8, 468; 9, 524; Recht 16, 1572; ObstLG. 11, 125; es genügt, wenn die Sachlage auch nur die rechtliche Möglichkeit begründet, daß das Tun des Angekl. unter einen den Anschluß zulassenden Gesichtspunkt fällt, E. 43, 260, 51, 130. Rechtsmittelbefugnis aber nur aus letzterem Gesichtspunkte RG. in BayZ. 11, 146.

3. Die prozessuale Zulässigkeit der Nebenklage ist nach der Prozeßlage zu beurteilen, in der sich das Verfahren zur Zeit der Entsch. über das Zulassungsgesuch befindet, E. 24, 187; Recht 13, 2209; W. 4, 311; 7, 181. Das Privatklagerecht muß zur Zeit des Anschlusses gegeben sein; kein Anschluß, wenn es zu diesem Zeitpunkte durch Ablauf der Antragsfrist oder wirksame Antragszurücknahme verloren gegangen ist, E. 41, 176; Recht 16, 3307.

4. Also nicht im vorbereitenden Verf., wohl aber in der HV. S. noch Anm. 6.

5. Bei Privatklage nur Beitritt nach § 415 Abs. 2.

6. Bis zur rechtskräftigen Erledigung der Sache. Nach diesem Zeitpunkt kein Anschluß mehr, KG. in GoltdA. 57, 234, 235, wohl aber in einem von anderer Seite beantragten Wiederaufnahmeverfahren, Recht 11, 1480; 15, 1880. S. noch Anm. 4.

7. Voraussetzung ist, daß der Berechtigte prozeßfähig ist, s. Anm. 6 zu § 414, E. 9, 125; 37, 63; daß er gleichzeitig Zeuge ist, ist belanglos, E. 2, 384, er kann sogar Mitangeklagter sein, E. 22, 421. — Eine Behörde oder politische Körperschaft als solche kann sich nicht anschließen, wohl aber unter Umständen deren einzelne Mitglieder, E. 41, 168.

8. Ebenso nach ergangenen anfechtbaren Beschlüssen, z. B. solchen nach § 209; ObstLG. 7, 294. — Legt der Berechtigte ein Rechtsmittel ein, so liegt darin die Anschlußerklärung, E. 5, 334. Ein bloßer Anschluß nach Einlegung eines Rechtsmittels durch die Staatsanwaltschaft enthält dagegen keine selbständige Einlegung eines Rechtsmittels; mit der Zurücknahme oder Verwerfung des Rechtsmittels der Staatsanwaltschaft wird daher der Anschluß gegenstandslos, Rsp. 9, 283; Recht 13, 2341. Der Nebenkläger ist auch dann als solcher zuzulassen, wenn das beabsichtigte Rechtsmittel sich von vorneherein als unzulässig oder unbegründet darstellt, ObstLG. 10, 229.

9. Keine Nachprüfung, ob die Entsch. nach § 173 formell und sachlich zu Recht ergangen ist, E. 44, 6.

10. Auch bei gegen die Sittlichkeit gerichteten Straftaten, E. 24, 187, auch z. B. bei einer Eidesverletzung, auf Grund deren Verurteilung zu einer Freiheitsstrafe erfolgte, Rsp. 10, 419.

11. Ob die Tat vollendet oder nur versucht wurde, ob sie vorsätzlich oder fahrlässig begangen wurde, ist gleichgültig; vgl. Rsp. 10, 419.

Anschlußerklärung.

§ 436.

I Die Anschlußerklärung ist bei dem Gerichte[1] schriftlich[2] einzureichen.[3]

II Das letztere[4] hat über die Berechtigung des Nebenklägers zum Anschlusse nach Anhörung der Staatsanwaltschaft[5] zu entscheiden.[6]

III Zu einer Sicherheitsleistung ist der Nebenkläger nicht verpflichtet.[7]

1. Einreichung der Anschlußerklärung bei der Staatsanwaltschaft genügt nicht, GoltdA. 47, 379; die Erklärung wird jedoch in diesem Fall dann wirksam, wenn sie von der Staatsanwaltschaft dem Gericht zur Behandlung durch bes. Verfügung zugeleitet wird, GoltdA. 55, 227; Recht, 13, 1438; ObstLG. 10, 57.

2. Nur schriftlich; mündliche Anschlußerklärung in der Hauptverh. unwirksam, Rsp. 7, 616; E. 36, 246. Kein Anschluß zu Protokoll des Gerichtsschreibers, E. 1, 285; unterzeichnetes Protokoll ist aber als schriftliche Erklärung zu erachten, E. 6, 139; 9, 223. Verzicht des Angekl. auf Einhaltung der schriftlichen Form ohne Bedeutung, E. 36, 247. — Wegen der schriftlichen Form insbesondere des Anschlusses mittels Telegramms s. noch Anm. 5 zu § 156 und Anm. 3 zu § 348.

3. Inhalt der schriftlichen Erklärung: sie braucht nur den Willen erkennen zu lassen, sich der öffentlichen Klage als Nebenkläger anzuschließen, E. 5, 335; GoltdA. 43, 32.

4. Bei Anschlußerklärung nach ergangenem Urteil zum Zwecke der Einlegung eines Rechtsmittels (§ 435 Abs. 1 S. 2) das zur Entsch. über das Rechtsmittel berufene Gericht, nicht das Gericht, dessen Urteil angefochten wird, E. 6, 139, 48, 235; Recht 18, 723, 1939.

5. Anhörung des Angekl. nicht nötig, Recht 10, 454. Gegen die Zulassung steht diesem aber die Beschwerde gem. § 346 zu, E. 51, 130. KG. in GoltdA. 57, 234.

6. Ausdrückliche Entsch. erfordert Rsp. 8, 532 s. übr. ObstLG. 14, 292 und zwar sofort, vor Vornahme weiterer Prozeßhandlungen, E. 25, 186. Über die Prüfung der Berechtigung des Nebenklägers bei dieser Entsch. s. ObstLG. 11, 125. Mitwirkung bei dieser Entsch steht der Teilnahme des Richters am Hauptverfahren nicht entgegen, E. 8, 82. Bei Zurückweisung der Anschlußerklärung Beschwerde gem. § 346. — Nachprüfung der Voraussetzungen der Zulassung durch das Revisionsgericht, E. 35, 25; 38, 405; § 380 steht nicht entgegen, KG. in GoltdA. 57, 235; s. hierzu auch Anm. 9 zu § 435. — Keine Zurücknahme des Zulassungsbeschlusses von Amts wegen durch das Gericht (gem. M.); nur auf Beschwerde Zurücknahme nach § 348 Abs. 2 möglich. Vgl. auch E. 51, 132.

7. Kostenvorschußpflicht des Nebenklägers: §§ 83—85 GKG.

Rechte des Nebenklägers. **§ 437.**

I Der Nebenkläger hat nach erfolgtem Anschlusse[1] die Rechte des Privatklägers.[2, 3, 4, 5]

II An den Erklärungen über Annahme oder Ablehnung der Geschworenen nimmt der Nebenkläger nicht teil.

1. Das heißt von der Zulassung durch das Gericht an, § 436 Abs. 3, GoltdA. 53, 291; s. übrigens auch ObstLG. 10, 218. Vgl. auch E. 51, 131.

2. Rechtliche Stellung des Nebenklägers: Seine Ladung zur Hauptverh. erfolgt durch die Staatsanwaltschaft E. 7, 220; s. auch GoltdA. 56, 86; SeuffBl. 74, 280; er braucht in dieser jedoch nicht zu erscheinen, E 28, 220; 31, 37; Recht 12, 2434, sein persönliches Erscheinen kann zwar angeordnet, aber nicht erzwungen werden. Er hat das Recht der unmittelbaren Ladung, kann auch das Armenrecht bewilligt erhalten, GoltdA. 46, 25. In der Hauptverh kann er Anträge stellen, auch das Fragerecht ausüben; nach Schluß der Beweisaufnahme muß ihm neben der Staatsanwaltschaft das Wort erteilt werden, E. 16, 253; Recht 10, 131. Verstoß hiergegen übrigens kein Revisionsgrund für den Angekl., GoltdA. 58, 440. Wegen seiner Rechtsmittelbefuguisse s. § 441. Bei Anbringung der Revisionsanträge und eines Wiederaufnahmeantrags gilt auch für ihn die Vorschrift des § 430 Abs. 2; E. 19, 115; 36, 75; DJZ. 18, 168. Recht 21, 539.

3. Der Nebenkläger kann in der Hauptverh. zur Aufklärung der Sache gehört werden, ohne daß er dadurch die Eigenschaft eines Zeugen erlangt, Recht 17, 1546; er kann aber auch als Zeuge vernommen werden, E. 2, 384, und ist dann unter denselben Voraussetzungen wie jeder andere Zeuge zu beeidigen, E. 3, 47; er darf, auch wenn er Zeuge ist, der ganzen Verh. beiwohnen, auch seine zeitweilige Entfernung nach § 242 Abs. 4 ist nicht zulässig, E. 2, 388; 25, 177; gegen die Anordnung seiner kommissarischen Vernehmung steht ihm die Beschwerde zu, ObstLG. 10, 227.

4. Widerklage gegen den Nebenkläger unzulässig, auch dann, wenn die Verfolgung im Verfahren über die Privatkl. durch die Staatsanwaltschaft übernommen wurde, E. 29, 116; eine zu letzterem Zeitpunkte schon anhängige Widerklage wird durch diese Übernahme nicht berührt; sie ist gesondert weiter zu behandeln.

5. Kosten (s. hierzu ObstLG. 13, 1 und in SeuffBl. 78, 220; BayZ. 9, 303): die Kosten der Nebenklage sind Kosten des Verfahrens und im Falle der Verurteilung vom Angekl. zu tragen; dazu gehören auch die notwendigen Auslagen des Nebenklägers, die von dem Angekl. auch ohne förmlichen Ausspruch im Urteil, E. 10, 113 und auch dann zu ersetzen sind, wenn der Bußanspruch des Nebenklägers abgewiesen, E. 6, 237; 41, 349; Recht 15, 3279 oder der Angekl. wegen einer Straftat verurteilt wurde, wegen welcher eine Anschlußberechtigung nicht bestanden hätte, Rsp. 5, 572; 9, 524; Recht 13, 616; Voraussetzung ist, daß die Zulassung als Nebenkläger zu Recht erfolgte, Recht 17, 146.

Bei Freisprechung des Angekl. hat der Nebenkläger ohne besonderen Ausspruch hierüber seine Auslagen selbst zu tragen, E. 15, 190; in die Kosten kann er aber nicht verurteilt werden; er hat im ersten Rechtszug überhaupt keine Kosten zu tragen, E. 31, 230; Recht 16, 2621 (Ausnahme: §§ 501, 504). Auch in der höheren Instanz kann er nicht kostenpflichtig werden, wenn das Rechtsmittel nur von anderer Seite eingelegt ist. Dagegen hat er, wenn er allein ohne Erfolg ein Rechtsmittel eingelegt hat, die Kosten der höheren Instanz zu tragen und die dem Angekl. hierdurch erwachsenen notwendigen Auslagen zu ersetzen, Rsp. 6, 197; s. übr. E. 46, 58; 48, 341; ohne Erfolg ist das Rechtsmittel aber dann nicht, wenn entgegen dem vom Nebenkläger erstrebten Ziel der Angekl. in Anwendung des § 343 freigesprochen wurde, E. 41, 351; s. auch E. 30, 128; ferner noch E. 40, 409.

Über Fälle entsprechender Verteilung der Kosten und Auslagen s. E. 10, 114; 44, 334. — Wegen der Bewilligung des Armenrechts s. § 419 und insbesondere Anm. 5 hierzu.

§ 438.

I Der Fortgang des Verfahrens wird durch den Anschluß nicht aufgehalten.[1]

II Die bereits anberaumte Hauptverhandlung sowie andere Termine finden an den bestimmten Tagen statt, auch wenn der Nebenkläger wegen Kürze der Zeit nicht mehr geladen oder benachrichtigt werden konnte.[2]

1. Das Gericht kann aber im Hinblick auf die Ansprüche des Nebenklägers gleichwohl von Amts wegen Beweise erheben, auch wenn zu diesem Behufe die Hauptverh. auszusetzen ist, Rsp. 10, 169.

2. Ladung durch die Staatsanwaltschaft, E. 7, 220; s. auch GoltdA. 56, 86; SeuffBl. 74, 280. Nur bei Kürze der Zeit kann von Ladung oder Benachrichtigung abgesehen werden; in allen andern Fällen begründet die Unterlassung der Ladung die Revision, GoltdA. 43, 32; Recht 10, 67.

§ 439.

I Entscheidungen, welche schon vor dem Anschluß ergangen und der Staatsanwaltschaft bekannt gemacht waren, bedürfen keiner Bekanntmachung an den Nebenkläger.[1]

II Die Anfechtung solcher Entscheidungen steht auch dem Nebenkläger nicht mehr zu, wenn für die Staatsanwaltschaft die Frist zur Anfechtung abgelaufen ist.[2]

1. Über die besonderen Rechte der Verwaltungsbehörde, die sich dem Verfahren anschließt, s. §§ 467—469.

2. Dem Nebenkläger laufen demnach die Rechtsmittelfristen in diesen Fällen (s. dagegen Anm. 2 zu § 441) so, wie der Staatsanwaltschaft; ein vorzeitiger Rechtsmittelverzicht oder eine Rechtsmittelzurücknahme der Staatsanwaltschaft berühren aber das Recht des Nebenklägers innerhalb dieser Fristen nicht. Für die Rechtfertigung eines innerhalb dieser Fristen eingelegten Rechtsmittels des Nebenklägers läuft diesem selbständig die Frist von der Urteilszustellung an, Rsp. 10, 504. Wird dem Nebenkläger der die Zulassung aussprechende Beschluß erst nach der Urteilszustellung zugestellt, so beginnt die Rechtfertigungsfrist erst von der Zustellung des Beschlusses an, Recht 12, 440; 18, 723. — S. noch Anm. 8 zu § 435.

Urteilszustellung an den Nebenkläger.

§ 440.

Ist in der Hauptverhandlung weder der Nebenkläger noch ein Anwalt desselben erschienen,[1] so wird das Urteil dem ersteren[2] zugestellt.[3]

1. Oder haben sie sich vor der Urteilsverkündung entfernt, vgl. E. 6, 28; 34, 385.

2. Zustellung nur an den Nebenkläger; anders § 418 S. 2.

3. Nichterscheinen gilt also nicht als Zurücknahme der Nebenklage; anders bei der Privatklage, § 431 Abs. 2, E. 7, 376; 9, 223; 32, 348. Die Rechtsmittelfrist beginnt erst mit der Urteilszustellung, E. 6, 28.

Rechtsmittel des Nebenklägers.

§ 441.

I Der Rechtsmittel[1] kann sich der Nebenkläger unabhängig[2] von der Staatsanwaltschaft bedienen.[3, 4]

II Wird auf ein nur von dem Nebenkläger eingelegtes Rechtsmittel die angefochtene Entscheidung aufgehoben, so liegt der Betrieb der Sache wiederum der Staatsanwaltschaft ob.[5]

1. Beschwerde, Berufung, Revision. — Der in dem früheren Verfahren beteiligt gewesene Nebenkläger kann auch selbständig einen Wiederaufnahmeantrag (§§ 402, 210) stellen (bestr.), Form: § 430 Abs. 2 (§ 437); Recht 7, 109. — S. noch Anm. 2 zu § 437 und Anm. 6 zu § 435.

2. Die Rechtsmittelfristen laufen für ihn selbständig, vgl. E. 6, 28; E. 48, 235 (Frist des § 385). Ausnahme: § 439 Abs. 2. S. noch § 469.

3. Auf ein Rechtsmittel des Nebenklägers kann die angefochtene Entsch. auch zugunsten des Beschuldigten abgeändert oder aufgehoben werden (§ 343), E. 41, 351; 45, 14; SeuffBl. 75, 146; der Nebenkläger kann es auch lediglich zugunsten des Beschuldigten einlegen. Er kann das Rechtsmittel auch beschränken, z. B. auf die Entsch. über den Kostenpunkt, ObstLG. 10, 193, oder auf die Entsch. über seinen Bußanspruch, E. 7, 12. Er kann im Falle der Idealkonkurrenz Rechtsirrtümer auch aus demjenigen Teile der Urteils rügen, der sich mit der zum Anschluß an sich nicht berechtigenden strafbaren Handlung befaßt, E. 9, 125. Auch wird bei unbeschränkt eingelegter Berufung des Nebenklägers der Sachverhalt nach allen einschlägigen rechtlichen Gesichtspunkten der Beurteilung des Berufungsgerichts unterstellt und es kann deshalb, auch wenn die Staatsanwaltschaft kein Rechtsmittel eingelegt hat, der Angekl. bei Identität der Tat dann auch wegen einer zum Anschluß nicht berechtigenden Straftat verurteilt werden, GoltdA. 55, 118. Im übrigen steht dem Nebenkläger eine Rechtsmittelbefugnis nur zu, soweit seine besonderen, an der Verurteilung des Angekl. beteiligten Interessen verletzt sind, Recht 14, 452. § 379 gilt auch für den Nebenkläger, E. 28, 225. — Das Rechtsmittelgericht hat die Zulässigkeit der Nebenklage stets selbständig zu prüfen, E. 35, 25; 44, 6; Recht 16, 3308.

4. Wegen der Gebühren s. § 74 GKG., wegen der Vorschußpflicht des Nebenklägers s. §§ 83, 84 GKG.

5. Die Staatsanwaltschaft hat übrigens auch dann vor dem höheren Gericht mitzuwirken, wenn das Rechtsmittel nur von dem Nebenkläger eingelegt war; sie kann aber in der Berufungsinstanz den ausbleibenden Nebenkläger nicht vertreten, vielmehr ist dessen Berufung dann gem. §§ 431 Abs. 3, 437 Abs. 1 sofort zu verwerfen.

Erlöschen der Wirkungen der Anschlußerklärung.

§ 442.

Die Anschlußerklärung verliert durch Widerruf[1] sowie durch den Tod[2] des Nebenklägers ihre Wirkung.[3]

1. Ausbleiben des Nebenklägers oder eines Vertreters desselben in der Hauptverh. gilt nicht als Widerruf, s. Anm. 3 zu § 440. Auch die Zurücknahme des Strafantrags durch den Nebenkläger gilt nicht als Widerruf der Anschlußerklärung, falls die Tat auch unter dem Gesichtspunkt einer mit der Antragsstraftat ideal konkurrierenden Offizialstraftat strafbar ist, Recht 13, 940.

2. Das vom Nebenkläger eingelegte Rechtsmittel ist mit dem Tode des Nebenklägers als erledigt anzusehen, DJZ. 13, 708; BayZ. 4, 185; keine Vererblichkeit der Nebenklage. Tod des Nebenklägers zwischen Verkündung und Rechtskraft des Urteils s. Recht 14, 2142.

3. Erneute Anschlußerklärung zulässig, E. 8, 384. Ausnahme: § 444 Abs. 2. — Bei Wiederaufnahme der Klage nach § 210 bleibt die vor dem Einstellungsbeschluß auf Grund der früheren Anschlußerklärung erfolgte Zulassung des Nebenklägers wirksam, E. 43, 150. — Keine Zurücknahme der Zulassung von Amts wegen, s. Anm. 6 zu § 436.

Nebenklage bei Anspruch auf Buße.

§ 443.

I Die Befugnis, sich einer öffentlichen Klage nach den Bestimmungen der §§ 435—442 als Nebenkläger anzuschließen, steht auch demjenigen zu, welcher berechtigt ist, die Zuerkennung einer Buße zu verlangen.[1, 2, 3]

II Wer die Zuerkennung einer Buße in einem auf erhobene öffentliche Klage[4] anhängigen Verfahren beantragen will, muß sich zu diesem Zwecke der Klage als Nebenkläger anschließen.[5]

1. Zuerkennung einer Buße (über deren Wesen s. E. 15, 352, 439; 31, 334; 44, 296) kann erfolgen nach: §§ 188, 231 StGB., wegen § 340 StGB. s. E. 12, 223; Rsp. 8, 409, § 14 Musterschutzges. v. 11. 1. 76, § 37 Patentges. v. 7./4. 91, § 11 Gebrauchsmusterges. v. 1. 6. 91, § 18 Ges. z. Schutz der Warenbezeichnungen v. 12 5. 94, § 40 Urheberrechtsges. v. 19. 6. 01, § 35 Kunstschutzges. v. 9. 1. 07, § 26 unl. Wettbewerbges. v. 7. 6. 09.

Die Zuerkennung einer Buße steht in allen diesen Fällen im Ermessen des Strafrichters; bei Ablehnung aus formellen oder sachlichen Gründen steht der Zivilrechtsweg offen. Die rechtskräftige Zuerkennung einer Buße schließt weitere Entschädigungsansprüche aus. Die Rechtshängigkeit eines Entschädigungsanspruches vor dem Zivilgericht hindert die Zuerkennung einer Buße nicht, JW. 24, 288.

2. Anschluß auch zulässig, wenn Buße tatsächlich nicht verlangt wird oder nach § 444 Abs. 1 nicht mehr verlangt werden kann, E. 5, 335; 11, 90; 41, 176; Rsp. 5, 358; ObstLG. 7, 405; der Anschluß dient dann dem Zweck der Strafverfolgung. — Über die Wirkung eines Verzichts auf Buße und eines Vergleichs über den Bußanspruch s. Anm. 5 zu § 445.

3. Der Anschluß setzt Prozeßfähigkeit voraus; es gilt das in Anm. 6 zu § 414 und in Anm. 7 zu § 435 Bemerkte auch hier. S. auch E. 9, 125.

4. Antrag im vorbereitenden Verfahren demnach unwirksam, E. 21, 156.

5. Also keine Vertretung dieses Anspruchs durch die Staatsanwaltschaft. Dieser steht auch kein Rechtsmittel gegen die Entsch. über den Bußanspruch zu (Löwe). — Der Anschluß geschieht gem. § 436 Abs. 1 durch Einreichung einer schriftlichen Anschlußerklärung bei dem Gericht, E. 36, 246. Der Antrag auf Buße kann mit der Anschlußerklärung verbunden werden, E. 13, 186. Über den schriftlich gestellten Antrag ist in der Hauptverh. auch dann zu entscheiden, wenn der Nebenkläger nicht erscheint und nicht vertreten ist, E. 9, 224. S. noch Anm. 3 z. § 444.

Antrag auf Zuerkennung einer Buße.

§ 444.

I Der Antrag auf Zuerkennung einer Buße kann[1] bis zur Verkündung des Urteils erster Instanz[2] gestellt[3] werden.[4]

II Der Antrag kann bis zur Verkündung des Urteils[5] zurückgenommen,[6] ein zurückgenommener Antrag nicht erneuert werden.[7]

III Wird der Angeklagte freigesprochen oder das Verfahren eingestellt, oder die Sache ohne Urteil erledigt, so gilt auch der Antrag ohne weitere Entscheidung für erledigt.[8]

IV Der Anspruch auf Buße kann von den Erben des Verletzten nicht erhoben oder fortgesetzt werden.[9, 10]

1. Von der Erhebung der öffentlichen Klage an, s. Anm. 4 zu § 443.

2. Auch dann, wenn das frühere Urteil auf Revision des Angekl. aufgehoben und die Sache an die erste Instanz zurückverwiesen wurde; in diesem Fall ist nicht Voraussetzung, daß der Antrag auf Buße schon in der früheren Hauptverhandlung gestellt worden war, E 15, 439; 44, 294; ObstLG. 7, 404; letzteres gilt auch im Wiederaufnahmeverfahren, E. 41, 104. Gegen Versäumung keine Wiedereinsetzung in den vorigen Stand.

3. Der Antrag auf Buße bedarf keiner besonderen Form, Rsp. 7, 617, 750; Verbindung mit der Anschlußerklärung möglich, E. 13, 186. Voraussetzung ist aber stets vorschriftsmäßige Anschlußerklärung (§ 436 Abs. 1); dann bloße mündliche Geltendmachung in der Hauptverh. zulässig, E. 36, 247; über den schriftlich gestellten Antrag ist in der Hauptverh. auch dann zu entscheiden, wenn der Nebenkläger nicht erscheint und nicht vertreten ist, E. 9, 224; 32, 348.

Ablehnung eines zu spät vorgebrachten Anspruches oder eines Anspruches, für dessen Bemessung nach dem Ergebnis der Hauptverh. jeder Anhaltspunkt fehlt, ist zulässig, Rsp. 4, 223, s. aber Anm. 4 zu § 445 und Rsp. 10, 169.

4. Der Ausspruch im Urteil über den Bußanspruch ist selbständig anfechtbar, E. 7, 12; 44, 295; W. 7, 182; s. noch Anm. 5 zu § 443.

5. Im Falle der Berufung bis zur Verkündung des Berufungsurteils, nicht mehr in der Revisionsinstanz (Stenglein, Löwe).

6. Ausdrückliche Zurücknahme erfordert; Nichterscheinen des Nebenklägers in der Hauptverh. gilt nicht als Zurücknahme, E. 7, 376; 9, 224, ebenso nicht die Unterlassung der Wiederholung des vorher schriftlich gestellten Antrags durch den in der Hauptverh. erschienenen Nebenkläger, E. 32, 346.

7. Es sei denn, daß der frühere Antrag nicht rechtswirksam war, insbesondere der gesetzlichen Form (§ 436) ermangelte, E. 1, 285. — Wegen Erneuerung der Anschlußerklärung als Nebenkläger s. Anm. 3 zu § 442.

8. Der Nebenkläger kann aber von seiner Rechtsmittelbefugnis Gebrauch machen, E. 11, 90.

9. Eine beim Tode des Nebenklägers rechtskräftig zuerkannte Buße steht den Erben zu. Anders, wenn nach Zuerkennung der Buße der Nebenkläger in der Zeit zwischen Erlassung des Urteils und Eintritt der Rechtskraft stirbt; dann nur zivilrechtliche Entschädigungsansprüche der Erben.

10. Eine beim Tode des Verurteilten rechtskräftig zuerkannte Buße ist Nachlaßschuld. Stirbt der Verurteilte nach Erlassung des Urteils, aber vor Eintritt der Rechtskraft, so wird damit das Urteil und die in diesem erfolgte Zuerkennung einer Buße unwirksam.

§ 445.

Betrag der Buße.

I Der Nebenkläger[1] hat den Betrag, welchen er als Buße verlangt, anzugeben.[2]

II Auf einen höheren[3] Betrag[4] der Buße als den beantragten darf nicht erkannt werden.[5, 6, 7]

1. Nicht für diesen die Staatsanwaltschaft, Rsp. 8, 532.

2. Ziffermäßige Begrenzung des Bußanspruchs durch den Nebenkläger nötig, Rsp. 8, 532. Erhöhung des verlangten Betrages bis zur Verkündung des Urteils erster Instanz (§ 444 Abs. 1) zulässig, Rsp. 3, 545, Ermäßigung bis zur Verkündung des Urteils (§ 444 Abs. 2) möglich.

3. Wohl aber auf einen geringeren Betrag, E. 30, 368.

4. Auf einen bestimmten Betrag ist zu erkennen, nicht auf eine Rente, E. 17, 178. Die Höhe des Betrages bestimmt das Gericht nach freiem Ermessen. Ein genauer Nachweis des wirklich entstandenen Schadens ist nicht erfordert, es darf eine Entsch. nicht deshalb abgelehnt werden, weil eine zuverlässige Ermittelung des Schadens nicht möglich ist, E. 6, 399; 17, 191; GoltdA. 55, 228; s. noch Anm. 3 zu § 444; es gelten bei der Schadenermittelung auch nicht die in §§ 243, 244 enthaltenen Vorschriften über die Beweisaufnahme, E. 44, 299. — Bei Verurteilung

Mehrerer wegen gemeinschaftlicher Körperverletzung darf die Zuerkennung einer Buße nicht von der Ermittelung abhängig gemacht werden, welcher der Angekl. die fragliche Verletzung beigebracht hat, E. 7, 17; s. auch E. 30, 368.

5. Ein Verzicht des Verletzten gegenüber dem Täter auf Buße und ein Vergleich zwischen diesen über den Bußanspruch sind rechtlich zulässig und im Strafverf. im Falle der Geltendmachung von Bußansprüchen zu beachten, E. 31, 334; Verträge des Verletzten mit Dritten über Zahlung von Entschädigung sind nur für die Bemessung der Höhe der Buße von Bedeutung, Rsp. 5, 507, 734.

6. Da die Buße keine Strafe ist, finden die Vorschriften über das Verbot der reformatio in pejus auf sie keine Anwendung, E. 15, 439; 44, 294; ObstLG. 7, 405.

7. Wegen der Vollstr. der Entsch. über die Buße s. § 495.

Antrag des Privatklägers auf Buße.

§ 446.

Die Bestimmungen der §§ 444, 445 finden auf den Fall entsprechende Anwendung, daß von dem die Buße Beanspruchenden die Privatklage erhoben wird.

Sechstes Buch.

Besondere Arten des Verfahrens.

Erster Abschnitt.

Verfahren bei amtsrichterlichen Strafbefehlen.

Zulässigkeit des Verfahrens. Strafrahmen.

§ 447.[1]

I In den zur Zuständigkeit der Schöffengerichte gehörigen Sachen, mit Ausnahme der im § 27 Nr. 3—8 des Gerichtsverfassungsgesetzes bezeichneten Vergehen,[2] kann durch schriftlichen Strafbefehl des Amtsrichters ohne vorgängige Verhandlung eine Strafe festgesetzt werden, wenn die Staatsanwaltschaft schriftlich hierauf anträgt.[3]

II Durch einen Strafbefehl darf jedoch keine andere Strafe als Geldstrafe von höchstens einhundertfünfzig Mark oder Freiheitsstrafe von höchstens sechs Wochen,[4] sowie eine etwa verwirkte Einziehung festgesetzt werden.[5]

III Die Überweisung des Beschuldigten an die Landespolizeibehörde[6] darf in einem Strafbefehle nicht ausgesprochen werden

1. Fassung des § 447 für die Kriegszeit; RG. v. 21. 10. 17 z. Vereinf. der Strafrechtspflege RGBl. 1038 s. Anhang.

2. Also bei Übertretungen und bei den nach § 27 Nr. 2 GVG. zur Zuständigk. der Schöffeng. gehörigen Vergehen; nicht auch bei Überweisungsf. nach § 75 GVG.

3. Strafbefehl auch gegen z. Zt. der Tat noch nicht 18 Jahre alte Personen (Jugendliche) und gegen Verhaftete zulässig; vgl. §§ 20, 21 BayJMBek. v. 29. 11. 13 (JMBl. 431); gegen Abwesende nur in den Fällen des § 319.

4. Freiheitsstrafe kann auch gleichzeitig mit Geldstrafe für den Fall der Uneinbringlichkeit festgesetzt werden; Festsetzung von Freiheitsstrafe und Geldstrafe nebeneinander ebenfalls zulässig (bestr.). — Die in Abs. 2 bestimmte Strafgrenze ist auch bei einer Gesamtstrafe einzuhalten. — Anrechnung der Untersuchungshaft im Strafbefehl zulässig.

5. Auch die Strafe des Verweises kann im Strafbefehl festgesetzt werden.

6. § 362 StGB.

Form und Inhalt des Antrags. Verfahren auf diesen.

§ 448.

I Der Antrag [1] ist auf eine bestimmte Strafe [2] zu richten. Der Amtsrichter hat demselben zu entsprechen, wenn der Erlassung des Strafbefehls Bedenken nicht entgegenstehen. [3]

II Findet der Amtsrichter Bedenken, die Strafe ohne Hauptverhandlung festzusetzen, so ist die Sache zur Hauptverhandlung zu bringen. [4] Dasselbe gilt, wenn der Amtsrichter eine andere als die beantragte Strafe festsetzen will und die Staatsanwaltschaft bei ihrem Antrage beharrt. [5]

1. Dieser muß die Tat unter Hervorhebung ihrer gesetzlichen Merkmale und des anzuwendenden Strafgesetzes sowie die Beweismittel bezeichnen (vgl. § 198). Die erwachsenen Akten sind beizugeben.

2. Bei Geldstrafe ist auch die allenfallsige Freiheitsstrafe zu beantragen S. noch § 491.

3. Sonst Verfahren nach Abs. 2 oder Zurückweisung des Antrags. Letztere kann aus rechtlichen oder tatsächlichen Gründen erfolgen, z. B. wegen Verjährung, mangels Strafantrags, wegen Strafunmündigkeit, wegen Unzuständigkeit, auch mangels Beweises. Gegen den zurückweisenden Beschluß sofortige Beschwerde (§ 209), die, wenn sie für begründet erachtet wird, zur Eröffnung des Hauptverfahrens durch das Beschwerdegericht führt.

4. Keine Zwischenerhebungen (§ 200), Anregung weiterer staatsanwaltschaftlicher Ermittelungen aber möglich. Es wird Termin zur Hauptverh. anberaumt, Eröffnungsbeschluß nicht nötig. Gegen die Verweisung zur Hauptverh. keine Beschwerde.

5. Die Staatsanwaltschaft kann auch den Antrag zurücknehmen.

Inhalt des Strafbefehls. Einspruch.

§ 449.

I Der Strafbefehl muß außer der Festsetzung der Strafe die strafbare Handlung, [1] das angewendete Strafgesetz und die Beweismittel bezeichnen, [2] auch die Eröffnung enthalten, daß er vollstreckbar werde, wenn der Beschuldigte nicht binnen einer Woche [3] nach

der Zustellung bei dem Amtsgerichte schriftlich oder zu Protokoll des Gerichtsschreibers [4] Einspruch [5] erhebe.

II Auf den Einspruch kann vor Ablauf der Frist verzichtet werden. [6]

1. Das sind die Tatsachen, welche die strafbare Handlung begründen, unter Angabe von Ort und Zeit.

2. Auch über die Kostenpflicht muß der Strafbefehl Bestimmung treffen: § 496 Abs. 1.

3. Fristberechnung: § 43. Wiedereinsetzung §§ 44 ff., s. auch § 452 Abs. 2.

4. Für den Beschuldigten, der nicht auf freiem Fuß, gilt auch hier § 341.

5. Besondere Form, insbesondere Bezeichnung als Einspruch nicht erfordert: auch Begründung nicht nötig. — Dem gesetzlichen Vertreter und dem Ehemann steht selbständig ein Einspruchsrecht zu (§ 340), das aber im Falle seiner Anwendung nicht zu einer Abänderung der Strafe zum Nachteil des Beschuldigten führen darf. — Zurücknahme des Einspruchs s. § 451 Abs. 1. — Gegen einen rechtskräftigen Strafbefehl keine Wiederaufnahme des Verfahrens, E. 4, 243.

6. Der Verzicht auf Einspruch kann schriftlich oder zu Protokoll des Gerichtsschreibers erfolgen; er ist unwiderruflich.

Rechtskraft des Strafbefehls. § 450.

Ein Strafbefehl, gegen welchen nicht rechtzeitig [1] Einspruch erhoben worden ist, [2] erlangt die Wirkung eines rechtskräftigen Urteils. [3, 4]

1. § 449 Abs. 1.

2. Oder bei welchem auf Einspruch verzichtet oder der Einspruch rechtzeitig zurückgenommen wurde.

3. Er ist also nicht mehr anfechtbar und kann vollstreckt werden. Dagegen hat er hinsichtlich des Verbrauchs der Strafklage (ne bis in idem) nicht die vollen Wirkungen eines rechtskräftigen Urteils, E. 4, 243; 9, 321; 15, 112. Zwar kann, wenn in einem neu eingeleiteten Verfahren nach dem Ergebnis der Hauptverh. die Tat unter denselben rechtlichen Gesichtspunkt fällt, von welchem der Strafbefehl ausging, eine wiederholte Verurteilung hierwegen nicht erfolgen, E. 14, 358; 28, 84; 34, 167; wenn aber nachträglich sich ergibt, daß die Tat unter ein schwereres, nicht schon gewürdigtes Strafgesetz fällt, so kann die öffentliche Klage neuerdings erhoben und es kann wiederholt auf Strafe erkannt werden, E. 14, 358; 28, 84; 29, 156; 39, 370; Recht 12, 2523; ObstLG. 8, 318 und in SeuffBl. 76, 138, es muß aber dann von der neu erkannten Strafe die im Strafbefehl festgesetzte Strafe in Abzug gebracht werden, E. 9, 321 s. auch E. 50, 237. — Keine Wiederaufnahme des Verf. gegen einen rechtskr. Strafbefehl, E. 4, 243.

4. Wegen der Gebühren s. § 63 Abs. 1 GKG.

Verfahren nach Einspruch. § 451.

I Bei rechtzeitigem [1] Einspruche [2] wird zur Hauptverhandlung vor dem Schöffengerichte geschritten, [3] sofern nicht bis zum Beginn

derselben die Staatsanwaltschaft die Klage fallen läßt[4] oder der Einspruch zurückgenommen wird.

II Der Angeklagte kann sich in der Hauptverhandlung durch einen mit schriftlicher Vollmacht versehenen Verteidiger vertreten lassen.[5]

III Bei der Urteilsfällung ist das Schöffengericht an den in dem Strafbefehle enthaltenen Ausspruch nicht gebunden.[6]

1. § 449 Abs. 1. — Der nicht rechtzeitige Einspruch wird beschlußmäßig als unzulässig verworfen. Gebühren: § 66 Nr. 4 GKG.

2. S. Anm. 5 zu § 449.

3. Terminsanberaumung; kein Eröff.-Beschl.

4. Ausnahme von § 154. Ohne Einspruch Klagezurücknahme nicht möglich. Erneuerung der Klage nach Zurücknahme zulässig.

5. Auch wenn er in derselben Sache in Untersuchungshaft sich befindet (bestr.). Es kann übrigens das Gericht in jedem Falle das persönliche Erscheinen anordnen, § 235. S. noch Anm. 2 zu § 452.

6. Also auch härtere Strafe möglich. S. aber Anm. 5 zu § 449.

Verwerfung des Einspruchs.

§ 452.

I Bleibt der Angeklagte ohne genügende Entschuldigung in der Hauptverhandlung[1] aus, und wird er auch nicht durch einen Verteidiger vertreten,[2] so wird der Einspruch ohne Beweisaufnahme durch Urteil verworfen.[3]

II Ein Angeklagter, welchem gegen den Ablauf der Einspruchsfrist Wiedereinsetzung in den vorigen Stand gewährt worden war, kann die letztere nicht mehr gegen das Urteil beanspruchen.

1. Und zwar in der ersten Hauptverh.; beim Ausbleiben in späteren Hauptverh. keine Verwerfung des Einspruchs.

2. S. § 451 Abs. 2 und Anm. 5 hierzu. — Entbindung des Angekl. vom persönlichen Erscheinen zulässig, § 232.

3. Auch wenn der Strafbefehl nach Annahme des Gerichts unzulässig oder ungerechtfertigt erscheint. — Gegen das Urteil Berufung; Eingehen auf die Sache selbst in der Berufungsinstanz aber nur möglich, wenn die Verwerfung des Einspruchs zu Unrecht erfolgte, OLGM. 8, 401. Verwerfung des Einspruchs durch das Berufungsgericht auf Berufung der Staatsanwaltschaft, wenn das Erstgericht trotz Vorhandenseins der Voraussetzungen des Abs. 1 in der Sache selbst erkannte. — Wiedereinsetzung nach §§ 234, 44 ff. möglich, s. aber Abs. 2. § 356 greift auch hier Platz.

Zweiter Abschnitt.

Verfahren nach vorausgegangener polizeilicher Strafverfügung.

Strafverfügung der Polizeibehörde.

§ 453.

I Wo nach den Bestimmungen der Landesgesetze[1] die Polizeibehörden befugt sind, eine in den Strafgesetzen angedrohte Strafe durch Verfügung festzusetzen, erstreckt sich diese Befugnis nur auf Übertretungen.[2]

II Auch kann die Polizeibehörde keine andere Strafe als Haft bis zu vierzehn Tagen oder Geldstrafe und diejenige Haft, welche für den Fall, daß die Geldstrafe nicht beigetrieben werden kann, an die Stelle der letzteren tritt,[3] sowie eine etwa verwirkte Einziehung[4] verhängen.[5]

III Die Strafverfügung muß außer der Festsetzung der Strafe die strafbare Handlung,[6] das angewendete Strafgesetz und die Beweismittel bezeichnen, auch die Eröffnung enthalten, daß der Beschuldigte, sofern er nicht eine nach den Gesetzen zugelassene Beschwerde an die höhere Polizeibehörde[7] ergreife, gegen die Strafverfügung binnen einer Woche[8] nach der Bekanntmachung bei der Polizeibehörde, welche diese Verfügung erlassen hat, oder bei dem zuständigen Amtsgericht auf gerichtliche Entscheidung antragen[9] könne.

IV Die Strafverfügung wirkt in betreff der Unterbrechung der Verjährung wie eine richterliche Handlung.[10]

1. S. § 6 Nr. 3 EG. StPO. — Für Preußen s. Ges. v. 23. 4. 83 (22. 6. 07) und PreußJMBl. 1883, 223; 1907, 601.

2. § 1 Abs. 3 StGB.; auch auf Übertretungen, die in anderen Gesetzen als dem StGB. aufgestellt sind. Ausnahme: § 29 PreßG.

3. Im Einzelfall bis zu der bei Übertretungen zulässigen Höchststrafe von 150 Mk. und der dafür nach dem Gesetz zulässigen höchsten Ersatz-Haftstrafe, § 29 StGB. S. übr. Anm. 5. Bei versehentlich unterbliebener Festsetzung der Ersatz-Haftstrafe neue Strafverfügung hierüber; Anfechtung dieser nur unter Beschränkung auf die Umwandlungsfrage möglich.

4. Überweisung an die Landespolizeibehörde (§ 362 StGB.) durch Strafverfügung unzulässig.

5. Weitere Beschränkungen der polizeilichen Strafbefugnis durch Landesgesetz möglich; vgl. § 1 des unter 1 bezeichneten preußischen Gesetzes. — Bei Überschreitung der Strafbefugnis Nichtigkeit der Strafverfügung, die nach Versäumung der Antragsfrist des Abs. 3 jederzeit durch Anrufung der höheren Polizeibehörde geltend gemacht werden kann (gem. M.). Über die Entsch. bei rechtzeitigem Antrag auf gerichtliche Entsch. s. Anm. 1 zu § 458.

6. Die konkreten Tatsachen unter Angabe von Ort und Zeit.

7. In Preußen Beschwerde ausgeschlossen. — Die Einlegung der zulässigen Beschwerde schließt den Antrag auf gerichtliche Entsch. aus. Ob umgekehrt, bestimmt sich nach den landesgesetzlichen Vorschriften.

8. § 43. Wiedereinsetzung: § 455.

9. S. § 454. Zurücknahme des Antrags: § 456 Abs. 2. Verzicht auf den Antrag und auf die Beschwerde zulässig. — Das Antragsrecht steht auch dem gesetzlichen Vertreter und dem Ehemann selbständig zu (§ 340); s. noch Anm. 5 zu § 449.

10. S. § 68 StGB. Die Unterbrechung der Verjährung tritt schon mit der Erlassung einer dem Abs. 3 entsprechenden (KG. in DJZ. 9, 269; 11, 373) Strafverfügung ein, KG. in DJZ. 17, 405 (bestr.). — Verbrauch der Strafklage durch die rechtskräftige Strafverfügung (ne bis in idem) nur dann, wenn die Tat nach dem Ergebnis der Hauptverh. unter denselben rechtlichen Gesichtspunkt fällt, von dem die Strafverfügung ausging, E. 34, 165; 39, 375; neue Strafklage also möglich, wenn die Tat unter einem nicht bereits gewürdigten anderweiten rechtlichen Gesichtspunkt als eine außerhalb der Zuständigkeit der Polizeibehörde liegende sich darstellt, E. 2, 212; 34, 165; 39, 375; Rsp. 3, 367; 5, 570; Recht 17, 1548. Anrechnung der verbüßten Haftstrafe auf die neuerkannte Freiheitsstrafe oder Rückzahlung der bezahlten Geldstrafe, vgl. Rsp. 7, 132, Berücksichtigung der früheren Strafe, aber nicht im Urteil, sondern im Vollstreckungsverfahren, nötigenfalls auf dem Wege des § 490, Recht 9, 348.

Antrag auf gerichtliche Entscheidung.

§ 454.

I Der Antrag auf gerichtliche Entscheidung kann bei der Polizeibehörde [1] schriftlich oder mündlich, bei dem Amtsgerichte schriftlich oder zu Protokoll des Gerichtsschreibers [2] angebracht werden.

II Die Polizeibehörde übersendet, falls sie nicht die Strafverfügung zurücknimmt, [3] die Akten an die zuständige Staatsanwaltschaft, welche sie dem Amtsrichter vorlegt. [4]

1. Bei der Staatsanwaltschaft kann der Antrag nicht angebracht werden.

2. Für den Beschuldigten, der nicht auf freiem Fuß, gilt auch hier § 341.

3. Die Zurücknahme ist nur bis zur Übersendung der Akten an die Staatsanwaltschaft zulässig; sie steht einer neuen Strafverfügung nicht entgegen, KG. in DJZ. 18, 1270. — Die Staatsanwaltschaft kann die Strafverfügung nicht zurücknehmen.

4. Verwerfung des Antrags als unzulässig, z. B. wegen verspäteter Anbringung nur durch den Amtsrichter (Beschwerde § 346) oder durch das Schöffengericht. — Gebühren: § 66 Nr. 4 GKG.

Wiedereinsetzung.

§ 455.

I Gegen die Versäumung der Antragsfrist ist unter den in den §§ 44, 45 bezeichneten Voraussetzungen Wiedereinsetzung in den vorigen Stand zulässig. Das Gesuch ist bei einer der im § 454 Abs. 1 genannten Behörden anzubringen.

II Über das Gesuch entscheidet der Amtsrichter. [1]

III Die Bestimmungen des § 46 Abs. 2, 3 finden hier gleichfalls Anwendung.

1. An den durch Vermittlung der Staatsanwaltschaft die Akten geleitet werden. Aufschub der Vollstreckung durch die Polizeibehörde, nicht durch den Amtsrichter, da § 47 nicht für anwendbar erklärt ist (gem. M.).

Verfahren auf den Antrag. Antragszurücknahme.

§ 456.

I Ist der Antrag rechtzeitig [1] angebracht, so wird zur Hauptverhandlung vor dem Schöffengerichte geschritten, ohne daß es der

Einreichung einer Anklageschrift oder einer Entscheidung über die Eröffnung des Hauptverfahrens bedarf.[2]

II Bis zum Beginne der Hauptverhandlung kann der Antrag zurückgenommen werden.[3]

1. § 453 Abs. 3; Verfahren bei nicht rechtzeitigem Antrag s. Anm. 4 zu § 454.

2. Die Staatsanwaltschaft kann und wird nötigenfalls noch weitere Erhebungen vor der Hauptverh. pflegen. In dieser hat sie mitzuwirken.

3. Gebühren: §§ 76, 66 Nr. 4 GKG.

Verfahren vor dem Schöffengericht.

§ 457.

I Das Verfahren vor dem Schöffengericht ist dasselbe wie im Falle einer von der Staatsanwaltschaft erhobenen und zur Hauptverhandlung verwiesenen Anklage.[1]

II Der Angeklagte kann sich durch einen mit schriftlicher Vollmacht versehenen Verteidiger vertreten lassen.[2]

III Bei der Urteilsfällung ist das Gericht an den Ausspruch der Polizeibehörde nicht gebunden.[3]

1. Beim Ausbleiben des Angekl. keine Verwerfung des Antrags wie nach § 452 Abs. 1 beim Einspruch, sondern Verf. nach §§ 231 ff. — § 211 Abs. 2 nicht anwendbar.

2. Anordnung des persönlichen Erscheinens (§ 235) zulässig.

3. S. Anm. 6 zu § 451.

Aufhebung der Strafverfügung.

§ 458.

Stellt sich nach dem Ergebnisse der Hauptverhandlung die Tat des Angeklagten als eine solche dar, bei welcher die Polizeibehörde zum Erlaß einer Strafverfügung nicht befugt war,[1] so hat das Gericht die letztere durch Urteil aufzuheben, ohne in der Sache selbst zu entscheiden.[2, 3]

1. Weil die Tat keine Übertretung, sondern ein Vergehen oder ein Verbrechen ist oder weil bei der betr. Übertretung eine polizeiliche Strafverfügung gesetzlich unzulässig ist, vgl. Anm. 2 zu § 453. Ob eine derartige Überschreitung der Befugnis schon aus der Strafverfügung selbst erhellt, oder ob sie erst aus dem Ergebnis der Hauptverh. zu entnehmen ist, ist gleichgültig, E. 19, 170. Bei einer bloßen Überschreitung der in § 453 Abs. 2 aufgestellten Strafgrenzen ist nicht nach § 458 zu verfahren, sondern die entsprechende Sachentscheidung zu treffen.

2. Auch wenn das SchöffG. in der Sache selbst zuständig wäre. Auch keine Verweisung nach § 270 an die StrafK., die andernfalls aber ihrerseits nicht nach § 458 zu verfahren, sondern in der Sache zu entscheiden hätte, E. 5, 243; 22, 423; Rsp. 5, 691; W. 8, 187 (anders Löwe und JW. 23, 417). Auch in der Berufungsinstanz ist gegebenenfalls § 458, nicht § 369 Abs. 3 anzuwenden, E 19, 167; 22, 425. Die Aufhebung eines schöffengerichtlichen Urteils auf Grund des § 458 ist nicht eine Abänderung zum Nachteile eines Angekl.; härtere Strafe deshalb im

neuen Verfahren möglich, SächsRA. 6, 109. — Kosten im Falle eines Urteils nach § 458 stets die Staatskasse, JW. 31, 586; Recht 6, 51.

3. Dann neue Anklageschrift und Eröff.-Beschl., Rsp. 6, 60.

Dritter Abschnitt.

Verfahren bei Zuwiderhandlungen gegen die Vorschriften über die Erhebung öffentlicher Abgaben und Gefälle.

Strafbescheid. **§ 459.**

I Strafbescheide der Verwaltungsbehörden[1] wegen Zuwiderhandlungen[2] gegen die Vorschriften über die Erhebung öffentlicher Abgaben und Gefälle[3] dürfen nur Geldstrafen[4] sowie eine etwa verwirkte Einziehung festsetzen.[5]

II Der Strafbescheid muß außerdem die strafbare Handlung, das angewendete Strafgesetz und die Beweismittel bezeichnen,[6] auch die Eröffnung enthalten, daß der Beschuldigte, sofern er nicht eine nach den Gesetzen zugelassene Beschwerde[7] an die höhere Verwaltungsbehörde ergreife, gegen den Strafbescheid binnen einer Woche[8] nach der Bekanntmachung bei der Verwaltungsbehörde, welche denselben erlassen, oder bei derjenigen, welche ihn bekannt gemacht hat,[9] auf gerichtliche Entscheidung antragen[10] könne.

III Der Strafbescheid wirkt in betreff der Unterbrechung der Verjährung wie eine richterliche Handlung.[11]

1. Vgl. §§ 5, 6 Nr. 3 EG. StPO. — Preußen: Ges. v. 26. 7. 97 betr. das Verwaltungsstrafverfahren (GS. 237) mit Ausführungsvorschriften v. 29. 9. 97 (JMBl. 1897, 249; 1899, 123), ferner Ges. v. 2. 5. 00 betr. Verkehrsabgaben (GS. 123). — Bayern: Art. 85—97 AG. StPO. v. 18. 8. 79 (GVBl. 781), ferner AVO. v. 1. 10. 79 betr. das Verfahren in Zollstrafsachen (GVBl. 1379), Bek. v. 2. 10. 79 (GVBl. 1381). — S. auch noch RGes. v. 9. 6. 95 über den Beistand bei Einziehung von Abgaben und Vollstreckung von Vermögensstrafen (RGBl. 256).

2. Zuwiderhandlungen: Hinterziehungen und andere, unter Umständen nur mit sog. Ordnungsstrafen bedrohte Verfehlungen, Zollkontrebande, E. 13, 30 usw. Dagegen nicht solche Handlungen, welche zwar eine derartige Zuwiderhandlung bezwecken, sich aber nur als eine unter das allgemeine Strafgesetz fallende Straftat darstellen, z. B. Betrug gelegentlich der Erfüllung eines Fixationsvertrags, E. 9, 236.

3. Öffentliche Abgaben und Gefälle: Leistungen, die auf einer öffentlichrechtlichen Verpflichtung beruhen und in die Kasse des Reichs, des Staates, der Gemeinden und anderer öffentlichrechtlicher Korporationen fließen, z. B. Steuern, Zölle, Stempel, Postgebühren usw. — Über das reichsgesetzlich geregelte Poststrafverfahren s. §§ 34 ff. PostG. v. 28. 10. 71 (RGBl. 347).

4. Geldstrafen: der Höhe nach nicht beschränkt. Freiheitsstrafen kann hier nur das Gericht festsetzen, § 463.

5. Auch soweit die Zuwiderhandlungen Straffolgen für Dritte nach sich

ziehen, also z. B. Festsetzung der Haftung eines Dritten für eine Geldstrafe oder einer einen Dritten treffenden Einziehung, vgl. E. 12, 212; 16, 109.

6. Bei Verstoß gegen Abs. 2 (Mängeln des Strafbescheids) keine Einstellung des Verfahrens hierwegen durch das Gericht, Rsp. 7, 462; 10, 181.

7. Beschwerde schließt den Antrag auf gerichtliche Entsch. aus. Ob Beschwerde nach rechtzeitiger Zurücknahme des Antrags noch möglich, bestimmt sich nach den einschlägigen Vorschriften über das Beschwerdeverfahren. Vgl. ObstLG. 10, 171.

8. § 43. Wegen Wiedereinsetzung s. § 461.

9. Nicht aber bei Gericht, anders § 453 Abs. 3.

10. Keine besondere Form erfordert; Anbringung durch einen Vertreter, auch durch einen Bevollmächtigten, der nicht Verteidiger ist, zulässig, E 36, 90; GoltdA. 53, 169; Recht 10, 321, 21, 1534; ObstLG. in BayZ. 8, 261; SächsOLG. 31, 392. — Zurücknahme des Antrags: § 462 Abs. 2. — Verzicht auf Antrag und Beschwerde zulässig. — Gesetzlicher Vertreter und Ehemann haben ebenfalls das Antragsrecht (§ 340). — Der Antrag kann sich nur gegen die festgesetzte Strafe richten; über den Ausspruch auf Nachzahlung hinterzogener Abgaben hat das Gericht nicht zu entscheiden, E. 32, 304.

11. S. § 68 StGB. Vgl. auch ObstLG. 6, 335. Unterbrechung der Verjährung schon mit der Erlassung, nicht erst mit der Zustellung des Strafbescheids, ObstLG. 7, 278. — Wegen des Verbrauchs der Strafklage (ne bis in idem) vgl. Anm. 10 zu § 453; s. insbes. E. 39, 375; Recht 17, 1548.

Antrag auf gerichtliche Entscheidung.

§ 460.

Wird auf gerichtliche Entscheidung angetragen,[1] so übersendet die Verwaltungsbehörde, falls sie nicht den Strafbescheid zurücknimmt, die Akten an die zuständige Staatsanwaltschaft, welche sie dem Gerichte vorlegt.[2]

1. S. Anm. 10 zu § 459.

2. Vgl. Anm. 3 und 4 zu § 454.

Wiedereinsetzung.

§ 461.

In betreff der Wiedereinsetzung in den vorigen Stand finden die Bestimmungen des § 455 entsprechende Anwendung.[1]

1. Anbringung des Gesuchs bei der Verwaltungsbehörde (§ 459), die den Strafbescheid erlassen hat, ObstLG. 5, 314.

Gerichtliches Verfahren nach Stellung des Antrags.

§ 462.

I Ist der Antrag rechtzeitig[1] angebracht, so wird zur Hauptverhandlung vor dem zuständigen Gerichte[2] geschritten,[3] ohne daß es der Einreichung einer Anklageschrift oder einer Entscheidung über die Eröffnung des Hauptverfahrens bedarf.[4, 5]

II Bis zum Beginn der Hauptverhandlung kann der Antrag zurückgenommen werden.[6]

1. § 459 Abs. 2; §§ 43, 461. Ein nicht rechtzeitiger Antrag wird durch das Gericht als unzulässig verworfen; Beschwerde § 346. Verwerfung hierwegen auch noch in der Hauptverh. möglich.

2. Schöffengericht gem. § 27 Nr. 1, 2 GVG. (§ 211 Abs. 2 nicht anwendbar) oder Strafk. gem. § 73 Nr 1 GVG. Keine Überweisung nach § 75 Nr. 15 GVG. — Örtl. zuständig das Gericht, an welches die Staatsanwaltschaft die Sache zur Aburteilung abgibt, sofern nur nach §§ 7 ff. dort ein Gerichtsstand begründet ist; gleichgültig ist hierbei, in welchem Gerichtsstand die Verwaltungsbehörde den Strafbescheid erließ, SächsOLG. 31, 97. S. noch OLGM. 2, 145 und Recht 11, 652.

3. Vorherige Einleitung von Ermittelungen zur besseren Aufklärung der Sache durch das Gericht zulässig, E. 17, 249. ObstLG. 15, 125.

4. Wegen der Anwesenheit des Besch. in der Hauptverh. s. §§ 229—235.

5. Das Gericht entscheidet in der Sache unabhängig vom Strafbescheid; es ist insbesondere an die in diesem festgesetzte Strafe nicht gebunden, E. 7, 220; 8, 390; 12, 1; 17, 21, jedoch kann die Entsch. nur im Umfang des erlassenen Strafbescheids getroffen und nicht z. B. auf die im Strafbescheid nicht behandelte subsidiäre Haftung Anderer erstreckt werden, E. 24, 198. Formmängel des Strafbescheids, z. B. mangelnde Angabe von Beweismitteln (§ 459 Abs. 2), berechtigen das Gericht nicht zur Einstellung des Verfahrens, Rsp. 7, 462; 10, 181. — Keine Verlesung des Strafbescheids gem. § 242 Abs. 2 in der Hauptverh., Recht 14, 4222, auch keine Verlesung eines Unzuständigkeitsbeschlusses nach § 270, Recht 11, 652. Bei Veränderung des rechtlichen Gesichtspunktes Hinweis nach § 264 nicht erfordert, da der Strafbescheid nicht die Bedeutung eines Eröff.-Beschl. hat, E. 4, 116; Recht 14, 4222.

6. Auch gegenüber der Finanzbehörde JW. 43, 895. — Wegen der Gebühren s. §§ 76, 66 Nr. 4 GKG.

Umwandlung der Geldstrafe.

§ 463.

I Ist die in einem vollstreckbaren Strafbescheide festgesetzte Geldstrafe von dem Beschuldigten nicht beizutreiben und deshalb ihre Umwandlung in eine Freiheitsstrafe erforderlich, so ist diese Umwandlung[1] nach Anhörung der Staatsanwaltschaft[2] und des Beschuldigten[3] durch gerichtliche Entscheidung auszusprechen, ohne daß der Strafbescheid einer Prüfung des Gerichts unterliegt.[4]

II Die Entscheidung über die Umwandlung erfolgt, wenn für eine Urteilsfällung das Schöffengericht zuständig gewesen wäre, durch Verfügung des Amtsrichters, in den übrigen Fällen durch Beschluß des Landgerichts.[5]

III Gegen die Entscheidung findet sofortige Beschwerde[6] statt.

1. Umwandlung nach Maßgabe der §§ 28, 29 StGB. oder der in den einschlägigen Gesetzen gegebenen Sondervorschriften hierüber. Über die Anrechnung eines schon gezahlten Teilbetrages entscheidet ebenfalls das Gericht (Löwe).

2. Die Staatsanwaltschaft hat bei Vorlage der Akten an das Gericht einen bestimmten Umwandlungsantrag zu stellen.

3. Mitteilung des Antrags der Staatsanwaltschaft an den Beschuldigten unter Fristsetzung; Erklärung des Beschuldigten hierauf schriftlich oder zu Protokoll des Gerichtsschreibers.

4. Die Prüfung der Strafbefugnis der Verwaltungsbehörde steht aber dem Gericht zu.

5. Ohne mündliche Verhandlung.

6. § 353. Diese steht nur der Staatsanwaltschaft und dem Beschuldigten zu, denen auch die Entsch. zuzustellen ist. Die Verwaltungsbehörde hat kein Beschwerderecht. — Vollstreckung: § 483.

Klageerhebung durch die Verwaltungsbehörde.

§ 464.

I Hat die Verwaltungsbehörde einen Strafbescheid nicht erlassen und lehnt die Staatsanwaltschaft den an sie gerichteten Antrag auf Verfolgung ab,[1] so ist die Verwaltungsbehörde[2] befugt, selbst die Anklage zu erheben.[3]

II In einem solchen Falle hat sie einen Beamten ihres Verwaltungszweiges oder einen Rechtsanwalt als ihren Vertreter zu bestellen und in der Anklage namhaft zu machen.

1. Bei Ablehnung des Antrags durch die Staatsanwaltschaft, für die auch hier das Legalitätsprinzip (§ 152 Abs. 2) gilt, Beschwerde der Verwaltungsbehörde, aber nicht Antrag auf gerichtliche Entscheidung nach § 170, möglich. Die Ablehnung ist bei der Anklageerhebung nachzuweisen.

2. Diejenige Verwaltungsbehörde, welche nach den Landesgesetzen im allgemeinen ermächtigt ist, wegen solcher strafbarer Handlungen (Zuwiderhandlungen) Strafen festzusetzen, E. 13, 30; im Einzelfall dann diejenige Verwaltungsbehörde, die nach Landesrecht hierzu zuständig ist, E. 38, 404. Idealkonkurrenz einer solchen Zuwiderhandlung mit einer nach den allgemeinen Strafgesetzen zu ahndenden Straftat hindert die Klageerhebung durch die Verwaltungsbehörde nicht, E. 13, 33, sie muß sich aber auf die Zuwiderhandlung beschränken, vgl. E. 36, 83; wegen einer real konkurrierenden anderen Straftat vgl. E. 22, 404.

3. Nach §§ 197, 198; nicht durch Antrag auf VU. — Wegen des Antrags auf Überweisung an das SchöffG. s. § 75 Abs. 3 GVG.

Mitwirkung der Staatsanwaltschaft.

§ 465.

I Die Staatsanwaltschaft ist zu einer Mitwirkung[1] in jeder Lage des Verfahrens berechtigt.

II Bei der Hauptverhandlung muß sie vertreten sein;[2] auch hat sie die gerichtlich angeordneten Ladungen zu derselben zu bewirken.

III Alle im Laufe des Verfahrens ergehenden Entscheidungen sind ihr bekanntzumachen.[3]

1. Unabhängig von der Verwaltungsbehörde, z. B. durch Ladung von Zeugen, Herbeischaffung anderer Beweismittel, Stellung von Anträgen usw. — Wegen der Übernahme der Verfolgung durch die Staatsanwaltschaft s. §§ 466, 417 Abs. 2, 3; s. noch Anm. 1 zu § 467.

2. S. § 225 und Anm. 3 hierzu.

3. Durch Verkündung oder Zustellung. Von diesem Zeitpunkt an Lauf der Rechtsmittelfristen für die Staatsanwaltschaft, unabhängig von den Rechtsmittelfristen der Verwaltungsbehörde (§ 469).

Verfahren auf Klage der Verwaltungsbehörde.

§ 466.

Im übrigen regelt sich das Verfahren auf die von der Verwaltungsbehörde erhobene Anklage nach den für die Privatklage gegebenen Bestimmungen.[1, 2]

1. Der Kläger wird durch die Staatsanwaltschaft geladen (§ 465 Abs. 2); einfache Mitteilung genügend, vgl. E. 7, 220. — Wegen Übernahme der Verfolgung durch die Staatsanwaltschaft s. § 417 Abs. 2, 3. — Zurücknahme der Klage durch die Verwaltungsbehörde nach Eröffnung der Untersuchung nicht mehr zulässig, § 154; bei Ausbleiben des bestellten Vertreters in der Hauptverh. Verh. und Entsch. im Hinblick auf § 465 Abs. 2 möglich (Löwe). — Die Bestimmungen des § 430 Abs. 1, 3 finden auch hier Anwendung, E 22, 214, insbesondere kann die Verwaltungsbehörde Rechtsmittel auch zugunsten des Angekl. einlegen, E. 22, 400.

2. Wegen der Gebühren s. § 70 Abs. 4 GKG.

Verwaltungsbehörde als Nebenklägerin.

§ 467.

I Hat der Beschuldigte gegen einen Strafbescheid auf gerichtliche Untersuchung angetragen,[1] oder hat die Staatsanwaltschaft die Anklage erhoben, so kann die Verwaltungsbehörde[2] sich der Verfolgung anschließen,[3] und sie hat alsdann gleichwie bei einer von ihr erhobenen Anklage einen Vertreter zu bestellen.[4]

II In diesem Falle kommen die für den Anschluß des Verletzten als Nebenkläger gegebenen Bestimmungen[5] zur Anwendung.

1. §§ 459 Abs. 2, 460. — Im Falle einer Übernahme der Strafverfolgung durch die Staatsanwaltschaft gem. §§ 466, 417 Abs. 2 erhält die Verwaltungsbehörde von selbst die Stellung eines Nebenklägers.

2. S. Anm. 2 zu § 464.

3. Form: schriftlich s. Anm. 2 zu § 436, GoltdA. 47, 379. — Anschluß bis zur rechtskräftigen Erledigung der Sache möglich, E. 16, 130; 43, 59, aber nur insoweit, als Zuwiderhandlungen der in § 459 Abs. 1 bezeichneten Art in Frage stehen, nicht hinsichtlich rechtlich damit zusammentreffender anderer Straftaten, E. 13, 30; 36, 83; s. auch Recht 18, 447; wegen sachlich damit zusammentreffender anderer Straftaten s. E. 22, 400. — Über die Berechtigung zum Anschluß hat gem. § 436 Abs. 2 das Gericht zu entscheiden.

4. S. § 464 Abs. 2. — Die preußischen Hauptzollämter sind nicht ohne weiteres berechtigt, den ihnen übergeordneten Provinzialsteuerdirektor in Ausübung seiner Befugnisse als Nebenkläger zu vertreten, GoltdA. 56, 86; DJZ. 14, 380; SeuffBl. 74, 280.

5. §§ 436—442, soweit nicht §§ 468, 469 Abänderungen vorschreiben, E. 16, 132. Anschluß nach Urteilsverkündung gilt noch nicht als Einlegung eines Rechtsmittels, E. 16, 131. — Die Kosten des von der Verwaltungsbehörde als Nebenklägerin erfolglos eingelegten Rechtsmittels sind der Staatskasse zu überbürden, E. 42, 175; s. nach E. 48, 341.

Zustellung der Entscheidungen an die Verwaltungsbehörde.

§ 468.

Wenn die Verwaltungsbehörde die Anklage erhoben[1] oder sich der Verfolgung angeschlossen[2] hat, so sind ihr[3] das Urteil und alle sonstigen Entscheidungen zuzustellen, auch wenn sie bei deren Verkündung vertreten gewesen ist.[4]

1. § 464.

2. § 467.

3. Nicht dem nach §§ 464 Abs. 2, 467 Abs. 1 bestellten Vertreter.

4. Auch wenn sie sich erst nach Verkündung der Entsch. anschloß; auch in diesem Fall läuft für sie gem. § 469 die Frist zur Einlegung des Rechtsmittels erst von der Zustellung an, E. 16, 130, dies gilt selbst dann, wenn der Anschluß erst nach Ablauf einer Woche seit der Urteilsverkündung erfolgte, falls nur zu diesem Zeitpunkte das Urteil gegenüber der Staatsanwaltschaft (infolge eines von dieser eingelegten Rechtsmittels) noch nicht rechtskräftig geworden ist, E. 43, 57. S. noch GoltdA. 53, 447.

Fristen bei Rechtsmitteln der Verwaltungsbehörde.

§ 469.

I Die Fristen zur Einlegung von Rechtsmitteln beginnen für die Verwaltungsbehörde erst mit der Zustellung.[1]

II Zur Anbringung von Revisionsanträgen und zur Gegenerklärung auf solche steht der Verwaltungsbehörde eine Frist von einem Monate zu.[2]

1. S. auch Anm. 4 zu § 468. — Die Kosten erfolgloser Rechtsmittel der Verwaltungsbehörde trägt die Staatskasse, E. 42, 175.

2. Dagegen kann sie die sofortige Beschwerde (§ 353), die Berufung (§ 355) und die Revision (§ 381) nur binnen der allgemein vorgeschriebenen Frist von einer Woche von dem in Abs. 1 bezeichneten Zeitpunkt an einlegen.

Vierter Abschnitt.

Verfahren gegen Abwesende, welche sich der Wehrpflicht entzogen haben.

§ 470.

Bei Untersuchungen gegen

Wehrpflichtige, welche in der Absicht, sich dem Eintritt in den Dienst des stehenden Heeres oder der Flotte zu entziehen, ohne Erlaubnis das Bundesgebiet verlassen haben oder nach erreichtem militärpflichtigen Alter sich außerhalb des Bundesgebietes aufhalten (§ 140 Abs. 1 Nr. 1 des Strafgesetzbuchs),

Offiziere und im Offizierrange stehende Ärzte des Beurlaubtenstandes, sowie beurlaubte Reservisten und Wehrmänner der Land- oder Seewehr, welche ohne Erlaubnis ausgewandert sind (§ 140 Abs. 1 Nr. 2 und § 360 Nr. 3 des Strafgesetzbuchs), Ersatzreservisten erster Klasse, welche ausgewandert sind, ohne der Militärbehörde vorher Anzeige gemacht zu haben (§ 360 Nr. 3 des Strafgesetzbuchs), [1] und

Wehrpflichtige, welche nach öffentlicher Bekanntmachung einer vom Kaiser für die Zeit eines Krieges oder einer Kriegsgefahr erlassenen besonderen Anordnung im Widerspruch mit derselben ausgewandert sind (§ 140 Abs. 1 Nr. 3 des Strafgesetzbuchs) [2]

findet in Abwesenheit [3] des Angeklagten eine Hauptverhandlung nach Maßgabe der folgenden Bestimmungen statt. [4]

1. §§ 470 ff. gelten nunmehr entsprechend für alle Ersatzreservisten und für die Wehrmänner 2. Aufgebots, denen Verfehlungen nach §§ 140, 360 Nr. 3 StGB. zur Last liegen. (S. hierzu Ges. v. 11. 2. 88 betr. Änderung der Wehrpflicht, RGBl. 11, wonach die Zweiteilung der Ersatzreserve beseitigt, die Ersatzreserve den Bestimmungen für Reserve und Landwehr unterstellt, und ein 1. und 2. Aufgebot der Land- und Seewehr geschaffen wurde und wonach für Wehrmänner 2. Aufgebots bei Auswanderung nur mehr eine Anzeigepflicht besteht).

2. Entsprechende Anwendung der §§ 470 ff. auf anderweitige Verfehlungen gegen die Vorschriften über die Wehrpflicht z. B. § 33 RMG. v. 2. 5. 74 ausgeschlossen.

3. § 318. S. auch Anm. 1 zu § 474.

4. Vermögensbeschlagnahme s. § 480.

§ 471.

Gerichtsstand.

I Für das Verfahren ist dasjenige Gericht zuständig, in dessen Bezirk der Angeklagte seinen letzten Wohnsitz [1] oder gewöhnlichen Aufenthalt [2] im Deutschen Reich gehabt hat. [3, 4]

II Das Verfahren kann gleichzeitig gegen mehrere Personen gerichtet werden und die Verhandlung und Entscheidung ungetrennt erfolgen. [5]

1. §§ 7—11 BGB.

2. S. Anm. 4 zu § 8.

3. Zuständig ist das Gericht des inländischen Geburtsorts, wenn die Eltern des Besch. ihren Wohnsitz od. gew. Aufenth. dort hatten und sich ein anderer Wohnsitz oder gew. Aufenth. Ort des Beschuldigten nicht feststellen läßt. ObstLG. 14, 288. — S. noch § 9 (Bestimmung des zust. Gerichts durch das Reichsgericht).

4. § 18 ist auch hier anwendbar, E. 4, 232.

5. Zusammenhang also nicht Voraussetzung. — Trennung verbundener Sachen: § 475 Abs. 2.

Erklärung der Verwaltungsbehörde.

§ 472.

I Die Erhebung der Anklage und die Eröffnung der Untersuchung [1] erfolgt auf Grund [2] einer Erklärung der mit der Kontrolle der Wehrpflichtigen beauftragten Behörde.[3]

II Diese Erklärung ist in den Fällen des § 140 Abs. 1 Nr. 1 des Strafgesetzbuchs dahin auszustellen:

daß der Wehrpflichtige sich zu den angeordneten Revisionen nicht gestellt,

daß der Aufenthalt desselben im Deutschen Reich nicht ermittelt worden, und

daß der angestellten Erkundigungen ungeachtet sich keine Umstände ergeben haben, welche die Annahme ausschließen, daß der Wehrpflichtige, um sich dem Eintritt in den Dienst des stehenden Heeres oder der Flotte zu entziehen, ohne Erlaubnis entweder das Bundesgebiet verlassen habe oder nach erreichtem militärpflichtigen Alter im Auslande verblieben sei.

In den Fällen des § 140 Abs. 1 Nr. 2 des Strafgesetzbuchs, sowie bei Untersuchungen gegen beurlaubte Reservisten und Wehrmänner [4] wegen Auswanderns ohne Erlaubnis (§ 360 Nr. 3 des Strafgesetzbuchs) ist die Erklärung dahin zu fassen:

daß der Aufenthalt des Offiziers, des Arztes, des Reservisten oder Wehrmannes im Deutschen Reich nicht ermittelt,

daß ihm eine Erlaubnis zur Auswanderung nicht erteilt worden, und

daß der angestellten Erkundigungen ungeachtet sich keine Umstände ergeben haben, welche die Annahme ausschließen, daß er ausgewandert sei.

IV Bei Untersuchungen gegen Ersatzreservisten erster Klasse [5] wegen Auswanderns ohne Anzeige bei der Militärbehörde (§ 360 Nr. 3 des Strafgesetzbuchs) ist die Erklärung dahin zu fassen:

daß der Aufenthalt des Ersatzreservisten im Deutschen Reich nicht ermittelt worden sei,

daß er von einer bevorstehenden Auswanderung der Militärbehörde eine Anzeige nicht gemacht habe, und

daß der angestellten Erkundigungen ungeachtet sich keine Umstände ergeben haben, welche die Annahme ausschließen, daß er ausgewandert sei.

V In den Fällen des § 140 Abs. 1 Nr. 3 des Strafgesetzbuchs ist die Erklärung dahin zu fassen:

daß der Aufenthalt des Wehrpflichtigen im Deutschen Reich nicht ermittelt worden, und daß der angestellten Ermittelungen ungeachtet sich keine Umstände ergeben haben, welche die Annahme ausschließen, daß er nach öffentlicher Bekanntmachung der betreffenden Kaiserlichen Anordnung ausgewandert sei.

1. Keine VU.

2. Entspricht die Erklärung nicht den Vorschriften des § 472, so darf das Verfahren nicht eingeleitet werden; geschah dies gleichwohl, so kann in der Hauptverh. nur auf Einstellung des Verfahrens, nicht auf Freisprechung erkannt werden; auch die Anordnung einer Ergänzung der Erklärung ist ausgeschlossen, E. 35, 147. Selbstverständlich kann die Staatsanwaltschaft vor Einleitung des Verfahrens die Verwaltungsbehörde um Ergänzung der Erklärung ersuchen. — Eine Aufforderung gem. § 199 erfolgt auch dann nicht, wenn der Aufenthaltsort des Beschuldigten bekannt ist. — Die Erklärung kann auch nach Eröffnung des Hauptverfahrens zurückgenommen werden, BayZ. 6, 159.

3. Für Preußen s. JMBl. 1880, 72, für Bayern s. JMBl. 1880, 250.

4. Für Wehrmänner 2. Aufgebots (s. Anm. 1 zu § 470) gilt nunmehr Abs. 4.

5. Für die Ersatzreservisten gilt nunmehr Abs. 3 (s. Anm. 1 zu § 470).

Ladung.

§ 473.

I Die Ladung des Angeklagten zur Hauptverhandlung erfolgt nach Vorschrift der §§ 320, 321 Abs. 1.[1]

II Die Ladung muß im Falle der öffentlichen Zustellung[1] auch die Angabe des letzten deutschen Wohnorts oder Aufenthaltsorts des Angeklagten enthalten.

III Der Ladung ist in jedem Falle die Warnung beizufügen, daß bei unentschuldigtem Ausbleiben der Angeklagte auf Grund der in § 472 bezeichneten Erklärung werde verurteilt werden.[2]

1. Ist der Aufenthalt des Beschuldigten bekannt und die Befolgung der für Zustellungen im Ausland bestehenden Vorschriften ausführbar und voraussichtlich nicht erfolglos (vgl. Anm. 3 zu § 320), so muß die Zustellung der Ladung an ihn erfolgen; also dann keine öffentliche Zustellung. — S. noch Anm. 6 zu § 320.

2. S. § 475 Abs. 1.

Vertretung des Angeklagten.

§ 474.

Für die Hauptverhandlung findet die Bestimmung des § 322 Anwendung.[1]

1. Auch wenn der Angekl. in der Hauptverh. vertreten ist, ist er selbst ein Abwesender, sofern nur die Voraussetzungen des § 318 auf ihn zutreffen, E. 36, 245.

Urteil.

§ 475.

I Sind die vorgeschriebenen Förmlichkeiten beobachtet,[1] so erfolgt die Verurteilung des abwesenden[2] Angeklagten auf Grund der im § 472 bezeichneten Erklärung,[3, 4] wenn sich nicht Umstände ergeben, welche dieser Erklärung entgegenstehen.[5, 6, 7]

II Bedarf es in Ansehung eines Angeklagten einer Beweisaufnahme, so ist die Sache von den übrigen zu trennen und gesondert zum Abschlusse zu bringen.

1. Ist die Ladung nicht ordnungsgemäß erfolgt (s. insbesondere Anm. 1 zu § 473), so ist die Verh. auszusetzen und neue Ladung anzuordnen.

2. S. Anm. 1 zu § 474.

3. Bei nicht vorschriftsmäßiger Erklärung Einstellung, s. Anm. 2 zu § 472. — Die Erklärung ist in der Hauptverh. zu verlesen; sie beweist bis zum Nachweise des Gegenteils auch die Wehrpflicht, GoltdA. 46, 43; Recht 9, 140. Sie kann auch nach Eröffnung des Hauptverfahrens zurückgenommen werden, BayZ. 6, 159.

4. Die Beweiserhebung kann außer durch Zeugenvernehmungen auch durch Verlesung der bei den Akten befindlichen, schriftlich niedergelegten, die Auswanderung der angeklagten Wehrpflichtigen betr. Wahrnehmungen der berufenen Beamten erfolgen, Rsp. 9, 628.

5. Diese sind von Amts wegen zu berücksichtigen; das Gericht hat über sie nach freiem Ermessen zu entscheiden, muß sie aber im einzelnen ausdrücklich als tatsächlich, nicht bloß als möglicherweise gegeben, feststellen, E. 2, 351; 10, 152; 20, 200; 36, 242; Rsp. 6, 786; 7, 254; GoltdA. 53, 68; 62, 108; SeuffBl. 72, 1095; 73, 142; Recht 9, 140, 653; 11, 1340; 18, 564 (Verlust der Staatsangehörigkeit).

6. Der Grundsatz ne bis in idem gilt auch hier, E. 3, 437.

7. Hinsichtlich der Rechtsmittel gelten die allgemeinen Vorschriften; insbesondere können die in § 322 bezeichneten Personen von den dem Beschuldigten zustehenden Rechtsmitteln Gebrauch machen, § 324, E. 36, 82. — Wiederaufnahme des Verfahrens und Wiedereinsetzung in den vorigen Stand zulässig.

Urteilszustellung.

§ 476.

Die Zustellung des Urteils erfolgt nach Maßgabe der Bestimmungen des § 40 Abs. 2.[1]

1. S. Anm. 7 zu § 475.

Fünfter Abschnitt.

Verfahren bei Einziehungen und Vermögensbeschlagnahmen.

Objektives Verfahren.
Zuständigkeit.

§ 477.

I In den Fällen, in welchen nach § 42 des Strafgesetzbuchs oder nach anderweiten gesetzlichen Bestimmungen[1] auf Einziehung,

Vernichtung oder Unbrauchbarmachung von Gegenständen selbständig[2] erkannt werden kann, ist der Antrag,[3] sofern die Entscheidung nicht in Verbindung mit einem Urteil in der Hauptsache[4] erfolgt, seitens der Staatsanwaltschaft oder des Privatklägers bei demjenigen Gerichte zu stellen, welches für den Fall der Verfolgung einer bestimmten Person zuständig[5] sein würde.

II An die Stelle des Schwurgerichts tritt die an dessen Sitzungsorte bestehende Strafkammer.

1. Ein objektives Verfahren, das ein Strafprozeß, z. B. im Sinne des § 17 PreßG. ist (E. 44, 279), ist u. a. in nachbezeichneten reichsgesetzlichen Bestimmungen vorgesehen: §§ 42, 152 StGB., § 15 NahrMittelG., § 13 GiftfarbenG., § 19 ButterG., § 28 FleischbeschauG., § 9 SüßstoffG., § 31 WeinG., §§ 42, 46, 47 LiteraturschutzG., §§ 37, 43 KunstschutzG., § 7 VogelschutzG., § 77 ViehseuchenG., § 1498 RVO. usw. Vgl. auch Art. 18 BayPStGB.

2. Nach § 42 StGB. und auch nach anderen gesetzlichen Bestimmungen (s. Anm. 1) ist das objektive Verfahren nur zulässig, wenn die Verfolgung oder Verurteilung einer bestimmten Person nicht möglich ist. Ob dies in tatsächlichen Umständen (Tod, Abwesenheit usw.) oder in rechtlichen Hindernissen (Unzurechnungsfähigkeit, Verjährung, Niederschlagung usw.) seinen Grund hat, ist gleichgültig, E. 11, 121; 50, 386; Rsp. 6, 837; 8, 617; 9, 15; bei Antragsvergehen ist aber rechtzeitiger Strafantrag erfordert, E. 11, 119. Für die Beurteilung der Ausführbarkeit der Verfolgung einer bestimmten Person ist ausschließlich die Staatsanwaltschaft zuständig, s. E. 8, 242; 16, 114; Rsp. 9, 15.

Ein objektives Verfahren ist nicht mehr zulässig, wenn in einem früheren Strafverfahren die Verfolgung oder Verurteilung einer bestimmten Person erfolgt ist und es hierbei aus Versehen oder aus anderen Gründen unterlassen wurde, auf Einziehung zu erkennen, Rsp. 5, 389; E. 44, 319; dies gilt jedoch nur insoweit, als es sich dabei um die Verhängung eines Strafübels gegen den Täter handelt; handelt es sich aber um Fälle, in denen die Einziehung zugelassen ist, sobald sich nur der äußere Tatbestand einer gegen das Strafgesetz verstoßenden Handlung aus der Beschaffenheit einer der Einziehung unterworfenen Sache ergibt, wie z. B. nach §§ 42, 43 LiteraturschutzG., §§ 152, 41 StGB., so ist auch nach rechtskräftiger Aburteilung und Freisprechung ein nachträgliches objektives Verfahren zulässig, E. 14, 161; 27, 352; 32, 53; 44, 320.

3. Antrag: vgl. §§ 197, 198, 421; für ihn gilt das Legalitätsprinzip nicht. Nebenklage s. JW. 31, 586; Recht 6, 272. — Auf den Antrag kein Eröff.-Beschl., sondern lediglich Terminsbestimmung durch den Vorsitzenden, Rsp. 6, 611; E. 37 270. — Wiederholung eines nur aus formalen Gründen abgewiesenen Antrags zulässig, W. 4, 314. — Zurücknahme: §§ 154, 431.

4. Das heißt in einem Urteil gegen einen bestimmten Angekl., E. 34, 389. Wegen der hierbei möglichen Einziehung trotz Freisprechung des Angekl. s. E. 4, 87; 19, 371; Rsp. 6, 837.

5. Sachlich und örtlich; die örtliche Zuständigkeit bestimmt sich nach §§ 7 ff., Rsp. 9, 96; Recht 12, 2521. Bestimmung des zuständigen Gerichts durch das Reichsgericht, wenn die Straftat im Ausland begangen und die Zuständigkeit eines Gerichts nach §§ 8, 9 nicht gegeben ist, Rsp. 9, 290. Unzuständigkeitseinwand durch einen Einziehungsinteressenten s. E. 19, 427.

Hauptverhandlung.
Einziehungsinteressenten.

§ 478.

I Die Verhandlung und Entscheidung erfolgt in einem Termine, auf welchen die Bestimmungen über die Hauptverhandlung entsprechende[1] Anwendung finden.[1]

II Personen, welche einen rechtlichen Anspruch auf den Gegenstand der Einziehung, Vernichtung oder Unbrauchbarmachung haben,[2] sind, soweit dies ausführbar erscheint, zu dem Termine zu laden.[3]

III Dieselben können alle Befugnisse ausüben, welche einem Angeklagten zustehen,[4] sich auch durch einen mit schriftlicher Vollmacht versehenen Verteidiger vertreten lassen. Durch ihr Nichterscheinen wird das Verfahren und die Urteilsfällung nicht aufgehalten.[5,6]

1. § 264 (Hinweis auf die Veränderung des rechtlichen Gesichtspunkts usw.) findet keine Anwendung, E. 37, 270. — Die Entsch. erfolgt mit einfacher Stimmenmehrheit. — Für den entscheidenden Teil des Urteils ist § 259 entsprechend anwendbar und es hat das Urteil auf Einziehung oder auf Ablehnung des Antrags (nicht auf Einstellung) zu lauten; ebenso findet für die Begründung des Urteils § 266 entsprechende Anwendung, E. 8, 238; 41, 19.

2. Die sog. Einziehungsinteressenten sind also nur solche Personen, welche ein Interesse daran haben, daß die betr. Gegenstände nicht eingezogen werden, E. 18, 299. Ob den als vermeintlich Berechtigte Geladenen ein Anspruch auf den Gegenstand zusteht, entscheidet das erkennende Gericht; bei Verneinung des Anspruchs ist die Person als nicht zur Sache berechtigt zurückzuweisen, JW. 37, 767. Bei bevormundeten Personen kann die Befugnisse nur der Vormund ausüben, E. 29, 52; Recht 15, 3145. Diese Befugnisse stehen den Einziehungsinteressenten aber nur im objektiven Verfahren zu; sie können solche in einem gegen eine bestimmte Person gerichteten Verfahren nicht geltend machen und haben z. B. auch dann keine Rechtsmittelbefugnis, wenn in dem Urteil neben der Freisprechung des Angekl. selbständig auf Einziehung erkannt wird, E. 34, 388; vgl. noch W. 11, 90; s. übr. die Ausführungen bei Löwe S. 1044 f.

3. Mitteilung des Antrags der Staatsanwaltschaft hierbei nicht nötig, aber unter Umständen zweckmäßig zur Vermeidung von Aussetzungsanträgen, E. 24, 197; 37, 272. Wegen der Wirkung irrtümlicher Zulassung als Einziehungsinteressent s. Recht 17, 2026.

4. Ihre prozessuale Stellung ist aber von der eines Angekl. wesentlich verschieden, vgl. E. 34, 331; 37, 272. Treten sie im Verhandlungstermin als Beteiligte am Einziehungsverfahren auf, so können sie nicht gleichzeitig als Zeugen vernommen und beeidigt werden, E. 46, 88.

5. Waren sie bei der Urteilsverkündung vertreten, so bedarf es keiner Zustellung des Urteils an sie, E. 34, 331. Andernfalls ist den zur Hauptverh geladenen oder sonst zu dieser zugelassenen Einziehungsinteressenten das in ihrer Abwesenheit verkündete Urteil durch Zustellung bekannt zu machen, E. 11, 414.

6. Die Kosten des Einziehungsverfahrens erster Instanz sind in allen Fällen eines durch die Staatsanwaltschaft beantragten Verfahrens der Staatskasse aufzuerlegen, E. 12, 198; 17, 114; 22, 351; auf die Einziehungsinteressenten

ist § 497 nicht anwendbar, E. 13, 19. Bei Ablehnung eines Antrags keine Überbürdung der notwendigen Auslagen des Einziehungsinteressenten auf die Staatskasse, E. 22, 351; Recht 16, 3161; s. dagegen ObstLG. 8, 388. — Gebühren: § 75 GKG.

Rechtsmittel.

§ 479.

Die Rechtsmittel[1] gegen das Urteil stehen der Staatsanwaltschaft, dem Privatkläger und den im § 478 bezeichneten Personen[2] zu.

1. Wiederaufnahme des Verfahrens ist ausgeschlossen (Löwe).

2. Auch denjenigen Einziehungsinteressenten, die bis dahin am Verfahren noch nicht beteiligt waren; für solche läuft die Rechtsmittelfrist von der Verkündung des Urteils an, E. 11, 414; ObstLG. 5, 78. — §§ 338 Abs. 2, 343 zu Gunsten der Einz.-Inter. anwendbar E. 48, 26. — Die Einziehungsinteressenten können die Revision auch zu Protokoll des Gerichtsschreibers begründen; § 430 Abs. 2 gilt für sie nicht, GoltdA. 52, 384; Recht 9, 286. — S. noch Anm. 2 zu § 478.

3. Wegen der Wirksamkeit des rechtskräftigen Urteils gegenüber dem im Verfahren nicht beigezogenen Eigentümer s. E. 5, 372 und Löwe 1044.

Verfahren bei Vermögensbeschlagnahme.

§ 480.

Auf die im § 93 des Strafgesetzbuchs vorgesehene Beschlagnahme des Vermögens eines Angeschuldigten finden die Bestimmungen der §§ 333 bis 335 und auf die in § 140 des Strafgesetzbuchs vorgesehene Beschlagnahme die Bestimmungen der §§ 325, 326 entsprechende Anwendung.[1]

1. Zuständig ist stets das Gericht, nicht der Untersuchungsrichter (gem. M.)

Siebentes Buch.

Strafvollstreckung und Kosten des Verfahrens.

Erster Abschnitt.

Strafvollstreckung.

Voraussetzung der Strafvollstreckung.

§ 481.

Strafurteile[1] sind nicht vollstreckbar,[2] bevor sie rechtskräftig[3,4,5] geworden sind.

1. Die von den ordentlichen Gerichten in Strafsachen (§ 3 Abs. 1 EG. StPO., erlassenen Urteile, § 259, Strafbefehle, § 450, und Straffestsetzungsbeschlüsse) §§ 463, 491, 492, 494. — Vollstreckung von Ordnungsstrafen: § 36 und GVG. § 181. — Vollstreckung von Urteilen der Militärgerichte durch die bürgerlichen Gerichte: § 15 Abs 3 MStGB., § 454 MStGO., § 15 EG. MStGO. — Rechtshilfe bei der Strafvollstreckung: §§ 163, 164, 165 GVG.

2. Hinsichtlich der Hauptstrafe, der Nebenstrafen und der Buße. — Freiwillige Verbüßung von Strafe vor Eintritt der Vollstreckbarkeit unzulässig; wegen Anrechnung von Untersuchungshaft s. § 482. — Wegen des Inhalts der Strafvollstreckung s. Bundesratsbeschluß vom 28. 10. 97 (RZBl. 308); s. hierzu auch PreußJMB. v. 20. 3. 99 (JMBl. 72), BayJMB. v. 11. 2. 98 (JMBl. 24).

3. Rechtskräftig: dem Angeklagten, der Staatsanwaltschaft, dem Privatkläger und dem Nebenkläger gegenüber. — Wegen der Gesuche um Wiedereinsetzung in den vorigen Stand und der Anträge auf Wiederaufnahme des Verfahrens und ihrer Wirkungen hinsichtlich der Vollstreckung s. §§ 47, 400; s. auch DJZ. 13, 820.

4. Teilweise Rechtskraft und teilweise Vollstreckbarkeit eines gegen einen Angeklagten ergangenen Urteils wegen nur teilweiser Anfechtung möglich, z. B. bei Anfechtung nur im Kostenpunkt oder nur wegen Nebenstrafen; s. Anm. 1 und 2 zu § 368, Anm. 3 zu § 374. — Bei teilweiser Anfechtung eines eine Gesamtstrafe aussprechenden Urteils darf die nicht angefochtene Einzelstrafe vollstreckt werden, KG. in GoltdA. 56, 339, ObstLG. 15, 180; s. dagegen ObstLG. 5, 213; 10, 71.

5. Bei einer Mehrheit von Verurteilten kann das Urteil gegen diejenigen vollstreckt werden, gegen welche es rechtskräftig wurde; s. aber § 397 und Anm. 6 hierzu.

Anrechnung der Untersuchungshaft.

§ 482.

Auf die zu vollstreckende Freiheitsstrafe[1] ist unverkürzt diejenige Untersuchungshaft[2] anzurechnen, welche der Angeklagte erlitten hat, seit er auf Einlegung eines Rechtsmittels verzichtet oder das eingelegte Rechtsmittel zurückgenommen hat, oder seitdem die Einlegungsfrist abgelaufen ist, ohne daß er eine Erklärung abgegeben hat.[3, 4]

1. Ob Zuchthaus, Gefängnis, Haft oder Festungshaft in Frage steht, ist gleichgültig; § 21 StGB. greift hier nicht Platz; vgl. auch E. 8, 385; 15, 143; 29, 75.

2. Nur die in dem Verfahren, in dem das Urteil ergeht, erlittene Untersuchungshaft, vgl. E. 31, 244; GoltdA. 52, 398; wegen gleichzeitiger Vollstreckung mehrerer Haftbefehle s. Rsp. 4, 850; ElsLZ. 33, 313. — Auch die Zeit von der Rechtskraft des Urteils an bis zur Einlieferung aus dem Untersuchungsgefängnis in die Strafanstalt ist anzurechnen, vgl. E. 31, 244; ObstLG. 7, 30. Dagegen wird die durch die Vollstreckungsbehörde zum Zwecke der Zwangseinlieferung gem. § 489 verhängte Haft nicht angerechnet, OLGM. 10, 66; ObstLG. 3, 407; 5, 53, s. übr. auch ObstLG. 9, 158, ebenso nicht die Zeit der Überführung aus einem Arbeitshaus in die Strafanstalt, OLGM. 4, 464. — Die gegen einen Strafgefangenen wegen einer anderen Straftat unter Überführung in das Untersuchungsgefängnis verhängte Untersuchungshaft unterbricht die Strafhaft, wenn nicht die Vollstreckungsbehörde mit der Fortsetzung des Strafvollzugs im Untersuchungsgefängnis einverstanden ist, Rsp. 2, 456. S. noch OLGM. 3, 442.

3. Auch wenn die Staatsanwaltschaft, der Nebenkläger oder eine der in § 340 bezeichneten Personen ein Rechtsmittel eingelegt haben. — Wegen des Falles einer nur teilweisen Anfechtung eines Gesamtstrafeurteils s. Anm. 4 zu § 481. —

Anrechnung der Untersuchungshaft bei verspäteter Berufung s. Anm. 9 zu § 360 und bei unzulässiger Revision s. Anm. 10 zu § 386.

4. Anrechnung der bis zur Erlassung des Urteils erlittenen Untersuchungshaft s § 60 StGB, E. 29, 75. — Die Anrechnung von Untersuchungshaft nach § 482 erfolgt durch die Vollstreckungsbehörde (§ 483), im Zweifelsfalle gem. §§ 490, 494 durch das Gericht, E. 8, 389.

Vollstreckungsbehörde.

§ 483.

I Die Strafvollstreckung[1, 2] erfolgt durch die Staatsanwaltschaft[3] auf Grund einer von dem Gerichtsschreiber zu erteilenden, mit der Bescheinigung der Vollstreckbarkeit versehenen, beglaubigten Abschrift der Urteilsformel.[4]

II Den Amtsanwälten steht die Strafvollstreckung nicht zu.

III Für die zur Zuständigkeit der Schöffengerichte gehörigen Sachen[5] kann durch Anordnung der Landesjustizverwaltung[6] die Strafvollstreckung den Amtsrichtern übertragen werden.

1. Die Aufgabe der Strafvollstreckung schließt auch die Prüfung und Überwachung des richtigen und vollständigen Vollzugs der Strafe in sich, E. 30, 135; vgl. auch E 5, 332; 21, 424. — Auch der Verweis ist von der Staatsanwaltschaft, im Falle des Abs. 3 vom Amtsrichter zu vollstrecken; mündlich oder schriftlich, E. 23, 403; wegen der schriftlichen Erteilung des Verweises s. E. 31, 283.

2. Inhalt der Strafvollstreckung s. Anm. 2 zu § 481. — Rechtshilfe, Vollstreckung von militärgerichtlichen Urteilen, von Ordnungsstrafen s. Anm. 1 zu § 481.

3. Bei Verweisung der Sache an ein anderes Gericht gem. § 394 Abs. 2 die Staatsanwaltschaft des mit der Sache ursprünglich befaßten Gerichts. S. PreußJMV. v. 26. 5. 87 JMBl. 135.

4. Nötigenfalls entscheidet über die Vollstreckbarkeit das Gericht, §§ 490, 494.

5. Einschließlich der Überweisungssachen, §§ 29, 75 GVG.

6. S. PreußJMV. v 14. 8. 79 JMBl. 237, BayJMV v. 29. 11. 13 JMBl. 450. — Der Amtsrichter ist als Vollstreckungsbehörde Organ der Justizverwaltung, er ist an die Anweisungen der ihm vorgesetzten Justizverwaltungsbehörden gebunden; er kann sich bei dieser seiner Tätigkeit der Mitwirkung der Hilfsbeamten der Staatsanwaltschaft bedienen, E. 21, 424; 31, 76.

Begnadigungsrecht des Kaisers.

§ 484.

In Sachen, in denen das Reichsgericht in erster Instanz erkannt hat,[1] steht das Begnadigungsrecht dem Kaiser zu.

1. § 136 Nr. 1 GVG.

Vollstreckung von Todesurteilen.

§ 485.

Todesurteile bedürfen zu ihrer Vollstreckung keiner Bestätigung. Die Vollstreckung ist jedoch erst zulässig, wenn die Entschließung des Staatsoberhauptes und in Sachen, in denen das Reichsgericht in erster Instanz erkannt hat, die Entschließung des

Kaisers ergangen ist, von dem Begnadigungsrechte keinen Gebrauch machen zu wollen.[1]

II An schwangeren oder geisteskranken Personen darf ein Todesurteil nicht vollstreckt werden.

1. Vollstreckungsbehörde ist die Staatsanwaltschaft. — § 490 Abs. 1 (Entsch. über Einwendungen gegen die Zulässigkeit der Vollstr.) gilt auch hier.

Vollstreckung der Todesstrafe. **§ 486.**

I Die Vollstreckung der Todesstrafe[1] erfolgt in einem umschlossenen Raume.

II Bei der Vollstreckung müssen zwei Mitglieder des Gerichts erster Instanz,[2] ein Beamter der Staatsanwaltschaft, ein Gerichtsschreiber und ein Gefängnisbeamter zugegen sein. Der Gemeindevorstand des Orts, wo die Hinrichtung stattfindet, ist aufzufordern, zwölf Personen aus den Vertretern oder aus anderen achtbaren Mitgliedern der Gemeinde abzuordnen, um der Hinrichtung beizuwohnen.[3]

III Außerdem ist einem Geistlichen von dem Religionsbekenntnisse des Verurteilten und dem Verteidiger und nach dem Ermessen des die Vollstreckung leitenden Beamten auch anderen Personen der Zutritt zu gestatten.

IV Über den Hergang ist ein Protokoll aufzunehmen, welches von dem Beamten der Staatsanwaltschaft und dem Gerichtsschreiber zu unterzeichnen ist.

V Der Leichnam des Hingerichteten ist den Angehörigen desselben auf ihr Verlangen zur einfachen, ohne Feierlichkeiten vorzunehmenden Beerdigung zu verabfolgen.

1. Durch Enthauptung, § 13 StGB.

2. Des Reichsgerichts (§ 136 Nr. 1 GVG.) oder des Landgerichts, bei dem das erkennende Schwurgericht abgehalten wurde.

3. Deren Nichterscheinen hindert die Vollstreckung nicht.

Aufschub der Vollstreckung. **§ 487.**

I Die Vollstreckung einer Freiheitsstrafe ist aufzuschieben,[1] wenn der Verurteilte in Geisteskrankheit verfällt.

II Dasselbe[1] gilt bei anderen Krankheiten, wenn von der Vollstreckung eine nahe Lebensgefahr für den Verurteilten zu besorgen steht.

III Die Strafvollstreckung kann auch dann aufgeschoben werden, wenn sich der Verurteilte in einem körperlichen Zustande befindet, bei welchem eine sofortige Vollstreckung mit der Einrichtung der Strafanstalt unverträglich ist.[2, 3]

1. Von Amts wegen oder auf Antrag. Der Verurteilte hat einen Anspruch hierauf; es kann hierüber, wenn die Vollstreckungsbehörde (§ 483) einen Aufschub ablehnt, die Entsch. des Gerichts gem. § 490 Abs. 2 angerufen werden. Wiederholter Aufschub bei Fortdauer des Hindernisses möglich. — Wegen der Unterbrechung einer schon in Vollzug gesetzten Freiheitsstrafe s. für Preußen JMV. v. 14. 8. 79 Nr. II (JMBl. 237) und v. 25. 10. 82 (JMBl. 325), vgl. ferner MBl. d. i. V. 1881, 174; 1885, 186; für Bayern JMB. v. 6. 5. 11 §§ 11 ff. (JMBl. 162). — Wegen einer Unterbrechung der Vollstr. durch Anordnung des Gerichts s. § 490 Abs. 3, ferner § 400 Abs. 2. — S. noch Anm. 1 zu § 493.

2. Abs. 3 ist auch auf säugende Mütter anwendbar. — Anrufen des Gerichts (§ 490 Abs. 2) auch in den Fällen des Abs. 3 zulässig. — Wegen der Vollstr. von Freiheitsstrafen an Schwangeren s. für Preußen: § 28 Abs. 2, § 85 Abs. 5 GefO. v. 21. 12. 98 (JMBl. 293), s. ferner JMBl. 1883, 195, für Bayern: § 28 Abs. 2 Hausordnung f. GerGef. (JMBl. 1910, 38), ferner JMBl. 1911, 165.

3. Gnadenweiser Aufschub der Vollstreckung: bei Einreichung eines Gnadengesuches s. für Preußen AE. v. 16. 3. 78 (JMBl. 55), für Bayern JMB. v. 6. 5. 11 § 2 (JMBl. 156); im Falle bedingter Begnadigung s. für Preußen AE. v. 23. 10. 95 (JMBl. 348), für Bayern JMBl. 1908, 285.

Aufschub der Vollstreckung. § 488.

I Auf Antrag des Verurteilten kann [1] die Vollstreckung aufgeschoben werden, sofern durch die sofortige Vollstreckung dem Verurteilten oder der Familie desselben erhebliche, außerhalb des Strafzwecks liegende Nachteile erwachsen.[2]

II Der Strafaufschub darf den Zeitraum von vier Monaten[3] nicht übersteigen.

III Die Bewilligung desselben kann an eine Sicherheitsleistung[4] oder andere Bedingungen geknüpft werden.

1. Der Verurteilte hat kein Recht auf Aufschub; Anrufen des Gerichts hier ausgeschlossen; anders in den Fällen des § 487. Gegen die Ablehnung eines Aufschubs durch die Vollstreckungsbehörde nur Beschwerde an deren vorgesetzte Stelle. — In Preußen ist die Entsch. über solche Anträge der Staatsanwaltschaft auch in den Fällen übertragen, in denen dem Amtsrichter die Vollstr. zusteht (§ 483 Abs. 3), s. JMV. v. 14. 8. 79 Nr. II (JMBl. 237); das gleiche gilt für Bayern: JMB. v. 6. 5. 11 § 18 (JMBl. 165).

2. Wegen gnadenweisen Aufschubs der Vollstr. s. Anm. 3 zu § 487. — Wegen Unterbrechung der Vollstr. s. Anm. 1 zu § 487.

3. Vom Zeitpunkt der Rechtskraft, nicht vom Zeitpunkt der Aussetzung an, vgl. BayJMB. v. 6. 5. 11 § 19 (JMBl. 166), a. M. Löwe.

4. §§ 118—124 gelten entsprechend auch hier (gem. M.).

Haftbefehl. Steckbrief. § 489.

I Die Staatsanwaltschaft ist befugt,[1] behufs Vollstreckung einer Freiheitsstrafe einen Vorführungs-[2] oder Haftbefehl [3] zu erlassen, wenn der Verurteilte auf die an ihn ergangene Ladung[4] zum Antritt der Strafe sich nicht gestellt hat oder[5] der Flucht verdächtig ist.

II Auch kann[1] von der Staatsanwaltschaft zu demselben Zwecke ein Steckbrief[6] erlassen werden, wenn der Verurteilte flüchtig ist oder sich verborgen hält.

III Diese Befugnisse stehen im Falle des § 483 Abs. 3 auch dem Amtsrichter zu.

1. Keine Anrufung des Gerichts gegen die gem. § 489 getroffenen Maßnahmen der Staatsanwaltschaft, nur Beschwerde an die ihr vorgesetzte Stelle.

2. Vorführungsbefehl: § 134 Abs. 2.

3. Haftbefehl: § 114 Abs. 2. — Vorzeigen des Haftbefehls bei der Verhaftung nicht erforderlich, Rsp. 8, 425. — Strafbeginn erst von der Einlieferung in die Strafanstalt an, s. Anm. 2 zu § 482. Über die Befugnisse der Vollzugsorgane s. ObstLG. 8, 237.

4. Zustellung dieser Ladung s. PreußJMBl. 1910, 355.

5. Bei Fluchtverdacht bedarf es sonach einer vorherigen Ladung zum Strafantritt nicht.

6. Steckbrief: § 131. — Brief- und Telegrammsperre unzulässig.

Entscheidung des Gerichts.

§ 490.

I Wenn über die Auslegung eines Strafurteils oder über die Berechnung der erkannten Strafe Zweifel entstehen,[1] oder wenn Einwendungen gegen die Zulässigkeit der Strafvollstreckung erhoben werden, so ist die Entscheidung des Gerichts herbeizuführen.[2]

II Dasselbe[1] gilt, wenn nach Maßgabe des § 487[3] Einwendungen gegen die Ablehnung eines Antrags auf Aufschub der Strafvollstreckung erhoben werden.

III Der Fortgang der Vollstreckung wird hierdurch nicht gehemmt; das Gericht kann jedoch einen Aufschub oder eine Unterbrechung der Vollstreckung anordnen.

1. Wegen der Hinderung des Vollzugs ungesetzlicher Strafen durch Entsch. nach § 490 vgl. die Entsch. in BayZ. 9, 206, 283.

2. Gericht: § 494. — Auch Beschwerde bei der der Vollstreckungsbehörde vorgesetzten Stelle möglich; bei Einwendungen gegen die Art der Strafvollstr. nur diese Aufsichtsbeschwerde, ObstLG. 3, 117; RMG. 9, 133. — Gegen die Entsch. des Gerichts sofortige Beschwerde, § 494 Abs. 4.

3. Nicht aber in den Fällen des § 488; s. Anm. 1 hierzu.

Umwandlungsbeschluß.

§ 491.

Kann eine verhängte Geldstrafe nicht beigetrieben werden und ist die Festsetzung der für diesen Fall eintretenden Freiheitsstrafe unterlassen worden,[1] so ist die Geldstrafe nachträglich von dem Gericht in die entsprechende Freiheitsstrafe umzuwandeln.[2]

1. Diese Festsetzung hat regelmäßig durch das erkennende Gericht zu erfolgen; dieses darf sich nicht mit einer Verweisung auf § 491 begnügen, SeuffBl. 75, 394.

2. Gericht, Verfahren: § 494. Umwandluug: §§ 28, 29 StGB.

Gesamtstrafebeschluß.

§ 492.

Ist jemand durch verschiedene rechtskräftige Urteile[1] zu Strafen verurteilt worden, und sind dabei die Vorschriften über die Zuerkennung einer Gesamtstrafe (§ 79 des Strafgesetzbuchs) außer Betracht geblieben,[2, 3] so sind[4] die erkannten Strafen[5] durch eine nachträgliche gerichtliche Entscheidung[6] auf eine Gesamtstrafe zurückzuführen.[7, 8, 9]

1. Oder durch Gefängnisstrafen festsetzende rechtskräftige Strafbefehle.

2. Grundsätzlich hat das erkennende Gericht diese Gesamtstrafe im Urteil festzusetzen; es darf sich nicht mit einer Verweisung auf § 492 begnügen, E. 2, 198; 8, 62; 15, 29; Rsp. 5, 522; 8, 3, 657; die Gesamtstrafe kann im Urteil auch dann ausgesprochen werden, wenn das frühere Urteil noch nicht rechtskräftig geworden ist, wobei aber dann der Urteilstenor Bestimmung für den Fall treffen muß, daß das frühere Urteil abgeändert wird, Rsp. 4, 102, das Gericht kann übrigens in solchem Falle die Entsch. über Festsetzung einer Gesamtstrafe einem Verfahren nach § 492 überlassen, Rsp. 3, 468, 592; 9, 177.

3. Ob die Nichtanwendung des § 79 StGB. auf mangelnder Kenntnis von der früheren Verurteilung oder auf deren Außerachtlassung beruht, ist gleichgültig, E. 2, 200; auch bei absichtlicher Nichtanwendung der Vorschriften über Gesamtstrafe durch das erkennende Gericht bleibt § 492 anwendbar, wenn sie auf rechtlich nicht zu mißbilligenden Gründen, z. B. weil die Akten nicht rechtzeitig zu erlangen waren, beruht, E. 5, 3; 34, 267; Recht 10, 452; anders, wenn sie auf Rechtsirrtum beruht, in diesem Fall nur Rechtsmittel gegen das Urteil, nicht § 492 (Mot.). — Die Nichtanwendung muß zuungunsten des Angekl. erfolgt sein, ObstLG. 6, 319.

4. Von Amts wegen, E. 5, 3. — Verfahren: § 494.

5. Hierher gehören nicht die Ersatzstrafen für nicht einbringliche Geldstrafen, ObstLG. in SeuffBl. 76, 136.

6. Zuständiges Gericht: § 494 Abs. 3. — Rechtskraftzeugnis für die Vollstr. dieser Entsch. nicht erfordert.

7. Die Bildung einer Gesamtstrafe wird nicht dadurch ausgeschlossen, daß, inzwischen eine der Einzelstrafen verbüßt wurde, ObstLG. 9, 306; SächsOLG. 32, 194. — Ist eine Einzelstrafe teilweise verbüßt, so ist der Beginn der Gesamtstrafe vom Zeitpunkt des Beginns der Vollstreckung der Einzelstrafe an zu berechnen, BayZ. 1, 304; a. M. ObstLG. 9, 267 und öfter; hierbei ist jedoch eine bisher verbüßte Gefängnisstrafe nur nach Maßgabe des § 21 StGB. anzurechnen, wenn die Gesamtstrafe auf Zuchthaus lautet, BayZ. 1, 304; dasselbe gilt für eine im früheren Urteil angerechnete Untersuchungshaft, ObstLG. in SeuffBl. 71, 23. — Die aus den Einzelstrafen früherer Gesamtstrafen zu bildende neue Gesamtstrafe darf den Gesamtbetrag der Gesamtstrafen nicht übersteigen, ObstLG. 11, 72.

8. Wegen der Gebührenberechnung s. E. 37, 169.

9. Wegen der Vollstreckung einer Gesamtstrafe, falls die Einzelstrafen von Gerichten verschiedener Bundesstaaten festgesetzt sind, s. Bundesratsbeschluß v.

11. 6. 85 (RZBl. 270, PreußJMBl. 309, BayJMBl. 159); s. hierzu noch PreußJMBl. 1900, 431; 1901, 99; BayJMBl. 1900, 1015; 1901, 379; 1907, 85. — Wegen der vorl. Entlassung und der Begnadignng in solchen Fällen s. Preuß. JMBl. 1914, 571; Bay. JMBl. 1914, 135. — Die gesetzlichen Bestimmungen über die Zuständigkeit werden hierdurch nicht berührt; es entscheidet deshalb z. B. über die Berechnung der Strafzeit bei der Gesamtstrafe nicht das Gericht, das die für die Zuständigkeit der Vollstr. nach dem Bundesratsbeschluß maßgebende Strafe ausgesprochen hat, sondern das Gericht, welche die zu vollstreckende Gesamtstrafe festsetzte, ObstLG. 7, 137; 10, 234.

Verbringung in eine Krankenanstalt.

§ 493.

I Ist der Verurteilte nach Beginn der Strafvollstreckung wegen Krankheit [1] in eine von der Strafanstalt getrennte Krankenanstalt gebracht worden,[1] so ist die Dauer des Aufenthalts in der Krankenanstalt in die Strafzeit einzurechnen, wenn nicht der Verurteilte mit der Absicht, die Strafvollstreckung zu unterbrechen, die Krankheit herbeigeführt hat.[2]

II Die Staatsanwaltschaft hat im letzteren Falle eine Entscheidung des Gerichts herbeizuführen.[3]

1. Durch die Vollstreckungsbehörde veranlaßte Verbringung in die Krankenanstalt erforderlich. — Art der Krankheit gleichgültig; auch bei Geisteskrankheit. — Unterbrechung der Vollstr. und Entlassung des Gefangenen wegen Krankheit s. PreußJMBl. 1907, 328, BayJMBl. 1911, 163. S. auch Recht 21, 322.

2. Daß er die Krankheit selbst verschuldete, genügt für sich allein noch nicht. — Auch bei nachweisbar vorgetäuschter Krankheit keine Anrechnung; s. hierzu Anm. 3.

3. Also Nichtanrechnung nur auf Grund Gerichtsbeschlusses, §§ 490, 494.

Zuständiges Gericht. Verfahren.

§ 494.

I Die bei der Strafvollstreckung notwendig werdenden gerichtlichen Entscheidungen (§§ 490—493) werden von dem Gericht erster Instanz [1] ohne mündliche Verhandlung erlassen.[2]

II Vor der Entscheidung ist der Staatsanwaltschaft und dem Verurteilten Gelegenheit zu geben, Anträge zu stellen und zu begründen.[2]

III Kommt es auf die Festsetzung einer Gesamtstrafe an (§ 492), und waren die verschiedenen hierdurch abzuändernden Urteile von verschiedenen Gerichten erlassen, so steht die Entscheidung demjenigen Gerichte zu, welches die schwerste Strafart oder bei Strafen gleicher Art die höchste Strafe [3] erkannt hat, falls hiernach aber mehrere Gerichte zuständig sein würden, demjenigen, dessen Urteil zuletzt [4] ergangen ist. War das hiernach maßgebende Urteil von einem Gerichte höherer Instanz erlassen, so setzt das Gericht erster Instanz, und war eines der Strafurteile von dem Reichsgericht in erster Instanz erlassen, das Reichsgericht die Gesamtstrafe fest.

IV Gegen diese Entscheidungen findet, insofern sie nicht von dem Reichsgericht erlassen sind, sofortige Beschwerde[5] statt.[6]

1. Amtsrichter ohne Schöffen, § 30 Abs. 2 GVG., auch dann, wenn es sich um Einwendungen gegen Anordnungen handelt, die er als Vollstreckungsbehörde (§ 483 Abs. 3) getroffen hat. — Strafkammer in der Besetzung von drei Mitgliedern, § 77 GVG., auch in schwurgerichtlichen Sachen, § 82 GVG. — Zweiter und dritter Strafsenat des Reichsgerichts, § 138 Abs. 2 GVG. — Auch wenn das betr. Urteil in höherer Instanz erging, ist das Gericht erster Instanz zuständig, OLGR. 6, 351. — Zur Entsch. über die Berechnung einer Gesamtstrafe ist das Gericht zuständig, das sie ausgesprochen hat, ElsLZ. 32, 499, s. auch Anm. 9 zu § 492.

2. Der Verurteilte kann seine Erklärungen auch zu Protokoll des Gerichtsschreibers abgeben. — Beweiserhebungen vor der Entsch. zulässig. — Die Entsch. erfolgt gebührenfrei.

3. Wenn von verschiedenen Gerichten jedes für sich auf eine Gesamtstrafe erkannt hat, so ist bei Strafen gleicher Art nicht die höchste Gesamtstrafe maßgebend, sondern die erkannte höchste Einzelstrafe, E. 33, 23.

4. Hierbei ist der Zeitpunkt des in der Sache selbst entscheidenden Berufungsurteils auch dann maßgebend, wenn die Berufung verworfen wurde (Löwe); der Zeitpunkt des Revisionsurteils nur bei Straffestsetzung im Falle des § 394 Abs. 1.

5. § 353. Die Entsch. muß aber materiell einen Ausspruch über die beantragte Festsetzung einer Gesamtstrafe enthalten. Bei Ablehnung einer Entsch. wegen Unzuständigkeit nur einfache Beschwerde, E. 32, 234.

6. Gebühr bei Zurückweisung der Beschwerde: § 68 GKG.

Vollstr. einer Vermögensstrafe oder Buße.

§ 495.

Die Vollstreckung der über eine Vermögensstrafe[1] oder eine Buße[2] ergangenen Entscheidung erfolgt nach den Vorschriften über die Vollstreckung der Urteile der Zivilgerichte.[3]

1. Vermögensstrafe ist auch die Einziehung.

2. Den Auftrag zur Vollstreckung der Entsch. über eine Buße hat dem Gerichtsvollzieher der Berechtigte zu geben; Verfahren s. Anm. 3.

3. S. §§ 704 ff. ZPO. Nach ZE. 1, 233 sind sämtliche Vorschriften der ZPO. über Zwangsvollstreckung, insbesondere über die formellen Voraussetzungen der Vollstreckung, über das Verfahren usw. hier maßgebend. S. dagegen Löwe S. 1071. S. auch §§ 108 ff. PreußGeschA. für Gerichtsvollzieher v. 24. 3. 14 JMBl. 413. Für Bayern s. Bek. v. 24. 9. 79 insbesondere §§ 24, 25, 26, 34, 35 JMBl. 1425; ferner JMBl. 1880, 288, 468; 1900, 740 f. (GeschA. f. GerVollz.)

Zweiter Abschnitt.

Kosten des Verfahrens.

Kostenentscheidung.

§ 496.

I Jedes Urteil,[1] jeder Strafbefehl und jede eine Untersuchung einstellende[2] Entscheidung muß darüber Bestimmung treffen,[3] von wem die Kosten des Verfahrens zu tragen sind.[4, 5, 6]

II Wenn über die Höhe der Kosten[7] oder über die Notwendigkeit[8] der unter ihnen begriffenen Auslagen[9] Streit entsteht, so erfolgt hierüber besondere Entscheidung.[10, 11]

1. Ausgenommen das die Sache in die Vorinstanz zurückverweisende Urteil des Berufungs- oder Revisionsgerichts, vgl. E. 18, 347; 45, 269; Rsp. 10, 271.

2. S. hierzu §§ 501, 502, 503.

3. § 496 bestimmt nichts über die Frage, wer die Kosten des Verfahrens zu tragen hat, namentlich auch nicht, daß das Gericht diese Frage nach freiem Ermessen entscheiden soll, E. 12, 198. Bei unterbliebener Kostenentscheidung in der Berufungsinstanz keine Revision hierwegen, KG. in DJZ. 12, 189.

4. Die materiellen Vorschriften über die Pflicht zur Tragung und Erstattung der Kosten sind in den §§ 497—505 enthalten. Sofern keine dieser Bestimmungen Anwendung findet und nicht etwa für einzelne Kostenbeträge besondere Anordnungen im Gesetz getroffen sind (z. B. §§ 50, 69, 77, 95, 145), müssen die Kosten der Staatskasse auferlegt werden, E. 12, 198. — Wegen der dem Angeschuldigten erwachsenen notwendigen Auslagen s. § 499 Abs. 2. — Ob der jeweils Kostenpflichtige zahlungsfähig ist, ist für die Entsch. belanglos.

5. Wegen des Betrages und der Berechnung der Kosten usw. s. GKG. v. 18. 6. 78.

6. Die Entsch. im Kostenpunkt ist auch für sich allein anfechtbar; es geschieht das mit dem Rechtsmittel, das gegen die Entsch. in der Hauptsache gegeben ist, E. 6, 237; Rsp. 4, 322; 8, 11.

7. Auch dann, wenn bei Privatklage oder Nebenklage der Verurteilte trotz Aufforderung keine Zahlung leistet, liegt ein solcher Streit vor und hat auf Antrag Kostenfestsetzung zu erfolgen, ObstLG. 11, 118, 201. — § 496 Abs. 2 findet auch Anwendung bei Streit hinsichtlich der Mehrkosten, die einem Freigesprochenen durch das Ausbleiben eines deshalb nach § 50 in die Kosten verurteilten Zeugen entstanden und von diesem zu erstatten sind, SächsOLG. 28, 101. — Wegen der Kostenfestsetzung im Falle des § 499 Abs. 2 s. ObstLG. 10, 118.

8. Das Gericht entscheidet über die Notwendigkeit dieser Auslagen nach freiem Ermessen, E. 6, 430. — Auslagenbeanstandung wegen nur teilweiser Verurteilung bei fortgesetzter Straftat s. Recht 16, 842.

9. Auslagen s. §§ 79, 80 GKG. — Die vom Verwahrer einer Sache für die Verwahrung während des Verfahrens beanspruchten Kosten gehören nicht hierher; ihre Festsetzung obliegt den Gerichten nicht, ObstLG. in BayZ. 8, 464.

10. Die Kostenfestsetzung erfolgt durch das Gericht derjenigen Instanz, welche über die Pflicht zur Kostentragung entschieden hat, ObstLG. 6, 79; 10, 259, nur im Privatklageverfahren hat ausnahmsweise das Gericht erster Instanz die Kosten aller Instanzen festzusetzen, ObstLG. 10, 293 und in SeuffBl. 76, 137.

11. Die Entsch. ist mit einfacher Beschwerde anfechtbar. S. auch § 4 Abs. 2 GKG. — Keine weitere Beschwerde, § 352 Abs. 2. Gegen Beschlüsse der Oberlandesgerichte und des Reichsgerichts findet eine Beschwerde nicht statt, § 346 Abs. 3; Rsp. 5, 527. — Wegen der Gebühren s. § 4 Abs. 1, § 78 Nr. 2 a, b GKG.

Kostenpflicht des Verurteilten. **§ 497.**

I Die Kosten,[1] mit Einschluß der durch die Vorbereitung[2] der öffentlichen Klage und die Strafvollstreckung entstandenen, hat der Angeklagte[3] zu tragen, wenn er zu Strafe verurteilt[4] wird.

II Stirbt ein Verurteilter vor eingetretener[4] Rechtskraft des Urteils, so haftet sein Nachlaß nicht für die Kosten.[5]

1. Die Kosten auch der Vorinstanz, wenn Verurteilung erst in höherer Instanz erfolgte und alle Kosten, wenn erst nach Zurückverweisung der Sache Verurteilung erfolgte. Vgl. hierzu Rsp. 10, 271; E. 18, 347; 30, 128; 45, 269. Auch, vorbehaltlich des zivilrechtlichen Rückgriffrechtes des Verurteilten, diejenigen Kosten, welche durch Verschulden Dritter oder durch unrichtige Sachbehandlung entstanden sind, Rsp. 1, 507; 7, 710; GoltdA. 44, 148; DJZ. 11, 968; SeuffBl. 71, 447, ausgenommen diejenigen Kosten, welche gem. §§ 50, 69, 77, 145 Zeugen, Sachverständigen oder Verteidigern aufzuerlegen sind; s. hierzu SeuffBl. 74, 134; DJZ. 14, 148, auch Recht 17, 790. Im Privatklageverfahren hat der Verurteilte auch die durch Verschulden des Privatklägers verursachten Kosten zu tragen, ObstLG. 3, 217. — Niederschlagen von Gebühren s. § 6 GKG. — Einem Mitangeklagten dürfen die besonderen Kosten, die in verbundenen Strafsachen durch die Verh. von solchen Straftaten entstanden, bei denen lediglich andere Angekl. beteiligt sind, nicht zur Last gelegt werden, E. 30, 287; W. 4, 318.

2. Auch wenn das vorbereitende Verfahren ursprünglich gegen andere Verdächtige sich richtete. — Auch die Mehrkosten, die durch eine ursprüngliche schwerere Beurteilung der Straftat und die z. B. hierdurch bedingte VU. veranlaßt wurden, Rsp. 10, 609; s. auch E. 22, 426.

3. Wegen der Einziehungsinteressenten s. Anm. 6 zu § 478.

4. Nicht dagegen bei Einstellung des Verfahrens, E. 20, 118. S. aber § 500. — Ausnahmsweise Kostenpflicht des Freigesprochenen s. § 499 Abs. 1.

5. Auch wenn der Eintritt der Rechtskraft durch ein von der Staatsanwaltschaft zuungunsten des Angekl. eingelegtes Rechtsmittel hintangehalten wurde. — Den Erben steht auch kein Rechtsmittel zu, Rsp. 7, 163. — Die Bestimmung des Abs. 2 gilt auch im Privatklageverfahren.

Ausnahmen von der allgemeinen Kostenpflicht des Verurteilten.

§ 498.

I Wenn ein Angeklagter in einer Untersuchung, welche mehrere strafbare Handlungen[1] umfaßt, nur in Ansehung eines Teils derselben verurteilt wird, durch die Verhandlung der übrigen Straffälle aber besondere[2] Kosten entstanden sind, so ist er von deren Tragung zu entbinden.[3]

II Mitangeklagte,[4] welche in bezug auf dieselbe Tat[5] zu Strafe verurteilt sind, haften für die Auslagen[6] als Gesamtschuldner.[7] Dies gilt nicht von den durch die Strafvollstreckung oder die Untersuchungshaft entstandenen Kosten.

1. Es kommen hier nur die Fälle sachlichen Zusammentreffens mehrerer Straftaten (Realkonkurrenz) in Betracht. § 498 ist also nicht anwendbar, wenn unter Ablehnung der im Eröff.-Beschl. angenommenen Idealkonkurrenz mehrerer Strafgesetze Verurteilung nur aus einem dieser Strafgesetze erfolgt, Rsp. 5, 604; E. 12, 87; 15, 105; auch dann trifft § 498 nicht zu, wenn eine einheitliche, fortgesetzte Straftat angenommen war und einzelne der hierunter fallenden, angeklagten Straftaten ausscheiden, E. 29, 106; Recht 16, 842; W. 4, 318.

Wird dagegen die im Eröff.-Beschl. angenommene Gewerbs- oder Gewohnheitsmäßigkeit verneint und unter Annahme von Realkonkurrenz von einzelnen Straftaten freigesprochen, so findet § 498 Anwendung, E. 33, 142. Ist im Eröff.-Beschl. Realkonkurrenz angenommen und erfolgt Verurteilung wegen einer fortgesetzten Straftat, aber unter Wegfall einer oder mehrerer der angeklagten Handlungen, so muß hinsichtlich der letzteren Freisprechung und Entbindung des Angekl. von den hierauf entstandenen besonderen Kosten erfolgen, Recht 11, 588.

2. Das sind die nicht zu den Gebühren zu rechnenden Auslagen, GoltdA. 40, 56; E. 29, 145; ObstLG. 12, 391; wegen der Gebühren s. § 59 Abs. 1 GKG. Diese Auslagen, z. B. Zeugengebühren dürfen nur durch die Verh. derjenigen Straffälle entstanden sein, bei denen Verurteilung nicht erfolgte; ist dies der Fall, so kommt gar nichts darauf an, ob sie durch Beweismittel entstanden, welche der Angekl. vorgeschlagen hatte und welche für die Sache Erhebliches ergaben und ebensowenig, ob die vorgeführten Belastungszeugen zugleich als Entlastungszeugen dienten oder nicht, E. 3, 343. Es ist aber eine Überbürdung sämtlicher Kosten auf einen teilweise freigesprochenen Angekl., weil „alle Beweiserhebungen zur Bildung eines Urteils über das gesamte Treiben des Angekl. zweckmäßig waren", nicht rechtsirrig, GoltdA. 53, 293; Recht 10, 1016. JW. 46, 487.

3. Eine Feststellung, ob und welche Auslagen hier im einzelnen in Betracht kommen, erfolgt nicht durch das erkennende Gericht, E. 24, 384; 29, 146, auch kann dieses nicht etwa die Auslagen nach Bruchteilen der Staatskasse und dem Angekl. auferlegen, E. 33, 83; ObstLG. 12, 391; die Feststellung und Ausscheidung hat erst bei der Kostenberechnung und gegebenenfalls nach § 496 Abs. 2 zu erfolgen, E. 24, 384; 33, 84; Recht 12, 2111; s. aber auch Recht 13, 1962.

4. Wegen der durch andere Taten eines Mitangeklagten erwachsenen besonderen Kosten s. § 497 Anm. 1 a. E.

5. Dieselbe Tat: maßgebend ist die Einheit der Tat im vollen Umfang ihrer strafrechtlichen Richtung und einer entsprechenden Verzweigung auf verschiedene Persönlichkeiten, E. 21, 166; in Betracht kommen demnach nicht bloß Mittäter und Teilnehmer, sondern auch Begünstiger und Hehler, E. 12, 226; Recht 13, 3890, „Nebentäter" Recht 20, 157, auch die wegen aktiver und passiver Bestechung Verurteilten, Rsp. 9, 457, auch die sämtl. bei einer Schlägerei Beteiligten, E. 21, 164, dagegen nicht die wegen gegenseitiger Körperverl. Verurteilten, E. 21, 164. Die wegen einer fortges. Straftat verurteilten Mittäter haften gemeinsam für die Kosten, auch wenn einer von ihnen bei Einzelhandlungen, die kostspielige Beweisermittelungen verursachten, nicht beteiligt war, JW. 35, 794; BayZ. 2, 382.

6. Für die Gerichtsgebühren besteht keine Gesamthaftung, § 61 GKG. E. 21, 61.

7. Diese Gesamthaftung braucht im Urteil nicht ausdrücklich ausgesprochen zu werden; sie tritt bei Verurteilung der mehreren Mitangeklagten in die Kosten kraft Gesetzes ein, E. 1, 93, und zwar auch dann, wenn die Verurteilung der mehreren Mitangeklagten in verschiedenen Urteilen erfolgt. — Die Bestimmung des Abs. 2 findet auch auf die Kostenentscheidung im Rechtsmittelverfahren Anwendung, RG. in SächsRA. 4, 460.

Kostenpflicht d. Freigesprochenen. Auslagenerstattung.

§ 499.

I Einem freigesprochenen[1] oder außer Verfolgung gesetzten Angeschuldigten sind nur solche Kosten aufzuerlegen, welche er durch eine schuldbare Versäumnis[2] verursacht hat.

[2] **Die dem Angeschuldigten[3] erwachsenen notwendigen Auslagen[4] können[5] der Staatskasse auferlegt werden.[6]**

1. Der Freisprechung steht hier die Einstellung des Verfahrens (§ 259) gleich, E. 20, 118.

2. Auf Einziehungsinteressenten findet § 499 Abs. 2 keine Anwendung, E. 22, 351; Recht 16, 3161; a. M. ObstLG. 8, 384; wohl aber auf die in §§ 324, 340, 401 Abs. 1 bezeichneten Personen, E. 28, 149; auf den Nebenkläger ist Abs. 2 nicht anwendbar, Recht 15, 1462; BayZ. 7, 188.

3. Die Vers.Kosten müssen auferlegt werden E. 49, 58. Auf andere Weise schuldhaft verursachte Kosten können nicht auferlegt werden. — Nähere Bezeichnung der schuldbaren Versäumnis im Urteil nötig, E. 10, 34.

4. Notwendige Auslagen (nicht Versäumnisentschädigung, KG. in DJZ. 13, 83 und in GoltdA. 60, 477; ObstLG. in SeuffBl. 74, 67) z. B. Reisekosten, ObstLG. 10, 258; Zeugengebühren (§ 219), Rsp. 6, 57; ObstLG. 6, 71; Kosten der Verteidigung, auch wenn diese keine notwendige im Sinne des § 140 war, E. 6, 429; 10, 33; ObstLG. 3, 217; 6, 240 usw. Das Gericht entscheidet über die Notwendigkeit der Auslagen nach freiem Ermessen; es kann unter den Auslagen unterscheiden, die einen der Staatskasse auferlegen, die andern nicht, E. 10, 33; KG. in DJZ. 12, 1205; ObstLG. in SeuffBl. 71, 458, es kann z. B. auch bei notwendiger Verteidigung die Erstattung der Kosten der Verteidigung ablehnen, Rsp. 5, 743. — Die Revision kann nur mit der Behauptung begründet werden, das Gericht habe den Begriff der notwendigen Auslagen verkannt, KG. in DJZ. 12, 1205. — Ist in der gerichtlichen Entsch. nur allgemein die Erstattungspflicht der Staatskasse ausgesprochen, so erfolgt bei Streit über die Notwendigkeit einzelner Arten der Auslagen Entsch. im Verfahren nach § 496 Abs. 2, E. 10, 34.

5. Auf Antrag oder von Amts wegen. Ablehnung eines Antrags erfordert keine besondere Begründung, GoltdA. 53, 70; bloßes Übergehen des Antrags wäre aber Revisionsgrund, JW. 20, 52; ObstLG. 8, 27. — Das Gericht entscheidet über die Anwendung der Bestimmung des Abs. 2 nach freiem Ermessen, GoltdA. 51, 193; SeuffBl. 71, 58; es ist auch bei nachgewiesener Unschuld des Angeschuldigten nicht genötigt, sie anzuwenden, GoltdA. 44, 157. S noch Anm. 4. — Die Entsch. ist, soweit sie auf tatsächlichen Erwägungen beruht, dem Angriff durch Revision entzogen, Rsp. 6, 533, 760; E. 45, 62. Revision des unter Schuldverneinung Freigesprochenen zum Zwecke der Herbeiführung einer andern Kostenentscheidung nach § 499 Abs. 2 ist nicht zulässig, DJZ. 17, 1531. — Enthält die Entsch. keinen Ausspruch über die Erstattung der Auslagen, so ist damit der Erstattungsanspruch verneint, ObstLG. 6, 79; keine nachträgliche Anordnung der Erstattung, ObstLG. 6, 71, 79.

6. Festsetzungsverfahren s. PreußJMBl. 1892, 109; 1902, 92; BayJMBl. 1898, 228, 278. S. auch ObstLG. 10, 118.

Kostenpflicht bei Straffrei-Erklärung.

§ 500.

Bei wechselseitigen Beleidigungen[1] oder Körperverletzungen[1] wird die Verurteilung eines oder beider Teile[2] in die Kosten dadurch nicht ausgeschlossen, daß einer derselben oder beide für straffrei erklärt werden.

1. §§ 199, 233 StGB.; s. auch E. 2, 87.

2. Nur Angekl. (bei Privatkl. wie bei öffentl. Klage) können gem. § 500 in die Kosten ganz oder zum Teil verurteilt werden, nicht dagegen z. B. der nur als Zeuge vernommene schuldige Gegner des Angekl., E. 13, 421, bei Verstoß hiergegen stehen dem Zeugen die gewöhnlichen Rechtsmittel gegen das Urteil zu, nicht die Beschwerde, E. 13, 211.

§ 501.

Kostenpflicht des Anzeigers.

I Ist ein, wenn auch nur außergerichtliches Verfahren[1] durch eine wider besseres Wissen gemachte oder auf grober Fahrlässigkeit beruhende Anzeige[2] veranlaßt worden, so kann das Gericht[3] dem Anzeigenden, nachdem derselbe gehört worden,[4] die der Staatskasse und dem Beschuldigten erwachsenen Kosten[5] auferlegen.

II War noch kein Gericht mit der Sache befaßt, so erfolgt die Entscheidung auf den Antrag der Staatsanwaltschaft durch dasjenige Gericht, welches für die Eröffnung des Hauptverfahrens zuständig gewesen wäre.

III Gegen die Entscheidung[6] findet sofortige Beschwerde[7] statt.

1. §§ 158—164.

2. Nicht bei Anzeige richtiger Tatsachen und grob fahrl. Beurteilung dieser als strafb. Handlung ObstLG. 14, 281. — Auf die dienstlichen Anzeigen von Beamten des Polizei- und Sicherheitsdienstes findet § 501 keine Anwendung (Löwe).

3. Auch das Berufungsgericht (a. M. Löwe). — Entsch. s. Anm. 6.

4. Auch wenn er keine Erklärung abgab.

5. Gerichtsgebühren und Auslagen. Die Kosten der Staatskasse und die Kosten des Besch. sind stets zusammen dem Anzeiger aufzuerlegen. Bei nachträglichem Streit über die Höhe der dem Anzeiger auferlegten Kosten § 496 Abs. 2.

6. Die Entsch. erfolgt in einem besonderen Beschluß, auch wenn das erkennende Gericht sie erläßt. Wurde sie aber im Urteil getroffen, so ist gleichwohl die sof. Beschwerde das zulässige Rechtsmittel, E. 7, 233. -- Nachträgl. Antrag des freigesprochenen Angekl. auf Entsch. nach § 501 zulässig, SächsOLG. 28, 289; KG. in DJZ. 15, 429 fordert aber für einen Beschluß nach Rechtskraft des Urteils entsprechenden Vorbehalt im Urteil. — Gebühren: § 69 Abs. 1, 2 GKG.

7. § 353

§ 502.

Kostenpflicht bei Antragszurücknahme.

Erfolgt eine Einstellung[1] des Verfahrens wegen Zurücknahme desjenigen Antrags,[2] durch welchen dasselbe bedingt war,[3] so hat[4] der Antragsteller[5] die Kosten[6] zu tragen.[7]

1. Auch bei Einstellung durch die Staatsanwaltschaft nach Abschluß des Ermittelungsverfahrens; § 501 Abs. 2 ist hier entsprechend anwendbar (gem. M.).

2. Antragszurücknahme: vgl. § 64 StGB.

3. Der Antrag muß die Voraussetzung für die Einleitung des Verfahrens gewesen sein; dies ist nicht der Fall, wenn das Verfahren gleichzeitig auch wegen

einer mit der Antragsstraftat rechtlich zusammentreffenden Offizialstraftat eingeleitet wurde, und zwar auch dann nicht, wenn das erkennende Gericht letztere nicht für gegeben erachtet, Rsp. 5, 623; GoltdA. 38, 438; s. auch GoltdA. 43, 123; Recht 10, 870.

4. Die Kostenüberbürdung auf den Antragsteller durch das Gericht muß erfolgen; keine Überbürdung auf den zur Übernahme bereiten Angekl., E. 23, 197. Vereinbarungen der Parteien ev. der Kostenfrage bleiben unberührt JW. 45, 332.

5. Im Falle des § 196 StGB. die von dem Vorgesetzten vertretene öffentlich-rechtliche juristische Person, GoltdA. 47, 295; ObstLG. 2, 388.

6. Auch die dem Beschuldigten entstandenen Kosten. Für Kosten, die nach der Antragszurücknahme bis zur Einstellung entstanden, haftet der Antragsteller ebenfalls, Recht 15, 1858. — Bei Streit über die Höhe der Kosten: § 496 Abs. 2.

7. Rechtsmittel: die nach der Form der Entsch. zulässigen; es steht also gegebenenfalls dem Antragsteller Berufung und Revision zu, Rsp. 5, 623; die Staatsanwaltschaft kann die Rechtsmittel auch zugunsten des Antragstellers einlegen, E. 7, 409, sie kann mit ihnen auch zugunsten der Staatskasse geltend machen, daß § 502 nicht beachtet wurde, Rsp. 4, 322.

Kostenpflicht bei Privatklage. § 503.

I In einem Verfahren auf erhobene Privatklage[1] hat der Verurteilte[2] auch die dem Privatkläger erwachsenen notwendigen Auslagen zu erstatten.[3, 4]

II Wird der Beschuldigte außer Verfolgung gesetzt oder freigesprochen, oder wird das Verfahren eingestellt,[5] so fallen dem Privatkläger die Kosten des Verfahrens, sowie die dem Beschuldigten erwachsenen notwendigen Auslagen zur Last.[6]

III Ist den Anträgen des Privatklägers nur zum Teil entsprochen worden, so kann das Gericht die Kosten angemessen verteilen.[7, 8]

IV Mehrere Privatkläger und mehrere Angeklagte haften als Gesamtschuldner.[9]

V Unter den nach den Bestimmungen dieses Paragraphen zu erstattenden Auslagen sind, wenn sich der Gegner der erstattungspflichtigen Partei eines Rechtsanwalts bedient, die Gebühren und Auslagen des Anwalts insoweit inbegriffen, als solche nach der Bestimmung des § 91 der Zivilprozeßordnung[10] die unterliegende Partei der obsiegenden zu erstatten hat.

1. Im Privatklageverfahren gelten hinsichtlich der Kosten, soweit § 503 nicht Sondervorschriften enthält, auch die allgemeinen Bestimmungen der §§ 496 ff.; ObstLG. 12, 391, s. insbesondere Anm. 1 und 5 zu § 497. — Wegen der Kosten der Nebenklage s. Anm. 5 zu § 437.

2. Bei Straffreierklärung kann § 500 Anwendung finden, ObstLG. 12, 154.

3. Ein ausdrücklicher Ausspruch über die Erstattungspflicht im Urteil ist nicht erfordert, da diese kraft Gesetzes mit der Verurteilung in die Kosten eintritt,

E. 10, 113; s. übr. ObstLG. 13, 6; 15, 108; ausdrückliche Entsch. aber nötig bei Verneinung oder bei Beschränkung der Erstattungspflicht gem. Abs. 3, vgl. E. 44, 334.

4. Kostenfestsetzungsverfahren: § 496 Abs. 2; s. die Anm. hierzu.

5. Einstellung: § 259. — Abs. 2 gilt aber auch bei Einstellung nach § 429, ObstLG. 1, 10, ferner bei Einstellung wegen Ablebens des Privatklägers, § 433 Abs. 1; auch beim Tode des Angekl. erfolgt Einstellung und ist der Privatkläger dann kostenpflichtig, OLGM. 8, 80; ebenso bei Gnadenerlaß (Abolition), ObstLG. Beibl. z. BayJMBl. 1916, S. 95. — Bei Übernahme des Verfahrens gem. § 417 Abs 2 durch die Staatsanwaltschaft findet eine Einstellung nicht statt, s. Anm. 7b zu § 417; es kommt deshalb in solchem Falle § 503 Abs. 2 nicht in Frage; die Kosten des Privatklageverfahrens werden ein Bestandteil der allgemeinen Kosten des Verfahrens, vgl. Recht 12, 223; ObstLG. 7, 17; 9, 56 und in SeuffBl. 74, 179.

6. Das Gericht hat bei Einstellung wegen Klagszurücknahme (§ 431) die Kosten gem. Abs. 2 auch dann dem Privatkl. aufzuerlegen, wenn zwischen diesem und dem Angekl. eine Vereinbarung über die Kostentragung getroffen wurde, E. 23, 198 (s. dagegen Löwe). — In den Fällen des Abs. 2 findet, abgesehen von dem Falle des § 499 Abs. 1, eine Kostenverteilung auch bei Verursachung besonderer Kosten durch schuldh. Verhalten des Angekl. nicht statt, ObstLG. in SeuffBl. 74, 216.

7. Nach freiem Ermessen des Gerichts, soweit nicht § 498 Abs. 1 Platz greift ObstLG. 12, 395. Vgl. auch E. 44, 334.

8. Kosten bei Widerklage: die Kosten und Auslagen des Verfahrens auf Privatkl. und die Kosten und Auslagen des Verfahrens auf Widerklage bilden je eine Masse für sich, ObstLG. 12, 154 und in SeuffBl. 77, 485 (a. M. Löwe und ObstLG. 1, 94, 228; 3, 15, 79; 6, 258); es ist über die Kosten und Auslagen jedes der beiden Verfahren gesondert je nach deren Ergebnis zu entscheiden; über die hiernach möglichen Fälle s. ObstLG. 12, 154. — S. noch § 70 Abs. 3 GKG.

9. Ausspruch der Gesamtverbindlichkeit im Urteil nicht erfordert, vgl. E. 1, 93. — Keine Gesamthaftung des Privatklägers und des Angekl. für die Kosten, in die sie gem. Abs. 3 nebeneinander verurteilt wurden.

10. § 91 ZPO.: „Die unterliegende Partei hat die Kosten des Rechtsstreits zu tragen, insbesondere die dem Gegner erwachsenen Kosten zu erstatten, soweit dieselben zur zweckentsprechenden Rechtsverfolgung oder Rechtsverteidigung notwendig waren. Die Kostenerstattung umfaßt auch die Entschädigung des Gegners für die durch notwendige Reisen oder durch die notwendige Wahrnehmung von Terminen entstandene Zeitversäumnis; die für die Entschädigung von Zeugen geltenden Vorschriften finden entsprechende Anwendung.

Die Gebühren und Auslagen des Rechtsanwalts der obsiegenden Partei sind in allen Prozessen zu erstatten, Reisekosten eines auswärtigen Rechtsanwalts jedoch nur insoweit, als die Zuziehung zur zweckentsprechenden Rechtsverfolgung oder Rechtsverteidigung notwendig war. Die Kosten mehrerer Rechtsanwälte sind nur insoweit zu erstatten, als sie die Kosten eines Rechtsanwalts nicht übersteigen, oder als in der Person des Rechtsanwalts ein Wechsel eintreten mußte."

Kostenpflicht des Antragstellers im Falle des § 173.

§ 504.

[I] **Wird in dem Falle des § 173[1] der Angeschuldigte außer Verfolgung gesetzt oder freigesprochen, oder das Verfahren eingestellt, so finden auf den Antragsteller die Bestimmungen des § 503 Abs. 2, 3, 4, 5 entsprechende Anwendung. Das Gericht kann jedoch** nach Befinden der Umstände den Antragsteller von der Tragung der Kosten ganz oder teilweise entbinden.[2]

II Vor der Entscheidung über den Kostenpunkt ist der Antragsteller zu hören, sofern er nicht als Nebenkläger aufzutreten berechtigt war.[3]

1. Nur in diesem Fall, nicht z. B. wenn Antragsteller als Nebenkläger im Beschwerdeweg beim Oberlandesgericht nach Maßgabe der ihm in den §§ 441, 437, 430, 209 gegebenen Befugnisse die Eröffnung des Hauptverfahrens herbeigeführt hat, E. 26, 129.

2. Gebühren: § 69 GKG.

3. § 435 Abs. 2; ob er als solcher auch auftrat, ist belanglos.

Kostenpflicht bei Rechtsmitteln usw.

§ 505.

I Die Kosten[1] eines zurückgenommenen oder erfolglos[2] eingelegten Rechtsmittels treffen denjenigen, der dasselbe eingelegt hat.[3, 4] War das Rechtsmittel von der Staatsanwaltschaft eingelegt, so können die dem Beschuldigten erwachsenen notwendigen Auslagen der Staatskasse auferlegt werden.[5] Hatte das Rechtsmittel teilweisen Erfolg,[6] so kann[7] das Gericht die Kosten angemessen verteilen.[8]

II Dasselbe gilt von den Kosten, welche durch einen Antrag auf Wiederaufnahme des durch ein rechtskräftiges Urteil geschlossenen Verfahrens verursacht worden sind.[9]

III Die Kosten der Wiedereinsetzung in den vorigen Stand[10] fallen dem Antragsteller zur Last, soweit sie nicht durch einen unbegründeten Widerspruch des Gegners entstanden sind.

1. Kosten: nur die durch das Rechtsmittel unmittelbar verursachten, innerhalb der Rechtsmittelinstanz entstandenen Kosten, E. 40, 410. Zu diesen gehören bei erfolglosen Rechtsmitteln des Privatklägers und des Nebenklägers auch die dem Angekl. erwachsenen notwendigen Auslagen, Rsp. 6, 197.

2. Erfolglos: bei Zurückweisung oder Verwerfung des Rechtsmittels, auch bei Verwerfung in der Hauptsache und gleichzeitigem Erfolg in einem der Bedeutung entbehrenden Punkte, E. 45, 270, auch z. B. dann, wenn die von der Staatsanwaltschaft im Strafmaß eingelegte Berufung lediglich zu einer Verurteilung wegen einer weiteren rechtlich konkurrierenden Straftat führt, ObstLG. 8, 54. — Bei Zurückverweisung in die Vorinstanz ist die alsdann ergehende Endentscheidung maßgebend, E. 18, 347; 30, 128; 45, 269; ObstLG. 12, 325. — Wird auf ein vom Nebenkläger zuungunsten des Angekl. eingelegtes Rechtsmittel das Urteil zu dessen Gunsten aufgehoben, so hatte das Rechtsmittel Erfolg und es ist Abs. 1 Satz 1 nicht anwendbar, E. 41, 349; anders bei Freisprechung statt Einstellung auf Revision des Nebenkl., Recht 15, 3788. — Teilweiser Erfolg s. Anm. 6.

3. Angekl., Privatkläger, Nebenkläger, Beteiligter im Einziehungsverfahren, gesetzlicher Vertreter und Ehemann im Falle des § 340; die Verurteilung aber z. B. des Vormunds in die Kosten in einem solchen Falle hat nicht die Wirkung, daß er mit seinem eigenen Vermögen haftet, es ist ihm damit nur die Pflicht auferlegt, mit dem Vermögen des Mündels für die Kosten zu haften, E. 46, 138. Bei

erfolglosen Rechtsmitteln der in § 324 bezeichneten Personen und des Verteidigers treffen die Kosten den Beschuldigten; die Kosten eines von einem nicht bevollmächtigten Rechtsanwalt eingelegten Rechtsmittels sind diesem aufzuerlegen, Recht 10, 1277. Die Kosten eines erfolglosen Rechtsmittels der Staatsanwaltschaft und in den Fällen der §§ 464, 467 der Verwaltungsbehörde (E. 42, 175) fallen der Staatskasse zur Last.

4. Bei einer Mehrheit von Beschwerdeführern, z. B. mehrere Angekl., Staatsanwaltschaft und Angekl., Staatsanwaltschaft und selbständig der Nebenkläger, Privatkläger und Widerkläger, hat jeder die Kosten seines erfolglosen Rechtsmittels zu tragen, die des Rechtsmittels der Staatsanwaltschaft die Staatskasse, E. 35, 188; ObstLG. 5, 62, 161; 12, 50. — S. §§ 73, 74 GKG.

5. S. Anm. 4—6 zu § 499. — Hat die Staatsanwaltschaft das Rechtsmittel eingelegt, so muß, wenn sie es zurückzieht, auf Antrag des Angekl. das mit dem Rechtsmittel befaßt gewesene Gericht gem. Abs. 1 Satz 2 über die Erstattungspflicht der Staatskasse Entsch. treffen, ObstLG. 7, 115 und in SeuffBl. 72, 403.

6. Teilweiser Erfolg: wenn auf ein das Urteil im ganzen anfechtendes Rechtsmittel eines Prozeßbeteiligten eine seinen Absichten wenigstens teilweise entsprechende Entsch. rechtskräftig wird, E. 45, 269, z. B statt der erstrebten Freisprechung mildere Beurteilung der Tat, ObstLG. 6, 355, oder statt Freisprechung Herabsetzung der Strafe, ObstLG. 3, 236; 12, 325; 15, 157; kein Erfolg liegt vor, wenn das Rechtsmittel in der Hauptsache verworfen wurde und nur in einem der Bedeutung entbehrenden Punkte durchdrang; ein voller Erfolg ist dagegen gegeben, wenn das Rechtsmittel auf einen Nebenpunkt beschränkt war und in diesem vollständig durchdrang, E. 45, 270, z. B. auch bei Beschränkung auf das Strafmaß, wenn eine nennenswerte Minderung der Strafe eintrat, ObstLG. 12, 7.

Bei mehreren Straftaten gilt § 498 Abs. 1, wenn das Rechtsmittel hinsichtlich der einen vollen Erfolg hatte, hinsichtlich der andern erfolglos war, ObstLG. 5, 161; 6, 101; 12, 395.

7. Nach freiem Ermessen; keine Revision hierwegen, E. 10, 242; 18, 347; ObstLG. 1, 225; 6, 355; es sei denn, daß die Anwendung dieser Gesetzesstelle auf einem Rechtsirrtum beruht, ObstLG. 12, 325.

8. Verteilung nur der Kosten des Rechtsmittels, nicht auch der Kosten der Vorinstanz. — Kostenentscheidung bei Einspruch gegen einen Strafbefehl s. ObstLG. in SeuffBl. 78, 137.

9. Bei erfolgter Wiederaufnahme kann über die durch den Antrag auf Wiederaufnahme verursachten Kosten erst in dem auf Grund der erneuten Verh. ergehenden Urteil und zwar nach den in Abs. 1 enthaltenen Grundsätzen entschieden werden; bei Verurteilung zu geringerer Strafe kann Kostenverteilung nach Abs. 1 Satz 3 erfolgen, E. 20, 115; bei Freisprechung und Überbürdung sämtlicher Kosten auf die Staatskasse sind dem früher verurteilten Angekl. auch die Kosten einer im früheren Verfahren erfolglos eingelegten Revision zu erstatten, E. 27, 382. — Gebühren: § 66 Nr. 3, §§ 67, 77 GKG.

10. Gebühren: § 66 Nr. 1 GKG.

§ 506.

Kostenpflicht der Reichskasse.

In den zur Zuständigkeit des Reichsgerichts in erster Instanz gehörigen Sachen[1] sind die von der Staatskasse zu tragenden Kosten der Reichskasse aufzuerlegen.

1. § 136 Nr. 1 GVG., s. auch §§ 1, 3, 18 SpionG. v. 3. 6. 14.

Gesetz, betr. die Entschädigung der im Wiederaufnahmeverfahren freigesprochenen Personen.

Vom 20. Mai 1898 (RGBl. S. 345).

Voraussetzung der Entschädigungspflicht.

§ 1.

I Personen, welche im Wiederaufnahmeverfahren[1] freigesprochen[2] oder in Anwendung eines milderen Strafgesetzes mit einer geringeren Strafe belegt werden, können Entschädigung aus der Staatskasse verlangen, wenn die früher erkannte Strafe[3] ganz oder teilweise gegen sie vollstreckt worden ist.[4] Das Wiederaufnahmeverfahren muß die Unschuld des Verurteilten bezüglich der ihm zur Last gelegten Tat oder bezüglich eines die Anwendung eines schwereren Strafgesetzes begründenden Umstandes ergeben oder doch dargetan haben, daß ein begründeter Verdacht gegen den Angeklagten nicht mehr vorliegt.

II Außer dem Verurteilten haben diejenigen, denen gegenüber er kraft Gesetzes unterhaltspflichtig war,[5] Anspruch auf Entschädigung.

III Der Anspruch auf Entschädigung ist ausgeschlossen, wenn der Verurteilte die frühere Verurteilung vorsätzlich herbeigeführt oder durch grobe Fahrlässigkeit verschuldet hat.

IV Die Versäumung der Einlegung eines Rechtsmittels ist nicht als eine Fahrlässigkeit zu erachten.

1. §§ 399—413 StPO. Nicht aber im Falle der Aufhebung eines Urteils gem. § 397 StPO.

2. Unter Verneinung der Schuldfrage aus tatsächlichen oder aus Rechtsgründen. Die Fälle einer Straffreierklärung nach §§ 199, 233 StGB., ferner die Fälle der Einstellung des Verfahrens (s. Anm. 5 zu § 259 StPO.). gehören nicht hierher; ausgenommen den Fall einer Einstellung nach § 55 StGB. (Löwe).

3. Geldstrafen sind bei Freisprechung auch dann zurückzuerstatten, wenn in dem Beschluß nach § 4 die Entschädigungspflicht verneint wird. — Kein Anspruch auf Entsch. aus der Staatskasse wegen geleisteter Buße, da diese nicht Strafe ist (gem. M.).

4. Vollstreckte Strafe ist auch die gem. § 60 StGB. und nach § 482 StPO. angerechnete Untersuchungshaft; für diese Untersuchungshaft keine besondere Entscheidung hinsichtlich der Entschädigung mehr nötig; vgl. RMG. 11, 93.

5. Unterhaltsberechtigte: die in gerader Linie Verwandten, §§ 1601 ff., 1700, 1703, 1705, 1736, 1739, 1765, 1766 BGB.; das uneheliche Kind gegenüber dem Vater, § 1708 BGB.; die Ehegatten, §§ 1360, 1345, 1346, 1351, 1578,

1583, 1586 BGB.; s. noch Art. 21, 199, 208, 209 EG. BGB. — Umfang ihres Ersatzanspruches s. § 2 Abs. 2. — Die Erben als solche können nur einen zu Lebzeiten des Erblassers diesem zuerkannten Entschädigungsanspruch verfolgen.

Gegenstand des Ersatzanspruchs.

§ 2.

I Gegenstand des dem Verurteilten zu leistenden Ersatzes ist der für ihn durch die Strafvollstreckung[1] entstandene Vermögensschaden.[2]

II Unterhaltsberechtigten[3] ist insoweit Ersatz zu leisten, als ihnen durch die Strafvollstreckung der Unterhalt entzogen worden ist.

1. „Strafvollstreckung", nicht „Strafverfolgung". S. auch Anm. 4 zu § 1.

2. „Jede Verschlechterung der wirtschaftlichen Lage, welche sich in Geldwert ausdrücken läßt" (Mot.). Bei freigesprochenem Arbeiter z. B. die Differenz zwischen dem wahrscheinlichen Arbeitsverdienst und dem für die Verpflegung des Gefangenen tatsächlich aufgewendeten Betrage; was der Gefangene als freier Arbeiter notwendig hätte aufwenden müssen, darf nicht in Abzug gebracht werden, RG. im Archiv f. Militärrecht 3, 299.

3. S. Anm. 5 zu § 1.

Zuständige Kasse.

§ 3.

I Die Entschädigung wird aus der Kasse desjenigen Bundesstaats gezahlt, bei dessen Gerichte das Strafverfahren in erster Instanz anhängig war.

II Bis zum Betrage der geleisteten Entschädigung tritt die Kasse in die Rechte ein, welche dem Entschädigten gegen Dritte um deswillen zustehen, weil durch deren rechtswidrige Handlungen seine Verurteilung herbeigeführt war.[1]

1. S. § 399 Nr. 1—3 StPO.

Beschluß über die Entschädigungsverpflichtung.

§ 4.

I Über die Verpflichtung der Staatskasse zur Entschädigung wird durch besonderen Beschluß des im Wiederaufnahmeverfahren erkennenden Gerichts[1] Bestimmung getroffen.

II Der Beschluß ist von dem Gerichte[1] gleichzeitig mit dem Urteile zu fassen,[2] aber nicht zu verkünden, sondern durch Zustellung[3] bekannt zu machen. Der Beschluß unterliegt nicht der Anfechtung durch Rechtsmittel. Er tritt außer Kraft, wenn das Urteil aufgehoben wird.

1. Beim Schwurgericht entscheiden hierüber dessen richterliche Mitglieder.

2. Bei Unterlassung nachträgliche Beschlußfassung, allenfalls auf Beschwerde (§ 346 StPO, aber nicht durch das Beschwerdegericht), möglich; sogar Ver-

änderung in der Besetzung, wenn die frühere sich nicht herstellen läßt, hierbei nicht ausgeschlossen. — Einfache Mehrheit genügend. — Begründung nicht geboten, auch nicht zweckmäßig.

3. An den Angekl., nicht an dessen Verteidiger. Keine Zustellung an die Unterhaltsberechtigten (§ 1 Abs. 2), ZE. 55, 399. — Keine öffentl. Zustellung.

Verfahren.

§ 5.

I Wer auf Grund des die Verpflichtung der Staatskasse zur Entschädigung aussprechenden Beschlusses einen Anspruch geltend macht, hat diesen Anspruch bei Vermeidung des Verlustes binnen drei Monaten[1] nach Zustellung des Beschlusses durch Antrag bei der Staatsanwaltschaft zu verfolgen. Der Antrag ist bei der Staatsanwaltschaft desjenigen Landgerichts zu stellen, in dessen Bezirke das Urteil ergangen ist.[2]

II Über den Antrag entscheidet die oberste Behörde der Landesjustizverwaltung. Eine Ausfertigung der Entscheidung ist dem Antragsteller nach den Vorschriften der Zivilprozeßordnung zuzustellen.

III Gegen die Entscheidung ist die Berufung auf den Rechtsweg zulässig. Die Klage ist binnen einer Ausschlußfrist von drei Monaten nach Zustellung der Entscheidung zu erheben. Für die Ansprüche auf Entschädigung sind die Zivilkammern der Landgerichte[3] ohne Rücksicht auf den Wert des Streitgegenstandes ausschließlich zuständig.

IV Bis zur endgültigen Entscheidung über den Antrag ist der Anspruch weder übertragbar, noch der Pfändung unterworfen.

1. Auch bei noch nicht rechtskräftig erledigter Sache; s. § 4 Abs. 2 S. 3.
2. Weiteres Verfahren: PreußJMBl. 1898, 280.
3. Örtliche Zuständigkeit: §§ 18, 19 ZPO. — S. noch ZE. 68, 150.

Ersatzpflicht der Reichskasse.

§ 6.

I In den zur Zuständigkeit des Reichsgerichts in erster Instanz gehörigen Sachen ist statt der Staatskasse die Reichskasse ersatzpflichtig.

II In diesen Fällen tritt an die Stelle der Staatsanwaltschaft des Landgerichts die Staatsanwaltschaft bei dem Reichsgericht, an die Stelle der obersten Behörde der Landesjustizverwaltung der Reichskanzler.

Gesetz, betr. die Entschädigung für unschuldig erlittene Untersuchungshaft.

Vom 14. Juli 1904 (RGBl. S. 321 ff.).

Voraussetzungen des Entschädigungsanspruchs.

§ 1.

I Personen,[1] die im Strafverfahren freigesprochen[2] oder durch Beschluß des Gerichts[3] außer Verfolgung gesetzt sind,[4] können[5] für erlittene Untersuchungshaft[6] Entschädigung aus der Staatskasse verlangen,[7] wenn das Verfahren ihre Unschuld ergeben oder dargetan hat, daß gegen sie ein begründeter Verdacht nicht vorliegt.

II Außer dem Verhafteten haben diejenigen, denen gegenüber er kraft Gesetzes unterhaltspflichtig war,[8] Anspruch auf Entschädigung.

1. Ausländer nur unter den Voraussetzungen des § 12.

2. Unter Verneinung der Schuldfrage aus tatsächlichen oder rechtlichen Gründen; nicht bei Straffreierklärung nach §§ 199, 233 StGB, auch nicht bei urteilsmäßiger Einstellung (Anm. 5 zu § 259 StPO.). ObstLG. in BayZ. 10, 27.

3. Bei Einstellung des Verfahrens durch die Staatsanwaltschaft findet das Gesetz keine Anwendung.

4. §§ 196, 202 Abs. 2 StPO., auch bei Ablehnung der Eröffnung der VU. (§ 178 StPO.) und bei Nichteröffnung des Hauptverfahrens ohne vorherige VU. (§ 202 StPO.). Die Fälle der beschlußmäßigen Einstellung, Nichteröffnung usw. ohne Eingehen auf die Schuldfrage, also aus den in Anm. 5 zu § 259 StPO. bezeichneten Gründen gehören nicht hierher.

5. Falls das Gericht die Entschädigungspflicht der Staatskasse gem. § 4 ausspricht.

6. Auch bei Haft gem. §§ 229, 235, 370 StPO. Haftbefehl erfordert RMG. 20, 37. Wegen der Vorführung und vorläufigen Festnahme s. § 3.

7. Rechtlich verfolgbarer Anspruch, der auf die Erben übergeht, wenn er zu Lebzeiten des Angekl. oder Angeschuldigten beschlußmäßig (§ 4) zuerkannt und wenn die Entscheidung in der Sache vor dessen Tode rechtskräftig wurde.

8. Unterhaltsberechtigte: s. Anm. 5 zu § 1 des Ges. v. 20. 5. 98 (oben S. 327).

Ausschluß des Entschädigungsanspruchs.

§ 2.

I Der Anspruch auf Entschädigung ist ausgeschlossen, wenn der Verhaftete die Untersuchungshaft vorsätzlich herbeigeführt oder durch grobe Fahrlässigkeit verschuldet hat. Die Versäumung der Einlegung eines Rechtsmittels ist nicht als eine Fahrlässigkeit zu erachten.

II Der Anspruch kann ausgeschlossen werden, wenn die zur Untersuchung gezogene Tat des Verhafteten eine grobe Unredlichkeit oder Unsittlichkeit in sich geschlossen hat oder in einem die freie Willensbestimmung ausschließenden Trunkenheitszustande begangen worden ist oder wenn aus den Tatumständen erhellt, daß der Verhaftete die Verübung eines Verbrechens oder Vergehens vorbereitet hatte.

III Der Anspruch kann auch dann ausgeschlossen werden, wenn der Verhaftete zur Zeit der Verhaftung sich nicht im Besitze der bürgerlichen Ehrenrechte befand oder unter Polizeiaufsicht stand oder wenn gegen den Verhafteten auf Grund des § 181a oder des § 362 des Strafgesetzbuchs innerhalb der letzten zwei Jahre auf Überweisung an die Landespolizeibehörde rechtskräftig erkannt worden ist. Das gleiche gilt, wenn der Verhaftete mit Zuchthaus bestraft worden ist und seit der Verbüßung der Strafe drei Jahre noch nicht verflossen sind.

Gegenstand des zu leistenden Ersatzes.

§ 3.

I Gegenstand des dem Verhafteten zu leistenden Ersatzes ist der für ihn durch die Untersuchungshaft[1] entstandene Vermögensschaden.[2] Hat vor dem Erlasse des Haftbefehls eine Vorführung[3] oder eine vorläufige Festnahme[4] stattgefunden, so erstreckt sich der Entschädigungsanspruch auch auf die dem Haftbefehle vorausgegangene Zeit der Haft.[5]

II Unterhaltsberechtigten[6] ist insoweit Ersatz zu leisten, als ihnen durch die Verhaftung der Unterhalt entzogen worden ist.

1. Keine Entschädigung wegen des sonst durch die Strafverfolgung entstandenen Schadens; s. aber § 499 Abs. 2 StPO.

2. S. Anm. 2 zu § 2 des Ges. v. 20. 5. 98 (oben S. 328). Auch die bei einer Sicherheitsleistung gem §§ 117 ff. StPO. entstandenen besonderen Kosten sind zu ersetzen (Löwe, bestr.). Ersatz von Stellvertretungskosten, nur soweit dem Verhafteten solche erwachsen sind, Recht 13, 3675.

3. § 134 StPO.; auch die in §§ 229, 235, 370 StPO. bezeichneten Fälle einer Vorführung können hier in Frage kommen.

4. §§ 127 ff. StPO.

5. Entschädigung nur, wenn ein Haftbefehl nach Vorführung oder Festnahme erlassen wurde.

6. S. Anm. 5 zu § 1 des Ges. v. 20. 5. 98 (oben S. 327).

Beschluß über die Entschädigungsverpflichtung.

§ 4.

I Über die Verpflichtung der Staatskasse zur Entschädigung wird von dem Gerichte[1] gleichzeitig mit seinem den Verhafteten freisprechenden Urteile[2] durch besonderen Beschluß Bestimmung getroffen.[3]

II Wird auf ein gegen das Urteil eingelegtes Rechtsmittel von neuem auf Freisprechung erkannt,[4] so ist von dem erkennenden Gericht nach Maßgabe des Abs. 1 von neuem Beschluß zu fassen.

III Der Beschluß ist nicht zu verkünden, sondern durch Zustellung[5] bekannt zu machen, sobald das freisprechende Urteil rechtskräftig geworden ist. Er unterliegt nicht der Anfechtung durch Rechtsmittel. Wird die Entschädigungsverpflichtung der Staatskasse ausgesprochen, so soll der Beschluß auch den Unterhaltsberechtigten,[6] die nicht dem Hausstande des Verhafteten angehören, mitgeteilt werden, sofern ihr Aufenthalt dem Gerichte bekannt ist.

IV Diese Vorschriften finden entsprechende Anwendung, wenn der Verhaftete durch Beschluß des Gerichts außer Verfolgung gesetzt wird.[7]

1. Das Revisionsgericht ist im Falle sofortiger Freisprechung (§ 394 StPO.) zu solcher Beschlußfassung nicht zuständig, E. 39, 291.

2. Wegen des Falles der Außerverfolgungsetzung s. Abs. 4.

3. Auch bei Verneinung der Entschädigungsverpflichtung. — Bei Unterlassung nachträgliche Beschlußfassung, allenfalls auf Beschwerde (§ 346 StPO., aber nicht durch das Beschwerdegericht) möglich; dies auch dann, wenn sich nachträglich die Besetzung des Gerichts geändert hat; s. auch E. 39, 297. — Es genügt einfache Mehrheit. — Begründung des Beschlusses nicht nötig.

4. Also nur bei wiederholter Entsch. über die Schuldfrage, nicht bei bloßer Verwerfung eines Rechtsmittels wegen Unzulässigkeit oder bei Zurückweisung der gegen ein freisprechendes Urteil eingelegten Revision (Mot.). — S. noch Anm. 7.

5. Die Zustellung erfolgt durch das Gericht, nicht durch die Staatsanwaltschaft, KG. in DJZ. 16, 1277, an den Angekl. selbst, nicht an den Verteidiger. Keine öffentl. Zustellung.

6. S. § 1 Abs. 2, § 3 Abs. 2. Die 6monatige Frist des § 6 läuft aber auch für die Unterhaltsberechtigten von der Zustellung des Beschlusses an den Freigesprochenen an.

7. S. Anm. 4 zu § 1. Zustellung erst nach Ablauf der Beschwerdefrist. Abs. 2 gilt entsprechend auch für das Beschwerdegericht; s. hierzu Anm. 5.

Außerkrafttreten des Beschlusses.

§ 5.

Der die Entschädigungsverpflichtung der Staatskasse aussprechende Beschluß tritt außer Kraft, wenn zuungunsten des Freigesprochenen die Wiederaufnahme des Verfahrens angeordnet[1] oder wenn gegen den außer Verfolgung Gesetzten nach Wiederaufnahme der Klage[2] das Hauptverfahren eröffnet wird. War die Entschädigung schon gezahlt, so kann das Gezahlte zurückgefordert werden.[3]

1. § 410 Abs. 2 StPO.

2. § 210 StPO.

3. In Preußen nur auf Anordnung des Justizministers (JMBl. 1904, 239). — S. noch § 8 des Ges.

Verfahren.

§ 6.

I Wer auf Grund des die Entschädigungsverpflichtung der Staatskasse aussprechenden Beschlusses einen Anspruch geltend macht, hat diesen Anspruch bei Vermeidung des Verlustes binnen sechs Monaten nach Zustellung des Beschlusses durch Antrag bei der Staatsanwaltschaft des Landgerichts zu verfolgen, in dessen Bezirke das Verfahren in erster Instanz anhängig war.[1]

II Über den Antrag entscheidet die oberste Behörde der Landesjustizverwaltung. Eine Ausfertigung der Entscheidung ist dem Antragsteller nach den Vorschriften der Zivilprozeßordnung zuzustellen.

III Gegen die Entscheidung ist die Berufung auf den Rechtsweg zulässig. Die Klage ist binnen einer Ausschlußfrist von drei Monaten nach Zustellung der Entscheidung zu erheben. Für die Ansprüche auf Entschädigung sind die Zivilkammern der Landgerichte ohne Rücksicht auf den Wert des Streitgegenstandes ausschließlich zuständig.[2]

IV Bis zur rechtskräftigen Entscheidung über den Antrag ist der Anspruch nicht übertragbar.

1. Weiteres Verfahren: s. PreußJMBl. 1904, 239.

2. Für die örtliche Zuständigkeit sind maßgebend §§ 18, 19 ZPO.

Entschädigungspflichtige Kasse.

§ 7.

I Die Entschädigung wird aus der Kasse des Bundesstaats gezahlt, bei dessen Gerichte das Strafverfahren in erster Instanz anhängig war.

II Bis zum Betrage der geleisteten Entschädigung tritt die Kasse in die Rechte ein, welche dem Entschädigten gegen Dritte um deswillen zustehen, weil durch deren rechtswidrige Handlungen die Untersuchungshaft herbeigeführt war.

Aussetzung der Zahlung.

§ 8.

Ist zuungunsten des Freigesprochenen die Wiederaufnahme des Verfahrens beantragt oder gegen den außer Verfolgung Gesetzten die Klage wieder aufgenommen worden, so kann die Entscheidung der obersten Behörde der Landesjustizverwaltung (§ 6

Abs. 2) sowie die Zahlung der Entschädigung (§ 7 Abs. 1) ausgesetzt werden.

Entschädigungspflicht der Reichskasse.

§ 9.

I In den zur Zuständigkeit des Reichsgerichts in erster Instanz gehörigen Sachen ist statt der Staatskasse die Reichskasse ersatzpflichtig.

II In diesen Fällen tritt an die Stelle der Staatsanwaltschaft des Landgerichts die Staatsanwaltschaft bei dem Reichsgericht, an die Stelle der obersten Behörde der Landesjustizverwaltung der Reichskanzler.

Entschädigung bei militärgerichtlichem Verfahren.

§ 10.

Dieses Gesetz findet auf die im militärgerichtlichen Verfahren freigesprochenen Personen entsprechende Anwendung. An die Stelle der Staatskasse tritt im Heere die Kasse desjenigen Kontingents, bei dessen Gerichte das Strafverfahren in erster Instanz anhängig war, in der Marine die Reichskasse. Statt der Staatsanwaltschaft des Landgerichts ist der Gerichtsherr erster Instanz, statt der obersten Behörde der Landesjustizverwaltung die oberste Militär- oder Marinejustizverwaltungsbehörde zuständig.

Entschädigung bei konsulargerichtlichem Verfahren.

§ 11.

In den zur Zuständigkeit der Konsulargerichte gehörigen Sachen findet dieses Gesetz mit folgenden Maßgaben Anwendung:

An die Stelle der Staatsanwaltschaft des Landgerichts tritt der Konsul. Für die Ansprüche auf Entschädigung ist das Reichsgericht in erster und letzter Instanz zuständig.

Entschädigung von Ausländern.

§ 12.

Die Vorschriften dieses Gesetzes finden auf Angehörige eines auswärtigen Staates nur insoweit Anwendung, als nach einer im Reichs-Gesetzblatt enthaltenen Bekanntmachung durch die Gesetzgebung dieses Staates oder durch Staatsvertrag die Gegenseitigkeit verbürgt ist.[1]

1. Zurzeit nur bei Dänemark, Norwegen, Schweden und Ungarn (Bek. v. 3. 5. 06, RGBl. S. 465 und v. 28. 10. 13, RGBl. S. 747). — S. noch ZE. 67, 341.

Einführungsgesetz zum Gerichtsverfassungsgesetze.

Vom 27. Januar 1877 (RGBl. S. 77).

§ 1.

Das Gerichtsverfassungsgesetz tritt im ganzen Umfange des Reichs an einem durch Kaiserliche Verordnung mit Zustimmung des Bundesrats festzusetzenden Tage, spätestens am 1. Oktober 1879, gleichzeitig mit der im § 2 des Einführungsgesetzes der Zivilprozeßordnung vorgesehenen Gebührenordnung in Kraft.

§ 2.

Die Vorschriften des Gerichtsverfassungsgesetzes finden nur auf die ordentliche streitige Gerichtsbarkeit und deren Ausübung Anwendung.

§ 3.

I Die Gerichtsbarkeit in bürgerlichen Rechtsstreitigkeiten und Strafsachen, für welche besondere Gerichte zugelassen sind,[1] kann den ordentlichen Landesgerichten durch die Landesgesetzgebung übertragen werden. Die Übertragung darf nach anderen als den durch das Gerichtsverfassungsgesetz vorgeschriebenen Zuständigkeitsnormen erfolgen.[2]

II Auch kann die Gerichtsbarkeit letzter Instanz in den vorerwähnten Sachen auf Antrag des betreffenden Bundesstaates mit Zustimmung des Bundesrats durch Kaiserliche Verordnung dem Reichsgerichte übertragen werden.

III Insoweit für bürgerliche Rechtsstreitigkeiten ein von den Vorschriften der Zivilprozeßordnung abweichendes Verfahren gestattet ist, kann die Zuständigkeit der ordentlichen Landesgerichte durch die Landesgesetzgebung nach anderen als den durch das Gerichtsverfassungsgesetz vorgeschriebenen Normen bestimmt werden.

1. S. § 14 GVG., §§ 5, 7 EG. GVG.
2. S. auch § 3 Abs. 2 EG. StPO.

§ 4.

Durch die Vorschriften des Gerichtsverfassungsgesetzes über die Zuständigkeit der Behörden wird die Landesgesetzgebung nicht gehindert, den betreffenden Landesbehörden jede andere Art der Gerichtsbarkeit, sowie Geschäfte der Justizverwaltung zu übertragen. Andere Gegenstände der Verwaltung dürfen den ordentlichen Gerichten nicht übertragen werden.

§ 5.

In Ansehung der Landesherren und der Mitglieder der landesherrlichen Familien, sowie der Mitglieder der Fürstlichen Familie Hohenzollern finden die Bestimmungen des Gerichtsverfassungsgesetzes nur insoweit Anwendung, als nicht besondere Vorschriften der Hausverfassungen oder der Landesgesetze abweichende Bestimmungen enthalten. Das gleiche gilt in Ansehung der Mitglieder des vormaligen Hannoverschen Königshauses, des vormaligen Kurhessischen und des vormaligen Herzoglich Nassauischen Fürstenhauses.[1]

1. Ferner nach Ges. v. 25. März 1904 (RGBl. 149) auch in Ansehung der Mitglieder des Herzoglich Holsteinischen Fürstenhauses. S. noch § 4 EG. StPO.

§ 6.

Unberührt bleiben die bestehenden landesgesetzlichen[1] Vorschriften über die Zuständigkeit der Schwurgerichte[2] für die durch die Presse begangenen strafbaren Handlungen.[3]

1. Bayern: Art. 35 AG. GVG. v. 23. Februar 1879 (GVBl. 273); s. hierzu E. 33, 236; 35, 375; 49, 138; s noch die Abh. in BayZ. 1916, 37, 63. Württemberg: Art. 12 AG. GVG. v. 24. Januar 1879 (RegBl. 3); s. hierzu E. 18, 293. Baden: § 6 Ges. v. 3. März 1879 (GVBl. 91); s. hierzu E. 27, 309. Oldenburg: Art. 29 AG. GVG. v. 10. April 1879 (GVBl. 330), gilt nicht in den zu Oldenburg gehörigen Fürstentümern Lübeck und Birkenfeld E. 45, 417.

2. Die reichsgerichtliche Zuständigkeit (§ 136 Nr. 1 GVG.) wird hierdurch nicht berührt.

3. S. §§ 2, 3 PreßG.; s. auch E. 35, 376.

§ 7.

Die Militärgerichtsbarkeit,[1] sowie das landesgesetzlich den Standesherren[2] gewährte Recht auf Austräge werden durch das Gerichtsverfassungsgesetz nicht berührt.

1. S. §§ 1 ff. MStGO. Die ordentlichen Gerichte haben in jeder Lage des Verfahrens von Amts wegen zu prüfen, ob nicht die militärgerichtliche Zuständigkeit begründet ist und haben gegebenenfalls ihre Unzuständigkeit auszusprechen, E. 18, 55; 43, 226. Ist durch eine nicht mehr anfechtbare Entscheidung bürgerlicher Gerichte deren Unzuständigkeit ausgesprochen, weil die Sache zur Zuständigkeit der Militärgerichte gehöre, so dürfen die Militärgerichte sich in der Sache nicht mehr deshalb für unzuständig erklären, weil die Gerichtsbarkeit bürgerlicher Gerichte Platz greife; ebenso umgekehrt (§ 14 Abs. 2, 3 EG. MStGO.; s. auch E. 43, 227). Eine Unzuständigkeitserklärung eines Militärgerichts bewirkt nicht, daß nunmehr die Sache beim bürgerlichen Gericht rechtshängig wird. Hierzu bedarf es erst der Erhebung der öffentlichen Klage durch die StA (ObstLG 10, 252)

2. Standesherrn: nur die Häupter landesherrlicher Häuser, E 36, 177.

§ 8.

I Durch die Gesetzgebung eines Bundesstaates, in welchem mehrere Oberlandesgerichte errichtet werden, kann die Verhandlung und Entscheidung der zur Zuständigkeit des Reichsgerichts gehörenden Revisionen in bürgerlichen Rechtsstreitigkeiten einem obersten Landesgerichte zugewiesen werden.

II Diese Vorschrift findet jedoch auf bürgerliche Rechtsstreitigkeiten, welche zur Zuständigkeit des Reichs-Oberhandelsgerichts gehören oder durch besondere Reichsgesetze dem Reichsgerichte zugewiesen werden, keine Anwendung, es sei denn, daß für die Entscheidung im wesentlichen Rechtsnormen in Betracht kommen, die in Landesgesetzen enthalten sind.

§ 9.

Durch die Gesetzgebung eines Bundesstaates, in welchem mehrere Oberlandesgerichte errichtet werden, kann die Verhandlung und Entscheidung der zur Zuständigkeit der Oberlandesgerichte gehörenden Revisionen und Beschwerden in Strafsachen[1] ausschließlich einem der mehreren Oberlandesgerichte[2] oder an Stelle eines solchen Oberlandesgerichts[3] dem obersten Landesgerichte zugewiesen werden.

1. Die nach §§ 4, 12, 13, 14, 15, 19, 27, 170 StPO, § 160 GVG. den Oberlandesgerichten zustehenden Entscheidungen kommen hier nicht in Frage; vgl. ObstLG. 1, 253; 4, 191; 8, 285.

2. Preußen: § 50 AG GVG: „Das Oberlandesgericht in Berlin ist ausschließlich zuständig für die Verhandlung und Entscheidung:

1 über die nicht zur Zuständigkeit des Reichsgerichts gehörenden Revisionen gegen Urteile der Strafkammern in erster Instanz;

2 über die Revisionen gegen Urteile der Strafkammern in der Berufungsinstanz und über alle Beschwerden gegen Entscheidungen der Strafkammern, sofern eine nach Landesrecht strafbare Handlung den Gegenstand der Untersuchung bildet.

In den unter Nr 2 bezeichneten Beschwerdesachen findet bei Zweifeln über die Zuständigkeit der § 388 der Deutschen Strafprozeßordnung entsprechende Anwendung."

3. Bayern: Art. 167 Nr. XII AG. BGB.: „Dem Obersten Landesgerichte wird ferner die Verhandlung und Entscheidung der zur Zuständigkeit der Oberlandesgerichte gehörenden Revisionen und Beschwerden in Strafsachen zugewiesen"

§ 10.

I Die allgemeinen, sowie die in den §§ 126, 132, 133, 134, 183 Abs. 1 enthaltenen besonderen Vorschriften des Gerichtsverfassungsgesetzes finden auf die obersten Landesgerichte als Behörden der ordentlichen streitigen Gerichtsbarkeit entsprechende Anwendung. Das gleiche gilt, sofern ein Zivilsenat des obersten Landesgerichts von der Entscheidung eines anderen Zivilsenats oder der vereinigten Zivilsenate abweichen will, in Ansehung der Vorschriften der §§ 137, 139 des Gerichtsverfassungsgesetzes.

II Die Besetzung der Senate bestimmt sich in Strafsachen nach § 124, in bürgerlichen Rechtsstreitigkeiten nach § 140 des Gerichtsverfassungsgesetzes.

III Auf die Besetzung der Zivilsenate des obersten Landesgerichts findet in Grundbuchsachen, sowie in den nach § 199 des Gesetzes über die Angelegenheiten der freiwilligen Gerichtsbarkeit dem obersten Landesgerichte zugewiesenen Angelegenheiten der § 124 des Gerichtsverfassungsgesetzes Anwendung.

§ 11.

I Die landesgesetzlichen Bestimmungen, durch welche die strafrechtliche oder zivilrechtliche Verfolgung öffentlicher Beamten[1] wegen der in Ausübung oder in Veranlassung der Ausübung ihres Amtes vorgenommenen Handlungen an besondere Voraussetzungen gebunden ist, treten außer Kraft.

II Unberührt bleiben die landesgesetzlichen Vorschriften,[2] durch welche die Verfolgung der Beamten entweder im Falle des Verlangens einer vorgesetzten Behörde oder unbedingt an die Vorentscheidung einer besonderen Behörde gebunden ist, mit der Maßgabe:

1. daß die Vorentscheidung auf die Feststellung beschränkt ist, ob der Beamte sich einer Überschreitung seiner Amtsbefugnisse oder der Unterlassung einer ihm obliegenden Amtshandlung schuldig gemacht habe;
2. daß in den Bundesstaaten, in welchen ein oberster Verwaltungsgerichthof besteht, die Vorentscheidung diesem, in den anderen Bundesstaaten dem Reichsgerichte zusteht.

1. In Betracht kommen hier nur die Landesbeamten. Wegen der Reichsbeamten s. § 13 RBG. und hierzu E. 32, 322.

2. Für Preußen vgl. JMBl. 1888 S. 6ff. In Bayern bedarf es zur strafrechtlichen Verfolgung von Beamten einer Vorentscheidung nicht (Art. 2 AG. StPO.).

§ 12. (aufgehoben)

§ 13.

Die Bestimmungen über das Richteramt im § 8 des Gerichtsverfassungsgesetzes treten in denjenigen Staaten, in welchen

Vorschriften für die richterliche Entscheidung über die Enthebung eines Richters vom Amte oder über die Versetzung eines Richters an eine andere Stelle oder in Ruhestand nicht bestehen, nur gleichzeitig mit der landesgesetzlichen Regelung der Disziplinarverhältnisse der Richter in Wirksamkeit.

§ 14.

Die am Tage des Inkrafttretens des Gerichtsverfassungsgesetzes bei dem Reichs-Oberhandelsgerichte anhängigen Sachen gehen in der prozessualen Lage, in welcher sie sich befinden, auf das Reichsgericht über.

§ 15.

Durch Kaiserliche Verordnung kann auf Antrag eines Bundesstaates und mit Zustimmung des Bundesrats die Verhandlung und Entscheidung derjenigen Sachen, welche nach den bisherigen Prozeßgesetzen von dem obersten Landesgerichte zu erledigen gewesen wären, dem Reichsgerichte zugewiesen werden.

§ 16.

I Behufs Erledigung der nach Vorschrift des vorstehenden Paragraphen dem Reichsgerichte zugewiesenen Sachen können mit Zustimmung des Bundesrats durch Kaiserliche Verordnung bei dem Reichsgerichte Hilfssenate eingerichtet werden.

II Der Reichskanzler bestimmt die Zusammensetzung der Hilfssenate und die Verteilung der Geschäfte derselben.

III Mit der Wahrnehmung der richterlichen Geschäfte in den Hilfssenaten können nur Mitglieder des Reichsgerichts und Mitglieder der früheren obersten Gerichte oder der Oberlandesgerichte beauftragt werden.

IV Die Anordnung ist für ein nicht zum Reichsgerichte gehörendes Mitglied bis zu dem Zeitpunkte unwiderruflich, in welchem die Wahrnehmung seiner Tätigkeit in dem Hilfssenate nicht mehr erforderlich ist.

§ 17.

I Auf Antrag eines Bundesstaates und mit Zustimmung des Bundesrats kann durch Kaiserliche Verordnung die Verhandlung und Entscheidung der im § 17 des Gerichtsverfassungsgesetzes bezeichneten Streitigkeiten dem Reichsgerichte zugewiesen werden.

II Für diejenigen Bundesstaaten, in denen die im § 17 des Gerichtsverfassungsgesetzes bezeichneten Behörden bestehen und nach Maßgabe der Vorschriften im § 17 Nr. 1—4 einer Veränderung ihrer Einrichtung und des Verfahrens bedürfen, kann die Veränderung, sofern sie nicht bis zum Inkrafttreten dieses Gesetzes landesgesetzlich getroffen ist, durch landesherrliche Verordnung eingeführt werden.

§ 18.

Die am Tage des Inkrafttretens des Gerichtsverfassungsgesetzes bei den Landesgerichten anhängigen Sachen können den ordentlichen Landesgerichten ohne Rücksicht auf die im Gerichtsverfassungsgesetze bestimmten Grenzen der Zuständigkeit durch die Landesgesetzgebung zugewiesen werden.

§ 19.

Die Mitglieder des Reichs-Oberhandelsgerichts werden durch Kaiserliche Verfügung mit Beibehaltung ihrer Besoldung entweder bei dem Reichsgerichte angestellt oder in den Ruhestand versetzt.

§ 20.

I Bei der ersten Einrichtung der Landgerichte, der Oberlandesgerichte und der bei einem Amtsgerichte gebildeten Strafkammern und während der Dauer des ersten Geschäftsjahres erfolgen die Geschäftsverteilung und die Bestimmung der Mitglieder der Kammern und Senate sowie der regelmäßigen Vertreter der Mitglieder durch die Landesjustizverwaltung.

II Bei der ersten Einrichtung des Reichsgerichts und während der Dauer des ersten Geschäftsjahres erfolgen die Geschäftsverteilung und die Bestimmung der Mitglieder der Senate sowie der regelmäßigen Vertreter derselben durch den Reichskanzler.

§ 21.

Innerhalb zwei Jahren nach dem Inkrafttreten des Gerichtsverfassungsgesetzes kann die Landesjustizverwaltung bei notwendiger Einziehung von Richterstellen die unfreiwillige Versetzung eines Richters an ein anderes Gericht von gleicher Ordnung unter Belassung des vollen Gehalts und Erstattung der Umzugskosten verfügen.

§ 22.

I Die Bestimmungen des § 2 des Gerichtsverfassungsgesetzes über die Fähigkeit zum Richteramte finden auf diejenigen, welche vor dem Inkrafttreten des Gesetzes die erste Prüfung in einem

Bundesstaate zurückgelegt haben, nur insoweit Anwendung, als nicht in dem Bundesstaate abweichende Vorschriften bestehen.

II Der für den Vorbereitungsdienst vorgeschriebene Zeitraum kann für die ersten vier Jahre nach dem Inkrafttreten des Gesetzes in den einzelnen Bundesstaaten bis auf zwei Jahre abgekürzt werden.

Gerichtsverfassungsgesetz.

Vom 27. Januar 1877.

Erster Titel.

Richteramt.

§ 1.

Die richterliche Gewalt wird durch unabhängige, nur dem Gesetze unterworfene Gerichte ausgeübt.

§ 2.

I Die Fähigkeit zum Richteramte wird durch die Ablegung zweier Prüfungen erlangt.

II Der ersten Prüfung muß ein dreijähriges Studium der Rechtswissenschaft auf einer Universität vorangehen. Von dem dreijährigen Zeitraume sind mindestens drei Halbjahre dem Studium auf einer deutschen Universität zu widmen.

III Zwischen der ersten und zweiten Prüfung muß ein Zeitraum von drei Jahren liegen, welcher im Dienste bei den Gerichten und bei den Rechtsanwälten zu verwenden ist, auch zum Teil bei der Staatsanwaltschaft verwendet werden kann.

IV In den einzelnen Bundesstaateu kann bestimmt werden, daß der für das Universitätsstudium oder für den Vorbereitungsdienst bezeichnete Zeitraum verlängert wird, oder daß ein Teil des letzteren Zeitraums, jedoch höchstens ein Jahr, im Dienste bei Verwaltungsbehörden zu verwenden ist oder verwendet werden darf.

§ 3.

I Wer in einem Bundesstaate die erste Prüfung bestanden hat, kann in jedem anderen Bundesstaate zur Vorbereitung für den Justizdienst und zur zweiten Prüfung zugelassen werden.

II Die in einem Bundesstaate auf die Vorbereitung verwendete Zeit kann in jedem anderen Bundesstaate angerechnet werden.

§ 4.

Zum Richteramte befähigt ist ferner jeder ordentliche öffentliche Lehrer des Rechts an einer deutschen Universität.

§ 5.

Wer in einem Bundesstaate die Fähigkeit zum Richteramte erlangt hat, ist, soweit dieses Gesetz keine Ausnahme bestimmt, zu jedem Richteramte innerhalb des Deutschen Reichs befähigt.

§ 6.

Die Ernennung der Richter erfolgt auf Lebenszeit.

§ 7.

Die Richter beziehen in ihrer richterlichen Eigenschaft ein festes Gehalt mit Ausschluß von Gebühren.[1]

1. § 7 findet auf Hilfsrichter keine Anwendung; Tagegelder und Reisekostenentschädigung sind nicht Gebühren i. S. dieser Vorschrift, E. 3, 231.

§ 8.

I Richter können wider ihren Willen nur kraft richterlicher Entscheidung und nur aus den Gründen und unter den Formen, welche die Gesetze bestimmen, dauernd oder zeitweise ihres Amts enthoben oder an eine andere Stelle oder in Ruhestand versetzt werden.

II Die vorläufige Amtsenthebung, welche kraft Gesetzes eintritt, wird hierdurch nicht berührt.

III Bei einer Veränderung in der Organisation der Gerichte oder ihrer Bezirke können unfreiwillige Versetzungen an ein anderes Gericht oder Entfernungen vom Amte unter Belassung des vollen Gehalts durch die Landesjustizverwaltung verfügt werden.

§ 9.

Wegen vermögensrechtlicher Ansprüche der Richter aus ihrem Dienstverhältnisse, insbesondere auf Gehalt, Wartegeld oder Ruhegehalt darf der Rechtsweg nicht ausgeschlossen werden.

§ 10.

Die landesgesetzlichen[1] Bestimmungen über die Befähigung zur zeitweiligen Wahrnehmung richterlicher Geschäfte[2] bleiben unberührt.[3]

1. Solche bestehen z. B. in Preußen, Sachsen, Elsaß-Lothringen.
2. Rechtsanwälte als Hilfsrichter s. E. 42, 295. Staatsanwälte können nicht als Hilfsrichter verwendet werden, § 152 GVG.
3. S. noch §§ 69, 122, 134 GVG.

§ 11.

Auf Handelsrichter, Schöffen und Geschworene finden die Bestimmungen der §§ 2—9 keine Anwendung.

Zweiter Titel.

Gerichtsbarkeit.

§ 12.

Die ordentliche streitige Gerichtsbarkeit wird durch Amtsgerichte und Landgerichte, durch Oberlandesgerichte und durch das Reichsgericht ausgeübt.

§ 13.

Vor die ordentlichen Gerichte gehören alle bürgerlichen Rechtsstreitigkeiten und Strafsachen, für welche nicht entweder die Zuständigkeit von Verwaltungsbehörden [1] oder Verwaltungsgerichten [1] begründet [2] ist oder reichsgesetzlich besondere Gerichte bestellt [3] oder zugelassen [4] sind.

1. Vgl. z. B. §§ 34 ff. PostG., §§ 122 ff. SeemO., § 8 des Ges. betr. Mitnahme heimzuschaffender Seeleute, § 9 Abs. 2 des Ges. betr. die Stellenvermittlung für Schiffsleute.
2. Beschränkung der Strafgewalt von Verwaltungsbehörden bei Übertretungen durch §§ 453 ff. StPO. und bei Zoll- und Steuerstrafsachen durch §§ 459 ff. StPO.
3. Bestellte Sondergerichte: Militärgerichte, Konsulargerichte, Gerichte in deutschen Schutzgebieten. Wegen der Kriegs- und Standgerichte s. § 16.
4. Zugelassene Sondergerichte: s. § 14 GVG., ferner noch EG. GVG. §§ 5, 7.

§ 14.

Als besondere Gerichte werden zugelassen:

1. **die auf Staatsverträgen beruhenden Rheinschiffahrts- und Elbzollgerichte;**
2. **Gerichte, welchen die Entscheidung von bürgerlichen Rechtsstreitigkeiten bei der Ablösung von Gerechtigkeiten oder Reallasten, bei Separationen, Konsolidationen, Verkoppelungen, gutsherrlich-bäuerlichen Auseinandersetzungen und dergleichen obliegt;**
3. **Gemeindegerichte, insoweit denselben die Entscheidung über vermögensrechtliche Ansprüche obliegt, deren Gegenstand**

in Geld oder Geldeswert die Summe von sechzig Mark nicht übersteigt, jedoch mit der Maßgabe, daß gegen die Entscheidung der Gemeindegerichte innerhalb einer gesetzlich zu bestimmenden Frist sowohl dem Kläger wie dem Beklagten die Berufung auf den ordentlichen Rechtsweg zusteht, und daß der Gerichtsbarkeit des Gemeindegerichts, als Kläger oder Beklagter, nur Personen unterworfen werden dürfen, welche in der Gemeinde den Wohnsitz, eine Niederlassung oder im Sinne der §§ 16, 20 der Zivilprozeßordnung den Aufenthalt haben;

4. Gewerbegerichte.

§ 15.

I Die Gerichte sind Staatsgerichte.

II Die Privatgerichtsbarkeit ist aufgehoben; an ihre Stelle tritt die Gerichtsbarkeit desjenigen Bundesstaates, in welchem sie ausgeübt wurde. Präsentationen für Anstellungen bei den Gerichten finden nicht statt.

III Die Ausübung einer geistlichen Gerichtsbarkeit in weltlichen Angelegenheiten ist ohne bürgerliche Wirkung. Dies gilt insbesondere bei Ehe- und Verlöbnissachen.

§ 16.

Ausnahmegerichte sind unstatthaft. Niemand darf seinem gesetzlichen Richter entzogen werden. Die gesetzlichen Bestimmungen über Kriegsgerichte und Standrechte werden hiervon nicht berührt.[1]

1. S. Reichsverf. Art. 68 und preuß. Ges. v. 4. Juni 1851 (GS. 451 ff.). Für Bayern s. Ges. v. 5. Nov. 1912 über den Kriegszustand (GVBl. 1161) mit Abänderungen durch d. Ges. v. 4. Dezember 1915 (GVBl 728) und 15. Juli 1916 (GVBl 134), ferner MB. v. 13. März 1913 (JMBl 17).

§ 17.

I Die Gerichte entscheiden über die Zulässigkeit des Rechtswegs.

II Die Landesgesetzgebung kann jedoch die Entscheidung von Streitigkeiten zwischen den Gerichten und den Verwaltungsbehörden oder Verwaltungsgerichten über die Zulässigkeit des Rechtswegs besonderen Behörden nach Maßgabe der folgenden Bestimmungen übertragen:

1. Die Mitglieder werden für die Dauer des zur Zeit ihrer Ernennung von ihnen bekleideten Amts oder, falls sie zu dieser Zeit ein Amt nicht bekleiden, auf Lebenszeit er-

nannt. Eine Enthebung vom Amte kann nur unter denselben Voraussetzungen wie bei den Mitgliedern des Reichsgerichts stattfinden.

2. Mindestens die Hälfte der Mitglieder muß dem Reichsgerichte oder dem obersten Landesgerichte oder einem Oberlandesgerichte angehören. Bei Entscheidungen dürfen Mitglieder nur in der gesetzlich bestimmten Anzahl mitwirken. Diese Anzahl muß eine ungerade sein und mindestens fünf betragen.
3. Das Verfahren ist gesetzlich zu regeln. Die Entscheidung erfolgt in öffentlicher Sitzung nach Ladung der Parteien.
4. Sofern die Zulässigkeit des Rechtswegs durch rechtskräftiges Urteil des Gerichts feststeht, ohne daß zuvor auf die Entscheidung der besonderen Behörde angetragen war, bleibt die Entscheidung des Gerichts maßgebend.

§ 18.

I Die inländische Gerichtsbarkeit erstreckt sich nicht auf die Chefs und Mitglieder der bei dem Deutschen Reiche beglaubigten Missionen. Sind diese Personen Staatsangehörige eines der Bundesstaaten, so sind sie nur insofern von der inländischen Gerichtsbarkeit befreit, als der Staat, dem sie angehören, sich der Gerichtsbarkeit über sie begeben hat.[1]

Die Chefs und Mitglieder der bei einem Bundesstaate beglaubigten Missionen sind der Gerichtsbarkeit dieses Staates nicht unterworfen. Dasselbe gilt von den Mitgliedern des Bundesrats, welche nicht von demjenigen Staate abgeordnet sind, in dessen Gebiete der Bundesrat seinen Sitz hat.[2]

1. Diese sog. Exterritorialien sind vom Zeugniszwang befreit. Wegen der Zustellungen an sie s. § 203 Abs. 3 ZPO., § 37 StPO.

2. RV Art. 10.

§ 19.

Auf die Familienglieder, das Geschäftspersonal der im § 18 erwähnten Personen und auf solche Bedienstete derselben, welche nicht Deutsche sind, finden die vorstehenden Bestimmungen Anwendung.

§ 20.

Durch die Bestimmungen der §§ 18, 19 werden die Vorschriften über den ausschließlichen dinglichen Gerichtsstand in bürgerlichen Rechtsstreitigkeiten nicht berührt.

§ 21.

Die im Deutschen Reiche angestellten Konsuln sind der inländischen Gerichtsbarkeit unterworfen, sofern nicht in Verträgen des Deutschen Reichs mit anderen Mächten Vereinbarungen über die Befreiung der Konsuln von der inländischen Gerichtsbarkeit getroffen sind.[1]

1. § 21 gilt in gleicher Weise für Berufs-, wie für Wahlkonsuln; über die Bedeutung der persönlichen Immunität der Konsuln von Verhaftung und Gefangenhaltung s. E. 17, 51. S. noch § 11 StPO.

Dritter Titel.

Amtsgerichte.

§ 22.

I Den Amtsgerichten stehen Einzelrichter vor.

II Ist ein Amtsgericht mit mehreren Richtern besetzt, so wird einem derselben von der Landesjustizverwaltung die allgemeine Dienstaufsicht übertragen; ist die Zahl der Richter höher als fünfzehn, so kann die Dienstaufsicht zwischen mehreren von ihnen geteilt werden. Jeder Amtsrichter erledigt die ihm obliegenden Geschäfte als Einzelrichter.

§ 23.

Die Zuständigkeit der Amtsgerichte umfaßt in bürgerlichen Rechtsstreitigkeiten, soweit dieselben nicht ohne Rücksicht auf den Wert des Streitgegenstandes den Landgerichten zugewiesen sind:

1. Streitigkeiten über vermögensrechtliche Ansprüche, deren Gegenstand an Geld oder Geldeswert die Summe von sechshundert Mark nicht übersteigt;
2. ohne Rücksicht auf den Wert des Streitgegenstandes:

   Streitigkeiten zwischen dem Vermieter und Mieter oder Untermieter von Wohnräumen oder anderen Räumen oder zwischen dem Mieter und dem Untermieter solcher Räume wegen Überlassnng, Benutzung oder Räumung, sowie wegen Zurückhaltung der von dem Mieter oder dem Untermieter in die Mietsräume eingebrachten Sachen;

   Streitigkeiten zwischen Dienstherrschaft und Gesinde, zwischen Arbeitgebern und Arbeitern hinsichtlich des Dienst- oder Arbeitsverhältnisses, sowie die im § 3 Abs. 1 des Gesetzes, betreffend die Gewerbegerichte, vom 29. Juli 1890 bezeichneten Streitigkeiten, insofern dieselben während der Dauer des Dienst-, Arbeits- oder Lehrverhältnisses entstehen;

Streitigkeiten zwischen Reisenden und Wirten, Fuhrleuten, Schiffern, Flößern oder Auswanderungsexpedienten in den Einschiffungshäfen, welche über Wirtszechen, Fuhrlohn, Überfahrtsgelder, Beförderung der Reisenden und ihrer Habe und über Verlust und Beschädigung der letzteren, sowie Streitigkeiten zwischen Reisenden und Handwerkern, welche aus Anlaß der Reise entstanden sind;

Streitigkeiten wegen Viehmängel;

Streitigkeiten wegen Wildschadens;

Ansprüche aus einem außerehelichen Beischlafe;

das Aufgebotsverfahren.

§ 24.

Im übrigen wird die Zuständigkeit und der Geschäftskreis der Amtsgerichte durch die Vorschriften dieses Gesetzes und der Prozeßordnungen bestimmt.

Vierter Titel.

Schöffengerichte.

§ 25.

Für die Verhandlung und Entscheidung von Strafsachen werden bei den Amtsgerichten Schöffengerichte gebildet.[1]

1. Hauptverhandlung ohne Zuziehung von Schöffen s. § 211 Abs. 2 StPO. und § 3 Abs. 3 EG. StPO. S. auch § 30 Abs. 2 GVG., §§ 447 ff. StPO.

§ 26.

Die Schöffengerichte bestehen aus dem Amtsrichter als Vorsitzenden und zwei Schöffen.

§ 27.

Die Schöffengerichte sind zuständig:

1. für alle Übertretungen;
2. für diejenigen Vergehen, welche nur mit Gefängnis von höchstens drei Monaten oder Geldstrafe von höchstens sechshundert Mark, allein oder neben Haft oder in Verbindung miteinander oder in Verbindung mit Einziehung[1] bedroht sind, mit Ausnahme der im § 320 des Strafgesetzbuchs und der im § 74 dieses Gesetzes bezeichneten Vergehen;

3. für die nur auf Antrag zu verfolgenden Beleidigungen[2], wenn die Verfolgung im Wege der Privatklage[3] geschieht;
3. a) für die nur auf Antrag zu verfolgenden Körperverletzungen;[4]
3. b) für das Vergehen des Hausfriedensbruchs im Falle des § 123 Abs. 3 des Strafgesetzbuchs;[5]
3. c) für das Vergehen der Bedrohung mit der Begehung eines Verbrechens im Falle des § 241 des Strafgesetzbuchs;
3. d) für das Vergehen des strafbaren Eigennutzes in den Fällen des § 286 Abs. 2, der §§ 290, 291 und 298 des Strafgesetzbuchs[6] sowie des § 93 Abs. 3 der Seemannsordnung vom 2. Juni 1902 (Reichs-Gesetzbl. S. 175);
4. für das Vergehen des Diebstahls im Falle des § 242 des Strafgesetzbuchs, wenn der Wert des Gestohlenen einhundertundfünfzig Mark nicht übersteigt;[7]
5. für das Vergehen der Unterschlagung im Falle des § 246 des Strafgesetzbuchs, wenn der Wert des Unterschlagenen einhundertundfünfzig Mark nicht übersteigt;[7]
6. für das Vergehen des Betruges im Falle des § 263 des Strafgesetzbuchs, wenn der Schaden einhundertundfünfzig Mark nicht übersteigt;[7]
7. für das Vergehen der Sachbeschädigung im Falle des § 303 des Strafgesetzbuchs, wenn der Schaden einhundertundfünfzig Mark nicht übersteigt;[7]
8. für das Vergehen der Begünstigung[8] und für das Vergehen der Hehlerei[9] in den Fällen des § 258 Nr. 1 und des § 259 des Strafgesetzbuchs, wenn die Handlung, auf welche sich die Begünstigung oder die Hehlerei bezieht, zur Zuständigkeit der Schöffengerichte gehört.[10]

1. Hierunter ist auch die Nebenstrafe der Verfallerklärung zu verstehen, E. 12, 75.

2. §§ 185, 186, 187, 189, 194 StGB.

3. §§ 414 ff. StPO. Für die Fälle der öffentl. Klage s. § 75 Nr. 4 GVG. Wegen der Übernahme der Verfolgung durch die StA. während des Privatklageverfahrens s. Anm 7 zu § 417 StPO.

4. §§ 223, 230 Abs. 1, 232 StGB.

5. Nunmehr § 123 Abs 2 StGB. (Nov. z. StGB. v. J. 1912). Im Falle des § 123 Abs. 1 StGB. (einf. HausfrBr.) ist das SchöffG. nach Nr. 2 zuständig.

6. Vgl. § 75 Nr. 11 GVG.

7. S noch § 28, ferner § 75 Nr. 6, 7, 10, 12 GVG. Bei Versuch (§ 43 StGB.) ist der für den angenommenen Fall der Vollendung in Betracht kommende mutmaßliche Wert maßgebend. Bei unmöglicher Feststellung dieses Wertes Zuständigkeit der Strafkammer.

8. § 257 StGB. S. auch § 75 Nr 8 GVG

9. S. auch § 75 Nr. 9 und § 73 Nr 6 GVG

10. Nach § 27 GVG.

§ 28.

Ist die Zuständigkeit des Schöffengerichts durch den Wert einer Sache oder den Betrag eines Schadens bedingt[1] und stellt sich in der Hauptverhandlung heraus, daß der Wert oder Schaden mehr als einhundertundfünfzig Mark beträgt, so hat das Gericht seine Unzuständigkeit nur dann auszusprechen,[2] wenn aus anderen Gründen die Aussetzung der Verhandlung geboten erscheint.[3]

1. S § 27 Nr. 4—8 GVG.

2. Wegen der Unzuständigkeitserklärung s. § 270 StPO.

3. Aussetzung, nicht Unterbrechung der Hauptverh., vgl. §§ 145, 216, 227, 245, 261, 264 StPO.

§ 29.

Vor die Schöffengerichte gehören auch diejenigen Strafsachen, deren Verhandlung und Entscheidung ihnen nach den Bestimmungen des fünften Titels von den Strafkammern der Landgerichte überwiesen wird.[1]

1. § 75 GVG. — § 29 ist vorübergehend ersetzt durch die Vorschriften in Art. I des Ges. z. Vereinfachung der Strafrechtspflege vom 21. Oktober 1917, abgedruckt im Anhang.

§ 30.

I Insoweit das Gesetz nicht Ausnahmen[1] bestimmt, üben die Schöffen während der Hauptverhandlung das Richteramt im vollen Umfange und mit gleichem Stimmrechte[2] wie die Amtsrichter aus und nehmen auch an denjenigen, im Laufe einer Hauptverhandlung zu erlassenden Entscheidungen teil, welche in keiner Beziehung zu der Urteilsfällung stehen, und welche auch ohne vorgängige mündliche Verhandlung erlassen werden können.

II Die außerhalb der Hauptverhandlung erforderlichen Entscheidungen werden von dem Amtsrichter erlassen.[3]

1. § 31 Abs. 2 StPO. (Entscheidung über Ausschließung oder Ablehnung von Schöffen nur durch den Amtsrichter). — Vgl. auch §§ 52—54, 56 GVG.

2. Vgl. § 199 GVG. (Reihenfolge der Abstimmung).

3. Z. B. StPO. §§ 50 Abs. 2, §§ 200 ff., 360, 407 ff., 423, 494.

§ 31.

Das Amt eines Schöffen ist ein Ehrenamt.[1] Dasselbe kann nur von einem Deutschen[2] versehen werden.

1. Entschädigung der Schöffen s. §§ 55, 55a GVG.
2. S. Reichsverf. Art. 3, ferner StaatsangehG. v. 1. Juni 1870.

§ 32.

Unfähig[1] zu dem Amte eines Schöffen sind:
1. Personen, welche die Befähigung infolge strafgerichtlicher Verurteilung verloren haben;[2]
2. Personen, gegen welche das Hauptverfahren wegen eines Verbrechens oder Vergehens eröffnet ist, das die Aberkennung der bürgerlichen Ehrenrechte oder der Fähigkeit zur Bekleidung öffentlicher Ämter zur Folge haben kann;[3]
3. Personen, welche infolge gerichtlicher Anordnung in der Verfügung über ihr Vermögen beschränkt sind.[4]

1. Die Mitwirkung einer der in § 32 genannten Personen bewirkt die Nichtigkeit des Verfahrens (§ 377 Nr. 1 StPO.). Die Fähigkeit zur Ausübung des Amtes als Schöffe ist nach der Zeit der tatsächlichen Ausübung desselben zu beurteilen, E. 2, 241. — S. auch § 52 Abs. 1 GVG.: Streichung in der Jahresliste.
2. §§ 31, 33, 34, 35, 358 StGB.
3. §§ 201, 270 StPO.; §§ 31 f. StGB.
4. Die wegen Geisteskrankheit, Geistesschwäche, Verschwendung und Trunksucht Entmündigten (§§ 6, 104, 114 BGB.), ferner Gemeinschuldner (§§ 6, 106 KO.). Unfähigkeit nur während der Dauer der Verfügungsbeschränkung. — Unfähigkeit der Gesellschafter einer off. HGes. während der Dauer des Konkurses über das Gesellschaftsvermögen, E. 46, 77.

§ 33.

Zu dem Amte eines Schöffen sollen nicht berufen werden:[1]
1. Personen, welche zur Zeit der Aufstellung der Urliste das dreißigste Lebensjahr noch nicht vollendet haben;
2. Personen, welche zur Zeit der Aufstellung der Urliste den Wohnsitz in der Gemeinde noch nicht zwei volle Jahre haben;
3. Personen, welche für sich oder ihre Familie Armenunterstützung aus öffentlichen Mitteln empfangen oder in den drei letzten Jahren, von Aufstellung der Urliste zurückgerechnet, empfangen haben;
4. Personen, welche wegen geistiger oder körperlicher Gebrechen zu dem Amte nicht geeignet sind;
5. Dienstboten.

1. Verstoß hiergegen nicht Revisionsgrund vgl. RSpr. 7, 554. Die in § 33 genannten Personen können im Falle ihrer Berufung die Ausübung des Amtes als Schöffe verweigern; keine Frist wie in §§ 35, 53 GVG — S. noch § 52 Abs. 2 GVG.

§ 34.

I Zu dem Amte eines Schöffen sollen ferner nicht berufen werden:[1]

1. Minister;
2. Mitglieder der Senate der freien Hansestädte;
3. Reichsbeamte, welche jederzeit einstweilig in den Ruhestand versetzt werden können;[2]
4. Staatsbeamte, welche auf Grund der Landesgesetze jederzeit einstweilig in den Ruhestand versetzt werden können;
5. richterliche Beamte[3] und Beamte der Staatsanwaltschaft;[4]
6. gerichtliche[5] und polizeiliche Vollstreckungsbeamte;
7. Religionsdiener;
8. Volksschullehrer;
9. dem aktiven Heere oder der aktiven Marine angehörende Militärpersonen.[6]

II Die Landesgesetze[7] können außer den vorbezeichneten Beamten höhere Verwaltungsbeamte bezeichnen, welche zu dem Amte eines Schöffen nicht berufen werden sollen.

1. Im Falle ihrer Mitwirkung keine Revision hierwegen nach § 377 Nr 1 StPO; anders bei § 32 GVG. — Weigerungsrecht s. Anm. 1 zu § 33. S. noch § 52 Abs. 2 GVG.
2. S. § 25 ReichsbeamtenG. v. 18. Mai 1907.
3. Auch Handelsrichter § 116 GVG., ebenso die nach Landesrecht (§ 10 GVG) bestellten Hilfsrichter (Assessoren).
4. Auch die Amtsanwälte im Haupt- oder Nebenamt, § 143 GVG.
5. Gerichtsvollzieher, § 155 GVG.
6. Zu diesen gehören nicht die Zivilbeamten der Militärverwaltung, wohl aber außer den Personen des Soldatenstandes auch die Militärbeamten.
7. Vgl. preuß. AG. § 33, bayer. AG. § 23.

§ 35.

Die Berufung zum Amte eines Schöffen dürfen ablehnen:[1]

1. Mitglieder einer deutschen gesetzgebenden Versammlung;
2. Personen, welche im letzten Geschäftsjahre die Verpflichtung eines Geschworenen, oder an wenigstens fünf Sitzungstagen die Verpflichtung eines Schöffen erfüllt haben;
3. Ärzte;
4. Apotheker, welche keine Gehilfen haben;

5. Personen, welche das fünfundsechzigste Lebensjahr zur Zeit der Aufstellung der Urliste vollendet haben oder dasselbe bis zum Ablaufe des Geschäftsjahres vollenden würden;
6. Personen, welche glaubhaft machen, daß sie den mit der Ausübung des Amts verbundenen Aufwand zu tragen nicht vermögen.

1. Frist: § 53 GVG.

§ 36.

I Der Vorsteher einer jeden Gemeinde oder eines landesgesetzlich der Gemeinde gleichstehenden Verbandes hat alljährlich ein Verzeichnis der in der Gemeinde wohnhaften Personen, welche zu dem Schöffenamte berufen werden können, aufzustellen (Urliste).

II Die Urliste ist in der Gemeinde eine Woche lang zu jedermanns Einsicht auszulegen. Der Zeitpunkt der Auslegung ist vorher öffentlich bekannt zu machen.

§ 37.

Gegen die Richtigkeit oder Vollständigkeit der Urliste kann innerhalb der einwöchigen Frist schriftlich oder zu Protokoll Einsprache erhoben werden.

§ 38.

I Der Gemeindevorsteher sendet die Urliste nebst den erhobenen Einsprachen und den ihm erforderlich erscheinenden Bemerkungen an den Amtsrichter des Bezirks.

II Wird nach Absendung der Urliste die Berichtigung derselben erforderlich, so hat der Gemeindevorsteher hiervon dem Amtsrichter Anzeige zu machen.

§ 39.

Der Amtsrichter stellt die Urlisten des Bezirks zusammen und bereitet den Beschluß über die Einsprachen gegen dieselben vor. Er hat die Beachtung der Vorschriften des § 36 Abs. 2 zu prüfen und die Abstellung etwaiger Mängel zu veranlassen.

§ 40.

I Bei dem Amtsgerichte tritt alljährlich ein Ausschuß zusammen.

II Der Ausschuß besteht aus dem Amtsrichter als Vorsitzenden und einem von der Landesregierung zu bestimmenden

Staatsverwaltungsbeamten, sowie sieben Vertrauensmännern als Beisitzern.

III Die Vertrauensmänner werden aus den Einwohnern des Amtsgerichtsbezirkes gewählt.

IV Die Wahl erfolgt nach näherer Bestimmung der Landesgesetze durch die Vertretungen der Kreise, Ämter, Gemeinden oder dergleichen Verbände; wenn solche Vertretungen nicht vorhanden sind, durch den Amtsrichter. Letzterer hat die Vertrauensmänner vornehmlich aus den Vorstehern der vorbezeichneten Verbände zu wählen.

V Zur Beschlußfähigkeit des Ausschusses genügt die Anwesenheit des Vorsitzenden, des Staatsverwaltungsbeamten und dreier Vertrauensmänner. Der Ausschuß faßt seine Beschlüsse nach der absoluten Mehrheit der Stimmen. Bei Stimmengleichheit entscheidet die Stimme des Vorsitzenden.

§ 41.

Der Ausschuß entscheidet über die gegen die Urliste erhobenen Einsprachen. Die Entscheidungen sind zu Protokoll zu vermerken. Beschwerde findet nicht statt.

§ 42.

Aus der berichtigten Urliste wählt der Ausschuß für das nächste Geschäftsjahr:

1. die erforderliche Zahl[1] von Schöffen;[2]
2. die erforderliche Zahl derjenigen Personen, welche in der von dem Ausschusse festzusetzenden Reihenfolge an die Stelle wegfallender Schöffen treten (Hilfsschöffen). Die Wahl ist auf Personen zu richten, welche am Sitze des Amtsgerichts oder in dessen nächster Umgebung wohnen.

1. S. § 43 GVG.
2. Wegen der Wahl der Geschworenen s. §§ 87, 97 GVG.

§ 43.

Die für jedes Amtsgericht erforderliche Zahl von Hauptschöffen und Hilfsschöffen wird durch die Landesjustizverwaltung bestimmt.

II Die Bestimmung der Zahl der Hauptschöffen erfolgt in der Art, daß voraussichtlich jeder höchstens zu fünf ordentlichen Sitzungstagen im Jahr herangezogen wird.

§ 44.

Die Namen der erwählten Hauptschöffen und Hilfsschöffen werden bei jedem Amtsgerichte in gesonderte Verzeichnisse aufgenommen (Jahreslisten).

§ 45.

I Die Tage der ordentlichen Sitzungen des Schöffengerichts werden für das ganze Jahr im voraus festgestellt.

II Die Reihenfolge, in welcher die Hauptschöffen an den einzelnen ordentlichen Sitzungen des Jahres teilnehmen, wird durch Auslosung in öffentlicher Sitzung des Amtsgerichts bestimmt. Das Los zieht der Amtsrichter.

III Über die Auslosung wird von dem Gerichtsschreiber ein Protokoll aufgenommen.

§ 46.

I Der Amtsrichter setzt die Schöffen von ihrer Auslosung und von den Sitzungstagen, an welchen sie in Tätigkeit zu treten haben, unter Hinweis auf die gesetzlichen Folgen des Ausbleibens [1] in Kenntnis.

II In gleicher Weise werden die im Laufe des Geschäftsjahres einzuberufenden Schöffen benachrichtigt.

1. S. § 56 GVG.

§ 47.

Eine Änderung in der bestimmten Reihenfolge kann auf übereinstimmenden Antrag der beteiligten Schöffen von dem Amtsrichter bewilligt werden, sofern die in den betreffenden Sitzungen zu verhandelnden Sachen noch nicht bestimmt sind. Der Antrag und die Bewilligung sind aktenkundig zu machen.

§ 48.

I Wenn die Geschäfte die Anberaumung außerordentlicher Sitzungen erforderlich machen, so werden die einzuberufenden Schöffen vor dem Sitzungstage in Gemäßheit des § 45 ausgelost.

II Erscheint dies wegen Dringlichkeit untunlich, so erfolgt die Auslosung durch den Amtsrichter lediglich aus der Zahl der am Sitze des Gerichts wohnenden Hilfsschöffen. Die Umstände, welche den Amtsrichter hierzu veranlaßt haben, sind aktenkundig zu machen.

§ 49.

I Wird zu einzelnen Sitzungen die Zuziehung anderer als der zunächst berufenen Schöffen erforderlich, so erfolgt dieselbe aus der Zahl der Hilfsschöffen nach der Reihenfolge der Jahresliste.

II Würde durch die Berufung der letzteren eine Vertagung der Verhandlung oder eine erhebliche Verzögerung ihres Beginnes notwendig, so sind die nicht am Sitze des Gerichts wohnenden Hilfsschöffen zu übergehen.

§ 50.

Erstreckt sich die Dauer einer Sitzung über die Zeit hinaus, für welche der Schöffe zunächst einberufen ist, so hat er bis zur Beendigung der Sitzung seine Amtstätigkeit fortzusetzen.

§ 51.

I Die Beeidigung der Schöffen erfolgt bei ihrer ersten Dienstleistung in öffentlicher Sitzung. Sie gilt für die Dauer des Geschäftsjahres.

II Der Vorsitzende richtet an die zu Beeidigenden die Worte:

„Sie schwören bei Gott dem Allmächtigen und Allwissenden, die Pflichten eines Schöffen getreulich zu erfüllen und Ihre Stimmen nach bestem Wissen und Gewissen abzugeben."

III Die Schöffen leisten den Eid, indem jeder einzeln die Worte spricht:

„ich schwöre es, so wahr mir Gott helfe."

IV Der Schwörende soll bei der Eidesleistung die rechte Hand erheben.

V Ist ein Schöffe Mitglied einer Religionsgesellschaft, welcher das Gesetz den Gebrauch gewisser Beteuerungsformeln an Stelle des Eides gestattet, so wird die Abgabe einer Erklärung unter der Beteuerungsformel dieser Religionsgesellschaft der Eidesleistung gleich geachtet.

VI Über die Beeidigung wird von dem Gerichtsschreiber ein Protokoll aufgenommen.

§ 52.

I Wenn die Unfähigkeit[1] einer als Schöffe in die Jahresliste aufgenommenen Person eintritt oder bekannt wird, so ist der Name derselben von der Liste zu streichen.

II Ein Schöffe, hinsichtlich dessen nach seiner Aufnahme in die Jahresliste andere Umstände eintreten oder bekannt werden, bei deren Vorhandensein eine Berufung zum Schöffenamte nicht erfolgen soll,[2] ist zur Dienstleistung ferner nicht heranzuziehen.

III Die Entscheidung erfolgt durch den Amtsrichter nach Anhörung der Staatsanwaltschaft und des beteiligten Schöffen.

IV Beschwerde findet nicht statt.

1. §§ 31, 32 GVG.
2. §§ 33, 34 GVG.

§ 53.

I Ablehnungsgründe[1] sind nur zu berücksichtigen, wenn sie innerhalb einer Woche, nachdem der beteiligte Schöffe von seiner Einberufung in Kenntnis gesetzt worden ist, von demselben geltend gemacht werden. Fällt ihre Entstehung oder Bekanntwerdung in eine spätere Zeit, so ist die Frist erst von diesem Zeitpunkte zu berechnen.

II Der Amtsrichter entscheidet über das Gesuch nach Anhörung der Staatsanwaltschaft. Beschwerde findet nicht statt.

1. § 35 GVG.; für die Fälle der §§ 33, 34 GVG. gilt § 53 nicht.

§ 54.

I Der Amtsrichter kann einen Schöffen auf dessen Antrag wegen eingetretener Hinderungsgründe von der Dienstleistung an bestimmten Sitzungstagen entbinden.[1]

II Die Entbindung des Schöffen von der Dienstleistung kann davon abhängig gemacht werden, daß ein anderer für das Dienstjahr bestimmter Schöffe für ihn eintritt.

III Der Antrag und die Bewilligung sind aktenkundig zu machen.

1. Vorherige Anhörung der StA. nicht erfordert. — Keine Beschwerde (Mot.).

§ 55.

Die Vertrauensmänner des Ausschusses erhalten Vergütung der Reisekosten.

§ 55 a.[1]

I Die Schöffen erhalten Vergütung der Reisekosten und für jeden Tag der Dienstleistung Tagegelder.

II Die Höhe der Reisekosten und Tagegelder bestimmt der Bundesrat durch allgemeine Anordnung.

III Die Tagegelder dürfen nicht zurückgewiesen werden.

1. Eingefügt durch RG. vom 29. Juli 1913 betr. die Entschädigung der Schöffen und Geschworenen (RGBl. 617); S. Bek. des Reichskanzlers vom 2. August 1913 (RGBl. 618), preuß. JMBl. 1913, 303, bayer. JMBl. 1913, 185.

§ 56.

I Schöffen und Vertrauensmänner des Ausschusses, welche ohne genügende Entschuldigung[1] zu den Sitzungen nicht rechtzeitig sich einfinden oder ihren Obliegenheiten in anderer Weise sich entziehen, sind zu einer Ordnungsstrafe von fünf bis zu eintausend Mark,[2] sowie in die verursachten Kosten zu verurteilen.

II Die Verurteilung wird durch den Amtsrichter nach Anhörung der Staatsanwaltschaft ausgesprochen. Erfolgt nachträglich genügende Entschuldigung, so kann die Verurteilung ganz oder teilweise zurückgenommen werden. Gegen die Entscheidungen findet Beschwerde von seiten des Verurteilten nach den Vorschriften der Strafprozeßordnung statt.[3]

1. Vgl. Rsp. 1, 810. Vorschützen unwahrer Tatsachen als Entschuldigung s. § 138 StGB.

2. Keine Umwandlung in Freiheitsstrafe.

3. Beschwerde (§§ 348 ff. StPO.) nur des Verurteilten, nicht der StA. — Beschwerdegericht: Strafkammer (§ 72 GVG.). Keine weitere Beschwerde (§ 352 StPO.).

§ 57.

Bis zu welchem Tage die Urlisten aufzustellen und dem Amtsrichter einzureichen sind, der Ausschuß zu berufen und die Auslosung der Schöffen zu bewirken ist, wird durch die Landesjustizverwaltung bestimmt.

Fünfter Titel.

Landgerichte.

§ 58.

I Die Landgerichte werden mit einem Präsidenten und der erforderlichen Anzahl von Direktoren und Mitgliedern besetzt.

II Die Mitglieder können gleichzeitig Amtsrichter im Bezirke des Landgerichts sein.

§ 59.

Bei den Landgerichten werden Zivil- und Strafkammern gebildet.[1]

1. Teilung der Strafkammer in mehrere Abteilungen zulässig, E. 2, 353; 23, 234. — Vgl. noch Rsp. 3, 216; E. 42, 264.

§ 60.

I Bei den Landgerichten sind Untersuchungsrichter nach Bedürfnis zu bestellen.

II Die Bestellung erfolgt durch die Landesjustizverwaltung auf die Dauer eines Geschäftsjahres.

§ 61.

Den Vorsitz im Plenum führt der Präsident, den Vorsitz in den Kammern führen der Präsident und die Direktoren[1] Vor Beginn des Geschäftsjahres bestimmt der Präsident die Kammer, welcher er sich anschließt. Über die Verteilung des Vorsitzes in den übrigen Kammern entscheiden der Präsident und die Direktoren nach Stimmenmehrheit; im Falle der Stimmengleichheit gibt die Stimme des Präsidenten den Ausschlag.[2]

1. Die ordentlichen Vorsitzenden der Kammern müssen (§ 377 Nr. 1 StPO.!) mindestens Direktoren sein, E. 18, 9; 27, 125; Annahme einer Verhinderung des ordentlichen Vorsitzenden am Vorsitze in der Kammer für im voraus bestimmte Sitzungen des Geschäftsjahres und Übernahme dieser Sitzungen durch den Vertreter aber nicht ausgeschlossen, E. 25, 389; BayZ. 9, 92. — S. auch noch §§ 78, 67, 109, 110 GVG.

2. Die Verteilung hat für das ganze Geschäftsjahr zu geschehen, E. 18, 11. Eingriff in eine derartige Anordnung durch eine Verfügung des Präsidenten unzulässig, E. 38, 416.

§ 62.

I Vor Beginn des Geschäftsjahres werden auf die Dauer desselben die Geschäfte unter die Kammern derselben Art verteilt und die ständigen Mitglieder der einzelnen Kammern sowie für den Fall ihrer Verhinderung die regelmäßigen Vertreter bestimmt.[1] Jeder Richter kann zum Mitgliede mehrerer Kammern bestimmt werden.

II Die getroffene Anordnung kann im Laufe des Geschäftsjahres nur geändert werden,[2] wenn dies wegen eingetretener Überlastung einer Kammer oder infolge Wechsels[3] oder dauernder[4] Verhinderung einzelner Mitglieder des Gerichts erforderlich wird.

1. Durch das Präsidium, § 63 GVG. Auch zur Bildung der Ferienkammern ist eine Anordnung des Präsidiums erforderlich, E. 37, 59; Ergänzung der erforderlichen Zahl der Beisitzer durch Zuziehung eines Hilfsrichters (Amtsrichters) hierbei zulässig, E. 40, 85. — Zuziehung eines der Kammer zugeteilten Ergänzungsrichters zu einer Verhandlung s. BayZ. 6, 80. — Annahme der Verhinderung des Vorsitzenden für bestimmte Sitzungen schon zu Beginn des Geschäftsjahres vgl. E. 25, 389; BayZ. 9, 92. Freiwillige Vertretung auf Grund privater Vereinbarungen unzulässig, Rsp. 7, 41. — S. noch E. 46, 254.

2. Durch das Präsidium, nicht durch Verfügung des Präsidenten.

3. Vgl. E. 20, 385.

4. Längere Zeitdauer, z. B. längerer Urlaub genügt, E. 20, 385.

§ 63.

I Die im vorstehenden Paragraphen bezeichneten Anordnungen erfolgen durch das Präsidium.[1,2]

II Das Präsidium wird durch den Präsidenten als Vorsitzenden, die Direktoren und das dem Dienstalter nach, bei gleichem Dienstalter das der Geburt nach älteste Mitglied gebildet. Das Präsidium entscheidet nach Stimmenmehrheit; im Falle der Stimmengleichheit gibt die Stimme des Präsidenten den Ausschlag.

1. Übertragung der Befugnisse des Präsidiums durch dieses auf den Präsidenten unzulässig. Nachträgliche Genehmigung einer Anordnung des Präsidenten durch das Präsidium vermag den Mangel einer nicht vorschriftsmäßigen Gerichtsbesetzung nicht zu heilen, E. 23, 166.

2. Beurkundung der Präsidialbeschlüsse ist nicht Voraussetzung ihrer Gültigkeit und Rechtswirksamkeit, Goltd. 60, 426.

§ 64.

Der Präsident kann bestimmen, daß einzelne Untersuchungen von dem Untersuchungsrichter, dessen Bestellung mit dem Ablaufe des Geschäftsjahres erlischt, zu Ende geführt werden, sowie daß in einzelnen Sachen, in welchen während des Geschäftsjahres eine Verhandlung bereits stattgefunden hat, die Kammer in ihrer früheren Zusammensetzung auch nach Ablauf des Geschäftsjahres verhandle und entscheide.[1]

1. Halbsatz 2 findet sinngemäß auch auf solche Fälle Anwendung, in denen durch Beschluß des Präsidiums während des Geschäftsjahres die Besetzung der Kammer abgeändert worden ist, DJZ. 12, 68. Auch auf die Ferienstrafkammer ist die Bestimmung entsprechend anwendbar, Goltd. 56, 85; Bl. 74, 280.

§ 65.

I Im Falle der Verhinderung[1] des ordentlichen Vorsitzenden[2] führt den Vorsitz in der Kammer dasjenige Mitglied der Kammer, welches dem Dienstalter nach und bei gleichem Dienstalter der Geburt nach das älteste ist.[3]

II Der Präsident wird in seinen übrigen durch dieses Gesetz bestimmten Geschäften durch denjenigen Direktor vertreten, welcher dem Dienstalter nach und bei gleichem Dienstalter der Geburt nach der älteste ist.

1. Verhinderung: jede tatsächliche oder rechtliche Unmöglichkeit der Führung des Vorsitzes, nicht bloß körperliche Unfähigkeit, sondern auch geschäftliche Überlastung, Goltd. 62, 482.

2. Präsident oder Direktor, § 61 GVG.

3. Ist auch dieses Mitglied verhindert, so führt das nächstälteste ständige Mitglied den Vorsitz, E. 23, 99; 25, 389. In Betracht kommen

hier nur ständige Kammermitglieder, nicht die eintretenden Stellvertreter, auch wenn diese dienstälter sind, E. 1, 238; Bl. 75, 178 und nie die Hilfsrichter, E. 18, 307. Es ist zulässig, den ältesten Rat einer Kammer von vorneherein mit Abhaltung der Sitzungen an einem bestimmten Wochentage zu betrauen. Was als Verhinderung des Vorsitzenden anzusehen ist, und ob im gegebenen Falle eine solche vorliegt, ist Sache des Ermessens und vom Revisionsgericht nicht nachzuprüfen. Es ist daher nicht unzulässig, eine Verhinderung des Vorsitzenden aus bestimmten Gründen für die Dauer eines ganzen Geschäftsjahres von vornherein festzustellen, BayZ. 9, 92. Der bloß an der Führung des Vorsitzes, z. B. durch Heiserkeit, verhinderte Vorsitzende kann als Beisitzer mitwirken, E 10, 318; Goltd 55, 109; Bl. 75, 178

§ 66.

Im Falle der Verhinderung des regelmäßigen Vertreters[1] eines Mitgliedes wird ein zeitweiliger Vertreter[2] durch den Präsidenten[3] bestimmt.

1. § 62 Abs. 1 GVG. — Verhinderung durch Überlastung s. Goltd. 47, 159.

2. Der zeitweilige Vertreter ist aus den Mitgliedern des Landgerichts zu bestimmen; auch ein nicht ständiges Mitglied des Landgerichtes kann in Preußen zur Vertretung eines Landrichters bestimmt werden, Goltd. 56, 212; Heranziehung von Amtsrichtern gem § 69 Abs 3 GVG., s. E. 26, 94; 32, 284.

3. Im Falle der Verhinderung des Präsidenten übt diese Befugnis dessen nach § 65 Abs. 2 GVG. berufener Vertreter aus, Recht 6, 158. Übertragung dieser Befugnis auf den Kammervorsitzenden unzulässig, E 41, 184.

§ 67.

Die Bestimmungen der §§ 61—66 finden auf die Kammern für Handelssachen keine Anwendung.

§ 68.

Innerhalb der Kammer verteilt der Vorsitzende die Geschäfte auf die Mitglieder.

§ 69.

I Soweit die Vertretung eines Mitgliedes nicht durch ein Mitglied desselben Gerichts[1] möglich ist,[2] erfolgt die Anordnung derselben auf den Antrag des Präsidiums durch die Landesjustizverwaltung.[3]

II Die Beiordnung[4] eines nicht ständigen Richters darf, wenn sie auf eine bestimmte Zeit erfolgte, vor Ablauf dieser Zeit, wenn sie auf unbestimmte Zeit erfolgte, solange das Bedürfnis, durch welches sie veranlaßt wurde, fortdauert, nicht widerrufen werden. Ist mit der Vertretung eine Entschädigung verbunden, so ist diese für die ganze Dauer im voraus festzustellen.

III Unberührt bleiben diejenigen landesgesetzlichen Bestimmungen, nach welchen richterliche Geschäfte nur von ständig angestellten Richtern wahrgenommen werden können, sowie diejenigen, welche die Vertretung durch ständig angestellte Richter regeln.[5, 6]

1. Auch der Präsident und die Direktoren müssen hierbei als Vertreter in Betracht gezogen werden, E. 36, 379.

2. Keine Nachprüfung durch das Revisionsgericht, E. 3, 231.

3. Diese weist den Vertreter dem Gericht zu; die Art seiner Verwendung und die Zuteilung zu einer bestimmten Kammer erfolgt dann durch das Präsidium, E. 37, 301.

4. „Beiordnung" von nichtständigen Richtern nicht nur zur Vertretung eines verhinderten Mitgliedes, sondern auch zu allgemeiner Aushilfe, E. 22, 168; 23, 119.

5. Abs. 1 und 2 finden auf solche nach Landesrecht zur Aushilfe herangezogene, ständig angestellte Richter keine Anwendung, E. 26, 94.

6. Hilfsrichter bei den Oberlandesgerichten: § 122, beim Reichsgericht: § 134.

§ 70.

I Vor die Zivilkammern, einschließlich der Kammern für Handelssachen, gehören alle bürgerlichen Rechtsstreitigkeiten, welche nicht den Amtsgerichten zugewiesen sind.

II Die Landgerichte sind ohne Rücksicht auf den Wert des Streitgegenstandes ausschließlich zuständig:

1. für die Ansprüche, welche auf Grund des Gesetzes vom 1. Juni 1870 über die Abgaben von der Flößerei oder auf Grund des Gesetzes über die Rechtsverhältnisse der Reichsbeamten vom 31. März 1873 gegen den Reichsfiskus erhoben werden;
2. für die Ansprüche gegen Reichsbeamte wegen Überschreitung ihrer amtlichen Befugnisse oder wegen pflichtwidriger Unterlassung von Amtshandlungen.

III Der Landesgesetzgebung bleibt überlassen, Ansprüche der Staatsbeamten gegen den Staat aus ihrem Dienstverhältnisse, Ansprüche gegen den Staat wegen Verfügungen der Verwaltungsbehörden, wegen Verschuldung von Staatsbeamten und wegen Aufhebung von Privilegien, Ansprüche gegen Beamte wegen Überschreitung ihrer amtlichen Befugnisse oder wegen pflichtwidriger Unterlassung von Amtshandlungen, sowie Ansprüche in betreff öffentlicher Abgaben ohne Rücksicht auf den

Wert des Streitgegenstandes den Landgerichten ausschließlich zuzuweisen.

§ 71.

Die Zivilkammern, einschließlich der Kammern für Handelssachen, sind die Berufungs- und Beschwerdegerichte in den vor den Amtsgerichten verhandelten bürgerlichen Rechtsstreitigkeiten.

§ 72.

I Die Strafkammern[1] sind zuständig[2] für diejenigen die Voruntersuchung und deren Ergebnisse betreffenden Entscheidungen, welche nach den Vorschriften der Strafprozeßordnung[3] von dem Gerichte zu erlassen sind; sie entscheiden über Beschwerden[4] gegen Verfügungen des Untersuchungsrichters und des Amtsrichters, sowie gegen Entscheidungen der Schöffengerichte. Die Bestimmungen über die Zuständigkeit des Reichsgerichts[5] werden hierdurch nicht berührt.

II Die Strafkammern erledigen außerdem die in der Strafprozeßordnung den Landgerichten zugewiesenen Geschäfte.[6]

1. Besetzung mit 3 Mitgliedern § 77.

2. Als „beschließende" Gerichte; Gegensatz „erkennende" Gerichte: §§ 73, 74, 76 GVG.

3. Vgl. z. B. §§ 124 Abs. 2, 178, 183, 195, 196, 199 ff. StPO.

4. Ausnahmen: § 160 GVG. (Rechtshilfe), § 183 GVG. (Sitzungspolizei).

5. § 138 Abs. 1 GVG.

6. Vgl. z. B. §§ 27 Abs. 2, 197, 207, 463 Abs. 2 StPO.

§ 73.

Die Strafkammern sind als erkennende[1] Gerichte zuständig:

1. für die Vergehen, welche nicht zur Zuständigkeit der Schöffengerichte gehören;[2]
2. für diejenigen Verbrechen, welche mit Zuchthaus von höchstens fünf Jahren, allein oder in Verbindung mit anderen Strafen bedroht sind.[3] Diese Bestimmung findet nicht Anwendung in den Fällen der §§ 86, 100 und 106 des Strafgesetzbuchs;
3. für die Verbrechen der Personen, welche zur Zeit der Tat das achtzehnte Lebensjahr noch nicht vollendet hatten;[4]
4. für das Verbrechen der Unzucht im Falle des § 176 Nr. 3 des Strafgesetzbuchs;
5. für die Verbrechen des Diebstahls in den Fällen der §§ 243 und 244 des Strafgesetzbuchs;[5]

6. für das Verbrechen der Hehlerei in den Fällen der §§ 260 und 261 des Strafgesetzbuchs;[6]
7. für das Verbrechen des Betruges im Falle des § 264 des Strafgesetzbuchs.[7]

1. Gegensatz: als „beschließende“ Gerichte: § 72 GVG — Besetzung: § 77 GVG.

2. § 27 Nr 2—8 GVG.

3. S. §§ 159, 171, 173, 174, 179, 181, 218, 224, 227 Abs. 2, 254, 258 Nr 2, 268 Nr 1, 321, 332, 336, 338, 343, 346, 347 Abs. 1, 356 Abs. 2 StGB. S. auch § 2 RinderpestG., § 12 Abs. 3 NahrMG., § 8 SprengstG., § 48 AuswG., § 105 Abs. 2 SeemO. — Ergibt sich diese Strafgrenze von 5 Jahren Zuchthaus erst bei Annahme von im Gesetz vorgesehenen Strafminderungsgründen, z. B. bei Meineid in den Fällen des § 157 StGB, so ist das Landgericht nicht zuständig, vgl. E. 8, 177

4. S §§ 56, 57 StGB. Im Falle der Verbindung zusammenhängender Strafsachen (§§ 2 ff. StPO.) Verweisung Jugendlicher vor das Schwurgericht möglich. — Bei Straftaten der in § 136 Nr 1 GVG. bezeichneten Art ist das Reichsgericht auch dann zuständig, wenn der Täter noch jugendlich ist.

5. S hierzu § 27 Nr 4, § 75 Nr. 6 GVG

6. S hierzu § 27 Nr 8, § 75 Nr. 9 GVG

7. S hierzu § 27 Nr 6, § 75 Nr. 10 GVG.

§ 74.

Die Strafkammern sind als erkennende[1] Gerichte ausschließlich[2] zuständig:

1. für die nach § 145a des Strafgesetzbuchs strafbaren Handlungen;
2. *ist aufgehoben durch § 29 Abs. 2 des Gesetzes, betr. das Flaggenrecht der Kauffahrteischiffe, vom 22. Juni 1899 (RGBl. S. 319 ff.);*
3. für Zuwiderhandlungen gegen die Bestimmungen der §§ 1, 2 und 3 des Gesetzes vom 8. Juni 1871, betreffend die Inhaberpapiere mit Prämien;
4. für die nach § 67 und § 69 des Gesetzes vom 6. Februar 1875, betreffend die Beurkundung des Personenstandes 2c., strafbaren Handlungen;
5. für die nach § 59 des Bankgesetzes vom 14. März 1875 strafbaren Handlungen.

1. Gegensatz: als „beschließende“ Gerichte: § 72 GVG. — Besetzung: § 77 GVG.

2. Den Schöffengerichten gegenüber. Zuständigkeit des Schwurgerichts nach §§ 2, 4 StPO. (Zusammenhang) möglich.

§ 75.[1]

[1] Die Strafkammer[2] kann[3] bei Eröffnung des Hauptverfahrens[4] wegen der Vergehen:[5]

1. des Widerstandes gegen die Staatsgewalt in den Fällen der §§ 113, 114, 117 Abs. 1 und des § 120 des Strafgesetzbuchs;
2. wider die öffentliche Ordnung im Falle des § 137 des Strafgesetzbuchs;
3. wider die Sittlichkeit in den Fällen der §§ 180 und 183 des Strafgesetzbuchs;
4. der Beleidigung in den Fällen der nur auf Antrag eintretenden Verfolgung;[6]
5. der Körperverletzung in den Fällen des § 223a und des § 230 Abs. 2 des Strafgesetzbuchs;
5. a) der Nötigung im Falle des § 240 des Strafgesetzbuchs;
6. des Diebstahls im Falle des § 242 des Strafgesetzbuchs;
7. der Unterschlagung im Falle des § 246 des Strafgesetzbuchs;
8. der Begünstigung;
9. der Hehlerei in den Fällen des § 258 Nr. 1 und des § 259 des Strafgesetzbuchs;
10. des Betrugs im Falle des § 263 des Strafgesetzbuchs;
11. des strafbaren Eigennutzes in den Fällen des § 286 Abs. 1 und der §§ 288 und 289 des Strafgesetzbuchs;
12. der Sachbeschädigung in den Fällen der §§ 303 und 304 des Strafgesetzbuchs;
12. a) der Bestechung im Falle des § 333 des Strafgesetzbuchs;

und

13. wegen der gemeingefährlichen Vergehen in den Fällen der §§ 309, 316, 318, 318a, des § 327 Abs. 1 und des § 328 Abs. 1 des Strafgesetzbuchs;

ferner

14. wegen derjenigen Vergehen, welche nur mit Gefängnisstrafe von höchstens sechs Monaten oder Geldstrafe von höchstens eintausendfünfhundert Mark, allein oder neben Haft oder in Verbindung miteinander oder in Verbindung mit Einziehung bedroht sind, mit Ausnahme der in den §§ 128, 271, 296a, 301, 320, 331 und 347 des Strafgesetzbuchs und der im § 74 dieses Gesetzes bezeichneten Vergehen;
14. a) wegen der Vergehen derjenigen Personen, welche zur Zeit der Tat das achtzehnte Lebensjahr noch nicht vollendet hatten;

sowie

15. wegen solcher Zuwiderhandlungen gegen die Vorschriften über die Erhebung öffentlicher Abgaben und Gefälle, deren Strafe in dem mehrfachen Betrag einer hinterzogenen Abgabe oder einer anderen Leistung besteht;

auf Antrag der Staatsanwaltschaft[3] die Verhandlung und Entscheidung dem Schöffengerichte, soweit dieses nicht schon zuständig ist,[7] überweisen, wenn nach den Umständen des Falles anzunehmen ist, daß wegen des Vergehens auf keine andere und höhere Strafe als auf eine Gefängnisstrafe von höchstens sechs Monaten oder eine Geldstrafe von höchstens eintausendfünfhundert Mark allein oder neben Haft oder in Verbindung miteinander oder in Verbindung mit Einziehung und auf keine höhere Buße als eintausendfünfhundert Mark zu erkennen sein werde.[8]

II Beschwerde findet nicht statt.

III Hat im Falle der Nr. 15 die Verwaltungsbehörde die öffentliche Klage erhoben,[9] so steht ihr der Antrag auf Überweisung an das Schöffengericht in gleicher Weise wie der Staatsanwaltschaft zu.

1. § 75 ist vorübergehend aufgehoben. S. Ges. z. Vereinf. d. Strafrechtspflege v. 21. Okt. 1917, abgedruckt im Anhang.

2. Die „beschließende" Strafk. § 72 GVG., in Besetzung von 3 Richtern § 77 GVG. Im Falle der Beschwerde (§§ 209, 351 Abs. 2 StPO.) das Oberlandesgericht, in Bayern das Oberste Landesgericht.

3. Verfahren bei Ablehnung eines Antrags der StA. auf Überweisung s. Anm. 5 zu § 198 StPO. — Zurücknahme des Überweisungsbeschlusses vor Bekanntmachung an die Beteiligten zulässig, Rsp. 1, 336; Recht 16, 1991. Bei irrtümlicher Überweisung an ein örtlich nicht zuständiges Schöffengericht Berichtigung des Beschlusses auch noch nach Bekanntgabe des Beschlusses an die Beteiligten zulässig (Löwe).

4. §§ 201, 205 StPO.

5. Außer wegen der in diesem Paragraphen bezeichneten Vergehen auch noch bei Vergehen nach §§ 146, 154a Abs. 2 GewO. und nach § 23 KinderschutzG. Bei Verg. nach § 74 ViehseuchenG. Überweisung unzulässig, ObstLG. 13, 115.

6. §§ 185, 186, 187, 189, 194 StGB.; auch die Fälle der §§ 103, 104 StGB. Die Fälle der Beleidigung, in denen es zur Verfolgung einer „Ermächtigung" bedarf, gehören nicht hierher (§§ 99, 101, 197 StGB.) — Verfolgung der Beleidigung mittels Privatklage s. § 27 Nr. 3 GVG.

7. S. § 23 GVG. Ergibt sich, daß das Schöffengericht zuständig ist, so kann das Landgericht gem. § 207 StPO. das Hauptverfahren vor dem Schöffengericht eröffnen.

8. Das Schöffengericht kann aber auf höhere Strafen erkennen.

9. § 464 StPO.; nicht aber, wenn sie sich der Verfolgung gem. § 467 StPO. angeschlossen hat.

§ 76.

Die Strafkammern sind als erkennende[1] Gerichte ferner zuständig für die Verhandlung und Entscheidung über das Rechtsmittel der Berufung[2] gegen die Urteile der Schöffengerichte.[3]

1. Besetzung: § 77 GVG.

2. §§ 354 ff. StPO.

3. Auch gegen Urteile des gem. § 211 Abs. 2 StPO. ohne Zuziehung von Schöffen entscheidenden Amtsrichters.

§ 77.

Die Kammern entscheiden in der Besetzung von drei Mitgliedern mit Einschluß des Vorsitzenden. Die Strafkammern sind in der Hauptverhandlung[1] mit fünf Mitgliedern,[2] in der Berufungsinstanz bei Übertretungen[3] und in den Fällen der Privatklage[4] aber mit drei Mitgliedern[5] einschließlich des Vorsitzenden zu besetzen.

1. Nur für die Hauptverhandlung gilt die Bestimmung; daß das Präsidium einer Kammer mehr als 5 ständige Richter zuteilt mit der Bestimmung, daß einige davon in bestimmtem Wechsel tätig zu werden haben werden, ist zulässig, W. 3, 223.

2. Über ein in der Hauptverhandlung angebrachtes Ablehnungsgesuch kann die Strafk. in der Besetzung von 3 Mitgliedern entscheiden, E. 21, 250; SeuffBl. 73, 99; W. 2, 208.

3. § 1 Abs. 3 StGB.

4. §§ 414 ff. StPO.

5. Zuziehung von 2 weiteren Mitgliedern, wenn sich bei der Verhandlung in der Berufungsinstanz herausstellt, daß die angeklagte Tat keine Übertretung, sondern ein Vergehen, E. 6, 315; 19, 173.

§ 78.

I Durch Anordnung der Landesjustizverwaltung[1] kann wegen großer Entfernung des Landgerichtssitzes bei einem Amtsgerichte für den Bezirk eines oder mehrerer Amtsgerichte eine Strafkammer gebildet und derselben für diesen Bezirk die gesamte Tätigkeit der Strafkammer des Landgerichts oder ein Teil dieser Tätigkeit zugewiesen werden.[2,3]

II Die Besetzung einer solchen Strafkammer erfolgt aus Mitgliedern des Landgerichts oder Amtsrichtern des Bezirks, für welchen die Kammer gebildet wird. Der Vorsitzende wird ständig,[4] die Amtsrichter[5] werden auf die Dauer des Geschäfts-

jahres durch die Landesjustizverwaltung[6] berufen, die übrigen Mitglieder werden nach Maßgabe des § 62 durch das Präsidium des Landgerichts bezeichnet.

1. Vgl. für Preußen: JMB. v. 25. Juli 1879 (JMBl 207), ferner JMBl. 1882, 31, 274, 321; 1885, 32, 230; 1889, 46.

2. Nicht aber die nach §§ 82 ff., 89, 91, 98 in Schwurgerichtssachen der Strafkammer und dem Landgericht obliegenden Entscheidungen (Mot.). — Diese bei den Amtsgerichten gebildeten Strafkammern sind, mögen sie auch im übrigen als landgerichtliche Strafkammern gelten (die Revision gegen Urteile der ausw. Strafk. kann z. B. auch beim Landgericht eingelegt werden, Rsp. 2, 30; s. auch GoltdA. 52, 404), doch vermöge ihres selbständigen Gerichtssitzes und der ihnen gerichtsverfassungsmäßig eingeräumten besonderen örtlichen Zuständigkeit i. S. des § 394 StPO. als von den Landgerichten und den unmittelbar zu diesen gehörigen, am Landgerichtssitze fungierenden Strafkammern verschiedene Gerichtskörper anzusehen, E. 17, 230; 50, 160; aus diesem Grunde finden im Verhältnis der beiden Strafkammern zueinander auch die Vorschriften der §§ 12, 13 Abs. 2, 14, 15 StPO. entsprechende Anwendung (Löwe). — Über die Befugnis der landg. Strafkammer zur Abhaltung einer Hauptverhandlung außerhalb des Sitzes des Landgerichts an einem Orte seines Bezirkes s. E. 11, 352.

3. Das Amt der Staatsanwaltschaft bei den auswärtigen Strafkammern übt die StA. des Landgerichts aus, § 143 Abs. 1 Nr. 2 GVG.

4. Ernennung eines ständigen Vertreters des Vorsitzenden durch die Landesjustizverwaltung zulässig, E. 9, 387.

5. Der Vertreter eines Amtsrichters ist nicht von selbst auch Vertreter des betr. Amtsrichters in dessen Eigenschaft als Mitglied der Strafk., E. 22, 203; JW. 11, 144.

6. S. preuß. JMBl. 1879, 454; 1880, 221.

Sechster Titel.

Schwurgerichte.

§ 79.

Für die Verhandlung und Entscheidung von Strafsachen treten bei den Landgerichten periodisch Schwurgerichte[1] zusammen.

1. Das Schwurgericht stellt „eine der Formen dar, in welcher im Strafverfahren die Gerichtsbarkeit des Landgerichts in die Erscheinung tritt" (Mot.).

§ 80.

Die Schwurgerichte sind zuständig für die Verbrechen,[1] welche nicht zur Zuständigkeit der Strafkammern[2] oder des Reichsgerichts[3] gehören.[4]

1. § 1 Abs. 1 StGB.
2. § 73 GVG.

3. § 136 Abs. 1 GVG.

4. Wegen der Zuständigkeit der Schwurgerichte für die durch die Presse begangenen strafbaren Handlungen s. § 6 EG.GVG.; für Bayern s. Art. 35 AG.GVG. in der Fassung des Ges. vom 21. August 1914 (GVBl. 415); s. hierzu auch die Abh. in BayZ. 1916, 37, 63.

§ 81.

Die Schwurgerichte bestehen aus drei richterlichen Mitgliedern mit Einschluß des Vorsitzenden und aus zwölf zur Entscheidung der Schuldfrage berufenen Geschworenen.

§ 82.

Die Entscheidungen, welche nach den Vorschriften dieses Gesetzes oder der Strafprozeßordnung von dem erkennenden Gerichte zu erlassen sind, erfolgen in den bei den Schwurgerichten anhängigen[1] Sachen durch die richterlichen Mitglieder des Schwurgerichts.[2] Werden diese Entscheidungen außerhalb[3] der Dauer der Sitzungsperiode erforderlich, so erfolgen sie durch die Strafkammern der Landgerichte.

1. Anhängig ist eine Sache, sobald der Eröffnungsbeschluß gem. §§ 201, 205 StPO. erlassen ist.

2. Urteil ohne Zuziehung von Geschworenen vgl. Rsp. 8, 760; E. 21, 338.

3. Sowohl vor wie nach der Sitzungsperiode vgl. z. B. §§ 222, 407, 494 StPO. Erklärungen über Rechtsmittel gegen schwurgerichtliche Urteile können nur solange an den Vorsitzenden des Schwurgerichts gerichtet werden, als die Sitzungsperiode des Schwurgerichts noch im Lauf ist; nach dieser Periode ist der Tag des Einlaufs bei der Strafkammer maßgebend, Rsp. 7, 708.

§ 83.

I Der Vorsitzende des Schwurgerichts wird für jede Sitzungsperiode von dem Präsidenten des Oberlandesgerichts ernannt. Die Ernennung erfolgt aus der Zahl der Mitglieder des Oberlandesgerichts oder der zu dem Bezirke des Oberlandesgerichts gehörigen Landgerichte.

II Der Stellvertreter[1] des Vorsitzenden und die übrigen richterlichen Mitglieder werden von dem Präsidenten des Landgerichts aus der Zahl der Mitglieder des Landgerichts[2] bestimmt.

III Solange die Ernennung des Vorsitzenden nicht erfolgt ist, erledigt der Vorsitzende der Strafkammer des Landgerichts die in der Strafprozeßordnung dem Vorsitzenden des Gerichts zugewiesenen Geschäfte.[3]

1. Bei Verhinderung des Vorsitzenden und seines Stellvertreters kann der Landgerichtspräsident auch einen andern Stellvertreter ernennen, E. 40, 268.

2. Auch Direktoren, E. 3, 310, und Hilfsrichter des Landgerichts, Rsp. 1, 807, nötigenfalls auch (in Preußen) ein nicht zu den Hilfsrichtern gehöriger Amtsrichter des Landgerichtsbezirkes, E. 26, 94.

3. S. §§ 124 Abs. 3, 144, 199, 212, 218, 219, 220 StPO.

§ 84.

Das Amt eines Geschworenen ist ein Ehrenamt.[1] Dasselbe kann nur von einem Deutschen versehen werden.[2]

1. Entschädigung der Geschworenen s. § 55a GVG. (§ 96 GVG.).

2. Vgl. § 31 GVG. Daß ein Geschworener der deutschen Sprache nicht mächtig war, ist kein Revisionsgrund, E. 30, 399.

§ 85.

I Die Urliste für die Auswahl der Schöffen[1] dient zugleich als Urliste für die Auswahl der Geschworenen.

II Die Vorschriften der §§ 32—35 über die Berufung zum Schöffenamte finden auch auf das Geschworenenamt[2] Anwendung.[3]

1. §§ 36—41 GVG.

2. Haupt- und Hilfsgeschworene, E. 12, 373.

3. Wohnsitz im Bezirke des Schwurgerichts ist nicht Bedingung der Fähigkeit zur Ausübung des Geschworenenamts bei diesem Gericht, E. 39, 307.

§ 86.

Die Zahl der für jedes Schwurgericht erforderlichen Geschworenen und die Verteilung dieser Zahl auf die einzelnen Amtsgerichtsbezirke wird durch die Landesjustizverwaltung bestimmt.

§ 87.

Der alljährlich bei dem Amtsgerichte für die Wahl der Schöffen zusammentretende Ausschuß (§ 40) hat gleichzeitig diejenigen Personen aus der Urliste auszuwählen, welche er zu Geschworenen für das nächste Geschäftsjahr vorschlägt. Die Vorschläge sind nach dem dreifachen Betrage der auf den Amtsgerichtsbezirk verteilten Zahl der Geschworenen zu bemessen.

§ 88.

Die Namen der zu Geschworenen vorgeschlagenen Personen werden in ein Verzeichnis aufgenommen (Vorschlagsliste).

§ 89.

I Die Vorschlagsliste wird nebst den Einsprachen, welche sich auf die in dieselbe aufgenommenen Personen beziehen, dem Präsidenten des Landgerichts[1] übersendet.

II Der Präsident bestimmt eine Sitzung[2] des Landgerichts, an welcher fünf Mitglieder mit Einschluß des Präsidenten und der Direktoren teilnehmen. Das Landgericht entscheidet endgültig über die Einsprachen und wählt[3] sodann aus der Vorschlagsliste die für das Schwurgericht bestimmte Zahl von Hauptgeschworenen und Hilfsgeschworenen.

III Als Hilfsgeschworene[4] sind solche Personen zu wählen, welche an dem Sitzungsorte des Schwurgerichts oder in dessen nächster Umgebung wohnen.

1. S. § 99 Abs. 2 GVG. (Landgericht, bei dem die Sitzungen des Schwurgerichts abgehalten werden.)

2. Diese ist nicht öffentlich. Keine Teilnahme der Staatsanwaltschaft. Gerichtsschreiber nicht nötig.

3. Hierbei sind bis dahin nicht beachtete Gründe der Unfähigkeit, Hinderungs- und Ablehnungsgründe (§§ 31—35 GVG.) von Amts wegen zu berücksichtigen.

4. S. § 280 StPO.

§ 90.

Die Namen der Haupt- und Hilfsgeschworenen werden in gesonderte Jahreslisten aufgenommen.

§ 91.

I Spätestens zwei Wochen vor Beginn der Sitzungen des Schwurgerichts werden in öffentlicher Sitzung des Landgerichts, an welcher der Präsident und zwei Mitglieder teilnehmen, in Gegenwart der Staatsanwaltschaft dreißig Hauptgeschworene ausgelost. Das Los wird von dem Präsidenten gezogen.

II Auf Geschworene,[1] welche in einer früheren Sitzungsperiode desselben[2] Geschäftsjahres ihre Verpflichtung erfüllt haben, erstreckt die Auslosung sich nur dann, wenn dies von ihnen beantragt wird.

III Über die Auslosung wird von dem Gerichtsschreiber ein Protokoll aufgenommen.

1. Abs. 2 findet auch auf die Auslosung von Hilfsgeschworenen Anwendung, E. 12, 373.

2. Ablehnungsrecht derjenigen Personen, welche im letzten Geschäftsjahre die Verpflichtung eines Geschworenen erfüllt haben (§§ 35 Nr. 2, 85 Abs. 2 GVG.), E. 12, 374.

§ 92.

Das Landgericht übersendet das Verzeichnis der ausgelosten Hauptgeschworenen (Spruchliste) dem ernannten Vorsitzenden des Schwurgerichts.

§ 93.

I Die in der Spruchliste verzeichneten Geschworenen werden auf Anordnung des für das Schwurgericht ernannten Vorsitzenden zur Eröffnungssitzung des Schwurgerichts unter Hinweis auf die gesetzlichen Folgen des Ausbleibens[1] geladen.[2]

II Zwischen der Zustellung der Ladung und der Eröffnungssitzung soll tunlichst die Frist von einer Woche, jedoch mindestens von drei Tagen liegen.

1. §§ 56, 96 GVG.

2. Ladung durch die StA., § 213 StPO.

§ 94.

I Über die von Geschworenen geltend gemachten Ablehnungs- und Hinderungsgründe[1] erfolgt die Entscheidung nach Anhörung der Staatsanwaltschaft durch die richterlichen Mitglieder und, solange das Schwurgericht nicht zusammengetreten ist, durch den ernannten Vorsitzenden des Schwurgerichts. Beschwerde findet nicht statt.[2]

II An Stelle der wegfallenden Geschworenen hat der Vorsitzende, wenn es noch geschehen kann,[3] aus der Jahresliste durch Auslosung andere Geschworene auf die Spruchliste zu bringen und deren Ladung anzuordnen. Über die Auslosung[4] wird von dem Gerichtsschreiber ein Protokoll aufgenommen.

1. S. §§ 84, 85, 32, 33, 34, 35, 91 Abs. 2, 97 GVG.; auch Billigkeitsgründe, die die Entbindung eines Geschworenen von der ganzen Dienstleistung oder von einzelnen Sitzungen rechtfertigen (Mot.). — Über Ausschließungsgründe in einer einzelnen Sache (§§ 22, 32 StPO.) ist gem. § 279 StPO. in der Hauptverhandlung zu entscheiden (Löwe). — Geltendmachung unwahrer Tatsachen als Entschuldigung: § 138 StGB.

2. Aber gegebenenfalls Revision nach § 377 Nr. 1 StGB.

3. Nach Zusammentritt des Schwurgerichts nur Auslosung von Hilfsgeschworenen gem. § 280 StPO.

4. Diese Auslosung kann in nicht öffentlicher Sitzung ohne Zuziehung von 2 Gerichtsmitgliedern und der StA. erfolgen, E. 2, 312. Öffentlichkeit und Zuziehung der richterlichen Mitglieder des Schwurgerichts und der StA. ist aber nicht Revisionsgrund, E. 5, 21.

§ 95.

Erstreckt sich eine Sitzungsperiode des Schwurgerichts über den Endtermin des Geschäftsjahres hinaus, so bleiben die Geschworenen, welche zu derselben einberufen sind, bis zum Schlusse der Sitzungen zur Mitwirkung verpflichtet.

§ 96.

I Die Bestimmungen der §§ 55a, 56 finden auch auf Geschworene Anwendung.[1]

II Die im § 56 bezeichneten Entscheidungen werden in bezug auf Geschworene von den richterlichen Mitgliedern des Schwurgerichts erlassen.[2]

1. Wegen der Entschädigung der Geschworenen s. Anm. 1 zu § 55a GVG.

2. Nach Beendigung der Sitzungsperiode ist die Strafkammer (§ 82 GVG.) zuständig.

§ 97.

I Niemand soll für dasselbe Geschäftsjahr als Geschworener und als Schöffe bestimmt werden.

II Ist dies dennoch geschehen, oder ist jemand für dasselbe Geschäftsjahr in mehreren Bezirken zu diesen Ämtern bestimmt worden, so hat der Einberufene dasjenige Amt zu übernehmen, zu welchem er zuerst einberufen wird.

§ 98.

I Die Strafkammer des Landgerichts kann bestimmen, daß einzelne Sitzungen des Schwurgerichts nicht am Sitze des Landgerichts, sondern an einem anderen Orte innerhalb des Schwurgerichtsbezirks abzuhalten seien.

II In diesem Falle wird für diese Sitzungen von dem Landgerichte eine besondere Liste von Hilfsgeschworenen gebildet.

§ 99.

I Die Landesjustizverwaltung kann bestimmen, daß die Bezirke mehrerer Landgerichte zu einem Schwurgerichtsbezirke zusammengelegt und die Sitzungen des Schwurgerichts bei einem der Landgerichte abgehalten werden.

II In diesem Falle hat das Landgericht, bei welchem die Sitzungen des Schwurgerichts abgehalten werden, und der Präsident desselben die ihnen in den §§ 82—98 zugewiesenen Geschäfte für den Umfang des Schwurgerichtsbezirks wahrzunehmen.

III Die Mitglieder des Schwurgerichts mit Einschluß des Stellvertreters des Vorsitzenden können aus der Zahl der Mitglieder der im Bezirke des Schwurgerichts belegenen Landgerichte bestimmt werden.

Siebenter Titel.

Kammern für Handelssachen.

§ 100.

I Soweit die Landesjustizverwaltung ein Bedürfnis als vorhanden annimmt, können bei den Landgerichten für deren Bezirke oder für örtlich abgegrenzte Teile derselben Kammern für Handelssachen gebildet werden.

II Solche Kammern können ihren Sitz innerhalb des Landgerichtsbezirks auch an Orten haben, an welchen das Landgericht seinen Sitz nicht hat.

§ 100 a.

Ist bei einem Landgericht eine Kammer für Handelssachen gebildet, so tritt für Handelssachen diese Kammer an die Stelle der Zivilkammern nach Maßgabe der folgenden Vorschriften.

§ 101.

Handelssachen im Sinne dieses Gesetzes sind diejenigen bürgerlichen Rechtsstreitigkeiten, in welchen durch die Klage ein Anspruch geltend gemacht wird:

1. gegen einen Kaufmann im Sinne des Handelsgesetzbuchs aus Geschäften, welche für beide Teile Handelsgeschäfte sind;
2. aus einem Wechsel im Sinne der Wechselordnung oder aus einer der im § 363 des Handelsgesetzbuchs bezeichneten Urkunden;
3. aus einem der nachstehend bezeichneten Rechtsverhältnisse:
   a) aus dem Rechtsverhältnisse zwischen den Mitgliedern einer Handelsgesellschaft oder zwischen dieser und ihren Mitgliedern oder zwischen dem stillen Gesellschafter und dem Inhaber des Handelsgeschäfts, sowohl während des Bestehens als auch nach Auflösung des Gesellschaftsverhältnisses, ingleichen aus dem Rechtsverhältnisse zwischen den Vorstehern oder den Liquidatoren einer Handelsgesellschaft und der Gesellschaft oder deren Mitgliedern;

b) aus dem Rechtsverhältnisse, welches das Recht zum Gebrauche der Handelsfirma betrifft;
c) aus den Rechtsverhältnissen, welche sich auf den Schutz der Warenbezeichnungen, Muster und Modelle beziehen;
d) aus dem Rechtsverhältnisse, welches durch den Erwerb eines bestehenden Handelsgeschäfts unter Lebenden zwischen dem bisherigen Inhaber und dem Erwerber entsteht;
e) aus dem Rechtsverhältnisse zwischen einem Dritten und demjenigen, welcher wegen mangelnden Nachweises der Prokura oder Handlungsvollmacht haftet;
f) aus den Rechtsverhältnissen des Seerechts oder des Rechts der Binnenschiffahrt, insbesondere aus denjenigen, welche sich auf die Reederei, auf die Rechte und Pflichten des Reeders oder Schiffseigners, des Korrespondentreeders und der Schiffsbesatzung, auf die Bodmerei und die Haverei, auf den Schadensersatz im Falle des Zusammenstoßes von Schiffen, auf die Bergung und Hilfeleistung und auf die Ansprüche der Schiffsgläubiger beziehen;

4. auf Grund des Gesetzes zur Bekämpfung des unlauteren Wettbewerbes vom 27. Mai 1896 (Reichs-Gesetzbl. S. 145);
5. aus den §§ 45 bis 48 des Börsengesetzes (Reichs-Gesetzbl. 1908 S. 215);
6. aus dem Reichsstempelgesetze (Reichs-Gesetzbl. 1906 S. 695) in Beziehung auf die Verpflichtung zur Entrichtung der in diesem Gesetze festgestellten Abgaben.

§ 102.

I Die Verhandlung des Rechtsstreits erfolgt vor der Kammer für Handelssachen, wenn der Kläger dies in der Klageschrift beantragt hat.

II In den Fällen der §§ 505, 506 der Zivilprozeßordnung hat der Kläger den Antrag auf Verhandlung vor der Kammer für Handelssachen in der mündlichen Verhandlung vor dem Amtsgerichte zu stellen.

§ 103.

I Wird vor der Kammer für Handelssachen eine vor dieselbe nicht gehörige Klage zur Verhandlung gebracht, so ist der Rechtsstreit auf Antrag des Beklagten an die Zivilkammer zu verweisen.

II Gehört die Klage oder die im Falle des § 506 der Zivilprozeßordnung erhobene Widerklage als Klage nicht vor die Kammer für Handelssachen, so ist diese auch von Amts wegen befugt, den Rechtsstreit an die Zivilkammer zu verweisen, solange nicht eine Verhandlung zur Hauptsache erfolgt und auf dieselbe ein Beschluß verkündet ist. Die Verweisung von Amts wegen kann nicht aus dem Grunde erfolgen, daß der Beklagte nicht Kaufmann ist.

§ 104.

I Wird vor der Zivilkammer eine vor die Kammer für Handelssachen gehörige Klage zur Verhandlung gebracht, so ist der Rechtsstreit auf Antrag des Beklagten an die Kammer für Handelssachen zu verweisen. Ein Beklagter, welcher nicht in das Handelsregister eingetragen ist, kann den Antrag nicht darauf stützen, daß er Kaufmann ist.

II Der Antrag ist zurückzuweisen, wenn die im Falle des § 506 der Zivilprozeßordnung erhobene Widerklage als Klage vor die Kammer für Handelssachen nicht gehören würde.

III Zu einer Verweisung von Amts wegen ist die Zivilkammer nicht befugt.

IV Die Zivilkammer ist zur Verwerfung des Antrags auch dann befugt, wenn der Kläger demselben zugestimmt hat.

§ 105.

I Wird in einem bei der Kammer für Handelssachen anhängigen Rechtsstreite die Klage in Gemäßheit des § 280 der Zivilprozeßordnung durch den Antrag auf Feststellung eines Rechtsverhältnisses erweitert oder eine Widerklage erhoben und gehört die erweiterte Klage oder die Widerklage als Klage nicht vor die Kammer für Handelssachen, so ist der Rechtsstreit auf Antrag des Gegners an die Zivilkammer zu verweisen.

II Unter der Beschränkung des § 103 Abs. 2 ist die Kammer zu der Verweisung auch von Amts wegen befugt. Diese Befugnis tritt auch dann ein, wenn durch eine Klagänderung ein Anspruch geltend gemacht wird, welcher nicht vor die Kammer für Handelssachen gehört.

§ 105a.

Die §§ 102 bis 105 finden auf das Verfahren in der Berufungsinstanz vor den Kammern für Handelssachen entsprechende Anwendung.

§ 106.

I Der Antrag auf Verweisung des Rechtsstreits an eine andere Kammer ist nur vor der Verhandlung des Antragstellers zur Sache zulässig.

II Über den Antrag ist vorab zu verhandeln und zu entscheiden.

§ 107.

Gegen die Entscheidung über Verweisung eines Rechtsstreits an die Zivilkammer oder an die Kammer für Handelssachen findet kein Rechtsmittel statt. Erfolgt die Verweisung an eine andere Kammer, so ist diese Entscheidung für die Kammer, an welche der Rechtsstreit verwiesen wird, bindend. Der Termin zur weiteren mündlichen Verhandlung wird von Amts wegen bestimmt und den Parteien bekannt gemacht.

§ 108.

Bei der Kammer für Handelssachen kann ein Anspruch in Gemäßheit des § 64 der Zivilprozeßordnung nur dann geltend gemacht werden, wenn der Rechtsstreit nach den Bestimmungen der §§ 100 a, 101 vor die Kammer für Handelssachen gehört.

§ 108 a.

I Wird die Kammer für Handelssachen als Beschwerdegericht mit einer vor diese nicht gehörigen Beschwerde befaßt, so ist die Beschwerde von Amts wegen an die Zivilkammer zu verweisen. Ebenso hat die Zivilkammer, wenn sie als Beschwerdegericht in einer Handelssache mit einer Beschwerde befaßt wird, diese von Amts wegen an die Kammer für Handelssachen zu verweisen. Die Vorschriften des § 107 Satz 1, 2 finden entsprechende Anwendung.

II Eine Verweisung der Beschwerde an eine andere Kammer findet nicht statt, wenn bei der Kammer, welche mit der Beschwerde befaßt wird, die Hauptsache anhängig ist, oder diese Kammer bereits eine Entscheidung in der Hauptsache erlassen hat.

§ 109.

I Die Kammern für Handelssachen entscheiden in der Besetzung mit einem Mitgliede des Landgerichts als Vorsitzenden und zwei Handelsrichtern.

II Sämtliche Mitglieder der Kammer für Handelssachen haben gleiches Stimmrecht.

III In Streitigkeiten, welche sich auf das Rechtsverhältnis zwischen Reeder oder Schiffer und Schiffsmannschaft beziehen, kann die Entscheidung in erster Instanz durch den Vorsitzenden allein erfolgen.

§ 110.

Im Falle des § 100 Abs. 2 kann ein Amtsrichter Vorsitzender der Kammer für Handelssachen sein.

§ 111.

Das Amt der Handelsrichter ist ein Ehrenamt.

§ 112.

Die Handelsrichter werden auf gutachtlichen Vorschlag des zur Vertretung des Handelsstandes berufenen Organs für die Dauer von drei Jahren ernannt; eine wiederholte Ernennung ist nicht ausgeschlossen.

§ 113.

I Zum Handelsrichter kann jeder Deutsche ernannt werden, welcher das dreißigste Lebensjahr vollendet hat und als Kaufmann, als Vorstand einer Aktiengesellschaft, als Geschäftsführer einer Gesellschaft mit beschränkter Haftung oder als Vorstand einer sonstigen juristischen Person in das Handelsregister eingetragen ist oder eingetragen war.

II Zum Handelsrichter soll nur ernannt werden, wer in dem Bezirke der Kammer für Handelssachen wohnt oder, wenn er als Kaufmann in das Handelsregister eingetragen ist, dort eine Handelsniederlassung hat; bei Personen, die als Vorstand einer Aktiengesellschaft, als Geschäftsführer einer Gesellschaft mit beschränkter Haftung oder als Vorstand einer sonstigen juristischen Person in das Handelsregister eingetragen sind, genügt es, wenn die Gesellschaft oder juristische Person eine Niederlassung in dem Bezirke hat.

III Personen, welche infolge gerichtlicher Anordnung in der Verfügung über ihr Vermögen beschränkt sind, können nicht zu Handelsrichtern ernannt werden.

§ 114.

An Seeplätzen können Handelsrichter auch aus dem Kreise der Schiffahrtskundigen ernannt werden.

§ 115.

Die Handelsrichter sind vor ihrem Amtsantritte auf die Erfüllung der Obliegenheiten des ihnen übertragenen Amts eidlich zu verpflichten.

§ 116.

Die Handelsrichter haben während der Dauer ihres Amts in Beziehung auf dasselbe alle Rechte und Pflichten richterlicher Beamten.

§ 117.

I Ein Handelsrichter ist seines Amts zu entheben, wenn er eine der für die Ernennung erforderlichen Eigenschaften nachträglich verliert.

II Die Enthebung erfolgt durch den ersten Zivilsenat des Oberlandesgerichts nach Anhörung des Beteiligten.

§ 118.

Über Gegenstände, zu deren Beurteilung eine kaufmännische Begutachtung genügt, sowie über das Bestehen von Handelsgebräuchen kann die Kammer für Handelssachen auf Grund eigener Sachkunde und Wissenschaft entscheiden.

Achter Titel.

Oberlandesgerichte.

§ 119.

Die Oberlandesgerichte werden mit einem Präsidenten und der erforderlichen Anzahl von Senatspräsidenten und Räten besetzt.

§ 120.

Bei den Oberlandesgerichten werden Zivil- und Strafsenate gebildet.

§ 121.

Die Bestimmungen der §§ 61—68 finden mit der Maßgabe Anwendung, daß zu dem Präsidium stets die beiden ältesten Mitglieder des Gerichts zuzuziehen sind.

§ 122.

Zu Hilfsrichtern dürfen nur ständig angestellte Richter berufen werden.

§ 123.

Die Oberlandesgerichte sind zuständig[1] für die Verhandlung und Entscheidung über die Rechtsmittel:

1. der Berufung gegen die Endurteile der Landgerichte in bürgerlichen Rechtsstreitigkeiten;
2. der Revision gegen Urteile der Strafkammern in der Berufungsinstanz;[2]
3. der Revision gegen Urteile der Strafkammern in erster Instanz, sofern die Revision ausschließlich auf die Verletzung einer in den Landesgesetzen enthaltenen Rechtsnorm gestützt wird;[3]
4. der Beschwerde gegen Entscheidungen der Landgerichte in bürgerlichen Rechtsstreitigkeiten;
5. der Beschwerde gegen strafrichterliche Entscheidungen erster Instanz, soweit nicht die Zuständigkeit der Strafkammer[4] begründet ist, und gegen Entscheidungen der Strafkammern in der Beschwerdeinstanz[5] und Berufungsinstanz.[6,7]

1. Weitere Zuständigkeit s § 160 GVG. (Rechtshilfe), § 183 Abs. 3 GVG. (Sitzungspolizei), ferner § 170 StPO. (Entscheidung über Erhebung der öffentlichen Klage), auch §§ 4, 12, 13, 14, 15, 19, 27 StPO (Entscheidungen in Zuständigkeitsfragen)

2. In Preußen ist, sofern eine nach Landesrecht strafbare Handlung den Gegenstand der Untersuchung bildet, das Kammergericht zuständig (§ 50 Nr 2 AG. GVG). In Bayern ist zuständig das Oberste Landesgericht (Art. 167 Nr. 12 AG BGB.). Ausnahmsweise Zuständigkeit des Reichsgerichts: § 136 Abs. 2 GVG. — Hat die Strafkammer rechtsirrtümlich als Berufungsgericht erkannt, obwohl sie nach § 369 Abs. 3 StPO. als erste Instanz hätte verhandeln und erkennen müssen, so ist als RevGericht das OLG. zuständig, JW. 38, 518. Bei Revision gegen ein Urteil der Strafkammer, durch das diese in verbundenen Strafsachen teils in erster Instanz, teils als Berufungsgericht erkannt und eine Gesamtstrafe ausgesprochen hat, ist das Reichsgericht zuständig, E. 31, 125; dasselbe gilt, wenn bei Mittätern die Strafkammer auf Berufung gegen einen Mittäter als Berufungsgericht, gegen den andern z. B. wegen Rückfalls in erster Instanz erkannte, Recht 18, 871

3. In Preußen das Kammergericht (§ 50 Nr. 1 AG. GVG.). In Bayern das Oberste Landesgericht, s Anm. 2 — Bei nur zum Schein erfolgter Rüge von Vorschriften des Reichsrechts ist das Reichsgericht unzuständig, E. 40, 221. Wird ein erstinstanzielles Urteil der Strafkammer von einem Angekl. wegen Verletzung des Reichsrechtes, von einem Mitangeklagten ausschließlich wegen Verletzung des Landesrechts angefochten, so ist für die Revision beider das Reichsgericht zuständig, GoltdA. 45, 29. Das Reichsgericht kann mit der Revision nicht mehr befaßt werden, wenn ein OLG. trotz Unzuständigkeit als Revisionsgericht erkannt hat, E 22, 113. S. noch die Entsch. in Anm 2.

4. § 72 GVG.

5. Weitere Beschwerde nur bei Beschlüssen der Strafkammer, die Verhaftungen betreffen (§ 352 StPO.).

6. D. s. Entscheidungen innerhalb eines anhängigen Berufungsverfahrens.

7. In Preußen ist das Kammergericht zuständig für alle Beschwerden gegen Entscheidungen der Strafkammern, sofern eine nach Landesrecht strafbare Handlung den Gegenstand der Untersuchung bildet (§ 50 Nr. 2 AG. GVG.). In Bayern ist für alle in Nr. 5 genannten Beschwerden das Oberste Landesgericht zuständig (Art. 167 Nr. 12 AG. BGB.).

§ 124.

Die Senate der Oberlandesgerichte entscheiden in der Besetzung von fünf Mitgliedern mit Einschluß des Vorsitzenden.

Neunter Titel.

Reichsgericht.

§ 125.

Der Sitz des Reichsgerichts wird durch Gesetz bestimmt.[1]

1. Ges. v. 11. April 1877 (RGBl. 415) § 2: Leipzig.

§ 126.

Das Reichsgericht wird mit einem Präsidenten und der erforderlichen Anzahl von Senatspräsidenten und Räten besetzt.

§ 127.

I Der Präsident, die Senatspräsidenten und Räte werden auf Vorschlag des Bundesrats von dem Kaiser ernannt.

II Zum Mitgliede des Reichsgerichts kann nur ernannt werden, wer die Fähigkeit zum Richteramte in einem Bundesstaate erlangt und das fünfunddreißigste Lebensjahr vollendet hat.

§ 128.

I Ist ein Mitglied zu einer Strafe wegen einer entehrenden Handlung oder zu einer Freiheitsstrafe von längerer als einjähriger Dauer rechtskräftig verurteilt, so kann dasselbe durch Plenarbeschluß des Reichsgerichts seines Amts und seines Gehalts für verlustig erklärt werden.

II Vor der Beschlußfassung sind das Mitglied und der Ober-Reichsanwalt zu hören.

§ 129.

I Ist wegen eines Verbrechens oder Vergehens das Hauptverfahren gegen ein Mitglied eröffnet, so kann die vorläufige

Enthebung desselben von seinem Amte nach Anhörung des Ober-Reichsanwalts durch Plenarbeschluß des Reichsgerichts ausgesprochen werden.

II Wird gegen ein Mitglied die Untersuchungshaft verhängt, so tritt für die Dauer derselben die vorläufige Enthebung von Rechts wegen ein.

III Durch die vorläufige Enthebung wird das Recht auf den Genuß des Gehalts nicht berührt.

§ 130.

I Wenn ein Mitglied durch ein körperliches Gebrechen oder durch Schwäche seiner körperlichen oder geistigen Kräfte zur Erfüllung seiner Amtspflichten dauernd unfähig wird, so tritt seine Versetzung in den Ruhestand gegen Gewährung eines Ruhegehalts ein. Dienstunfähigkeit ist nicht Vorbedingung des Anspruchs auf Ruhegehalt, wenn das aus dem Dienste scheidende Mitglied das fünfundsechzigste Lebensjahr vollendet hat.

II Das jährliche Ruhegehalt beträgt bis zur Vollendung des zehnten Dienstjahres $^{20}/_{60}$ des Gehalts; es erhöht sich mit der Vollendung eines jeden folgenden Dienstjahres und bis zur Vollendung des fünfzigsten Dienstjahres um je $^{1}/_{60}$ des Gehalts.

III Bei Berechnung der Dienstzeit wird die Zeit mitgerechnet, während welcher das Mitglied sich im Dienste des Reichs oder im Staats- oder Gemeindedienste eines Bundesstaates befunden oder in einem Bundesstaate als Anwalt, Advokat, Notar, Patrimonialrichter oder als öffentlicher Lehrer des Rechts an einer deutschen Universität fungiert hat.

§ 131.

I Wird die Versetzung eines Mitgliedes in den Ruhestand nicht beantragt, obgleich die Voraussetzungen derselben vorliegen, so hat der Präsident die Aufforderung zu erlassen, binnen einer bestimmten Frist den Antrag zu stellen. Wird dieser Aufforderung nicht Folge geleistet, so ist die Versetzung in den Ruhestand durch Plenarbeschluß des Reichsgerichts auszusprechen.

II Vor der Beschlußfassung sind das Mitglied und der Ober-Reichsanwalt zu hören.

§ 132.

Bei dem Reichsgerichte werden Zivil- und Strafsenate gebildet. Die Zahl derselben bestimmt der Reichskanzler.

§ 133.

Die Bestimmungen der §§ 61—68 finden mit der Maßgabe Anwendung, daß zu dem Präsidium die vier ältesten Mitglieder des Gerichts zuzuziehen sind.

§ 134.

Die Zuziehung von Hilfsrichtern ist unzulässig.

§ 135.

In bürgerlichen Rechtsstreitigkeiten ist das Reichsgericht zuständig für die Verhandlung und Entscheidung über das Rechtsmittel der Revision gegen die Endurteile der Oberlandesgerichte.

§ 136.

I In Strafsachen ist das Reichsgericht zuständig:[1]

1. für die Untersuchung und Entscheidung in erster und letzter Instanz in den Fällen des Hochverrats[2] und des Landesverrats,[2] insofern diese Verbrechen gegen den Kaiser oder das Reich[3] gerichtet sind;[4]
2. für die Verhandlung und Entscheidung über die Rechtsmittel der Revision gegen Urteile der Strafkammern in erster Instanz, insoweit nicht die Zuständigkeit der Oberlandesgerichte[5] begründet ist, und gegen Urteile der Schwurgerichte.

II In Strafsachen wegen Zuwiderhandlungen gegen die Vorschriften über die Erhebung öffentlicher in die Reichskasse fließender Abgaben und Gefälle[6] ist das Reichsgericht auch für die Verhandlung und Entscheidung über das Rechtsmittel der Revision gegen Urteile der Strafkammern in der Berufungsinstanz zuständig, sofern die Entscheidung des Reichsgerichts von der Staatsanwaltschaft bei der Einsendung der Akten an das Revisionsgericht beantragt wird.[7]

1. Weitere Zuständigkeit: z. B. § 160 GVG. (Entsch. bei Verweigerung der Rechtshilfe), §§ 3 Abs. 2, 11 Abs. 2 Nr. 2, 17 Abs. 1 EG. GVG. §§ 4, 9, 12, 13, 14, 15, 19 StPO. (Entscheidungen in Zuständigkeitsfragen), § 27 Abs. 1 StPO. (Entscheidung über ein Ablehnungsgesuch), § 170 StPO. (Entscheidung über Erhebung der öffentlichen Klage). An der Zuständigkeit des Reichsgerichts ändert die Tatsache nichts, daß der Täter noch jugendlich ist (Ausnahme von § 73 Nr. 3 GVG.); ebenso greifen die Sonderbestimmungen über die Zuständigkeit der Schwurgerichte für die durch die Presse begangenen Straftaten (§ 6 EG. GVG.) hier nicht Platz.

2. §§ 80—93 StGB.; s. auch §§ 1, 3, 18 SpionG. vom 3. Juni 1914 (GBBl. 195). — Verfahren: § 138 GVG.

3. Sind die genannten Verbrechen gegen einen Landesherrn oder einen Bundesstaat gerichtet, so sind nach §§ 80, 73 Nr. 2 GVG. die Schwurgerichte, bei Jugendlichen gem. § 73 Nr. 3 GVG. die Strafkammern zuständig.

4. Begnadigungsrecht des Kaisers: §§ 484, 485 StPO.

5. § 123 Nr. 3 GVG.; s. die dort in Anm. 2 und 3 aufgef. Entscheidungen.

6. Der Umstand, daß der Ertrag der Abgabe aus der Reichskasse den einzelnen Bundesstaaten zu überweisen ist, schließt die Eigenschaft der Abgabe als einer in die Reichskasse fließenden nicht aus, E. 8, 327. — Es ist für die Anwendung des Abs. 2 gleichgültig, ob die verletzte Vorschrift im einzelnen die Abgaben und Gefälle selbst oder Maßregeln zu deren Sicherung betrifft, E. 27, 15.

7. Zuständig zu diesem Antrag ist die StA. beim Landgericht, nicht die etwa nach §§ 464 ff. StPO. am Strafverfahren beteiligte Verwaltungsbehörde. Von wem die Revision eingelegt ist, ist gleichgültig, E. 7, 326. Es ist nicht erfordert, daß die Tat unter dem Gesichtspunkt einer Zuwiderhandlung gegen die hier bez. Vorschriften im Eröff.-Beschl. oder in den Urteilen der Vorinstanzen gewürdigt ist; es genügt, wenn die Verletzung dieser Vorschriften durch Nichtanwendung erst zur Begründung der Revision geltend gemacht wird, E. 33, 192.

§ 137.

I Will in einer Rechtsfrage ein Zivilsenat von der Entscheidung eines anderen Zivilsenats oder der vereinigten Zivilsenate, oder ein Strafsenat von der Entscheidung eines anderen Strafsenats oder der vereinigten Strafsenate abweichen, so ist über die streitige Rechtsfrage im ersteren Falle eine Entscheidung der vereinigten Zivilsenate, im letzteren Falle eine solche der vereinigten Strafsenate einzuholen.

II Einer Entscheidung der Rechtsfrage durch das Plenum bedarf es, wenn ein Zivilsenat von der Entscheidung eines Strafsenats oder der vereinigten Strafsenate, oder ein Strafsenat von der Entscheidung eines Zivilsenats oder der vereinigten Zivilsenate, oder ein Senat von der früher eingeholten Entscheidung des Plenums abweichen will.

III Die Entscheidung der Rechtsfrage durch die vereinigten Senate oder das Plenum ist in der zu entscheidenden Sache bindend. Sie erfolgt in allen Fällen ohne vorgängige mündliche Verhandlung.

IV Vor der Entscheidung der vereinigten Strafsenate oder derjenigen des Plenums, sowie in Ehe- und Entmündigungssachen und in Rechtsstreitigkeiten, welche die Feststellung des Rechtsverhältnisses zwischen Eltern und Kindern oder die Anfechtung einer Todeserklärung zum Gegenstande haben, ist der Ober-Reichsanwalt mit seinen schriftlichen Anträgen zu hören.

V Soweit die Entscheidung der Sache eine vorgängige mündliche Verhandlung erfordert, erfolgt dieselbe durch den erkennenden Senat auf Grund einer erneuten mündlichen Verhandlung, zu welcher die Prozeßbeteiligten von Amts wegen unter Mitteilung der ergangenen Entscheidung der Rechtsfrage zu laden sind.

§ 138.

I Der erste Strafsenat des Reichsgerichts hat bei den im § 136 Nr. 1 bezeichneten Verbrechen diejenigen Geschäfte zu erledigen, welche im § 72 Abs. 1 der Strafkammer des Landgerichts zugewiesen sind.

II Das Hauptverfahren findet vor dem vereinigten zweiten und dritten Strafsenate statt.

§ 139.

I Zur Fassung von Plenarentscheidungen und von Entscheidungen der vereinigten Zivil- oder Strafsenate, sowie der beiden vereinigten Strafsenate ist die Teilnahme von mindestens zwei Dritteilen aller Mitglieder mit Einschluß des Vorsitzenden erforderlich.

II Die Zahl der Mitglieder, welche eine entscheidende Stimme führen, muß eine ungerade sein. Ist die Zahl der anwesenden Mitglieder eine gerade, so hat derjenige Rat, welcher zuletzt ernannt ist, und bei gleichem Dienstalter derjenige, welcher der Geburt nach der jüngere ist, oder, wenn dieser Berichterstatter ist, der nächst ältere kein Stimmrecht.

§ 140.

Die Senate des Reichsgerichts entscheiden in der Besetzung von sieben Mitgliedern mit Einschluß des Vorsitzenden.

§ 141.

Der Geschäftsgang wird durch eine Geschäftsordnung geregelt, welche das Plenum auszuarbeiten und dem Bundesrat zur Bestätigung vorzulegen hat.

Zehnter Titel.

Staatsanwaltschaft.

§ 142.

Bei jedem Gerichte soll eine Staatsanwaltschaft bestehen.

§ 143.

I Das Amt der Staatsanwaltschaft wird ausgeübt:

1. bei dem Reichsgerichte durch einen Ober-Reichsanwalt und durch einen oder mehrere Reichsanwälte;
2. bei den Oberlandesgerichten, den Landgerichten und den Schwurgerichten durch einen oder mehrere Staatsanwälte;[1]
3. bei den Amtsgerichten und den Schöffengerichten durch einen oder mehrere Amtsanwälte.[2]

Die Zuständigkeit der Amtsanwälte erstreckt sich nicht auf das amtsrichterliche Verfahren zur Vorbereitung der öffentlichen Klage in denjenigen Strafsachen, welche zur Zuständigkeit anderer Gerichte als der Schöffengerichte gehören.

1. Für Preußen s. §§ 58ff. AG. GVG. Für Bayern s. Art. 50ff. AG. GVG.; auch die Dienstvorschriften für die Staatsanwaltschaft vom 29. Oktober 1910 (JMBl. 931).

2. Für Preußen s. GeschA. f. d. Amtsanwälte v. 28. August 1879 (JMBl. 261), s. auch JMBl. 1895, 414; 1906, 561. Für Bayern s. Art. 54ff. AG. GVG., K. Verordnung vom 21. Sept. 1912 (GVBl. 895, JMBl. 241) und die Dienstvorschriften für die Amtsanwälte v. 29. Nov. 1913 (JMBl. 623).

§ 144.

I Die örtliche Zuständigkeit der Beamten der Staatsanwaltschaft wird durch die örtliche Zuständigkeit des Gerichts bestimmt, für welches sie bestellt sind.

II Ein unzuständiger Beamter der Staatsanwaltschaft hat sich denjenigen innerhalb seines Bezirks vorzunehmenden Amtshandlungen zu unterziehen, in Ansehung welcher Gefahr im Verzuge obwaltet.

III Können die Beamten der Staatsanwaltschaft verschiedener Bundesstaaten sich nicht darüber einigen, wer von ihnen die Verfolgung zu übernehmen hat, so entscheidet der ihnen gemeinsam vorgesetzte Beamte der Staatsanwaltschaft und in Ermangelung eines solchen der Ober-Reichsanwalt.

§ 145.

Besteht die Staatsanwaltschaft eines Gerichts aus mehreren Beamten, so handeln die dem ersten Beamten beigeordneten

Personen als dessen Vertreter; sie sind, wenn sie für ihn auftreten, zu allen Amtsverrichtungen desselben ohne den Nachweis eines besonderen Auftrags berechtigt.

§ 146.

I Die ersten Beamten der Staatsanwaltschaft bei den Oberlandesgerichten und den Landgerichten sind befugt, bei allen Gerichten ihres Bezirks die Amtsverrichtungen der Staatsanwaltschaft selbst zu übernehmen oder mit Wahrnehmung derselben einen anderen als den zunächst zuständigen Beamten zu beauftragen.

II Amtsanwälte können das Amt der Staatsanwaltschaft nur bei den Amtsgerichten und den Schöffengerichten versehen.

§ 147.

I Die Beamten der Staatsanwaltschaft haben den dienstlichen Anweisungen ihres Vorgesetzten nachzukommen.

II In denjenigen Sachen, für welche das Reichsgericht in erster und letzter Instanz zuständig ist, haben alle Beamte der Staatsanwaltschaft den Anweisungen des Ober-Reichsanwalts Folge zu leisten.

§ 148.

Das Recht der Aufsicht und Leitung steht zu:

1. dem Reichskanzler hinsichtlich des Ober-Reichsanwalts und der Reichsanwälte;
2. der Landesjustizverwaltung hinsichtlich aller staatsanwaltlichen Beamten des betreffenden Bundesstaates;
3. den ersten Beamten der Staatsanwaltschaft bei den Oberlandesgerichten und den Landgerichten hinsichtlich aller Beamten der Staatsanwaltschaft ihres Bezirks.

§ 149.

I Der Ober-Reichsanwalt und die Reichsanwälte sind nicht richterliche Beamte.

II Zu diesen Ämtern sowie den Ämtern der Staatsanwaltschaft bei den Oberlandesgerichten und den Landgerichten können nur zum Richteramte befähigte Beamte ernannt werden.

§ 150.

I Der Ober-Reichsanwalt und die Reichsanwälte werden auf Vorschlag des Bundesrats vom Kaiser ernannt.

II Dieselben können durch Kaiserliche Verfügung jederzeit mit Gewährung des gesetzlichen Wartegeldes einstweilig in den Ruhestand versetzt werden.

§ 151.

Die Staatsanwaltschaft ist in ihren Amtsverrichtungen von den Gerichten unabhängig.[1]

1. S. aber §§ 170, 173, 490 StPO.; s. auch Anm. 1 zu § 237 StPO.

§ 152.

Die Staatsanwälte[1] dürfen richterliche Geschäfte nicht wahrnehmen. Auch darf ihnen eine Dienstaufsicht über die Richter nicht übertragen werden.

1. Auch nicht die als Hilfsarbeiter der StA. beschäftigten Gerichtsassessoren, Rsp. 8, 634.

§ 153.

I Die Beamten des Polizei- und Sicherheitsdienstes sind Hilfsbeamte der Staatsanwaltschaft[1] und sind in dieser Eigenschaft verpflichtet, den Anordnungen der Staatsanwälte[2] bei dem Landgerichte ihres Bezirks[3] und der diesen vorgesetzten Beamten Folge zu leisten.[4]

II Die nähere Bezeichnung derjenigen Beamtenklassen, auf welche diese Bestimmung Anwendung findet, erfolgt durch die Landesregierungen.[5]

1. Die Staatsanwaltschaft als Behörde i. S. der StPO. umfaßt aber nicht auch diese Beamten; wo daher in der StPO. von der Staatsanwaltschaft die Rede ist, kann darunter immer nur die Behörde verstanden werden, die durch die in § 143 GVG. bezeichneten Personen vertreten wird, E. 3, 55.

2. Dagegen nicht den Anordnungen der Amtsanwälte.

3. Ihres Bezirks: s. auch Anm. 5 zu § 159 StPO. Die örtliche Zuständigkeit der Hilfsbeamten erstreckt sich im Zweifel auf den ganzen Bezirk der ihnen übergeordneten StA., E. 37, 36; 38, 219.

4. Vgl. § 98 StPO. (Beschlagnahme), § 105 StPO. (Durchsuchung), § 159 StPO. (Ermittelungen), § 187 StPO. (Ersuchen und Aufträge des Untersuchungsrichters), § 483 StPO. (Aufträge des Amtsrichters als Vollstr.-Behörde, E. 21, 424).

5. Preußen: MV. v. 15. Sept. 1879 (JMBl. 349) mit zahlreichen späteren Ergänzungen; die preuß. Gendarmen gehören nicht dazu, E. 11, 175; wegen der Gemeindevorsteher s. E. 21, 424. — Für Bayern vgl. JMBl. 1913, 629 Anm. 1.

Elfter Titel.

Gerichtsschreiber.

§ 154.

Bei jedem Gerichte wird eine Gerichtsschreiberei eingerichtet. Die Geschäftseinrichtung bei dem Reichsgerichte wird durch den Reichskanzler, bei den Landesgerichten durch die Landesjustizverwaltung bestimmt.

Zwölfter Titel.

Zustellungs- und Vollstreckungsbeamte.

§ 155.

Die Dienst- und Geschäftsverhältnisse der mit den Zustellungen, Ladungen und Vollstreckungen zu betrauenden Beamten (Gerichtsvollzieher) werden bei dem Reichsgerichte durch den Reichskanzler, bei den Landesgerichten durch die Landesjustizverwaltung bestimmt.

§ 156.

Der Gerichtsvollzieher ist von der Ausübung seines Amts kraft Gesetzes ausgeschlossen:

I. in bürgerlichen Rechtsstreitigkeiten:

1. wenn er selbst Partei oder gesetzlicher Vertreter einer Partei ist, oder zu einer Partei in dem Verhältnisse eines Mitberechtigten, Mitverpflichteten oder Schadensersatzpflichtigen steht;
2. wenn seine Ehefrau Partei ist, auch wenn die Ehe nicht mehr besteht;
3. wenn eine Person Partei ist, mit welcher er in gerader Linie verwandt, verschwägert oder durch Adoption verbunden, in der Seitenlinie bis zum dritten Grade verwandt oder bis zum zweiten Grade verschwägert ist, auch wenn die Ehe, durch welche die Schwägerschaft begründet ist, nicht mehr besteht;

II. in Strafsachen:

1. wenn er selbst durch die strafbare Handlung verletzt ist;
2. wenn er der Ehemann der Beschuldigten oder Verletzten ist oder gewesen ist;
3. wenn er mit dem Beschuldigten oder Verletzten in dem vorstehend unter Nr. I 3 bezeichneten Verwandtschafts- oder Schwägerschaftsverhältnisse steht.

Dreizehnter Titel.

Rechtshilfe.

§ 157.

Die Gerichte[1] haben sich[2] in bürgerlichen Rechtsstreitigkeiten und in Strafsachen[3] Rechtshilfe[4] zu leisten.

1. Rechtshilfepflicht der Militärgerichte s. § 13 EG. MStPO.

2. Die Ersuchen der StA. an die Gerichte um Vornahme richterlicher Untersuchungshandlungen gehören nicht hierher; s. hierzu § 160 StPO. Wegen der Ersuchen der Staatsanwaltschaften untereinander und der Staatsanwaltschaften an andere Behörden s. §§ 147, 148, 153, 162, 164 GVG., § 159 StPO.

3. Im Vorbereitungsverfahren ebenso wie nach Eröffnung der Untersuchung. — Keine entsprechende Anwendung auf Ersuchen von Landesdisziplinarbehörden, E. 19, 438.

4. Der Fall der Rechtshilfe liegt, abgesehen von §§ 163, 164 GVG., nur dann vor, wenn ein Gericht die Vornahme einer Handlung verlangt, für die eine zum Geschäftskreise des ersuchten Gerichts gehörige Amtshandlung (auch nur des zu diesem gehörigen Gerichtsschreibers, E. 46, 175) erforderlich ist; also z. B. nicht bei einem Ersuchen um Vollstreckung eines richterlichen Haftbefehls, E. 26, 339; auch Strafvollstreckungsersuchen eines Amtsrichters (§ 483 Abs. 3 StPO.) sind keine Rechtshilfeersuchen i. S. der §§ 157 ff. GVG., E. 20, 101; ObstLG. 13, 104.

§ 158.

Das Ersuchen um Rechtshilfe ist an das Amtsgericht zu richten, in dessen Bezirke die Amtshandlung vorgenommen werden soll.

§ 159.

I Das Ersuchen darf nicht abgelehnt werden.

II Das Ersuchen eines nicht im Instanzenzuge vorgesetzten Gerichts[1] ist jedoch abzulehnen, wenn dem ersuchten Gerichte die örtliche Zuständigkeit[2] mangelt, oder die vorzunehmende Handlung nach dem Rechte des ersuchten Gerichts verboten[3] ist.

1. Ersuchen eines im Instanzenzug vorgesetzten Gerichtes können niemals abgelehnt werden. S. noch Anm. 2 zu § 160 GVG. Solche Gerichte sind stets das Reichsgericht, ferner dasjenige Landgericht und Oberlandesgericht, zu deren Bezirk das ersuchte Amtsgericht gehört. Ob in solchen Fällen das ersuchende Gericht in höherer Instanz oder (Landgericht und Reichsgericht §§ 73, 74, 136 Abs. 1 GVG.) in erster Instanz mit der Sache befaßt ist, ist gleichgültig (vgl. Mot.). — S. noch für die Voruntersuchung § 183 StPO.

2. Örtliche Zuständigkeit: vgl. auch § 158 GVG. Ersuchen um Vernehmung von Personen, die außerhalb des Bezirkes des ersuchten Gerichts wohnen, z. B. bei Gegenüberstellung oder aus anderen besonderen Gründen zulässig; bloße bequemere, kürzere Reise der

zu vernehmenden Person genügt aber hierbei nicht, JW. 41, 305; s. noch Anm. 3 zu § 160 StPO. — Weitergabe des Ersuchens an das zuständige Gericht zulässig.

3. Die Handlung muß „an sich" nach Reichs- oder Landesrecht verboten sein. Die Prüfung, ob die gesetzlichen Voraussetzungen zur Vornahme einer rechtlich an sich zulässigen Handlung im Einzelfall vorliegen, obliegt dem ersuchenden Gericht (Löwe). Auch hat das ersuchte Gericht nicht zu prüfen, ob das ersuchende Gericht zuständig ist, ob die vorzunehmende Handlung nötig und zweckmäßig ist. Aus solchen Gründen keine Ablehnung.

§ 160.

I Wird das Ersuchen[1] abgelehnt,[2] oder wird der Vorschrift des § 159 Abs. 2 zuwider dem Ersuchen stattgegeben, so entscheidet das Oberlandesgericht,[3] zu dessen Bezirke das ersuchte Gericht gehört. Eine Anfechtung dieser Entscheidung findet nur statt, wenn dieselbe die Rechtshilfe für unzulässig erklärt, und das ersuchende und das ersuchte Gericht den Bezirken verschiedener Oberlandesgerichte angehören. Über die Beschwerde entscheidet das Reichsgericht.

II Die Entscheidungen erfolgen auf Antrag der Beteiligten oder des ersuchenden Gerichts ohne vorgängige mündliche Verhandlung.

1. Nur Rechtshilfe unter den ordentlichen Gerichten gem. §§ 157, 158 GVG. kommt hier in Frage; also keine Beschwerde von ersuchenden Verwaltungsbehörden, Rsp. 9, 418 oder Landesdisziplinarbehörden, E. 19, 438.

2. Ganz oder nur zum Teil; auch wenn über die Ausführung des Ersuchens z. B. hinsichtlich der Tragung der erwachsenen Kosten (§ 165 GVG.) Streit entsteht, E. 24, 1. — Wird das Ersuchen eines im Instanzenzuge vorgesetzten Gerichtes (s. Anm. 1 zu § 159 GVG.) abgelehnt, so ist im Aufsichtswege einzuschreiten (Mot.); ebenso ist bei Ablehnung eines Ersuchens eines Amtsrichters um Strafvollstreckung (§ 483 Abs. 3 StPO.) die Aufsichtsbehörde anzurufen, E. 20, 101; ObstLG. 13, 104.

3. Auch in Bayern das OLG., nicht das Oberste Landesgericht. Vgl. OLGM. 2, 243.

§ 161.

Die Herbeiführung der zum Zwecke von Vollstreckungen,[1] Ladungen[2] und Zustellungen[2] erforderlichen Handlungen erfolgt nach Vorschrift der Prozeßordnungen ohne Rücksicht darauf, ob die Handlungen in dem Bundesstaate, welchem das Prozeßgericht angehört, oder in einem anderen Bundesstaate vorzunehmen sind.

1. Geldstrafen (§ 495 StPO.); wegen der Vollstreckung von Freiheitsstrafen s. §§ 163, 164 GVG. — Um den Vollzug von Haftbefehlen und Vorführungsbefehlen können die Gerichte und StA. die Polizeibehörden im ganzen Deutschen Reich unmittelbar ersuchen; ein in solchem Falle an ein Gericht gestelltes Ersuchen um Rechtshilfe kann von diesem abgelehnt werden, E. 26, 338.

2. S. §§ 37, 38 StPO. S. auch Anm. 2 zu § 50 StPO. und Anm. 3 zu § 160 StPO.

§ 162.

Gerichte, Staatsanwaltschaften und Gerichtsschreiber können wegen Erteilung eines Auftrags an einen Gerichtsvollzieher die Mitwirkung des Gerichtsschreibers des Amtsgerichts in Anspruch nehmen, in dessen Bezirke der Auftrag ausgeführt werden soll. Der von dem Gerichtsschreiber beauftragte Gerichtsvollzieher gilt als unmittelbar beauftragt.

§ 163.

Eine Freiheitsstrafe,[1] welche die Dauer von sechs Wochen nicht übersteigt, ist in demjenigen Bundesstaate zu vollstrecken,[2] in welchem der Verurteilte sich befindet.[3]

1. Geldstrafe s. § 161 GVG., § 495 StPO.

2. Vollstreckungsersuchen s. § 164 GVG.

3. Beschluß des Bundesrats vom 11. Juni 1885 (RGBl. 270, preuß. JMBl. 309, bayer. JMBl. 160). S. hierzu noch preuß. JMBl. 1900, 431; 1901, 99; bayer. JMBl. 1900, 1015; 1901, 379; 1907, 85. S. auch Anm. 9 zu § 492 StPO. — Wegen der vorl. Entlassung und des Begnadigungsrechtes im Falle solcher Gesamtstrafen s. preuß. JMBl. 1914, 571; bayer. JMBl. 1914, 135.

§ 164.

Soll eine Freiheitsstrafe[1] in dem Bezirke eines anderen Gerichts vollstreckt oder ein in dem Bezirke eines anderen Gerichts befindlicher Verurteilter zum Zwecke der Strafverbüßung ergriffen und abgeliefert werden, so ist die Staatsanwaltschaft[2] bei dem Landgerichte des Bezirks um die Ausführung zu ersuchen.[3]

1. Auch Freiheitsstrafen, die auf Grund der ZPO. verhängt wurden, sind von der Staatsanwaltschaft zu vollstrecken, DJZ. 19, 1113. — Wegen der Geldstrafen s. § 161 GVG., § 495 StPO.

2. Auch der mit der Vollstreckung befaßte Amtsrichter (§ 483 Abs. 3 StPO.) hat sich an die StA. zu wenden. Für Preußen s. übrigens JMV. v. 22. Januar 1880: unmittelbares Ersuchen von Amtsgericht zu Amtsgericht statthaft. Für Bayern s. §§ 78, 79 der Vorschr. betr. die Beh. d. amts- und schöffenger. Straff., JMBl. 1913, 455.

3. Begl. Abschrift der Urteilsformel mit Vollstreckungsbescheinigung ist beizufügen (§ 483 Abs. 1 StPO.). — Bei Ablehnung des Ersuchens Aufsichtsbeschwerde, § 148 GVG.

§ 165.

I Im Falle der Rechtshilfe unter den Behörden verschiedener Bundesstaaten sind die baren Auslagen, welche durch eine Ablieferung oder Strafvollstreckung entstehen, der ersuchten Behörde von der ersuchenden zu erstatten.[1]

II Im übrigen werden Kosten der Rechtshilfe von der ersuchenden Behörde nicht erstattet.[2]

III Ist eine zahlungspflichtige Partei vorhanden, so sind die Kosten von derselben durch die ersuchende Behörde einzuziehen und der eingezogene Betrag der ersuchten Behörde zu übersenden.

IV Stempel-, Einregistrierungsgebühren oder andere öffentliche Abgaben, welchen die von der ersuchenden Behörde übersendeten Schriftstücke (Urkunden, Protokolle) nach dem Rechte der ersuchten Behörde unterliegen, bleiben außer Ansatz.

1. Vgl. hierzu die von den Bundesstaaten vereinbarten Grundsätze betr. die Erstattung der Kosten in Rechtshilfesachen, s. preuß. JMBl. 1907, 55; 1912, 134; bayer. JMBl. 1907, 85; 1912, 99.

§ 166.

I Für die Höhe der den geladenen Zeugen und Sachverständigen gebührenden Beträge sind die Bestimmungen maßgebend, welche bei dem Gerichte gelten, vor welches die Ladung erfolgt.

II Sind die Beträge nach dem Rechte des Aufenthaltsorts der geladenen Personen höher, so können die höheren Beträge gefordert werden.

III Bei weiterer Entfernung des Aufenthaltsorts der geladenen Personen ist denselben auf Antrag ein Vorschuß zu bewilligen.

§ 167.

Ein Gericht darf Amtshandlungen außerhalb seines Bezirks ohne Zustimmung des Amtsgerichts des Orts nur vornehmen, wenn Gefahr im Verzuge obwaltet. In diesem Falle ist dem Amtsgerichte des Orts Anzeige zu machen.

§ 168.

I Die Sicherheitsbeamten[1] eines Bundesstaats sind ermächtigt, die Verfolgung[2] eines Flüchtigen auf das Gebiet eines anderen Bundesstaates fortzusetzen und den Flüchtigen[3] daselbst zu ergreifen.[4]

II Der Ergriffene ist unverzüglich an das nächste Gericht oder die nächste Polizeibehörde des Bundesstaates, in welchem er ergriffen wurde, abzuführen.[5]

1. Begriff bemißt sich nach Landesrecht; Schutzleute, Gendarmen, auch Forstschutzbeamte, Rsp. 8, 735; es ist nicht nötig, daß sie Hilfsbeamte der Staatsanwaltschaft i. S. des § 153 GVG. sind.

2. Verfolgung: hierunter sind alle diejenigen Maßnahmen zu verstehen, welche auf die Ergreifung des Flüchtigen abzielen, z. B. auch Vorauseilen zur Besetzung von Wegen, E. 30, 386.

3. Flüchtiger: der auf frischer Tat Betroffene und zum Zwecke der Festnahme oder der Feststellung seiner Person (Rsp. 8, 736) Verfolgte, der der angeordneten Verhaftung sich Entziehende, der entwichene Verhaftete, der entsprungene Strafgefangene.

4. Keine Nacheile z. Zw. der Durchsuchung oder der Beschlagnahme, E. 26, 212.

5. Weiteres Verfahren: §§ 128 ff. StPO., soweit die dort bezeichneten Voraussetzungen gegeben sind.

§ 169.

Die in einem Bundesstaate bestehenden Vorschriften über die Mitteilung von Akten einer öffentlichen Behörde an ein Gericht dieses Bundesstaates kommen auch dann zur Anwendung, wenn das ersuchende Gericht einem anderen Bundesstaate angehört.

Vierzehnter Titel.

Öffentlichkeit und Sitzungspolizei.

§ 170.

Die Verhandlung vor dem erkennenden Gerichte,[1] einschließlich der Verkündung der Urteile[2] und Beschlüsse desselben, erfolgt öffentlich.[3,4]

1. Die Hauptverhandlung, §§ 225 ff. StPO. Alle übrigen Verhandlungen, insbesonders die im Vorverfahren (vorbereitenden Verf. und VU.) sind nicht öffentlich. — Sondervorschriften über die Öffentlichkeit von Sitzungen s. §§ 45, 91 GVG.; §§ 280, 281, 288 StPO.

2. Ausschluß der Öffentlichkeit bei Verkündung der Urteilsgründe: § 174 Abs. 2.

3. Es muß an sich jedermann Zutritt zum Verhandlungsort haben; es ist jedoch das Schließen der Türen und die Zurückweisung weiterer Zuhörer nach Füllung des Zuhörerraumes zulässig; hierbei steht dem Vorsitzenden die Entscheidung der Frage zu, ob der Raum gefüllt ist und welche Maßnahmen zur Verhütung der Überfüllung zu ergreifen sind, Rsp. 2, 360; JW. 35, 794; SeuffBl. 72, 661. Wegen des Ausschlusses unbeteiligter Dritter infolge der besonderen

Natur und Lage des Orts, an dem die Prozeßhandlungen vorgenommen werden müssen (Augenschein), s. W. 8, 193; E. 47, 322. Die Anordnung, daß nur mit Einlaßkarten versehene Personen Zutritt haben, ist zulässig, sofern nicht etwa eine Auswahl nach bestimmten Personen oder Personenkreisen erfolgt, GoltdA. 53, 443; JW. 35, 794; ebenso ist die Anordnung zulässig, daß die Zahl der einzulassenden Personen die Zahl der vorhandenen Sitzplätze nicht überschreiten darf, Recht 10, 260. Zeitweises Abschließen des Verhandlungssaales zur wirksamen Fahndung nach einem Genossen des Angekl. s. Recht 16, 3514; DJZ. 18, 411. — Bei völliger Räumung des Sitzungssaales zur Aufrechterhaltung der Ordnung (§ 178 GVG.) darf, wenn das Gericht hierbei keinen Anlaß findet, gem. § 173 GVG. die Öffentlichkeit auszuschließen, die Türe zum Zuhörerraum nicht verschlossen werden, E. 30, 104. — S. noch Anm. 12 zu § 377 StPO.

4. Feststellung der Öffentlichkeit im Sitzungsprotokoll s. §§ 272 Nr. 5, 274 StPO. — Verstoß gegen die Vorschriften über die Öffentlichkeit ist gem. § 377 Nr. 6 StPO. unbedingter Revisionsgrund, sofern dieser Verstoß auf ein Verschulden des Gerichts oder des Vorsitzenden zurückzuführen ist; s. Anm. 12 hierzu. S. auch JW. 44, 1265. — S. noch § 369 Abs. 2 StPO.

§ 171.

In Ehesachen ist die Öffentlichkeit auszuschließen, wenn eine der Parteien es beantragt.

§ 172.

I In dem auf die Klage wegen Anfechtung oder Wiederaufhebung der Entmündigung einer Person wegen Geisteskrankheit oder wegen Geistesschwäche eingeleiteten Verfahren (§§ 664, 679 der Zivilprozeßordnung) ist die Öffentlichkeit während der Vernehmung des Entmündigten auszuschließen, auch kann auf Antrag einer der Parteien die Öffentlichkeit der Verhandlung überhaupt ausgeschlossen werden.

II Das Verfahren wegen Entmündigung oder Wiederaufhebung der Entmündigung (§§ 645—663, 675—678 der Zivilprozeßordnung) ist nicht öffentlich.

§ 173.

In allen Sachen kann durch das Gericht für die Verhandlung oder für einen Teil derselben die Öffentlichkeit ausgeschlossen werden,[1] wenn sie eine Gefährdung[2] der öffentlichen Ordnung,[3] insbesondere der Staatssicherheit,[4] oder eine Gefährdung der Sittlichkeit besorgen läßt.[5],[6]

1. Verfahren: § 175 GVG. — Bei Ausschluß der Öffentlichkeit für die ganze Verhandlung wirkt der Ausschluß hinsichtlich aller von der Verhandlung umfaßten Prozeßvorgänge, auch wenn diese zu

der angenommenen möglichen Gefährdung in keinerlei Beziehung stehen; dasselbe gilt bei Ausschluß der Öffentlichkeit für einen Teil der Verhandlung hinsichtlich aller in diesen Teil fallenden Prozeßvorgänge, E. 43, 369. Ist die Öffentlichkeit nur für einen Teil der Verhandlung, einen einzelnen Punkt der Anklage ausgeschlossen, so ist, falls sich herausstellt, daß die übrigen Teile der Anklage sich von jenem nicht trennen lassen, eine stillschweigende Ausdehnung des Ausschlusses der Öffentlichkeit nicht zulässig, vielmehr bedarf es neuer Verhandlung über den Ausschluß der Öffentlichkeit in der erforderlichen Ausdehnung und eines neuen diesen aussprechenden Beschlusses, GoltdA. 59, 139. S. noch BayZ. 2, 342. — Verhandlung in öffentlicher Sitzung trotz beschlossenen Ausschlusses der Öffentlichkeit ist nicht Revisionsgrund, sondern nur der gegenteilige Fall einer gesetzwidrigen Beschränkung der Öffentlichkeit, E. 3, 295; BayZ. 2, 462; W. 4, 299.

2. Ob eine Gefährdung zu besorgen steht, hat das Gericht nach freiem Ermessen zu entscheiden; keine Nachprüfung durch das Revisionsgericht, E. 26, 396.

3. Als Gefährdung der öffentlichen Ordnung kann auch die Gefährdung des Untersuchungszweckes erachtet werden, E. 30, 244, insb. ein Mißbrauch der Öffentlichkeit durch die Zuhörerschaft zu fortwährenden Störungen der Verhandlung oder zur Erschwerung der Wahrheitsermittelung, E. 30, 105.

4. Gefährdung des Staatswohles ist nicht gleich einer Gefährdung der Staatssicherheit, GoltdA. 47, 383.

5. Der Grund für den beschlossenen Ausschluß der Öffentlichkeit muß verkündet werden, Rsp. 3, 677; das Protokoll muß diesen Grund ersehen lassen, Rsp. 9, 715; s. Anm. 6 zu § 175 GVG. — Verstoß gegen die Vorschriften über die Öffentlichkeit ist gem. § 377 Nr. 6 StPO. unbedingter Revisionsgrund, sofern dieser Verstoß auf ein Verschulden des Gerichts oder des Vorsitzenden zurückzuführen ist; s. hierzu Anm. 12 zu § 377 StPO.

6. Änderung der den Ausschluß der Öffentlichkeit betreffenden Beschlüsse im Laufe der Verhandlung möglich.

§ 174.

I Die Verkündung des Urteils[1] erfolgt in jedem Falle öffentlich.[2]

II Durch einen besonderen[3] Beschluß[4] des Gerichts kann für die Verkündung der Urteilsgründe oder eines Teiles derselben die Öffentlichkeit ausgeschlossen werden, wenn sie eine Gefährdung der Staatssicherheit oder eine Gefährdung der Sittlichkeit besorgen läßt.[4]

1. Urteil: die Urteilsformel und die Urteilsgründe; s. § 267 StPO.

2. S. § 170 GVG. Verstoß hiergegen Revisionsgrund, E. 1, 90; s. auch Anm. 12 zu § 377 StPO. Heilung durch Wiederholung der Verkündung nach Wiederherstellung der Öffentlichkeit, GoltdA. 41, 45.

3. Der allgemeine, die Öffentlichkeit ausschließende Beschluß genügt auch dann nicht, wenn er in weitester Fassung auf „Ausschluß der

Öffentlichkeit während der ganzen Dauer der Verhandlung" lautet, E. 20, 384.

4. Über einen derartigen Beschluß muß gem. § 175 GVG. besonders verhandelt werden, E. 35, 103; was aber nicht schon bei Beginn der Sitzung, sondern erst am Schlusse der Beweisaufnahme auf Grund des Ergebnisses der Verhandlung geschehen kann, E. 43, 300. Der Beschluß muß öffentlich verkündet werden, GoltdA. 51, 399.

§ 175.

I Die Verhandlung[1] über die Ausschließung der Öffentlichkeit[2] findet in nicht öffentlicher Sitzung[3] statt, wenn ein Beteiligter es beantragt oder das Gericht es für angemessen erachtet.[4] Der Beschluß, welcher die Öffentlichkeit ausschließt, muß öffentlich verkündet werden.[5] Bei der Verkündung ist anzugeben, ob die Ausschließung wegen Gefährdung der öffentlichen Ordnung, insbesondere wegen Gefährdung der Staatssicherheit, oder ob sie wegen Gefährdung der Sittlichkeit erfolgt.[6 7 8]

II Ist die Öffentlichkeit wegen Gefährdung der Staatssicherheit ausgeschlossen, so kann das Gericht den anwesenden Personen die Geheimhaltung von Tatsachen, welche durch die Verhandlung, durch die Anklageschrift oder durch andere amtliche Schriftstücke des Prozesses zu ihrer Kenntnis gelangen, zur Pflicht machen. Der Beschluß ist in das Sitzungsprotokoll aufzunehmen. Gegen denselben findet Beschwerde statt. Die Beschwerde hat keine aufschiebende Wirkung.[9]

1. Es muß allen Prozeßbeteiligten, also der Staatsanwaltschaft, sämtlichen Angeklagten (auch dem gem. § 246 StPO. aus dem Sitzungssaale entfernten Angeklagten, der hierbei nicht durch seinen Verteidiger vertreten werden kann, E. 18, 138), ferner dem Privatkläger, dem Nebenkläger und dessen Vertreter auch ohne ausdrücklichen Antrag auf Verhandlung Gelegenheit zur Abgabe einer Erklärung gegeben werden, E. 20, 21, 52; 30, 105; GoltdA. 43, 242; 48, 133; eine ausdrückliche Aufforderung zur Erklärungsabgabe ist aber nicht erfordert, E. 37, 437; 47, 342; SeuffBl. 74, 605, 738; Recht 13, 3700; 18, 2195. Den Verteidiger neben dem Angeklagten zu hören, ist nicht geboten, Recht 10, 390; SeuffBl. 71, 448.

2. Wird nach Verhandlung über einen auf Ausschluß der Öffentlichkeit für einen Teil der Verhandlung gestellten Antrag vom Gericht beschlossen, die Öffentlichkeit für die ganze Verhandlung auszuschließen, so liegt kein Verstoß gegen § 175 GVG. darin, daß nicht ausdrücklich erkennbar gemacht wurde, es solle über die Frage, ob die Öffentlichkeit im vollen gesetzlich zulässigen Umfange auszuschließen sei, verhandelt werden, E. 35, 216; Recht 12, 441.

3. Das Gericht kann auch hier ohne Anhörung der Beteiligten einzelnen Personen den Zutritt gem. § 176 Abs. 2 GVG. gestatten, E. 33, 311.

4. Sonst in öffentlicher Sitzung, E. 20, 21.

5. Ein Verstoß hiergegen begründet die Revision, § 377 Nr. 6 StPO. Dagegen braucht der Beschluß, der die Wiederherstellung der Öffentlichkeit anordnet, auch dann nicht in öffentlicher Sitzung verkündet zu werden, wenn vorher der Ausschluß der Öffentlichkeit „bis auf weiteres" beschlossen worden war, Recht 16, 162. Ein solcher Beschluß ist übrigens mindestens dann nicht nötig, wenn von vorneherein die Öffentlichkeit nur für einen bestimmten Teil der Verhandlung ausgeschlossen war, Recht 7, 23.

6. Eine Angabe der Erwägungen, aus denen das Gericht eine Gefährdung der Sittlichkeit usw. für gegeben erachtete, ist nicht nötig. Dagegen muß die Begründung des Beschlusses die Angabe enthalten, aus welchem der im Gesetz vorgesehenen Gründe die Öffentlichkeit ausgeschlossen wurde und diese Begründung muß aus dem Protokoll (Protokollbeilage s. E. 25, 248) zu entnehmen sein, Rsp. 3, 677; 9, 715; JW. 37, 359; es genügt nicht, daß im einzelnen Fall der Grund sich aus der Natur der zu verhandelnden Sache erkennen läßt, E. 25, 249; Recht 11, 1084. Der Gebrauch der Gesetzesworte für die Begründung ist nicht unbedingt notwendig; gleichbedeutende andere Ausdrücke sind zulässig, Rsp. 6, 69.

7. Bei mehrmaligem Ausschluß der Öffentlichkeit während der Verhandlung ist in jedem Beschluß der Grund wieder anzugeben, Recht 15, 3789.

8. Ein Verstoß gegen die Vorschriften über die Öffentlichkeit begründet die Revision, wenn er auf einem Verschulden des Gerichts oder des Vorsitzenden beruht, s. Anm. 12 zu § 377 StPO. Heilung des Verstoßes durch formgerechte Wiederholung des betreffenden Verhandlungsaktes möglich, E. 35, 353.

9. Strafvorschriften: s. § 184b StGB., ferner RGes. vom 5. April 1888 (RGBl. 133) Artikel II: Wer die nach § 175 Abs. 2 des Gerichtsverfassungsgesetzes ihm auferlegte Pflicht der Geheimhaltung durch unbefugte Mitteilung verletzt, wird mit Geldstrafe bis zu eintausend Mark oder mit Haft oder mit Gefängnis bis zu sechs Monaten bestraft. Artikel III: Soweit bei einer Gerichtsverhandlung die Öffentlichkeit wegen Gefährdung der Staatssicherheit ausgeschlossen war, dürfen Berichte über die Verhandlung durch die Presse nicht veröffentlicht werden. Das gleiche gilt auch nach der Beendigung des Verfahrens in Betreff der Veröffentlichung der Anklageschrift oder anderer amtlicher Schriftstücke des Prozesses. Zuwiderhandlungen unterliegen der im Artikel II bestimmten Strafe.

§ 176.

I Der Zutritt zu öffentlichen Verhandlungen kann unerwachsenen[1] und solchen Personen versagt werden, welche sich nicht im Besitze der bürgerlichen Ehrenrechte befinden, oder welche in einer der Würde des Gerichts nicht entsprechenden Weise erscheinen.[2]

II Zu nicht öffentlichen Verhandlungen kann der Zutritt einzelnen Personen vom Gerichte gestattet werden. Einer Anhörung der Beteiligten bedarf es nicht.[3]

III Die Ausschließung der Öffentlichkeit steht der Anwesenheit der die Dienstaufsicht führenden Beamten der Justizverwaltung bei den Verhandlungen[4] vor dem erkennenden Gerichte nicht entgegen.

1. Die Anschauung, alle Personen unter 18 Jahren seien unerwachsen, ist rechtsirrtümlich. Als solche können vielmehr nur die bezeichnet werden, die vermöge ihrer körperlichen Entwicklung als solche anzusehen sind. Es ist lediglich Sache des Gerichts, zu entscheiden, auf welche Weise es sich die Überzeugung von dem Erwachsensein einer bestimmten Person verschaffen kann und in welcher Form es die getroffene Entscheidung zum Ausdruck bringen will, E. 47, 374.

2. Nicht aus anderen Gründen; vgl. E. 30, 245.

3. Anwesenheit nicht ausdrücklich zugelassener Personen ist kein Revisionsgrund.

4. Bei der Beratung und Abstimmung dürfen diese nicht zugegen sein, § 195 GVG.

§ 177.

Die Aufrechthaltung der Ordnung in der Sitzung[1] liegt dem Vorsitzenden[2] ob.[3][4]

1. Auch am Orte der Augenscheinseinnahme durch das erkennende Gericht außerhalb der Gerichtsstelle, GoltdA. 44, 386.

2. Keine Anrufung des Gerichts gegen dessen zur Aufrechterhaltung der Ordnung getroffenen Maßnahmen. — Anders bei sachleitenden Anordnungen des Vorsitzenden: § 237 Abs. 2 StPO.

3. Die sitzungspolizeilichen Befugnisse (Unterbrechung, Mahnung, Rüge usw.) stehen dem Vorsitzenden gegenüber allen in der Sitzung Anwesenden, auch gegenüber der Staatsanwaltschaft zu, vgl. E. 11, 135. S. noch Anm. 1 zu § 237 StPO.

4. Strafbefugnisse hat nur das Gericht: §§ 178—180 GVG.

§ 178.

Parteien,[1] Beschuldigte,[2] Zeugen, Sachverständige oder bei der Verhandlung nicht beteiligte Personen, welche den zur Aufrechthaltung der Ordnung erlassenen Befehlen nicht gehorchen, können auf Beschluß des Gerichts[3] aus dem Sitzungszimmer entfernt,[4] auch zur Haft abgeführt und während einer in dem Beschlusse zu bestimmenden Zeit, welche vierundzwanzig Stunden nicht übersteigen darf, festgehalten werden.[5]

1. Wegen der bei der Verhandlung beteiligten Rechtsanwälte und Verteidiger s. § 180 GVG.

2. Entfernung des Angeklagten wegen ordnungswidrigen Benehmens s. § 246 Abs. 2 StPO. und Anm. 10 hierzu.

3. Nicht auf Anordnung des Vorsitzenden. — Antragstellung durch die Staatsanwaltschaft zulässig, aber nicht erforderlich.

4. Entfernung aller nicht beteiligten Personen möglich; sie darf aber nicht zum Ausschluß der Öffentlichkeit führen, der ordnungsgemäß nur nach §§ 173ff. GVG. durch Beschluß angeordnet werden kann; es muß deshalb bei sitzungspolizeilicher Räumung des Zuhörerraumes dieser geöffnet bleiben, E. 30, 104; s. auch Rsp. 4, 152.

5. Keine Beschwerde gegen den Beschluß des Gerichts, vgl. § 183 GVG.

§ 179.

Das Gericht[1] kann gegen Parteien,[2] Beschuldigte, Zeugen, Sachverständige oder bei der Verhandlung nicht beteiligte Personen, welche sich in der Sitzung[3] einer Ungebühr[4] schuldig machen, vorbehaltlich der strafgerichtlichen Verfolgung, eine Ordnungsstrafe bis zu einhundert Mark[5] oder bis zu drei Tagen Haft festsetzen[6] und sofort vollstrecken lassen.[7]

1. Gericht: nicht der Vorsitzende (s. § 177 GVG. und Anm. 4 hierzu); im Falle des § 211 Abs. 2 StPO. der Amtsrichter; dagegen im schöffengerichtlichen Verfahren nicht der Amtsrichter allein und nachträglich, selbst wenn er erst nach der Sitzung Kenntnis von der Ungebühr erlangt hat, ObstLG. 8, 57 und in SeuffBl. 73, 295. — Wegen der Strafbefugnisse des einzelnen Richters s. § 182 GVG.

2. Nicht gegen die Vertreter der Staatsanwaltschaft; dagegen erstrecken sich die sitzungspolizeilichen Befugnisse des Vorsitzenden auch auf diese, s. Anm. 3 zu § 177 GVG. — Wegen der bei der Verhandlung beteiligten Rechtsanwälte und Verteidiger s. § 180.

3. „In der Sitzung": auch während der Beratung des Gerichts; die nach § 184 GVG. vorgeschriebenen Feststellungen sind im letzteren Fall auf Grund von Zeugenaussagen oder eines Geständnisses zu treffen, ObstLG. in SeuffBl. 78, 137. Auch eine in der Zwischenzeit von der Entscheidungsverkündung in der einen Sache bis zum Aufruf des nächsten Falls begangene Ungebühr gehört hierher, OLGRspr. 27, 6.

4. „Ungebühr" ist ein Verstoß gegen die Würde des Gerichts, eine Verletzung der dem Gericht schuldigen Achtung. Sie setzt weder eine Störung der öffentlichen Ordnung noch eine Störung der äußeren Ordnung der Verhandlung voraus, beschränkt sich auch nicht auf eine Überschreitung der zulässigen Form, denn auch der Inhalt einer Äußerung kann eine Ungebühr darstellen. Die Überzeugung von der Richtigkeit der aufgestellten Behauptung schließt eine Ungebühr nicht aus; es ist nicht einmal Vorsatz erfordert. Unerheblich ist auch, ob der Täter zur Wahrnehmung berechtigter Interessen gehandelt hat; auch diese Wahrnehmung kann „ungebührlich" geschehen. Nicht erforderlich ist, daß sich die fragliche Handlung unmittelbar gegen das Gericht richtet, es können auch Handlungen z. B. gegenüber Prozeßbeteiligten genügen, KG. in GoltdA. 58, 230. Jedoch muß es sich in allen Fällen um Handlungen von einer gewissen Erheblichkeit handeln (Löwe). Erscheinen in betrunkenem Zustand ist eine Ungebühr, E. 35, 398. — Feststellung im Protokoll s. § 184 und Anm. hierzu.

5. Umwandlung der Geldstrafe in Freiheitsstrafe unzulässig, KG. in OLGRspr. 21, 191; ObstLG. 9, 435; 15, 129 und in SeuffBl. 78, 137 (bestr.; a. M. Löwe).

6. Vorherige Anhörung der StA. und des zu Bestrafenden ObstLG. 15, 129 (bestr.), § 33 StPO. „Beteiligter" i. S. des § 33 StPO. ist bei Bestrafung eines Zeugen nur dieser, nicht auch der Angeklagte; letzterer braucht also in diesem Falle vorher nicht gehört werden, DJZ. 13, 251.

7. Die Beschwerde hat keine aufschiebende Wirkung, § 183 Abs. 2 GVG.

§ 180.

Das Gericht kann gegen einen bei der Verhandlung beteiligten Rechtsanwalt oder Verteidiger, der sich in der Sitzung einer Ungebühr[1] schuldig macht, vorbehaltlich der strafgerichtlichen oder disziplinaren Verfolgung, eine Ordnungsstrafe bis zu einhundert Mark[2] festsetzen.[3]

1. S. Anm. 4 zu § 179 GVG.
2. Keine Umwandlung der Geldstrafe in Freiheitsstrafe.
3. Die Beschwerde hat aufschiebende Wirkung, § 183 Abs. 2 GVG.

§ 181.

Die Vollstreckung der vorstehend bezeichneten Ordnungsstrafen hat der Vorsitzende unmittelbar[1] zu veranlassen.

1. Keine Mitwirkung der Staatsanwaltschaft gem. §§ 36, 483 StPO.

§ 182.

Die in den §§ 177—181 bezeichneten Befugnisse stehen auch einem einzelnen Richter[1] bei der Vornahme von Amtshandlungen außerhalb[2] der Sitzung zu.[3]

1. Amtsrichter, Untersuchungsrichter, beauftragter Richter.
2. Einzelrichter in der Sitzung, s. Anm. 1 zu § 179 GVG.
3. Die Beschwerde hat aufschiebende Wirkung, § 183 Abs. 2 GVG.

§ 183.

I Ist in den Fällen der §§ 179, 180, 182 eine Ordnungsstrafe festgesetzt, so findet binnen der Frist von einer Woche nach der Bekanntmachung der Entscheidung Beschwerde[1] statt, sofern die Entscheidung nicht von dem Reichsgerichte oder einem Oberlandesgerichte getroffen ist.

II Die Beschwerde hat in dem Falle des § 179 keine aufschiebende Wirkung, in den Fällen des § 180 und des § 182 aufschiebende Wirkung.

III Über die Beschwerde entscheidet das Oberlandesgericht[2].

1. Sofortige Beschwerde; s. § 353 StPO. Das Gericht, das die Ordnungsstrafe verhängt hat, ist im Falle der Beschwerde nicht befugt, die angefochtene Entscheidung selbst abzuändern, KG. im Recht 14, 377.

— Beschwerdeberechtigt ist nur der Bestrafte, nicht auch die Staatsanwaltschaft, ObstLG. 13, 307.

2. In Bayern in Strafsachen das Oberste Landesgericht Art. 167 Nr. XII AG. BGB. ObstLG. 2, 140; 12, 316.

§ 184.

Ist eine Ordnungsstrafe wegen Ungebühr festgesetzt, oder eine Person zur Haft abgeführt, oder eine bei der Verhandlung beteiligte Person entfernt worden, so ist der Beschluß des Gerichts und dessen Veranlassung in das Protokoll aufzunehmen.[1]

1. Fehlt eine Darstellung des zur Verhängung der Ordnungsstrafe führenden Vorgangs im Protokoll, so ist die Strafe hinfällig; es genügt nicht, daß der Vorgang in dem die Strafe verhängenden, in das Protokoll aufgenommenen Beschluß angegeben ist, ObstLG. 7, 234; 12, 315; 15, 129.

§ 185.

Wird eine strafbare Handlung in der Sitzung begangen,[1] so hat das Gericht den Tatbestand festzustellen und der zuständigen Behörde[2] das darüber aufgenommene Protokoll mitzuteilen. In geeigneten Fällen ist die vorläufige Festnahme[3] des Täters zu verfügen.

1. Z. B. Beleidigungen, Widerstand, Meineid eines Zeugen, Taschendiebstahl und dergl.

2. In der Regel der Staatsanwaltschaft, unter den Voraussetzungen des § 161 Abs. 2 S. 2 StPO. dem Amtsrichter.

3. Also nicht die Verhaftung. Nach Festnahme Verfahren gem. § 128 StPO.

Fünfzehnter Titel.

Gerichtssprache.

§ 186.

Die Gerichtssprache ist die deutsche.[1 2]

1. Auch schriftliche Eingaben, Erklärungen usw. müssen in deutscher Sprache erfolgen; andernfalls sind sie rechtsunwirksam und nicht zu beachten, Recht 16, 3515; JE. 31, 428.

2. Wegen der als Beweismittel dienenden fremdsprachigen Urkunden s. Anm. 4 zu § 248 StPO.

§ 187.

I Wird unter Beteiligung von Personen verhandelt, welche der deutschen Sprache nicht mächtig sind,[1] so ist ein Dolmetscher

zuzuziehen.[2 3 4] Die Führung eines Nebenprotokolls in der fremden Sprache findet nicht statt; jedoch sollen Aussagen und Erklärungen in fremder Sprache, wenn und soweit der Richter dies mit Rücksicht auf die Wichtigkeit der Sache für erforderlich erachtet, auch in der fremden Sprache in das Protokoll oder in eine Anlage niedergeschrieben werden. In den dazu geeigneten Fällen soll dem Protokolle eine durch den Dolmetscher zu beglaubigende Übersetzung beigefügt werden.

II Die Zuziehung eines Dolmetschers kann unterbleiben, wenn die beteiligten Personen sämtlich der fremden Sprache mächtig sind.

1. Ob diese Personen Inländer oder Ausländer sind, ist gleichgültig, E. 1, 137. — Zuziehung von Dolmetschern für deutsche Mundarten nach Ermessen des Gerichts zulässig, Rsp. 8, 160. — Die Zuziehung einer geeigneten Person als Dolmetscher bei Vernehmung einer mit Sprechfehlern behafteten Person ist ebenfalls zulässig, E. 33, 181. — Wegen der Tauben und Stummen s. § 188 GVG.

2. Die Feststellung des Bedürfnisses der Zuziehung, die Auswahl des Dolmetschers und die Beurteilung seiner Fähigkeit unterliegen dem tatsächlichen pflichtmäßigen Ermessen des Gerichts, vor dem die Verhandlung stattfindet, E. 1, 137, 397; Recht 11, 1152. Erweist sich die Zuziehung als notwendig, so muß sie, auch trotz Verzichts der Prozeßparteien, von Amts wegen erfolgen, Rsp. 8, 97. — Ein Wechsel in der Person des Dolmetschers während der Verhandlung ist zulässig; die Anordnung eines solchen durch den Vorsitzenden hat die Natur einer prozeßleitenden Verfügung, gegen die die Entscheidung des Gerichts angerufen werden kann, W. 4, 241.

3. Umfang der Verdolmetschung: Dem der deutschen Sprache nicht mächtigen Angeklagten sind die zur Sachleitung und zur Sache selbst von irgendeiner Seite abgegebenen Erklärungen jedenfalls ihrem wesentlichen Inhalt nach durch den Dolmetscher in Übersetzung zugänglich zu machen, E. 43, 443; es kann aber z. B. nicht verlangt werden, daß jede Äußerung eines Sachverständigen wörtlich übertragen wird, es muß vielmehr dem vernünftigen Ermessen überlassen werden, wie weit die einzelnen zur Begründung des Schlußgutachtens gemachten Äußerungen zu verdolmetschen sind, Recht 17, 1836. Vgl. auch Recht 18, 1208. — S. noch § 258 StPO. (Schlußvorträge). — Wegen der Verdolmetschung fremdsprachiger Urkunden s. Anm. 4 zu § 248 StPO.

4. Die erfolgte Zuziehung eines Dolmetschers ist durch das Protokoll zu beurkunden; es ist jedoch weder die Feststellung im Protokolle geboten, daß der Dolmetscher der in Frage kommenden Sprache fähig ist, noch bedarf es darin der genauen Angabe, bei welchen einzelnen Veranlassungen oder Vorgängen, sowie in welcher Art er tätig geworden ist, E. 1, 397; 43, 442.

§ 188.

Zur Verhandlung mit tauben[1] oder stummen[2] Personen ist, sofern nicht eine schriftliche Verständigung[3] erfolgt, eine

Person als Dolmetscher zuzuziehen, mit deren Hilfe die Verständigung in anderer Weise erfolgen kann.[4]

1. Wegen schwerhöriger Personen s. E. 15, 172; Recht 14, 4224.

2. Wegen der Verhandlung mit Personen, die mit Sprechfehlern behaftet sind, s. Anm. 1 zu § 187 GVG.

3. Vorlegung schriftlicher Fragen an eine der Sprache mächtige taube Person zur mündlichen Beantwortung zulässig, E. 31, 313.

4. Eidesleistung stummer Personen, s. § 63 StPO.

§ 189.

I Ob einer Partei, welche taub ist, bei der mündlichen Verhandlung der Vortrag zu gestatten sei, bleibt dem Ermessen des Gerichts überlassen.

II Dasselbe gilt in Anwaltsprozessen von einer Partei, die der deutschen Sprache nicht mächtig ist.

§ 190.

Personen, welche der deutschen Sprache nicht mächtig sind, leisten Eide in der ihnen geläufigen Sprache.[1]

1. Eid Stummer s. § 63 StPO.

§ 191.

I Der Dolmetscher[1] hat einen Eid dahin zu leisten:[2]
daß er treu und gewissenhaft übertragen werde.[3]

II Ist der Dolmetscher für Übertragungen der betreffenden Art im allgemeinen beeidigt,[4] so genügt die Berufung[5] auf den geleisteten Eid.

1. Die Dolmetscher sind Organe des Gerichts und den Sachverständigen nicht gleichgestellt, Rsp. 8, 204. S. noch § 193 GVG. und die Anm. hierzu.

2. Verzicht der Prozeßbeteiligten auf die Beeidigung unwirksam, Recht 7, 2526.

3. Form der Beeidigung: §§ 59, 62, 63 StPO.

4. Für Preußen s. § 19 der Dolmetscherordnung v. 18. Dez. 1899 (JMBl. 856); ferner § 10 JMB. v. 5. Februar 1900 (JMBl. 50) und JMB. v. 5. März 1901 (JMBl. 51).

5. Es ist eine Erklärung notwendig, mit der sich der Dolmetscher selbst auf den geleisteten Eid beruft; diese Berufung ist für jede verhandelte Sache unerläßlich, Rsp. 7, 426; sie kann vor und nach der Übertragung abgegeben werden; ein bloßer Hinweis des Dolmetschers durch den Richter auf den im allgemeinen geleisteten Eid genügt nicht. — Berufung gem. § 66 StPO. auf den in demselben Hauptverfahren in einer früheren Hauptverhandlung geleisteten Dolmetschereid zulässig, Recht 10, 1445.

§ 192.

Der Dienst des Dolmetschers kann von dem Gerichtsschreiber[1] wahrgenommen werden. Einer besonderen Beeidigung bedarf es nicht.[2]

1. Nur der Gerichtsschreiber, der als solcher in dem betr. Termin mitwirkt, ist hier gemeint. Wird neben diesem in der Verhandlung ein anderer Gerichtsschreiber als Dolmetscher tätig, so muß letzterer gem. § 191 GVG. beeidigt werden, E. 2, 373.

2. Auch nicht einer „allgemeinen" Beeidigung als Dolmetscher gem. § 191 Abs. 2 GVG.

§ 193.

Auf den Dolmetscher finden die Bestimmungen über Ausschließung und Ablehnung der Sachverständigen[1] entsprechende Anwendung.[2] Die Entscheidung erfolgt durch das Gericht[3] oder den Richter, von welchem der Dolmetscher zugezogen ist.

1. §§ 22, 24, 74 StPO. Vgl. Rspr. 7, 501. Im übrigen sind die Dolmetscher Organe des Gerichts und den Sachverständigen nicht gleichgestellt; es sind deshalb z. B. die Vorschriften des § 67 StPO. (Befragung über die persönlichen Verhältnisse) für sie nicht maßgebend, Rsp. 8, 204; es müssen deshalb auch die geladenen und in der Hauptverhandlung erschienenen Dolmetscher nicht mit Notwendigkeit vernommen werden, sondern ihre Mitwirkung tritt nur ein, sobald sie erforderlich ist, es gilt also § 244 StPO. für sie nicht; Rsp. 8, 97. Hinsichtlich der Betätigung der Dolmetscher haben die Sitzungsprotokolle nicht die ihnen in § 274 StPO. beigelegte ausschließliche Beweiskraft, E. 43, 442.

2. Ein Dolmetscher darf zugleich Zeuge und Sachverständiger sein, E. 45, 304; Recht 18, 1936.

3. Bei dem Schöffengericht haben die Schöffen mitzuwirken.

Sechzehnter Titel.

Beratung und Abstimmung.

§ 194.

I Bei Entscheidungen dürfen Richter nur in der gesetzlich bestimmten[1] Anzahl mitwirken.[2]

II Bei Verhandlungen von längerer Dauer kann der Vorsitzende die Zuziehung von Ergänzungsrichtern anordnen, welche der Verhandlung[3] beizuwohnen[4] und im Falle der Verhinderung[5] eines Richters für denselben einzutreten[6] haben.

III Die vorstehenden Bestimmungen finden auch auf Schöffen und Geschworene[7] Anwendung.

1. S. §§ 22, 26, 77, 81, 89, 91, 124, 139, 140 GVG.

2. Verstoß hiergegen Revisionsgrund, § 377 Nr. 1 StPO.

3. Zur Teilnahme an der Beratung und Abstimmung sind die Ergänzungsrichter nur befugt, wenn sie bei Verhinderung eines Richters für diesen eingetreten, also zur Entscheidung berufen sind; s. § 195 GVG.; ferner Anm. 5 zu § 285 StPO.

4. Der Ergänzungsrichter hat hierbei dieselben Rechte, wie die andern beisitzenden Richter; es hat ihm deshalb der Vorsitzende gem. § 239 StPO auf Verlangen zu gestatten, Fragen an die Zeugen und Sachverständigen zu stellen, es ist ihm die Teilnahme an der Einnahme eines Augenscheins zu gewähren, Gegenstände des Augenscheins sind ihm vorzulegen, auch die Verlesung eines Schriftstücks durch ihn ist zulässig usw., E. 27, 172.

5. Verhinderung: ob diese tatsächlicher oder rechtlicher Natur, verschuldet oder unverschuldet, dauernd oder zeitweilig ist, ist gleichgültig; es genügt z. B. Ausbleiben bei Wiederbeginn einer unterbrochenen Verhandlung, E. 30, 227; 35, 374. angenommene Befangenheit genügt nicht, wohl aber die Vernehmung des Richters (Geschworenen) als Zeugen, Recht 17, 449; DJZ. 18, 811.

6. Ob der Fall einer Verhinderung vorliegt und der Ergänzungsrichter einzutreten hat, entscheidet das Gericht, E. 13, 191, in zweifelsfreien Fällen kann dies auch der Vorsitzende, E. 38, 43. Eine vorherige, ausdrückliche Aufforderung des Angeklagten zur Erklärung ist nicht erfordert, E. 7, 284.

7. Wegen der Ergänzungsgeschworenen s. § 285 StPO

§ 195.

Bei der Beratung und Abstimmung[1] dürfen außer den zur Entscheidung berufenen Richtern nur die bei demselben Gerichte zu ihrer juristischen Ausbildung beschäftigten Personen[2] zugegen sein, soweit der Vorsitzende deren Anwesenheit gestattet.[3]

1. Geheime Beratung und Abstimmung im Sitzungszimmer zulässig, E. 22, 396; wenn die hierbei unerläßliche Verständigung der Gerichtsmitglieder auch an keine Form gebunden und ihre Art der Kritik der Prozeßbeteiligten entzogen ist, so muß sie doch in einer äußerlich erkennbaren Weise erfolgen, E. 42, 85; es genügt übrigens, wenn z. B. der Vorsitzende nach nachträglich erfolgtem Hinweis auf die Veränderung des rechtlichen Gesichtspunktes und nach Anhörung der Prozeßbeteiligten durch Umblick sich überzeugt, daß keiner der beisitzenden Richter der Verkündung des beratenen Urteils widerspricht, Recht 16, 1118; s. auch E. 46, 374.

2. Referendare, Rechtspraktikanten; diese dürfen auch dann zugegen sein, wenn sie in der Sitzung als Gerichtsschreiber tätig sind, E. 18, 161. In Hessen auch die Gerichtsassessoren, die zu ihrer weiteren Ausbildung bei dem Gerichte beschäftigt sind, E. 26, 42; wegen der Assessoren in Preußen s. E. 25, 237 und der Assessoren in Sachsen s. GoltdA. 43, 377.

3. Das Verbot der Anwesenheit richtet sich hauptsächlich gegen die Anwesenheit der zur Dienstaufsicht berufenen Beamten; die Anwesenheit anderer Personen als der Richter (z. B. Gerichtsschreiber, Bote, Gerichtsdiener) bei Beratung des Urteils bildet keinen unbedingten

Revisionsgrund, Rsp. 10, 640; also z. B. auch nicht die Tatsache, daß der Gerichtsschreiber, der zum Niederschreiben der Urteilsformel in das Beratungszimmer gerufen wird, den Schluß der Beratung mitanhört, W. 8, 170.

§ 196.

I Der Vorsitzende[1] leitet die Beratung, stellt die Fragen und sammelt die Stimmen.

II Meinungsverschiedenheiten[2] über den Gegenstand, die Fassung und die Reihenfolge der Fragen oder über das Ergebnis der Abstimmung entscheidet das Gericht.

1. Die Beratung und Abstimmung der Geschworenen leitet der Obmann, § 304 Abs. 2 StPO.

2. Keine Erwähnung dieser Meinungsverschiedenheiten und deshalb auch keine Angabe des Stimmenverhältnisses im Urteil, vgl. Rsp. 2, 70.

§ 197.

Kein Richter, Schöffe oder Geschworener darf die Abstimmung über eine Frage verweigern, weil er bei der Abstimmung über eine vorhergegangene Frage in der Minderheit geblieben ist.

§ 198.

I Die Entscheidungen erfolgen, soweit das Gesetz nicht ein anderes bestimmt, nach der absoluten Mehrheit der Stimmen.[1]

II Bilden sich in Beziehung auf Summen, über welche zu entscheiden ist, mehr als zwei Meinungen, deren keine die Mehrheit für sich hat, so werden die für die größte Summe abgegebenen Stimmen den für die zunächst geringere abgegebenen so lange hinzugerechnet, bis sich eine Mehrheit ergibt.

III Bilden sich in einer Strafsache, von der Schuldfrage[2] abgesehen, mehr als zwei Meinungen, deren keine die Mehrheit für sich hat, so werden die dem Beschuldigten nachteiligsten Stimmen den zunächst minder nachteiligen so lange hinzugerechnet, bis sich eine Mehrheit ergibt.

1. S. § 262 StPO. und Anm. 1 und 2 hierzu, ferner §§ 307, 317 StPO.

2. Über die Schuldfrage ist ungeteilt abzustimmen; keine Trennung nach objektiven und subjektiven Tatbestandsmerkmalen, E. 8, 218; Rsp. 3, 797; s. auch E. 2, 379.

§ 199.

I Die Reihenfolge bei der Abstimmung richtet sich nach dem Dienstalter, bei den Schöffengerichten und den Kammern für Handelssachen nach dem Lebensalter; der Jüngste stimmt zuerst, der Vorsitzende zuletzt. Wenn ein Berichterstatter ernannt ist, so gibt dieser seine Stimme zuerst ab.

II Bei der Abstimmung der Geschworenen richtet sich die Reihenfolge nach der Auslosung. Der Obmann stimmt zuletzt.

§ 200.

Schöffen und Geschworene sind verpflichtet, über den Hergang bei der Beratung und Abstimmung Stillschweigen zu beobachten.[1, 2]

1. Sie können deshalb hierüber auch nicht als Zeugen vernommen werden, vgl. E. 28, 242. Auf Mitteilungen der Geschworenen über den Hergang bei der Beratung und Abstimmung kann die Revision nicht gestützt werden, BayZ. 10, 152.

2. Für die Richter ergibt sich diese Schweigepflicht aus ihrer amtlichen Stellung; es ist deshalb auch unzulässig, sie über die Art und Weise des Zustandekommens eines Spruches, bei dem sie beteiligt waren, zeugschaftlich zu vernehmen, E. 26, 202; 36, 373.

Siebenzehnter Titel.

Gerichtsferien.

§ 201.

Die Gerichtsferien beginnen am 15. Juli und endigen am 15. September.

§ 202.

I Während der Ferien werden nur in Feriensachen Termine abgehalten und Entscheidungen erlassen.

II Feriensachen sind:

1. Strafsachen;
2. Arrestsachen und die eine einstweilige Verfügung betreffenden Sachen;
3. Meß- und Marktsachen;
4. Streitigkeiten zwischen dem Vermieter und dem Mieter oder Untermieter von Wohnräumen oder anderen Räumen oder zwischen dem Mieter und dem Untermieter solcher Räume wegen Überlassung, Benutzung oder Räumung, sowie wegen Zurückhaltung der von dem Mieter oder dem Untermieter in die Mietsräume eingebrachten Sachen;

4a. Streitigkeiten zwischen Dienstherrschaft und Gesinde, zwischen Arbeitgebern und Arbeitern hinsichtlich des

Dienst- oder Arbeitsverhältnisses, sowie die in § 4 Abs. 1 Nr. 1—4 des Gewerbegerichtsgesetzes (Reichs-Gesetzbl. 1901 S. 353) und im § 5 Nr. 1—4 des Gesetzes, betreffend Kaufmannsgerichte, vom 6. Juli 1904 (Reichs-Gesetzbl. S. 266) bezeichneten Streitigkeiten;

4b. Ansprüche aus dem außerehelichen Beischlafe;

5. Wechselsachen;

6. Bausachen, wenn über Fortsetzung eines angefangenen Baues gestritten wird.

In dem Verfahren vor den Amtsgerichten hat das Gericht auf Antrag auch andere Sachen als Feriensachen zu bezeichnen. Werden in einer Sache, die durch Beschluß des Gerichts als Feriensache bezeichnet ist, in einem Termine zur mündlichen Verhandlung einander widersprechende Anträge gestellt, so ist der Beschluß aufzuheben, sofern die Sache nicht besonderer Beschleunigung bedarf.

In dem Verfahren vor den Landgerichten sowie in dem Verfahren in den höheren Instanzen soll das Gericht auf Antrag auch solche Sachen, welche nicht unter die Vorschrift des Abs. 1 fallen, soweit sie besonderer Beschleunigung bedürfen, als Feriensachen bezeichnen. Die Bezeichnung kann vorbehaltlich der Entscheidung des Gerichts durch den Vorsitzenden erfolgen.

§ 203.

Zur Erledigung der Feriensachen können bei den Landgerichten Ferienkammern, bei den Oberlandesgerichten und dem Reichsgerichte Feriensenate gebildet werden.[1]

1. Nur durch das Präsidium, E. 37, 59; 40, 85.

§ 204.

Auf das Kostenfestsetzungsverfahren, das Mahnverfahren, das Zwangsvollstreckungsverfahren und das Konkursverfahren sind die Ferien ohne Einfluß.

Anhang.

Auszug aus dem

1. Gerichtskostengesetz

vom 18. Juni 1878

nach der Bekanntmachung des Reichskanzlers vom 20. Mai 1898.

(Reichsgesetzblatt 1898 S. 659).[1])

Erster Abschnitt.

Allgemeine Bestimmungen.

§ 1. In den vor die ordentlichen Gerichte gehörigen Rechtssachen, auf welche die Zivilprozeßordnung, die Strafprozeßordnung oder die Konkursordnung Anwendung findet, werden Gebühren und Auslagen der Gerichte nur nach Maßgabe dieses Gesetzes erhoben.

§ 2. Eine Erhebung von Stempeln und anderen Abgaben neben den Gebühren findet nicht statt.

Urkunden, von denen im Verfahren Gebrauch gemacht wird, sind nur insoweit einem Stempel oder einer anderen Abgabe unterworfen, als sie es ohne diesen Gebrauch sein würden.

Urkunden, welche im Verfahren errichtet werden, bleiben, soweit ihr Inhalt über den Gegenstand des Verfahrens hinausgeht, den allgemeinen Vorschriften über Erhebung von Stempeln oder anderen Abgaben unterworfen.

§ 3. In einem weiteren Umfange, als die Prozeßordnungen und dieses Gesetz es gestatten, darf die Tätigkeit der Gerichte von der Sicherstellung oder Zahlung der Gebühren oder Auslagen nicht abhängig gemacht werden.

§ 4. Über Erinnerungen des Zahlungspflichtigen oder der Staatskasse gegen den Ansatz von Gebühren oder Auslagen entscheidet das Gericht der Instanz gebührenfrei. Die Entscheidung kann von dem Gerichte, welches dieselbe getroffen hat, sowie von dem Gerichte der höheren Instanz von Amts wegen geändert werden.

---

[1]) Abgeändert durch Art. III des Gesetzes vom 1. Juni 1909, durch Art. VIII des Gesetzes vom 22. Mai 1910 und durch Art. I des Gesetzes vom 8. November 1916.

Gegen die Entscheidung findet Beschwerde nach Maßgabe des § 567 Abs. 2 und der §§ 568 bis 575 der Zivilprozeßordnung, in Strafsachen nach Maßgabe der §§ 346 bis 352 der Strafprozeßordnung statt.

Die Einlegung von Erinnerungen oder Beschwerden kann durch Erklärung zum Protokolle des Gerichtsschreibers oder schriftlich ohne Mitwirkung eines Anwalts erfolgen.

§ 5. Eine Nachforderung von Gerichtskosten wegen irrigen Ansatzes ist nur zulässig, wenn der berichtigte Ansatz vor Ablauf des nächsten Kalenderjahres nach rechtskräftiger oder endgültiger Erledigung des Verfahrens dem Zahlungspflichtigen eröffnet ist.

§ 6. Die Gerichte sind befugt, Gebühren, welche durch eine unrichtige Behandlung der Sache ohne Schuld der Beteiligten entstanden sind, niederzuschlagen, und für abweisende Bescheide, wenn der Antrag auf nicht anzurechnender Unkenntnis der Verhältnisse oder auf Unwissenheit beruht, Gebührenfreiheit zu gewähren.

§ 7. Der Mindestbetrag einer Gebühr ist zwanzig Pfennig.

Pfennigbeträge, welche ohne Bruch nicht durch zehn teilbar sind, werden auf den nächst höheren durch zehn teilbaren Betrag abgerundet.

Vierter Abschnitt.

Gebühren in Strafsachen.

§ 59. In Strafsachen gibt die rechtskräftig erkannte Strafe den Maßstab für die Höhe der Gerichtsgebühren aller Instanzen.

Ist neben einer Freiheitsstrafe auf Geldstrafe erkannt, so wird der ersteren die für den Fall, daß die Geldstrafe nicht beigetrieben werden kann, festgesetzte Freiheitsstrafe hinzugerechnet. Ist die bedingte Festsetzung der Freiheitsstrafe unterlassen worden, so wird für jeden angefangenen Betrag von zehn Mark der Geldstrafe ein Tag Freiheitsstrafe zugerechnet.

Ist nur auf Geldstrafe und für den Fall, daß dieselbe nicht beigetrieben werden kann, auf Freiheitsstrafe erkannt, so bestimmt sich die Gebühr nach der Höhe der ersteren. In diesem Falle, sowie wenn nur auf Geldstrafe erkannt ist, darf die Gebühr den Betrag der Geldstrafe nicht übersteigen.

§ 60. Im Falle des § 79 des Strafgesetzbuchs bestimmt sich die Gebühr für das neue Verfahren durch den Betrag, um welchen die Gesamtstrafe die früher erkannte Strafe übersteigt.

Im Falle des § 492 der Strafprozeßordnung ist eine besondere Gebühr nicht zu erheben.

§ 61. Betrifft eine Strafsache mehrere Angeschuldigte, so ist die Gebühr von jedem Verurteilten besonders nach Maßgabe der gegen ihn erkannten Strafe zu erheben.

§ 62. Für das Verfahren in erster Instanz werden erhoben:

im Falle einer Geldstrafe oder Freiheitsstrafe von:

1.	1 bis 20 Mark einschl. oder 1 bis 10 Tage einschl.	5 Mark
2.	mehr als 20 bis 30 Mark einschl. oder mehr als 10 Tage bis 14 Tage einschl.	10 „
3.	mehr als 30 bis 60 Mark einschl. oder mehr als 14 Tage bis 4 Wochen einschl.	20 „

4. mehr als 60 bis 150 Mark einschl. oder mehr als 4 Wochen bis 6 Wochen einschl.	30	Mark
5. mehr als 150 bis 300 Mark einschl. oder mehr als 6 Wochen bis 3 Monate einschl.	45	"
6. mehr als 300 bis 500 Mark einschl. oder mehr als 3 Monate bis 6 Monate einschl.	60	"
7. mehr als 500 bis 1000 Mark einschl. oder mehr als 6 Monate bis 1 Jahr einschl.	75	"
8. mehr als 1000 bis 1500 Mark einschl. oder mehr als 1 Jahr bis 2 Jahre einschl.	100	"
9. mehr als 1500 bis 3000 Mark einschl. oder mehr als 2 Jahre bis 3 Jahre einschl.	130	"
10. mehr als 3000 Mark oder mehr als 3 Jahre bis 10 Jahre einschl.	180	"
11. im Falle einer schwereren Strafe	300	"
Ist auf Verweis erkannt, so beträgt die Gebühr	5	"
und ist ausschließlich auf Verlust der bürgerlichen Ehrenrechte überhaupt oder einzelner bürgerlichen Ehrenrechte erkannt	45	"

§ 63. Zwei Zehnteile der Sätze des § 62 werden erhoben in dem Verfahren bei amtsrichterlichen Strafbefehlen, wenn die Strafe ohne Hauptverhandlung rechtskräftig festgesetzt ist (Strafprozeßordnung § 450).

Wird der gegen einen Strafbefehl erhobene Einspruch wegen Ausbleibens des Angeklagten in der Hauptverhandlung durch Urteil verworfen (Strafprozeßordnung § 452), so sind für das ganze Verfahren vier Zehnteile der Sätze des § 62 zu erheben.

§ 64. Hat weder eine Voruntersuchung, noch in dem Hauptverfahren eine Beweisaufnahme stattgefunden, so kann das Gericht die Sätze des § 62 bis auf fünf Zehnteile ermäßigen.

Das gleiche gilt in den Fällen des § 211 der Strafprozeßordnung.

§ 65. Die Sätze des § 62 sind für die Berufungsinstanz, sowie für die Revisionsinstanz zu erheben, wenn in derselben eine Hauptverhandlung stattgefunden hat und das Rechtsmittel nicht als unzulässig verworfen wird.

Hat eine Beweisaufnahme in der Berufungsinstanz nicht stattgefunden, so kann das Gericht die Sätze bis auf fünf Zehnteile ermäßigen.

Wird die Berufung wegen Ausbleibens des Angeklagten in der Hauptverhandlung verworfen (Strafprozeßordnung § 370), oder betrifft die Berufung die Verwerfung des gegen einen Strafbefehl erhobenen Einspruchs (Strafprozeßordnung § 452), so sind vier Zehnteile zu erheben.

§ 66. Ein Zehnteil der Sätze des § 62 wird besonders erhoben:

1. für Verwerfung eines Gesuchs um Wiedereinsetzung in den vorigen Stand (Strafprozeßordnung §§ 46, 234, 370 Abs. 2);
2. für die Entscheidung, durch welche eine Berufung oder Revision als unzulässig verworfen wird (Strafprozeßordnung §§ 360, 363, 386, 389);
3. für die Entscheidung, durch welche ein Antrag auf Wiederaufnahme des Verfahrens als unzulässig verworfen wird (Strafprozeßordnung § 408);
4. für die Entscheidung, durch welche ein Einspruch gegen einen amtsrichterlichen Strafbefehl (Strafprozeßordnung § 449) oder ein An-

trag auf gerichtliche Entscheidung nach vorangegangener polizeilicher Strafverfügung (Strafprozeßordnung § 454) oder nach Erlaß eines Strafbescheides einer Verwaltungsbehörde (Strafprozeßordnung § 460) als unzulässig verworfen wird;

5. für Zurückweisung von Beschwerden gegen die unter Nr. 1 bis 4 bezeichneten Entscheidungen.

§ 67. Wird ein Antrag auf Wiederaufnahme des Verfahrens als unbegründet verworfen (Strafprozeßordnung §§ 410, 411 Abs. 1), so werden zwei Zehnteile und, wenn eine Beweisaufnahme stattgefunden hat (Strafprozeßordnung § 409), vier Zehnteile der Sätze des § 62 erhoben.

Für Zurückweisung von Beschwerden gegen die im vorstehenden Absatze bezeichneten Entscheidungen wird ein Zehnteil der Sätze des § 62 erhoben.

§ 68. Für die Zurückweisung anderer als der in § 66 Nr. 5, § 67 Abs. 2 bezeichneten Beschwerden wird eine Gebühr von 1 Mark erhoben.

Die Gebühr ist von dem Beschuldigten nur zu erheben, wenn er zu Strafe rechtskräftig verurteilt wird.

§ 69. Werden in den Fällen der §§ 172 und 173 der Strafprozeßordnung nach Maßgabe der §§ 175 und 504 derselben dem Antragsteller die Kosten auferlegt, so beträgt die Gebühr:

wenn es sich um eine Übertretung handelt	20 Mark,
wenn es sich um ein Vergehen handelt	50 „
wenn es sich um ein Verbrechen handelt	100 „

Das gleiche gilt im Falle des § 501 der Strafprozeßordnung.

Im Falle des § 174 Abs. 2 der Strafprozeßordnung ist die Hälfte der vorstehenden Sätze zu erheben. Das gleiche gilt, wenn nach eröffnetem Hauptverfahren die Einstellung des Verfahrens wegen Zurücknahme desjenigen Antrags erfolgt, durch welchen dasselbe bedingt war.

§ 70. Für das Verfahren auf erhobene Privatklage werden in erster Instanz erhoben:

1. wenn nach Beginn der Hauptverhandlung Einstellung des Verfahrens erfolgt	5 Mark
2. wenn außer dem Falle der Nr. 1 die Instanz ohne Beweisaufnahme durch Urteil beendigt wird	15 „
3. wenn außer dem Falle der Nr. 1 die Instanz nach stattgehabter Beweisaufnahme durch Urteil beendigt wird	20 „

Dieselben Sätze sind für die Berufungsinstanz sowie für die Revisionsinstanz zu erheben.

Für die Widerklage wird ein besonderer Satz nicht erhoben.

Die von der Verwaltungsbehörde erhobene Klage (Strafprozeßordnung § 464) ist nicht als Privatklage im Sinne dieses Gesetzes zu erachten.

§ 71. In dem Verfahren auf erhobene Privatklage sind:

1. in den Fällen des § 66 Nr. 1, 2, 3, sowie bei Zurückweisung von Beschwerden gegen die ebendaselbst bezeichneten Entscheidungen	2 Mark
2. im Falle des § 67 Abs. 1	4 „
und, wenn eine Beweisaufnahme stattgefunden hat	8 „
3. im Falle des § 67 Abs. 2	2 „
4. in den Fällen des § 68	1 „
5. für Zurückweisung einer Privatklage	3 „
6. für Verwerfung einer Beschwerde über Zurückweisung einer Privatklage	3 „

zu erheben.

§ 72. Bei Zurücknahme einer Privatklage vor Beginn der Hauptverhandlung werden 2 Mark erhoben.

§ 73. Sind in einer Sache mehrere Personen als Privatkläger oder als Beschuldigte in derselben Instanz beteiligt, so wird ohne Rücksicht auf die Zahl der Personen das Doppelte der in den §§ 70 bis 72 bestimmten Gebühren erhoben.

§ 74. Werden dem Nebenkläger die Kosten eines von ihm eingelegten Rechtsmittels auferlegt (Strafprozeßordnung § 441), so sind die Sätze zu erheben, welche nach Maßgabe der §§ 70, 71, 73 zu erheben sein würden, wenn er als Privatkläger das Rechtsmittel eingelegt hätte.

§ 75. Für das Verfahren in den Fällen der §§ 477 bis 479 der Strafprozeßordnung beträgt die Gebühr in jeder Instanz 5 Mark.

§ 76. Wird ein Gesuch, ein Antrag, ein Einspruch oder eine Beschwerde vor der Entscheidung über dieselben, oder wird eine Berufung oder eine Revision vor Beginn der Hauptverhandlung durch Zurücknahme oder Einstellung des Verfahrens erledigt, so werden drei Zehnteile der Gebühr erhoben, welche nach Maßgabe der §§ 66 bis 68, 69 Abs. 1, §§ 71, 73 bis 75 für eine zurückweisende Entscheidung zu erheben sein würde.

§ 77. Wird die Wiederaufnahme des Verfahrens angeordnet (Strafprozeßordnung § 410), so werden, wenn das frühere Urteil aufrecht erhalten wird, die Gebühren für das neue Verfahren nach denselben Bestimmungen, wie für das erste Verfahren erhoben. Führt die Wiederaufnahme zu einer Aufhebung des früheren Urteils, so gilt für die Gebührenerhebung das neue Verfahren mit dem früheren Verfahren zusammen als Ein Verfahren der Instanz.

§ 78. Nach Maßgabe der Vorschriften des zweiten Abschnitts werden besonders erhoben:

1. die Gebühren für Akte, welche die Verpflichtung eines Verteidigers zur Tragung der durch Verschulden desselben veranlaßten Kosten (Strafprozeßordnung § 145) betreffen;
2. die Gebühren für Entscheidungen, welche betreffen:
   a) Anträge auf Festsetzung der zu erstattenden Kosten (Strafprozeßordnung § 496 Abs. 2);
   b) die Vollstreckung einer über eine Vermögensstrafe, eine Buße oder über Erstattung von Kosten ergangenen Entscheidung (Strafprozeßordnung §§ 495, 496);
   c) die Beschwerde gegen eine Entscheidung, durch welche der Verfall einer zur Abwendung einer Untersuchungshaft oder zur Erlangung eines Strafaufschubs bestellten Sicherheit ausgesprochen wird (Strafprozeßordnung §§ 122, 488).

Fünfter Abschnitt.

Auslagen.

§ 79. (Abs. I.) An baren Auslagen werden erhoben:

1. Schreibgebühren für solche Ausfertigungen und Abschriften, welche nur auf Antrag erteilt werden, oder welche angefertigt werden, weil die Partei es unterläßt, einem von Amts wegen zuzustellenden Schriftsatze die erforderliche Zahl von Abschriften beizufügen;

2. Telegraphengebühren und die im Fernverkehre zu entrichtenden Fernsprechgebühren einschließlich der mit diesen Gebühren auf Grund des Gesetzes vom 21. Juni 1916 (RGBl. S. 577) zu erhebenden Reichsabgabe;
3. die durch Einrückung einer Bekanntmachung in öffentliche Blätter entstehenden Kosten;
4. die an Zeugen und Sachverständige zu zahlenden Gebühren;
5. die bei Geschäften außerhalb der Gerichtsstelle den Gerichtsbeamten zustehenden Tagegelder und Reisekosten;
6. die an andere Behörden oder Beamte oder an Rechtsanwälte für deren Tätigkeit zu zahlenden Beträge;
7. die Kosten eines Transports von Personen;
8. die Haftkosten nach Maßgabe der für die Strafhaft geltenden landesgesetzlichen Vorschriften.

§ 80. Die Schreibgebühr beträgt für die Seite, welche mindestens zwanzig Zeilen von durchschnittlich zwölf Silben enthält, zwanzig Pfennig, auch wenn die Herstellung auf mechanischem Wege stattgefunden hat. Jede angefangene Seite wird als voll berechnet. Für Schriftstücke, die in fremden Sprachen abgefaßt sind, für Schriftstücke in tabellarischer Form sowie für Verzeichnisse, Listen, Rechnungen, Handzeichnungen und dergleichen kann die Höhe der Schreibgebühr von der Landesjustizverwaltung anderweit bestimmt werden.

§ 80a. Für die von Amts wegen bewirkten Zustellungen werden nur diejenigen baren Auslagen erhoben, welche durch die Zustellung im Ausland oder bei der öffentlichen Zustellung durch Bekanntmachung in öffentlichen Blättern entstehen.

§ 80b. (Abs. I.) Zur Deckung der von den Parteien nicht zu ersetzenden baren Auslagen werden Pauschsätze erhoben. Der einzelne Pauschsatz beträgt fünfzehn vom Hundert der zum Ansatz gelangenden Gebühr, jedoch mindestens zwanzig Pfennig und höchstens fünfundsiebzig Mark.

Sechster Abschnitt.

Kostenvorschuß und Kostenzahlung.

§ 83. In Strafsachen ist von dem Privatkläger oder demjenigen, welcher als Privatkläger eine Berufung oder Revision einlegt oder eine Wiederaufnahme des Verfahrens beantragt, sowie von dem Nebenkläger, welcher eine Berufung oder Revision einlegt, ein Gebührenvorschuß von 10 M. für die Instanz zu zahlen.

Im Falle des § 75 beträgt der Vorschuß 5 M.

§ 84. Außer dem Gebührenvorschuß (§§ 81 bis 83) ist bei jedem Antrag auf Vornahme einer Handlung, mit welcher bare Auslagen verbunden sind, ein zur Deckung derselben hinreichender Vorschuß von dem Antragsteller zu zahlen.

Diese Vorschußpflicht besteht in Strafsachen nur in dem Verfahren auf erhobene Privatklage und für den Nebenkläger, welcher sich eines Rechtsmittels bedient.

Die Ladung und Vernehmung von Zeugen oder Sachverständigen auf Antrag des Privatklägers oder des Nebenklägers kann von der vorgängigen Zahlung eines zur Deckung der erwachsenden Auslagen hinreichenden Vorschusses abhängig gemacht werden.

§ 85. Ausländer, welche als Kläger auftreten, haben das Dreifache des im § 81 bestimmten Betrags als Vorschuß zu zahlen.

Diese Verpflichtung tritt nicht ein:

1. wenn nach den Gesetzen des Staates, welchem der Kläger angehört, ein Deutscher in gleichem Falle zu einer besonderen Vorauszahlung oder zu einer Sicherstellung der Gerichtskosten nicht verpflichtet ist;
2. im Urkunden- oder Wechselprozesse;
3. bei Widerklagen;
4. bei Klagen, welche infolge einer öffentlichen Aufforderung angestellt werden;
5. bei Klagen aus Ansprüchen, welche in das Grund- oder Hypothekenbuch einer deutschen Behörde eingetragen sind;
6. wenn dem Kläger das Armenrecht bewilligt ist.

Die Verpflichtung besteht auch dann, wenn im Laufe des Rechtsstreits der Kläger die Eigenschaften eines Deutschen verliert, oder die Voraussetzung, unter welcher der Ausländer von der Verpflichtung befreit war, wegfällt.

Unter den gleichen Voraussetzungen haben Ausländer in den Fällen des § 83 Abs. 1 einen Gebührenvorschuß von 30 M. zu zahlen.

Vor Zahlung des von einem Ausländer nach den vorstehenden Bestimmungen oder den Bestimmungen der § 83 Abs. 2, § 84 zu zahlenden Vorschusses ist die Vornahme jeder gerichtlichen Handlung abzulehnen, sofern nicht glaubhaft gemacht wird, daß die Verzögerung dem Ausländer einen nicht zu ersetzenden Nachteil bringen würde.

§ 86. Schuldner der entstandenen Gebühren und Auslagen ist derjenige, welchem durch gerichtliche Entscheidung die Kosten des Verfahrens auferlegt sind, oder welcher dieselben durch eine vor dem Gericht abgegebene oder demselben mitgeteilte Erklärung übernommen hat.

Schuldner der Schreibgebühr ist der Antragsteller oder die Partei, welche es unterläßt, einem von Amts wegen zuzustellenden Schriftsatze die erforderliche Zahl von Abschriften beizufügen.

§ 87. Die durch gerichtliche Entscheidung begründete Verpflichtung zur Zahlung der Gebühren und Auslagen (§ 86) erlischt, insoweit eine Aufhebung oder Abänderung der Entscheidung erfolgt.

Die Zurückzahlung bereits bezahlter Beträge findet, soweit der Gebührenansatz bestehen bleibt, nicht statt.

§ 88. Sind die entstandenen Gebühren und Auslagen von der einen oder anderen Partei durch Übereinkunft beider Parteien übernommen (§ 86), so haftet jede Partei wenigstens für die Hälfte derselben.

Diese Haftbarkeit kann erst geltend gemacht werden, wenn eine Zwangsvollstreckung in das bewegliche Vermögen der nach § 86 zahlungspflichtigen Partei erfolglos geblieben ist.

§ 89. In Ermangelung eines anderen Schuldners (§ 86) ist derjenige, welcher das Verfahren der Instanz beantragt hat, Schuldner der entstandenen Gebühren und Auslagen. Soweit es sich jedoch um Auslagen handelt, für welche der Gegner in Gemäßheit des § 84 Vorschuß zu leisten verpflichtet war, sind diese Auslagen vom Gegner zu erheben.

§ 90. Die Verpflichtung zur Zahlung der vorzuschießenden Beträge (§§ 81 bis 85) bleibt bestehen, wenn auch die Kosten des Verfahrens einem anderen auferlegt oder von einem anderen übernommen sind

§ 91. Besteht die Partei aus mehreren Personen, so haften dieselben in Ermangelung einer gerichtlichen Entscheidung über die Kostenverteilung nach Kopfteilen.

§ 92. Durch die Bestimmungen der §§ 81 bis 91 wird eine nach den Vorschriften des bürgerlichen Rechts oder den Vorschriften der Zivilprozeßordnung § 100 Abs. 4, § 788, der Konkursordnung §§ 57 bis 60, 142 oder der Strafprozeßordnung § 498 Abs. 2, § 503 Abs. 4, § 504 begründete Verpflichtung zur Zahlung der entstandenen Gebühren und Auslagen nicht berührt.

§ 93. Die Gebühren und Auslagen werden fällig, sobald das Verfahren oder die Instanz durch unbedingte Entscheidung über die Kosten, durch Vergleich oder Zurücknahme oder anderweite Erledigung beendigt ist.

§ 96. In Strafsachen werden die Gebühren und Auslagen, welche dem verurteilten Beschuldigten zur Last fallen, erst mit der Rechtskraft des Urteils fällig.

§ 97. Die Schreibgebühren werden sofort nach Anfertigung der Schriftstücke fällig.

Die Anfertigung kann von vorgängiger Zahlung eines die Gebühr deckenden Betrags abhängig gemacht werden.

Siebenter Abschnitt.

Schlußbestimmungen.

§ 98. Von Zahlung der Gebühren sind befreit:

das Reich in dem Verfahren vor den Landesgerichten,
die Bundesstaaten in dem Verfahren vor dem Reichsgerichte.

Die landesgesetzlichen Vorschriften, welche für gewisse Rechtssachen oder gewisse Personen in dem Verfahren vor den Landesgerichten Gebührenfreiheit gewähren, werden durch dieses Gesetz nicht berührt.

Für das Verfahren vor dem Reichsgerichte kann die Befreiung von Gebühren durch Kaiserliche Verordnung mit Zustimmung des Bundesrats gewährt werden.

Soweit demjenigen, welchem die Gebührenfreiheit zusteht, Kosten des Verfahrens auferlegt werden (§ 86), sind Gebühren überhaupt nicht zu erheben und erhobene zurückzuzahlen.

§ 99. Die Behörden haben einander zum Zwecke der Einziehung von Gebühren und Auslagen nach näherer Bestimmung der vom Bundesrat zu erlassenden Anweisung Beistand zu leisten.

2. Gesetz zur Vereinfachung der Strafrechtspflege.

Vom 21. Oktober 1917.

(Reichsgesetzblatt 1917 S. 1037).

Artikel I

Das Gerichtsverfassungsgesetz wird dahin geändert:

1. Der § 29 wird durch folgende Vorschrift ersetzt:

Der Staatsanwalt kann für Vergehen, die zur Zuständigkeit der Strafkammer gehören, vorbehaltlich der Vorschrift im § 74 des Gerichtsverfassungsgesetzes, die Zuständigkeit des Schöffengerichts dadurch begründen, daß er bei Einreichung der Anklageschrift die Eröffnung des Hauptverfahrens vor dem Schöffengerichte beantragt.

Die Eröffnung des Hauptverfahrens vor dem Schöffengerichte soll nur dann beantragt werden, wenn keine schwerere Strafe als Gefängnis oder Festungshaft von sechs Monaten oder Geldstrafe, allein oder neben Haft oder in Verbindung miteinander oder mit Nebenstrafen, und keine höhere Buße als eintausendfünfhundert Mark zu erwarten ist.

Erhebt bei Zuwiderhandlungen gegen die Vorschriften über die Erhebung öffentlicher Abgaben und Gefälle die Verwaltungsbehörde die öffentliche Klage, so kann sie die Zuständigkeit des Schöffengerichts in gleicher Weise begründen wie der Staatsanwalt.

2. Der § 75 wird gestrichen.

Artikel II

Die Strafprozeßordnung wird dahin geändert:

1. Als § 197 a wird folgende Vorschrift eingestellt:

Soll die Zuständigkeit des Schöffengerichts gemäß § 29 des Gerichtsverfassungsgesetzes begründet werden, so ist der Antrag bei dem Amtsgerichte, wenn Voruntersuchung geführt ist, bei dem Landgericht einzureichen.

2. Im § 447 erhält

a) der Abs. I folgende Fassung:

Bei Übertretungen und Vergehen kann die Strafe durch schriftlichen Strafbefehl des Amtsrichters ohne vorgängige Verhandlung festgesetzt werden, wenn die Staatsanwaltschaft schriftlich hierauf anträgt. Bei Vergehen, für welche der Staatsanwalt die Zuständigkeit der Schöffengerichte begründen kann (§ 29 des Gerichtsverfassungsgesetzes), kann nur der Staatsanwalt den Antrag stellen; mit der Stellung des Antrags gelten die Sachen als zur Zuständigkeit der Schöffengerichte gehörig.

Ferner werden

b) im Abs. 2 die Worte „von höchstens einhundertfünfzig Mark" gestrichen;

c) als Abs. 4 wird folgende Vorschrift eingestellt:

Gegen einen Beschuldigten, der das achtzehnte Lebensjahr noch nicht vollendet hat, darf durch einen Strafbefehl Freiheitsstrafe nur festgesetzt werden, wenn die Freiheitsstrafe an die Stelle einer nicht beizutreibenden Geldstrafe treten soll.

Artikel III

Das Gesetz tritt mit dem 1. November 1917 in Kraft. Mit diesem Tage tritt die Verordnung des Bundesrats zur Entlastung der Strafgerichte vom 7. Oktober 1915 (Reichs-Gesetzbl. S. 631) außer Kraft.

Das Gesetz tritt mit dem Ablauf von einem Jahre nach der Beendigung des gegenwärtigen Kriegszustandes außer Kraft. Mit diesem Zeitpunkt treten die durch dieses Gesetz geänderten oder aufgehobenen Vorschriften in der bisherigen Fassung wieder in Kraft.

Der Zeitpunkt, mit welchem der Kriegszustand als beendigt anzusehen ist, wird durch Kaiserliche Verordnung bestimmt.

3. Gesetz zur Verfolgung von Kriegsverbrechen und Kriegsvergehen.

Vom 18. Dezember 1919.

Reichsgesetzblatt 1919 Nr. 247 S. 2125.)

Die verfassunggebende Deutsche Nationalversammlung hat das folgende Gesetz beschlossen, das mit Zustimmung des Reichsrats hiermit verkündet wird:

§ 1. Bei Verbrechen oder Vergehen, die ein Deutscher im In- oder Ausland während des Krieges bis zum 28. Juni 1919 gegen feindliche Staatsangehörige oder feindliches Vermögen begangen hat, ist das Reichsgericht für die Untersuchung und Entscheidung in erster und letzter Instanz ausschließlich zuständig.

§ 2. Der Oberreichsanwalt ist verpflichtet, nach deutschem Rechte strafbare Handlungen der im § 1 bezeichneten Art auch dann zu verfolgen, wenn die Tat im Ausland begangen und durch die Gesetze des Ortes, wo sie begangen ist, mit Strafe bedroht ist.

§ 3. Das Verfahren richtet sich, soweit dieses Gesetz nicht ein anderes bestimmt, nach den Vorschriften, die für das Verfahren vor dem Reichsgericht in erster und letzter Instanz gelten.

§ 4. Die Geschäfte, die im § 72 Abs. 1 des Gerichtsverfassungsgesetzes der Strafkammer des Landgerichts zugewiesen sind, erledigt der erste Strafsenat des Reichsgerichts.

Das Hauptverfahren findet vor einem der übrigen Strafsenate des Reichsgerichts statt.

§ 5. Eine gerichtliche Voruntersuchung ist nur bei Verbrechen notwendig.

Eine Entscheidung über die Eröffnung des Hauptverfahrens findet nicht statt.

Der Oberreichsanwalt reicht die Anklage bei dem erkennenden Senat ein. Der Vorsitzende des Senats beraumt den Termin zur Hauptverhandlung an. Dem Angeklagten wird die Anklage mit der Terminsanberaumung zugestellt.

Dem Verteidiger, der gemäß § 137 der Strafprozeßordnung auch aus den im § 138 der Strafprozeßordnung und § 341 der Militärstrafprozeßordnung bezeichneten Personen bestellt werden kann, ist in jeder Lage des Verfahrens Akteneinsicht zu gewähren.

§ 6. Der Verletzte oder im Falle seines Todes seine Erben sind berechtigt, sich dem Verfahren als Nebenkläger (§§ 435 ff. der Strafprozeßordnung) anzuschließen.

Der Reichsminister der Justiz kann bestimmen, daß auch andere Personen als Nebenkläger zuzulassen sind.

§ 7. Dieses Gesetz tritt mit dem Tage der Verkündung in Kraft. Die in diesem Zeitpunkt bei den Gerichten oder Staatsanwaltschaften bereits anhängigen Verfahren werden nach den bisherigen Vorschriften erledigt; der Oberreichsanwalt kann jedoch die noch nicht gerichtlich anhängigen Verfahren übernehmen.

4. Gesetz über die Ausbildung von Kriegsteilnehmern zum Richteramte.

Vom 19. April 1919.

(Reichsgesetzblatt 1919 Nr. 86 S. 403.)

Die verfassunggebende Deutsche Nationalversammlung hat das folgende Gesetz beschlossen, das nach Zustimmung des Staatenausschusses hiermit verkündet wird:

§ 1. Zwischensemester, die an einer deutschen Universität zwischen den ordentlichen Studienhalbjahren eingerichtet werden, sowie gleichwertige Universitätskurse, die an anderen Stellen veranstaltet werden, können Kriegsteilnehmern von der Landeszentralbehörde als volle Halbjahre auf das dreijährige Studium der Rechtswissenschaft (§ 2 Abs. 2 des Gerichtsverfassungsgesetzes) angerechnet werden.

§ 2. Die Landeszentralbehörde kann für einen Kriegsteilnehmer den dreijährigen Vorbereitungsdienst zwischen der ersten und zweiten juristischen Prüfung (§ 2 Abs. 3 des Gerichtsverfassungsgesetzes) um höchstens ein Jahr abkürzen. Die Kürzung darf nicht erfolgen, soweit das dreijährige Rechtsstudium des Kriegsteilnehmers durch Anrechnung von Zwischensemestern oder Universitätskursen abgekürzt worden ist.

§ 3. Von den Ermächtigungen (§§ 1, 2) darf die Landeszentralbehörde nur soweit Gebrauch machen, wie es zum Ausgleich einer durch die Teilnahme am Kriege verursachten Verzögerung der Ausbildung erforderlich ist.

§ 4. Die Landeszentralbehörde bestimmt, wer als Kriegsteilnehmer anzusehen ist und was als Teilnahme am Kriege angerechnet werden kann.

Der Teilnahme an dem gegenwärtigen Kriege kann der Dienst bei anerkannten Verbänden freiwilliger Truppen zur Aufrechterhaltung der inneren Ordnung oder des Grenzschutzes sowie der vaterländische Hilfsdienst gleichgestellt werden; die Vorschrift des Abs. 1 gilt entsprechend.

5. Gesetz zur Ergänzung des Gesetzes zur Verfolgung von Kriegsverbrechen und Kriegsvergehen vom 18. Dez. 1919.

Vom 24. März 1920.

(Reichsgesetzblatt 1920 S. 2125.)

Die verfassunggebende Deutsche Nationalversammlung hat das folgende Gesetz beschlossen, das mit Zustimmung des Reichsrats hiermit verkündet wird:

Artikel I.

Für das Verfahren auf Grund des Gesetzes zur Verfolgung von Kriegsverbrechen und Kriegsvergehen vom 18. Dezember 1919 (Reichs-Gesetzbl. S. 2125) gelten, soweit es sich um eine in Ausführung der Artikel 228 bis 230 des Friedensvertrages und der Ziffer 3 des Schlußprotokolls vom 28. Juni 1919 von den alliierten Mächten erhobene Beschuldigung handelt, folgende Vorschriften:

§ 1. Besteht nach der Überzeugung des Oberreichsanwalts kein genügender Anlaß zur Erhebung der öffentlichen Klage, so hat er die Akten dem ersten Strafsenate des Reichsgerichts mit dem Antrag auf Einstellung des Verfahrens vorzulegen.

Beschließt der Senat die Einstellung, so hat er den Beschluß mit Gründen zu versehen, welche die für seine Entscheidung maßgebenden tatsächlichen und rechtlichen Erwägungen erkennen lassen; der Beschluß ist dem Beschuldigten bekanntzumachen.

Lehnt der Senat den Antrag ab, so hat er die Erhebung der öffentlichen Klage anzuordnen.

Zur besseren Aufklärung der Sache kann der Senat eine Ergänzung der Voruntersuchung oder, falls eine Voruntersuchung nicht stattgefunden hat, die Eröffnung einer solchen oder einzelne Beweiserhebungen anordnen.

§ 2. Die Gewährung von Straffreiheit, die Verjährung der Strafverfolgung und ein früheres Verfahren stehen einem Verfahren auf Grund des Gesetzes vom 18. Dezember 1919 nicht entgegen.

Ist der Beschuldigte in dem früheren Verfahren rechtskräftig freigesprochen worden, so verordnet der erste Strafsenat auf Antrag des Oberreichsanwalts die Wiederaufnahme des Verfahrens, falls der Beschuldigte hinreichend verdächtig ist; das gleiche gilt, wenn in dem früheren Verfahren auf eine Strafe erkannt worden ist, die zu der Schwere der Tat im offenbaren Mißverhältnisse steht.

Ist das frühere Verfahren durch einen nicht mehr anfechtbaren Beschluß beendet worden, so ist, falls der Beschuldigte hinreichend verdächtig ist, die Verfolgung wieder aufzunehmen.

Erscheint dem Oberreichsanwalt eine Wiederaufnahme des Verfahrens oder der Verfolgung nicht geboten, so hat er die Entscheidung des ersten Strafsenats herbeizuführen; die Vorschriften des § 1 gelten entsprechend.

§ 3. Für das Verfahren ist, auch soweit es beim Inkrafttreten des Gesetzes vom 18. Dezember 1919 bereits anhängig war, das Reichsgericht ausschließlich zuständig; soweit die Untersuchung gerichtlich anhängig ist, hat das Gericht die Sache durch Beschluß an das Reichsgericht zu verweisen.

§ 4. Kosten und Auslagen des Verfahrens können, soweit besondere Billigkeitsgründe es rechtfertigen, ganz oder teilweise der Reichskasse auferlegt werden.

Artikel II.

Der Reichsminister der Justiz wird ermächtigt, bis zur Erledigung der dem Reichsgerichte durch das Gesetz zur Verfolgung von Kriegsverbrechen und Kriegsvergehen vom 18. Dezember 1919 (Reichs-Gesetzbl. S. 2125) zugewiesenen Untersuchungen zum Reichsgerichte Hilfsrichter aus der Zahl der Mitglieder der Oberlandesgerichte und Landgerichte sowie der Amtsrichter zum Zwecke der Erledigung der Geschäfte der Zivilsenate und Strafsenate einzuberufen. Die Abordnung eines jeden Hilfsrichters ist bis zu dem Zeitpunkt unwiderruflich, in welchem die Wahrnehmung seiner Tätigkeit nicht mehr erforderlich ist.

In den Untersuchungen, die dem Reichsgerichte durch das Gesetz vom 18. Dezember 1919 zugewiesen sind, dürfen die Hilfsrichter nicht mitwirken.

Artikel III.

Dieses Gesetz tritt mit dem Tage der Verkündung in Kraft.

Sachregister.

(Die Zahlen bedeuten die Seiten.)

A.

B.

G.

H.

N.

O.

R.

S.

T.

U.

FSC
www.fsc.org
MIX
Papier | Fördert
gute Waldnutzung
FSC® C083411

Kolibri 360 GmbH
Ferdinand-Jühlke-Straße 7
99095 Erfurt, Deutschland
produktsicherheit@kolibri360.de